AF884173

Veröffentlichungen
der Vereinigung der Deutschen Staatsrechtslehrer
Heft 22

Pressefreiheit

Staatsaufsicht in Verwaltung und Wirtschaft

Berichte
von

Ulrich Scheuner und Roman Schnur
Jürgen Salzwedel und Martin Bullinger

und
Aussprache zu den Berichten
in den Verhandlungen der Tagung der Deutschen Staatsrechtslehrer
zu Saarbrücken vom 9. bis 12. Oktober 1963

Berlin 1965

Walter de Gruyter & Co.

vormals G. J. Göschen'sche Verlagshandlung / J. Guttentag, Verlagsbuchhandlung / Georg Reimer / Karl J. Trübner / Veit & Comp.

Satz und Druck: Berliner Buchdruckerei Union GmbH, Berlin 61

Alle Rechte, einschließlich des Rechtes der Herstellung
von Fotokopien und Mikrofilmen, vorbehalten

Inhalt

Erster Beratungsgegenstand:

Pressefreiheit

1. Bericht von Professor Dr. Ulrich Scheuner, Bonn

I. Zur soziologischen und staatstheoretischen Stellung der Presse

1. Zwei englische Zeitungsschreiber, John Trenchard und William Gordon, ließen seit 1720 in London eine Reihe von Aufsätzen zur Freiheit der Rede erscheinen, die als Sammlung unter dem Namen „Cato's Letters" eines der erfolgreichsten freiheitlichen Werke des angelsächsischen 18. Jahrhunderts wurden und auch auf Amerika einen starken Einfluß ausübten[1]). In einer der Abhandlungen dieser Schrift „Of Freedom of Speech: That the same is inseparable from Public Liberty" bezeichneten sie die Redefreiheit als die Grundlage der politischen Freiheit:

„Without Freedom of Thought, there can be no such Thing as Wisdom; and no such Thing as public Liberty, without Freedom of Speech.... Whoever would overthrow the Liberty of the Nation, must begin by subduing the Freedom of Speech[2])."

Die Cato-Briefe waren auch in der Hand der Freunde des amerikanischen Druckers John Peter Zenger, der auf Grund der in seinem „New York Weekly Journal" gegen den Gouverneur der Stadt erschienenen Angriffe wegen seditious libel 1735 vor Gericht gestellt, von den Geschworenen aber dank der glänzenden Verteidigung durch Andrew Hamilton freigesprochen wurde. Der bald darauf veröffentlichte Bericht über diesen berühmten frühen Presseprozeß in Amerika hat die Meinung in Amerika wie in England nachhaltig beein-

---

[1]) Die in Londoner Zeitungen zuerst veröffentlichten Abhandlungen wurden unter dem Titel „Cato's Letters: Or, Essays on Liberty, Civil and Religious, 1733 herausgegeben und durchliefen bis 1766 6 Auflagen. Vgl. Leonard W. Levy, Legacy of Suppression, Freedom of Speech and Press in Early American History, Cambridge (Mass.) 1960, S. 116.

[2]) Aus Nr. 15 der Cato's Letters (6. Aufl. 1755, Bd. 1, S. 96 ff.).

druckt[3]). In der Tat begegnen wir hier am Beginn des eigentlichen Kampfes um die Verwirklichung der Freiheit der politischen Meinung schon einer Auffassung über die entscheidende Rolle, die der Meinungs- und Pressefreiheit für ein freiheitliches Staatswesen zukommt, wie sie bis in die Formeln der Gegenwart — das Bundesverfassungsgericht bezeichnet die freie Meinungsäußerung als „schlechthin konstituierend" für die Demokratie[4]) — nachklingt. Die Pressefreiheit ist ebenso wie die Meinungsfreiheit essentiell ein staatsbürgerliches, ein politisches Grundrecht. Wenn man die Grundrechte nach ihrem sachlichen Gehalt gruppiert, so können neben die Gruppe der Freiheiten, die den engsten Bereich der persönlichen Lebensführung sichern, — hier finden wir vor allem die ältesten Grundfreiheiten, persönliche Freiheit und Eigentum sowie körperliche Unversehrtheit und Frei-

---

[3]) Der Bericht über dieses Verfahren wurde 1736 von James Alexander unter dem Titel „A Brief Narrative of the Case and Trial of John Peter Zenger, Printer of the New York Weekly Journal" herausgegeben. Er ist wiederholt in neuerer Zeit neugedruckt worden, zuletzt in der kritischen Ausgabe von Stanley Nider Katz, Cambridge (Mass.) 1963. Der Zenger-Fall bildete zusammen mit den Cato-Briefen eine der wichtigsten Quellen zur geistigen Freiheit in der englischen wie der amerikanischen Entwicklung des 18. Jahrhunderts. Der Prozeßbericht wurde in England in zahlreichen Auflagen verbreitet (vgl. Manfred Schlenke, England und das friderizianische Preußen 1740—1763, München 1963, S. 40). Allerdings hat das Beispiel des Zenger-Falles die Praxis der amerikanischen Gerichte, die der englischen Common-Law-Auffassung folgte, nicht geändert (vgl. Levy a.a.O., S. 131 ff.; Stanley Nider Katz, Einführung zu „A Brief Narrative usw.", S. 29 ff.). Die englische wie die amerikanische Rechtsprechung hielten daran fest, eine Kritik an der Regierung als seditious libel zu verfolgen, dabei den Beweis der Wahrheit der behaupteten Tatsachen für ohne Bedeutung zu erklären, und der Jury nur die Feststellung der Tatsache der Veröffentlichung, nicht die Beurteilung der Frage, ob libel vorliege, zu überlassen. Noch in dem Urteil über den Dean of St. Asaph (State Trials, 21, S. 876) vertrat 1784 Lord Mansfield diesen Standpunkt (Abdruck der Hauptstellen auch in E. N. Williams, The Eighteenth Century Constitution, Cambridge 1960, S. 402). Erst die von Fox durchgesetzte Libel Act von 1792 räumte mit der letzteren Beschränkung für die Geschworenen auf (Williams a.a.O., S. 407), während vorher öfters die Jury zu der Aushilfe griff, trotz klarer Tatsachen einfach ein „Not guilty" in Fällen auszusprechen, wo sie den Kritiker nicht verurteilen wollte (vgl. Schlenke a.a.O., S. 40 f.). Zur Geschichte der Pressefreiheit in England siehe F. S. Siebert, Freedom of the Press in England 1476—1776, Urbana 1952. Für Amerika ferner Edward G. Hudon, Freedom of Speech and Press in America, Washington 1963, S. 1—55. Vgl. auch die Schilderung des Supreme Court in Marcus v. Search warrant of property at 104 East Tenth Street, Kansas City, 367 US 717, 725 ff.

[4]) BVerfGE 10, S. 118, 121.

zügigkeit — die Rechte gestellt werden, die mit der personalen Sphäre zugleich die freie Teilnahme des Bürgers am politischen Leben verbürgen, die Freiheit der Rede, die Versammlungs- und Vereinigungsfreiheit. Sie schließen sich mit den Sicherungen der freien geistigen Entfaltung, der Glaubens- und Gewissensfreiheit und der Freiheit von Wissenschaft und Kunst — zu einem Gesamtbereich geistiger Freiheit zusammen. Daneben bilden ferner noch die Rechte der freien wirtschaftlichen Betätigung — Berufs- oder Gewerbefreiheit, Koalitionsfreiheit, Schutz von Eigentum im Sinne einer allgemeinen Vermögensgarantie — eine andere, geschichtlich jüngere Gruppe im Gesamtrahmen der liberalen Freiheitsrechte[5]).

2. Historisch gesehen, gehört die Gedankenfreiheit und die aus ihr hervorgehende Preßfreiheit einer jüngeren Schicht der Freiheitsverbürgungen an, als die ältesten Rechte der Freiheit und des Eigentums, die zuerst Mitte des 17. Jahrhunderts auftreten[6]) und dann in klassischer Form von John Locke formuliert werden[7]). Die literarischen Äußerungen gehen voran. In einigen Bekundungen der Leveller, in Miltons Areopagitica (1644) und bei Spinoza treten die ersten, noch mehr auf die Freiheit des wissenschaftlichen Denkens und Schreibens gerichteten Auffassungen hervor[8]). Um aber in ihrem eigentlichen vollen Gehalt als Freiheit nicht nur der Äußerung des Gelehrten oder Philosophen, sondern als Freiheit der offenen und kritischen Erörterung der öffentlichen Angelegenheiten Anerkennung zu finden, bedurfte die Meinungsfreiheit zweier geistiger Voraussetzungen, die in der allgemeinen europäischen Entwicklung erst mit dem 18. Jahrhundert gegeben waren. Die Vorstellung einer Gedankenfreiheit wurde erst möglich nach dem Zurücktreten der geschlossenen Anschauungswelt

---

[5]) Zur Einteilung der Grundrechte nach inhaltlichen Gesichtspunkten siehe Jörg Paul Müller, Die Grundrechte der Verfassung und der Persönlichkeitsschutz des Privatrechts (Abh. z. schweizer. Recht 360), Bern 1964, S. 74 f.

[6]) Zu den Anfängen grundrechtlicher Vorstellungen, die sich um Freiheit und Eigentum gruppieren, siehe A. S. P. Woodhouse, Puritanism and Liberty, London, Reprint 1951, S. 72 (Ireton in den Putney-Debatten der Armee 1647); Josef Bohatec, England und die Geschichte der Menschen- und Bürgerrechte, 1956, S. 27 ff.

[7]) Second Treatise of Government, Kap. IX und XI, §§ 123 ff., 134 ff.

[8]) Zu den Ideen der Leveller siehe Perez Zagorin, A History of Political Thought in the English Revolution, London 1954. Die Leveller wendeten sich vor allem gegen die Lizenzierung der Drucke. Vgl. William Haller, Liberty and Reformation in the Puritan Revolution, New York 1955, S. 134 ff.; Levy a.a.O., S. 91 ff. Zu Milton: Bohatec a.a.O., S. 76 ff., über Spinoza: Levy a.a.O., S. 89 ff.

der religiösen Dogmatik vor dem Durchdringen der neuen, im 17. Jahrhundert geprägten wissenschaftlichen Denkform, die an die Stelle des Vertrauens in den Besitz der Wahrheit das Suchen nach ihr und damit die Möglichkeit zu kritischer Diskussion setzte[9]). Nach dieser Richtung schließt sich die Freiheit der Meinung an die Glaubensfreiheit an, die zuerst einen begrenzten Raum für ein Nebeneinander mehrerer Anschauungen geschaffen hatte[10]). In den geistigen Kämpfen der Zeit verbinden sich nur zu oft theologische und andere Momente der Kritik, wie man etwa noch bei dem Vorgehen der Universität Cambridge gegen die Lehren des Hobbes unter der Regierung Karls II. erkennen kann[11]). Von dem, was in dieser Hinsicht an deutschen Universitäten bis an den Ausgang des 18. Jahrhunderts, selbst noch gegenüber Kant, möglich war, braucht man nichts zu sagen[12]).

Ebenso wichtig für die Durchsetzung der Idee gedanklicher Freiheit war es aber, daß sich — wenn auch unter erheblichen Widerständen[13]) — in England im 18. Jahrhundert die Vorstellung Bahn brach, daß in der politischen Auseinandersetzung die Opposition eine legale und sogar im Wettbewerb des politischen Kampfes nützliche Erscheinung sein könne[14]).

---

[9]) Zum Durchdringen dieser analytischen Methode der modernen Wissenschaft siehe Leo Strauss, The Political Philosophy of Hobbes, Phoenix Edition, Chicago 1963, S. 1 ff.

[10]) Die Glaubensfreiheit ist zwar nicht, wie Georg Jellinek gemeint hat, das älteste der Freiheitsrechte, tritt aber früh — schon in der englischen Revolution — hervor. Die Freiheit des Gewissens (libertas conscientiae) wird dann der Ausganspunkt dafür, auch in weltlichen Fragen die freie Äußerung der Überzeugung zu fordern. Mit der Aufklärung und der Herrschaft der Vernunft dringt dann die Idee der Gedankenfreiheit allgemein vor. Vgl. hierzu: Paul Hazard, La crise de la conscience Européenne, Paris 1935, Bd. 2, S. 38 ff.

[11]) 1668 mußte ein fellow von Corpus Christi, um seine Entfernung rückgängig zu machen, ausdrücklich in der Universitätskirche seine Haltung als „an Hobbist and an Atheist" widerrufen. Vgl. Samuel I. Mintz, The Hunting of Leviathan, Cambridge 1962, S. 50 f.

[12]) Vgl. hierzu E. Schwinge, Festgabe f. Herrfahrdt, Marburg 1961, S. 178 ff.

[13]) Noch 1704 sprach sich der Chief Justice Holt in Tutchin's Case wie folgt aus: „If people should not be called to account for possessing the people with an ill opinion of the government, no government can subsist. For it is very necessary for all governments that the people should have a good opinion of it." (14 State Trials 1125, 1128. Auszug bei Williams a.a.O., S. 402.) Vgl. dazu Hudon a.a.O., S. 12.

[14]) Vgl. zu dieser Anerkennung politischer Meinungsverschiedenheit: Kurt Kluxen, Das Problem der Opposition. Entwicklung und Wesen der englischen Zweiparteienpolitik im 18. Jahrhundert,

In der Praxis blieb freilich eine Kritik an der Regierung immer noch lange der Gefahr ausgesetzt, als seditious libel verfolgt zu werden[15]). In der Sphäre des Parlamentes aber konnte sich auf Grund der Schriften von Bolingbroke die Auffassung eines echten politischen Spiegels entgegengesetzter Ansichten durchsetzen[16]).

Das ist die Grundlage, von der aus sich die Idee des hohen Wertes einer öffentlichen Diskussion und der Begriff der öffentlichen Meinung entwickeln konnte[17]). In der Tat sind diese Auffassungen von den Grundlagen politischer Freiheit heute noch gültig. Die Religionsfreiheit brach der weltanschaulichen Freiheit des einzelnen und der religiösen Toleranz unter den Religionsgemeinschaften Bahn. Die Gedankenfreiheit aber griff weiter aus. Sie richtete sich gegen den Anspruch des Fürstenstaates, daß dem Monarchen und seiner Regierung allein die Entscheidung gebühre, und daß Abweichung und Opposition eine Art Rebellion bedeute[18]). Diese Basis der Meinungs- und Pressefreiheit gilt auch in der Gegenwart. Wo immer daher heute ein weltanschaulicher Dogmatismus, auch in seiner säkular-politischen Form, auftritt, wird die Auseinandersetzung der Ideen aus einem freien Spiel des Geistes zu einem Akt dogmatischen Gerichts über Irrtümer und Abweichungen. Wo immer sich eine Regierung von den Grundlagen freiheitlicher Staatsführung zu entfernen beginnt, wird das an der empfindlichsten Stelle, bei der Pressefreiheit, alsbald erkennbar.

München 1956, S. 157 ff. Über die Entwicklung im frühen 19. Jahrh.: Sir Ivor Jennings, Party Politics, Bd. 3: The Stuff of Politics, Cambridge 1962, S. 176 ff.

15) Daher bedeutete die Aufhebung der Licensing Act im Jahre 1695 noch keine wirkliche Freiheit (Jennings a.a.O., S. 157 ff.). Die französische Revolution hatte sogar eine Welle verschärften gesetzlichen und judiziellen Vorgehens gegen politische Kritik zur Folge (vgl. Jennings, S. 160 ff.); erst die Libel Act 1843 (6 & 7 Vict. c. 96) ließ den Wahrheitsbeweis für die Zivilklage wegen libel zu. Vgl. O. Hood-Phillips, Constitutional and Administrative Law, 3. Aufl. 1962, S. 469.

16) Kluxen a.a.O., S. 197 ff. Zur englischen Ansicht von der Notwendigkeit der Opposition siehe Sir Ivor Jennings, Cabinet Government, 3. Aufl. 1959, S. 15 f.

17) Zur Entwicklung der Idee der öffentlichen Meinung in England siehe Cecil S. Emden, The People and the Constitution, Ausg. Oxford 1959, S. 31 ff.

18) Vom Widerstandsrecht abgesehen, kannte der mittelalterliche und absolute Staat keinen offenen, mit Parteibildung verbundenen Meinungsstreit über das Gemeinwohl; Parteiung und Aufruhr lagen dicht beeinander. Vgl. M. J. Wilks, The Problem of Sovereignty in the Later Middle Ages, Cambridge 1963, S. 199.

Das Ringen um die Anerkennung und allmähliche Verwirklichung der geistigen Freiheit ist in allen Ländern ein langer Prozeß gewesen. In den angelsächsischen Ländern im ersten Teil des 19. Jahrhunderts im wesentlichen vollendet[19]), ist auf dem europäischen Kontinent der Entwicklungsgang, ungeachtet der grundsätzlichen Bekenntnisse der französischen Revolution und des Jahres 1848, noch langsamer verlaufen[20]). In Deutschland bildet erst das Reichspressegesetz vom 7. 5. 1874, in Frankreich das Gesetz vom 29. 7. 1881 den Schritt zu einer gesicherten Rechtsgrundlage[21]).

---

[19]) Bei der Lösung der USA von England nahmen die amerikanischen Staaten zumeist den Schutz des „freedom of speech" in ihre Verfassung auf, ohne aber die Common-Law-Tradition des seditious libel damit aufzugeben. Entgegen einer herkömmlichen Auffassung (sie erscheint etwa bei Richter Sutherland in Grosjean v. American Press Co, 297 US S. 233, 249/50 (1936)) wurde diese ältere Linie erst nach dem Streit um die Sedition Act von 1798 (die den Wahrheitsbeweis zuließ und der Jury volle Entscheidung gab) aufgegeben. Vgl. hierzu die Nachweise bei Levy a.a.O., S. 176 ff., 249 ff.; Ders., American Histor. Review 68 (1961), S. 22 ff.; Hudon a.a.O., S. 44 ff.

[20]) Der Menschenrechtserklärung (Art. 11), die die freie Mitteilung der Gedanken schützt, folgt 1792 die Unterdrückung der royalistischen, bald auch der girondistischen Presse. Vgl. Georges Burdeau, Les libertés publiques, Paris 1961, S. 203 f. Das Konsulat und das Kaiserreich brachten ein Lizenzsystem kontrollierter Zeitungen. Aber auch unter der Monarchie von 1815—1848 und unter dem zweiten Kaiserreich herrscht selbst nach Aufgabe der Zensur (1830) ein ingeniöses System, das neben der Verwarnung und Schließung die indirekten Mittel des Aufkaufs, der Subvention, der hohen Kautionsgestellung des Verlegers, hoher Strafen für Ehrenkränkungen und der Besteuerung kennt und so die Freiheit weitgehend eingrenzt. In ihren negativen Sicherungen spiegeln die Preßgesetze der folgenden Zeit noch diese Behinderungen wieder. Einen vorzüglichen Überblick gibt Irene Collins, The Government and the Newspaper Press in France 1814—1881. Oxford 1959. Der Versuch, solche Beschränkungen vom französischen Beispiel in das preußische Presserecht zu übernehmen, den Bismarck durch die VO. v. 1. 3. 1863 machte, scheiterte am allgemeinen Widerstande und an der Verfassung; die VO. wurde am 1. 6. 1863 aufgehoben. Vgl. Löffler, Presserecht, München 1955, S. 26; Otto Pflanze, Bismarck and the Development of Germany, Bd. I, Princeton 1963, S. 201 ff. Zur Entwicklung in der Schweiz siehe Carl Ludwig, Schweizerisches Presserecht, Basel 1964, S. 63 ff.; für Österreich siehe Felix Ermacora, Handbuch der Grundfreiheiten und Menschenrechte, Wien 1963, S. 322.

[21]) Vgl. Löffler a.a.O., S. 25 f.; Burdeau a.a.O., S. 206 ff. Während das Reichspressegesetz heute vielfach durch die Landesgesetzgebung ergänzt oder wiederholt wird, in Hessen sogar schon 1948 aufgehoben wurde (vgl. Löffler a.a.O., S. 48/49, während das am 3. 10. 1949 ergangene bayerische Pressegesetz diese Aufhebung nicht mehr bewirken konnte, vgl. Löffler, S. 51, gegen

3. Der in seinen geistigen Ursprüngen eng zusammenhängende Bereich der Grundrechte des geistigen Ausdrucks hat sich heute aufgefächert. Die Glaubens- und Gewissensfreiheit hat sich über zunächst beschränkte Toleranz zu einer vollen Freiheit der weltanschaulichen Überzeugung und ihrer Betätigung erweitert und hat im deutschen Recht für das Verhältnis Staat und Kirche eine breite institutionelle Ausgestaltung erfahren. Sie gewährt heute freie Entscheidung für das weltanschauliche Denken und Bekennen[22]). In ihrer institutionellen Seite ist sie freilich vom modernen säkularen Staate auch zu einem Mittel gestaltet, um seinen Bürgern die Lösung aus religiösen Bindungen freizustellen, so sehr auf der anderen Seite im deutschen Recht Staat und Kirche noch in vielfachen historisch gewachsenen Beziehungen bleiben. Hier ist jedenfalls ein eigener, gegenüber der Meinungsfreiheit selbständiger Bereich grundrechtlicher Gestaltung entstanden.

In Deutschland, Österreich und der Schweiz hat sich ferner die Wissenschaftsfreiheit als Freiheit von Forschung und Lehre im Hochschulbereich zu einer selbständigen Grundrechtsverbürgung entwickelt. Im angelsächsischen Raume, wo anders wie auf dem Kontinent Wissenschaft und Unterricht lange vorwiegend privater Hand überlassen blieben, konnte das Problem einer dem Staat gegenüber zu behauptenden akademischen Lehrfreiheit — gegen deren Mißachtung durch die deutschen Länder die Frankfurter Nationalversammlung 1848 die Freiheit der Wissenschaft in ihren Strauß der Freiheiten einfügte — nicht auftreten[23]). Hier ist daher, wie neuere Vor-

---

Bay VerfGH 2 II S. 143, 160), ist das Gesetz von 1881 immer noch die Grundlage des französischen Rechtszustandes.

[22]) Ich halte damit daran fest, daß Art. 4 GG auch mit der Freiheit des Gewissens nur die weltanschaulich gegründete Anschauung (Bekenntnis) schützt (auch die atheistische), nicht aber, wie neuere Autoren meinen (vgl. H. J. Scholl, Die Freiheit des Gewissens, Berlin 1958, S. 117 ff., 210 ff.; Witte, AöR 87 (1962), S. 187 ff.) neben der Glaubens- und Weltanschauungsfreiheit noch ein ganz oder halb selbständiges Recht des Gewissens als einen grundrechtlichen Freibrief für Gewissensbedenken enthält. Wie hier v. Mangoldt-Klein, Das Bonner Grundgesetz, Bd. 1, S. 218. Gegen eine solche Deutung der Religionsfreiheit als „libertà di infringere i valori etici dallo Stato" für Italien auch Gaetano Catalano, Il diritto di libertà religiosa, Mailand 1957, S. 21.

[23]) Grundlegend zur Wissenschaftsfreiheit in Deutschland Rudolf Smend, VVDStRL 4 (1928), S. 61 ff. Die Achtung vor der Forschung und die Innehaltung einer Sphäre der „academic freedom" im Sinn der Selbstverwaltung gehört indes auch zu den Grundsätzen des englischen Erziehungswesens. Vgl. den Bericht des Committee on Higher Education (Robbins Report) von 1963 (Cmnd 2154), S. 235.

gänge in den Vereinigten Staaten — in der Abwehr kommunistischer Bestrebungen — zeigen, die Möglichkeit gegeben, daß eine private Personalpolitik auch politische Gesichtspunkte aufnimmt, wenn auch nur gegenüber radikalen Richtungen. Die Wissenschaftsfreiheit, deren Kern stets die persönliche Verantwortung des einzelnen Forschers in dem Streben nach Erkenntnis und Wahrheit bleibt, ist freilich nicht ohne ihre institutionelle Ausprägung als Sicherung der Freiheit der Hochschule, in Verbindung mit dem Hochschulverständnis der idealistischen Philosophie, zu verstehen[24]). In der Gegenwart zeigt sich eine Tendenz, die Wissenschaftsfreiheit stärker als institutionelle Garantie der Selbstbestimmung der Hochschule zu begreifen und damit doch wohl den Schwerpunkt zu sehr von dem Schutz geistiger Erkenntnis und Aussage auf die Verbürgung administrativer Besonderung zu verlagern[25]). Die Wissenschaftsfreiheit ist das einzige Grundrecht, für das auf Grund neuerer Reminiszenzen an Mißbrauch des Katheders das Grundgesetz — jedenfalls für den Bereich der Lehre — die Forderung der Treue zur Verfassung aufstellt und damit eine gewisse Einschränkung hinzufügt. Sieht man freilich tiefer, so bleibt zu erkennen, daß bei der Stellung der deutschen Hochschulen als staatlicher Einrichtungen im Grunde nur eine freiheitliche Verfassung überhaupt die Lehrfreiheit sichert. Die vom akademischen Lehrer geforderte Treue zur demokratischen Verfassung, wie sie das Grundgesetz vorschreibt, kann nur in diesem Licht verstanden werden. Damit wird der akademische Lehrer auf die Grundlage jener Freiheit verwiesen, die er in Anspruch nimmt. Da echte wissenschaftliche Kritik gegenüber Einrichtungen und Handhabung der Verfassung dadurch nicht beeinträchtigt wird, so erscheint diese hinzugefügte mahnende Begrenzung weder sachfremd noch belastend[26]). In jedem Falle aber geht die Wissenschafts-

---

[24]) Vgl. Smend a.a.O., S. 63/64.

[25]) In diesem Sinne Arnold Köttgen, Das Grundrecht der Deutschen Universität, Göttingen 1959, S. 23 ff., 30 ff.; Hans Gerber, Festschrift für H. Jahrreiss, Köln 1964, S. 48/49. Dabei rückt dieses Grundrecht sehr in den Raum einer Selbstverwaltungsgarantie statt im Bereich geistiger Freiheit zu bleiben, die freilich einer gewissen institutionellen Grundlage bedarf.

[26]) Versteht man die Klausel des Art. 5 Abs 3 Satz 2 GG in diesem Sinne eines mahnenden Hinweises auf die Bedingtheit des Lebensraumes geistiger Freiheit durch eine freiheitliche Verfassung und hält man eine wissenschaftlich ausgerichtete Kritik an einzelnen Einrichtungen wie am Ganzen der Verfassung für statthaft, so wird man nicht mit Richard Thoma (Die Lehrfreiheit der Hochschullehrer, Tübingen 1952) und Ernst Friesenhahn (Staatsrechtslehrer und Verfassung, Krefeld 1950, S. 17 ff.) in diesem Satz

freiheit schon durch ihre Orientierung an der Wahrheitsfindung und am geistigen Sinn der Hochschule eigene Wege gegenüber der Meinungs- und Pressefreiheit, bei der es viel eher um Werturteile als um Erkenntnisse geht, die auch unkritische, eilige und sogar leichtfertige Äußerungen decken kann und die vielfach einfach als Ausdruck persönlicher Lebensführung und zugleich als Mittel aktiver Teilhabe am politischen Leben erscheint. Die Wahrheitsbindung und der ganz andersartige institutionelle Zusammenhang der Freiheit der Wissenschaft läßt daher einen Strukturvergleich mit jenen anderen Freiheiten, wie er jüngst versucht wurde[27]), nicht zu.

5. Aus der gemeinsamen Wurzel der Freiheit des geistigen Ausdrucks sind in neuerer Zeit im deutschen Verfassungsrecht noch weitere besondere Ausprägungen geistiger Tätigkeit herausgewachsen. Die Freiheit der Kunst, die jene Form der Meinungsäußerung umschließt, welcher ein schöpferisches Element sinnbildlicher oder verwandelnder Präsentation von Gedanken und Empfindungen innewohnt[28]), hat in der Rechtsentwicklung noch wenig Kontur gewonnen[29]). Verhält es sich bei ihr doch derart, daß — vielleicht abgesehen vom Gebiet des Films —

---

ein neues, gar ein im Dienstrecht geltend zu machendes Moment der Beschränkung der Lehrfreiheit sehen. Was in der Formel bekämpft wird, ist nicht die wissenschaftlich fundierte Kritik, sondern die vom amtlichen Katheder ausgehende politische Stellungnahme der Verfassungsgegnerschaft, also der Mißbrauch der Freiheit, wie ihn auch Art. 2. 18 und 21 GG kennen. Wie hier Erich Schwinge a.a.O., S. 185 ff., und Günther Dürig, der vom Boden der materiellen Verfassungsgrundlagen des Grundgesetzes her dieses Eintreten des Grundgesetzes für „folgerichtig" erklärt (Summum Ius, Summa Iniuria (Tübinger Rechtsw. Abh. Nr. 9) 1963, S. 87.

[27]) Die Freiheit der Wissenschaft ist eine Freiheit mit innerer Bindung an die kritische Methode der Wissenschaft — hier treten verwandte Züge mit der Bindung der richterlichen Unabhängigkeit an den Dienst am Recht auf —, bei der Pressefreiheit dagegen ist zwar eine innere Kontrolle in der Verantwortung erwünscht, aber gehört nicht zum Wesensbild dieser Freiheit. Auch die institutionellen Ausprägungen divergieren: dort die Voraussetzung beruflich-fachlicher Qualifikation, hier der freie Zugang zum Beruf für jeden. Trotz mancher Ähnlichkeiten scheint mir also doch das Angebot rechtlich nicht fundiert zu sein, mit dem Dürig (a.a.O., S. 91 ff.) die Freiheit der Presse an der Freiheit des Hochschullehrers orientieren wollte.

[28]) Jaspers (Philosophie, 3. Aufl. 1956, Bd. 3, S. 192 ff.) deutet Kunst als Chiffreschrift des Seins, Nachahmen des Wirklichen und Vision des Möglichen.

[29]) Zur Freiheit der Kunst vgl. Helmut Ridder, Freiheit der Kunst nach dem Grundgesetz (Internat. Gesellschaft für Urheberrecht, Schriftenreihe Nr. 29), Berlin 1962, S. 1 ff. R. hebt zutreffend hervor, daß dieses Recht auch des Schutzes bedarf vor sozialen

die beengenden Einwirkungen weniger aus staatlichen Eingriffen entspringen, sondern aus der geistigen und milieumäßigen Isolierung des Künstlers in der pluralistischen Gruppengesellschaft, und aus der Tatsache, daß die wirtschaftliche Lebensgrundlage des Kunstschaffenden und seine Anerkennung in der Öffentlichkeit in zunehmendem Maße von Großorganisationen musikalischen oder literarischen Konsums abhängig wird. Auch wird man zweifellos zögern, die Kunst — wiederum abgesehen vom Film — unter die einer öffentlichen Aufgabe — im Sinne der Teilnahme an der politischen Diskussion — dienenden Medien zu zählen, obwohl zu allen Zeiten — man denke an Gerhart Hauptmanns „Weber" oder an Picassos „Guernica" — wahre Kunst auch tiefe politische und soziale Impulse zu vermitteln ebenso fähig wie berufen gewesen ist. Nicht mit Unrecht steht die Kunst indes im Kontext des Art. 5 GG bei der Wissenschaft. Auch in ihrem Freiheitsbereich steht die persönliche Kraft der Gestaltung über allem Institutionellen, auch sie ist nicht so sehr — was immer die moderne Ansicht von der engagierten Kunst meinen mag — am bloßen Meinen als an der höheren Wahrheit ästhetischer oder transzendierender Darstellung menschlicher Existenz ausgerichtet. Da aber viele der wirklichen Gefahren für die Kunst vom Auftraggeber oder vom Konsumenten herrühren oder durch eine konformistische wie auch durch eine dogmatische Kritik heraufbeschworen werden, bleibt der Kern ihrer Entfaltung doch wesentlich der Verantwortung der Beteiligten unter sich überlassen. An den Staat und die öffentlichen Korporationen, die als Bauherren, Inhaber von Theatern und Bildungsanstalten und Träger von Bibliotheken eine bedeutende Rolle spielen, richtet daher die Freiheit der Kunst — institutionell verstanden, und hier tritt die nur institutionell zu begründende Aktivpflicht des Staates zum Handeln hervor[30] —

Mächten und vor der Auslieferung an „Konsumentenorganisationen" (S. 20, 24). W. Leisner, Aktuelles Filmrecht (Schriftenreihe der UFITA, Heft 24), 1963, S. 76, bemerkt mit Recht, daß vor allem Gefahr droht von einer Verhinderung der Verbreitung und einer Beschränkung der Kunstkritik. Ob Kunst einfach ein Unterfall der privaten Meinungsäußerung ist (Ridder bei Neumann-Nipperdey-Scheuner, Die Grundrechte, Bd. II, S. 268), bleibt zweifelhaft. Sie vermag sich über ein bloßes Meinen zu erheben. Zum Schutz der Kunst in Italien (Art. 33) siehe Esposito, La libertà di manifestazione del pensiero, Mailand 1958, S. 45.

[30]) Ebenso wie bei der Freiheit der Wissenschaft ist es möglich, daß staatliche Trägerschaft und Förderung durch geeignete institutionelle Vorkehrungen einen Bereich geistiger Freiheit zu sichern vermögen. Dort aber, wo staatliche oder kommunale Mittel eingesetzt werden, sind gewisse Direktiven zulässig, zumal der be-

den Ruf zu toleranter und intelligenter Förderung, ohne daß man hier wie bei der Presse dem wirtschaftlichen Träger einer Einrichtung (Theater) jeden Einfluß auf die inhaltliche Gestaltung verfassungsrechtlich negieren könnte.

6. Zwei andere Ausdrucksformen des geistigen Lebens, Film und Rundfunk (einschließlich Fernsehen) werden von der Verfassung sehr nahe an die Preßfreiheit herangerückt. Auch bei ihnen zeigt die rechtliche Formung noch eher Züge des Werdens, die von dem stärker ausgereiften Stande des Rechts der Pressefreiheit abweichen. Der Film, in der Weimarer Verfassung wie zumeist im Ausland noch stärkeren Beschränkungen bis hin zur Vorzensur unterworfen[31]), ist nun auch mit einem strikten Zensurverbot ausgestattet[32]). Daß das Grundgesetz

---

traute Theaterintendant oder Museumsdirektor vertraglich-dienstliche Bindungen eingehen kann. A. A. Ridder, Freiheit d. Kunst, S. 21.

[31]) Der Supreme Court der Vereinigten Staaten hält Staatsgesetze, die eine vorherige Lizenzierung von Filmen vorsehen, für zulässig, sofern sie klare und begrenzte Maßstäbe setzen, betont aber die Geltung der „freedom of speech" auch für Filme. Vgl. Joseph Burstyn Inc. v. Wilson 343 U.S. 495 (1952); Kingsley International Picture Co v. Regents of the University of the State of New York 360 U. S. 684 (1959); Times Film C. v. Chicago 365 U. S. 43 (1961). Siehe hierzu Hudon a.a.O., S. 149 ff. Das Bundesgericht der Schweiz läßt polizeiliche Maßnahmen zum Schutz der morale publique zu, BGE 87 I 114 (1961). In Frankreich sieht das Dekret vom 27. 1. 1956 ein Visa für jeden Film vor, also eine Vorzensur. Vgl. Burdeau a.a.O., S. 254 f.

[32]) Das Zensurverbot gilt auch für Film und Rundfunk. So auch v. Mangoldt-Klein a.a.O., S. 246; Ridder, in Neumann-Nipperdey, Die Grundrechte, S. 280. Zensur in diesem Sinne bezeichnet aber nur im Einklang mit der rechtlichen Überlieferung die Präventivzensur des Staates (Ridder a.a.O., S. 280). Der Versuch, einen „materiellen" Zensurbegriff zu entwickeln, der jede Beeinflussung der öffentlichen Meinungsbildung durch Einschränkung möglicher Beiträge zu ihr umfaßt (Noltenius, Die Freiwillige Selbstkontrolle der Filmwirtschaft und das Zensurverbot des Grundgesetzes, Göttingen 1958, S. 107 ff.), hat keinen Halt im Verfassungstext und verkennt, daß das Zensurverbot sich nur gegen den Staat wendet (so richtig Seidl-Hohenveldern, Filmzensur in der Bundesrepublik, Deutsche Landesreferate zum V. Internat. Kongreß f. Rechtsvergleichung 1958, S. 199) und Akte des Verbotes oder der Verhinderung zum Gegenstand hat, nicht aber sonstige Einwirkungen mittels sozialen Drucks. Die Freiwillige Selbstkontrolle der Filmwirtschaft (über sie Löffler, Cron, von Hartlieb, Stammler, Mueller in „Selbstkontrolle von Presse, Funk und Film", München 1960, dort S. 55 ff. Abdruck der Grundsätze der FSK) stellt daher, trotz ihrer sozialen und finanziellen Auswirkung keine Zensur dar, und verletzt, da grundrechtliche Berechtigungen in begrenztem Maße verzichtbar sind, das Grundgesetz nicht (so auch OLG Frankfurt, NJW 1963, S. 112; einschränkend Ridder a.a.O., S. 280).

die Position dieser beiden Massenkommunikationsmittel weder ausreichend umschrieben, noch auch nur richtunggebend bewältigt hat, ist leicht zu erkennen. Aus einer vollen Gleichstellung von Presse, Film und Rundfunk in einigen frühen Entwürfen zu Art. 5 GG[33]) wurde im Verlauf der Beratungen im Parlamentarischen Rat dann eine Verbürgung der Preßfreiheit ohne qualifizierende Zusätze, also eine weitgefaßte institutionelle Garantie, bei Film und Rundfunk die — offenbar einengend umschriebene — Freiheit der Berichterstattung. Es erscheint indes richtig, die Unterschiede der Wortfassung hier nicht zu stark zu akzentuieren, sondern die Gemeinsamkeit bei der institutionellen Sicherung dieser drei Massenmedien in den Vordergrund zu rücken[34]).

Das gibt zu zwei methodischen Zwischenbemerkungen Anlaß. Wenn hier vor dem Eingehen auf die Preßfreiheit dieser weitere Ausblick auf verwandte Grundrechtsverbürgungen unternommen wird, so geschieht dies, um deutlich zu machen, wie sehr — trotz der Ausbildung selbständiger grundrechtlicher Freiheiten — das ganze Gebiet der geistigen Ausdrucksfreiheit immer zugleich eine große innere Einheit darstellt, in der auch die Einzelheiten aufeinander abgestimmt bleiben müssen. Im ausländischen Recht, das vielfach eine geringere Aufgliederung der grundrechtlichen Sätze aufweist, wird das ohne weiteres deutlich. In den Vereinigten Staaten faßt die Formel des I. Amendment „freedom of speech and of the press" einen weiten Kreis von Betätigungen der Freiheit zusammen, der Meinungsäußerung, Presse, öffentliche Reden, Film, Streikpostengestellung usw. umgreift; in der im Vordergrund stehenden Wendung der Freiheit der Rede werden diese Bereiche gemeinsam umfaßt[35]). Auch im englischen Recht bleibt durch die Common Law-Klammer diese Einheit des Gebietes erhalten[36]). Zum zweiten aber darf bereits hier darauf hingewiesen werden, daß im Bereich der geistigen Freiheiten die volle Entfaltung des grundrechtlichen Schutzes in erheblichem Maße eine institutionelle Deutung erfordert, um durch Schutzgewährung auch gegen soziale Mächte und ggf. durch ein geeignetes

---

[33]) Vgl. den Vorschlag für die V. Sitzung des Grundsatzausschusses bei v. Doemming-Füsslein-Matz, Entstehungsgeschichte d. Grundgesetzes, JöR NF 1, S. 80.

[34]) In diesem Sinne auch Helmut Lenz, JZ 1963, S. 339/40.

[35]) Zu dieser Weite der Formel der I. Amendment siehe Roth v. Un. States 354 U. S. 481: „protection of every of utterance." Einen guten Überblick gibt die Fallsammlung von Milton R. Konvitz, First Amendment Freedoms, Ithaca 1963.

[36]) Vgl. O. Hood-Phillips a.a.O., S. 466 ff.

aktives Handeln des Staates die Verfassung weiterzudenken und voll zu realisieren. Auch aus dieser Erkenntnis folgt, daß man den Ausdruck „Berichterstattung“ in Art. 5 GG nicht dahin auslegen darf, es werde nur die informierende Funktion dieser Medien geschützt. Man wird vielmehr Film und Funk in ihrer Einheit unter Art. 5 Abs. 1 Satz 2 erfassen dürfen, auch wenn beiden daneben, da sie Betätigungen der Meinungsäußerung und der Kunst darstellen können, zugleich der Schutz der anderen Bestandteile des Art. 5 Abs. 1 GG verbleibt[37]). Eine institutionelle Auffassung dieser beiden Bereiche kann sie jedenfalls nur einheitlich umschreiben.

Auf den Film soll hier, da er dem spezifisch politischen Moment der Pressefreiheit ferner steht, nicht näher eingegangen werden. Was hingegen die Rundfunkfreiheit angeht, so steht dieses Massenkommunikationsmittel bei der Meinungsbildung in unmittelbarem Wettbewerb und in einem Verhältnis der Ergänzung zur Presse. Bei der Freiheit des Rundfunks (mit der zugleich auch die des Fernsehens gemeint ist) zeigt sich der unfertige Zustand der Rechtsentwicklung allenthalben. Wem stehen, so muß man fragen, die subjektiven Berechtigungen aus der Rundfunkfreiheit zu? Sicherlich dem einzelnen Künstler oder Redner, der mitwirkt, für seinen Beitrag, wiewohl hier häufig eine freiwillige Verzichtleistung auf volle Selbständigkeit zwecks Einfügung in den vom Leiter der Sendung vorgesehenen Rahmen vorliegen wird. Man wird die Freiheit auch dem Veranstaltungsleiter selbst für seinen gestaltenden Anteil zubilligen können, dagegen nicht der öffentlich-rechtlichen Sendeanstalt[38]). Vielleicht ist die Frage vom

---

[37]) Das BVerwGE 1, S. 303, 306, hat Gewicht darauf gelegt, daß die Freiheit der Kunst nicht den Schranken der allgemeinen Gesetze (damit auch nicht polizeilichem Eingriff im allgemeinen) unterliege. Ob man freilich in diesem Umfang den Film zur Kunst rechnen kann, bleibt eine offene Frage.

[38]) Sowohl die Literatur als das Fernsehurteil des BVerfG, Bd. 10, S. 205, lassen bei der Frage nach dem Träger des Rechts der Rundfunkfreiheit zumeist im Stich. Fehl geht jedenfalls die Meinung von Krause-Ablass, Rundfunk und Fernsehen 10, 1962, S. 114 (und weiter unter Heranziehung des Art. 2 für die „Gesellschaft“ ausgesponnen, dort 11, 1963, S. 132 f.), die Gesellschaft sei dieser Träger. Sie ist kein Rechtsbegriff. Die öffentlich-rechtlichen Anstalten können nicht Träger sein, weil nach richtiger Ansicht Personen des öffentlichen Rechts keine Grundrechtsträger sein können. Vgl. Maunz-Dürig, Grundgesetz, Anm. 29 ff., zu Art. 19; Bettermann, DVBl 1963, S. 42; Rüfner, AöR 89 (1964), S. 265. So auch grundsätzlich BVerfGE 15, S. 256, 262, doch läßt diese Entscheidung für die akademische Selbstverwaltung der Hochschule (und ihren Fakultäten) das Grundrecht des Art. 5, Abs. 3 GG zukommen.

Boden der Zuteilung subjektiver Rechte aus überhaupt nicht lösbar, und kann die Rundfunkfreiheit in ihrem komplexen Gewebe von Freiheit, staatlicher Einwirkung und administrativer Leitung nur vom institutionellen Ansatz her befriedigend erfaßt werden. Auch das Bundesverfassungsgericht behandelt die Rundfunkfreiheit im Fernsehurteil nur vom institutionellen Gesichtspunkt her[39]). Diese institutionelle Einkleidung muß um so wichtiger werden, wenn man der vom Bundesverfassungsgericht vorgenommenen Zurechnung der „Veranstaltung von Rundfunksendungen" — und diese Veranstaltung schließt neben der bloßen äußeren Organisation doch auch die oberste richtunggebende Programmgestaltung ein — zur öffentlichen Verwaltung folgt. Ob man auch die inhaltliche Formung der Sendungen vom Begriff der öffentlichen Verwaltung her glücklich erfaßt, muß ich freilich bezweifeln[40]). Wird hier nicht das Freiheitsrecht allzusehr zurückgedrängt? In Wirklichkeit liegt es ebenso wie bei einer Hochschule oder Kunstakademie. Verwaltung ist die Einrichtung, die finanzielle Ausstattung, das Personalwesen sowie der Bereich der Direktion, den man als Intendanz bezeichnen könnte. Aber der Inhalt der Sendungen muß vom Prinzip der Rundfunkfreiheit aus erfaßt werden. Auch hier hat das Bundesverfassungsgericht wiederum nur vom institutionellen Standpunkt her die Garantien der inneren Freiheit der Sendungen umschreiben können, indem es bei der Einrichtung des Rundfunks für die Aufrechterhaltung der Freiheit besondere Vorkehrungen gefordert hat. Es hat vor allem verlangt, daß bei der Veranstaltung von Rundfunkdarbietungen alle wesentlichen gesellschaftlichen Kräfte Einfluß erlangen, um ein Programm der Ausgewogenheit zu erreichen. Man kann freilich zweifeln, ob diese Aussage des Gerichts wirklich die einzige Form darstellt, in der eine politische Neutralität der Rundfunkdarbietungen verwirklicht werden kann. Im Bereich der Hochschulen und anderer kultureller Einrichtungen hat der Staat durchaus andere geeignete Formen der Autonomie und der inneren Unabhängigkeit gegenüber politischen und sozialen Kräften und Ansprüchen ge-

---

[39]) Sieht man das Urteil durch, so wird man immer wieder darauf stoßen, daß allgemein der Ausdruck „Freiheit des Rundfunks" nur im institutionellen Sinne angewendet wird (BVerfGE 10, 245, 260—263). Kritisch hierzu Hans Peters, Die Rechtslage von Rundfunk und Fernsehen nach dem Urteil des Bundesverfassungsgerichts, Gütersloh 1961, S. 28 f., der hier das Moment der individuellen Freiheit vermißt, und Bettermann a.a.O., S. 42.

[40]) Kritisch hierzu Peters a.a.O., S. 15 f.

funden[41]). Festzuhalten bleibt jedenfalls, daß sich für die bestehenden öffentlichen Anstalten, die nicht selbst Träger der Freiheit sein können, die Freiheit des Rundfunks eher als objektive Leitlinie und als Begrenzung auswirkt.

7. Die Trennungslinie, die Art. 5 zwischen der Freiheit der Presse und der des Rundfunks zieht, erweist sich insofern als begründet, als die soziologischen Voraussetzungen für die Erfüllung dieser Freiheit bei beiden Medien weitgehend verschieden sind. Während bei der Presse die Freiheit der Gründung von Presseorganen besteht und der Zugang zur Presse im Rahmen ihrer privatrechtlichen Geschäftsorganisation offensteht, hat der Rundfunk eine gesetzgeberische Sondergestaltung erfahren. Der maßgebende Grund, der in kleineren Ländern — und nach dem Wellenumfang rechnet die Bundesrepublik hierzu — den monopolistischen oder oligopolistischen Charakter der Sendeeinrichtungen bedingt, liegt heute sicherlich nicht mehr in der technischen Unmöglichkeit verschiedener Sendeträger, sondern in den außerordentlich hohen Kosten der Programmgestaltung und des Betriebes der Sendeanstalten. Sie lassen es im Interesse der Qualität des Inhalts der Sendungen angezeigt erscheinen, sich auf zwei bis drei Programme zu beschränken. Von dieser unterschiedlichen sozialen Grundlage aus — und hier läßt sich beobachten, wie sehr Verfassungsauslegung im Grundrechtsbereich zu freier Gestaltung führen kann — nimmt die Interpretation der Rundfunkfreiheit eine andere Richtung als die Freiheit der Presse. Während im Bereich der Presse jede Staatsintervention abgelehnt werden kann, muß umgekehrt im Funkwesen der Staat eine aktive Rolle als Schützer der Freiheit ausüben. Dennoch bleibt zwischen den beiden Freiheiten der innere Zusammenhang gewahrt. Nicht nur, daß im Extremfall äußerster Pressekonzentration dem Staate ähnliche Aufgaben der Erhaltung eines Systems des ausgewogenen Wettbewerbes zufallen würden[42]).

---

[41]) Auf diese anderen Formen zugleich staatlicher und vom Staat unabhängiger Einrichtungen hat mit Recht Bettermann a.a.O., S. 43, aufmerksam gemacht. In der Überantwortung des Rundfunks an die pluralistischen Kräfte des öffentlichen Lebens (einschließlich der Parteien) als allgemeine Organisationsform des Rundfunks mag das Gericht doch die faktisch bestehende Lage allzusehr dogmatisiert haben.

[42]) Diese Frage ist wenigstens im Ansatz in England auf Grund der immer mehr fortschreitenden Pressekonzentration gestellt worden, die dazu geführt hat, daß in London kein halbes Dutzend große nationale Zeitungen mehr erscheinen und eine Zeitung dort mit unter 1 Million Lesern schon als gefährdet gilt. Vgl. den Bericht der Royal Commission on the Press (1962) Cmnd 1811, S. 12 ff., 19 ff., sowie die Tabellen S. 174/175. Der Pressebericht

Im Grunde geht es in beiden Fällen um die gleiche Forderung: Wahrung der Diskussionsmöglichkeiten und der Meinungsvielfalt im öffentlichen Leben. Nur daß diese im einen Falle von sich aus besteht und nicht angetastet werden soll, im anderen aber der staatlichen Hilfe bedarf[43]).

Wie stark manche Fragen noch in der Entwicklung stehen, mag ein Beispiel zeigen. Mit Recht rechnet man zum institutionellen Schutzbereich der Presse auch das für ihre wirtschaftliche Existenz heute unentbehrliche Anzeigenwesen[44]).

---

erkennt an, daß der Schutz gegen übermäßige Konzentration im öffentlichen Interesse liege und sagt (S. 116): „Concentration of ownership carries with it the potential danger that variety of opinion may be stifled." Er empfiehlt die Errichtung eines Press Amalgamations Court, der Verschmelzungen verhindern könnte, die „contrary to the public interest" sind. In Frankreich schreitet eine ähnliche Entwicklung langsamer fort, die vor allem die Provinzpresse verringert. Vgl. Jacques Kayser, Le quotidien français, Paris 1963, S. 17 f. In der Bundesrepublik hingegen sorgt das Fehlen einer zugleich auch kommerziell und publizistisch zentralen Hauptstadt für die Abwesenheit solcher Tendenzen. Wo solche monopolistischen Beherrschungen geistiger Auseinandersetzung auftreten, wird man es indes als Aufgabe des Staates ansehen müssen, zur Erhaltung der Freiheit einzugreifen. Vgl. für die Verwertungsgesellschaften auf dem Gebiet des künstlerischen Urheberrechts H. Ridder, Verfassungsrechtliche Probleme der gesetzlichen Regelung von Verwertungsgesellschaften auf dem Gebiet des künstlerischen Urheberrechts (Internat. Gesellschaft für Urheberrecht, Band 32), Berlin 1963, S. 34 ff.

[43]) Ein aktives Eingreifen des Staates zur Sicherung des Bestandes einer freien öffentlichen Auseinandersetzung wird durch das grundrechtliche Gebot nur in den Grenzfällen in Frage kommen, in denen die Ausdrucksmöglichkeit ernsthaft beschränkt zu werden droht. Daher kann der Entwurf eines Gesetzes über Maßnahmen auf dem Gebiet der deutschen Filmwirtschaft (BT IV. Wahlp., Drucksache IV/1172 und dazu der Ausschußbericht IV/2324) nicht zu Art. 5 GG in dem hier bezeichneten Sinne in Beziehung gesetzt werden, sondern stellt eine Maßregel der Wirtschaftsförderung dar. — Dagegen tritt eine innere Beziehung von Pressefreiheit und staatlicher Einwirkung in der Rechtsprechung des amerikanischen Supreme Court hervor, wenn er Abreden eines Zeitungsverbandes, die die Abgabe von Nachrichten an Nichtmitglieder untersagen, als „restraint of trade" und Verstoß gegen die „freedom of speech and of the press" ansieht (Associated Press v. Un. States 326 U. S. 1). Dort wird ausgeführt (S. 20): „Freedom to publish means freedom for all and not for some. Freedom to publish is guaranteed by the Constitution, but freedom to combine to keep others from publishing is not. Freedom of the press from governmental interference under the First Amendment does not sanction repression of that freedom by private interests."

[44]) Die Freiheit der Presse deckt auch das Inseratenwesen insoweit, als es der Presse nicht genommen werden darf und hier ausgeübter sozialer Druck die Pressefreiheit beeinträchtigen kann (vgl.

Gehört in gleicher Weise auch die Werbung zu Rundfunk und Fernsehen?[45]) Angesichts der öffentlichen Finanzierung des Rundfunks wird man nicht ohne weiteres die Werbung als einen institutionell gebotenen Bestandteil seiner Erscheinung ansehen. Es dürfte also — auch im Sinne der Zurechnung der Veranstaltung von Sendungen zur Verwaltung bei Vornahme durch den Staat — nicht begründet sein, die Werbesendungen der öffentlichen Aufgabe (BVerfGE 12 S. 246) des Rundfunks zuzurechnen[46]).

Andererseits wird man — wie dies auch bei den Unternehmungen des Staates und der Gemeinden allgemein der Fall ist[47]) — in der rechtlichen Beurteilung die tatsächlich eingetretene Entwicklung nicht außer Acht lassen können, in der die Werbung zu einem Bestandteil der Funk- und Fernsehsendungen geworden ist[48]). Eine institutionelle Auslegung wird hier allein die Maßstäbe liefern können, um vom Gesichtspunkt der Entfaltung der Freiheit eines geistigen Ausdrucksmittels dessen Funktionsbereich abzustecken und seine Grenzen im Interesse der Erhaltung eines die Gesamtheit der Meinungsbildung berücksichtigenden Wettbewerbsprinzips zu bezeichnen. Es zeigt sich hier die Notwendigkeit, Grundrechtsinterpretation als lebendige, auch die sozialen Tatsachen berücksichtigende Verwirklichung des Verfassungsgehalts aufzufassen. Im Rahmen der institutionell verstandenen Gewährleistungen hat auch der Konsument — hier mithin das Bedürfnis der werbenden Wirtschaft — gegenüber den heute zu finanziellen und sozialen

---

Löffler, Presserecht 1955, S. 79 f.). — Zur wirtschaftlichen Bedeutung des Anzeigenwesens siehe E. Dovifat, Zeitungslehre, 4. Aufl., Berlin 1962, Bd. 2, S. 123 ff. Bericht der Royal Commission on the Press, S. 83 ff., 196 ff.

[45]) Vgl. hierzu Hamann, NJW 1957, S. 1422; Forsthoff, DÖV 1957, S. 97 ff.; Krause-Ablass, Rundfunk u. Fernsehen 11, 1963, S. 130 ff.; Ipsen, NJW 1963, S. 2049 ff., 2102 ff. Ferner OLG München, NJW 1958, S. 1298 ff.

[46]) So aber Ipsen a.a.O., S. 2052/53, der jeden Sendeinhalt zur öffentlichen Aufgabe der Anstalt rechnet. Ebenso Ullrich und Thomsen, NJW 1964, S. 575. Demgegenüber läßt sich jedoch darauf hinweisen, daß auch bei den Unternehmen der Gemeinden zwischen den ihnen gesetzlich obliegenden Einrichtungen, den nichtwirtschaftlichen und den wirtschaftlichen Unternehmen, deren Ziel auch Gewinn umfaßt, unterschieden wird. Vgl. Friedrich Zeiss in Peters, Handbuch der kommunalen Wissenschaft u. Praxis, Bd. 3 (1959), S. 648 f.; Gönnenwein, Gemeinderecht, Tübingen 1963, S. 475 ff., 480 ff.

[47]) Vgl. zu der Bedeutung dieses Herkommens Helmreich-Widtmann, Bayerische Gemeindeordnung, 2. Aufl. München 1959, S. 539 f.

[48]) In diesem Umfang stimme ich Ipsen a.a.O., S. 2052, zu.

Mächten gewordenen Inhabern der Ausdrucksmittel geistiger Freiheit ein Gewicht. Von diesem Boden aus wird es beurteilt werden müssen, wenn die Gesetzgebung zur Erhaltung eines ausgeglichenen Wettbewerbes auch zwischen verschiedenen Trägern der Meinungsbildung die wirtschaftliche Grundlage eines Meinungsträgers zu sichern unternimmt[49]), zumal dem Gesetzgeber gegenüber öffentlichen Anstalten sowieso freisteht, ihren Funktionsbereich abzugrenzen oder einzuschränken[50]).

8. Wenn der Pressefreiheit in den Äußerungen der Literatur wie in der Judikatur ein so hoher Rang zugesprochen wird, so beruht das nicht nur darauf, daß sie ein grundlegendes Moment freier Selbstverwirklichung der Person darstellt, die nur in der Luft voller geistiger Freiheit gedeihen kann. Der Grund hierfür liegt vielmehr in erster Linie in dem schon von einer der frühesten verfassungsrechtlichen Aussagen, der Verfassung von Virginia vom 12. 6. 1776 mit den Worten (Sektion 12)

---

[49]) Es ist bekannt, daß gegenwärtig eine lebhafte Kontroverse zwischen der Presse und den Rundfunkanstalten in Deutschland um den beiderseitigen Anteil an den Werbeeinnahmen ausgetragen wird. Vgl. hierzu neben den in Anm. 45 Genannten die vom Bundesverband Deutscher Zeitungsverleger herausgegebene Schrift: „Pressefreiheit und Fernsehmonopol" (1964); sowie „Presse u. Fernsehen", Sonderveröffentlichung des „Handelsblatt" v. 10./11. 5. 1963. — Vgl. auch die Anfrage der SPD über Untersuchung der Wettbewerbslage zwischen Presse, Rundfunk und Fernsehen durch eine unabhängige Kommission und die Regierungsantwort (BT IV. Wahlp. IV/1385 u. 1417), sowie den Antrag auf Einsetzung einer solchen Kommission v. 27. 6. 1963 und den Bericht hierzu v. 12. 3. 1964 (Drucks. IV/1400 u. 2158). — Nach den Angaben der Schrift „Pressefreiheit und Rundfunkmonopol" fließen den Anstalten in der Bundesrepublik für Rundfunk und Fernsehen etwa 880 Millionen DM jährlich an Hörergebühren zu (abzüglich rd. 180 Millionen DM Abführung an die Post). Demgegenüber werden die Einnahmen aus Werbung beim Fernsehen auf rd. 300 Millionen zu veranschlagen sein (S. 112, 117), wozu noch etwa 50 Millionen Umsätze im Rundfunk treten (S. 119). Der Bericht der Royal Commission gibt für England für 1960 die reine Werbeeinnahme für die Sendeanstalten mit 80 Millionen Pfund, für die Presse mit 214 Millionen Pfund an (S. 196), wobei prozentual zwischen 1956 und 1960 der Anteil des Rundfunks an den gesamten Werbeeinnahmen von 3,4 auf 17,4 % stieg.

[50]) Der Gedanke von Krause-Ablass a.a.O., S. 132 (dem Ipsen, S. 2056, beitritt), die Interessen der „Gesamtgesellschaft" würden im Werbefernsehen erfüllt und diese genieße den Schutz des Art. 2 GG, geht fehl. Die „Gesellschaft" ist kein Träger von Rechten, ihre Interessen sind hier gegensätzlich und vielfältig. Maßgeblich ist die Gestaltungsfreiheit des Gesetzgebers gegenüber der von ihm geschaffenen öffentlichen Anstalt.

„That the freedom of the press is one of the great bulwarks of liberty and can never be restrained but by despotive governments“[51])

hervorgehobenen Zusammenhang der Preßfreiheit mit den Grundlagen eines freien Staatswesens. Eine freie Presse ist die eigentliche Lebensluft politischer Freiheit. Sie ist daher, wie Dürig richtig gesagt hat[52]), ein Thermometer, an dem man ablesen kann, wie es um die Freiheit bestellt ist, sie ist, wie ein amerikanischer Richter gesagt hat, der einzige Weg, auf dem freie Menschen die repräsentative Demokratie verwirklichen können[53]).

Allerdings gilt es den Unterschied in der Lage der Presse zu der Bedeutung staatlicher Einrichtungen zu erfassen. Die Presse ist keine Verfassungsinstitution, wie das Parlament, das Wahlrecht oder die Volksabstimmung, sie ist keine Veranstaltung des Staates oder gar ein Teil der staatlichen Struktur. Dennoch ist sie — und hier zeigt sich, wie unlöslich im demokratischen Staate grundrechtliche Positionen und struktureller Aufbau miteinander verbunden sind — zu keinem geringeren Grade als jene Bestandteile staatlicher Einrichtungen, ein verfassungsrechtlich geordnetes Wesenselement des demokratischen Staates. An diesem Punkte läßt sich verstehen, wie in der Demokratie das politische Gemeinwesen nicht eine von oben kommende Autorität, nicht ein bloßer „Staatsapparat“ oder ein „ensemble de services publics“, eine geordnete Daseinsvorsorge ist, sondern aus der lebendigen Mitwirkung aller Bürger hervorgeht. Freiheit bedeutet daher auch deren freie Beteiligung an der öffentlichen Dis-

---

[51]) Ein noch früherer Ausdruck dieses Gedankens findet sich in den Briefen, die James Alexander in Fortsetzung der Kontroverse um den Zenger-Fall (vgl. oben Anm. 3) 1737 in der Pennsylvania Gazette veröffentlichte. Dort heißt es in Nr. 469 v. 8. 12. 1737: „To suppress inquiries into the administration is good policy in an arbitrary government; But a free constitution and freedom of speech have such a reciprocal dependence on each other that they cannot subsist without consisting together.“ (Ausgabe von „A Brief Narrative etc.“ (vgl. Anm. 3) durch Stanley Nider Katz, S. 202).

[52]) Summum Ius, Summa Iniuria, Tübingen 1963, S. 91.

[53]) So Richter Jackson in Thomas v. Collins (1945) 323 U. S. 516, 545; „This liberty was not protected because the forefathers expected its use would always be agreeable to those in authority or that its exercise always would be wise, temperate or useful to society. As I read their intentions, this liberty was protected because they knew of no other way by which free men could conduct representative democracy.“

kussion[54]), Freiheit ist hier nicht bloß negative Abwehr und Flucht in eine der Verantwortung enthobene staatsfreie Sphäre, sondern lebendige Anteilnahme am Ganzen, Mitgestaltung und Mitverantwortung. Dieser Zusammenhang ist es, der mit der Aussage umschrieben wird, die Preßfreiheit sei ein politisches Grundrecht[55]).

9. Will man diese Funktion der Presse und der anderen Kommunikationsmittel des modernen Lebens staatstheoretisch näher bestimmen, so bietet sich der Begriff der öffentlichen Meinung an, sicherlich keine staatsrechtliche, wohl aber eine staatswissenschaftliche und soziologische Kategorie. Kann dieser Begriff, eine zentrale Vorstellung der liberalen Epoche, noch Dienste für unser heutiges Verständnis leisten? Kann man die Freiheit der Presse noch an ihrer Beteiligung an der Bildung der öffentlichen Meinung, ihrer Rolle als Medium und Faktor dieses Phänomens bestimmen und messen? Ich möchte diese Frage bejahen. Der Begriff der öffentlichen Meinung hat sich zugleich mit dem Aufstieg der Presse als eines Mittels der öffentlichen Diskussion geformt. Er entstammt der Vorstellung, daß freie und ungehinderte Diskussion der Vernunft, der erleuchteten Einsicht die Oberhand geben werde. Die aufgeklärte Meinung birgt in sich Garantien der Richtigkeit[56]). Die in dieser im 18. Jahrhundert gebildeten Auffassung liegenden qualitativen Momente — es muß sich um die Meinung einer verständigen Schicht, der Gelehrten oder der Gruppe von „Bildung und Besitz" handeln[57]) — hat der Liberalismus, für den die öffentliche Meinung eine Kernvorstellung bildet, im Sinne einer „middle class opinion" gedeutet, aus der die breite Masse, der liberale Autoren wie John Stuart Mill noch

---

54) In diesem Sinne treffend Adolf Schüle, in Schüle-Hans Huber, Persönlichkeitsschutz und Pressefreiheit, Tübingen 1961, S. 26: „Der Staat — und so auch Art. 5 Abs. 1 und 2 GG — schafft und gewährleistet damit einen verfassungskräftigen Raum für das Bürgergespräch in öffentlichen Angelegenheiten."

55) Vgl. R. Smend, VVDStRL 4 (1928), S. 50 f.

56) Zur Herkunft der Konzeption der öffentlichen Meinung aus der Denkwelt des aufgeklärten Jahrhunderts siehe Jürgen Habermas, Strukturwandel der Öffentlichkeit, Neuwied 1962, S. 40 ff., 104 ff.; Manfred Schlenke, England und das friderizianische Preußen 1740—1763, München 1964, S. 29 ff.; Hans Huber, Öffentliche Meinung und Demokratie in der neueren amerikanischen Staatslehre, in Festgabe für Karl Weber 1950, S. 34 ff.; Wilhelm Hennis, Meinungsforschung und repräsentative Demokratie, Tübingen 1957, S. 19 ff.; Francis Graham Wilson, A Theory of Public Opinion. Chicago 1962, S. 73 ff.

57) Die öffentliche Meinung trägt einen repräsentativen Charakter, daher ihre Begründung auf leitende Schichten. Vgl. Hennis a.a.O., S. 21 ff.; Wilson, S. 179 ff.

mit einem gewissen Vorbehalt begegnen, noch ausgeschlossen ist[58]). Genauer betrachtet, stand diese Theorie in einer gewissen Entsprechung zur Wirklichkeit jener Zeit. Denn die Journale der ersten Hälfte des 19. Jahrhunderts wiesen in der Tat eine höchst begrenzte, auf die gebildete Klasse beschränkte Zirkulation auf. In Frankreich zählte die Leserschaft der Pariser Zeitungen in den 20er Jahren des vorigen Jahrhunderts nur wenige Tausend und noch um 1860 war eine Leserschaft von 20—50 000 eine bemerkenswerte Auflagenhöhe[59]). Auch in England erreichten die Zeitungen erst seit den 40er Jahren Auflagen von über 20 000 und erst in den 60er Jahren von über 60 000 Lesern[60]).

Die liberale Ideologie der Presse als Ausdruck der gebildeten Meinung — besonders in Deutschland verengte sich dieser Begriff zuweilen auf die gelehrte Welt, ein Rest dieses Zutrauens zu den Professoren mag sich auch heute noch halten[61]) — ist überwunden. Aber berechtigt das, den Begriff überhaupt aufzugeben? Wenn das heute in Deutschland mehrfach geschieht, so wirkt eine Tendenz mit, die mir seit langem ein spezifisches Übel der deutschen staatstheoretischen Diskussion zu sein scheint. Man erhebt auf der einen Seite die liberale Deutung bestimmter Erscheinungen oder Einrichtungen zur Norm, zeichnet sie gern auch mit dem Prädikat „klassisch" aus, möchte aber andererseits, indem man das Schwinden der soziologischen und ideellen Gegebenheiten der liberalen Zeit feststellt, diese Institutionen überhaupt als damit vergangen betrachten[62]). Hierin liegt eine grundsätzliche Verkennung der

---

[58]) Zum bürgerlichen Moment der öffentlichen Meinung im 19. Jahrhundert, vgl. Habermas a.a.O., S. 86 ff.; Hennis a.a.O., S. 25 f.; Wilson, S. 200 ff. (besonders auch zu Mill). Wenn Royer-Collard in seiner Kammerrede vom 22. 1. 1822 die Pressefreiheit als Ausdruck der Gesellschaft umschreibt, im Gegensatz zur Regierung, so ist eben dies bürgerliche Moment gemeint (Royer-Collard, De la liberté de la presse. Discours, Ausg. Paris 1949, S. 37).

[59]) Vgl. die Angaben bei Irene Collins, The Government and the Newspaper Press in France 1814—1881, Oxford 1959, S. 41 f., 48, 87 f., 94 f., 159.

[60]) Siehe die Angaben bei Sir Ivor Jennings, Party Politics, Bd. 1: Appeal to the People, Cambridge 1960, S. 138 ff.

[61]) Vgl. Hennis a.a.O., S. 25.

[62]) Das methodische Beispiel für diese Betrachtungsweise stellt wohl die einflußreiche Schrift von Carl Schmitt, Die geistesgeschichtliche Lage des heutigen Parlamentarismus, 2. Auflage München u. Leipzig 1926, dar. Hier ist sie in der der 2. Auflage beigefügten Vorbemerkung, S. 7 ff., an den Merkmalen von Diskussion und Öffentlichkeit für das Parlament entwickelt; siehe ferner im Text S. 41 ff. Zur Kritik hieran siehe Gerhard A.

geschichtlichen Natur und der Lebenskraft der großen staatstheoretischen Vorstellungen und der auf sie gegründeten Einrichtungen vor. Alle diese großen Institutionen haben im Laufe der Geschichte immer wieder Wandlungen erfahren, die sich aus der Veränderung der Tatsachen ebenso wie aus dem Fortgang der allgemeinen Auffassungen ergaben. Sie vermögen aber, unter Bewahrung ihrer Grundgedanken, in erneuerter Gestalt weiterzuwirken[63]). Das gilt so gut von der Einrichtung des Parlaments[64]), der Repräsentation[65]), der Gewaltenteilung[66]) wie auch von dem Begriff der öffentlichen Meinung. Wenn man, in Anlehnung an die liberalen Ideen des 19. Jahrhunderts, noch unter der Weimarer Republik die Erscheinung des Parlamentarismus auf die Elemente der freien Diskussion im Plenum des Hauses und des ungebundenen Mandates abstellen wollte[66]), so waren das Momente, die wohl in der Vergangenheit in einer bestimmten Epoche einmal in den Vordergrund gerückt worden waren, die aber nicht das Wesen des Parlaments ausmachen. Denn der Kern der parlamentarischen Repräsentation liegt in der lebendigen Darstellung des Volksganzen in einer politischen Versammlung, die als die aktuelle Realisierung des politischen Konsenses im Staate erscheint[67]).

Ritter, Deutscher und britischer Parlamentarismus, Tübingen 1962, S. 55 f.

[63]) Ich habe dies an dem Beispiel der Repräsentation aufzuzeigen gesucht in meiner Abhandlung: Das repräsentative Prinzip in der modernen Demokratie, Festschrift für Hans Huber, Bern 1961, S. 224—226.

[64]) Während die Verwirklichung des repräsentativen Prinzips in einer das Volksganze, sei es als gedachte Einheit, sei es — wie heute zumeist eher angenommen wird — als gegliederte Gruppen- und Meinungsvielfalt, darstellenden und handlungsfähigen (vertretenden) politischen Versammlung als Grundmoment dem Parlament zu eigen bleibt (vgl. hierzu Ernst Fraenkel, Die repräsentative und die plebiszitäre Komponente im demokratischen Verfassungsstaat, Tübingen 1958, S. 11 ff.), haben die Vorstellungen von der Natur des repräsentativen Systems in neuerer Zeit viele Wandlungen gezeigt. Siehe hierzu A. H. Birch, Representative and Responsible Government, London 1964, S. 23 ff., 83 ff.

[65]) Über die Wurzeln der Repräsentation in der bereits medievalen Vorstellung des nötigen Konsenses aller, siehe Gaines Post, A Romano-Canonical Maxim quod omnes tangit in Bracton and in early Parliaments. Zuerst 1946, jetzt in Post, Studies in Medieval Thought, Princeton 1964, S. 163 ff. Siehe auch meine Abhandlung (vgl. Anm. 63), S. 227 ff.

[66]) Vgl. zu diesem Wandel Werner Kaegi, Zur Entstehung, Wandlung und Problematik des Gewaltenteilungsprinzips, 1937, S. 208 ff.; Max Imboden, Montesquieu und die Lehre von der Gewaltenteilung, Berlin 1959; K. Hesse, Der unitarische Bundesstaat, Karlsruhe 1962, S. 26 ff.

[67]) Vgl. hierzu A. H. Birch, Representative and Responsible

10. Die Kritik an der Vorstellung von Existenz und Wirksamkeit der öffentlichen Meinung ist zunächst von sozialistischer Seite ausgegangen. Ihr wurde die bürgerliche Eingrenzung der Träger der Meinung in der liberalen Epoche bewußt; auch konnte innerhalb einer durch ökonomische Interessen gespaltenen Klassenwelt eine Instanz allgemeiner Diskussion keine Grundlage haben[68]). In der Gegenwart wendet sich ein Teil der neueren Soziologie und politischen Theorie kritisch gegen den Begriff der öffentlichen Meinung als eines noch geltenden Phänomens. Man löst die Konzeption auf in das Gegeneinander der Gruppenmeinungen, die zunehmende Aufhebung des Gegensatzes zwischen öffentlicher und privater Sphäre, den Verlust der auszeichnenden Rationalität in der Breite plebiszitärer Vorgänge, die heute zugleich begleitet werden von wachsender Passivierung der Bevölkerung und durchgängiger Manipulierung der Meinungsformung durch Massenmedien, Verbände und Parteien[69]). Es besteht kein Zweifel, daß uns heute das Bild der öffentlichen Meinung weniger geschlossen, in manchen Punkten auch undeutlicher erscheint, als dies in der Ära liberalen Glaubens an die Macht der Vernunft der Fall war. Es treten heute schärfer gewisse Gefahren ins Licht, die innerhalb der modernen Kommunikationsmittel die Möglichkeit einer wirklich offenen Erörterung öffentlicher Fragen bedrohen. Es ist freilich unrichtig, unter diese Gefährdung das Vorhandensein der sozialen Gruppen und ihren Einfluß ohne weiteres einzureihen. Es gehört zu den Nachwirkungen liberaler Anschauungen — damals erklärlich aus dem

---

Government, London 1964, S. 13 ff. Zum Repräsentativsystem, so führt B. aus, gehört eine Versammlung, weil ein einzelner die Vielheit gesellschaftlicher Kräfte nicht darzustellen vermag; das hängt damit zusammen, daß hier die Idee des „consent" ins Spiel kommt.

[68]) Vgl. Wilson a.a.O., S. 227 ff.; Habermas, S. 138 ff. Die Grundlage der öffentlichen Meinung, die einheitliche Gesellschaft mit einer Vielfalt möglicher Meinungen zum Gemeinwohl und der Offenheit des Ergebnisses der Diskussion, ist für die Lehre vom Klassencharakter eines Gruppenstandpunkts und von der wissenschaftlichen Richtigkeit nur einer Anschauung nicht gegeben.

[69]) Habermas, bei dem diese kritische Sicht breit entwickelt wird (S. 158—270), spricht der manipulierten und verbreiterten Publizität der Gegenwart die Merkmale der Rationalität und der repräsentativen Verbindlichkeit ab. Ich meine freilich, hier wirkt doch ein Moment historisierender Sicht mit, die öffentliche Meinung nur als gegengouvernementale Meinungsformation bestimmter Schichten gelten lassen möchte, sie aber nicht in ihrer heutigen Gestalt als Ausdruck der Gruppenauseinandersetzung einer pluralistischen Gesellschaft anerkennt. Ähnlich wie Habermas auch H. Schelsky, Der Mensch in der wissenschaftlichen Zivilisation (Arbeitsgemeinschaft für Forschung, NRW, Heft 96), 1961, S. 30/31.

minoritären und elitären Charakter der führenden Schicht — daß auch heute die Demokratie als eine aus unabhängigen Individuen aufgebaute staatliche Form angesprochen wird. Demokratie ist zu allen Zeiten eine Gruppengesellschaft gewesen. Das lehrt schon die antike Polis und nicht minder die auf Einungen und Zünfte gestützte mittelalterliche städtische Selbstregierung. Auch im modernen demokratischen Staate erscheint schon im ideellen Bilde der Mensch nicht als eine gleichsam abstrakte vereinzelte Figur, sondern eingebettet in soziales Milieu, gebunden an Gruppen und Verbände[70]). Damit ist aber auch die Meinung, soweit sie individuelle Bereiche überschreitet und auf die Öffentlichkeit einwirkt, weitgehend Gruppenmeinung. Nur der hervorragende Einzelne — der Fachmann, der berühmte Autor — vermag sich noch als Individuum hörbar zu machen; sonst herrscht weithin die Stimme der Interessenverbände, der Parteien, der Kirchen oder sonstiger formierter Richtungen. Angesichts der Vielfalt und der gegenseitigen Ergänzung dieser Gruppen wird dadurch zwar der Charakter der Diskussion verändert, aber ihre Funktion nicht aufgehoben. Es wäre auch unrichtig, hier — wie dies gern bei den Parteien geschieht[71]) — von der Mediatisierung des Einzelnen zu sprechen. Es findet im Bereiche der Meinungsbildung vielmehr eine stete Wechselwirkung statt, bei der die Verbände und Parteien ebenso wie andere geformte Faktoren der Meinungsbildung auf ihre Anhänger oder ihr „Publikum" hören und deren Neigungen entgegenkommen, andererseits diese Kreise aber auch beeinflussen und leiten[72]). Nichts anderes ist aber seit jeher die Funktion der Presse gewesen, vor allem der Tagespresse. Sie ist Medium und Spiegel der Meinung — vielleicht ist sie dies niemals in dem hohen

---

[70]) Georges Burdeau, Les libertés publiques, Paris 1961, S. 19 ff., hebt die Lage des modernen Menschen als „homme situé" und den Rückgang der reinen „liberté-autonomie" zu Recht hervor, freilich nicht ohne eine gewisse Überspitzung.

[71]) Vgl. Werner Weber, Spannungen und Kräfte im westdeutschen Verfassungssystem, 2. Aufl. Stuttgart 1958, S. 58 ff.

[72]) Zu der Vielgliedrigkeit des „permanenten Prozesses der demokratischen Meinungsbildung und der Teilnahme von Gruppen an ihr", siehe Wolfgang Conrad, Der Öffentlichkeitsauftrag der Kirche (Göttinger Rechtsw. Studien 52), Göttingen 1964, S. 56 f. Mit Recht sagt J. Edward Gerald, The Social Responsibility of the Press, Minneapolis 1963 (140): „The course of events within society is marked out by efforts of the leadership groups to establish patterns of value and to persuade the whole society to accept them." Zur wechselseitigen Beeinflussung von Meinungsmedien und Volk, siehe Hans Huber a.a.O., S. 37 f.; Georges Burdeau, Traité de science politique, Paris, Bd. 4 (1952), S. 214 ff.; A. H. Birch a.a.O., S. 213 ff., 225.

Maße gewesen, wie man zuweilen angenommen hat — sie ist aber ebenso und wohl noch stärker eine meinungsformende und orientierende Kraft.

11. Wenn sich also auch das Erscheinungsbild der Medien der öffentlichen Meinung in der Gegenwart gegenüber dem 19. Jahrhundert verändert hat, wenn es stärker die gruppen- und interessenmäßige Formierung der Meinung auf der einen Seite zeigt, der auf der anderen eine außerordentliche Ausweitung der von der Meinungsformung überhaupt angesprochenen und in der soeben bezeichneten Weise an ihr teilnehmenden Bevölkerungskreise entspricht, so sind gewiß die soziologischen Vorgänge der Meinungsbildung gegenüber einer Zeit verändert, in der eine kleinere bürgerliche Schicht von stärkerer innerer Homogenität die Auffassung des Ganzen verkörperte, aber der Prozeß der öffentlichen Auseinandersetzung als solcher setzt sich in einer neuen Weise fort[73]). Es ist gewiß nicht zu übersehen, daß die moderne Entwicklung auch gewisse Gefahren für die öffentliche Meinungsbildung in ihrer Funktion als Voraussetzung einer „offenen demokratischen" Willensbildung heraufgeführt hat. Sie können aus der zunehmenden Konzentration der Publikationsmittel sich ergeben, die die einflußreichen Tageszeitungen und auch Zeitschriften in den Händen weniger großer Verlage zusammenfaßt, die Provinzpresse von Nachrichtenagenturen und zentralen Lieferanten ihres Inhalts abhängig macht und neuerdings auch im Verlagswesen für die Buchherstellung zu beobachten ist[74]). Im Verein damit steht der wachsende Einfluß kapitalkräftiger Faktoren auf die großen Zeitungen, der zugleich ein geheimes Bündnis eingeht mit den großen Anzeigenvermittlern[75]). Daneben mag auf den Druck hingewiesen werden, der gelegentlich von mächtigen Interessengruppen ausgeht, die eine mit ihren Wünschen konformistische Haltung

---

[73]) Wenn Habermas a.a.O., S. 200 ff. auf Grund des Wandels der Erscheinungen von einem „Zerfall" der öffentlichen Meinung spricht (S. 237, 263), so scheint mir hier allzusehr die Tendenz wirksam, die Situation des 19. Jahrhunderts und ihre Vorstellungen allein als normal oder „klassisch" anzunehmen, und klingt ebenso die heute vielfach vorliegende Neigung an, den Vorgang moderner Gruppenformation und Gruppenaktion plebiszitär zu deuten.

[74]) Eingehendes Material enthält der Bericht der Royal Commission on the Press, London 1962 (Cmnd 1811). Die großen Zeitungskonzerne kontrollierten 1948 45 %, aber 1961 schon 67 % der Tageszeitungen, während für die einflußreichen Sonntagsblätter diese Zahlen 61 % gegen 84 % ausmachen (a.a.O., S. 15/16).

[75]) Vgl. hierzu den englischen Bericht, S. 22 f. Der unmittelbare Druck großer Inserenten gehört gleichwohl heute in den meisten Ländern nicht zum Normalbild (dort S. 86 f.).

zu erzwingen suchen. Vielleicht aber ist ernster noch die innere Gefahr, die der heutigen Presse droht. Immer mehr stellen sich die großen Presseorgane ein auf die Sensation und auf Themen, die emotionale Empfindungen ansprechen, und stellen dahinter die Rolle politischer Information zurück. Von geringerer Bedeutung erscheint eine mögliche Beeinträchtigung der freien Meinungsbildung durch ein „Press Management", einen von Regierungsseite geleiteten Prozeß der Information. Ihm wird in einer demokratischen Gesellschaft bald eine Gegenströmung entgegentreten. So riefen Bemühungen zur Meinungsbeeinflussung unter der Kennedy Administration 1962 Mißfallen hervor, und auch die 1961 — übrigens ganz offen und legitim — von der britischen Regierung zugunsten des Beitritts zum Gemeinsamen Markt unternommene Kampagne fand nicht nur den Widerstand Lord Beaverbrooks und seiner Presse, sondern auch anderer Kreise.

12. Einen gewissen Anteil an der Beeinflussung der Öffentlichkeit hat die Tagespresse anderen Massenmedien, vor allem Rundfunk und Fernsehen, überlassen müssen. Das gilt besonders für die rasche Unterrichtung über Neuigkeiten des Tages, dagegen sehr viel weniger für den weiten Bereich, in dem eine moderne große Zeitung eine differenzierte Information vermittelt. Trotzdem für die Bevölkerung gegenwärtig der Eindruck des Fernsehens stärker erscheint, scheint mir doch für die Meinungsbildung die Tagespresse nach wie vor eine Schlüsselstellung zu halten. Sie allein bringt eine breite, zugleich auch vielseitige Information. Es ist die Gefahr und Schwäche der Mitteilungen im Rundfunk, daß sie — trotz der durch die Neutralisierung der Rundfunkanstalten bewirkten Scheu vor der Stellungnahme gegen manche starken Interessen, die im Rundfunkrat vertreten sind — bei Einseitigkeit schwerer zu korrigieren sind. Ein neuerer Vorfall, bei der der Nordwestdeutsche Rundfunk eine wahrheitswidrige Sendung über eine angebliche Abhöranlage im Bundestag verbreitete, hat die Überlegenheit der Presse in dieser Hinsicht gezeigt. Die Aufhellung der unrichtigen Mitteilung erfolgte durch die Presse und enthüllte in kurzer Zeit das Versagen der Redaktion der Sendung.

Wir glauben heute weder an eine Unfehlbarkeit der öffentlichen Meinung im Sinne der älteren Ideologie einer rationalen und gebildeten Meinung, wir wissen, daß sie ein schwer überschaubares Geflecht von Äußerungen darstellt, unter denen den unter dem Einfluß von Gruppenmacht und Kapital formierten Meinungszentren eine maßgebende Rolle zukommt, daß sie daher in ihrer heutigen Struktur dem Bilde einer pluralistischen Gesellschaft entspricht. Aber die jedenfalls im demokratischen Bereich ständig vor sich gehende öffentliche Erörterung allgemeiner Fragen, deren Merkmal ihre Offenheit, d. h. ihre Vielgestaltigkeit und die Abwesenheit zentraler Lenkung ist, kann in ihren leitenden Vorstellungen wie vor allem ihrer gelegentlich hervorbrechenden Spontaneität[76]) doch stets auch in dem von Hennis[77]) gemeinten Sinne repräsentativ, d. h. im Sinne nicht einer zufälligen, sondern einer unterrichteten Ansicht ein Element in der Formung des demokratischen politischen Prozesses genannt werden. Wie alle Einrichtungen, in denen wenige für viele wirken, hat auch die Presse einen gewissen elitären Zug, der in ihrer Funktion als Gestalterin — nicht etwa als nur passiver Spiegel — der öffentlichen Meinung und in dem Maß ihrer Verantwortung zum Ausdruck kommt.

13. Nach dieser Wirkung und Funktion im Prozeß der öffentlichen Auseinandersetzung unterscheidet sich die Presse von den Mitteln der Meinungsbefragung (Demoskopie), denen es auf beobachtende Feststellung, nicht aber auf das Mitgestalten in der öffentlichen Auseinandersetzung ankommt. Die demoskopische Ermittlung ist höchstens ein Spiegel realer Auffassungen und insofern gewiß ein Element, das zum informativen Erkennen von Meinungstrends beitragen kann, das aber selbst nicht an der Meinung mitformt, wenn die Veröffentlichung der Ergebnisse auch zuweilen die Richtung der Meinung korrigieren kann. Aber es fehlt ihr das Moment der offenen Diskussion, des Austausches der Auffassungen. Sie ist nur eine statistische Antwort, eine Feststellung, nicht die wertende und voluntative Stellungnahme der echten öffentlichen Meinung[78]).

14. Die Funktion der Presse für die Meinungsbildung in der Öffentlichkeit bildet die Grundlage, von der aus die staatstheoretischen Aspekte der Pressefreiheit deutlich werden. Um sie richtig zu würdigen, ist es freilich nötig, über die vereinfachende herkömmliche Vorstellung hinauszugehen,

---

[76]) Die neuere Geschichte kennt manche solcher Fälle überraschend hervorgetretener Spontaneität der Meinungsformung. So etwa den Widerstand der englischen Öffentlichkeit 1935 gegen den Hoare-Laval-Plan der Teilung Abessiniens, die Abkehr von München 1938 oder die Stellungnahme der deutschen Meinung zur „Spiegel"-Affäre 1962.

[77]) Vgl. Hennis, Meinungsforschung und repräsentative Demokratie, 1957, S. 27.

[78]) Zur Würdigung der Demoskopie siehe Hennis a.a.O., S. 32 ff., vgl. ferner Gerhard Schmidtchen, Die befragte Nation, 1959.

die den Staat wie ein ruhendes Willenszentrum behandelt, von dem Entscheidungen und Gesetze ausgehen, während die ihnen vorangehende Bestimmung des Inhalts dieser Anordnungen gewissermaßen in den staatsrechtlich unbeachtlichen Raum fällt. Dieses nur die voluntativen Akte betonende Schema läßt indessen außer Acht, daß der Staat ein kontinuierlicher Lebensprozeß ist und daß gerade in der Demokratie, in der die politische Richtung erst aus der freien Auseinandersetzung der Kräfte gewonnen wird, auch die nicht in rechtlichen Willensakten sich ausprägenden Vorgänge der Meinungsbildung, des Vertrauens, der Kontrolle durch die Öffentlichkeit staatsrechtlich wesentliche Bestandteile des Verfassungsbereichs bilden[79]). Für das demokratische Verfassungsrecht sind Konsens, Mehrheitsbildung, Auftrag und Kontrolle grundlegende Begriffe. Konsens kann in der Massendemokratie nur erreicht werden, wenn jene Vorformung der politischen Willensbildung[80]) stattfindet, die sich in der öffentlichen Meinungsbildung wie ferner in Verbänden und politischen Parteien vollzieht, die die vorhandenen Standpunkte und Interessen gruppiert und gegenüberstellt, möglicherweise auch bereits verbindet oder ausgleicht, und so Lösungen vorbereitet. Die Mehrheitsentscheidung als organisationstechnischer Vorgang demokratischer Entscheidung ist kein rein quantitatives Ausmessen, sie ruht vielmehr auf weiten, zumeist heute nicht mehr bewußten Voraussetzungen. Der Vorrang der Mehrheit kann nur akzeptiert werden, wenn ihr die offene Erörterung vorausgeht, die Anerkennung der Opposition und ihres relativen Rechts innewohnt und künftige Änderung der Mehrheit offenbleibt[81]). Vertrauen ist die Basis

---

[79]) Es ist in der Tat nötig, über den engen Vorstellungskreis des Verfassungsrechts, der nur in Anlehnung an die Willensdogmatik des Zivilrechts rechtsverändernde Akte berücksichtigt, hinaus alle die für das Staatsleben bedeutsamen Vorgänge in die rechtliche Beurteilung aufzunehmen, die nicht unmittelbar Dezisionen dienen, die aber die Relationen zwischen den leitenden Organen aufrechterhalten, der Vorherbestimmung des Inhalts staatlicher Entscheidungen dienen oder in jenem schwer faßbaren Kreis der „Willensbildung des Volkes" ihre Rolle spielen, die Art. 21 GG eingeführt hat. In diesem Sinne stimme ich Adolf Schüle, Koalitionsvereinbarungen im Lichte des Verfassungsrechts, Tübingen 1964, S. 35 ff., voll zu, der einen umfassenderen „Verfassungsraum" prätendiert.

[80]) Dieser Ausdruck wurde von mir vorgeschlagen in „Der Staat und die intermediären Kräfte," Ztschr. f. evang. Ethik 1 (1957), S. 34 ff. und DÖV 11 (1958), S. 643. Übernommen vom BVerfG in Bd. 8, S. 113. Siehe auch Schüle a.a.O., S. 35 Anm. 19; W. Conrad a.a.O., S. 76 f.

[81]) Eigenartigerweise gehört das Mehrheitsprinzip zu den selten

der Legitimität aller Repräsentanten der Regierung wie nicht minder der Abgeordneten in ihrer Beziehung zur Wählerschaft. Sie setzt ein stetes Gespräch zwischen den Trägern politischer Entscheidung und Verantwortung und dem Volk voraus, das ohne die Organe der Publizität nicht möglich ist[82]). Auftrag bezeichnet jenes Grundelement demokratischer Regierungsführung, das permanente, d. h. nicht von Zeit zu Zeit der Neubestätigung oder der Abwahl ausgesetzte öffentliche Entscheidungsbefugnis ausschließt und die Regierung als Beauftragte auf Zeit erscheinen läßt, die an ihre Grundlage, die Betrauung durch den direkt oder indirekt konstituierenden Volkswillen, gebunden bleibt[83]). Kontrolle endlich wird, je mehr die Bürokratisierung zunimmt und die herrschende Mehrheitsfraktion im Parlament in die Regierungsgeschäfte hineingezogen wird, Sache der Opposition und der Presse[84]). Im Vorfeld der politischen Entscheidung, in der Herstellung des legitimierenden Kontakts zwischen der politischen Leitung und dem Volk, in der von ihr bewirkten Permanenz öffentlicher Kritik und Kontrolle[85]) liegt die öffentliche Aufgabe der Presse

---

untersuchten Grundlagen demokratischer Staatsgestaltung. Zu der grundlegenden Rolle, die Locke für seine moderne Verbreitung zukommt, siehe Willmore Kendall, John Locke and the Doctrine of Majority Rule, 2. Aufl. Urbana 1959, S. 112 ff. Dort S. 131 zu den Bedingungen moderner Anerkennung des Prinzips. Zur Problematik der Relation zwischen Mehrheitsentscheid und Gerechtigkeit siehe Carl J. Friedrich, Man and his Government. An Empirical Theory of Politics, New York 1963, S. 263 f.

[82]) Die Bedeutung der Presse kommt darin zum Ausdruck, daß im Grunde das Parlament nur durch sie über den Kreis der politischen „Mitbestimmenden" auf die breite Öffentlichkeit wirken kann. Wie wenig heute freilich die Presse in Deutschland oft parlamentarische Debatte und Arbeit wiedergibt, vermag ernste Mängel unseres politischen Lebens aufzuzeigen. Kritisch zur mangelnden Unterrichtung der Öffentlichkeit durch die englische Regierungspraxis, Brian Chapman, British Government observed, London 1963, S. 29 ff.

[83]) Diese mit dem Ausdruck „trust" umschriebene Beauftragung der Regierenden in einem freien Staatswesen geht auf die Idee von Locke zurück. Vgl. J. W. Gough, John Locke's Political Philosophy, Oxford 1950, S. 136 ff.; Laslett, Introduction to Locke's Two Treatises, Cambridge 1960, S. 112 ff.

[84]) Zu dieser Rolle der Opposition vgl. H. Peters, Die Opposition in der parlamentarischen Demokratie, ÖZöffR 10 (1960), S. 424 ff.; Rudolf Wildenmann, Macht und Konsens als Problem der Innen- und Außenpolitik, Bonn 1963, S. 104 ff.; Sir Ivor Jennings, Party Politics, Bd. 2, The Growth of Parties, Cambridge 1961, S. 332 f.

[85]) Die Funktion der Presse in Kritik und Kontrolle wird besonders von der amerikanischen Rechtsprechung herausgearbeitet. So lesen wir in Associated Press v. U. States 326 US, S. 1, 20: „that a free press is a condition of a free society" und in New York

im demokratischen Staate. Die demokratische Verfassung lebt nicht nur in den institutionellen Willensentscheidungen von Wählerschaft und Staatseinrichtungen. Das Verfassungsleben beruht gerade in der modernen Zeit dank der erleichterten Übermittlung von Wort und Meinung auf einer weit über die Relation Regierung-Parlament hinausgreifenden ständigen öffentlichen Auseinandersetzung der Kräfte, die sich in Reden, Erklärungen, Forderungen der Verbände, Versammlungen abspielt, aber gegenständlich zusammengefaßt und für die Meinungsbildung wirksam gemacht wird erst durch die Presse und die anderen Massenmedien.

Es wäre allerdings irrig, aus einer solchen soziologisch und staatstheoretisch gewonnenen Kennzeichnung der öffentlichen Aufgabe der Presse den Schluß zu ziehen, daß die Presse in irgend einem Sinne dem Bereich institutioneller Verfassungsorganisation zuzurechnen wäre. Die Gegenüberstellung von Staat und Gesellschaft als zweier getrennter Sphären, wobei die autonome Gesellschaft als Träger des privaten Lebensraumes erscheint und ihre Rolle auf das Gegenüber zum Staat und die Kritik beschränkt bleibt, ist zurückgetreten[86]). Die Demokratie beruht auf dem Hervorgehen der politischen Leitung aus dem Volke, also nicht auf einem prinzipiellen Gegensatz von Staat und freier Gesellschaft, sondern auf der Mitwirkung und Bestimmung des Volks an der Regierungsaufgabe, auf Konsens, Auftrag und Kontrolle. Läßt man in diesem Rahmen nicht eines Gegensatzes, sondern eines dialektischen Vorganges von Leitung, Einfluß und Verantwortung Gesellschaft als Bezeichnung der nicht institutionellen Seite des öffentlichen Lebens zu, so gehört die Presse ihrem Wesen nach ganz zum Bereich der nicht formierten, auch nicht in einem weiteren Sinne zum staatlichen Aufbau gehörenden Erscheinungen. Ihr tragendes Prinzip bleibt die Freiheit im Sinne einer nicht von Staatsorganisation und Regierung gelenkten Lebensform.

15. Behält man diese Position im Auge, so kann es auch keine verfassungsrechtliche Angleichung in der Stellung von Presse und Parteien geben. Es liegt an sich nahe, diese beiden vom Staats-

---

Times v. Sullivan (1964) 372 US. 254, 271/72: „The constitutional protection does not turn upon the truth, popularity or social utility of the ideas and beliefs which are offered." „... That erroneous statement is inevitable in free debate and that it must be protected if the freedoms of expression are to have the breathing space that they need to survive."

[86]) Hierzu H. Ehmke, Staat und Gesellschaft als verfassungstheoretisches Problem, in Festgabe für Rudolf Smend, Tübingen 1962, S. 23 ff.

recht so lange vernachlässigten Faktoren des politischen Lebens, die zentrale Bedeutung für den demokratischen Formungsprozeß haben, einander anzunähern und gleiche rechtliche Regeln für sie zu entwickeln. Das Bundesverfassungsgericht hat die Parteien als Beteiligte am Verfassungsleben, ja, sogar als Verfassungsorgane bezeichnet[87]), und Leibholz neigt dazu, sie an die institutionelle Seite des Staates heranzuziehen[88]). Ich würde schon bei den Parteien der Ansicht sein, daß ihre Funktion von ihnen fordert, außerhalb der institutionellen Sphäre des Staates zu bleiben, so sehr durch Teilnahme führender Politiker an den Regierungsgeschäften, durch wachsende Parteifinanzierung durch Staatsmittel diese Grenzlinie in manchen Teilen verwischt wird. Aber von den Parteien unterscheidet sich der Bereich der Presse grundsätzlich. Die Parteien streben legitim die Beteiligung an der Macht an, sie haben offiziell an Wahlen und Abstimmungen Anteil, sie sind in ihren Funktionen im parlamentarischen Staate die bestimmenden Träger der politischen Entscheidung. Die Presse dagegen zielt nur auf Einfluß auf die politischen Vorgänge, sie bleibt stets außerhalb der institutionellen Formen des Verfassungslebens. Bilder, die die Presse in das institutionelle Gefüge der Staatsleitung hineinnehmen, wie ihre Bezeichnung als „vierte Gewalt"[89]), als öffentlichen Dienst[90]), sind daher fehl am Platze. Ihr Spielraum ist vielmehr jener Bereich des „Öffentlichen", den Smend als den auf der Basis des Offenbaren, der Publizität existierenden, verbindenden Bereich zwischen der privaten Sphäre und den Staatsinstitutionen, zwischen Bürger und Staat umschrieben hat[91]). Öffentlichkeit bedeutet hier aber mehr als bloß „die Öffentlichkeit interessierend", sie bedeutet das Mit-

---

87) Vgl. BVerfGE 1, S. 208, 225 f.; 2, S. 1, 73; 4, S. 29/30; 6, S. 367, 372, 375; 8, S. 52, 63; 11, S. 239, 241; 13, S. 54, 81 f.; 14, S. 121, 132/33. Dazu Wilhelm Henke, Das Recht der politischen Parteien, 1964, S. 80 ff.

88) Vgl. G. Leibholz, Strukturprobleme der modernen Demokratie, Karlsruhe 1957, S. 90 f.

89) So Löffler, Presserecht, München 1955, S. 4 ff. Dagegen zu Recht Schüle, in Schüle-Huber, Persönlichkeitsschutz und Pressefreiheit, Tübingen 1961, S. 24 und Dagtoglou, Wesen und Grenzen der Pressefreiheit (res publica 11), Stuttgart 1963, S. 16, 27.

90) Roger Pinto, La liberté d'opinion et d'information, Paris 1955, S. 42, erkennt der Presse aus ihrer fonction sociale den Charakter des service public zu. Die Folgerung, daß sich private und öffentliche Unternehmen dieser Aufgabe widmen sollten, zeigt schon das Bedenkliche dieser Zurechnung. Vgl. auch Dagtoglou gegen weitere ähnliche Vorstellungen a.a.O., S. 16 f.

91) Rudolf Smend, Gedächtnisschrift für Walter Jellinek, München 1955, S. 11 ff. (Zum Problem des Öffentlichen und der Öffentlichkeit); vgl. auch Conrad a.a.O., S. 74 ff.

wirken am politischen Prozeß, aber in voller Freiheit, gänzlich außerhalb des institutionellen Staatsaufbaus. So anregend daher der Gedanke Ridders war, die Preßfreiheit aus Art. 21 GG als einer Grundnorm der institutionellen öffentlichen Pressefreiheit zu entwickeln, es erscheint nicht möglich, die grundrechtliche Stellung der Presse entsprechend derjenigen der Parteien zu gestalten, weil hier wesentliche Strukturunterschiede vorliegen[92]). Es bleibt daher dabei, daß der Sitz der grundrechtlichen Bestimmungen über die Presse in Art. 5 GG zu suchen ist, mag die Auslegung dieser Vorschrift auch nicht nur die individuelle grundrechtliche Seite, sondern vor allem auch die institutionelle Bedeutung der Pressefreiheit zu betonen haben.

16. Denn in der modernen Gesellschaft und in einem freiheitlichen Staatswesen kann die Stellung der Presse nicht mehr allein von einer individuell gesehenen Freiheit aus verstanden werden. Die Presse nimmt am Vorgang der politischen Meinungsbildung, mithin in einem weiteren Sinne an jenem Prozeß öffentlicher politischer Auseinandersetzung teil, der die Grundlage demokratischer Staatsführung bildet. Auf der anderen Seite verleiht diese Situation aber der Presse auch eine echte soziale Macht. Es gehört zu den Unvollkommenheiten der meisten heutigen Verfassungen, daß sie die grundrechtliche Sphäre noch allein unter dem Gesichtspunkt einer Gegenüberstellung von Individuum und Staat betrachten, während in der modernen Massendemokratie, die eine Gruppengesellschaft darstellt, längst von der Dreiheit: Staat—Gruppe —Individuum auszugehen wäre. Bei der Pressefreiheit ist es jedenfalls kein Zweifel, daß sie mit ihrer institutionellen Seite in den Bereich der sozialen Machtbildung, der Auseinandersetzung zwischen formierten Gruppen und Kräften hineinreicht. Freiheit in der Gruppengesellschaft aber setzt Vielfalt und gegenseitige Korrelation von Mächten voraus. Daher verbleibt dem Staate hier eine letzte Verantwortung dafür, daß im Bereich der öffentlichen Meinungsbildung eine freie und offene — d. h. nicht durch Machtkonzentration zu einem Monopol oder Oligopol gewordene — Diskussion verbleibt. Das nötigt auch in der Auffassung des Bundesverfassungsgerichts[93]) den Staat, selbst organisierend in den Bereich von Rundfunk und Fernsehen einzugreifen, um ihm innerhalb der sozialen

---

[92]) Helmut Ridder in: Neumann-Nipperdey-Scheuner, Die Grundrechte, Bd. 2 (1954), S. 255 ff. Hierzu Löffler, DÖV 1957, S. 898; Franz Schneider, Presse- und Meinungsfreiheit nach dem Grundgesetz, München 1962, S. 129 ff.

[93]) BVerfGE 12, S. 205, 261/62.

Gruppen eine abgesicherte Neutralität zu ermöglichen, die — bei allem Druck und Gegendruck — die Presse gegenüber anderen Sozialmächten sich aus eigener Kraft erhalten kann. Der Charakter der Presse als einer soziale Macht ausübenden Erscheinung, der früh erkannt worden ist[94]), gibt die verfassungsrechtliche Begründung für komplementäre Einrichtungen des Presserechts, die die Auswirkungen dieses sozialen Gewichts ausgleichen sollen. Es genüge, auf die Pflicht zur Aufnahme von Entgegnungen (Berichtigungen) und die Pflicht zur Angabe verantwortlicher Redakteure hinzuweisen; mit diesen Mitteln wird eine gewisse Sicherung des individuellen Rechtsbereichs gegen die übermächtige Wirkung einer Presseveröffentlichung, die in eine geschützte individuelle Sphäre eindringt, erreicht. Im Wandel des modernen Soziallebens tritt die Funktion des Staates als Garant des einzelmenschlichen Bereiches stärker hervor. Sie zeigt sich vor allem in sozialen Grundrechten — die das Grundgesetz nicht kennt — oder in ausdrücklichen Schutzgewährungen, wie wir sie in Art. 6 Abs. 1, 4 und 5 GG oder mit direkter Wendung gegen Gruppenmacht in Art. 7 Abs. 3 Satz 3 oder Art. 9 Abs. 3 Satz 2 vorfinden. In Art. 5 wird im zweiten Absatz in der Erwähnung der Jugend und der persönlichen Ehre auf solche Aktivfunktion des Staates zum Schutze bestimmter Güter indirekt hingewiesen. Soweit aber die Presse selbst und ihre Freiheit als Gegenstand staatlichen Schutzes erscheint, wird man hinzufügen müssen, daß in jeder sichernden und fördernden Rolle des Staates auch stets gewisse Gefahren liegen. Ein staatlicher Eingriff zur Erhaltung der Freiheit der öffentlichen Auseinandersetzung sollte daher immer nur im tunlichst begrenzten und nur im unbedingt notwendigen Umfang vor sich gehen.

II. Zur Auslegung der Grundrechte

17. Die Auslegung des Art. 5 GG sieht sich, wie die bisherigen Darlegungen gezeigt haben, einer gewissen Schwierigkeit gegenüber. Der volle Gehalt der Pressefreiheit kann nicht allein in dem individuellen Recht der freien Äußerung in der Presse aufgefangen werden. Um die ganze Tragweite der Pressefreiheit als eines Bestandteils des öffentlichen Lebens zu erfassen, ist es notwendig, ihre institutionellen Momente herauszuarbeiten, d. h. die Elemente objektiven Rechts, die in

---

[94]) Lorenz von Stein, Handbuch der Verwaltungslehre, 3. Aufl., Stuttgart 1888, Bd. 2, S. 207, spricht von der „gewaltigen Macht der Presse", die das für sie geltende Verwaltungsrecht erzeugt habe.

den grundrechtlichen Sätzen zugleich enthalten sind. Das Nebeneinander der grundrechtlichen individuellen Freiheiten und der institutionellen Garantien wirft grundsätzliche Probleme der Interpretation grundrechtlicher Bestimmungen auf. Nicht mit Unrecht hat ein neuerer Bearbeiter des Themas[95]) von der komplizierten Rechtsproblematik der Pressefreiheit und der Gefahr interpretativer Irrtümer gesprochen. Art. 5 GG führt mitten hinein in Grundfragen der Verfassungsinterpretation, die es daher hier geboten erscheinen lassen, in einem Umweg einige grundlegende Gedanken zu diesem allgemeinen Problem zu entwickeln. Das gilt um so mehr, als die folgende Auslegung mit ihrer starken Betonung der institutionellen Seite wie auch in anderer Hinsicht von manchen Linien der heute herkömmlich gewordenen Auslegung abweicht.

Das Grundgesetz ist als Ganzes in einer gewissen Antithese zur Weimarer Verfassung entstanden, und so hat auch seine Grundrechtsauffassung sich deutlich von der der Weimarer Epoche abgesetzt. Davon zeugen zunächst die Betonung der unmittelbar verbindlichen Natur der grundrechtlichen Festsetzungen in Art. 1 Abs. 3 sowie der naturrechtliche Einschlag in Art. 1 Abs. 2 GG. Aber vielleicht sind in diesen Bestimmungen doch auch gewisse Nachwirkungen der früheren Auffassung in den Anschauungskreis des Grundgesetzes eingegangen. Unter der Weimarer Verfassung erschien es als eine Hauptfrage, ob die Grundrechtssätze bloße Programmerklärungen oder bindende rechtliche Vorschriften seien. Im Zusammenhang mit dieser Fragestellung hat Richard Thoma seine Lehre entwickelt, die das Problem der Begrenzung der Grundrechte an dem Gehalt ihrer Festigkeit gegenüber Gesetz, Verordnung oder Polizeigewalt maß[96]). Schon klang auch bei Thoma bereits die Vorstellung eines umfassenden, aus dem Rechtsstaatsgedanken abgeleiteten Freiheitsrechtes an, wie man es heute meint in Art. 2 GG finden zu können[97]). Vor allem aber machte sich schon in der Zeit nach 1918 die Neigung geltend, im Bestreben nach Festigung der aktuellen rechtlichen

---

[95]) Vgl. Dagtoglou, Wesen und Grenze der Preßfreiheit, 1963, S. 13, 28.

[96]) Vgl. Richard Thoma, Grundrechte und Polizeigewalt, in d. Festgabe zum 50jähr. Bestehen des Preuß. Oberverwaltungsgerichts, Berlin 1925, S. 183 ff., 191 ff.; ders. in Nipperdey, Die Grundrechte u. Grundpflichten der Reichsverfassung, Bd. 1 (1929), S. 33 ff. Übernahme dieser Kategorien auch bei Anschütz, Die Verfassung des Deutschen Reiches, 14. Bearb. Berlin 1933, S. 517 f.

[97]) Vgl. Thoma in Nipperdey a.a.O., S. 15—20; ders. in Anschütz-Thoma, Handbuch d. Deutschen Staatsrechts, Bd. 2 (1932), S. 619 f.

Geltung der Grundrechte, nach der direkten Einwirkung einzelner Grundrechtssätze auf die bestehende Gesetzgebung zu fragen. Gegen diese Tendenz, Grundrechtsbestimmungen wie Novellierungen zu geltenden Gesetzen zu behandeln, möchte ich mich zuerst wenden[98]). Das bedeutet nicht eine Ablehnung des Prinzips, daß bestehendes Recht künftig am Grundgesetz zu messen ist. Das Bedenken liegt vielmehr darin, daß der Maßstab des Vergleiches gewissermaßen dem als reformbedürftig aufgefaßten bisherigen Recht, statt der neuen Wertsetzung der Grundrechte entnommen wird[99]). Am deutlichsten läßt sich dieser Vorgang einer am bisherigen Gesetzesstand orientierten Interpretation des Grundgesetzes bei der Anwendung von Art. 12 GG erkennen. In der grundlegenden Entscheidung zum Apothekenrecht hat das Bundesverfassungsgericht mit Erfolg danach gestrebt, sich von einem solchen Wege der Anlehnung an das bisherige Recht fernzuhalten, und das Grundrecht frei und einheitlich aus sich selbst zu verstehen[100]). Indem es hierbei aber dennoch gewerberechtlichen Reminiszenzen in den einzelnen Merkmalen folgte — Verwendung des Gefahrenbegriffs[101]), einfache Gleichsetzung der Berufsfreiheit des Art. 12 GG mit der Gewerbefreiheit[102]), Be-

---

[98]) Gegen diese Tendenz, Grundrechte als technische Gesetzesänderungen aufzufassen, bereits R. Smend in VVDStRL 4 (1928), S. 45 ff.

[99]) Da die Verfassung mit rechtlichen Begriffen arbeitet und vorhandene Verhältnisse im Auge hat, muß sie unvermeidlich in erheblichem Umfang sowohl bestehende rechtliche Begriffe wie gesetzliche Regelungen zur Voraussetzung machen oder von ihnen ausgehen, ohne sie damit normativ verfestigen oder umgekehrt ändern zu wollen. Solche Erwähnungen, Verweisungen oder Übernahmen durchziehen die ganze Verfassung. Auf das Problem ist schon die Weimarer Epoche aufmerksam geworden: Albrecht Buschke, Die Grundrechte der Weimarer Verfassung und die Rechtsprechung des Reichsgerichts, Berlin 1930, S. 40 ff. Neuerdings hat Walter Leisner ihm eine eindringliche Behandlung gewidmet: Von der Verfassungsmäßigkeit der Gesetze zur Gesetzmäßigkeit der Verfassung, Tübingen 1964; ders., Die Gesetzmäßigkeit der Verfassung, JZ 1964, S. 201 ff. Er fordert — wohl etwas zu weitgehend — Verselbständigung der verfassungsrechtlichen Begrifflichkeit. Aufruhen der Verfassung auf der Gesetzesbasis ist nicht an sich bedenklich. Das Grundverhältnis ist differenzierter gesehen, auch im Sinne der nötigen Ausgestaltung und Erfüllung der Verfassung durch das einfache Gesetz, bei Peter Häberle, Die Wesensgarantie des Art. 19 Abs. 2 Grundgesetz, Karlsruhe 1963, S. 180 ff. Vgl. zum Problem auch BVerfG DVBl. 1964, S. 353 ff.

[100]) BVerfGE 7, S. 377 ff.

[101]) BVerfGE 7, S. 377, 406.

[102]) BVerfGE 7, S. 377, 399. Glücklicher die Definitionen dort S. 402. Gegen diese Deutung auch Ehmke VVDStRL 20 (1963) S. 92.

trachtung regelnder Ausgestaltung des Grundrechts als Einschränkung schlechthin[103]) — und in der Betonung der freien Berufswahl (Zulassung) wiederum die Gewerbefreiheit in die Mitte rückte, hat es in der Folge der Verstrickung in Einzelfragen des Gewerberechts nicht immer ausweichen können. So ist die Rechtsprechung dazu gelangt, die Hinzunahme des Milchhandels in einem Lebensmittelgeschäft als Berufswahl[104]) anzusehen, dagegen die Aufnahme der Führung von rezeptpflichtigen Arzneien durch Drogisten nur als Frage der Berufsausübung zu betrachten[105]). Auch die Rechtsprechung zu Art. 101 GG streift wohl die Grenze zu Problemen, in der in der gewiß ernst zu nehmenden Frage der ordnungsgemäßen Besetzung der Gerichte aus der Verfassung gesetzesreformerische Tendenzen in die Auslegung einfließen[106]). Es ist ein richtiger Grundsatz, daß an den grundlegenden objektiven Gehalten, die in der Wertordnung der Grundrechte verkörpert sind, auch das einfache Gesetzesrecht zu messen ist[107]). Aber die von der Verfassung aufgestellten Maßstäbe und Richtweisungen sollten nicht in zu großer Nähe zum bisherigen Recht

---

[103]) BVerfGE 7, S. 403, wo die Ordnungsbefugnis des Gesetzgebers allzusehr nur als Einschränkung gesehen wird. Richtig dagegen die Handwerksentscheidung BVerfGE 13, S. 97, 122, wo mit Recht gesagt wird: „Art. 12 Abs. 1 setzt selbst die Notwendigkeit gesetzlicher Regelungen voraus."

[104]) BVerfGE 9, S. 39. Vgl. auch BVerwGE 2, S. 345.

[105]) BVerfGE 9, S. 73. Das Ergebnis dieser Unterscheidung ist richtig, aber die Begründung überzeugt nicht. Denn für das Lebensmittelgeschäft ist der Milchhandel u. U. ebenso peripher, wie nach der Ansicht des BVerfG der Arzneiverkauf für den Drogisten. Dabei bleibt fraglich, ob wirklich dies Verbot nicht die Substanz des Drogistengeschäfts berührt (S. 79). Entscheidend ist vielmehr, daß hier überragende Gründe des Gemeinwohls, die ein wesentliches Gemeinschaftsgut (Gesundheit) sichern, für die bestehende Regelung sprechen (vgl. BVerfGE 7, S. 406). — Wie sehr die gewählten Maßstäbe die Gerichte in gewerberechtliche Detailprobleme hineinziehen, zeigt auch die Meinung, daß zwar die Zahl der Autodroschken (Taxi) begrenzt werden darf, nicht aber die von Mietwagen (die oft eine ähnliche Rolle erfüllen). Vgl. BVerwGE 1, S. 92 u. 171 gegen BVerwGE 1 S. 97 u. 165. Vor allem BVerfGE 11, S. 168, 184/185. Man kann zwar den wirtschaftspolitischen Erwägungen dieser Unterscheidung folgen, muß sich aber fragen, ob hier nicht die Reichweite des Verfassungsrechts allzu weit ausgedehnt wird. Vgl. auch die Stellungnahme zum Kassenarzt (BVerfGE 11, S. 30) und zur Zulassung von Chefärzten der Krankenhäuser zur Kassenpraxis (BVerfGE 16, S. 286).

[106]) Vgl. die Entscheidungen BVerfGE 4, S. 331; 14, S. 156; 15, S. 245; ferner BVerfG in DVBl. 1964, 395, 629.

[107]) In diesem Sinne BVerfGE 13, S. 318, 325: „Doch hat jeder Richter bei Auslegung und Anwendung einfachen Rechts den Einfluß der Grundrechte auf alle Bereiche des einfachen Rechts zu beachten."

entwickelt werden, wo dies die Verfassung selbst nicht erkennbar im Sinne hat[108]).

18. Der richtige Grundgedanke, daß die Grundrechte eine für die ganze Rechtsordnung grundlegende und richtungweisende Reihe von Wertmaßstäben festlegen, darf allerdings nicht interpretativ überanstrengt werden. Das geschieht dort, wo man sich nicht damit begnügt, die in den Grundrechten niedergelegten, auch das überkommene Recht ergreifenden Regeln und Prinzipien zu ermitteln, sondern ein Streben nach tunlichst weiter Ausdehnung grundrechtlicher Bindung verfolgt wird, das sich in entsprechenden Formeln einer absoluten Erstreckung der Freiheitsverbürgungen oder etwa in dem auf der Freiburger Tagung dieser Vereinigung aufgestellten, aber kritisch aufgenommenen Satze „in dubio pro libertate" ausprägt[109]). Eine solche Tendenz wird namentlich auch dort erkennbar, wo man die Grundrechte in ein lückenloses Anspruchssystem umdenken möchte, wo man den Sinn der Grundrechte in einem Wert- und Anspruchssystem erblickt und dementsprechend dazu neigt, die Wertentscheidungen der grundrechtlichen Sätze alsbald in klingender Münze in Ansprüche aufzufächern[110]). Hier wird dem Ganzen der aus einzelnen

---

[108]) Zu diesem Punkt siehe Leisner, Von der Verfassungsmäßigkeit der Gesetze, S. 20 ff. Vgl. auch Zippelius, Wertungsprobleme im System der Grundrechte, München 1962, S. 89.

[109]) Diesen Gedanken hat Peter Schneider seiner Sicht der Freiheitsrechte zugrundegelegt. Vgl. „In dubio pro libertate" in Hundert Jahre Deutsches Rechtsleben, Festschrift Dt. Juristentag, Karlsruhe 1960, Bd. 2, S. 263 ff.; ders. in VVDStRL 20 (1963), S. 31 ff. Kritisch hiergegen dort Ehmke, S. 86 f. Als Versuch, die allgemeine, naturrechtliche Freiheit ins positive Recht zu überführen, hat auch Hans Huber, Die Garantie der individuellen Verfassungsrechte ZSR 1936, S. 119 a, diesen Gedanken abgelehnt. Gegen eine vereinfachende Lehre der Grundrechtseffektivität auch Graf v. Pestalozza, Der Staat 2 (1963), S. 443 ff.

[110]) Hier scheinen mir die Bedenken gegen den Ansatz der Grundrechtskonzeption Dürigs zu liegen, der für einen lückenlosen Schutz der unteilbaren Freiheit (Maunz-Dürig, Grundgesetz Rdnr. 3 zu Art. 2) und für ein Wert- und Anspruchssystem (Rdnr. 5 zu Art. 1) eintritt, aus dem dann jede praktisch werdende weitere individuelle Freiheit ohne weiteres ableitbar wird (Rdnr. 6 zu Art. 2). Trotz beigefügter Vorbehalte und Einschränkungen (vgl. Rdnr. 29 zu Art. 1) steckt in dieser Auffassung eines allgemeinen „Auffangrechts" für alle Freiheiten von unbegrenzter Ausdehnung, das Dürig in Art 2 GG sehen will, eine extensive Konzeption der Grundrechte als eines Systems negativer unbegrenzter Freiheit, der nur von außen her gewisse Schranken gezogen werden können. Damit wird nicht nur die historische Entstehung und Spezialisierung einzelner Freiheitsverbürgungen verkannt, sondern auch Freiheit als Lösung von jeder Bindung mißverstanden. Mit dieser Kritik soll nicht die Möglichkeit systematischer Zusammenschau der

Verfestigungen freiheitlicher Positionen bestehenden Grundrechten ein geschlossenes System unterlegt[111]) und die Neigung gefördert, die Grundrechte zu einer über alle Rechtsmaterien sich erhebenden Superkodifikation zu verstehen, so

---

Grundrechte abgelehnt werden, wohl aber ihre Deutung als „lückenloses" oder geschlossenes System, noch dazu mit zusätzlicher Ausdehnungsfähigkeit (wie hier Ehmke VVDStRL 20, S. 88 ff.). Bedenken empfinde ich daher auch gegen die Neigung der schweizerischen Rechtslehre, in die Reihe der vorhandenen Grundrechte ergänzende Rechte aus dem System hinzuzufügen (vgl. Zaccaria Giacometti, Die Freiheitskataloge als Kodifikation der Freiheit, Zürich 1955, S. 7 ff.) und hierzu Hans Huber ZSR 1936, S. 118 a ff.). Die hier anstehenden Probleme einer neu auftretenden sozialen Problematik können teilweise ihre Lösung finden aus der Einsicht, daß in manchen Fällen einzelne Grundrechte zugleich auch Teilbereiche anderer Verbürgungen decken oder gar auswechselbar sind. So kann z. B. für die Eigentumsgarantie des Art. 14 GG, die im schweizerischen Verfassungsrecht fehlt, dort die stark auf den Schutz bestehender wirtschaftlicher Positionen abgestellte Gewerbefreit (Art. 31) oder auch der Gleichheitssatz (Art. 4) eine ähnliche Schutzfunktion übernehmen (siehe dazu die wichtigen Darlegungen von Hans Huber in Jus et Lex, Festgabe für Max Gutzwiller, Basel 1959, S. 543 ff.). Das wirft auch das hier nicht zu verfolgende Problem auf, wie sich Gewerbefreiheit und Eigentum zueinander verhalten. Es ist vom BVerfG im Urteil v. 13. 2. 1964 (Apothekenmehrbesitz) berührt worden (DÖV 1964, S. 454), brauchte aber im Zusammenhang dieses Urteils nicht behandelt zu werden. Man wird vorerst vielleicht sagen können, daß die Eigentumsgarantie die aktivierte wirtschaftliche Erwerbsposition sichert, daß sie aber dort nicht eingreift, wo nur Chancen vorliegen oder wo die Berufsfreiheit als solche keinen Schutz vor einschränkendem oder sicherndem Staatseingriff gewährt.

[111]) Im tieferen Grunde liegt hier ein Gegensatz der methodischen Auffassung vor. Auf der einen Seite die Einsicht, daß gerade für die Grundrechte die an den Kodifikationen des 19. Jahrhunderts entwickelte systematisch-abstrahierende Auslegung — gleich ob sie den subjektiven Willen des Gesetzgebers oder die objektive Sinngebung des Gesetzes (wie das BVerfG vgl. Entsch. Bd. 1, S. 299, 312) zum Ausgang nimmt — wegen der Natur der Grundrechte als gesonderter Verstärkung bestimmter Rechtsgarantien keine brauchbare Lösung ergibt und daher nirgends wie hier eine Anwendung des Stils der Topik sich anbietet. Zur Topik siehe Theodor Viehweg, Topik und Jurisprudenz, 2. Aufl., München 1963; Richard Bäumlin, Staat, Recht und Geschichte, Zürich 1961, S. 26 ff. Graf von Pestalozza, Der Staat 2 (1963), S. 429 f. Hier wird eine spezifisch verfassungsrechtliche Hermeneutik ins Auge gefaßt, die sich an Problemen, Zusammenhängen und Prinzipien orientiert, nicht aber an der Herstellung einer logisch oder scheinlogisch ableitbaren Systemeinheit. Auf der anderen Seite die Auffassung, daß die Auslegung der Grundrechte sie zu einem obersten, möglichst umfassenden und generellen System der Freiheit zu entfalten habe (in diesem Sinne etwa Dürig AöR 81 (1956), S. 121 ff.). Typisch für diese Tendenz ist die Rechtsprechung des BVerfG zu Art. 2 GG. Sie versteht Art. 2 im Sinne eines allgemei-

daß in immer weiterem Umfang rechtliche Fragen nicht an Hand der präzisen Normierungen der Gesetze, sondern durch eine Auslegung der Grundrechtssätze einer Lösung zugeführt werden[112]). Eine solche Auffassung verkennt, daß sowohl das Zivilrecht wie das öffentliche Recht in weitem Umfang der näheren Durchformung jener Grundsätze dient, die die Grundrechte enthalten, diese vom Gesetzgeber vorgenommene Ausprägung der grundrechtlichen Gehalte — von erkennbaren Überschreitungen abgesehen —, nicht nochmals durch eine extensive Grundrechtsinterpretation „überformt" werden sollte. Gewiß gibt es in allen Grundrechtskatalogen Einzelbestimmungen, die unmittelbar novellierende Bedeutung haben — im Grundgesetz mögen Art. 3 Abs. 2 oder Art. 16 Abs. 1 Satz 2 als Beispiele angeführt werden — aber die weite Ausdeutung grundrechtlicher Vorschriften bis zur Lösung von Einzelfragen birgt dort, wo es nicht um bereits spezielle Sätze, sondern um die allgemeinen Prinzipien des Grundrechts geht, auch die Gefahr in sich, daß eine solche Interpretation die Rechtsentwicklung unnötig hemmt und einengt. Die Geschichte der Rechtsprechung des amerikanischen Supreme Court ist hier ein warnendes Beispiel, besonders auf wirtschaftlichem Gebiete. Es genüge, an seine Stellungnahme zur Frage der Ar-

---

nen Freiheitsrechts und eines Ursprungs aller Freiheiten (BVerfGE 6, S. 32, 36 ff.), nimmt aber auf der anderen Seite diese Freiheit durch die Subsumierung aller rechtsstaatlich einwandfrei zustandegekommenen Gesetze wieder zurück (BVerfGE 6, S. 32, 36 ff; 10, S. 89, 102; 10, S. 354, 363; 16, S. 286, 304). Daß diese Rechtsprechung nicht das letzte Wort zu Art. 2 GG sein kann, sondern daß hier nur mit einer Akzentverlagerung auf den persönlichkeitsrechtlichen Kern des Grundrechts weiterzukommen ist, ist evident, und darin liegt der richtige Ansatz von Hans Peters, Das Recht auf freie Entfaltung der Persönlichkeit in der höchstrichterlichen Rechtsprechung (Arbeitsgem. f. Forschung NRW Heft 109, Köln 1963), der aber seinerseits darin zu weit geht, daß er aus Art. 2 auch wesentliche, z. B. wirtschaftliche Freiheitsbetätigungen ausschließt und ihn zu stark auf das Kerngebiet der Persönlichkeitsentfaltung begrenzt (a.a.O., S. 47 ff.) — Gegen das Denken von einem geschlossenen System her siehe auch Ehmke a.a.O., S. 82 ff. 89 f. Das System wird vielmehr erst im Sinne der Ganzheit einer Verfassung in der Auslegung und Anwendung verwirklicht. Vgl. Häberle, Die Wesensgehaltgarantie des Art. 19 Abs. 2 Grundgesetz, Karlsruhe 1963, S. 4 f.; Jörg Paul Müller, Die Grundrechte der Verfassung und der Persönlichkeitsschutz des Privatrechts, Bern 1964, S. 78.

112) Wenn das Bundesarbeitsgericht (NJW 1962, S. 1981) einen normalen Fall der Karenzzeit für kaufmännische Angestellte (gegen Gehaltszahlung) nicht an den ausreichend im Zivilrecht ausgebildeten Grundsätzen der Sittenwidrigkeit mißt, sondern ausführliche (ergebnislose) Darlegungen zu Art. 12 GG unternimmt, so könnte man einen solchen Fall der Überinterpretation annehmen.

beitszeit[113]) und zu den Mindestlöhnen[114]) zu erinnern, die längere Zeit den sozialen Fortschritt in der Gesetzgebung aufgehalten hat. Gerade auf wirtschaftlichem Gebiete, wo wechselnde Verhältnisse und Anschauungen eine hohe Beweglichkeit des sozial entscheidenden Gesetzgebers erfordern, können zu enge verfassungsrechtliche Begrenzungen zur Erstarrung führen. Grundrechte sind ihrem Wesen nach die Festlegung grundlegender Freiheitsverbürgungen und prinzipieller objektiver Wertmaßstäbe. Sie setzen Grenzen, aber sie gewähren auch einen in der Regel weiten Raum gesetzgeberischer Freiheit der Gestaltung[115]).

19. In einem zweiten Punkt kann ich mich kürzer fassen. Aus der Interpretation der Weimarer Periode übernahm die Grundrechtsinterpretation das Denken im Gegensatz von grundsätzlicher Freiheit des einzelnen und beschränkender Staatsgewalt. Hier hat seinerzeit Thoma den Weg gewiesen, der das objektive Prinzip des Rechtsstaates zu einem allgemeinen Anspruch umformte, frei von Eingriffen ohne gesetzliche Grundlage zu bleiben. Damit wird nur das objektive Prinzip des Rechtsstaats in einen subjektiven Anspruch umgewandelt. Das hat eine gewisse Nützlichkeit für die Konstruktion einer vom Anspruchsdenken her aufgebauten Verwaltungsgerichtsbarkeit. Im Verfassungsrecht bedeutet diese Lehre indes —

---

[113]) In einer extensiven Ausdeutung der Vertragsfreiheit der Due Process of Law Klausel erklärte der Supreme Court in Lochner v. New York 198 US 45 (1905) ein Gesetz des Staates New York für eine Verkürzung dieser Freiheit, das die Arbeitszeit für Bäckereien auf 10 Stunden täglich begrenzte, für verfassungswidrig. Es dauerte bis 1917, bis dieser Standpunkt sukzessiv aufgegeben war. Vgl. hierzu Merle F a i n s o d, Lincoln G o r d o n und Joseph C. P a l a m o u n t a i n, Government and the American Economy, 3. Aufl. New York 1959, S. 77; Ernst W o l f, Verfassungsgerichtsbarkeit und Verfassungstreue in den Vereinigten Staaten, Basel 1961, S. 127 ff.; Horst E h m k e, Wirtschaft u. Verfassung. Die Verfassungsrechtsprechung des Supreme Court zur Wirtschaftsregulierung, Karlsruhe 1961, S. 345 ff.

[114]) Noch 1923 erklärte der Supreme Court, wiederum auf Grund des Due Process und der „Laissez-faire"-Doktrin, ein Gesetz über Mindestlöhne zum Schutz der Arbeiter für verfassungswidrig (Adkins v. Children's Hospital 261 US 525), und erst 1937 brachte ein Wechsel der Mehrheit im Gericht die Abwendung von dieser Haltung (West Coast Hotel Co v. Parrish 300 US 379). Vgl. F a i n s o d a.a.O., S. 165 f.; W o l f, S. 132 ff.; E h m k e a.a.O., S. 349 ff.

[115]) Hierzu vor allem die Klärungen bei H ä b e r l e, a.a.O., S. 180 ff., zum Unterschied der einschränkenden und der ausgestaltenden Rolle des Gesetzgebers. Auch das Bundesverfassungsgericht erkennt eine „Entschließungsfreiheit" des Gesetzgebers an (vgl. BVerfGE 9, S. 250, 255; 14, S. 288, 312), obwohl es hier in einem weniger glücklichen Sprachgebrauch auch immer noch den Begriff des Ermessens verwendet (z. B. Bd. 10, S. 229, 246).

ich darf hier Hans Huber zitieren[116]) — „nichts anderes als der Versuch, die allgemeine naturrechtliche Freiheit in das positive Recht zu überführen, neben den sachlich bestimmten auch eine allgemeine Freiheit anzunehmen". Gegenüber der Gesetzgebung muß diese Konzeption leer laufen, und so hat denn auch das Bundesverfassungsgericht die Auslegung des Art. 2, die es in diesem Sinne als allgemeines Freiheitsrecht deutet, damit pariert, daß es jedes verfassungsgemäß zustandegekommene Gesetz als Einschränkung anerkennt.

Die Auffassung einer solchen ursprünglichen und allgemeinen Freiheit[117]), anstelle bestimmter, um spezifische Bereiche konzentrierter Freiheitsverbürgungen, verträgt sich auch nicht mit der vom Bundesverfassungsgericht ausgesprochenen Einsicht[118]), daß im Grundgesetz nicht das Menschenbild „eines isolierten souveränen Individuums" obwaltet, sondern eine Gemeinschaftsgebundenheit der Person anzuerkennen ist. Jede Freiheit ist eine Freiheit im Recht, d. h. innerhalb einer menschlichen Gemeinschaft. Der freie Mensch kann diese Freiheit immer nur innerhalb einer Gemeinschaft gewinnen und üben. Es ist kaum nötig, in diesem Zusammenhang auf die Kritik hinzuweisen, die Hegel an der Vorstellung einer nicht an der sittlichen Pflicht substantiierten abstrakten Freiheit übt[119]), oder auf Jaspers Bezug zu nehmen, bei dem es über das „Phantom der absoluten Freiheit" heißt: „Jede Freiheit, die Freiheit eines Einzelnen ist, muß aber im Gegensatz stehen, sich im Prozeß und Kampf entfalten, und darum immer beschränkt sein"[120]). Im Grunde läuft die heute weithin

---

[116]) ZSR 1936, S. 119 a.

[117]) Zu welchen manchmal fehlgehenden Folgerungen die Vorstellung unbegrenzter Freiheiten führt, mag ein Beispiel aus dem Bereich der Meinungsfreiheit zeigen. L ö f f l e r meint bei Behandlung des Verbots des Verkaufs von Studentenzeitungen im Hochschulbereich (NJW 1961 S. 529 ff.) in bezug auf das „Unterwerfungsverhältnis" (S. 630): „Auch für Studenten ergibt sich z. B. aus der Natur der Sache, daß z. B. die reibungslose Durchführung der Vorlesungen eine Einschränkung des Grundsatzes der Redefreiheit des einzelnen (Art. 5 Abs. 1 GG) erfordert." Natürlich besteht in jeder akademischen Diskussion volle Freiheit der Meinungsäußerung des Studenten. Wenn er in der Vorlesung nicht „durcheinanderredet" oder Seminar und Übung einen geordneten Diskussionsgang kennen, so gehört das nicht zur Beschränkung der „Redefreiheit" oder Meinungsäußerung, sondern zum Anstand und zur natürlichen Ordnung gesellschaftlichen Zusammenlebens.

[118]) BVerfGE 4, S. 7, 15.

[119]) Siehe H e g e l , Philosophie des Rechts, hrsg. v. J. Hoffmeister, 4. Aufl. Hamburg 1955 (Philos. Bibl. 104 a), §§ 149, 153—157.

[120]) Karl J a s p e r s , Philosophie, 3. Aufl. 1956, Bd. 2, S. 193. Daselbst weiter S. 195: „Absolute Freiheit ist schließlich sinnwidrig:

angewandte Deutung der Freiheitsrechte, die sie möglichst absolut und weit zu deuten sucht, auf jene naturrechtliche Regel hinaus, die die französische Verfassung von 1791 in ihrem Artikel 4 dahin formulierte, daß jeder alles tun dürfe, was nicht andere schädige. Aber dieser Artikel schließt mit mit dem Satze:

„Ces bornes ne peuvent être déterminés que par la loi".

Schon diese allgemeine naturrechtlich fundierte Freiheit führte also, ebenso wie die allgemeine Handlungsfreiheit des Art. 2 GG in der herrschenden Auslegung, nur zu der Erkenntnis, daß der Zusammenstoß aller dieser unbegrenzten Rechte mit benachbarten Befugnissen allein durch das Gesetz gelöst werden könne[121]). Für das Verständnis der historisch umgrenzten, auf spezifische Lebensbereiche abgestellten Freiheiten ist damit nichts gewonnen.

20. In enger Beziehung zu der Vorstellung einer allgemeinen ursprünglichen Freiheit steht die Neigung, alle Grundrechte in ein einheitliches geschlossenes System zu fassen und entweder Art. 2 GG für sich oder die ersten drei Artikel des Grundgesetzes zu Hauptfreiheitsrechten zu erheben[122]). Ihm gegenüber stellen dann die anderen Grundrechte nur spezielle Ausformungen und Ausstrahlungen dar, gewissermaßen Folgerungen aus einem allgemeinen Prinzip des status negativus[123]). Die Folge dieser Auffassung wäre es, Art. 2 GG gegenüber den besonderen Ausprägungen des Freiheitsgedankens für subsidiär zu erklären[124]). Dieses Systemdenken ist in-

---

Freiheit wird leer, wo sie ohne Gegensatz ist; sie ist im Gegensätzlichen als Prozeß."

[121]) Im Grunde handelt es sich bei dieser allgemeinen vom Naturrecht angenommenen Freiheit um eine Formel für den vorgesellschaftlichen Zustand. Im gesellschaftlichen Dasein gilt natürlich der Grundsatz, den wir schon bei Achenwall, Prolegomena Juris Naturalis, Göttingen 1763, § 84, umschrieben finden mit der alten Formel: „quae tibi non vis fieri alteri ne feceris." Für alle praktischen Zwecke liegt aber damit nur eine leere Formel vor.

[122]) Für diese weitverbreitete Auffassung möge es genügen, auf die Darstellung dieses Standpunktes bei Maunz-Dürig, Grundgesetz Art. 2, I, Rdnr. 6 ff., zu verweisen. Hier wird Art. 2 als Hauptfreiheitsrecht, zugleich als das Auffangrecht für unbenannte Freiheiten (also als Ergänzungsnorm für neu zu postulierende Freiheiten) in Anspruch genommen.

[123]) Die entscheidende Stelle BVerfGE 6, S. 32, 37: „Neben der allgemeinen Handlungsfreiheit ... hat das Grundgesetz die Freiheit menschlicher Betätigung für bestimmte Lebensbereiche ... durch besondere Grundrechtsbestimmungen geschützt." Vgl. auch bereits BVerfGE 1, S. 264, 273 f.; 4, S. 52, 56/57.

[124]) Diese Folgerung ist von der hier vertretenen Ansicht aus, daß die Grundrechte jeweils besondere Verstärkungen bestimmter

des ebenso grundsätzlich unrichtig wie historisch unhaltbar. Der Gedanke wäre nicht einmal richtig, wenn es lediglich Freiheitsrechte als Grundrechte gäbe. Alle anderen grundrechtlichen Sätze, soziale Grundrechte, institutionelle Gewährleistungen, ja im Grunde bereits auch so grundlegende Bestandteile des liberalen Kataloges wie Gleichheit und Eigentumsschutz, sind aus dem Obersatz der allgemeinen Freiheit nicht abzuleiten[125]). Man braucht nicht die Lehre der modernen französischen Doktrin anzunehmen, daß im Zeitalter des „homme-situé" die Freiheit als „liberté-autonomie" niedergehe und an die Stelle der Sicherung individueller Bewegungsfreiheit mehr der Gedanke des Schutzanspruchs gegen die Gesamtheit trete[126]). Es genügt festzuhalten, daß die Grundrechte heute nicht mehr nur eine negative Funktion gegenüber der

---

und begrenzter Freiheiten oder Rechtspositionen sind, abzulehnen. Die Annahme eines Hauptgrundrechts aber ließe es als angezeigt erscheinen, Art. 2 GG nur heranzuziehen, soweit spezielle Normen des Grundrechtsteils nicht konkrete Verbürgungen enthalten. So auch Dürig a.a.O., Art. 2, Abs. 1, Rdnr. 6. In ähnlichem Sinn auch das BVerfGE 4 S. 52, 57; 11 S. 234, 238; 13 S. 240, 246; 15 S. 235, 239.

[125]) Das wird bei der Gleichheit evident, sobald man sie nicht nur als Gleichheit der Rechtsanwendung und Rechtsetzung, sondern als Ausdruck demokratischer Egalität versteht, wie sie etwa sich ausprägt in der Steuerprogression, der Bekämpfung wirtschaftlicher Machtstellungen (Art. 74 Ziff. 16 GG) oder in dem Ausschluß von Steuervorteilen des höher besteuerten Wählers bei der Wahlspende (BVerfGE 8, S. 51 ff.). Unter diesem Gesichtspunkt sind Freiheit und Gleichheit sogar betonte Gegensätze, die niemals miteinander voll verwirklicht werden können, da eine egalisierende Gleichheit, wie sie der modernen Demokratie entspricht, nicht ohne erhebliche Einschränkungen und ein gewisses Maß an Zwang verwirklicht werden kann. Vgl. hierzu C. J. Friedrich, Man and his Government. An Empirical Theory of Politics, New York 1963, S. 360 ff. Ebensowenig läßt sich das Eigentum aus einer allgemeinen Freiheitsidee ableiten. Das zeigt sich schon historisch im Nebeneinander von „property and liberty" in der frühen englischen Grundrechtsauffassung des 17. und 18. Jahrhunderts (vgl. Locke, Two Treatises, Buch 2, Kap. 4 u. 5). Vor allem aber spricht hierfür die Ableitung des Eigentums aus der Arbeit, wie wir sie bei Locke finden (Buch 2, Kap. 5, § 28, und dazu Peter Laslett, Ausgabe der Treatises, Cambridge 1960, S. 306) und wie sie Hegel ebenso im Blick auf die bürgerliche Gesellschaft betont hat (Philosophie des Rechts, §§ 65 ff., 199 ff., zum Hintergrund dieser Lehre Joachim Ritter, Hegel und die französische Revolution (Arbeitsgemeinschaft f. Forschung, NRW Heft 63, Köln 1957, S. 34 ff.). Es entspricht im Grunde dieser Verschiedenheit von Freiheit, Gleichheit und Eigentum, daß sie das BVerfG nebeneinander anwendet, vgl. BVerfGE 14, S. 263, 277: „Das Eigentum ist ebenso wie die Freiheit ein elementares Grundrecht", und zur Gleichheit dort S. 278.

[126]) Vgl. Burdeau, Les libertés publiques, Paris 1961, S. 20 ff.

Staatsgewalt erfüllen, sondern zugleich objektive Richtsätze der ganzen Rechtsordnung aufstellen, daß sie sogar, wie schon bei der Frage der Konzentrationsvorgänge in der Presse erörtert, beispielsweise bei Art. 5 GG zu einer Pflicht des Staates führen können, aktiv als Schützer und Gestalter der Preßfreiheit, vor allem aber der Rundfunkfreiheit, tätig zu werden. Das ist aus der Konzeption eines Hauptfreiheitsrechts nicht mehr herzuleiten[127]).

Die Vorstellung eines geschlossenen oder lückenlosen Systems entstammt dem methodischen Denkkreis der deutschen zivilistischen Kodifikationen und stellt einen Bestandteil der juristischen Denkwelt des 19. Jahrhunderts dar, wie sie in Deutschland herrschend wurde. Die Übertragung dieser Begrifflichkeit auf die Grundrechte ist aber von Grund aus verfehlt, weil diese ihrer verfassungsrechtlichen Natur nach nicht als geschlossene Kodifikation, sondern nur als eine Reihe besonderer Verbürgungen der individuellen und sozialen Ordnung gedacht werden können. Die Grundrechte sind nicht so aufgebaut, daß sie Ableitungen eines abstrakten allgemeinen Prinzips darstellen. Sie sind vielmehr einzeln oder in Gruppen jeweils historisch gesondert entstanden und jedes einzelne Grundrecht hat seine spezielle, oft auch national differenzierte Geschichte. Die Männer, die im 17. Jahrhundert die Idee menschlicher Grundrechte ausformten, und die Schöpfer der amerikanischen Verfassungen in den Einzelstaaten wie im Bund, von denen ein amerikanischer Richter gesagt hat, sie seien keine Feiglinge gewesen, waren von solchen Systemvorstellungen weit entfernt. Sie strebten danach, fundamentale menschliche Bereiche mit wirksamen Sicherungen zu umgeben, sie gingen von den Kämpfen und Nöten ihrer Zeit aus, wenn sie Grundfreiheiten forderten und festlegten. So standen am Beginn der Entwicklung die Garantien für Liberty and Property — die erste als Freiheit von willkürlicher Einschränkung persönlicher Freiheit, als Schutz vor Haft und Unfreiheit verstanden — so haben sich dann jeweils aus neuen ideellen Entwicklungen und aus neuen Bedürfnissen neue Rechte da-

---

[127]) Die Zusammenhänge sind wiederum von der modernen französischen Lehre klar gesehen. Vgl. Maurice Duverger, Institutions Politiques et Droit Constitutionnel, 6. Aufl. Paris 1962, S. 213: „Les libertés traditionelles ne sont pas abandonnés mais leur contenu se modifie. On ne se préoccupe pas seulement de les mettre à l'abri de toute intervention de l'Etat, on se préoccupe aussi de les mettre à l'abri de l'action des „puissances privées", c'est à dire des forces économiques. Cela implique parfois une intervention de l'Etat qui contredit directement la conception classique."

zugefunden, während im Laufe der Geschichte andere zurücktraten oder verschwanden. So hat sich in der neueren Zeit die Garantie des Eigentums, das die französische Revolution noch als „droit inviolable et sacré" bezeichnete[128]), in den modernen Verfassungen merklich abgeschwächt oder ist etwa das elementare Recht auf freie Auswanderung verschwunden[129]). Es erscheint von diesem Gesichtspunkt her nicht richtig, wenn das Bundesverfassungsgericht in einer Entscheidung[130]) die Frage stellt, ob die Religionsfreiheit im Sinne des Werbens und der Propaganda „sich als ein Unterfall der freien Meinungsäußerung darstellt". Eine historische Besinnung wird hier zeigen, daß die Wurzel aller geistigen Freiheiten in der Idee der Toleranz, der religiösen Freiheit liegt und diese daher nicht einen Unterfall der Meinungsfreiheit bilden kann[131]).

21. Die einzelne Grundrechtsverbürgung muß vielmehr als eine selbständige, wenn auch gedanklich oder geschichtlich möglicherweise in Zusammenhang mit anderen Rechtsgewährungen stehende Norm angesehen werden. Sie ist ihrer Bestimmung nach stets auf einen bestimmten Lebensbereich oder ein bestimmtes Rechtsgebilde, dem sie eine erhöhte rechtliche Sicherheit zu gewähren bestimmt ist, abgestellt oder legt, soweit in ihr der Charakter objektiver Rechtssetzung überwiegt, einen bestimmten Wertmaßstab fest. Der Gegenstand grundrechtlichen Schutzes ist immer gegenständlich begrenzt. Jedes Grundrecht wird in eine Verfassung nicht um eines vollkom-

---

[128]) Menschenrechte von 1789/91 Art. 18. Daß diese strenge Eigentumskonzeption in der Tat der sozialen Wirklichkeit der französischen Revolution entsprach, wird heute deutlich erkannt. Vgl. Norman Hampson, A Social History of the French Revolution, London 1963, S. 251 ff.; A. Cobban, The Social Interpretation of the French Revolution, Cambridge 1964, S. 86 ff., 132 ff.

[129]) Vgl. BVerfGE 2, S. 266 ff. Bei diesem Fall, wo es nur um eine Freiheit der Ausreise (nicht der Abwanderung aus dem Land) ging, brauchte übrigens das Gericht an sich die weitere Freiheit nicht zu verneinen.

[130]) BVerfGE 12, S. 1, 4.

[131]) Wenn es auch nicht richtig ist, daß der Grundrechtsgedanke überhaupt aus der Idee der religiösen Freiheit stammt, wie Georg Jellinek annahm (Die Erklärung der Menschen- und Bürgerrechte, 4. Aufl. 1927, S. 42 ff.; dagegen O. Vossler, HZ 142 (1930), S. 530 ff., und Gerhard Ritter, HZ 169 (1949), S. 8 ff.), so ist doch kein Zweifel, daß der Ansatz jeder geistigen Freiheit im Ringen um Toleranz und Freiheit des religiösen Bekenntnisses liegt. Vgl. J. Bohatec, England und die Geschichte der Menschen- und Bürgerrechte, Graz-Köln 1956, S. 43 ff., 69 ff., 76 ff.; Joseph Lecler, Histoire de la tolérance au siècle de la Réforme, Paris 1954, Bd. 1, S. 159 ff., 177 ff., Bd. 2, S. 411 ff.; Pierre Lanarès, La liberté réligieuse, Ambilly-Annemasse 1964, S. 33 ff.; Frede Castberg, Freedom of Speech in the West, Oslo-New York 1960, S. 137 ff.

menenen Systems willen aufgenommen, sondern dient der Vereinigung aller Bürger in der Anerkennung bestimmter grundlegender Werte und Maßstäbe, die entweder aus gefestigter Tradition oder aus neuerer oft schmerzlicher Erfahrung oder aus sonstigen Gründen — etwa dem Andrängen bestimmter Interessen und Probleme — dem Verfassunggeber als fundamental für die von ihm aufzurichtende politische Ordnung erscheinen. In den Grundrechten drückt sich ein Stück des Verfassungskonsenses aus, der jede Verfassung begründet und trägt[132]), Entlehnungen von fremden Mustern, naturrechtliche Vorstellungen, ein Traditionsgefälle und endlich zugegebenerweise ein gewisses Vollständigkeitsstreben beeinflussen den Inhalt der grundrechtlichen Festlegungen. Aber die geschichtlich so ungemein wandelbare Erscheinung der Grundrechtskataloge zeigt doch deutlich, daß jeweils aktuelle historische Gründe die Auswahl, das relative Gewicht und auch die besondere Schutzrichtung der Grundrechte bestimmen[133]).

Man kann den Gedanken eines geschlossenen Systems der Freiheitsrechte auch nicht dadurch bewahren, daß man sich auf einen naturrechtlichen Charakter dieser Rechte stützt. Stimmt es schon kritisch, daß heute oft auch sehr positivrechtlich ausgerichtete Autoren sich an dieser Stelle in den Mantel der Stoa und ihres Glaubens an die Grundzüge der Menschennatur hüllen wollen, so sollte die umfangreiche Diskussion, die in den letzten anderthalb Jahrzehnten um das Naturrecht geführt worden ist[134]), so sollten die wenig gelungenen Versuche unmittelbarer Anwendung naturrechtlicher Prinzipien in der

[132]) Hierzu eine treffende Bemerkung aus dem Urteil des amerikanischen Supreme Court in West Virginia State Board of Education v. Barnette 319 U.S. 624 (1943), S. 624, 636; „Government of limited power need not be anemic government. Assurance that rights are secure tends to diminish fear and jealousy of strong government, and by making us feel safe to live under it makes for its better support. Without promise of a limiting Bill of Rights it is doubtful if our Constitution could have mustered enough strength to enable its ratification."

[133]) In ähnlicher Richtung, wenn auch mit etwas anderen Akzenten, vgl. Jörg Paul Müller a.a.O., S. 76, 135 ff.

[134]) Vgl. hierzu die Arbeiten in dem von Werner Maihofer herausgegebenen Sammelbande „Naturrecht oder Rechtspositivismus" (Wege der Forschung, Bd. 16), Darmstadt 1962; ferner Erik Wolf, Das Problem der Naturrechtslehre, 2. Aufl., Karlsruhe 1959; Hans Welzel, Naturrecht und materiale Gerechtigkeit, 4. Aufl., Göttingen 1962; Rudolf Henning, Der Maßstab des Rechts im Rechtsdenken der Gegenwart, Münster 1961; Arthur Kaufmann, Naturrecht und Geschichtlichkeit, Tübingen 1957; Alfred Verdross, Die Erneuerung der materialen Rechtsphilosophie, ZSR 76, S. 182 ff.; Wilhelm Weischedel, Recht und Ethik, 2. Aufl. Karlsruhe 1959.

Rechtsprechung[135]) vor einem Beschreiten dieses Weges warnen. Wer sich hier auf naturrechtliche Prinzipien berufen möchte, von dem ist ein volles klärendes Bekenntnis zu seinen methodischen Grundlagen zu fordern; es gibt keinen Abkürzungsweg zu naturrechtlichen Grundsätzen über eine Anerkennung des Naturrechts im positiven Recht[136]). Zudem kennt das Naturrecht nur oberste Prinzipien, und es würde daher schwerlich möglich sein, über gewisse fundamentale Aussagen — Menschenwürde, Persönlichkeit, Menschengleichheit — hinaus die einzelnen modernen Freiheitsverbürgungen in ihren Besonderheiten naturrechtlich zu fundieren.

22. Erblickt man in den Grundrechten nicht eine Ableitung aus einem obersten Satze oder ein geschlossenes System von Gewährleistungen, sondern einzelne, auf die besondere Verstärkung des rechtlichen Schutzes bestimmter Freiheiten, bestimmter Einrichtungen oder oberster Rechtsmaßstäbe gerichtete Verfassungssätze, so wird es deutlich, daß jedes Grundrecht in seiner geschichtlichen wie in seiner dogmatischen Zielrichtung und Ausgestaltung eine innere Mitte seiner Gewährleistung, damit aber auch eine innere Begrenzung in sich trägt, die seinem Geltungsraum einen festen Kern und eine spezifische Ausdehnung geben. Von hier aus läßt sich auch der Geltungsbereich solcher grundrechtlicher Sätze bestimmen, die anscheinend ohne hinzugefügte Beschränkung formuliert sind. So wird die Freiheit des Glaubens und des religiösen Bekenntnisses (Art. 4 GG) — hier kann ich zustimmend auf eine Entscheidung des Bundesverfassungsgerichts verweisen[137])

---

[135]) Hier ist vor allem auf die Bemühungen des Bundesgerichtshofes hinzuweisen, in einzelnen Fragen des Ehe- und Familienrechtes aus einer überpositiven Grundlage konkrete Entscheidungen abzuleiten. Hierzu kritisch Franz Wieacker, Rechtsprechung und Sittengesetz, JZ 1961, S. 337 ff.; H. U. Evers, Zum unkritischen Naturrechtsbewußtsein in der Rechtsprechung der Gegenwart, JZ 1961, S. 241 ff.; Helmut Simon, Katholisierung des Rechts (Bensheimer Hefte 16), Göttingen 1962; Peter Schneider, Naturrechtliche Strömungen in deutscher Rechtsprechung, Arch. f. Rechts- und Sozialphilosophie 42 (1956), S. 98 ff.; Weischedel a.a.O., S. 3 ff., 19 ff.; Arthur Kaufmann, Recht und Sittlichkeit, Tübingen 1964, S. 34 f.; Erwin Stein, NJW 1964, S. 1745 ff.

[136]) Es enthält einen philosophischen Widerspruch, wenn die Geltung naturrechtlicher Elemente der Grundrechte aus der positiven Verweisung des Art. 1 GG abgeleitet wird. Das natürliche Recht bedarf der positiven Anerkennung nicht. Was würde auch bei deren Rücknahme gelten?

[137]) BVerfGE 12, S. 1 ff. Versagung der bedingten Entlassung aus der Strafhaft wegen Anwerbung von Mitgefangenen zum Glaubensabfall unter Versprechung von Genußmitteln wird nicht als Verletzung von Art. 4 GG angesehen, weil ein solcher Mißbrauch der

— solche Bekundungen und Bezeugungen der inneren weltanschaulichen oder religiösen Haltung schützen, die im Kreise der modernen Zivilisation als Betätigung des Glaubens oder der Weltanschauung auf dem Boden übereinstimmender humaner Grundauffassungen im Licht geschichtlicher Entwicklung anerkannt werden. Die freie Religionsbetätigung wird mithin im Verständnis einer im Kreise der großen Kulturen der Welt und der Völker der Erde bestehenden Anschauung und in deren Grenzen respektiert[138]). Das bedeutet, daß sich nicht auf Art. 4 GG berufen könnte, wer religiöse Handlungen orgiastischer Art oder Opferzeremonien vornehmen wollte, die in diesem durch moderne humanitäre Vorstellungen bestimmten Bilde religiös-weltanschaulicher Glaubenshaltung und Glaubensbetätigung nicht enthalten sind und etwa in heutiger Auffassung als befremdende Überschreitung der religiösen Tradition erscheinen würden[139]). Ebensowenig deckt Art. 4 GG, der nicht etwa im Sinne einer allgemeinen Protektion des Gewissensvorbehaltes interpretiert werden kann[140]), aber auch überfeinerte religiöse Skrupel gegenüber sittlich anerkannten allgemeinen Pflichten, also etwa Bedenken gegen das Zahlen von Steuern oder gegen Impfzwang[141]). Auch kann die Berufung

---

Glaubenswerbung keinen Schutz verdient. Hier heißt es (S. 4): „Das Grundgesetz hat nicht irgendeine, wie auch immer geartete freie Betätigung des Glaubens schützen wollen, sondern nur diejenige, die sich bei den heutigen Kulturvölkern auf dem Boden gewisser übereinstimmender sittlicher Grundanschauungen im Laufe der geschichtlichen Entwicklung herausgebildet hat ...".

[138]) Es wäre zu eng, hier ein westliches oder christliches Verständnis anzusetzen. Die Vorstellungsbreite muß vielmehr alle großen Kulturbereiche der Welt umgreifen und, bei aller Vertiefung, die christliche Einsicht hier bringen kann, ein allgemein menschliches Verständnis der religiösen Freiheit anstreben. In diesem Sinne ist Art. 18 der Allgemeinen Erklärung der Menschenrechte der Vereinten Nationen vom 10. 12. 1948 zu verstehen und muß eine weltweite menschenrechtliche Deutung der Glaubensfreiheit heute sich ausrichten. Vgl. Carollo de Albornoz, The Basis of Religious Liberty, New York 1963, S. 91 ff.

[139]) Ein Beispiel einer durch die heutige Grundanschauung der Menschenrechte überwundenen religiösen Glaubensbetätigung bildet die in der alten indischen Religion angelegte Scheidung der Kasten, die die indische Verfassung von 1950, Art. 17, ausdrücklich aufhebt; die Verfassung verbietet in Art. 15 ausdrücklich religiöse Diskriminationen im Zugang zu öffentlichen Stätten, Brunnen usw. Vgl. Lanarès a.a.O., S. 56 f.

[140]) Unrichtig daher eine Interpretation in diesem Sinne bei Witte, AöR 87 (1962), S. 187 ff.; Heinrich J. Scholler, Die Freiheit des Gewissens, Berlin 1958, S. 110 ff.

[141]) Für diese Einstellung der Glaubensfreiheit auf den eigentlichen Bereich religiös-weltanschaulicher Überzeugung und ihrer Ausübung unter Nichteinbeziehung solcher weit ausgedehnter Be-

auf das gläubige Gewissen nicht die Privatrechtsordnung aufheben oder beiseiterücken. Ein anderes Beispiel solcher Sinngebung und Geschichte folgender innerer Abgrenzung von Grundrechten bildet die Wissenschaftsfreiheit, die nach der herrschenden Lehre nicht jede Art wissenschaftlicher Betätigung deckt, sondern nur eine solche, die auf an wissenschaftlicher Erkenntnis orientierter Forschung und Lehre beruht, wobei die historische Entstehung des Instituts auf den Zusammenhang der Lehrfreiheit im Bereiche der deutschen Hochschulen weist[142]). Nur wenige Grundrechte sind nicht in dieser Form ihrer Natur nach gegenständlich begrenzt, abge-

---

kundung religiös motivierter Bedenken gegen allgemeine bürgerliche Einrichtungen und Verpflichtungen unpolitischer Natur bietet die Praxis der Europäischen Kommission für Menschenrechte Beispiele. Die Kommission hat das Gesuch einer niederländischen Gemeinde und ihres Geistlichen abgewiesen, die nicht zur allgemeinen staatlichen Altersversicherung beisteuern wollten, weil nach der Lehre der reformierten Kirche die Gemeinde ihrem Geistlichen den Lebensunterhalt zu reichen habe, dieser also der Versicherung nicht bedürfe. Der niederländische Hooge Rad hatte diesen Einwand schon abgelehnt, weil die Gewissensfreiheit nicht von der Befolgung der unabhängig vom Bekenntnis auferlegten allgemeinen Bürgerpflichten entbinde (Ned. Jurisprudentie 1960, Nr. 436 = Yearbook of the European Court on Human Rights 3 (1960), S. 649 ff.). Die Kommission wies noch darauf hin, daß das niederländische Recht Personen, die innere Bedenken haben, die Leistung des Beitrags in Steuerform gestattet (Yearbook 5 (1962), S. 299). Dieselbe Stellung nahm die Kommission zu den religiös begründeten Bedenken eines niederländischen Landwirts gegen den Zwangsbeitritt zu einer Schutzvereinigung gegen die Tuberkulose der Rinder ein (Yearbook, Bd. 5, S. 279). Hinzuweisen wäre auch auf die Stellungnahme deutscher Gerichte zum Impfzwang (BVerwGE 9, S. 78) und zur Röntgenuntersuchung (Bay VerfGH N. F. 8 II, S. 1 ff.). Zum Ganzen meine Ausführungen in Festschrift f. H. Jahrreiss, Köln 1964, S. 380 f.

[142]) Diese Deutung der Freiheit der Wissenschaft aus der spezifischen geistigen Welt der deutschen Universitäten hat — Paulsen folgend — Rudolf Smend zuerst deutlich gemacht und damit erst dies Grundrecht dem Leerlauf entrissen (VVDStRL 4, S. 56 ff.). Sie ist heute allgemein in dieser besonderen geschichtlichen Entstehung und Sinngebung anerkannt. Vgl. R. Thoma, Die Lehrfreiheit der Hochschullehrer, Tübingen 1952, S. 1 ff.; Ernst Friesenhahn, Staatsrechtslehrer und Verfassung, 1950, S. 10 ff. Es kann dabei dahingestellt bleiben, ob im heutigen Geltungsumfang diese Freiheit auf den Bereich von Lehre und Forschung an den wissenschaftlichen Hochschulen beschränkt ist (so Köttgen, Das Grundrecht der deutschen Universität, Göttingen 1959, S. 15 ff., 26 ff.) oder wissenschaftliche Lehre in einem weiteren — freilich nicht ihre rein praktische Anwendung und kommerzielle Nutzung umfassenden — Sinne in sich schließt (so Wehrhahn, Lehrfreiheit und Verfassungstreue, Tübingen 1955, dem ich insoweit folge). Nicht klar entschieden in diesem Punkte BVerfGE 15, S. 256, 264.

sehen von dem anders strukturierten Gleichheitssatz. Die Existenz solcher mit der Zielrichtung des einzelnen Grundrechts zusammenhängender innerer Begrenzungen ist auch in der Lehre längst erkannt worden[143]). Man sollte diese aus der Sinngebung und der geschichtlichen Entfaltung der Grundrechtssätze herzuleitende Absteckung ihres Wirkungsbereiches jedoch nicht mit der Bezeichnung „Schranke" belegen, weil damit auf eine von außen kommende Eingrenzung hingewiesen wird[144]). Es handelt sich indes hier nicht um Beschränkungen zugunsten anderer, in der Abwägung für höheren Wertes befundener Güter, sondern um eine sinngemäße vom Kern des Grundrechts her entwickelte Grenze seiner Tragkraft. Daß eine solche Grenze zuweilen auch ausdrücklich formuliert wird (z. B. in Art. 8 Abs. 1 die friedliche und unbewaffnete Versammlung) ändert nichts an der Natur dieser aus Verfassungsintention und geschichtlicher Ausformung abzuleitenden inneren Begrenzung.

23. Aus dem gleichen Grundgedanken heraus ergibt sich auch eine neue Sicht auf Art. 19 Abs. 2 GG, der den Wesensgehalt der Grundrechte schützt. Wenn jedem Grundrecht ein bestimmter gegenständlich umschriebener Lebensbereich zu eigen ist, so ist es auch möglich, von dieser grundsätzlichen Zielsetzung her den Kernbereich des Schutzes von innen heraus positiv zu umreißen, andererseits aber auch deutlicher zu er-

---

[143]) In einer der obigen Darlegung verwandten Weise hat Klein diese immanente Begrenzung der Grundrechte als „immanente sachliche Gewährleistungsschranken" bezeichnet (Das Bonner Grundgesetz, 2. Aufl., Vorbem. XV 1 und 2, S. 124 ff.). Er weist dabei richtig auf die Bedeutung des geschützten „Objekts" (Lebensbereiches) hin. Diese Grenze ergibt sich, was zu betonen ist, nicht erst aus einer Abwägung gegenüber anderen Gütern, sondern aus der limitierten Tragkraft des gesicherten Gutes. Das wird nicht deutlich erkannt bei Hamel, Die Bedeutung der Grundrechte im sozialen Rechtsstaat, Berlin 1957, S. 38 ff., obwohl beide Momente — die Grenze der eigenen Tragkraft und der Vorrang anderer höherer Werte im Grenzgebiet — nicht immer einfach zu scheiden sein dürften. Von einem anderen Gesichtspunkt her, von dem der notwendigen gesetzlichen Aktualisierung und Umhegung des Grundrechtsgehaltes, hat Häberle a.a.O., S. 51 ff., die gleichen Probleme sichtbar gemacht. Klar hiervon abzugrenzen sind jedenfalls die ausdrücklich im Text beigefügten Vorbehalte und Beschränkungen.

[144]) Der Unterschied der hier vertretenen Auffassung zu der von Dürig, der betont, Grundrechte seien nicht schrankenlos (Grundgesetz Art. 2 Abs. 1 Rdnr. 25), besteht darin, daß hier von einer gegenständlich bestimmten Reichweite des einzelnen Rechts ausgegangen wird, während Dürig der Freiheit eine dem Grundsatz nach unbegrenzte, aber dann von außen her wieder einzuschränkende Ausdehnung gibt.

kennen, wo man es mehr mit Randauswirkungen und entfernteren Konsequenzen des gewährten Schutzes zu tun hat. Dehnt man zuerst jedes Grundrecht im Sinne der Grundrechtseffektivität so weit wie möglich aus, so wird diese Eingrenzung der unbedingt gesicherten und schutzwürdigen Mitte der grundrechtlichen Gewährleistung sehr viel schwieriger als wenn man vom Zentrum der zu sichernden Lebenssphäre oder Einrichtung ausgeht[145]).

24. Wenn hier die Annahme eines von vornherein im Sinne einer allgemeinen Freiheit verstandenen umfassenden Grundrechtsystems abgelehnt wird, so wird damit nicht ausgeschlossen, daß die Auslegung den Grundrechten, soweit dies nicht schon in ihrer Gruppierung oder Kennzeichnung im Verfassungstext geschehen ist, unter sich und in ihrem Zusammenhange eine gewisse Ordnung zuerkennen muß. Die Grundrechte einer Verfassung sollen in ihrer Gesamtheit dem Staatswesen eine den Konsens der Bevölkerung schaffende Wertgrundlage geben, man kann sie daher als eine Ordnung von Wertsetzungen auffassen, die von einer einheitlichen Grundgesinnung getragen ist.

Soweit damit von Werten und einer Wertordnung gesprochen wird, soll damit die hinter den positivierten Rechtssätzen stehende ethische Anschauungsgrundlage bezeichnet werden. Nicht aber soll damit eine im Sinne mancher Strebungen der materialen Wertethik als unwandelbar anzusehende dem Menschen erkennbare Wert- und Rangordnung, also eine Form naturrechtlicher Fundierung gesucht werden[146]). Ich gehe vielmehr von der Erkenntnis aus, daß es sich bei dieser in einem Grundrechtskatalog ausprägenden Wertvorstellung um traditionelle Maßstäbe eines bestimmten geschichtlich gewordenen und bestimmbaren Kulturkreises handelt, im konkreten Bestand der modernen Freiheitsrechte europäischer Verfassungen

---

[145]) Ansätze in dieser Richtung, in manchem zu weit geführt, bei Häberle a.a.O., S. 179 f., 222 ff.; ferner Jörg Paul Müller a.a.O., S. 78 f.

[146]) Die Bemühungen von Max Scheler und Nicolai Hartmann um Aufweisung einer im Sein begründeten Sphäre inhaltlich bestimmter Werte hinaus auch zu einer Festlegung solcher Werte und einer Rangordnung unter ihnen zu gelangen, erfahren heute unter dem Gesichtspunkt der geschichtlichen Bedingtheit der Werterfahrung Kritik. Vgl. Hans Welzel, Naturrecht und materiale Gerechtigkeit, 4. Aufl. 1962, S. 221 f.; Arthur Kaufmann, Naturrecht und Geschichtlichkeit, 1957, S. 8 ff.; Ders., Recht und Sittlichkeit, 1964, S. 37 f.; Weischedel a.a.O., S. 21 ff.; Zippelius, Wertungsprobleme im System der Grundrechte, Berlin-München 1962, S. 103 ff.; Peter Schneider, VVDStRL 20 (1963), S. 20 f.

mithin um die aus antik-stoisch-christlicher Überlieferung erwachsene Anschauungswelt der humanen europäischen Rechtstradition[147]). Sie ist es, in der das Menschenbild wurzelt, aus dem die modernen Menschenrechte erwachsen sind, in denen die Würde und die Individualität jedes einzelnen Menschen, die Freiheit und Verantwortlichkeit seiner sittlichen Orientierung und auch die soziale Verwurzelung und Geschichtlichkeit seines Seins und Denkens vorausgesetzt wird[148]). Es würde vielleicht im Strome heutigen philosophischen Denkens richtiger sein, von ethischen Prinzipien statt von „Werten" zu sprechen, aber im Blick auf die hinter dem Grundgesetz stehende Anschauungswelt und die starken Einflüsse, die auch heute von der materialen Wertethik ausgehen, scheint es erlaubt, an der Vorstellung von Werten und einer Ordnung von Werten festzuhalten.

Freilich kann nicht übersehen werden, daß auch innerhalb eines Verfassungstextes durchaus nicht immer eine einheitliche Konzeption obwaltet. Stellt die Verfassung einen Kompromiß verschiedener sozialer Kräfte und politischer Richtungen dar, so können auch in den grundrechtlichen Normen Antinomien und Konflikte angelegt sein. Manche von ihnen, wie die Schwierigkeit, Freiheit und Gleichheit miteinander in Einklang zu setzen, oder Meinungsfreiheit und Persönlichkeitsschutz zueinander in das rechte Verhältnis zu setzen, stellen nicht

---

[147]) Eine Bestimmung der in einer Rechtsgemeinschaft oder einem Staat als gültig angenommenen ethischen Grundlagen wird daher nur in der Aufdeckung der geistig-sittlichen Tradition möglich sein, die diese Anschauung geformt hat und trägt. Vgl. Weischedel, S. 29 ff. Tatsächlich arbeitet die Rechtsprechung weitgehend mit solchen überlieferten Wertvorstellungen, meist freilich in der etwas flacheren Konzeption des allgemeinen Konsenses, des gegenwärtigen Rechtsempfindens oder der in der Gesellschaft lebendigen sittlichen Anschauungen (Zusammenstellung solcher Formeln bei Zippelius a.a.O., S. 132 ff.). Dabei sind aber zwei Momente zu beachten. Einmal die Notwendigkeit der Fortentwicklung, des immer neuen Ringens um die beste Verwirklichung der für die Gegenwart gültigen Maßstäbe der Gerechtigkeit (Weischedel, S. 33 ff.; Welzel a.a.O., S. 252 f.). Zum anderen bleibt — das Problem kann hier nicht erörtert werden — die Frage, ob über dem Wandel geschichtlicher Anschauungen (auch der langfristigen Überlieferung) nicht bestimmte bleibende Gegebenheiten erkennbar sind, die ontologisch in der Seinsstruktur und in der ethischen Bestimmung des Menschen erkennbar werden.

[148]) Zur Bedeutung des Menschenbildes siehe Weischedel a.a.O., S. 10 ff.; H. H. Jescheck, Das M. unserer Zeit und die Strafrechtsreform, Tübingen 1957, S. 13 ff.; Georg Dahm, Die Stellung des Menschen im Völkerrecht unserer Zeit, Tübingen 1961, S. 28 ff.; Hans Huber, Das Menschenbild des Rechts, 7, SR 80 (1965), S. 1 ff.; ferner (auf naturrechtlicher Grundlage) Alfred Verdross, Abendländische Rechtsphilosophie, 2. Aufl. 1963, S. 257 ff.

vermeidbare, in der Sache angelegte Probleme dar. Andere Widersprüche und Unausgeglichenheiten wurzeln indes in einem uneinheitlichen Gedankenhintergrund oder politischen Kompromissen — so konnte man in der Weimarer Verfassung deutlich bestimmte sozialistische, liberale oder religiös bestimmte Einflüsse unterscheiden[149]) — oder auch in redaktionellen Schwächen. So erscheint etwa in Art. 6 Abs. 1 und 5 der Ausgleich zwischen dem Schutz der Familie und der Förderung der sozialen Lage des unehelichen Kindes keineswegs bereits konfliktlos angelegt, und auch das Elternrecht des Art. 6 Abs. 2 GG ist mehr kompromißhaft mit dem staatlichen Erziehungsrecht abgestimmt.

Demgegenüber muß eine Grundrechtsauslegung von dem Gedanken der interpretativ herzustellenden Einheit und Harmonie der Verfassung ausgehen. Sie muß daher bei den Grundrechten auf die gegenseitige Begrenzung, Zusammenstimmung und die wechselseitige Ergänzung abstellen. Eine Verfassung ist ihrer Intention nach ein auf politische Einigung und Übereinstimmung angelegtes Dokument. Ihre Auslegung muß daher diesen harmonisierenden und integrierenden Charakter tragen[150]). In dieser Aufgabe der Zusammenstimmung liegt dann auch die Herstellung eines gewissen systematischen Zusammenhanges, einer Wertordnung. Nicht zulässig erscheint mir aber auch in diesem Rahmen die Ergänzung der positiven Grundrechtssätze aus einem vorausgesetzten Systemgedanken im Sinne der Substituierung fehlender Rechtsverbürgungen[151]). Abhilfe kann hier die zuweilen gegebene Austauschbarkeit der Grundrechtssicherungen gewähren[152]). Endlich können aus den Grundrechten von umfassender Tragweite, wie Gleichheit oder Menschenwürde, auch gewisse lückenfüllende Konsequenzen gezogen werden[153]).

---

[149]) Vgl. hierzu Gustav Giere, Das Problem des Wertsystems der Weimarer Grundrechte, Breslau 1932, S. 33 ff. Die Schrift zeigt die Gründlichkeit, mit der diese Probleme bereits in den 20er Jahren diskutiert wurden.

[150]) Vgl. Ehmke, VVDStRL 20 (1963), S. 66 f., 77 ff., 82 ff.; Graf v. Pestalozza, Der Staat, 2 (1963), S. 438. In diesem Punkte — aber nur in diesem — übereinstimmend Ernst Forsthoff, Zur Problematik d. Verfassungsauslegung, Stuttgart 1961, S. 37; Tsatsos, Zur Problematik des Rechtspositivismus, Stuttgart 1964, S. 26.

[151]) Vgl. oben Anm. 110.

[152]) Vgl. zu Art. 12 und 14 GG oben Anm. 110, und Ernst Forsthoff, Verfassungsmäßiger Eigentumsschutz und Freiheit des Berufs, in: Staatsbürger und Staatsgewalt, Jubiläumsschrift zum 100jähr. Bestehen der deutschen Verwaltungsgerichtsbarkeit, Karlsruhe 1963, Bd. 2, S. 19 ff.

[153]) Beispiele bieten die Gleichheit in der Rechtsprechung des schweizerischen Bundesgerichts oder der substantielle Due Process

25. Die hier entwickelte Sicht wird sich den Vorwurf einer Relativierung der Grundrechte gefallen lassen müssen. Sie kann dem nur erwidern, daß es dem Schutze der wesentlichen Verbürgungen dient, wenn klar der begrenzte Kern einer Freiheitsgewährung anstelle einer vagen allgemeinen Handlungsfreiheit hervortritt und damit der fundamentale Sinn der Menschenrechte anstelle einer ausufernden Anspruchsgesinnung des status negativus als Grundlage bürgerlicher Freiheit im politischen Sinne integrierender politischer Freiheit festgehalten bleibt. Was die hier abgelehnte Tendenz einer „Grundrechtseffektivität" in möglichst weitem Verstande erreicht, ist weithin nur eine Kollision der Grundrechte unter sich. Soll, wenn man Art. 4 GG im Sinne vollen Schutzes der Gewissensbedenken versteht, diese Freiheit oder die ihr entgegenstehende Vertragsfreiheit (zu der auch Vertragstreue gehört) gesichert sein?

Bei einer Auslegung, die die einzelnen Grundrechte in ihrem geschichtlichen und aktuellen Gehalt versteht und daraus erst im Sinne einer zusammenstimmenden Verfassungsauslegung eine Ordnung fügt, wird es in entscheidender Weise auf eine Abwägung der in ihnen verkörperten Wertmaßstäbe und Wertsetzungen ankommen. Aber bedarf es im übrigen einer solchen Abwägung nicht erst recht, wenn sich vom Ausgangspunkt einer allgemeinen Freiheit und einer absoluten Deutung der Freiheit die Kollisionen häufen? In der Tat wird hier nicht nur auf eine jeder Rechtsprechung schon längst unentbehrliche Methode der Wägung und Abgrenzung von Normen und Ansprüchen untereinander verwiesen — die nur im Bereich des kodifizierten Rechts weithin durch Aufsteigen zu abstrahierenden Obersätzen und systematische Schlußfolgerungen ersetzt wird —, sondern es wird damit auf eine der Grundrechtsauslegung im besonderen spezifische Problematik aufmerksam gemacht. Gerade wenn man den Gedanken eines vorgegebenen Systems der Grundrechte oder ihrer Herleitung aus einem Obersatz ablehnt, kommt es bei ihrer Abgrenzung gegeneinander auf wertende Bestimmung an[154]). Das gilt

---

des amerikanischen Bundesrechts. Vgl. Ehmke, Wirtschaft und Verfassung, 1961, S. 269 ff. Zur Herstellung einer Wertordnung durch die interpretierende Anwendung siehe auch Hans Huber, Berner Kommentar zum Schweizer. Zivilrecht, Art. 6 ZGB (Bern 1962), S. 531; G. Dürig in: Summum Ius, Summa Iniuria. Tübinger Ringvorlesung, 1963, S. 82. Vgl. auch die Anerkennung der im Grundrechtsabschnitt aufgerichteten „objektiven Wertordnung" durch BVerfGE 7, S. 198, 205.

[154]) Zur Wertabwägung siehe BVerfGE 7, S. 198, 208; 15, S. 77, 78; 16, S. 194, 202. Ferner Dürig, DÖV 1958, S. 197; Hans Huber, ZSR 82 (1963), S. 144; Jörg Paul Müller a.a.O., S. 97. Kritisch zu die-

a) für die Herausarbeitung des Kernbereichs innerhalb des einzelnen Grundrechts,

b) für die Lösung von Kollisionen und die Festlegung einer Ranghierarchie — die gewiß nur begrenzt möglich ist — unter den Grundrechten,

c) für die Grenzziehung zwischen dem verstärkten Schutzbereich der Grundrechte und denjenigen Normen der Rechtsordnung, die außerhalb dieses Bereiches liegen, daher sich gegenüber den grundrechtlichen Sätzen behaupten, oder die sich mit dem Geltungsbereich des Grundrechts überschneiden und daher in ihrem Verhältnis zu ihm bestimmt werden müssen. Für den letzteren Fall hat die Rechtsprechung den Gedanken entwickelt, daß in dieser Abwägung das Gewicht des grundrechtlichen Satzes auch auf die Auslegung der gegenüberstehenden Norm einwirke[155]).

Aus der Einsicht, daß Anwendung rechtlicher Normen in Ausführung und Rechtsprechung nicht allein auf logischer Ableitung beruht, sondern gerade bei der Konkretisierung allgemein gehaltener Regeln stets auch neue ergänzende Wertentscheidungen fordert, ergibt sich die Bedeutung, die der Abwägung der beteiligten ethischen Prinzipien wie auch der Beurteilung der mitsprechenden sozialen Interessen in der Grundrechtsinterpretation zukommt.

26. In jeder Grundrechtsnorm können sich entsprechend ihrer Bestimmung als Bestandteil einer werthaften Ordnung, mit der die Verfassung für das gesamte soziale Leben Maßstäbe aufrichten will, verschiedene verfassungsrechtliche Elemente verbinden[156]). In der Mehrzahl grundrechtlicher Bestimmungen

---

ser Methode der Abwägung Graf v. Pestalozza a.a.O., S. 446 ff. Sie findet sich auch im amerikanischen Gebrauch. So spricht Richter Frankfurter in Communist Party of the Un. States v. Subversive Acticities Control Board 367 U.S., S. 1, 97 (1961), davon, daß der Kongreß bei einem Gesetze gesucht habe „to reconcile competing and urgently demanding values within our social institutions". Vgl. ferner Richter Douglas in Scales v. Un. States 367 U.S. 203 (1961), 270/71: „balancing the right of speech and association against other values in society", und dazu Hudon, Freedom of Speech and Press in America, Washington 1963, S. 158, 171, 174.

[155]) BVerfGE 7, S. 198, 208 f.; 10, S. 118, 121; 12, S. 113, 130; 15, S. 77, 78. Zustimmend hierzu Hans Huber, ZSR 82 (1963), S. 143 f.

[156]) Ich habe hierauf bereits früher hingewiesen (Die institutionellen Garantien des Grundgesetzes, in: Recht, Staat, Wirtschaft Bd. 4 (1953), S. 93). Diese Einsicht ist heute weithin anerkannt. Vgl. zur Unterscheidung subjektiver und objektiver Rechtsgewährungen in den Grundrechten allgemein v. Mangoldt-Klein a.a.O., S. 80 ff.; Dürig, Grundgesetz Art. 1 Abs. 3, Rdnr. 97 ff.; Hans Huber, ZSR 1936, S. 54a ff., 60a ff. Zum Nebeneinander indivi-

treten uns zunächst, vor allem in den Freiheitsrechten der liberalen Überlieferung, subjektive Berechtigungen des einzelnen oder bestimmter Gruppen gegenüber. Daneben aber enthalten die meisten von ihnen zugleich objektivrechtliche Bestandteile, insbesondere die verfassungsrechtliche Gewährleistung eines Rechtsinstituts oder einer bestimmten institutionellen Ausgestaltung eines Lebensbereiches. So schützen Art. 8 und 9 GG neben der Rechtsverbürgung zugunsten von Individuen und Vereinigungen den Bereich der sozialen und politischen Gemeinschaftsbildung in seinen Grundformen, hält Art. 4 GG das Privateigentum als Grundlage einer auf individueller wirtschaftlicher Freiheit beruhenden Privatrechtsordnung aufrecht[157]), sichert Art. 4 Glaubensfreiheit und Toleranz als Grundlage weltanschaulicher Offenheit und geistiger Freiheit des öffentlichen Lebens, enthält Art. 3 GG zugleich eine objektive Festlegung des Rechtsstaatsgedankens (Willkürverbot) wie eine Festlegung der egalitären Basis einer demokratischen Gesellschaft (Wesensgleichheit aller Bürger, Grundsatz der sozialen Egalisierung). Natürlich kann auch eine institutionelle Verbürgung allein für sich auftreten, wie es in Art. 6 Abs. 1 (Schutz von Ehe und Familie) der Fall ist, oder wie es besonders dort der Fall ist, wo kollektive oder korporativ-institutionelle Einrichtungen gesichert werden wie die Selbstverwaltung oder das Beamtentum (Art. 28 Abs. 2 und 33 Abs. 5 GG). Diese institutionelle Seite tritt bei den als Freiheitsrechte

---

dueller Rechte und objektiver Verbürgung Wilhelm Geiger, Das Grundrecht der Pressefreiheit, in: Die Funktion der Presse im demokratischen Staat (Studien der katholischen Akademie in Bayern, Heft 5) 1958, S. 15; Hans Huber, ZSR 80 (1961), S. 15; Lerche, Übermaß und Verfassungsrecht, 1961, S. 239; Häberle a.a.O., S. 70 ff.; Dagtoglou, Wesen und Grenzen der Pressefreiheit, 1963, S. 13 ff. Kritisch zu dieser Sicht Schüle, in Schüle-Huber, Persönlichkeitsschutz und Pressefreiheit, 1961, S. 26, Anm. 63. Neuerdings hat Ludwig Raiser (Summum Ius, Summa Iniuria, Tübinger Ringvorlesung 1963, S. 152 ff.) in fesselnder Weise dargelegt, wie auch die Privatrechtsordnung selbst diese Spannung von subjektivem Recht und objektivem Rechtsinstitut in sich enthält.

[157]) Zu dieser Funktion des Art. 14 GG siehe Ipsen VVDStRL 10 (1952), S. 80 ff.; meine Darlegungen in Reinhard-Sch., Verfassungsschutz des Eigentums, Tübingen 1954, S. 70 ff. Von hier aus ergibt sich, daß im modernen Massenstaat, in dem die meisten Menschen ihre Lebensführung nicht mehr auf Sachgüterverfügung gründen, der Schutz der Rechtpositionen der Lebensstellung (Renten, öffentlichrechtliche Positionen usw.) im Begriff des Eigentums enthalten ist, und daß auch der Aufsplitterung der Eigentumsvorstellung, etwa durch Schaffung öffentlichen Eigentums (wie im Wegegesetz v. Hamburg v. 4. 4. 1961, dazu kritisch Werner Weber VVDStRL 21 (1964), S. 156 ff. und Dürig, dort S. 252) u. U. verfassungsrechtliche Grenzen gezogen sind.

ausgeformten subjektiven Rechten im allgemeinen seltener in Erscheinung, da ihre Funktion auch durch die individuelle Behauptung der Rechtsgewähr tatsächlich erfüllt wird. Aber sie könnte, um ein Beispiel zu nennen, etwa beim Eigentum sichtbar werden, wenn der Gesetzgeber durch Aufspaltung und Wandlung des Eigentumsbegriffes es unternähme, das von der Verfassung vorausgesetzte Bild des privaten Eigentums aufzulösen oder auszuhöhlen[158]), oder wenn er versuchen wollte, durch eine extreme Erleichterung der Scheidung die übernommene Form der Ehe als grundsätzlich lebenslanger Verbindung von Mann und Frau praktisch aufzuheben.

Der Gruppe der subjektiven Berechtigungen gehört noch eine Art von Grundrechten an, die das Grundgesetz — von Art. 6 Abs. 5 GG abgesehen — nicht kennt: die sozialen Grundrechte. Sind sie auch als individuelle Berechtigungen formuliert, — z. B. ein Recht auf Arbeit, auf Teilhabe an der Bildung — so enthalten sie doch in Wirklichkeit Verpflichtungen des staatlichen Gesetzgebers, für ihre Verwirklichung die geeigneten Maßnahmen zu treffen. Im Bereich der wirtschaftlichen Ordnung würde ein Recht auf Arbeit im Sinne eines Anspruchs auf Beschäftigung — die freie Wahl des Arbeitsplatzes in Art. 12 GG verbürgt nur den gleichmäßigen Zugang zum Arbeitsplatz und das Recht, ihn zu wechseln[159]) — den Staat zu weitgehenden Eingriffen in die unternehmerische Verfügung (Einstellungspflichten, Schaffung von Arbeitsplätzen) nötigen. Die Durchsetzung sozialer Grundrechte würde zeigen, daß man es hier im Grunde mehr mit objektiven Richtsätzen der Verfassung für die Herstellung bestimmter Bedingungen der sozialen Ordnung zu tun hat[160]).

---

[158]) Vgl. zu grundsätzlichen Problemen im Wasserrecht Helmut Külz, Zu Fragen des Eigentums und der Enteignung im neuen Wasserrecht, in: Staatsbürger u. Staatsgewalt. Jubiläumsschrift zum 100jährigen Bestehen der deutschen Verwaltungsgerichtsbarkeit, Karlsruhe 1963, Bd. 2, S. 293 ff.

[159]) Es gehört zu den interpretativen Grundproblemen des Art. 12 Abs. 1 GG, daß er hauptsächlich nur auf einen geringen Ausschnitt des beruflichen Lebens, die selbständig oder freiberuflich Tätigen, Anwendung findet, obwohl er seiner Intention nach etwas anderes darstellt als die verfassungsrechtliche Bestätigung der Gewerbefreiheit. Nur dort, wo etwa Berufsvereinigungen ihre soziale Macht zur Herrschaft über die Einstellung von Arbeitnehmern in Betriebe ausweiten würden („closed shop"), würde die Funktion des Art. 12 GG auch im Berufsrecht der unselbständigen Arbeit sichtbar werden.

[160]) Dieser Zusammenhang wird in der französischen Lehre deutlich erkannt. Vgl. Burdeau, Les libertés publiques, 1961, S. 21. Zum Wesen der sozialen Grundrechte siehe Hans Huber, Soziale Verfassungsrechte, in: Die Freiheit des Bürgers im schweizerischen Recht, Festgabe zur Hundertjahrfeier der Verfassung, 1948, S. 149 ff.

Damit würden die sozialen Grundrechte sich einem letzten Bestandteil moderner Verfassungen nähern, den man als verbindliche Richtsätze des politisch-sozialen Lebens oder auch als Staatszielbestimmungen bezeichnen kann[161]). Manche von ihnen enthalten in erster Linie Wertentscheidungen, die für die Auslegung und Anwendung richtunggebend sind. Hier ließe sich etwa Art. 14 Abs. 2 Satz 1 („Eigentum verpflichtet") oder Art. 5 Abs. 3 Satz 2 GG anführen. Andere legen aber mit grundlegender normativer Kraft bestimmte Leitlinien der gesamten Staatspolitik fest, wie die Sozialstaatsklausel, das Verbot des Angriffskrieges (Art. 26) oder die Öffnung gegenüber übernationalen Einrichtungen (Art. 24). Diese Festlegungen, die teilweise — z. B. in Art. 24 und 26 GG — auch mit Kompetenzvorschriften zusammengehen, sind von der Verbürgung institutioneller Einrichtungen zu unterscheiden; sie sichern nicht bestehende Einrichtungen, sie weisen vielmehr der staatlichen Politik verbindlich den Weg.

Alle diese Elemente der Grundrechte ergänzen und durchdringen einander. Manche der Konsequenzen grundrechtlicher Verbürgungen werden erst durch eine institutionelle Betrachtung aufgedeckt werden können, etwa die Verpflichtung des Staates, zum Schutze einer Freiheit einzugreifen, wie sie die Rechtsprechung in der Pflicht zur Schaffung bestimmter Formen der Rundfunkorganisation angenommen hat. Die institutionelle Deutung führt also keineswegs, wie manche gemeint haben, die Gefahr einer Einschränkung der grundrechtlichen Freiheit herbei. Es kann freilich auch möglich sein, daß erst von der institutionellen Seite her sich der Blick auf die inneren Grenzen auch der subjektiven Berechtigung erschließt.

27. Mit der Hervorhebung der objektivrechtlichen Bestandteile der Grundrechte zeigt sich auch ein Weg zum Verständnis der Auswirkung der Grundrechte über die Relation Staat—Individuum hinweg auf die gesamte Rechtsordnung. Nur von wenigen[162]) wird eine unmittelbare Erstreckung der Grundrechte auf privatrechtliche Rechtsverhältnisse angenommen. Denn hier gilt in der Tat, wie Ehmke nachgewiesen hat[163]), der Satz von der Verkehrung des gegen den Staat gerichteten Freiheitsrechts in eine Norm des ordre public, die die Autonomie des Privatrechts aufhebt oder einschränkt. Würde man

---

[161]) Zu diesen Bestimmungen vgl. v. Mangoldt-Klein a.a.O., S. 88 ff. (Grundsatznormen) und Dürig a.a.O., Art. 1 Abs. 3 Rdnr. 99 („verbindliche Wertentscheidungen").

[162]) Vor allem von Nipperdey, Die Grundrechte hrsg. v. Nipperdey-Bettermann, Bd. 2 (1954), S. 17 ff.

[163]) Wirtschaft und Verfassung, S. 78 ff.

etwa die Norm des Gleichheitssatzes — der die öffentliche Betätigung des Staates möglicherweise auch im fiskalischen Gewande sich nicht ganz entziehen kann — auf das Zivilrecht ausdehnen, so würde an die Stelle einer Rechtsordnung, die ungeachtet der natürlichen Verschiedenheit der Menschen eine formale Chancengleichheit gewährt, die sich in der Vertragsfreiheit auswirkt, ein System staatlich vorgeordneter Rechtsbeziehungen und Zwangsverträge treten. Im Presserecht würde die Ausdehnung der subjektiven Freiheit der Meinungsbildung in das innere Gefüge der Presseunternehmen — der englische Shawcross-Bericht hat das gut beleuchtet[164]) — die Zerstörung der Zusammenarbeit von Verleger und Redakteur mit sich bringen. Wer wollte eine Zeitung finanzieren, wenn letztlich die Redakteure, die er einstellt, deren Kurs frei bestimmen könnten?

Wenn heute die Rechtsprechung[165]) und ein beachtlicher Teil der Lehre[166]) sich zu der Vorordnung der grundrechtlichen Sätze über die gesamte Rechtsordnung bekennt, so kann sich das weniger auf die subjektiven Berechtigungen beziehen, als eher nur auf die institutionellen Bestandteile der grundrechtlichen Vorschriften. Das Bundesverfassungsgericht spricht hier nicht mit Unrecht von der „objektiven Wertordnung" der Grundrechte, die als verfassungsrechtliche Grundentscheidung für alle Bereiche des Rechts gelte[167]). Auch von diesem Grundgedanken aus wird es noch notwendig sein, gewisse Schranken der Erstreckung zu ziehen und nur solche Wertgrundsätze der Grundrechte in die bestehende Rechtsordnung zur Auswirkung zu bringen, die schlechthin fundamental und über die Beziehung Staat—Individuum hinaus zu wirken imstande sind.

28. Die Überlegungen zur sog. „Drittwirkung" der Grundrechte zeigen auch, daß es notwendig ist, das Verhältnis der grundrechtlichen Verfassungssätze zum einfachen Gesetz differenzierter zu sehen, als dies in der bisherigen Lehre geschieht, die hierfür im wesentlichen nur die Kategorien der Überordnung der Verfassungsnorm oder ihrer Einschränkung durch den Gesetzgeber bereit hält[168]). Die Untersuchungen von Häberle haben klar gemacht, daß die Beziehung der Grundrechte zum

---

[164]) Report of the Royal Commission on the Press 1961/62 Cmnd 1811, S. 103 f.

[165]) Grundlegend BVerfGE 7, S. 198, 204 ff.

[166]) Vgl. Dürig a.a.O., Art. 1 Abs. 3 Rdnr. 127 ff.; W. Leisner, Grundrechte und Privatrecht, München-Berlin 1960, 152 ff., 285 ff.; Hans Huber, ZSR 82 (1963), S. 137 ff.

[167]) a.a.O., S. 205.

[168]) Zur Kritik siehe Häberle a.a.O., S. 126 ff.

Gesetz sich nicht in der Frage erschöpft, inwieweit Vorbehalte dem Gesetzgeber einschränkende Regelungen gestatten. Dem Gesetzgeber fällt vielmehr auch die Aufgabe zu, das Grundrecht auszugestalten, auszuführen und überhaupt erst der praktischen Realisierung zuzuführen. Gerade in dem hier vorliegenden Bereich gilt das von der Pressegesetzgebung, die etwa die nötigen Ordnungsvorschriften (Impressum usw.) und die der Pressefreiheit komplementäre Verantwortlichkeit sicherzustellen hat, und in noch höherem Maße von der Gesetzgebung der Länder über die Organisation der Rundfunkanstalten, ohne die die Art. 5 GG entsprechende politische Neutralisierung der Sendungen nicht erreicht werden kann[169]). Der Gesetzgeber bleibt hierbei allerdings stets an die grundlegenden Wertentscheidungen des Grundrechts gebunden und nur in einzelnen Vorschriften eröffnet die Verfassung (Art. 12 Abs. 1 Satz 2, Art. 14 Abs. 1 Satz 2) erweiterte Gestaltungsmöglichkeiten, übrigens verschiedenen Umfangs. Darüber hinaus ergeben sich noch andere, komplexere Relationen zwischen Verfassung und Gesetz aus der Tatsache, daß die Verfassungsregelung von einem bestimmten Gesetzesstande ausgeht, ihn zuweilen in Bezug nimmt oder bestätigt, daß sie jedenfalls ohne stete Verbindung zu Normen des einfachen Gesetzes nicht gehandhabt werden kann. Auch hier freilich ist es nötig, den Vorrang der Verfassung und ihre eigene Wertsetzung festzuhalten und zu sichern[170]).

29. Eine Auslegung der Grundrechte, die den vielfältigen Beziehungen gerecht werden will, die hier aufzudecken versucht wurde, wird in erheblichem Maße eine wertende und schöpferische Verdeutlichung, eine Nachgestaltung und Fortbildung auf sich nehmen müssen. Das stellt die Rechtsprechung vor schwere Aufgaben und fordert die Anwendung einer entwickelten Auslegungsmethode, die die Rolle des Richters in seiner wertenden Entscheidung richtig versteht, Unsicherheiten durch Entwicklung von leitenden Prinzipien und „standards" zu beheben sucht, die der konkreten Anwendung den Weg weisen, und der Bedeutung der geschichtlichen Herkunft und Entwicklung der einzelnen Grundrechte ebenso wie ihrer

---

[169]) Für die Gesetzgebung über die Rundfunkanstalten hat das Bundesverfassungsgericht selbst — unter Aufstellung von Richtsätzen — diese ausgestaltende Aufgabe umrissen: BVerfGE 12, S. 205, 263 ff. — Ein anderes Beispiel solcher ausgestaltenden Gesetzgebung stellt (zu Art. 2 Abs. 2 GG) § 161 des Strafgesetzentwurfes E 1962 dar, der die Heilbehandlung definiert (BTag IV Wahlp. Drucksache 200/62, S. 38, 296 ff.).

[170]) Diese Beziehung von Verfassung und Gesetz ist bereits oben in Anm. 99 behandelt worden.

sozialen Grundlage gerecht wird[171]). Daß eine solche den Inhalt der Verfassung ausschöpfende und ausformende Interpretation dem Gebot des Maßes und der Zurückhaltung unterliegt und der Stetigkeit bedarf, mag hervorzuheben sein. Aber ihr als „geisteswissenschaftlicher" Methode darum, wie es in gewiß begründeter Sorge für Rechtsicherheit und Präzision rechtsstaatlicher Rechtshandhabung Forsthoff unternommen hat[172]), das Recht abzusprechen und die Rückkehr zu der systematischen Auslegung nach den „alten bewährten Regeln der juristischen Hermeneutik"[173]) zu fordern, scheint mir die heutige Verfassungsproblematik zu verfehlen wie die moderne Ansicht von Recht und Rechtsprechung. Eine Verfassung, die wie das Grundgesetz sich zu einer die gesamte Rechtsordnung mit bestimmten grundrechtlichen Verbürgungen und Wertsetzungen ausrichtenden Absicht bekennt, kann nicht mit der Methode angewendet werden, die an den ins Einzelne ausgefeilten Kodifikationen des 19. Jahrhunderts entwickelt wurde. Ihre Sätze sind allgemeiner Natur und fordern daher stärker nachhelfende Deutung. Indem sich die Verfassung für eine Grundrechtsordnung als oberste Richtlinie der Rechtsordnung aussprach (Art. 1 Abs. 3 GG), hatte sie auch die Notwendigkeit einer angemessenen Auslegungsmethode damit festgelegt. Wertentscheidungen abzuweisen, heißt ferner hinter der heutigen Sicht richterlicher Aufgabenstellung zurückbleiben[174]). Gerade die von Forsthoff geforderte Auslegung der Verfassung als politische Norm[175]) fordert die Herausarbeitung der in ihr liegenden Wertsetzungen. Der Irrtum liegt, so scheint mir darin, daß Forsthoff der Verfassung einen dezisionistischen Charakter gibt und sie nicht als eine lebendige, im politischen Leben fortwirkende und daher auch der Wandlung fähige Ordnung ansehen möchte.

Ein klares Bekenntnis zu den modernen Auslegungsmethoden gibt aber auch der Rechtsprechung, der Verfassungsgerichtsbarkeit zumal, einen sicheren Boden, und macht ihr

---

[171]) Zur Auslegungsmethodik in diesem Sinne siehe Josef Esser, Grundsatz und Norm, Tübingen 1956, S. 69 ff., 141 ff.; Karl Larenz, Methodenlehre der Rechtswissenschaft, Berlin 1960, S. 261 ff., 273 ff.; W. Leisner, DÖV 1961, S. 641 ff.

[172]) Zwei Abhandlungen (Die Umbildung des Verfassungsgesetzes und Der introvertierte Rechtsstaat und seine Verortung) jetzt in: Rechtsstaat im Wandel, Verfassungsrechtl. Abhandlungen 1950—64 Stuttgart 1964, S. 147 ff., 213 ff. Ferner: Zur Problematik der Verfassungsauslegung, Stuttgart 1961.

[173]) Problematik, S. 34.

[174]) Zu ihr Esser a.a.O., S. 14 ff.; ferner Bachof, Grundgesetz und Richtermacht, Tübingen 1959.

[175]) Problematik, S. 37.

ihre besondere Verantwortung deutlich. Ein Sichverstecken hinter dem Apparat der älteren logisch-systematischen Methodik dort, wo deren Grenzen überschritten werden, wäre eine Selbsttäuschung und ein Verfehlen des Auftrages der Gerichte. Der rechte Weg führt über die offene Erkenntnis der richterlichen Rolle in Nachformung und Fortbildung der grundrechtlichen Regelung. Sie macht es möglich, dann auch die Notwendigkeit der Entwicklung von „standards", von Leitgedanken und Mittelwerten zu betonen, wie sie das Bundesverfassungsgericht für Art. 12 GG in der Apothekenentscheidung und für Art. 5 GG im Fernsehurteil (für Rundfunk und Fernsehen) entwickelt hat, in verhältnismäßiger Selbständigkeit gegenüber dem weiten und unvollständigen Wortlaut. Das verhältnismäßig junge Alter der deutschen Verfassungsgerichtsbarkeit hat sie freilich noch nicht vor die Probleme gestellt, die soziale und wirtschaftliche Veränderungen und der langsame Wandel auch der allgemeinen ethischen Anschauungen mit sich bringen, und die schärfer die Frage nach der Rolle der Gesetzgebung und ihrer Lösung neuer Aufgaben des sozialen Lebens auf der einen Seite und der ihr gegenüberstehenden bewahrenden Position der Verfassungsgerichtsbarkeit, die eine Konstanz der grundlegenden Wertordnung zu hüten hat, auf der anderen Seite aufwirft. Auch hat die pluralistische Gesellschaft der Bundesrepublik bislang, ungeachtet ihrer mannigfachen Interessen und Strömungen, keine Neigung gezeigt, scharf antagonistische Grundauffassungen auszuformen, die die Aufgabe der Rechtsprechung, gemeinsame übergeordnete moralische Traditionen und Wertmaßstäbe festzuhalten, schwieriger machen würden[176]).

III. Pressefreiheit als Individualrecht und institutionelle Gewährleistung

30. Meinungsfreiheit und Pressefreiheit finden sich nicht nur in Art. 5 GG miteinander verbunden, sondern sie weisen auch

---

[176]) Über die gestaltende Rolle der Verfassungsgerichtsbarkeit und ihr Verhältnis zum Gesetzgeber vgl. für die USA Eugene V. Rostow, The Sovereign Prerogative. The Supreme Court and the Quest for Law, New Haven 1962; Donald M. Morgan, The Marshall Court and Civil Liberties, in: Aspects of Liberty. Essays presented to Robert E. Cushman, Ithaca 1958, S. 163 ff.; Ehmke, Wirtschaft u. Verfassung, S. 76 ff. und passim.; ferner (in mehr kritischem Licht) Ernst Wolf, Verfassungsgerichtsbarkeit und Verfassungstreue in den Ver. Staaten, Basel 1961. Zur deutschen Lage vgl. „Das Bundesverfassungsgericht" hrsg. v. Gericht. Karlsruhe 1963 (vor allem den Vortrag von Smend, dort S. 23 ff.).

in ihrer geschichtlichen Entwicklung[177]) und im ausländischen Recht eine nahe Beziehung auf[178]). Bei der Meinungsfreiheit ist Gegenstand des Schutzes die wertende Stellungnahme als Ausdruck eines persönlichen oder kollektiven Urteils. Sie braucht keineswegs bestimmte qualitative Merkmale, wie Allgemeinheit, Wahrhaftigkeit oder Wertbezogenheit aufzuweisen, sondern muß nur fähig sein, ein Element der geistigen Auseinandersetzung, eines Austausches der Auffassungen zu bilden[179]). Die Ausdrucksform ist für den Begriff der Meinung nicht entscheidend. Das Tragen von Abzeichen, das Anbringen von Fahnen oder Plakaten, die „story" eines Films oder dessen Tendenz kann Meinungsäußerung sein[180]); nur physische Handlungen als solche scheiden aus. Art. 5 Abs. 1 GG erwähnt freilich nur gewisse Ausdrucksformen, aber man darf den dort gewählten Ausdrücken (Wort, Schrift und Bild) nur exemplikative Bedeutung beimessen, die etwa weder Zeichen und Gesten, noch das filmische Milieu ausschließen. Der Begriff der Meinungsäußerung muß vielmehr vom Inhalt wie von der Äußerungsweise her weit verstanden werden[181]). Für die Pressefreiheit dagegen bleibt die Bindung an einen Kreis geschichtlich abgesteckter Mittel der Vervielfältigung, die auf die Verwendung optischer Eindrücke abgestellt sind, bezeichnend[182]).

[177]) Die Verbindung erscheint in der franz. Verfassung von 1791 Art. 11, der Paulskirchenverfassung von 1848 Art. 143, der Preuß. Verfassungsurkunde von 1850 Art. 27, der österr. StGG 1867 Art. 13, der Weimarer RV Art. 118 und der italienischen Verfassung von 1947 Art. 21.

[178]) Im englischen Recht wird der ganze Bereich geistiger Freiheit durch den Begriff „freedom of speech" einheitlich erfaßt, und auch die Formel im Amendment I der amerikanischen Verfassung „freedom of speech, or of the press", wird in diesem Sinn einer einheitlichen Aussage ausgelegt. Die schweizerische Verfassung von 1874, Art. 55 und das französische Recht heben dagegen nur die Pressefreiheit hervor (die liberté de la pensée und die liberté d'opinion sind moderne Gedanken, vgl. Burdeau a.a.O., S. 193 ff.).

[179]) Eine eingehende, im Grundzug mit der hier vertretenen Ansicht übereinstimmende Analyse der Meinung bei W. Leisner, Archiv f. Urheber-, Film-, Funk- u. Theaterrecht (UFITA) 37 (1962), S. 138 ff. Wahrhaftigkeit fordert für den Begriff der Meinung Franz Schneider, Presse- und Meinungsfreiheit nach dem Grundgesetz, 1962, S. 14 ff.

[180]) Eine Meinungsäußerung ist auch das Zeigen von Flaggen (Stromberg v. California 283 US, S. 359 (1931)), ebenso wie der Schülern auferlegte Flaggensalut (West Virginia State Board of Education v. Barnette 319 US 624 (1943). Zum Farbentragen der Studenten siehe Leisner a.a.O., S. 140 Anm. 39. Wie hier Ermacora, Handbuch der Grundfreiheiten und der Menschenrechte, Wien 1963, S. 32 f.

[181]) So mit Recht Leisner a.a.O., S. 133 f. Siehe auch Esposito, La libertà di manifestazione del pensiero, 1958, S. 21 ff

[182]) Vgl. Löffler, Presserecht, München 1955, S. 9 ff.

Bei der Meinungsfreiheit überwiegt die Bedeutung des subjektiven Freiheitsrechts im Sinne der persönlichen geistigen Ausdrucksfreiheit; aber auch bei ihr treten institutionelle Züge um so stärker in Erscheinung, wie sie aus der privaten Sphäre des Meinens in die eines konstatierbaren allgemeinen Meinens im Sinne beobachtender (demoskopischer) Feststellung[183]) oder der Formung einer offenen Auseinandersetzung um politisch-soziale Fragen, d. h. in den Bereich der „öffentlichen Meinung" rückt[184]). Bei der Pressefreiheit hingegen tritt die institutionelle Seite weithin in den Vordergrund, und das gleiche gilt von den in Art. 5 GG genannten Massenkommunikationsmitteln. Was die letzteren anlangt, so verlangt eine einheitliche Auslegung des Art. 5, die von dem vorangestellten allgemeinen Gedanken der Meinungsfreiheit in allen ihren Formen ausgeht, daß die Auslegung sich nicht eng an den in Art. 5 Abs. 1 Satz 2 gewählten Ausdruck („Freiheit der Berichterstattung") bindet, der auf die Darbietung von Tatsachen und Berichten zu deuten scheint, sondern von einem allgemeinen Begriff der „Freiheit von Film und Rundfunk" (einschließlich natürlich des Fernsehens) ausgeht[185]).

Der Begriff der Meinung läßt sich in seinen urteilenden und wertenden Momenten von der bloßen Tatsacheninformation unterscheiden[186]). Aber die Grenze ist sehr flüssig, nicht nur in der journalistischen Praxis, weil schon die Mitteilung einer Nachricht eine Haltung oder ein Urteil erkennen lassen kann, nicht weniger wie die Art ihrer Präsentation. Schon die Bindung des wertenden Urteils an die Fakten legt es nahe, die Grenze der Meinungsäußerung gegenüber dem Bereich reiner Information so weit wie möglich zu ziehen[187]).

---

[183]) Zu den verschiedenen Erscheinungsformen der Meinung siehe Adolf Arndt in: Die öffentliche Meinung (Schriftenreihe der dt. Gesellschaft f. Publizistik Bd. 4), München 1962, S. 2 f.). Einen scharfen Schnitt zieht zwischen der repräsentativen öffentlichen Meinung und der demoskopisch ermittelten „gemeinen Meinung" W. Hennis, Meinungsforschung und repräsentative Demokratie 1957, S. 32 ff.

[184]) Es ist diese Seite der Freiheit der Meinungsäußerung, die das Bundesverfassungsgericht meint, wenn es sie für eine freiheitlich-demokratiche Staatsordnung schlechthin konstituierend nennt (BVerfGE 7 S. 198, 208).

[185]) So auch Leisner a.a.O., S. 141 f.; Ridder, Art. Rundfunk in Herder, Staatslexikon, 6. Aufl., S. 1010.; Lenz, JZ 1963, S. 339.

[186]) Vgl. hierzu Ingo v. Münch, Freie Meinungsäußerung u. besonderes Gewaltverhältnis, 1957, S. 11 ff.; Leisner a.a.O., S. 139 ff. Zur strafrechtlichen Würdigung (Diffamation) Roger Pinto, La liberté d'opinion et d'information, Paris 1955, S. 136 ff.

[187]) Übereinstimmend zur Unmöglichkeit scharfer Trennung von Meinung und Tatsachenmitteilung und demzufolge für eine weite

Nicht eingeschlossen in den Schutz der Meinungsfreiheit erscheinen indessen Äußerungen mit rein kommerziell-geschäftlichem Inhalt und rechtsgeschäftliche Erklärungen. Sie müssen, jedenfalls soweit es ihre Funktion im privatrechtlichen oder amtlichen Verkehr oder Wettbewerb anlangt, sich den allgemeinen Regeln unterwerfen. Weder eine wettbewerbswidrige Reklame, noch eine vertragswidrige Kündigung können etwa eine Drittwirkung gegenüber dem Verletzten beanspruchen[188]).

31. Wenn sich auch die Pressefreiheit zumeist in enger Nähe zur Meinungsfreiheit entwickelt hat, so hat die besondere Form ihres Ausdrucks doch zu einer selbständigen Gestaltung geführt. Die Pressefreiheit kann daher nicht einfach als ein Unterfall der Meinungsfreiheit angesehen werden, sondern ist als ein eigener grundrechtlicher Schutzbereich anzusehen[189]). Das kommt einmal darin zum Ausdruck, daß bei ihr das Mittel der Äußerung eine spezifische Rolle spielt, zum anderen aber darin, daß hier der gesicherte Bereich, vor allem wegen

---

Umgrenzung der Meinung schon Hellwig, in Nipperdey, Die Grundrechte, Bd. 2 (1931), S. 15 ff.; Ridder, in Nipperdey-Bettermann, Die Grundrechte, Bd. 2 (1954), S. 354 f.; Leisner a.a.O., S. 139 f.

[188]) Natürlich bleibt auch der Inhalt der Werbung etwa gegen staatliche Bevormundung gesichert, dagegen werden Beschränkungen der Reklame, namentlich in räumlicher Hinsicht (vgl. Bay VerfGH N.F. 11 II, S. 23 ff.), die aus gewerblichen oder ordnenden Gesichtspunkten ergehen, die Meinungsfreiheit nicht berühren. Wenn eine Tarifpartei durch Veranstaltung einer Urabstimmung Friedenspflichten verletzt, wie es das BAG im Urteil v. 31. 10. 1958 im Metallarbeiterstreik-Fall (Schl.-Holstein) annahm (BAGE 6, S. 321), so kann eine solche auf die Bildung eines rechtsgeschäftlichen Willens einer Vereinigung gerichtete interne Maßnahme nicht als Ausdruck der Meinungsfreiheit vor den privatrechtlichen Folgen ihrer Beurteilung als vertragswidrige Kampfmaßnahme geschützt werden. So indes Thilo Ramm, Die Freiheit der Willensbildung, Stuttgart 1960; Kampfmaßnahmen und Friedenspflicht im deutschen Recht, Stuttgart 1962, S. 226 ff. Dagegen meine Darlegungen in Weber-Scheuner-Dietz, Koalitionsfreiheit, 1961, S. 81 ff.; W. Weber, dort S. 22. Im gleichen Sinn das schweiz. Bundesgericht: BGE 36 I 41 (Reklame für Schutzmittel genießt nicht den Schutz von Art 55 BV): Keine Meinungsäußerung sind „Bekanntmachungen, die gewerbliche Zwecke verfolgen". Ferner BGE 73 IV 12: Kein Schutz des Art. 55 BV für gegen wirtschaftliche Konkurrenten gerichtete Inserate in einer Zeitung. Die amerikanische Rechtsprechung ließ ein Verbot der Verteilung gedruckter Reklamezettel auf Straßen zu: Valentine v. Chrestensen 316 US 52. Dagegen schützt sie die als bezahlte Anzeige eingerückte Meinungsäußerung (editorial advertisement): New York Times Co v. Sullivan 376 U.S. (1964) 254, 266.

[189]) So auch Ridder a.a.O., S. 255, 259; v. Mangoldt-Klein a.a.O., S. 243; Schwenk, NJW 1962, S. 1321. Vor allem auch BVerfGE 10, S. 118, 121; 12, S. 205, 259/60.

seiner stark institutionellen Färbung, auch geschäftliche Vorgänge, wie die Werbung durch Presseerzeugnisse umfaßt. Endlich gewinnt bei der Pressefreiheit auch das Informationsrecht eine eigene Bedeutung.

Der sachliche Umkreis der Pressefreiheit wird nach der geschichtlichen Entwicklung durch das Verfahren des Druckes oder ähnlicher in moderner Zeit entwickelter Vervielfältigungsmethoden bestimmt, deren Merkmal es ist, daß hier Gedankeninhalte durch optische Eindrücke vermittelt werden[190]). Das schließt Bildberichte ebenso ein wie vervielfältigte Zeitungskorrespondenzen. Wenn aber in der neuesten Gesetzgebung[191])

---

[190]) In diesem Sinne auch § 2 RPG, das Musikalien nur mit Text oder Erläuterung als Presseerzeugnisse anerkennt.

[191]) Dieser Vortrag kann weder auf die Pressegesetzgebung im einzelnen noch die Kompetenzfragen von Bund und Ländern eingehen. Doch sei für das Folgende im Überblick bemerkt: Das Reichspressegesetz v. 7. 5. 1874 (RGBl., S. 65) bildet die Grundlage des deutschen Presserechts, nach 1933 indes durch gesetzliche wie organisatorische Maßnahmen in seinen liberalen Grundsätzen beiseitegesetzt, und nach 1945 zwar wieder in unbeschränkter Geltung, aber weithin durch die Landesgesetzgebung überlagert. Nach 1945 wurden für eine Übergangszeit die Länder selbständig, und im Grundgesetz v. 23. 5. 1949 erlangte der Bund in Art. 75 Ziff. 2 nur mehr eine Rahmenkompetenz für das Presserecht. Von ihr hat er, abgesehen von dem 1952 vorgelegten Entwurf (vgl. Gesetz über das Pressewesen, Entwurf des BMin. d. Innern, Bonn 1952), der kritisch aufgenommen und nicht weiter verfolgt wurde, bisher keinen Gebrauch gemacht. Sowohl vor als nach Inkrafttreten des Grundgesetzes erließen die meisten Länder (außer Niedersachsen, Berlin, Rheinland-Pfalz, Südwürttemberg und Baden) Pressegesetze, die das RPG teils ergänzten, teils volle Neuregelungen enthielten und es sogar (Bayern und Hessen) aufhoben. Übersicht des zersplitterten Rechts bei Löffler, Presserecht, S. 47 ff. und in dem von Ländern übernommenen Modellentwurf für ein Landespressegesetz v. 1963 (vgl. z. B. die Beilage Nr. 3420 des 3. baden-württ. Landtages v. 4. 10. 1963, S. 6860). Ob das RPG Bundesrecht ist (so Löffler a.a.O., S. 40 ff.) oder Landesrecht (so Bay VerfGHE 2 II, S. 143, 160 und die Länderentwürfe, z. B. Beilage Ba-Württ. 3420, S. 6861), bleibt umstritten. Das Saarland erließ am 8. 7. 1955 das Gesetz Nr. 460 über das Pressewesen (ABl. S. 1034) und Hessen modernisierte durch die Neufassung v. 20. 11. 1958 (GVBl., S. 183) sein Presserecht. Seit 1959 erarbeiteten die Länder unter Fühlung mit den beteiligten Organisationen der Presse einen Modellentwurf, den die Innenministerkonferenz am 1. 2. 1963 der Annahme empfahl (vgl. dazu die Stellungnahmen des Deutschen Presserates, Tätigkeitsbericht 1960, S. 42 ff.; 1963, S. 40 ff., 65). Auf Grund dieses Entwurfes wurden in den Grundzügen übereinstimmende Entwürfe in den Ländern Baden-Württemberg (Beilage 3420 d. 3. Ldtages v. 4. 10. 1963), Berlin (Abghaus IV. Wahlp., Nr. 563 v. 12. 6. 1964), Bremen (Bürgerschaft, 6. Wahlp., Nr. 87 v. 27. 2. 1964); Hamburg (Mitteilung d. Senats v. 17. 12. 1963), Niedersachsen (Ldtag, 5. Wahlp., Drucksache Nr. 42

in den Bereich der Pressegesetzgebung auch „besprochene Tonträger“ einbezogen werden[192]), so scheint mir das nicht der Erhaltung der Grundtypik des Presserechts dienlich zu sein[193]), wenn auch zuzugeben ist, daß hier eine neue schutzwürdige Form der Massenverbreitung von Meinungen vorliegt.

Wenn im Sprachgebrauch unter der Presse im allgemeinen nur die periodisch erscheinenden Druckwerke verstanden werden, so ergreift die Pressefreiheit doch alle Erzeugnisse der Druckerkunst und ähnlicher Vervielfältigungen, vor allem auch das Buch[194]). Es ist allerdings richtig, daß der besondere Schutz der Presse vor allem mit der öffentlichen Funktion der periodischen Zeitungen und Zeitschriften zusammenhängt[195]), weil von ihnen der entscheidende Beitrag zur Bildung der politischen Meinung erbracht wird. Die geschichtliche Sonderentwicklung der Pressefreiheit beruht auf ihrer Verbindung

---

v. 13. 9. 1963), Nordrhein-Westfalen (Ldtag, 5. Wahlp., Drucksache Nr. 286 v. 12. 11. 1963), Saarland (Ldtag, 4. Wahlp., Drucksache Nr. 931 v. 21. 5. 1964) und Schleswig-Holstein (Ldtag 5. Wahlp., Drucksache Nr. 117 v. 5. 6. 1963) vorgelegt. Entsprechende Gesetze (Landespressegesetz) ergingen bisher in Schleswig-Holstein am 19. 6. 1964 (GVBl., S. 71) und Baden-Württemberg am 14. 1. 1964 (GBl., S. 11). In Rheinland-Pfalz legte die Fraktion der FDP einen Entwurf eines Pressegesetzes vor (Ldtag, 5. Wahlp., S. 225, v. 2. 8. 1963). — Text des Modellentwurfes der Länder im Tätigkeitsbericht d. Deutschen Presserates 1963, S. 43 ff., und bei Willi Thiele, Pressefreiheit. Theorie und Wirklichkeit, Berlin 1964. — Im Folgenden werden die Gesetze (G) und Entwürfe (E) mit Zusatz des Landes abgekürzt angeführt. — Politische Vorgänge (Spiegel-Affäre) lösten auch im Bunde erneut Bestrebungen zu presserechtlicher Normierung aus. Die Fraktion der FDP legte dem Bundestag (4. Wahlp., Drucksache IV/1814 v. 8. 1. 1964) einen vollen Entwurf eines Pressegesetzes vor. Die SPD beantragte in Drucksache IV/1696 v. 3. 12. 1963 die Änderung der §§ 53 und 97 StPO (Zeugnisverweigerungsrecht). Der Bundesrat beschloß in seiner 263. Sitzung v. 29. 11. 1963 (Sten. Ber., S. 223) zum gleichen Gegenstand ein Gesetz zur Änderung der Strafprozeßordnung (BRatsdrucksache 347/63), den die Bundesregierung als Drucksache IV/2147 am 14. 4. 1964 dem Bundestag vorlegte. Doch fanden diese Fragen keine Aufnahme in das Gesetz zur Änderung der Strafprozeßordnung und des Gerichtsverfassungsgesetzes v. 19. 12. 1964 (BGBl. I, S. 1067).

[192]) G Ba-Wü § 7; G S-H § 7 und alle Entwürfe je § 7.

[193]) Wie soll sich etwa die verschiedenartige urheberrechtliche Lage bei der Verbreitung von Tonträgern auswirken? Für die Zulassung auch musikalischer Gedankenäußerungen tritt ein Ludwig, Schweizerisches Presserecht, Basel 1964, S. 92.

[194]) So auch Löffler a.a.O., S. 9; Ludwig a.a.O., S. 93 f. Unrichtig Franz Schneider a.a.O., S. 58 ff., der unter Ablehnung der Preßdefinition des § 2 RPG nur die Tagespresse in Art. 5 GG gesichert sieht.

[195]) Damit soll nicht übersehen werden, daß auch Bücher zu entscheidenden Faktoren öffentlicher Meinungsbildung werden können.

mit dem Gedanken der öffentlichen Meinung[196]). Hier aber ist es vor allem die Tages- und Zeitschriftenpresse, die durch ihren Anteil an der Vorformung des politischen Willens im demokratischen Staat die Pressefreiheit über den Bereich des individuell-subjektiven Schutzes freier geistiger Äußerung in die Reihe der politischen Bürgerfreiheiten rückt und sie zu einem grundlegenden Element der freien Ordnung der Demokratie werden läßt[197]). Das darf aber nicht dazu führen, Sinn und Schutz der Pressefreiheit im Bereich des Art. 5 GG zu verengen[198]).

Der Begriff der Pressefreiheit darf nicht etwa im Blick auf die politische Funktion der Presse dahin verstanden werden, daß der gewährte Schutz nur um dieser „öffentlichen Aufgabe" willen oder gar nur in ihrem Umkreis gegeben würde. Die Freiheit deckt auch den unpolitischen Teil der Zeitung oder Zeitschrift, in ihrem institutionellen Bestandteil sogar auch das wirtschaftlich und entwicklungsmäßig zur Presse gehörende Werbe- und Anzeigenwesen der Zeitung (und ggf. des Buches)[199]). Man hat aus der besonderen politischen Funktion der Presse, um derentwillen ihre Privilegierung erfolgt, die Folgerung ziehen wollen, daß auch nur der dieser Aufgabe dienende Teil der Presseerzeugnisse im Schutz der Verfassung stehe, dagegen nicht der der Sensation oder der Unterhaltung gewidmete Inhalt[200]). Diese Auffassung wird dem Sinn der

---

[196]) Dies Moment hat Ridder (Grundrechte Bd. 2, S. 254 ff., 270 ff.) dazu geführt, nicht nur die Pressefreiheit ganz von der Meinungsfreiheit zu lösen, sondern sie aus den Freiheitsrechten in die politischen Aktivrechte des Bürgers zu überführen und Art. 21 GG zu unterstellen. Hier werden die individuellen Grundelemente der Pressefreiheit zu stark beschränkt und das Institut ganz auf den Boden einer „plebiszitären" Demokratie überführt, die m. E. den Charakter des modernen Staates nicht richtig wiedergibt. Wie hier Dagtoglou a.a.O., S. 20. Siehe ferner Forsthoff, Rechtsstaat im Wandel, S. 162 f. Gerade in ihrer politischen Funktion behält die Presse, die doch eher Formung als Spiegel der öffentlichen Meinung ist, einen repräsentativen, sogar elitären Charakter.

[197]) BVerfGE 12, S. 113, 125 (Instrument der Bildung der öffentlichen Meinung). Vgl. kritisch besonnen zu Übertreibungen Dagtoglou, S. 16 ff.

[198]) Daher darf auch Art. 75 Ziff. 2 GG nicht, wie der Preßgesetzentwurf des Bundesinnenministers 1952 (vgl. Anm.191), S. 24, meint, im Sinn einer Begrenzung auf Zeitungs- und Zeitschriftenpresse verstanden werden. Unklar die Landesgesetze, die bald alle Druckschriften, bald ersichtlich nur die Tagespresse im Auge haben. Vgl. kritisch auch Ridder a.a.O., S. 259.

[199]) Vgl. hierzu Häntzschel, HdbDStR v. Anschütz-Thoma, Bd. 2 (Tübingen 1932), S. 655. Dieser letztere Schutz sichert die wirtschaftliche Existenz der Presse.

[200]) So v. Mangoldt-Klein a.a.O., S. 245. Schüle a.a.O., S. 23, erkennt die formelle weitere Pressefreiheit an, möchte aber

Verfassung nicht gerecht. Sie verkennt, daß öffentlicher Bezug und Qualität keine Voraussetzungen des Schutzes sind. Man kann die zunehmende Entwicklung eines Teils der heutigen Presse zu einer kommerziellen Sensationslust und zur Verbreitung von „sex and crime" beklagen[201]), zumal sich hier nur die gesellschaftliche Haltlosigkeit unserer Zeit spiegelt, aber der Begriff der Presse und ihr Schutz muß weit gefaßt bleiben[202]).

32. Wenn schon bei der Meinungsfreiheit die institutionellen Elemente stark hervortreten, so verlagert sich bei der Pressefreiheit das Schwergewicht auf die institutionelle Deutung. In der Tat ist es kaum möglich, die vielfältigen Konsequenzen des verfassungsrechtlichen Freiheitsschutzes von den subjektiven Berechtigungen her aufzubauen, nachdem der Gehalt längst über das ursprüngliche enge Feld des Zensurverbotes hinausgewachsen ist[203]). Weder im Recht des Verlegers, noch des Redakteurs (oder Lektors und Herausgebers) und erst recht nicht in der Rechtsstellung des Mitarbeiters einer periodischen Veröffentlichung oder selbst des Buchautors läßt sich heute mehr die wirkliche Tragweite der Pressefreiheit einfangen, auch wenn man diese Rechte zusammenfügt und miteinander ergänzt. Das wird am besten deutlich, wenn man an die Folgerungen denkt, die aus einem objektiv verstandenen Gebot zur Erhaltung der Pressefreiheit hinsichtlich der Erhaltung eines freien Wettbewerbes im Verlags- und Pressewesen erwachsen und hier sogar schließlich Staatseinwirkungen begründen können, die die freie Diskussion erhalten, oder wenn man sich Privilegierungen der Presse hinsichtlich ihrer Informations-

---

hier den Schutz gegen privatrechtliche Gegenwirkung einschränken. Das ist richtig sicherlich für die Werbung in ihrem Verhältnis zum Wettbewerbsgegner. In diesem Sinne auch BGHZ 18, S. 182.

[201]) Vgl. J. Edward Gerald, The Social Responsibility of the Press, Minneapolis 1963, S. 100 ff.

[202]) Wie oben Coing, Ehrenschutz u. Presserecht, Karlsruhe 1960, S. 9; Ridder, Die öffentliche Aufgabe der Presse im System des modernen Verfassungsrechts, Wien 1962, S. 9; Forsthoff, DÖV 1963, S. 634; Franz Schneider a.a.O., S. 124; Hans Schneider, NJW 1963, S. 194. Das empfindliche Recht der Pressefreiheit darf nicht durch wertende Qualifikationen verkürzt werden; eher muß man auch den schlechten Gebrauch der Freiheit in Kauf nehmen.

[203]) Für diese ältere Auffassung richtunggebend war das Urteil des Lord Chief Justice Mansfield im Fall Dean of St. Asaph's (1784) State Trials 21, S. 876: „The liberty of the press consists in printing without any previous licence, subject to the consequences of law." In den Vereinigten Staaten begann man sich um 1800 hiervon zu lösen, in England später (vgl. Leonard L. Levy, Legacy of Suppression, 1960, S. 271 ff.; Grossmann, JöR N. F. 10 (1961), S. 183. Für Italien siehe Esposito a.a.O., S. 22 f.

gewinnung (Informationspflicht der Behörden)[204]) und des strafrechtlichen Schutzes vor Augen hält. Vor allem in der letzteren Richtung, wo es um die Relation der Ausübung der Pressefreiheit zur allgemeinen Ordnung des Zivil- und Strafrechts geht, würde die Betonung des individuellen Rechts des Autors oder Herausgebers geringere Tragkraft haben als eine auf die politische Funktion der Presse im demokratischen Staat gegründete objektive Privilegierung. Einem bestimmten Berufsstande und dessen Angehörigen besondere Vorzüge zu verleihen, wird das Rechtsempfinden viel eher zögern[205]), als es bereit sein wird, objektive Erfordernisse des allgemeinen von der Verfassung als Grundsatz herausgestellten Prinzips der Pressefreiheit anzuerkennen. Ich verkenne nicht, daß viele dieser Folgerungen auch vom Gedanken subjektiver Berechtigung gewonnen werden können, daß ausländische Rechte viel stärker in dieser traditionellen Vorstellung persönlicher Rechtsgewährung verharren[206]), und ich möchte hervorheben, daß ich keineswegs diese subjektiven, im echten Sinn liberalen Elemente der Pressefreiheit aufgeben oder zugunsten der institutionellen Momente verdrängen möchte[207]). Aber die volle Tragweite der Pressefreiheit kann im modernen demokratischen Staate angesichts der verwickelten sozialen Bedingungen

---

[204]) Eine solche kennen die neuen Landespressegesetze S-H § 4, B-W § 4.

[205]) Diese Auffassung tritt in den Ausführungen hervor, die Lord Shawcross zur Frage eines Zeugnisverweigerungsrechtes für Journalisten gemacht hat (The Press and the People. The loth annual report of the Press Council, London 1963). Er wendet sich gegen ein absolutes Recht dieser Art und sagt: „It would be a retrograde move, inimical to our broad philosophy, if the liberty of the subject, which includes his right to be equally protected by the rule of law, was cut down by the exemption of journalists from the application of the same rule of law. Absolute privilege in this matter could open the door to absolute irresponsibility. In our law the only person who enjoys anything approaching it is the lawyer, but his privilege is the privilege of the client and its safeguard is that the lawyer exercises the privilege as an officer of the Court under the control of the Courts and subject also to a strict professional discipline."

[206]) Das gilt für das englische Recht, wo Lord Shawcross (vgl. Anm. 205) bemerkt: „The freedom of the Press is derived from and is simply one aspect of the freedom of the individual." Ebenso für das französische und italienische Recht (zum letzteren Esposito a.a.O., S. 10 ff.). In der amerikanischen Rechtsprechung kommen die im demokratischen Staatsbild wurzelnden institutionellen Seiten stärker zum Klingen, ohne konstruktiv deutlich formuliert zu sein. Vgl. etwa die bei Grossmann a.a.O., S. 217, aufgeführten Stellen.

[207]) Für die überlieferte Auslegung des Art. 5 aus dem individuellen Freiheitsrecht tritt ein Forsthoff, DÖV 1963, S. 633 ff.

der Meinungsbildung, der hier eher zunehmenden Gruppenmacht und des begrenzten Anteils des einzelnen Individuums an diesem Komplex nur im Rahmen einer institutionellen Sicht voll entfaltet werden, die von der grundlegenden Rolle der Presse im öffentlichen Meinungskampf ausgeht[208]).

Die Pressefreiheit als subjektives Recht zu freier Veröffentlichung hat in der heutigen Wirklichkeit, in der die Verfügung über die Publikationsmittel zunehmend auch im Buchverlag von finanzkräftigen Zusammenschlüssen abhängig wird, tatsächlich nur der Verleger oder Herausgeber. Der Journalist, Mitarbeiter oder Buchautor kann seine Freiheit ohne Verständigung mit diesen Kräften, die über die Medien der Öffentlichkeit verfügen, nicht zur Geltung bringen, und wie wir sehen werden, gewährt ihm auch Art. 5 GG nicht etwa im Wege der Drittwirkung ein Recht auf Veröffentlichung gegen den Verleger. So bleibt der wichtigste individualrechtliche Gehalt des Art. 5 Abs. 1 Satz 2 der freie Zugang zu den Presseberufen. Aus der Pressefreiheit folgt, daß der freie Zugang zur öffentlichen Diskussion auch beruflich offenstehen muß, für Presseberufe daher nicht von einer Zulassung abhängen darf[209]). Auch die zeitweise Untersagung einer Tätigkeit in Presseberufen darf — abgesehen von der Verwirkung des Art. 18 GG — nur auf Grund von Tatbeständen erfolgen, die ein grundlegendes, in der Wertabwägung voranzustellendes Rechtsgut schützen. Zu diesen Rechtsgütern gehört auch der Bestand der freiheitlichen Grundordnung[210]). Doch ist auch

---

[208]) Im gleichen Sinne für eine Ergänzung des Individualrechts durch das institutionelle Verständnis BVerfGE 10, S. 118, 121; 12, S. 205, 260. Ferner Ridder, Die öffentliche Aufgabe der Presse, Wien 1962, S. 9 f.; Arndt, in: Löffler-Arndt, Die öffentliche Meinung, 1962, S. 11 ff.; Dagtoglou, S. 12 ff.

[209]) Die Mitarbeit an der Presse kann daher nicht berufsständisch geregelt oder von Qualifikationen abhängig gemacht werden. Es ist nur statthaft, etwa für verantwortliche Redakteure gewisse fundamentale Voraussetzungen (bürgerliche Ehrenrechte, inländischer Wohnsitz) vorzusehen, wie dies § 8 RPG und die neuen Landespressegesetz tun (z. B. S-H § 9).

[210]) Dem Mißverständnis, Art. 18 GG stelle eine Vorschrift zum Schutz der Verfassungsgegner gegen jedes ihre Tätigkeit hindernde einfache Gesetz dar, fehlt es nicht an Anhängern. Vgl. Copic, JZ 1964, S. 494 ff.; Reissmüller, JZ 1960, S. 529, 532. In Wirklichkeit stellt, wie BGHSt. 17, S. 38 ff., mit Recht hervorhebt, Art. 18 GG eine ergänzende schwerwiegende Maßnahme des präventiven Verfassungsschutzes zur Verfügung, ohne die repressive Verteidigung der Verfassung durch allgemeine Strafgesetze zu berühren. Der Vergleich mit Art. 21 GG ist unzutreffend. Das Parteiverbot ist ein so tiefer Eingriff in die demokratische politische Auseinandersetzung, daß hier die ausschließliche Intervention des Verfassungsgerichts geboten erscheint. Schon bei Vereinigungen hingegen

hierbei in der Beurteilung der allgemeinen Strafnorm die institutionelle Sicherung der Pressefreiheit in Wechselwirkung zu beachten, und langdauernde oder zeitlich unbegrenzte Berufsverbote dürften nicht zulässig sein[211]). Ein Ausfluß des individuellen Freiheitsrechts ist auch der Anspruch des Verlegers (und anderer Beteiligter), in ihrer freien Teilnahme an der öffentlichen Diskussion nicht vom Staate durch Auferlegung besonderer Steuern oder Abgaben oder sonstiger Lasten behelligt zu werden[212]).

Ein subjektives Recht auf freie Information ist in Art. 5 GG nicht mit der Pressefreiheit verbunden, sondern erscheint als ein mit der Meinungsfreiheit assoziiertes Stück der geistigen Freiheit von selbständigem Gehalt[213]). Ein besonderes Recht zur Information kann also aus der Pressefreiheit nicht hergeleitet werden. Gesetzlich kann es leichter als eine Pflicht der Behörden zur Unterrichtung der Öffentlichkeit ausgestaltet werden[214]), beruht aber auch hier nicht auf einer Forderung

---

(Art. 9 Abs. 2 GG) liegt es anders, sind sogar administrative Eingriffe möglich. Bei der Einzelperson aber ist Art. 18 GG nicht etwa ein Supergrundrecht, das das allgemeine Strafrecht oder auch sonstige Beschränkungen der Freiheitsrechte ausschließen würde. Wie hier W i l l m s, NJW 1964, S. 225 ff. Unstatthaft sind nur neben Art. 18 hergehende (bundes- oder landesrechtliche) Präventivmaßnahmen der Berufsuntersagung (BVerfGE 10, S. 118 ff.).

[211]) Der Schwerpunkt dieser Frage liegt durchaus in Art. 5 GG, da Art. 12 GG Ausscheidung ungeeigneter Personen aus Berufen an sich zuläßt. Schief auch hier C o p i c a.a.O., S. 499 f. Eine strafrechtlich oder auch aus Art. 18 GG hergeleitete Berufsuntersagung wird aber immer nur zeitlich begrenzt und in der Regel auch nur partiell (gegenständlich begrenzt) möglich sein. So auch D a g t o g l o u a.a.O., S. 15 f. In diese Richtung weist auch die Auslegung, die die Europ. Kommission und der Gerichtshof für Menschenrechte im Fall De Becker der Meinungsfreiheit des Art. 10 der Europ. Menschenrechtskonvention vom 4. 11. 1950 gegeben haben. Sie hat (im Fall eines ehemaligen Kollaborateurs mit dem Feinde) die lebenslängliche Untersagung nur in Begrenzung auf „participation of a political character" für möglich gehalten. Vgl. Publications of the Court Series B. De Becker Case, S. 105 ff.

[212]) Daher wurde die Einführung eines auf Zeitungen gelegten „Kulturpfennigs" durch das württ.-badische Gesetz v. 22. 12. 1948 (RegBl. 1949, S. 17) zu Recht für eine Verletzung der Pressefreiheit angesehen und vom württ.-bad. StGH (Staatsanz. f. Württ.-Ba 1949, Nr. 16, S. 1 ff.) nur deshalb nicht für nichtig gehalten, weil vor dem Grundgesetz erfolgt. Dagegen kann niemand für Presseäußerungen besondere Steuererleichterungen fordern: William B. Cammarino v. Un. States 358 US S. 498 ff. (1959), lehnt das für eine Pressekampagne für eine Volksinitiative ab.

[213]) So auch v. M a n g o l d t - K l e i n a.a.O., S. 241 f.; R i d d e r a.a.O., S. 275.

[214]) S. in der neuen Landesgesetzgebung (G B-W § 4) mit der freilich fehlerhaften amtlichen Überschrift: „Informationsrecht der

der Verfassung. Auch das heute stark diskutierte Zeugnisverweigerungsrecht für Journalisten[215]) stellt weder eine subjektive, aus Art. 5 GG sich ergebende Berechtigung dar, noch kann es als eine notwendige Konsequenz der institutionellen Deutung angesehen werden. Wo der Gesetzgeber es gewährt — wie z. B. in Art. 27 Abs. 3 des eidgenöss. StGB — geschieht dies nicht im Verfassungsvollzug, sondern als eine freiwillige, in Rücksicht auf die politische Funktion der Presse gewährte Förderung der Informationsgewinnung durch die Preßorgane[216]). Auch im Ausland ist die Rechtslage in diesem Punkte verschiedenartig, und mehrere Fälle der letzten Jahre zeigen auch hier die Diskussion als im Gange befindlich[217]).

33. Der subjektiven Freiheit der Preßäußerung kann auch nicht im Wege der Drittwirkung eine Geltung innerhalb der inneren Sphäre des Pressewesens verliehen werden, so daß sie ein Kreis der Mitwirkenden gegen den anderen geltend machen könnte. Die Richtung der Pressefreiheit wendet sich gegen den Staat, kann allerdings auch gegen andere äußere Einflüsse ausgedehnt werden, die die subjektive Freiheit, jedenfalls aber die Freiheit als Grundsatz des objektiven Verfassungsrechts durch Anwendung illegaler Gruppenmacht (z. B. Boykott) beeinträchtigen können[218]). Innerhalb der Presse-

---

Presse." Vgl. aber dazu: § 63 BBG und den Abg. Neumann im BTag (Sitzg. vom 5. 2. 1964, Sten. Ber., S. 5094). Die „Presse", die ein soziologischer, kein juristischer Begriff ist, kann überhaupt solche Rechte nicht besitzen. Sie können nur als subjektives Recht einzelner Personen oder als Konsequenz institutioneller Gewähr begründet werden. Vgl. auch hierzu BGHZ 14, S. 319 ff.

[215]) Vgl. die in Anm. 191 erwähnten Anträge von Fraktionen des Bundestages und des Bundesrates sowie dazu die Stellungnahmen des Dt. Presserates, Tätigkeitsbericht 1963, S. 11 f., 69 f. — Aufsehen erregte in Deutschland der Fall eines Redakteurs des „Solinger Tagblattes", der die Quelle einer lokalkritischen Glosse anzugeben sich weigerte (Presserat, Bericht 1962, S. 13, 50). Das Z. findet sich allgemein anerkannt in G. S-H § 23, mit erheblicher Einschränkung in G B-W § 23.

[216]) Im gleichen Sinne Wilhelm Geiger, in: Die Funktion der Presse im demokratischen Staat (Studien der Kath. Akademie in Bayern 5), S. 25 f., der auch wie Lord Shawcross (vgl. Anm. 205) den Gedanken eines Privilegs für Journalisten ablehnt.

[217]) Ein umfassender Überblick der Rechtslage und Praxis, in: Professional Secrecy and The Journalist. Published by the International Press Institute, Zürich 1962. Im März 1963 wurden zwei britische Journalisten, die sich der Regierungskommission im Vasall Spionage-Fall gegenüber die Namen ihrer Informanten für einen Artikel zu nennen weigerten, wegen contempt of court zu Freiheitsstrafe verurteilt (vgl. „Times" v. 7. 3. 1963). Auch in der Schweiz, die das Zeugnisverweigerungsrecht anerkennt (BGE 82 IV 1), tritt es im allgemeinen Strafverfahren zurück (BGE 83 IV 59).

[218]) Daher hat mit Recht das OLG Hamburg im Fall der Boykott-

einrichtungen selbst wirkt sich die Freiheit vielmehr darin aus, daß den Beteiligten, den Journalisten, Mitarbeitern, Verlegern die Festlegung ihres Anteils zur Verfügung in freier Vereinbarung offensteht. Jede andere Lösung würde bedeuten, daß an die Stelle des finanzkräftigen Verlegers eine staatliche Regulierung und Aufsicht träte, die einen viel schwereren Verlust an Freiheit bedeutete. Die Presse muß aber um ihrer Freiheit willen im Vorfeld des Staatlich-Institutionellen verbleiben. Daher muß ihre interne Struktur dem Privatrecht überlassen werden, das in seinen Generalklauseln gewisse Sicherungen bereithält[219]). Die daraus folgende finanzielle Machtkonzentration muß als Komplement der Freiheit hingenommen werden[220]). Die andere Situation beim Rundfunk, die den Staatseingriff nötig macht und bisher in der Bundesrepublik nur Staatsanstalten hervorgebracht hat, macht das Problem der Aussagefreiheit der Mitarbeiter zwischen dem Gestalter einer Sendung, dem Intendanten und der Einwirkung des Rundfunkrates noch undurchsichtiger.

34. Schon die bisherigen Darlegungen haben betont, daß die Presse trotz ihres bedeutsamen Anteils an der öffentlichen Diskussion und Kontrolle durchaus zum Bereich der nichtstaatlichen freien Erscheinungen gehört. Wenn heute in der Literatur[221]) und in der Gesetzgebung[222]) der Presse eine „öffentliche Aufgabe" zugewiesen wird, stellt sich daher die Frage nach der Tragweite dieser Formel. Als soziologische Beobachtung der politischen Funktion der Presse werden sich dabei keine Bedenken ergeben. Ebensowenig, wenn damit die staatstheore-

---

erklärung einer großen Rundfunkzeitung, gerichtet gegen Händler, die andere Zeitungen mit Abdruck ostzonaler Programme vertrieben, Art. 5 GG für die Unrechtmäßigkeit dieses Vorgehens angeführt (NJW 1962, S. 917, übereinstimmend BGH in NJW 1964, S. 28.). Das Urteil des BVerfG im Lüth-Fall (BVerfGE 7, S. 198 ff.) widerspricht dem nur scheinbar. Denn in Wahrheit war Lüth's Boykottdrohung, weil er nur ein Privatmann war, von geringerer Wirkung. Die Tragweite des Lüth-Falles sollte wegen der besonderen Ablehnung des Geschädigten im konkreten Fall nicht verallgemeinert werden.

[219]) Übereinstimmend H. Ridder, Probleme der inneren Pressefreiheit, in: Der Journalist, Beilage Mai 1962, S. 12; Löffler, NJW 1964, S. 1102. Unklar Schwenk, NJW 1962, S. 1325.

[220]) Der Einfluß des Verlegers auf die Presse darf nicht überbewertet werden. Der englische Konzerninhaber Thomson erklärte der Royal Commission on the Press, er lasse seinen Redakteuren „a considerable degree of independence and latitude". Er habe gefunden, daß sich das auch finanziell auszahle (Report, S. 20).

[221]) Vgl. vor allem Löffler a.a.O., S. 1 ff.

[222]) Das bayerische PreßG v. 3. 10. 1949 spricht in § 3 von der Aufgabe, dem demokratischen Gedanken zu dienen. Heute findet sich die Wendung in den Landespressegesetzen (S-H § 3; B-W § 3).

tische Aussage gemacht werden soll, daß im Prozeß der demokratischen Auseinandersetzung der politischen Strömungen und Kräfte die Presse ungeachtet ihrer freien „gesellschaftlichen" Struktur eine Mitwirkung an der Bestimmung der politischen Richtung des Staates zukommt, die ihr im politischen Leben des demokratischen Staates eine verfassungsrechtlich relevante Position gewährt. Ohne sie ist das Spiel einer wirklich demokratischen Verfassung nicht denkbar. Dagegen muß die rechtliche Bedeutung dieser Formel mit Zurückhaltung beurteilt werden. Sicherlich rückt sie die Presse ebensowenig wie die Parteien in den Kreis staatlicher Institutionen. Während aber die Parteien unmittelbar an politischen Entscheidungen teilnehmen und daher oft schon als „Faktoren des Verfassungslebens" oder sogar als „Verfassungsorgane" bezeichnet werden[223], kann bei der Presse nur von einer verfassungsrechtlich relevanten Funktion, nicht aber von einem Einrücken unter die Faktoren des Verfassungsbaus die Rede sein. Im Grunde entspringt diese Formel dem Bestreben der Presse, die ihr früher von der Judikatur versagte „Wahrnehmung berechtigter Interessen" in § 193 StGB zu sichern[224]. Darüber hinaus liegt ihr rechtlicher Gehalt[225] nur in einer Verstärkung der institutionellen Gewährleistung, die im besonderen demjenigen Teil der Presse zugute kommt, der diese Aufgabe erfüllt. Doch darf dabei nicht Begriff und Schutzbereich der Presse eingeengt werden[226]. Gewisse Bedenken bleiben indes gegen die Formel von der „öffentlichen Aufgabe" der Presse bestehen. Sie bietet die Möglichkeit des Mißverständnisses, als ob damit die Presse über den Bereich des „Öffentlichen", in dem sie steht, hinaus in irgend einer Weise in den Bereich des staatlichen Aufbaus gezogen werden könne, während ihre maßgebende Funktion im demokratischen Prozeß der politischen Willensformung gerade in ihrer Freiheit vom Staate liegt. Und es muß sich auch die Besorgnis melden, daß aus der

---

[223]) Vgl. BVerfGE 1, S. 208, 227; 4, S. 27, 30; 12, S. 296, 306.

[224]) Das wird aus § 3 Abs. 3 des bayer. PreßG ganz deutlich. Vgl. auch Löffler, S. 572 ff. Dagegen heute BGHSt 12, S. 293ff; BVerfGE 12, S. 113, 125 f.

[225]) Ablehnend gegenüber der Formel von der öffentlichen Aufgabe der Presse Forsthoff, DÖV 1963, S. 633 ff.; Dagtoglou a.a.O., S. 23 ff.; Rehbinder, NJW 1963, S. 1387 ff.

[226]) In dieser Hinsicht geht das Urteil des BGH im sog. „Call-Girl-Fall" (BGHSt 18, S. 182) zu weit. Es verneint gegenüber einem rein auf Skandal und Sensation gerichteten Bericht eines Blattes das Vorliegen einer öffentlichen Aufgabe der Presse und damit den Schutz des Art. 5 GG (vgl. oben Anm. 200—202). Es hätte genügt, den Schutz des § 193 StGB wegen Verletzung der Sorgfaltspflicht und wegen unberechtigten Eingreifens in private Bereiche auszuschließen.

öffentlichen Aufgabe auch Verantwortungen, Verpflichtungen und damit Einwirkungen des Staates begründet werden könnten, die — in einer wiederum nicht zutreffenden Parallele zur Stellung der Parteien — zu einer Regelung der „inneren Ordnung" der Presse führen würden. In dieser Richtung gingen einige der nach 1945 erlassenen Pressegesetze der Länder einen Schritt zu weit, als sie von einer Pflicht zu wahrheitsgemäßer Berichterstattung sprachen[227]). Bestimmungen mit einer solchen moralisierenden Tendenz vermögen im Presserecht zu nicht unbedenklichen Rückwirkungen führen. Die neuen Entwürfe sprechen hier zutreffend von einer Sorgfaltspflicht der Presse[228]).

35. An vielen Stellen des Bereichs der Pressefreiheit treten individuelles Recht und institutionelle Gewährleistung miteinander, ergänzend und berichtigend, in Erscheinung. Da es allgemeine Berechtigungen der „Presse" nicht geben kann, sondern individuelle Träger der subjektiven Freiheiten im Geflecht der vielfältigen Beziehungen des Pressewesens zu finden sind, vermag die institutionelle Deutung an nicht wenigen Stellen die verfassungsrechtliche Sicherung wirksamer und elastischer zu gestalten. Das setzt voraus, daß auch in der objektiven Interpretation, die von freiheitlichen Verfassungsgeboten ausgeht, nähere Grundsätze und Prinzipien für bestimmte Gebiete und Fragenbereiche entfaltet werden. Es mag genügen, das nach zwei Richtungen hin zu verdeutlichen.

a) Zu den Grundgeboten der von ihrer meinungsbildenden Funktion her verstandenen Pressefreiheit gehört die Erhaltung einer offenen Auseinandersetzung verschiedener Auffassungen, in der ohne Beschränkung tatsächlich die Schattierungen der öffentlichen Meinung, auch in ihren schwächeren Komponenten, zu Wort kommen. Die Fernhaltung des Staatseinflusses erscheint als das primäre Mittel, um diese freie und offene Diskussion zu garantieren. Hält man sich indes vor Augen, daß in der modernen Massendemokratie den organisierten Gruppen und den sozialen Machtbildungen ein steigender Einfluß zufällt, so kann sich dieser Sinn des Freiheitsrechts als negativer Abwehr staatlicher Ingerenz im extremen Falle auch in das Gebot staatlichen Eingriffs verkehren, um gegenüber einer durch soziale Mächte bewirkten Einengung der Meinungsbildung die Offenheit und Vielfalt der Diskussion zu erhalten

---

[227]) Das bayerische Preßgesetz v. 3. 10. 1949 legt in § 3 Abs. 2 eine „Pflicht zu wahrheitsgemäßer Berichterstattung" auf, und das saarländische Gesetz v. 8. 7. 1955 (ABl., S. 1034) erklärt gar in § 11 Abs. 1: „Die wahrheitsgemäße Unterrichtung der Öffentlichkeit ist vornehmste Pflicht der Presse."

[228]) Vgl. S-H § 3 und B-W § 6.

und zu sichern. Trotz der Vorgänge der Konzentration erweist sich im Gebiet der Tagespresse und vor allem der Zeitschriften die pluralistische Struktur der heutigen Gesellschaft als differenziert genug, um diese Offenheit noch zu erhalten[229]). Es bleibt vorerst dabei, daß auch nach dieser institutionellen Seite die Pressefreiheit sich gegen staatliche Belastungen oder Beeinträchtigungen der Publizistik wendet[230]). Nach der anderen Seite aber wird man unter diesem Gesichtspunkt staatliche Maßregeln zur Verhütung einer monopolistischen Machtbildung im Pressebereich, auch wenn damit gewisse Beschränkungen verbunden sind, nicht für unstatthaft halten können. Bei einem Fortschreiten der Konzentration der meinungsbildenden Kommunikationsmittel wird sogar — was niemals aus dem individuellen Freiheitsrecht begründet werden könnte — die Pflicht des Staates zu aktivem Eingreifen zugunsten der Offenhaltung des Meinungswettbewerbes abgeleitet werden können. Im Rundfunkbereich, wo eine oligopolistische Situation besteht, hat das Verfassungsgericht hieraus die Folgerung abgeleitet, daß in den Rundfunkunternehmen „alle gesellschaftlich relevanten Kräfte" zu Wort kommen müssen, ihre Organisation also so ausgestaltet werden muß, daß der pluralistische Charakter der leitenden Organe gewährt[231]) wird.

In diesen Zusammenhang gehört auch die früher berührte Frage, ob der Staat durch Gesetzgebung in den Wettbewerb zwischen Tagespresse und Rundfunkanstalten im Werbewesen eingreifen dürfe. Wenn die Entwicklung durch die öffentlich-rechtliche Vorzugstellung der Rundfunkanstalten verzerrt wird und die letzteren neben ihrer gesicherten Gebührengrundlage einen übermäßigen Anteil an den Werbeeinnahmen gewinnen[232]), so vermag eine institutionelle Auslegung des Art. 5 GG im Zusammenhang mit allgemeinen wirtschaftspolitischen Bestrebungen gegen Bildung von Machtstellungen eine solche Regelung zu tragen, zumal die Rundfunkanstalten als öffentliche Anstalten sich nicht auf grundrechtliche Sicherungen berufen können, sondern in ihrem Aufgabenbereich der Verfügung des Gesetzgebers unterliegen[233]).

---

[229]) Ziffern zur Konzentration außer im englischen Report of the Royal Commission bei Dagtoglou a.a.O., S. 8. Zur Situation in der Bundesrepublik Abg. Neumann im Bundestag, Sitzung v. 5. 2. 1964, Sten. Ber., S. 5093. Vgl. oben Anm. 42.

[230]) Vgl. oben Anm. 212.

[231]) Zur Frage, ob auch andere Wege der Gewährleistung einer vielfältigen Diskussion im Rundfunkwesen denkbar sind, vgl. oben zu Anm. 41.

[232]) Das Material hierzu in Anm. 49.

[233]) Grenzen staatlicher Beschränkung lägen dort, wo die Anstalt in ihrer Meinungsäußerung beschränkt oder durch finan-

b) Zu den Gebieten, in denen eine institutionelle Auffassung wichtig wird, gehört auch die Unterrichtung der Presse durch den Staat und staatliche Stellen. Ein subjektives Recht bestimmter Personen auf Information läßt sich hier nicht begründen, namentlich nicht als ständisches Vorrecht der Journalisten[234]). Auch das objektive Verfassungsrecht erlaubt hier keine Ableitung einer konkreten Verpflichtung. Aber die institutionelle Sicht macht es möglich, von einem allgemeinen Gebot an den Staat auszugehen, durch sein Verhalten, das in einer Demokratie grundlegende Gebot der Publizität, der Öffentlichkeit zu respektieren und daher ein angemessenes Maß an Information sicherzustellen[235]). Wie weit man es dem Staate hierbei gestatten kann, den Bereich des im öffentlichen Interesse zu schützenden Geheimnisses auszudehnen, und in welchem Umfang hier strafrechtliche Sicherungen dem Unterrichtungsbedürfnis der Presse die Grenze ziehen, das ist eine schwerwiegende Frage, die heute in einem bekannten Fall noch sub judice steht und daher hier nicht näher behandelt werden soll[236]).

36. Den Kern der Pressefreiheit hat auch schon geschichtlich stets das Verbot der staatlichen Zensur gebildet, auch wenn heute der Schutzbereich der Pressefreiheit über die bloße Verhinderung von staatlichen Präventivmaßnahmen weit hinausgewachsen ist. Die Konturen dieses Bestandteils des Presserechts sind daher in langer Überlieferung besonders scharf ausgezogen und im Verfassungsrecht selbst gegen jede Einschränkung ausdrücklich gesichert. Was den Begriff der Zensur angeht, so sollte man den in dieser befestigten Tradition ausgearbeiteten Umriß festhalten, der auf das Merkmal einer vom Staat ausgehenden, präventiven Einwirkung abstellt, die die Möglichkeit eines Einschreitens gegen bestimmte Auffassungen eröffnet[237]). Repressive Maßnahmen dagegen wer-

---

zielle Beschränkung in ihrer Aufgabe der Unterrichtung, Unterhaltung und Meinungsbildung beeinträchtigt würde.

[234]) Vgl. oben Ziff. 32 dieses Vortrages. So auch die amerikanische Rechtsprechung. Un. States Court of Appeal 3 Circuit in The Tribune Review Publishing Co v. Thomas. 254 F 2nd, S. 883 (Verbot von Fotoaufnahmen vor Gericht). Siehe ferner zur Informationspflicht der Behörden Thiele, Neue Dt. Beamtenzeitung 11 (1963), S. 100 ff.

[235]) Übereinstimmend Ridder, Grundrechte Bd. 2, S. 275.

[236]) Zu den Problemen des staatlichen Geheimnisschutzes und den Vorschlägen zu einer Sondernorm für den publizistischen Geheimnisverrat siehe H. v. Weber, Zum Begriff des Staatsgeheimnisses, JZ 1964, S. 127 ff.; W. Fuss, Pressefreiheit und Geheimnisschutz, NJW 1962, S. 2225 ff.

[237]) Vgl. die Übersicht bei v. Mangoldt-Klein a.a.O., S. 246 ff.

den von diesem Begriff nicht umschlossen, auch wenn ihnen gegenüber unter bestimmten Umständen ebenfalls das Gebot der Pressefreiheit eingreift[238]). Versuche, einen weiten „materiellen" Zensurbegriff, der alle Beeinflussungen und Behinderungen der freien Meinungsbildung umfaßt und vom zeitlichen Vorhergehen der Maßnahme absieht, lösen einen klar umrissenen und besonders geschützten Bereich der Freiheit auf, um an seine Stelle eine vage Forderung zu setzen, die in der Verfassung keine Stütze hat[239]). Einrichtungen der privaten Selbstkontrolle sind daher grundsätzlich als zulässig anzusehen[240]), vor allem dort, wo sie sich auf Beratung und Beeinflussung beschränken und in ihnen nicht verdeckt ein staatlicher Einfluß überwiegt[241]).

37. Das Problem der äußeren Beschränkungen eines Grundrechts ist bei allen Freiheitsgewährungen von großer Bedeutung, ganz besonders aber bei denen, die nicht ihrem Gegenstand nach bereits von Haus aus enger begrenzt sind wie die Glaubensfreiheit oder die Versammlungsfreiheit, und die daher durch ihre inneren Abgrenzungen eine Limitierung aufweisen. Die Meinungsfreiheit und die Pressefreiheit stellen menschliche Aktivitäten von sehr weiter und schwer begrenzbarer Ausstrahlungskraft unter Schutz, die in ihren Auswirkungen in weitem Umfang mit der Rechtssphäre anderer in Konflikt kommen können. Wir finden daher in Art. 5 GG, so wie es auch in Art. 14 Abs. 1 Satz 2 und Art 9 Abs. 2 GG der Fall ist, keine präzis umschriebenen Beschränkungen aufgeführt, sondern es

---

[238]) Das gilt für polizeiliche Verbote bei dringender Gefahr der Störung der öffentlichen Ordnung, aber auch bei der Vollziehung des strafrechtlichen Verfassungsschutzes gemäß §§ 93, 96 StGB, ZollG 1939 § 7 und ÜberwG v. 24. 5. 1961 (BGBl. I, S. 607). So BGHSt JZ 1963, S. 402.

[239]) Abzulehnen daher dieser materielle Begriff bei Noltenius, Die freiwillige Selbstkontrolle der Filmwirtschaft, Göttingen 1958, S. 106 ff.

[240]) So OLG Frankfurt, NJW 1963, S. 112, und dazu Katholnigg, NJW 1963, S. 892. — Auf präventive Maßnahmen in Gewaltverhältnissen kann hier nicht eingegangen werden. Vgl. hierzu Ingo v. Münch, Freie Meinungsäußerung und besonderes Gewaltverhältnis, Frankfurt 1957; Löffler, NJW 1964, S. 1100 ff.

[241]) Hier erweist sich das Denken von einem Kernbereich des Grundrechts und den weiteren Auswirkungen her als nützlich. Zugleich ist klar, daß Ausstrahlungen eines Freiheitsrechts in die private Sphäre (Drittwirkung) hier besonders der Einfügung in die allgemeine Ordnung bedürfen. So stehen alle Freiheitsrechte hier vor der Frage, wie weit sie etwa von Jugendlichen unabhängig von den Eltern oder gar gegen sie angerufen werden können, oder es ist seit jeher anerkannt, daß eine Versammlung in einem baufälligen Hause aufgelöst werden kann, weil hier das andere Interesse der Rechtsordnung stärker ist.

wird, abgesehen vom Schutz der Jugend und dem Recht der Ehre, auf eine allgemeine Formel verwiesen, nämlich die Schranken der „allgemeinen Gesetze". Im Grunde wird damit nur ein Problem sichtbar gemacht, das überhaupt für die Schrankenziehung bei Grundrechten gilt. Wenn es richtig ist, wie früher ausgeführt wurde, daß alle Grundrechte keine absoluten Befugnisse gewähren, sondern begrenzte Sachbereiche schützen, so tritt bei den von außen ihnen entgegentretenden Beschränkungen nur ins Licht, daß jeder grundrechtliche Bereich sowohl anderen Grundrechten gegenüber wie vor allem auch in seinem Verhältnis zur allgemeinen Rechtsordnung eine Grenzlinie und eine Bestimmung des Vorrangverhältnisses finden muß. Je weiter die Erstreckung eines Grundrechts reicht, desto mehr kommt es mit anderen Teilen der allgemeinen Rechtsordnung in Berührung und möglicherweise in Konflikt, denen gegenüber seine Durchschlagskraft und sein Rang bestimmt werden muß. Diese Fragen sind nicht formal mit dem Verweis auf die Verfassungskraft des Grundrechts zu lösen. Denn jedes Grundrecht setzt den Bestand bestimmter Anordnungen der Rechtsordnung voraus, und respektiert, zum mindesten in seinen Randgebieten, andere solche Normenkomplexe. Die Formel von den „allgemeinen Gesetzen", in denen die Freiheiten des Art. 5 GG ihre Schranken finden, umschreibt eben diesen Problemkreis.

Es geht hier um eine Abwägung der Wertsetzungen der Verfassung, um eine wertende Einordnung der Pressefreiheit in die allgemeine Rechtsordnung, vor allem auch das Strafrecht und Privatrecht, aber auch die Bestimmungen zum Schutz der freiheitlichen Grundordnung des Staates. Die Einsicht in die hier vorliegenden Wertungsprobleme hat schon in der Weimarer Zeit dazu geführt, von jeder rein formalen Auslegung des Wortes „allgemein" hier abzusehen und eine materiell bestimmte Deutung zu suchen, die die herrschende Lehre in der Formel fand, es dürfe sich nicht um ein Gesetz handeln, das eine Meinung als solche verbiete[242]). Für praktische Zwecke reicht diese Formel weithin aus, aber in ihrem Versuche, vom Gedanken des Spezialgesetzes, des Sondergesetzes auszugehen, ist sie nicht ganz zureichend oder greift auch in anderer Hinsicht zu weit. Sie reicht dort nicht zu, wo eine Sonderbesteuerung der Presse vorliegt, die sich nicht

[242]) Da offensichtlich nichts mit dem Gegensatz generell-speziell anzufangen war, hat man auf die Intention des Gesetzgebers abgestellt, bestimmte Meinungen zu untersagen oder zu behindern. Zuerst so Häntzschel, AöR 10, S. 232 ff.; dann Rothenbücher, VVDStRL 4 (1928), S. 19 ff., und Anschütz, Verfassung, 13. Bearb., S. 554.

gegen eine Meinung richtet, aber fraglos, wie wir gesehen haben, gegen die Wertrangbestimmung der Verfassung nicht bestehen kann. Auf der anderen Seite richten sich alle Bestimmungen der Verfassung und Strafgesetzgebung gegen verfassungsfeindliche Bestrebungen gegen bestimmte Meinungen; sie sind aber durch die im Grundgesetz (Art. 20, 18, 21) klar getroffene Entscheidung für eine abwehrbereite inhaltlich bestimmte und nicht relativistische Demokratie zwar nicht unbegrenzt, aber doch in dem Umfang mit Vorrang ausgestattet, als sie zum Schutz der freiheitlichen demokratischen Ordnung notwendig sind. Es ist daher richtiger, wie es schon Smend erkannt hatte[243]), den Begriff „allgemein" hier von vornherein klar im Sinne der nötigen Wertabwägung zu prägen und die Gesetze als „allgemeine Gesetze" anzusehen, die ein auf dem betreffenden Gebiete der Rechtsordnung der Meinungsfreiheit oder Pressefreiheit vorgeordnetes Rechtsgut schützen. Die Abwägung wird im Einzelfall auch berücksichtigen müssen, ob Kerngebiete oder Randbereiche der Meinungs- und Pressefreiheit in Frage stehen[244]).

Diese Interpretation folgt einer Linie, die sich seit den Anfängen der Entwicklung der Meinungs- und Pressefreiheit verfolgen läßt. Stets ist auf diesem Felde betont worden, der Schutz der freien Äußerung der Meinung entbinde den einzelnen nicht von der Beachtung der allgemeinen Rechtsordnung. Schon Blackstone wies auf die Bindung an die Strafgesetze hin[245]) und auch das gegenwärtige englische Recht erkennt die Grenzen des Strafgesetzes und des „law of libel" als gültig an[246]). Im deutschen Recht zählte noch die Reichsverfassung von 1848 § 143 die unzulässigen Behinderungen der Preßfreiheit auf, während die preußische Verfassungsurkunde von 1851 (Art. 27) allgemein Beschränkungen im Wege der Gesetz-

---

[243]) VVDStRL 4, S. 51 ff.

[244]) So sichert Art. 5 auch den Vertrieb von Zeitungen, steht aber der Festsetzung von Ladenzeiten auch für Zeitungshändler nicht entgegen. Und eine Zeitung kann beschlagnahmt werden, die für eine bestimmte politische Meinung zu Gewalttaten aufruft, obwohl hier gegen eine Meinung vorgegangen wird.

[245]) Blackstone, Commentaries to the Laws of England, Buch 4, Kap. 11: „The liberty of the press ... consists in laying no previous restraints upon publications, and not in freedom from censure for criminal matter when published. Every free man has the undoubted right to lay what sentiments he pleases before the public ... but if he publishes what is improper, mischievous, or illegal, he must take the consequences of his own temerity."

[246]) O. Hood-Phillips, Constitutional and Administrative Law, 3. Aufl. London 1962, S. 466: „Freedom of speech consists in the right to speak or write what one choses provided that the law is not infringed."

gebung zuließ. Diese Bestimmung wurde auch als Bestätigung des Fortbestandes der außerhalb des Preßrechts stehenden allgemeinen Beschränkungen angesehen[247]). Man kann die Entwicklung, die sich hier vollzogen hat, am besten dadurch charakterisieren, daß in der älteren Zeit bis zur Mitte des 19. Jahrhunderts im Vordergrund der Aufmerksamkeit der Kampf gegen die damals weitverbreiteten diskriminierenden Sondergesetze preßrechtlicher Art stand, während es der neueren Rechtsentwicklung darauf ankommt, hervorzuheben, daß sich die Presse grundsätzlich in die allgemeine Rechtsordnung einfügt.

Das gilt im besonderen von den Bestimmungen des allgemeinen Strafrechts, den privatrechtlichen Vorschriften über unlauteren Wettbewerb, sittenwidrige Schädigung und Ehrenschutz, sowie von den Normen des Staatsschutzes. In allen diesen Bereichen hat sich heute der Vorrang der Meinungs- und Pressefreiheit ausgeweitet und ist das Verhältnis von Freiheit und allgemeiner Ordnung nur durch individualisierende Güterabwägung zu bestimmen. Die Schwierigkeit dieser Abgrenzungen wird dabei vor allem an einigen Punkten fühlbar, die seit jeher Problembereiche geistiger Freiheit darstellen, weil sich hier die Freiheit der Äußerung mit entgegenstehenden grundlegenden individuellen Rechten oder dem allgemeinen Interesse begegnet. Aus diesem Bereich können hier nur einige Gesichtspunkte kurz berührt werden.

Zu allen Zeiten ist die Eingrenzung der Meinungs- und Pressefreiheit durch die sittlichen Anschauungen einer Epoche eine umstrittene Frage gewesen. Sie wird es, ungeachtet der bemerkenswerten Lockerung der Maßstäbe in unserer Gegenwart, auch immer bleiben. Denn die Auffassungen eines Zeitalters über das sexuelle und gesellschaftliche Verhalten und demzufolge seine literarische Behandlung können sich einmal lockern, aber auch wieder verschärfen; eine Grenze möglicher Toleranz wird es hier immer geben. Für die politische Funktion der Presse, die hier im Mittelpunkt der Betrachtung steht, sind die auf diesem Felde entstehenden Streitfälle, so großes Aufsehen sie auch oft in der Öffentlichkeit erregen, von geringerer Bedeutung. Die meinungsbildende und literarische Bedeutung von Tagespresse und Buch wird hier doch nur in seltenen Fällen ernstlich berührt[248]).

---

[247]) Vgl. Anschütz, Die Verfassungs-Urkunde für den Preußischen Staat, Berlin 1912, S. 503 ff.

[248]) Im englischen Recht sind hierfür durch die Obscene Publications Act, 1959 (7 & 8 Eliz. 2 c. 66) neue Grundlagen geschaffen worden. Im amerikanischen Recht wird der Schutz des I. Amendment gar nicht auf verbale Beleidigungen (fighting words) und

In das Zentrum der Pressefreiheit führen dagegen stets die Auseinandersetzungen, in denen es um Beschränkungen oder Verbote geht, die gegen die Äußerung oder Publikation politischer Meinungen aus Gründen des Staatsschutzes verhängt werden. In den Vereinigten Staaten haben die Maßregeln gegen Feinde der freien Ordnung in den letzten 20 Jahren eine breite Diskussion hervorgerufen. Die Rechtsprechung hat aber daran festgehalten, daß staatliche Bestimmungen zum Schutze der Verfassungsordnung zulässig bleiben, und zwar in Fällen, in denen die gegnerischen Bestrebungen eine „clear and present danger" bilden[249]). Auch im deutschen Recht ist der Vorrang des Schutzes der freiheitlichen Verfassungsordnung in der klaren Stellungnahme des Grundgesetzes gegen verfassungsgegnerische Bestrebungen deutlich vorgezeichnet, mag man auch über die Ausgestaltung des politischen Strafrechts im einzelnen verschiedener Auffassung sein können. Art. 18 und 21 GG bilden darüber hinaus die Grundlage zu weitreichenden Maßnahmen des Staates, die in den grundrechtlichen Bestand eingreifen. Spielt die ergänzende Möglichkeit präventiven Vorgehens gegen Individuen, die Art. 18 GG eröffnet, tatsächlich keine Rolle, so bedeutet das Parteiverbot des Art. 21 GG in seinen Auswirkungen auf das Verbands- und Strafrecht zugleich möglicherweise den Ausschluß einer bestimmten politischen Richtung von einer Vertretung vor der Öffentlichkeit. Das erleichtert die Verteidigung der freien Verfassungsordnung. Aber man übersehe nicht, daß durch die Feststellung der Verfassungsfeindlichkeit einer bestimmten Partei auch die geistige Information und Kommunikation der Bundesrepublik im Verhältnis zu den kommunistischen Ländern und sogar zum Osten unseres Landes einschneidende Beschränkungen erfährt.

38. Die schwerwiegendsten Probleme im Verhältnis der Meinungs- und Pressefreiheit zur allgemeinen Rechtsordnung treten dort auf, wo es sich um die Abgrenzung der Freiheit gegenüber dem Rechtsbereich anderer Personen, vor allem um den Schutz ihrer Ehre, handelt. Der Unterschied zu den soeben betrachteten Gebieten liegt darin, daß das Freiheitsrecht nicht wie beim Verfassungsschutz und der Wahrung

---

obszöne Veröffentlichungen erstreckt. Vgl. Chaplinsky v. New Hampshire 315 US 568 (1942); Roth v. Un. States 354 US 476, 483 (1957); Smith v. State of California 361 US 147 (1959).

[249]) Grundlegend Dennis v. Un. States 341 US 494 (1951). Mit stärkerer Betonung der Abwägung (balancing process) Barenblatt v. Un. States 360 US 109 (1959). Vgl. hierzu Hudon a.a.O., S. 111 ff., 122 ff., 160 ff.; Grossmann, JöR 10, S. 223 ff.

sittlicher Maßstäbe dem Eingriff des Staates gegenübersteht und mithin in seiner eigentlichen negativen Abwehrfunktion bleibt. Es trifft vielmehr auf zivil- und strafrechtliche Bestandteile der Rechtsordnung, die ebenfalls individuelle Rechtsgüter schützen. Es geht also um die gegenseitige Abgrenzung individueller Rechtssphären, und wiederum kann nur die politische Funktion der Pressefreiheit ihr unter institutionellen Gesichtspunkten eine stärkere Bewertung verschaffen. Die Bindung an die allgemeinen Gesetze macht hier klar, daß grundsätzlich die Ausübung der Meinungs- und Pressefreiheit kein Ausnahmerecht gegenüber anderen Personen verleiht. Wer in das Persönlichkeitsrecht oder die Ehre eines anderen unberechtigt eingreift, mißbraucht die Freiheit und setzt sich zivilrechtlicher Haftung, sogar unter Umständen strafrechtlicher Sanktion aus. Im Raum der Meinungsfreiheit ist diese Geltung der allgemeinen Ordnung klar erkennbar. Bei der Pressefreiheit hat die Entwicklung teilweise besondere Rechtsinstitute ausgebildet, wie das Pressedelikt, den Berichtigungsanspruch und ein Sonderrecht der Beschlagnahme.

Die Einfügung in die allgemeine Rechtsordnung erweist sich bei der Pressefreiheit als ein Mittel, um einen gerechten Ausgleich herbeizuführen. Durch die Verfügung über die Kommunikationsmittel des Druckes und der Presse gewinnen die Träger der Pressefreiheit eine soziale Machtstellung. Ihre Äußerungen können einem anderen Individuum schweren, oft kaum auszugleichenden Schaden an Ruf und Ehre zufügen. Die Unterwerfung unter das allgemeine Recht stellt daher für diese Sozialmacht die notwendige Kompensation dar[250]). In dem vielfältigen Geflecht der normativen Garantien der Pressefreiheit wird damit eine besondere Note erkennbar. Die im Presserecht gewissermaßen komplementär zu der erhöhten Macht der Inhaber der Kommunikationsmittel entwickelten speziellen Normen des Presserechts — Stufen- oder Kaskadenverantwortlichkeit von Verleger oder Redakteur, der Gegendarstellungsanspruch des Verletzten und die Sorgfaltspflicht der Presse — sowie die allgemeinen Vorschriften des Strafrechts und Zivilrechts über Ehrenschutz verhüten, daß Verleger, Journalisten oder sonstige Mitarbeiter dank ihres öffentlichen Einflusses eine bevorrechtigte Stellung gewinnen. Sie sind Beschränkungen der Pressefreiheit, aber nur solche, die innerhalb des institutionell gesehenen Normenbereiches ein Gleichgewicht des Rechts herstellen. Der Akzent kann unter diesen Vorschriften verschieden liegen, bald mehr dem Zivilrecht,

---

250) Diese Komplementärwirkung erkennt das Bundesverfassungsgericht (Bd. 7, S. 198, 211) grundsätzlich an.

bald der strafrechtlichen Sanktion zufallen. Der Gedanke aber, diese Gegengewichte unter der Forderung voller Freiheit der Presse zu beseitigen, würde einen wesentlichen Grundgedanken der Ordnung der Presse entfernen und aus der Pressefreiheit ein Mittel der Verfügung über die Rechtsphäre anderer machen. Möglich ist es nur, und wiederum nur unter institutioneller Deutung, in der Abwägung zwischen Persönlichkeitsschutz und Pressefreiheit der Funktion der Presse für die demokratische Meinungsbildung einen begrenzten Vorrang zu geben. Das ist es, was das Bundesverfassungsgericht in den Fällen Lüth[251]) und Schmidt[252]) getan hat, indem es jeweils bei der Güterabwägung zwischen Meinungsfreiheit und schutzwürdigen Interessen anderer der „unerläßlichen Freiheit der Erörterung gemeinschaftswichtiger Fragen“[253]) einen besonderen Akzent gab. Daß dieser Ausgleich zwischen der Freiheit der Äußerung auf der einen und dem Schutz der Persönlichkeitsrechte Dritter auf der anderen Seite auch dem Sinn des Grundgesetzes entspricht, ergibt sich aus dem ausdrücklichen Hinweis des Art. 5 Abs. 2 auf das Recht der persönlichen Ehre[254]).

Das Komplementärverhältnis zwischen der Pressefreiheit und der durch ihre Einfügung in die allgemeine Rechtsordnung aufgerichteten Beschränkung zugunsten des Rechts Dritter ist in der Entwicklung der Pressefreiheit seit jeher in allen Ländern, wenn auch in verschiedener rechtlicher Ausgestaltung, zur Geltung gelangt. In England liegt der Schwerpunkt des Schutzes anderer individueller Interessen nicht im Strafrecht, sondern im Recht des „libel“, dessen Stringenz[255]) die Presse tatsächlich zur Entfaltung eines hohen Maßes an publizistischer Sorgfalt veranlaßt und das die Ehre anderer durch die Möglichkeit der Belastung mit ansehnlichen Schadensersatz-

---

[251]) BVerfGE 7, S. 198 ff.

[252]) BVerfGE 12, S. 113 ff. In diesem Fall kann man indes zweifeln, ob diese Abwägung nötig war. Man kann durchaus den Standpunkt vertreten, daß im politischen Kampf ein kräftiges Wort, wie es hier dem „Spiegel“ gegenüber gebraucht war, keine üble Nachrede darstellt und Überempfindlichkeit hier nicht am Platze ist. Vgl. auch Heinemann, Die Rechtsordnung des politischen Kampfes, NJW 1962, S. 889 ff.

[253]) BVerfGE 7, S. 198, 211.

[254]) Vgl. BGHZ NJW 1963, S. 902: „Dieses Grundrecht wird in seinem Wesen verkannt, wenn ihm die von einer Verantwortung entbundene Freiheit entnommen wird, Klatsch zu verbreiten und die Berichterstattung auf Kosten anderer zugkräftig zu machen (Art. 5 Abs. 2 GG).“

[255]) Das „law of libel“ weist zahlreiche historische Besonderheiten auf, unter denen auch gewisse Vergünstigungen für die Tagespresse zu verzeichnen sind. Vgl. O. Hood-Phillips a.a.O., S. 470.

leistungen nachdrücklich schützt[256]). Im amerikanischen Recht gehört das Recht des libel zur einzelstaatlichen Gesetzgebung und weist daher starke Verschiedenheiten auf. Auch hier liegt aber die maßgebende Sicherung vor einem Mißbrauch der Pressefreiheit in der Möglichkeit der Gewährung von Schadensersatz und bei böswilligem Handeln von zusätzlicher Entschädigung (punitive damages)[257]).

Im kontinentalen Recht vollzog sich die Sicherung der Ehre anderer Personen weit stärker durch die Gestaltung des Strafrechts. Äußerungen in der Presse unterliegen den allgemeinen Vorschriften des Strafrechts über Ehrenkränkung, doch hat sich nach belgischem Vorbild in der stufenweisen Haftung von Redakteur, Verleger, Drucker (§ 21 RPG) eine ergänzende Sicherung entwickelt, die dem in seiner Ehre Betroffenen in jedem Fall, wenn Fahrlässigkeit vorliegt, die Möglichkeit der strafrechtlichen Verfolgung einer verantwortlichen Person gewährleistet, auch wenn der eigentliche Täter nicht belangt werden kann. Diese Sicherung gewinnt in der Gegenwart, wo die Einführung des Zeugnisverweigerungsrechts für Mitarbeiter der Presse teils erfolgt ist, teils beabsichtigt wird[258]), und damit die Möglichkeit der Feststellung des eigentlichen Verfassers oder Urhebers der ehrenkränkenden Nachricht entfallen kann, erheblich an Bedeutung und wird im Sinne des notwendigen Ausgleichs unentbehrlich.

Überblickt man die Entwicklung der strafrechtlichen Sicherung gegenüber einem Mißbrauch der Presse, so zeigt sich im Laufe der Zeit eine fortschreitende Verfeinerung der Maßstäbe. Auf der einen Seite wird heute den Äußerungen der

---

[256]) In neuerer Zeit tritt indes auch eine Neigung der englischen Obergerichte hervor, sehr hohen Entschädigungsleistungen, die untere Instanzen zusprechen, etwa unter Hinweis auf Verkennung der richterlichen Anleitung der jury, als „excessive" oder „unreasonable" entgegenzutreten. Vgl. Lewis v. Daily Telegraph. Weekly Law Review 2 (1963), S. 1063; Warren v. King 3 All. E. R. (1963), S. 521.

[257]) Die Neigung zur Festsetzung sehr hoher Entschädigungsbeträge (im Fall des Korruptionsvorwurfes gegen einen Fußballtrainer wurden 1963 60 000 $ damages und 3 000 000 $ punitive damages zugesprochen) besteht auch in den USA. Doch zeigen sich hier Beispiele, wo solche Beträge uneintreibbar werden. Neuerdings hat der Supreme Court in New York Times v. Sullivan 376 U.S. (1964) 254 ff. ein staatliches Gesetz über libel für verfassungswidrig erklärt, das es möglich machte, eine libel Klage gegen eine Kritik des „official conduct of public officials" in der Tagespresse zu richten, weil damit die im I. Amendment grundlegend gesicherte Kritik am Staat und seinen Organen beschränkt werde. (S. 301): „To impose liability for critical, albeit, erroneous or malicious comments on official conduct would effectively resurrect the obsolete doctrine that the governed must not criticize their governors".

[258]) Vgl. G S-H § 23 und die Angaben in Anm. 191.

Presse im Hinblick auf Art. 5 GG grundsätzlich die Wahrung berechtigter Interessen zugesprochen, indem — auch ohne daß es einer besonderen Zuerkennung einer „öffentlichen Aufgabe“ an die Presse bedürfte — die Auslegung des § 193 StGB dieser Linie folgt[259]). Auf der anderen Seite freilich wird diese Befugnis der Presse nur im Rahmen der Erfüllung gewisser Sorgfaltspflichten bei der Information und der Verbreitung gewährt[260]). In der neuesten Entwicklung zeigt sich die Tendenz, der Presse die Berufung auf das Gewicht ihrer öffentlichen Funktion dort zu versagen, wo sie nicht Angelegenheiten des öffentlichen Interesses erörtert, sondern reiner Sensation folgt oder vor allem ohne rechtliche Grundlage in persönliche oder intime Bereiche eindringt[261]). In dieser Stellungnahme tritt die Auffassung hervor, daß der Presse der durch die Wahrnehmung berechtigter Interessen gewährte Schutz nur im Rahmen der öffentlichen Diskussion von die Öffentlichkeit berührenden Fragen zukommt, daß aber dort, wo die Presse ohne Berechtigung in die rein private Sphäre vordringt, um ohne Vorliegen öffentlicher Interessen das Privatleben von Personen einer ehrenkränkenden Erörterung oder Publizität zu unterwerfen, ihr der verstärkte rechtliche Schutz ihrer politischen Funktion nicht zur Verfügung steht[262]).

In der neuesten Entwicklung scheint in der Bundesrepublik die privatrechtliche Haftung für ehrenkränkende Äußerungen bei Vorliegen von Verschulden und bei besonders schwerwiegenden Eingriffen an Bedeutung zu gewinnen. Indem die Rechtsprechung, gestützt auf eine allgemeine objektive An-

---

[259]) Vgl. die Ausführungen in der Begründung zum Strafgesetzentwurf 1962 (Drucksache d. Bundesrats Nr. 200/62, S. 321 ff.).

[260]) Aus der neueren Rechtsprechung vgl. BGHZ 31, S. 308; 36, S. 77; NJW 1963, S. 904. Die Sorgfaltspflicht erscheint auch im Strafgesetzentwurf als Voraussetzung der Annahme berechtigter Interessen (Entw. 1962, § 178 Abs. 2). Auch die schweizerische Rechtsprechung zu Art. 55 BV hat seit langem das Erfordernis einer „ernsthaften Prüfung“ aufgestellt, ohne die die unrichtige Mitteilung nicht „in guten Treuen“ für wahr gehalten werden konnte. Vgl. BGE 37 I, S. 375 ff., 388 ff.; 39 I, S. 363 ff.; 42 I, S. 91; 51 I, S. 182; 52 I, S. 295; 60 II, S. 404; 70 IV, S. 27. Dies Erfordernis wird durch die neue Landespressegesetzgebung (vgl. B-W § 3), die eine Sorgfaltspflicht der Presse kennt, gesetzgeberisch unterbaut.

[261]) Vgl. BGHSt 18, S. 182 ff. In der gleichen Richtung auch Saarld. Pressegesetz v. 8. 7. 1955, § 12: „Die Presse darf aus dem Privatleben einer Person keine Tatsachen veröffentlichen, die geeignet sind, deren Ruf zu schädigen, es sei denn, daß diese Tatsachen öffentliches Interesse berühren.“ Ebenso im Strafgesetzentwurf 1962 § 182. Vgl. hierzu auch Korn, OeJZ 29 (1961), S. 265.

[262]) Vgl. BGH in NJW 1963, S. 902 ff. Vgl. kritisch zu dieser Linie der Rechtsprechung Löffler, NJW 1962, S. 225.

wendung des Art. 2 GG, den Persönlichkeitsschutz anerkennt und bei dessen Verletzung gemäß § 823 Abs. 2 BGB neben dem Unterlassungsanspruch auch Schadensersatz gewährt, in schwerwiegenden Fällen dabei auch den immateriellen Schaden berücksichtigt[263]), sind gewisse Ansätze eines im Zivilrecht verankerten komplementären Schutzes fremder Individualrechte gegenüber der Auswirkung der Pressefreiheit gegeben. Sie sind vorerst an enge Voraussetzungen geknüpft und lebhaft umstritten[264]). Im Sinne des hier dargelegten Prinzips eines Ausgleichs zwischen der sozialen Einflußmacht der Presseäußerung und der individuellen Persönlichkeitssphäre wird man die Anerkennung einer privatrechtlichen Verantwortung für Verletzungen des Persönlichkeitsrechts als eine auch vom objektiven Verständnis der Grundrechtsordnung aus gerechtfertigte Fortentwicklung der privatrechtlichen Ordnung halten dürfen. Das vorliegende Problem würde einseitig gesehen, wenn man es nur unter dem Gesichtspunkt der Beschränkung des Art. 5 GG betrachtete und von diesem Gesichtspunkt her eine Beeinträchtigung der Meinungs- und Pressefreiheit durch die moderne, im Richterrecht vollzogene Ausgestaltung des Persönlichkeitsschutzes besorgte. Es handelt sich vielmehr um eine Problematik, die allen Grundrechten eigentümlich ist, deren Freiheit eine starke soziale Ausstrahlung auf den Rechtsbereich anderer Personen besitzt. Daher finden wir bei solchen Freiheitsrechten, in Art. 2 und 14 GG[265]),

---

[263]) Vgl. BGHZ 26, S. 349; 35, S. 363; NJW 1963, S. 902. Das modernere Schweizer Zivilrecht schützt die Persönlichkeit in Art. 28 ZGB und kennt eine Zugewähr immaterieller Genugtuung im Art. 49 OR. Vgl. dazu Ludwig a.a.O., S. 194 ff.; Hans Huber in Schüle-Huber, Persönlichkeitsschutz und Pressefreiheit, Tübingen 1961, S. 94 ff.

[264]) Im Jahre 1964 legte die Bundesregierung einen „Entwurf eines Gesetzes zur Neuordnung des zivilrechtlichen Persönlichkeits- und Ehrenschutzes" vor (Bundestag 3. Wahlp. Drucks. Nr. 1237). Er wurde in der politischen Öffentlichkeit lebhaft umkämpft und ist nicht zum Gesetz erhoben worden. Zur Verfassungsmäßigkeit dieses Entwurfes siehe A. Schüle und Hans Huber, Persönlichkeitsschutz und Pressefreiheit, Tübingen 1961. Zum ausländischen Recht die Übersicht in: Der zivilrechtliche Persönlichkeits- und Ehrenschutz. Gutachten des Max Planck-Instituts f. ausl. u. internat. Privatrecht, Tübingen 1960. Siehe ferner Ernst H. Hirsch, Maulkorb für die Presse, Berlin 1959; Helmut Coing, Ehrenschutz und Presserecht, Karlsruhe 1960; R. Reinhardt, JZ 1959, S. 41 ff.; Ders., Persönlichkeitsschutz und Pressefreiheit, Tübingen 1961; Weitnauer, NJW 1959, S. 313 ff.; Kaiser, NJW 1962, S. 236 ff. Vgl. auch die Stellungnahme des Dt. Presserates, Tätigkeitsbericht 1956/58, S. 40 ff.

[265]) Auch Art. 9 GG gehört hierher; hier überläßt aber die Verfassung die Schrankenziehung der antagonistischen Einwirkung der Sozialpartner, von deren Gleichgewicht sie ausgeht.

ausdrückliche Hinweise auf die Rechte anderer oder die Schranken der allgemeinen Gesetze. Das erinnert daran, daß jedes Grundrecht, namentlich in seinen Randgebieten, und dort, wo es mit anderen Rechtsbereichen in Kollision kommt, in seiner Anwendung auf Fragen der abwägenden Bewertung und Vorranggewährung stößt. Man kann hier eine kollidierende Begegnung und ein Rangproblem zwischen Art. 2 GG und Art. 5 GG annehmen[266]), aber auch ohne die grundrechtliche Kollision muß ein Grundrecht dort, wo seine weiteren Auswirkungen in andere Rechtsgebiete übergreifen, sich dieser Einfügung in die allgemeine Rechtsordnung stets unterziehen. Worauf es in der weiteren Entwicklung ankommt, wird die Verfeinerung und Verfestigung der Maßstäbe sein, nach denen sich diese Abgrenzung und abwägende Beurteilung des Rechts der Pressefreiheit vollzieht. Neben den Gesichtspunkten der öffentlichen Funktion der Presse und deren Zurücktreten dort, wo die Presse in einen überwiegend privaten oder gar intimen Bereich ohne öffentliches Interesse übergreift, wird auf der anderen Seite der soziale Machteinfluß der Presseäußerung, die Notwendigkeit der Erhaltung offener Kritik an Vorgängen des amtlichen Bereiches wie des politischen Lebens und der besondere Schutz des Hauses und der Familie gegen ein unbefugtes Eindringen publizistischer Beobachtung zu berücksichtigen sein.

Zu den Ausgleichsmitteln gegen die soziale Macht der in der Presse erfolgten Äußerung gehört auch der Anspruch des Betroffenen auf Aufnahme einer Gegendarstellung gegenüber unrichtigen tatsächlichen Darstellungen[267]). Ohne das Gewicht dieses Mittels, dem durch Entgegnungen und Kommentierungen manches von seinem Nutzen genommen werden kann[268]), zu überschätzen, stellt es ein der Erhaltung bedürftiges Institut dar, dessen immanenter Vorzug darin besteht, daß hier die Sicherung des Persönlichkeitsrechts durch das gleiche Mittel wie die Verletzung vor sich geht. Die Entgegnung stellt daher ein im besonderen Sinne pressegerechtes Instrument dar.

39. Zum Abschluß darf noch einmal hervorgehoben werden, daß sich die Pressefreiheit, vor allem durch ihre nahe Beziehung zur Meinungsfreiheit, in den Gesamtkreis der Freiheiten zur Sicherung des geistigen Ausdrucks einfügt, aber doch in diesem Felde infolge der soziologischen Besonderheiten

---

[266]) Hierzu Schüle in Schüle-Huber a.a.O., S. 36 ff., der einen Vorrang des Wertes des Persönlichkeitsrechts annimmt.

[267]) Vgl. Gross, NJW 1963, S. 479 ff.

[268]) Die neue Landespressegesetzgebung (z. B. G B-W § 11) ordnet daher an, daß der Gegendarstellung beim Abdruck in der gleichen Nummer des Preßorgans nur tatsächliche Angaben hinzugefügt werden dürfen.

des Mittels der Stellungnahme und dank einer historischen Eigenentwicklung sehr weitgehende Besonderheiten aufweist. Das gilt sowohl für den spezifischen Schutz gegen Einwirkungen des Staates (Zensur, Grenzen der Beschlagnahme), wie andererseits in der Ausbildung ausgleichender Sicherungen gegen den Mißbrauch der Presse in Straf- und Zivilrecht. So sehr daher ein innerer Zusammenhang alle Freiheitsrechte der geistigen Betätigung verbindet, lassen sich doch die spezifischen Institute des Presserechts nicht einfach auf andere Freiheitsrechte übertragen. Die Freiheit des Films wird eher in der Annäherung an die Meinungsfreiheit dort, wo es sich um ein Engagement, um politische und soziale Aussagen auf der Leinwand handelt, den richtigen Maßstab finden. Bei Funk und Fernsehen aber lassen sich einzelne Problemkreise, wie Sorgfaltspflicht bei der Information, Zeugnisverweigerung über die Quelle der Nachricht, Heraushebung der politischen Aufgabe (jedenfalls bestimmter Sendungen), wohl in ähnlicher Form wie im Presserecht angreifen[269]), im übrigen aber weist dieser Bereich der Massenkommunikationsmittel doch eine Verstärkung der institutionellen Seite des Grundrechts des Art. 5 GG auf, die weit über die Lage bei der Presse hinausgeht. Ein verbindendes Band zur Rechtslage der Presse bildet freilich hier die Grundforderung einer offenen Diskussion und des Verbotes der Zensurierung.

Man hat, doch wohl in Unterschätzung der seit jeher mit der Presse verbundenen Züge institutioneller Gewährleistung, die Ausbildung der Pressefreiheit im älteren liberalen Sinne von ihrer Verwandlung unter dem Einfluß der modernen Demokratie zum demokratischen Grundrecht, damit aber zur institutionsbezogenen Garantie unterschieden[270]). Darin liegen gewiß zutreffende Beobachtungen, aber ich möchte meinen, auch in der liberalen Sicht, die gewiß stärker das subjektiv-individuelle Moment der Ausdrucksfreiheit betonte, wurde nicht übersehen, daß der Pressefreiheit neben ihrer Rolle im System der Freiheitsrechte zugleich eine grundlegende Bedeutung im System des freiheitlichen Staatsaufbaus überhaupt zukommt. Der letztere Zusammenhang ist freilich in der modernen demokratischen Theorie noch deutlicher erkannt worden. Die Pressefreiheit gehört in ihrer politischen Wirkung ebensowohl

---

[269]) Einige der neuen Gesetze und Entwürfe (G S-H § 25, Entwürfe Berlin u. Rheinland-Pf.) erstrecken die Geltung gewisser Teile des Pressegesetzes auch auf Funk und Fernsehen (öffentliche Aufgabe, Zeugnisverweigerung, Sorgfaltspflicht, verantwortl. Redakteur). Es bleibt zweifelhaft, ob diese Anlehnung nicht mehr Auslegungsschwierigkeiten als Vorzüge aufweisen wird.

[270]) D a g t o g l o u a.a.O., S. 9 ff.

in den Grundrechtsteil wie aber zugleich auch in den Aufbau des ganzen Verfassungssystems. Sie ist ein elementarer Bestandteil der demokratischen politischen Struktur. Ihr Rang als Grundrecht wird auch gerade von dieser Einbeziehung in den politischen Bau der Verfassung her bestimmt. Wenn damit bei der Pressefreiheit heute die institutionellen Züge deutlicher heraustreten, ohne daß das zugrundeliegende individuelle Recht dadurch ersetzt oder in seiner Bedeutung gemindert würde, so ist das im Grunde ein Prozeß, der sich in der Gegenwart überhaupt im ersten Hauptteil des Grundgesetzes vollzieht. Je stärker die Grundrechte betont werden, je mehr man sie zu Richtsätzen für die gesamte Rechtsordnung erhebt und in weite Rechtsgebiete ausstrahlen läßt, desto mehr kann nicht das negative Freiheitsrecht allein bestimmend bleiben, sondern muß der in dem Grundrecht liegende Kern objektiver Verfassungsanordnung, der Wertsetzung und der richtunggebenden Gewährleistung grundlegender Prinzipien, d. h. die Seite objektiven Verfassungsrechts und institutioneller Gewährleistung, entfaltet und für die Auslegung fruchtbar gemacht werden. Diesen Zusammenhang in der Auslegung eines einzelnen Grundrechts, die naturgemäß nur einzelne Problembereiche berühren konnte, sichtbar zu machen, war eines der Ziele, von denen diese Darlegungen geleitet waren.

Leitsätze des Berichterstatters über: Pressefreiheit

I. Zur soziologischen und staatstheoretischen Stellung der Presse

1. Die Pressefreiheit gehört zu einer Gruppe staatsbürgerlicher und politischer Grundrechte, die in einem besonderen Maß mit Verfassungsstruktur und Staatsauffassung verknüpft sind und ihren vollen Sinn daher nur von dem Blick auf die Bedeutung einer freien Meinungsbildung für das Staatsleben gewinnen.

2. Geschichtlich steht die Pressefreiheit im Zusammenhang mit allen grundrechtlichen Sicherungen der geistigen Freiheit und der offenen politischen Auseinandersetzung. Sie setzt daher die Anerkennung der neuzeitlichen wissenschaftlichen Gesinnung kritischer Wahrheitsforschung und undogmatischer Diskussion ebenso voraus wie die Zulassung und Bejahung politischer Kritik und Opposition. Weltanschaulich oder politisch begründete dogmatische Gebundenheit wird daher mit der Pressefreiheit notwendig in Gegensatz geraten, wo sie Staats- und Regierungsform prägt.

3. Bei der geschichtlichen Ausformung der Grundrechte hat sich die Glaubens- und Gewissensfreiheit als das Recht freier weltanschaulicher Überzeugung besonders entwickelt und steht in enger Verbindung zu der institutionellen Verfassung der Relation Kirche und Staat. Als selbständiges Institut spezifisch der deutschen Rechtsbildung hat sich aus dem gesamten Bereich der Freiheit des geistigen Ausdrucks ferner die Freiheit der Wissenschaft verselbständigt. Ihr Gehalt wird durch die Orientierung der Forschung an der Wahrheit und die traditionelle Konzeption der Hochschule als Stätte von Lehre und Forschung geprägt.

Die neueren Freiheitsverbürgungen dieses Bereiches (Freiheit der Kunst, Freiheitsgewährung für Film und Rundfunk) haben — auch soziologisch anders gelagert als der Bereich der sozialen und politischen Meinungsbildung und dessen herkömmliche Ausdrucksformen, aber sich teilweise oder weitgehend mit ihm überlagernd — noch keine endgültige ver-

fassungsrechtliche Gestalt gewonnen. Auch hier bedarf es einer selbständigen Rechtsentwicklung.

4. a) Die Bedeutung der Presse als Teil des öffentlichen Bereiches kann noch immer an ihrer Teilnahme an der Bildung der öffentlichen Meinung bestimmt und gemessen werden. Auch nach der Auflösung der älteren Ideologie von der Richtigkeit einer rationalen und gebildeten Meinung bleibt der Begriff der öffentlichen Meinung auch in der pluralistischen Gesellschaft verwendbar zur Bezeichnung der Strömungen innerhalb einer heute vorwiegend durch Gruppenzusammenhänge bestimmten offenen politischen Diskussion. In ihr hat der dem sozialen und politischen Geschehen zugewandte Teil der Presse eine Rolle als — trotz des Einflusses der modernen Massenmedien — entscheidender (weil allein universal informierender und ausreichend differenzierter) Mittler der Meinungsbildung und als mitbestimmender Gestalter daran.

b) Die Presse gehört daher zum Bereich des Öffentlichen und hat hier eine spezifisch öffentliche Aufgabe (im soziologischen Sinne) zu erfüllen. Sieht man das Verfassungsleben der Demokratie als Prozeß der Auseinandersetzung, der Einigung und der Kontrolle an, so liegt die Funktion der Presse in der Vorformung politischer Auffassungen, in der Ermöglichung der legitimierenden Verbindung zwischen Repräsentanten und Bevölkerung und in der von ihr bewirkten Permanenz öffentlicher Kritik und Kontrolle.

c) Stellt man, nicht im Sinne des älteren Gegensatzes zweier gegensätzlicher Sphären, sondern als Elemente eines verbundenen Ganzen, den gesellschaftlichen und den staatlich-institutionellen Bereich des öffentlichen Lebens gegenüber, so gehört die Presse ihrem Wesen und ihrer Aufgabe nach ganz zum Gebiet freier nichtstaatlicher Bildung. Von den politischen Parteien, deren Sinn in Machtbildung und Teilhabe an der politischen Entscheidung liegt, ist sie daher durch ihr Gegenüber zu den Einrichtungen des Staates unterschieden. Darum kann auch die Pressefreiheit allein aus Art. 5 GG und nicht zugleich aus Art. 21 GG abgeleitet und verstanden werden.

5. In der modernen pluralistischen Gesellschaft üben auch die Presseunternehmen soziale Macht aus. Von hier aus ergeben sich die Fragen der Begrenzung ihrer Macht gegenüber dem individuellen Bereich und andererseits der Möglichkeit oder Notwendigkeit staatlicher Vorkehr zur Sicherung der offenen Diskussion und zur Abwehr der Einwirkung anderer sozialer Mächte. Tritt im Wandel der modernen Gesellschaft die Funktion des Staates als Schützer der menschlichen Freiheit auch allgemein stärker hervor, so liegt es in der Aufgabe der Presse begründet, daß solche rechtlichen Ordnungen und Sicherungen bei ihr tunlichst begrenzt bleiben.

II. Zur Auslegung der Grundrechte

6. Zwischen der Funktion der Grundrechte in der Verfassungsordnung der sozialstaatlichen und pluralistischen Demokratie und den Methoden ihres Verständnisses zeigen sich in der Gegenwart Spannungen. Nicht gerecht wird der verfassungsrechtlichen Bedeutung der Grundrechtsnormen eine Lehre, die in ihnen nur eine ranghöhere Erneuerung oder Ergänzung bestimmter Gesetzesmaterien erblickt. Auch die Ausdehnung dieser Auffassung zur Konzeption einer die ganze Gesetzgebung überhöhenden „Grundkodifikation" bleibt in einer technischen Ausdeutung stecken und kann die Gefahr einer Überinterpretation und einer judiziellen Rechtserstarrung herbeiführen. Die Grundrechte müssen vielmehr in ihrem verfassungsrechtlichen Sinn, d. h. als — von präzisen Einzelbestimmungen abgesehen — grundsätzlich nur auf Festlegung von bestimmten Freiheitsverbürgungen und obersten Prinzipien, auf den Schutz einzelner rechtlicher Ordnungen und Festlegung grundlegender Wertsetzungen gerichtete Normen angesehen werden.

7. Die Grundrechtsinterpretation wird oft noch von einer Sicht bestimmt, die nur den Gegensatz individueller Freiheit und staatlichen Zwanges ins Auge faßt und von der Idee einer unbegrenzt gesehenen Freiheit ausgeht, der gegenüber staatliche Eingriffe negativ abzugrenzen sind. Demgegenüber sind die Grundrechtsnormen in ihrem staatsbürgerlichen Sinn im Ganzen der freiheitlichen Ordnung zu verstehen, in der die Freiheiten ihre Begrenzung nicht nur an der Kollision widersprechender individueller Bereiche, sondern in der aufgegebenen Spannung menschlicher Freiheit und politischer Gemeinschaft finden.

8. Grundrechtsnormen stellen eine besondere Verstärkung der Sicherung bestimmter (und daher auch gegenständlich begrenzter) menschlicher und sozialer Lebensbereiche dar. Dieser Schutz ist historisch und systematisch stets auf einen sachlichen Bereich eingestellt, der als grundlegend für die Konstituierung des Verfassungskonsenses erscheint, sei es aus traditioneller Überlieferung, naturrechtlich-überzeitlicher Anerkennung oder aktueller Schutzwürdigkeit.

Jedes Grundrecht enthält daher in dieser geschichtlichen und systematischen Zielrichtung auch eine innere Begrenzung, die seinem Geltungsraum eine Mitte und eine bestimmte Ausdehnung setzt. Umgekehrt kann von dieser Sicht her die Lehre vom Wesensgehalt der Grundrechte (Art. 19 Abs. 2 GG) verstanden werden.

9. Grundrechte sind einzeln (oder in einer Gruppe) historisch entstandene oder auch neugeschaffene Verbürgungen. Daher geht eine Vorstellung fehl, die die Grundrechte aus einem „Hauptgrundrecht“ oder einer „Grundfreiheit“ ableiten will. Abgesehen davon, daß objektive Rechtsverbürgungen und soziale Grundrechte, aber auch schon das Eigentum oder die Gleichheit sich nicht aus dem Freiheitsbegriff herleiten lassen, wendet die Auffassung zu Unrecht kodifikatorische Kategorien auf die Verfassungsgrundsätze an.

Das schließt nicht aus, daß in der Interpretation einer Verfassung der Grundsatz der Auslegung der Verfassung als Ganzes es fordert, daß die Grundrechte als zusammenhängendes System einer Wertordnung angesehen, ihre Auslegung daher auf Harmonisierung und gegenseitige Ergänzung, nicht aber auch auf Ergänzung aus einem vorausgesetzten Gesamtsystem abgestellt wird.

10. Da die Grundrechte nicht aus einem obersten Prinzip hergeleitet werden, gewinnt der Gedanke der Wertabwägung bei ihrer Auslegung grundlegende Bedeutung. Er ist heranzuziehen

a) für die Bestimmung des Kernbereichs der Grundrechte

b) für die gegenseitige Abgrenzung und Rangfolge

c) für die Deutung der zugelassenen Einschränkungen, für Vorbehalte und ergänzende Ausgestaltung durch das Gesetz. Hier müssen Grundrechtsgehalt und schrankenziehende Normen wechselseitig miteinander gesehen werden.

11. In jeder Grundrechtsnorm verbinden sich entsprechend ihrer verfassungsrechtlichen Bedeutung als Bestandteil einer von der Verfassung aufgerichteten Wertordnung mehrere Elemente:

a) Die meisten Grundrechte gewähren bestimmte subjektive Berechtigungen, soweit sie nicht vorwiegend nur institutionelle Ordnungen im Auge haben.

b) Daneben ist in jedem Grundrecht eine institutionelle Seite zu beobachten. Es wird ein Rechtsinstitut oder Lebensbereich sichernd verstärkt. Erst von dieser über die individuellen Rechte hinausgehenden institutionellen Sicht aus kann oft der volle Gehalt eines Grundrechts erschlossen, insbesondere auch der Kernbereich abgesteckt werden. Von ihm aus werden freilich auch zuweilen Begrenzungen deutlich, die eine Verbürgung definieren.

c) In manchen Freiheitsgewährungen, zuweilen aber auch unabhängig von ihnen, oder in sozialen Verbürgungen finden sich rechtliche Festlegungen zur Wertordnung (Wertentscheidungen, wertende Prinzipien), die bestimmte sittliche und rechtliche Auffassungen verbindlich verkünden. Unter ihnen hat im Grundgesetz die Sozialstaatsklausel ein besonderes verfassungsrechtliches Gewicht.

12. Soweit Grundrechte über die ihnen zugrundeliegende Gewährung bestimmter Rechte gegenüber dem Staate oder sozialen Mächten hinaus als Teil der objektiven Wertordnung für die ganze Rechtsordnung verbindliche Richtlinien geben — also in ihrem institutionellen oder wertenden Element — können sie über ihren spezifischen Bereich hinaus auch als Prinzip der Auslegung oder auch der rechtlichen Umformung für andere Rechtsbereiche wirksam sein. Eine unmittelbare Anwendung der subjektiven Rechtsgewährungen erweist sich in der Regel als unmöglich (sog. Drittwirkung), weil gegen den Staat gerichtete Freiheiten, wenn sie Bestandteil einer öffentlichen Ordnung werden, sich in Beschränkungen der von der privaten Rechtsordnung vorausgesetzten Gestaltungsfreiheit der Bürger verkehren.

13. Im Rahmen einer Auffassung der Grundrechte als bestimmter verfassungsrechtlich verstärkter Sicherung von persönlichen Lebensbereichen oder sozialen Ordnungen wird auch die Beziehung Grundrechtsnorm-Gesetz differenzierter zu sehen sein. Ginge es auch zu weit, jedes Grundrecht allgemeinen Gemeinschaftsvorbehalten auszusetzen, so besteht doch bei allen auf einen bestimmten Lebensbereich begrenzten Grundrechtsnormen die Aufgabe, eine abwägende Zuordnung zu den jenseits ihres Aussagegehalts stehenden Bestandteilen der Rechtsordnung vorzunehmen.

Es werden deutlicher die Fälle, in denen die Verfassung den Grundrechtsraum nur gewissen Beschränkungen aussetzt, von denen abzugrenzen sein, in denen sie ergänzende oder ausfüllende Gesetze vorsieht oder zuläßt, sowie von denen, in denen die Rechtsverbürgungen ohne einen ihren Umriß nachziehende und verdeutlichende Gesetzgebung ihre volle Wirksamkeit nicht entfalten können.

14. Objektive Rechtsverbürgungen (institutionelle Garantien) und Festsetzungen zur Wertordnung bedürfen besonderer Auslegungsmaßstäbe. Wo sie mit Rechtsgewährungen verbunden erscheinen, sollten sie in naher Beziehung auf diese persönlichen oder sozialen Berechtigungen behandelt werden. Daneben aber müssen für sie objektive Gesichtspunkte entwickelt werden, die ihren Gehalt bestimmen und ihren Einfluß, vor allem auf andere Bestandteile der Rechtsordnung festlegen. Dabei wird die auch allgemein für die Grundrechte notwendige Auf-

stellung von Richtgedanken (standards) d. h. von näheren Prinzipien der Anwendung eine besondere Bedeutung gewinnen.

15. Eine Verfassungsordnung, die bewußt Grundrechtsnormen in ihre Mitte gerückt hat und die in einer Verfassungsgerichtsbarkeit deren Vorrang gegenüber der einfachen Gesetzgebung nachdrücklich zur Entfaltung bestimmt hat, muß es in Kauf nehmen, daß die Verfassungsinterpretation nicht mehr mit den an eingehenden Kodifikationen entwickelten Methoden des 19. Jahrhunderts bewältigt werden kann. Sie muß gegenüber soziologischer Wandlung und ideeller Veränderung wertender Anschauungen auf eine nachschöpferische und in gewissem Sinn auch fortbildende Auslegung abstellen.

Über die Auslegungsfrage hinaus bildet in diesem Zusammenhang die Relation zwischen Gesetzgebung und Verfassungsgerichtsbarkeit ein verfassungsstrukturelles Problem, dessen Schärfe von dem Ausmaß des gemeinsamen Wertverständnisses in einer pluralistisch geformten politischen Gemeinschaft abhängt.

III. Pressefreiheit als Individualrecht und institutionelle Gewährleistung

16. Der enge Zusammenhang von Meinungs- und Pressefreiheit läßt beide nahe aneinanderrücken. Ihr Unterschied beruht darauf, daß die Meinungsfreiheit nicht an bestimmte Ausdrucksformen gebunden ist und bei ihr die Seite der persönlichen geistigen Ausdrucksfreiheit die institutionellen Elemente überwiegt. Auch bei der Meinungsfreiheit gewinnen letztere, vor allem im Zusammenhang mit ihrer politischen Funktion, Gewicht. Die Pressefreiheit bleibt dagegen an einen Kreis historisch abgesteckter, wenn auch nicht abgeschlossener Mittel der Wiedergabe und Verbreitung gebunden.

Ihre institutionelle Seite wird durch die spezielle Heraushebung und Ausgestaltung dieses in der politischen Auseinandersetzung wesentlichen Mediums der Auseinandersetzung bestimmt. Pressefreiheit ist daher mehr als ein Unterfall der Meinungsfreiheit.

Dem Sinn der Meinungsfreiheit als der Grundlage freier Erörterung im sozialen und politischen Raum entspricht eine weite Bestimmung des Begriffs der Meinung, die nicht auf prinzipielle oder politische Thesen eingeengt werden darf, sondern jede über Tatsachenermittlung, rein geschäftliche Erklärung oder bloße Verständigung hinausgehende Stellungnahme oder wertende Aussage umfaßt. Die Faktengebundenheit wer-

tender Urteile fordert auch, die Grenze zum Tatsachenbericht nicht zu eng zu ziehen.

17. Der Umfang der Pressefreiheit wird durch die jeweils der Technik entsprechenden Formen der Vervielfältigung in Druck und Bild bestimmt.

Der Umfang der Pressefreiheit erstreckt sich auf die gesamten mit der inhaltlichen und stofflichen Herstellung und Verbreitung der Druckerzeugnisse (einschließlich der Gewinnung von Informationen und Informationsvermittlung) zusammenhängenden Vorgänge.

Der Begriff der Pressefreiheit darf nicht qualitativ auf Mittel der öffentlichen Diskussion verengt werden.

18. Das subjektive Recht der Teilnahme an der Pressefreiheit wird sich vor allem in den Fragen des Zugangs zu Presseberufen, den hier nur eng begrenzt zulässigen Qualifikationen und in der jedem zustehenden Befugnis auf Teilnahme an der öffentlichen Diskussion zeigen. Es bleibt notwendig personengebunden und kann als solches nicht in objektive Berechtigungen „der Presse" umgedeutet werden.

Daher kann die volle Tragweite der Pressefreiheit im modernen freiheitlichen Staate und ihre grundlegende Rolle im öffentlichen Meinungskampf nur im Rahmen der institutionellen Sicht entfaltet werden.

19. Aus dem Verbleib der Presse im gesellschaftlichen Vorfeld des Staatlich-Institutionellen ergibt sich, daß die organisatorisch-wirtschaftliche Grundlage des Pressewesens nur in begrenztem Maß von institutionellen Sicherungen erfaßt oder auch — etwa zugunsten einer Pressefreiheit der Mitarbeiter gegenüber dem Presseunternehmen — begrenzt werden kann.

20. Wenn der Presse eine öffentliche Aufgabe zugesprochen wird, so liegt darin zunächst eine soziologische und staatstheoretische Aussage. Sie begründet aber zugleich die Ausdehnung der institutionellen Garantie, die daher in vollem Umfang nur demjenigen Bereich der Presse zukommt, der diesem — in einem weiten Sinn zu verstehenden — Aufgabenfeld der Presse (Unterrichtung der Öffentlichkeit und Meinungsbildung) dient. Eine rechtliche Anerkennung dieser Funktion dürfte nicht zum Ausgang eines Denkens in Verpflichtungen der persönlichen Träger der Pressefreiheit oder staatlicher Einwirkung in dieser Richtung werden.

21. Aus der institutionellen Auffassung der Presse ergeben sich sowohl Folgerungen für ihre Position gegenüber dem Staat wie für ihre Einordnung in die allgemeine Rechtsordnung. Für ihre Ausarbeitung müssen nähere Prinzipien entwickelt werden. Unter ihnen sind zu nennen:

a) Pressefreiheit fordert Erhaltung einer offenen Diskussion innerhalb des politischen Feldes im weitesten Umfang. Auch von hier aus erscheinen daher Erschwerungen der Begründung von Presseunternehmen, besondere Lasten oder Vertriebsbeschränkungen unstatthaft. Dagegen würde die Bekämpfung von monopolistischen Verengungen zulässig, im äußersten Falle sogar geboten erscheinen.

b) Aus der Pressefreiheit läßt sich — im Verein mit dem Gewicht, das der Publizität in der Demokratie allgemein zukommt — eine Pflicht der staatlichen Institutionen ableiten, der Presse notwendige und nicht durch vordringliche Staatsinteressen ausgeschlossene Informationen zu erteilen.

Dieser Grundsatz hebt aber weder die Rechtswidrigkeit der Anwendung strafgesetzwidriger Methoden der Information noch diejenige der Verletzung strafrechtlich geschützter Geheimnisse auf.

c) Zu den wichtigsten bereits verfassungsrechtlich gewährten Sicherungen der Presse gehört das Zensurverbot, das keine Einschränkungen verträgt. Seine Tragweite ist objektiv unter Absehen von Motiven der vorgängigen Prüfung und Beurteilung des Inhalts durch den Staat oder von ihm abhängige Stellen zu beurteilen. Die staatsgerichtete Natur des Zensurverbots schließt es aus, freiwillige Einrichtungen der Beratung und Beeinflussung ihr einzuordnen.

22. Das Verhältnis zwischen Presse und allgemeiner Rechtsordnung wird, in älterer Zeit durch den Kampf gegen diskriminierende Sondergesetze gekennzeichnet, heute durch den Grundsatz getragen, daß die Presse grundsätzlich nicht aus der allgemeinen Ordnung des privaten und öffentlichen Rechts herausgehoben ist.

a) Der Begriff der „allgemeinen Gesetze" wird nicht erschöpfend durch den Hinweis auf die Unzulässigkeit von gesetzlichen Maßnahmen gegen bestimmte Meinungen bestimmt. Er kann nur durch Wertabwägung gewonnen werden.

b) Die Einfügung der Presse in diese allgemeine Ordnung wird verständlich aus der von ihr ausgeübten sozialen Macht und der daraus folgenden Notwendigkeit, ihr gegenüber andere Rechtsgüter, vor allem auch Persönlichkeitswerte, zu schützen. Mit dieser Einbindung der Presse in die allgemeine Rechtsordnung wäre eine Beseitigung der kompensatorischen straf- und zivilrechtlichen Verantwortung von Angehörigen der Presse nicht vereinbar.

23. Die Grundsätze des Presserechts lassen sich nur in abgewandelter Form auf andere Medien der öffentlichen Beeinflussung übertragen.

a) Das Recht des Filmes weist in seiner heutigen Gestalt stärkere Annäherungen an Meinungs- und Pressefreiheit auf.

b) Die Anwendung der Idee einer öffentlichen Aufgabe in der politischen Auseinandersetzung auf Funk und Fernsehen führt wegen der durch technische und vor allem finanzielle Wettbewerbsverengung gekennzeichneten Sondersituation dieser Einrichtungen zur Verstärkung der institutionellen Züge. Die Grundforderung der Erhaltung einer offenen Diskussion bildet indes auch hier ein tragendes Element, dem verschiedene Rechtsgestaltungen entsprechen könnten.

Im Bereich der Rundfunkfreiheit tritt am deutlichsten hervor, daß die institutionelle Auffassung auch zur Begründung von Verpflichtungen des Staates zu bestimmten Maßnahmen der Sicherung freier Auseinandersetzung führen kann.

Pressefreiheit

2. Mitbericht von Privatdozent Dr. Roman Schnur,
Heidelberg

Nach den umfassenden Ausführungen des Herrn Erstberichterstatters vermag ich nur bei einem Wort von Rudolf Smend Trost zu finden, mit welchem er 1927 seinen Mitbericht über das Recht der freien Meinungsäußerung einleitete und wonach der Mitberichterstatter von dem Vorrecht Gebrauch machen darf, sich auf die Behandlung einiger Probleme zu beschränken[1]). So werde ich mir erlauben, das Informationsrecht, die Problematik der besonderen Gewaltverhältnisse sowie die Kompetenzen von Bund und Ländern im Bereich des Pressewesens außer Betracht zu lassen. Dagegen werde ich behandeln: I. Den Inhalt von Art. 5 Abs. 1 GG, II. den Begriff der „allgemeinen Gesetze" in Art. 5 Abs. 2 GG sowie III. einige Beispiele aus diesem Problemkreis.

I.

1. Das Grundrecht der Pressefreiheit ist als Freiheitsrecht anzusehen, unabhängig davon, ob Art. 5 Abs. 1 GG daneben noch ein politisches Teilhaberecht und/oder eine institutionelle Garantie der Presse enthält. Dafür sprechen sowohl der Wortlaut des Textes als auch die Tradition dieses Grundrechts in rechtsstaatlichen Verfassungen.

Als Freiheitsrecht ist das Recht der Pressefreiheit, ein Unterfall der allgemeinen Meinungsäußerungsfreiheit des Art. 5 Abs. 1 GG[2]), ein Recht der Freiheit des Individuums.

---

[1]) R. Smend, Das Recht der freien Meinungsäußerung, VVdStRL, 4, 1928, S. 44.

[2]) Das ergibt sich auch aus der Formulierung des Art. 18 GG, auch wenn nicht alle dort aufgezählten Fälle als Unterfälle der Meinungsäußerungsfreiheit anzusehen sind.

An dieser Stelle seien bereits als umfassende neuere Darstellungen unseres Themas genannt: H. K. J. Ridder, Meinungsfreiheit, in: Neumann-Nipperdey-Scheuner, Die Grundrechte, Bd. 2, Berlin 1954, S. 243 ff.; M. Löffler, Presserecht (Kommentar), München 1955; v. Mangoldt-Klein, Komm. z. GG., Bd. 1, Berlin 1957, S. 234 ff. (Art. 5); F. Castberg, Freedom of Speech in the West. A Comparative Study of Public Law in France, the

Es ist, was noch später erörtert werden soll, ein allgemeines Freiheitsrecht, nicht ein Recht, dessen Ausübung für bestimmte Berufe rechtlich monopolisiert ist, denn eine freiheitliche Verfassung wie das Grundgesetz stellt das Gegenteil einer ständischen oder korporativen Verfassung dar, in welcher bestimmte Freiheiten nur bestimmten Berufen vorbehalten sind.

Damit taucht aber sofort die Frage auf, ob diese Freiheit im herkömmlichen Sinne als Verrechtlichung der natürlichen Freiheit zu verstehen ist oder ob bestimmten Presseäußerungen der Grundrechtsschutz abgesprochen wird oder ob sie als „grundrechtsneutral" behandelt werden sollen. Mit der Antwort auf diese Frage fällt die erste Grundentscheidung bei der Auslegung des Art. 5 Abs. 1 GG.

Die Anerkennung der Pressefreiheit als Freiheitsrecht bedeutet: Vor der Bindung an die Gemeinschaft, die hier nur die staatliche sein kann, hat der einzelne die natürliche Freiheit, er kann tun und lassen, was er will[3]). Mit dem Eintritt des

---

United States, and Germany, Oslo — London 1960; R. Pinto, La Liberté d'Opinion et d'Information, Paris 1955; M. Nef, Ausgewählte Kapitel aus dem Schweizerischen Presse-Recht, Zürich 1958; E. Swoboda-Hartmann, Komm. z. Preßgesetz, 2. Aufl. Wien 1953; F. Thayes, Legal Control of the Press, 2. Aufl., Brooklyn 1956; Th. I. Emerson-D. Haber, Political and Civil Rights in the United States. A Collection of Legal and Related Materials, 2. Aufl., Bd. 1, Buffalo, N. Y. 1958, S. 254 ff.; K.-H. Großmann, Inhalt und Grenzen des Rechts auf freie Meinungsäußerung im Spiegel der Entscheidungen des Supreme Court of the United States, JöR, N. F. 10, 1961, S. 181 ff.; E. G. Hudon, Freedom of Speech and Press in America, Washington 1963. Eine größere neue Darstellung für Großbritannien fehlt. Unentbehrlich für die Rechtsvergleichung: F. Tesson und L. Solal, Le Droit de l'Information, Paris 1951. Materialreich auch J. Bourquin, La Liberté de la Presse, Paris 1950.

[3]) Insofern behält der Ansatzpunkt der Lehren vom Herrschaftsvertrag seine Gültigkeit, wie immer man sonst diese Lehren beurteilen mag. Als Lehren von der Legitimation der Staatsgewalt gegenüber dem einzelnen kommt es ihnen nicht auf historische oder soziologische Erklärungen an. Daher ist es auch nicht ausschlaggebend, ob der einzelne vor der Entstehung, genauer der Rechtfertigung der Staatsgewalt in anderen Rechtsgemeinschaften lebte, maßgeblich ist allein die Staatsgewalt und ihre Souveränität im Verhältnis zu anderen Gemeinschaften. Demnach gilt die Freiheit vor dem Eintritt in den Staatsverband als natürliche im oben dargestellten Sinne.

Wenn gesagt wird, diese Freiheit bedeute, daß der einzelne tun und lassen könne, was er wolle, so bezieht sich das auf seinen Willen, nicht darauf, ob der einzelne auch alles kann; diese Lehre postuliert also nicht die Vollkommenheit oder Allmacht des Menschen — der Begriff der Klugheit (als der Fähigkeit, sich nach den Umständen zu richten) ist von keiner der hier gemeinten Lehren aufgegeben worden.

einzelnen in die Gemeinschaft hört die natürliche Freiheit auf; als Recht in der Gemeinschaft gilt nur das, was dem einzelnen innerhalb der Schranken, die die Gemeinschaft errichtet, an Freiheit übrigbleibt. Er mag darüber hinaus noch frei handeln, doch wird das von der Rechtsordnung nicht mehr als zugelassene Freiheitsbetätigung anerkannt[4]). So ergibt sich der Umfang des Freiheitsrechts nur aus den Schranken, nicht aus einer als vorgegeben angenommenen Substanz des Grundrechts[5]). Es ist daher auch bedenklich zu sagen, die Schrankenziehung

---

[4]) Das Freiheitsrecht der einzelnen ist daher nur im Rahmen der Rechtsordnung denkbar — ein Grundsatz auch aller Lehren vom Herrschaftsvertrag. Freilich läßt sich gegen sie vortrefflich polemisieren, wenn man diesen Ausgangspunkt nicht erkennt, wie das z. B. P. Häberle, Die Wesensgehaltsgarantie des Art. 19 Abs. 2 Grundgesetz, Karlsruhe 1962, passim, tut (zitiert statt vieler). Das schließt nicht aus, daß die Festlegung des Umfanges Schrankenziehung hinsichtlich der Freiheit ist und nicht Inhaltsbestimmung (wobei Art. 14 GG hier außer Betracht bleiben kann), denn was jenseits der Schranken (von der Gemeinschaft her gesehen) der einzelne tun darf, bleibt undefiniert, er bestimmt selbst darüber. Deshalb ist es nicht richtig, die Schrankenziehung als Inhaltsbestimmung anzusehen. Schon der Ausdruck „Inhalt" der Freiheit (als Grundrecht) steht im Widerspruch zum herkömmlichen Freiheitsbegriff, er setzt die Zulässigkeit von staatlichen Direktiven für das Verhalten in der Freiheitssphäre voraus. Das ist Folge des in Anm. 5 näher erörterten „substantiellen" Denkens. Das von C. Schmitt, Verfassungslehre, Neudruck 1957, S. 126, dargestellte rechtsstaatliche Verteilungsprinzip ist oft mißverstanden worden. Es stellt kein Regel-Ausnahmeverhältnis dar (darüber P. Lerche, Übermaß und Verfassungsrecht, Köln 1961, S. 32 f.), denn die Regelung zweier Rechtssphären (bereits ihre Unterscheidung) richtet sich nicht nach Regel und Ausnahme. Vielmehr wird damit nur das vorhin Skizzierte auf eine treffende Formel gebracht: Daß der Staat der natürlichen Freiheit Grenzen setzen darf und sie dadurch als natürliche aufhebt, ist nicht Ausnahme, sondern Grundprinzip des Rechts — wie weit er dabei gehen darf, bestimmt sich nach festen Grundsätzen für die Schrankenziehung, doch ist auch dabei, wie vor allem Lerche dargetan hat, kein Regel-Ausnahme-Verhältnis denkbar. Klar für die Pressefreiheit etwa M. Feldmann, Zur Reform des Schweizerischen Presserechts, ZSR, N. F. 67, 1948, S. 97 a.

[5]) Jede Vorstellung von einer rechtlich verbindlichen Determinierung des Grundrechts im Sinne von inhaltsbestimmt (jüngstens Häberle, aaO., S. 179 f.) verkennt deshalb die Bedeutung eines Freiheitsgrundrechts. Eine punktuelle Inhaltsbestimmung einer Freiheit (Häberle, aaO., S. 180) hingegen ist keine Inhaltsbestimmung. Hier zeigt sich, daß die Vorstellungen „inhaltlicher", „räumlicher", „substantieller" Art zu Fehlschlüssen verleiten müssen, die bekanntlich in totalitären Regimen praktiziert werden. Damit wird auch, was Priv.-Doz. Dr. Hans Heinrich Rupp demnächst in einer größeren Untersuchung dartun wird, deutlich, daß alle Versuche, die Rechtswidrigkeit des Verhaltens zu bestimmen, nicht von der Freiheit selbst, sondern von den zugunsten der Gemeinschaft errichteten Schranken her ausgehen müssen.

bedeute die Entscheidung zugunsten eines Gemeinschaftsgutes gegen das Freiheits r e c h t, denn es wird der n a t ü r l i c h e n Freiheit die Schranke gezogen, so daß von einem Vorrang des Gemeinschafts r e c h t s gegenüber dem Freiheits r e c h t nicht gesprochen werden kann.

Die Anerkennung der Freiheit als Grundrecht heißt aber auch: Das Recht auf Freiheit hat die Gemeinschaft dem einzelnen nicht verliehen, es hat die gleiche Legitimation wie das Recht der Gemeinschaft und damit auch: wie die Rechte der anderen Rechtsgenossen. Alle diese Rechte entspringen einem einzigen Akt[6]). Daher kann ihm die Gemeinschaft das Recht der Freiheit nicht aberkennen[7]).

Es gilt ferner: Freiheits r e c h t e können nicht kollidieren; kollidieren können nur die Interessen, sich in bestimmter Richtung zu betätigen[8]). Mißbrauch der Freiheit im hier allein maßgeblichen juristischen Sinn heißt also, daß der einzelne die Schranken eines Rechts in Gestalt der Gesetze oder ihnen gleichgestellter Regeln überschreitet.

Wenn Art. 5 Abs. 1 GG von Pressefreiheit spricht, so meint er die Freiheit, sich innerhalb der Rechtsschranken mittels der Presse zu äußern. Was Freiheit der Presse gemäß Art. 5 Abs. 1 GG ist, hängt mithin von den Schranken ab[9]). Das

---

[6]) Daß die juristische Freiheit keine logische Priorität vor dem Gebundensein beanspruchen kann (und umgekehrt), hat mustergültig G. E. K a f k a in einem oft übersehenen Aufsatz dargelegt: Autorität und Norm, ÖZöffR, N. F. 4, 1952, S. 291 ff., hier: S. 299 ff. (in Auseinandersetzung mit K e l s e n). Das deckt sich mit den Lehren vom Herrschaftsvertrag.

Von diesem Standpunkt aus ist auch die Rechtsprechung des BVerfG zu Art. 2 Abs. 1 GG zu billigen, und zwar trotz der eingehenden Kritik von H. P e t e r s, Das Recht auf freie Entfaltung der Persönlichkeit in der höchstrichterlichen Rechtsprechung, Köln 1963, wo erschöpfend über den Stand der Problemerörterung berichtet wird. Die Besorgnis, diese Rechtsprechung höhle Art. 2 Abs. 1 GG aus, ist unbegründet, wenn der Wesensgehalt dieses Grundrechts klar herausgearbeitet wird — was das BVerfG hätte anfangs deutlicher sagen können.

[7]) Daher ist „Verwirkung“ von Grundrechten i. S. v. Art. 18 GG nicht Aberkennung.

[8]) Die Rechtsordnung läßt begrifflich keine Kollision der Rechte zu. Was danach aussieht, hat seinen Grund in der Frage, wo die Grenze zwischen Rechten verläuft. Das ist jedoch eine Auslegungsfrage, auf die später noch einzugehen ist, wenn das Problem der Interessenabwägung erörtert wird.

[9]) Hier zeigt sich am konkreten Fall der Pressefreiheit, was es bedeutet, die Freiheit „inhaltlich“ bestimmen, sie „determinieren“ zu wollen. Wer versucht, den Begriff der Pressefreiheit nur für die „gute“, „echte“ usw. Freiheit zu verwenden, hebt den Freiheitscharakter der grundrechtlich geschützten Betätigung auf: „... mit Menschen, die existentiell niemals etwas vom Liberalismus erfahren

Grundrecht ist also die verrechtlichte Pressefreiheit. Deshalb steht die Zielsetzung bei der Betätigung dieser Freiheit im Belieben des einzelnen. Was in rechtlicher Hinsicht gute und schlechte Pressebetätigung ist, anders gesagt: welche Ziele sich der einzelne bei der Betätigung dieser Freiheit rechtlich nicht setzen darf, ergibt sich lediglich aus den Schranken, die der Pressefreiheit gesetzt sind; die Pressefreiheit ist daher insoweit stets formell[10]). Alles übrige ist rechtlich unver-

---

haben, kann man schwer darüber diskutieren." (C. Schmitt, Verfassungsrechtliche Aufsätze, Berlin 1958, S. 208 Anm. 72). Das hat mit Wertneutralität der Rechtsordnung (vgl. jüngstens Peters, aaO., passim) nichts zu tun. Die Schrankenziehung dient „Werten", Gemeinschaftsinteressen. Will man jedoch auch mit rechtlicher Verbindlichkeit „determinieren", welche „Werte" der einzelne bei der Ausübung seines Freiheitsrechts (also in rechtmäßiger Freiheit) „verwirklicht", gibt man letztlich die überlieferte Vorstellung von Freiheit preis, ganz gleichgültig, von welchen politischen Ideen man ausgeht. Insofern besteht zwischen allen Gegnern dieser überlieferten Freiheit notwendigerweise Übereinstimmung, ob sie das leugnen oder nicht. Das zeigt sich schon bei der Untersuchung des Vokabulars, das sie zur Bekämpfung dieser Freiheitsvorstellung verwenden.

Bedenklich daher auch W. Berns, Freedom, Virtue, and the First Amendment, Baton Rouge 1957, S. 47 und S. 126 f., was bereits D. Fellman, The Limits of Freedom, New Brunswick 1959, S. 56, feststellte. Sehr deutlich dagegen auch W. Geiger, Gewissen-Ideologie-Widerstand-Nonkonformismus, München 1963, S. 133.

Der Satz des BGH (NJW, 1963, S. 667), wonach „Berichte und Kommentare, denen es von vornherein auf Skandal und Sensation ankommt ... von vornherein außerhalb des Bereichs der öffentlichen Aufgabe" liege, „um deretwillen die Presse als Einrichtung den besonderen Schutz der Verfassung genießt", ist daher zumindest mißverständlich. Wenn F. Schneider in seiner Anmerkung zu diesem Urteil (ebenda, S. 665 f.) meint, damit sei bestätigt, daß es sich um eine dem Begriff der Pressefreiheit immanente Schranke handle (so Schneider früher schon in: Presse- und Meinungsfreiheit nach dem Grundgesetz, München 1962, S. 136 ff., unter Hinweis auf ähnliche Meinungen), so kann dem nur mit A. Arndt (NJW, 1963, S. 193 f.), R. Groß (ebenda, S. 893 f.) und M. Rehbinder (ebenda, S. 1387 f.) widersprochen werden. Aber von Rehbinder abgesehen, können die Kritiker, die mit dem Begriff der öffentlichen Aufgabe operieren (auf den später einzugehen ist), diese Ansicht nicht überzeugend widerlegen von ihrem Ausgangspunkt aus, es sei denn, sie nähmen ihn juristisch nicht ernst oder versuchten, eine „öffentliche Aufgabe" zu postulieren, die von allem abweicht, was man bislang darunter verstanden hat.

[10]) Daher genießt, um ein aktuelles Beispiel zu nehmen, auch die Unterhaltung in der Presse den Schutz des Art. 5 Abs. 2 GG. Wenn A. Schüle, Zivilrechtlicher Persönlichkeitsschutz und Grundgesetz, in: A. Schüle-H. Huber, Persönlichkeitsschutz und Pressefreiheit, Tübingen 1961, S. 23, schreibt: „Die Verfassung hat aber doch wohl darauf verzichtet, den Lesern der Presse einen grundrechtlich abgesicherten Freiheitsraum zu schaffen, in dem lediglich für ihre

bindliche Qualifikation, was über den moralischen Wert der zulässigen Presseäußerungen noch nichts aussagt[11]). Hier liegt das Risiko einer jeden freiheitlichen Verfassung, aber auch

---

Kurzweil gesorgt wird!" und diese Ausführungen unter der Überschrift „Die öffentliche Aufgabe der Presse" macht, so wird auch hieran deutlich, welche Folgen das Operieren mit dem Begriff der „öffentlichen Aufgabe" haben kann, wiewohl Schüle anschließend dem Begriff die juristische Relevanz abspricht. Dabei soll hier offen bleiben, ob man zumindest heute, in der sog. „Freizeitgesellschaft", die Unterhaltung nicht auch zur „öffentlichen Aufgabe" rechnen müßte. Nimmt man Schüles These beim Wort, so könnte der Gesetzgeber die Unterhaltungspresse verbieten, denn es ist dann nicht einzusehen, was insoweit der Aufhebung der formellen Pressefreiheit im Gesetzesrecht entgegenstehen könnte.

Auch in den USA wird betont, daß alle Meinungsäußerungen den Grundrechtsschutz genießen, vgl. etwa E. L. Richardson, Freedom of Expression and the Function of Courts, Harv. L. R., 65, 1951/52, S. 5; P. G. Kauper, Frontiers of Constitutional Liberty, Ann Arbor 1956, S. 90/91.

[11]) Man macht es sich zu leicht, wenn man behauptet, dies führe notwendigerweise zu einem nihilistischen Wertrelativismus. Schon die Tatsache, daß der Pressefreiheit Schranken gesetzt sind, schließt eine solche Annahme aus. Im übrigen läßt die Verfassung jenen Kräften Raum, die in Freiheit (eben ohne staatlichen Zwang) dafür wirken, daß die freie Pressebetätigung auf einem annehmbaren moralischen Niveau bleibt. Betrachtet man sich die Argumentationen der Gegner dieser Freiheit, so stellt man oft genug fest, daß es weniger um das moralische Niveau überhaupt geht, sondern darum, daß verschiedene Moralkonzeptionen zum Zuge kommen können, anders gesagt: Der Wertpluralismus wird als abzuschaffendes Übel empfunden. Er ist jedoch, was für das GG nicht näher darzulegen ist, Grundprinzip des modernen Staates (vgl. R. Schnur, Die französischen Juristen im konfessionellen Bürgerkrieg des 16. Jahrhunderts, Berlin 1962; ders., Individualismus und Absolutismus, Berlin 1963; F. Werner, Recht und Toleranz, Tübingen 1963).

Der Unterschied zwischen Recht und darüber hinausgehender Moral darf also nicht verwischt werden. Th. Peterson entwickelte eine Social Responsibility of the Press (in: F. S. Siebert-Th. Peterson-W. Schramm, Four Theories of the Press, Urbana 1956, S. 73 ff.), wobei er die Pflichten der Presse als moralische versteht, so wie die Freiheit für ihn ein moralisches Recht ist. Für die Freiheit ist das sicher unrichtig: Sie ist ein Recht, nicht pure Moral. Die Pflichten sieht Peterson nicht als rechtliche an — mit dem Satz: „The moral duties which are implicit in libertarian theory become explicit in social responsibility theory" ist zwar endlich der liberalen Theorie Ehre erwiesen, aber sonst nichts, denn ob die nur moralische Pflicht implizit oder explizit ist, ist hier nur belanglos, es sei denn, man betrachtet diese mit viel Aufwand und einigem Lärm vorgestellte neue Theorie als eine willkommene Rede ins Gewissen der Presse.

Im übrigen gehört es zu den üblen Tricks des moralisierenden politischen Kampfes, das bestehende Recht als „bloßes" Recht, nicht auch als Verrechtlichung von Moralvorstellungen anzusehen (soweit die Moral überhaupt verbindliche Maximen im konkreten Fall

das Vertrauen, das sie den Staatsbürgern entgegenbringt[12]). Wer dieses Risiko beseitigen will, gibt auch dieses Vertrauen auf und greift damit letztlich ein Grundprinzip (wenn nicht das Grundprinzip) des Rechtsstaats an.

Daher kann es auch keinen grundrechtsneutralen Bereich der Pressebetätigung geben[13]). Das Wort „Neutralität" soll hier wohl verschleiern, daß bestimmte Presseäußerungen keinen Grundrechtsschutz genießen sollen, daß also der Staat auf diesem Bereich verfahren kann, wie er will; er ist dort, nimmt man es genau, überhaupt nicht an die Verfassung gebunden[14]).

---

abgibt), um gegen das bloß „Technische" das „Inhaltliche" der Moral ins Feld zu führen: Auch im Rahmen einer Verfassung wie dem GG, von der wohl niemand sagen kann, sie verstoße gegen die einfachste Sittlichkeit. Um aber ein Gesetz als verfassungswidrig auszugeben, bedarf es nicht einer zusätzlichen Moral.

Allen Versuchen, im Zwielicht von Recht und Moral am geltenden Presserecht Änderungen unter Berufung auf Moral usw. vorzunehmen, sei entgegengehalten, was J. Barthélemy schrieb: „Sous tous les régimes et dans tous les temps, tous les auteurs de projets contre la presse se sont présentés comme préoccupés de défendre la presse honnête, la pensée honnête, la liberté des opinions honnêtes." (Rev.Pol. et Parl., 180, 1937, S. 3ff., hier: S. 27.)

[12]) Daß eine freiheitliche Verfassung, mit Pluralismus von Wertvorstellungen, zu den größten und anstrengendsten politischen Leistungen gehört, bedarf wohl keines näheren Hinweises. Man kann es natürlich, im wahren Sinne des Wortes, auch einfach haben, allerdings heute wohl nur mit Gewalt. Eine glänzende Analyse der Tendenzen, den Individualismus zu verabschieden, der hinter allen Theorien steht, die das Risiko loswerden wollen, bei M. Oakeshott, Die Massen in der repräsentativen Demokratie, in: L. Baudin et al., Masse und Demokratie, Zürich 1957, S. 189 ff.

[13]) Der Begriff der „Grundrechtsneutralität" taucht auf bei H. Čopić, Berufsverbot und Pressefreiheit, JZ, 1963, S. 494 ff. Als grundrechtsneutral sollen Presseäußerungen gelten, die keinen Bezug zur öffentlichen Meinung haben, nur deren Förderung also soll schutzwürdig sein. Hier wird deutlich, was ein qualitativ verstandener Begriff der öffentlichen Meinung anrichten kann, wenn er bereits bei der Grundrechtskonzeption zum Zuge kommen soll (über Differenzierungen bei der Schrankenziehung Näheres später). Eine Konzeption, die derart das „Private" abwertet, ist ein Relikt der französischen Aufklärung (schon Rousseau wollte dem Bürger keine Zeit für „spéculations frivoles" lassen — von seiner eigenen Praxis wollen wir hier nicht reden), garniert mit marxistischen Elementen, was sich z. B. auch bei J. Habermas, Strukturwandel der Öffentlichkeit, Neuwied 1962, leicht feststellen läßt. Das GG lehnt derartige Vorstellungen ab; Robespierre gehört ebensowenig zu seinen Vorbildern wie Babeuf. Vgl. auch F. Jonas, Probleme des Staatseingriffs bei wirtschaftlichen Strukturanpassungen, Der Staat, 2, 1963, S. 279 ff.

[14]) Wenn bestimmte Äußerungen keinen Grundrechtsschutz genießen, gelten die Vorschriften über die staatliche Schrankenziehung nicht, denn diese haben nur Sinn im Hinblick auf grundrechtlich verbriefte Freiheit. Von Belang sind dann allenfalls Kompetenz-

Somit kann es hier für den Gesetzgeber auch keine Wesensgehaltssperre geben. Aus dem Begriff der Freiheit folgt jedoch, daß es zwischen Freiheit und Bindung durch das Recht keine Neutralität gibt: Hier gibt es wahrlich nur eine radikale Freund-Feindposition, nur ein aut-aut.

Will man Presseäußerungen rechtlich verschieden behandeln, so kann das nur und muß es gegebenenfalls bei der Festlegung des Umfangs des Grund r e c h t s geschehen, also beim Erlaß der in Art. 5 Abs. 2 GG erwähnten allgemeinen Gesetze, auch etwa bei der Auslegung des § 193 StGB[15]). Dort

---

vorschriften, sofern man sie auch gegenüber einem Bereich hors-la-constitution gelten lassen will. Vorbehalte gegenüber dieser Folgerung sind inkonsequent.

[15]) Wie bereits erwähnt, kommen hier die „Wertvorstellungen" der Verfassung zum Zuge.

Da die Behandlung der Presse im Rahmen des § 193 StGB bekanntlich noch immer auf Schwierigkeiten stößt (siehe dazu jüngstens P. D a g t o g l o u , Motiv der Pressekritik und Pressefreiheit. Zur Wahrnehmung berechtigter Interessen durch die Presse, DÖV 1963, S. 636 ff., mit dem ich im Ergebnis übereinstimme) sei hier wie folgt Stellung genommen: gerechtfertigt ist eine beleidigende, d. h. tatbestandsmäßige Äußerung dann, wenn sie zur Wahrnehmung berechtigter Interessen gemacht wird. Der Rechtfertigungsgrund kommt nur dann zum Zuge, wenn der Wahrheitsbeweis mißlungen ist (vgl. S c h ö n k e - S c h r ö d e r , StGB, 11. Aufl., München 1963, Anm. 10 zu § 186). Die Ehre wird also dann nicht geschützt, wenn der Täter in Wahrnehmung berechtigter Interessen gehandelt hat; in diesem Falle wehrt die Rechtsordnung die Gefährdung der Ehre nicht ab, ist die Ehre rechtlich nicht von Belang. Das ist eine Wertentscheidung zugunsten des Risikos von bestimmten Äußerungen. Wird so auf berechtigte Interessen abgestellt, so wird ein bestimmter Zweck gebilligt. Die Kundgebung allein kann mithin nicht dieser Zweck sein. Das gilt auch für Äußerungen in der Presse. Damit ist noch nicht gesagt, daß der Täter (d. h. Kundgeber) grundsätzlich nur eigene Interessen verfolgen dürfe (jetzt h. L., vgl. S c h ö n k e - S c h r ö d e r , aaO., Anm. 14), es kommen auch fremde Interessen in Betracht.

Allerdings hat die Unterscheidung zwischen „eigenen" und „fremden" Interessen nicht unbeträchtliche Verwirrung gestiftet: Sie beruht auf ungeklärten Vorstellungen über die Rechtswidrigkeit. Was mit Interesse hier gemeint ist, kann nicht das Motiv des Handelnden sein. Vielmehr kommt es darauf an, ob die Öffentlichkeit, in welche die Äußerung gedrungen ist, daran interessiert ist zu erfahren, ob diejenige Seite des Beleidigten, um die es geht, so beschaffen ist, wie behauptet wurde. Wenn gesagt wird, nicht berechtigt sei das Interesse, einen Gegner durch Aufdeckung des Privatlebens unmöglich zu machen (RGSt. 40, 103), so wird hier doch mit dem Motiv operiert. Ist der Gegner ein Politiker, so bleibt das Motiv außer Betracht: Als ob es nicht auch ein privater Gegner sein könnte. In Wirklichkeit aber geht es im ersten Falle darum, daß die Öffentlichkeit kein Interesse an den Tugenden oder Untugenden des privaten Gegners hat, im zweiten Falle am öffentlichen Gegner jedoch interessiert ist. Voraussetzung des Rechtfertikommt auch der Wesensgehaltssperre des Art. 19 Abs. 2 GG Bedeutung zu. Ein solches Verfahren, nämlich bei der Schrankenziehung bestimmte Freiheitsbetätigungen unterschiedlich zu behandeln, ist nicht ungewöhnlich, denn es gibt stets Freiheitsbetätigungen, die der Gemeinschaft belangvoller erscheinen als andere[16]).

---

gungsgrundes ist die Einhaltung der Informationspflicht. Sieht man § 193 StGB so, dann ist sein Beweggrund: Wenn die Kundgebung, falls wahr, für die Öffentlichkeit von Belang wäre (mit entsprechender Auslösung von Verhalten), so ist sie erlaubt, sofern der Kundgeber der Informationspflicht genügt hat. Das gilt für jedwede Kundgebung, sei es in der Presse, sei es sonstwie. Dann ist nicht einzusehen, warum es der Konstruktion der Pressefreiheit als einer Institutsgarantie bedarf (wie bei Dagtoglou, aaO.), um zu diesem Ergebnis zu gelangen — überdies müßten Äußerungen, die nicht auf der Pressefreiheit beruhen, sondern auf der allgemeinen Meinungsäußerungsfreiheit des Art. 5 Abs. 1 GG, ebenfalls im Rahmen einer entsprechenden Institutsgarantie gesehen werden. Näheres zu solchen Vorstellungen später.

[16]) An dieser Stelle sei nur kurz bemerkt: Die hier vertretene Grundrechtsauffassung ist weder unpolitisch noch institutionsfeindlich. Sie geht freilich davon aus, daß Rechtsstaat und Demokratie zwei verschiedene Prinzipien sind. Gewiß gibt es den Rechtsstaat für sich niemals, weil er sich nicht auf die Staatsform und die entsprechende Ordnung der Staatsgewalt bezieht. Aber ein Prinzip, das die Ausübung der Staatsgewalt regelt (u. a. ihre Grenzen gegenüber dem einzelnen und den in Freiheit geschaffenen Gruppen usw. festlegt), kann doch wohl nicht als unpolitisch bezeichnet werden — es sei denn, man verwechselt ständig „politisch" mit „auf die Staatsform bezogen", was gewiß kein frageloses Vorgehen wäre. Man sollte nicht übersehen, daß es leicht dazu führen kann, die Freiheitssphäre des einzelnen aufzuheben, um der „unpolitischen" Auffassung zugunsten der „politischen" ein Ende zu bereiten: Ein Ende auch der Freiheitsvorstellung. In diesen Fragen kommt man an der Freund-Feind-Unterscheidung nicht vorbei.

Ein weiteres Mißverständnis sei erwähnt: Die hier vertretene Lehre steht nicht in einem Gegensatz zur „institutionellen" Betrachtungsweise. Freiheit im herkömmlichen Sinne bedeutet nicht notwendig Vernachlässigung des Institutionellen, wie umgekehrt Würdigung des Institutionellen keineswegs schon die Beachtung der Freiheit impliziert. Der Mensch kann sich in Freiheit (und es geht hier nur um die juristische!) für die Wahrung und Schaffung von Institutionen entscheiden, es kommt also primär darauf an, was er mit der Freiheit tut. Das hat mit einem rechtlichen relevanten Gegensatz von „subjektiv" und „objektiv" nichts zu tun.

Dementsprechend ist es falsch zu sagen, die Grundrechte seien nicht des einzelnen, sondern des ganzen Staates wegen verfassungskräftig verankert: Sie sind der Freiheit des einzelnen wegen verankert und als Bestandteil der Verfassung „objektives" Recht. Eine „räumliche", „substantielle" Vorstellung von Grundrechten freilich hat Mühe, das zu sehen, weil ihr die Grundrechte als Monaden erscheinen — was sie in der herkömmlichen Lehre gerade nicht sind. Der Staat kann, wie auch die gegenwärtige Erfahrung zeigt, ohne Freiheitsgrundrechte auskommen: Es gibt Kommunikation,

2. Die These, Art. 5 Abs. 1 GG enthalte neben dem Freiheitsrecht noch ein besonderes Recht auf politische Teilhabe[17]), stößt auf erhebliche Bedenken.

Das Freiheitsrecht enthält u. a. die rechtliche Befugnis, sich zu politisch relevanten Sachverhalten zu äußern und dadurch zur Meinungsbildung anderer beizutragen. Unzweifelhaft gehört diese Seite der Pressefreiheit zu den Aspekten, um deretwillen man für die Anerkennung des Grundrechts der Pressefreiheit gekämpft hat[18]). Das bedarf wohl keiner weiteren Darlegung; doch ergibt sich schon daraus, daß die Auffassung von der Pressefreiheit als eines Freiheitsgrundrechts die

---

Güteraustausch usw. auch im nichtfreiheitlichen Staat. Der Kommunikation wegen besteht also Art. 5 Abs. 1 GG nicht — wohl aber der freien Kommunikation wegen.

Wenn man allerdings Wertentscheidungen in Begriffe hineinprojiziert, um sie dann als „notwendige Bestandteile" des Begriffs zu präsentieren, muß man zu der hier abgelehnten Ansicht kommen. Es ist dies ein Verfahren, das, aus welchen Gründen auch immer, verschleiern möchte, daß es sich um eine Wertentscheidung handelt, gewissermaßen ein nichtöffentliches Verfahren, das dem Staatsrecht der rechtsstaatlichen Demokratie schlecht ansteht.

[17]) So vor allem H. J. K. Ridder in seiner Anmerkung zum Beschluß des BVerfG v. 25. 1. 1961, in: JZ, 1961, S. 538 r. Sp.

[18]) An zusammenfassenden historischen Darstellungen seien erwähnt: 1. Für Deutschland gibt es keine guten neueren Darstellungen. Noch immer wertvoll J. A. Collmann, Quellen, Materialien und Commentar des gemein deutschen Preßrechts, Berlin 1844; A. F. Berner, Lehrbuch des deutschen Preßrechts, Leipzig 1876 (S. 5—158), vgl. ferner P. J. Fliess, Freedom of the Press in the German Republic 1918—1933, Baton Rouge 1955 (siehe auch ders., Freedom of the Press in the Bonn Republic, Journ. Pol., 16, 1954, S. 664 ff.).

Allgemein: L. M. Salmon, The Newspaper and Authority, New York 1923. Großbritannien: K. v. Stutterheim, Die englische Presse von ihren Anfängen bis zur Gegenwart, Berlin 1933; W. S Holdsworth, A History of English Law, vol. X, London 1938, S. 672—696; W. M. Clyde, The Struggle for Freedom of the Press from Caxton to Cromwell, London 1934; F. S. Siebert, Freedom of the Press in England 1476—1776, Urbana 1952; L. Hanson, Government and the Press 1695—1763, London, 1936; A. Aspinall, Politics and the Press 1780—1850, London 1949; W. H. Wickwar, The Struggle for the Freedom of the Press 1819—1832, London 1928; A. E. Musson, Parliament and the Press, Parl. Aff., 9, 1956, S. 151 ff., 277 ff. und 404 ff. USA: Z. Chafee jr., Free Speech in the United States, Cambridge, Mass. 1948; J. E. Gerald, The Press and the Constitution 1931—1947, Minneapolis 1948; J. E. Pollard, The Presidents and the Press, New York 1947; J. R. Mock, Censorship 1917, Princeton 1941, G. Braumueller, Der Weg zur Pressefreiheit. Die Entwicklung des Presserechts in den Vereinigten Staaten, Bonn 1953; L. W. Levy, Freedom of Speech and Press in Early American History: Legacy of Suppression, 2. Aufl., New York 1963, Frankreich: A. Gilles, La Presse devant le Jury, Paris 1938 (mit weit. Nachw.).

politische Bedeutung der Presse keineswegs zu gering veranschlagt[19]).

Ein Recht auf politische Teilhabe muß somit mehr bedeuten sollen. Bevor das näher geprüft wird, ist festzustellen, daß eine rechtliche Pflicht zur Äußerung politischer Meinungen[20]) nicht besteht, jedenfalls in nicht größerem Umfange als die allgemeine Staatsbürgerpflicht, von den Freiheitsrechten Gebrauch zu machen. Doch ist die Erfüllung dieser Pflicht ins Belieben des einzelnen gestellt. Soll das Wort von der Pflicht zur Äußerung der politischen Meinung mehr bedeuten, so ist es Ausdruck des dem totalitären Regime eigenen Mißbehagens, den Feind nicht genau zu kennen[21]).

Daher kann in Art. 5 Abs. 1 GG nur dann ein zusätzliches Teilhaberecht gesehen werden, wenn man die Teilhabe am Prozeß der politischen Willensbildung mit der Teilhabe am sog. Meinungsbildungsprozeß gleichsetzt[22]). Dann bieten sich auch die Analogien zum Recht der politischen Parteien (vgl. Art. 21 GG) und zur Rechtsstellung des Abgeordneten an, sie müßten sogar zum Zuge kommen.

Hier liegt in der Sache eine Unterscheidung, die sich durch die edelsten Absichten nicht beseitigen läßt. Schon die Verwendung des Wortes „Prozeß der Meinungsbildung" besagt, daß die Diskussion zu einem Abschluß kommen soll,

---

[19]) Siehe das oben in Anm. 16 Ausgeführte.

[20]) Ridder, aaO. (Anm. 17), scheint dazu zu neigen, diese Frage zu bejahen, läßt sie aber der Formulierung nach offen.

[21]) Die Neigung, alles öffentlich zu machen, und die Neigung, möglichst nichts öffentlich zu machen, gehören zusammen. Sie entspringen einer tiefgehenden Störung des Gemeinwesens, einer Störung, die das Minimum an politischer Homogenität in Frage stellt und somit eine bürgerkriegsähnliche Mentalität hervorbringt: Die einen sehen in den anderen potentielle Unterdrücker, die deshalb sofort publik (und zwar in allem) zu machen sind, die anderen umgekehrt in den einen potentielle Revolutionäre, vor denen man nur Geheimnisse haben kann. Im Zustand des Friedens hat man nur politische Gegner, d. h. betreffen die Gegensätze nicht die Grundlagen der Gemeinschaft. Deshalb braucht man dort vom Gegner nicht alles zu wissen. Im Ausnahmezustand und damit auch in der Diktatur, sei es kommissarische oder souveräne (z. B. totalitäre), ist jeder ein potentieller Feind, der keine Geheimnisse haben darf. Hier liegt ein fundamentales Problem für jede Gemeinschaft, weil es das Vertrauen betrifft. Das ist ausgezeichnet analysiert worden von E. A. Shils, The Torment of Secrecy, Glencoe 1956, vor allem S. 21 ff. Wichtig S. 201: „In order for secrets to be safeguarded, privacy must be invaded."

[22]) Diese Gleichsetzung vor allem bei Ridder, aber auch, wenn doch nur beiläufig, bei BGH, NJW, 1963, S. 665 ff., hier r. Sp: „Diese Befugnis beruht auf dem Recht jedes Bürgers, an der politischen Willensbildung teilzunehmen."

nämlich zur verbindlichen Feststellung der Wahrheit, nach welcher sich die Handelnden zu richten haben. Das aber ist unvereinbar mit der Freiheit der Meinungsäußerung, also der Toleranz und der Diskussion. Der Entscheidung liegt eine Meinung zugrunde; wer nicht entscheidet, kann dennoch eine Meinung haben; gemäß dem Grundrecht der Meinungsfreiheit hat er ein Recht darauf, sie zu äußern, um die Meinung der Entscheidenden zu beeinflussen.

Es läßt sich wohl leicht erkennen, daß die Organisation unseres Staatswesens den Entscheidungsvorgängen gilt, den Prozessen, die zur verbindlichen Entscheidung führen[23]). Das ist der Sinn aller Kompetenz- und Verfahrensvorschriften. Gerade das gilt für die Meinungsäußerung nicht. Vielmehr bedeutet die Pressefreiheit, daß vor und nach der Entscheidung diskutiert werden darf, soweit nicht der Geheimnisschutz Platz greift und soweit nicht die Rechtsschranken der Freiheit überschritten werden.

Die gegenteilige Ansicht, die Meinung und Entscheidung gleichsetzen will, hat mehrere Gründe. Ein psychologischer Grund ist der, daß diese Gleichsetzung von dem Mißvergnügen entlastet, nicht an der Entscheidung beteiligt zu sein[24]). Die politische Idee, die dahinter steht, ist die Vorstellung einer direkten Demokratie, einer volonté oder pensée générale, die die repräsentative Demokratie überlagert[25]). Sie postuliert insgeheim, der Beschluß dieser volonté générale darüber, wie man richtigerweise entscheiden sollte, müsse verbindlich sein, wobei die Entscheidung darüber, was die volonté générale ist, eben nicht den Repräsentanten des Volkes, sondern den angeblichen Wortführern des Volkes vorbehalten bleibt[26]). Das aber hat nichts mit Diskussion zu tun; es

[23]) Das beginnt bekanntlich schon mit der Wahl der Volksvertretung und setzt sich fort bis zur Rechtsprechung.

[24]) Vgl. F. Jonas, Probleme des Staatseingriffs usw., S. 280.

[25]) In seiner Kritik an der These der öffentlichen Aufgabe der Presse sagt Rehbinder, Öffentliche Aufgabe der Presse: Was ist das? NJW, 1963, S. 1388, r. Sp.: „... nur noch eine ideologische Floskel ..., die man soziologisch als cultural law qualifizieren muß, nämlich als Überrest romantisch-demokratischer Identifizierung von Volk und Presse, Überrest des „Volkstribunats" der Presse aus der Zeit eines Hermes oder Görres."

[26]) Es ist hier nicht die Rede vom Problem des Widerstandsrechts und auch nicht davon, daß es jedem Bürger freisteht, Maßnahmen der Staatsorgane als rechtswidrig zu bezeichnen. Es soll nur Stellung bezogen werden gegen den Anspruch, eine Äußerung in der Presse bringe eine rechtlich verbindliche oder moralisch-rechtlich höherrangige Ansicht zum Zuge, wobei die Frage offenbleibt, ob die Moral so detaillierte Richtlinien hergibt, wie der Moralisierende gern

ist Ausdruck der Intoleranz. Deshalb läßt sich diese Vorstellung mit dem Grundgesetz nicht in Einklang bringen. Sie ist daher auch kein Verfassungssatz, aus dem man Folgen für die Ausgestaltung des Rechts der Presse durch den Gesetzgeber herleiten kann. Darauf ist zurückzukommen.

3. So dürfte der Standpunkt gewonnen sein, von dem aus man den Sinn des Wortes von der „öffentlichen Aufgabe“ der Presse ermitteln kann[27]).

Dieses Wort ist mehrdeutig. Es kann meinen, daß alles das, was die Presse tue, Erfüllung einer öffentlichen Aufgabe sei. Man hätte es dann mit einem Begriff der öffentlichen Aufgabe im formellen Sinne zu tun. Öffentliche Aufgabe wäre danach schon und lediglich das Äußern von Meinungen mit Hilfe der Presse. Dann ist jedoch nicht einzusehen, warum die Meinungsäußerung im übrigen, die presselose Meinungsäußerung, keine öffentliche Aufgabe erfüllen soll.

---

behauptet. Im übrigen sei zu dem Anspruch, für das Volk zu sprechen, folgendes kurz bemerkt: In einem rechtlich verbindlichen Sinne spricht für das Volk, d. h. im Namen des Volkes, nur das jeweils dazu berufene Staatsorgan, wie das jede Repräsentation mit sich bringt. Die Organe der privaten Gruppierungen sprechen jeweils für die Mitglieder der Gruppe. Darüber hinaus ist es Tatfrage, ob das Volk so denkt wie der Redende, es sprechen also immer nur einzelne. Ob die anderen so denken, muß als Tatfrage behandelt werden. Daß die Presse nicht eo ipso die Volksmeinung wiedergibt, zeigen die Fälle, in denen in Wahlkämpfen die überwiegende Mehrheit der Zeitungen anderer Ansicht war als die Wähler. Dafür gibt es genügend Beispiele, z. B. in Wahlkämpfen vor 1933 und in Roosevelts Wahlkämpfen. Siehe dazu jüngstens etwa G. Schmidtchen-E. Noelle-Neumann, Die Bedeutung repräsentativer Bevölkerungsumfragen für die offene Gesellschaft, PVS, 4, 1963, S. 168 ff. Diese Feststellung schließt natürlich nicht aus, daß die Berufung auf das Volk ein beliebtes Mittel des politischen Kampfes ist.

[27]) Siehe zum folgenden vor allem: H. K. J. Ridder, Die öffentliche Aufgabe der Presse im System des modernen Verfassungsrechts, Wien 1962 (bejahend); M. Pinto, aaO., S. 42 (bejahend de lege ferenda — auch für den Fall einer lex ferenda Gallica?); M. Feldmann, Über die Entwicklung der Pressefreiheit, ZbJV, 73, 1937, S. 38; ders., ZSR, N. F. 67, 1948, S. 36 a (bejahend); W. Schramm, Responsibility in Mass Communication, New York 1957, S. 11 (bejahend); Schüle, aaO., S. 24 (bejahend mit Einschränkungen, vgl. Anm. 30); M. Rehbinder, Die öffentliche Aufgabe und rechtliche Verantwortlichkeit der Presse, Berlin 1962; ders., NJW, 1963, S. 1387 f. (verneinend); P. Dagtoglou, Wesen und Grenzen der Pressefreiheit, Stuttgart 1963 (verneinend); E. Forsthoff, Tagespresse und Grundgesetz, DÖV, 1963, S. 633 ff. (verneinend).

Sagt man hingegen, die Presse erfülle eine öffentliche Aufgabe nur dann, wenn sie sich mit Gegenständen von politischer Bedeutung oder öffentlichem Interesse befasse, so ist das eine Einschränkung, also ein Begriff der öffentlichen Aufgabe im materiellen Sinne; aber daß diese Einschränkung, auch in den Gesetzen[28]), nicht vollzogen wird, soll wohl verdecken, daß die Presse ansonsten keine öffentliche Aufgabe erfüllt.

Doch selbst eine so eingeschränkte Vorstellung von der öffentlichen Aufgabe der Presse dürfte rechtlich ungenau, ja ohne rechtliche Relevanz, sein. Es ist nämlich nicht alles das, was das Gemeinwesen interessiert, Erfüllung einer öffentlichen Aufgabe, denn sonst wäre das jede Freiheitsbetätigung von politischem Belang, wie z. B. für das freie Wirtschaften und Arbeiten. Nach dem Verfassungsrecht des Rechtsstaats bedeutet öffentliche Aufgabe niemals die Betätigung individueller Freiheit, öffentlich aufgegeben ist vielmehr nur die Erfüllung einer Pflicht[29]). Die Auferlegung dieser Pflicht ihrerseits muß von der Verfassung für zulässig erklärt sein.

Zum Begriff der öffentlichen Aufgabe im Gemeinwesen gehört, daß dieses auch die Erfüllung dieser Pflicht, will es nicht auf die gute Ordnung verzichten, überwachen muß, ferner, daß der Pflichtenträger von den zuständigen Stellen in dem dafür vorgesehenen Verfahren ernannt wird und daß

---

[28]) Auch nicht im Modellentwurf für ein Landespressegesetz (Stand v. 10. 1. 1963), wohl aber in den Entwürfen der Länder Schleswig-Holstein und Baden-Württemberg.

[29]) So auch Rehbinder und Dagtoglou, aaO.
Auch hier wieder verwechselt man offenbar Recht und darüber hinausgehende Moral: Wenn ein Bürger die Betätigung seiner Freiheit als Aufgabe empfindet, so kann das nur begrüßt werden, doch ist das rechtlich ohne Belang. Wenn daher A. Arndt in seiner Besprechung des Schneiderschen Buches (vgl. oben Anm. 9) in NJW 1963, S. 194, meint, nichts werde dem Logos dieser Grundwertentscheidung (d. h. Art. 5 GG) weniger gerecht als eine moralisierende Betrachtung, so gilt das auch für die von Arndt vertretene These von der öffentlichen Aufgabe der Presse — oder ist nur das unzulässige Operieren mit dem Ausschluß bestimmter Meinungen aus Art. 5 GG Moralisieren, nicht aber die nicht zulässige These von der öffentlichen Aufgabe? Das Recht der Freiheit läßt eben in keinem Falle die moralisierende Betrachtungsweise zu. Auf die Tatsache, daß im politischen Kampf (also nicht in der Rechtsanwendung) das Moralisieren beliebt ist, wurde schon mehrfach hingewiesen.
Wenn Mallmann, aaO., S. 351, sagt, es hielten beim Journalistenberuf die Pflichten den Rechten die Waage, so ist das, rechtlich gesehen, wohl schief.

der Ausübung der Befugnis der übliche öffentliche Rechtsschutz gegenübersteht[30]). Alles das meint wohl die These von

[30]) So müßte etwa gefragt werden, wer dem Journalisten die öffentliche Aufgabe übertragen hat. Die Verfassung? Das meint z. B. M. Löffler, Der Verfassungsauftrag der Presse. Modellfall SPIEGEL, Karlsruhe 1963. Das ist jedoch nach bisheriger Rechtsstaatstradition eindeutig nicht so, auch von einer „Vierten Gewalt" ist da nicht die Rede, sofern man noch zwischen juristischen und anderen Betrachtungsweisen unterscheiden will. Der Gesetzgeber darf nur übertragen, was ihm die Verfassung gestattet — die Inpflichtnahme der Presse ja gerade nicht. So bleibt nur die Annahme, daß sich hier jemand, der sich für die Verfassung zu halten scheint, selbst ernannt hat. Wenn das rechtlich verbindlich sein soll, macht das Verfassungsrecht keinen Fortschritt, sondern einen Rückschritt: Damit soll wohl ein Stand über der Verfassung stehen, eine Stellung haben, die keinem Verfassungsorgan zukommt.

Aber sieht man nicht, daß hiermit Exemtionen von dem allgemeinen Recht geschaffen werden, die zu überwinden gerade Ziel des modernen Verfassungsstaates (nicht der französischen Aufklärung!) war? Die Kette solcher Argumentationen läuft doch über Gregor VII. „Sancta sedes omnes iudicat, sed a nemine iudicatur", Baldus' „Rex, quia alios regit et a nemine regitur" zu Salmasius' „He is king in the proper sense of the word, who judges all and is judged by none". (Vgl. E. H. Kantorowicz, Mysteries of State. An Absolutist Concept and its Mediaeval Origins, Harv. Theol. Rev., 48, 1955, S. 65 ff., hier: S. 75 ff.; W. H. Kraus, The Democratic Community and the Problem of Publicity, in: C. J. Friedrich, ed., Community, New York o. J., S. 229 Anm. 5, sowie L. L. Fullers interessanten Diskussionsbeitrag, ebenda, S. 256 ff.).

Soll jetzt, mit juristischen Argumenten drapiert, Orwells „Großer Bruder" innerhalb unseres Gemeinwesens legitimiert werden?

Typisch für solche Vorstellungen auch H. Brucker, Freedom of Information, New York 1949, S. 236, wonach die Presse als Vierter Stand ihre Nützlichkeit dadurch habe, daß sie von den anderen Organisationen des Menschen unabhängig sei. Das ist die Souveränität des Interesselosen, des „an der ökonomischen Scheiße" (Marx) Uninteressierten. Das ist freilich kein neues Argument, es diente bereits dem Absolutismus und bekanntlich auch noch Hegel, um die Stellung des Monarchen zu rechtfertigen. Schon 1915 schrieb der Soziologe H. Schofield, daß das Grundrecht der Pressefreiheit „does not make the owners and editors of newspapers and periodicals ‚the sovereigns of the state' ..." (vgl. Freedom of the Press in the United States, in: Papers Proceedings, 9th Annual Meeting. Am. Soc. Soc., Publ. of the Am. Soc. Soc., IX, 1915, S. 116, ähnlich K. Weber, Freie Meinungsäußerung und Volksrechte, in: Die Volksrechte, Bd. 10, Einsiedeln 1948, S. 142). Sehr deutlich gegen eine staatsorganähnliche Stellung der Presse auch das Schweizerische Bundesgericht in BGE 32 I 455 f.; vgl. auch P. Toggenbürger, Pressefreiheit und demokratische Willensbildung, Zürich 1945, S. 143 ff.

Der bekannte Journalist W. Steed sagt in: The Press, Harmondsworth 1938 (dem Jahr übrigens, in dem sich die von ihm propagierte Zerschlagung des Habsburgerreiches bitter rächte) auf S. 12: „Jourder öffentlichen Aufgabe der Presse nicht[31]). Soll sie mehr meinen, ist sie mit der Verfassung nicht in Einklang zu bringen, weil diese die Inpflichtnahme verbietet. Deshalb sollte man den Ausdruck vermeiden, weil man nie weiß, wer wann welche Rechtsfolgen daraus ableitet: Dafür sprechen üble Erfahrungen[32]).

4. Es bleibt noch die Frage, ob Art. 5 Abs. 1 GG neben dem Freiheitsgrundrecht auch eine institutionelle Garantie der Presse enthält. Diese Frage wird sowohl im Schrifttum[33]) als

---

nalists proper are unofficial public servants whose purpose is to serve the community." Die Folgerung aus solchen Ideen hatte jedoch schon Napoleon I. gezogen, indem er sagte: „Celui qui se mêle d'instruire fait une fonction publique, et dès-lors, l'Etat peut l'en empêcher." (Discussions sur la Liberté de la Presse, la Censure, la Propriété Littéraire etc., qui ont eu lieu dans le Conseil d'Etat pendant les années 1808, 1809, 1810 et 1811, réd. et publ. par M. le Baron Locré, Paris 1819, S. 152). Hitler zog dann auch die gleichen Folgerungen im Reichsschriftleitergesetz 1933. Auch die portugiesische Verfassung von 1933 spricht der Presse in Art. 23 eine öffentliche Aufgabe zu; über die Unvereinbarkeit dieser Regelung mit der westlichen liberalen Tradition vgl. H. Eek, Freedom of Information, Uppsala 1953, S. 15.

[31]) Vgl. hiermit auch die Ausführungen Forsthoffs, aaO., S. 634. Schüle, aaO., S. 25, will im Ausdruck „öffentliche Aufgabe" nur eine Metapher sehen, aus der keine Einzelfolgerung abgeleitet werden kann. Die Begründung überzeugt, aber Schüle selbst eliminiert mit dem Ausdruck die Kurzweil aus Art. 5 GG. Auch dieses Beispiel zeigt, wie nötig es ist, den Ausdruck aus dem Rechtsbereich zu verbannen.

[32]) Oder hält man einen geschichtlichen Moment für die Ewigkeit? Wie will man denen, die die Konsequenzen ziehen, überzeugend entgegentreten? Sie berufen sich dann eben auf den üblichen Sinn der öffentlichen Aufgabe. Ein lehrreiches Beispiel dafür, wie das Verlangen nach größerer „Verrechtlichung", nach mehr Ordnung im Rechtsstaat, geradezu mühelos in die Billigung von NS-Methoden übergehen kann, bietet der damalige Präs. des OLG München, K. Meyer. In: Deutsche Presse, 20, 1930, S. 301 ff., trat er für eine stärkere Bindung der Presse ein, in: DJZ, 38, 1933, S. 591/592, schließt er: „Das Wort Hitlers, die Presse habe der Wahrheit und damit dem Volk zu dienen, wird die Reform beherrschen. Und alle, auch die, die in Erinnerung an alte preßrechtliche Verhältnisse noch zweifeln, sollten, jeder nach seinen Kräften, auch hier freudig und eifrig mitarbeiten, damit wir eine gute Presse erhalten zum Besten des ganzen Volkes und seines Wiederaufstiegs zur alten Größe in Zucht und Sitte, in Autorität und Würde. Denn auch im Mittelpunkt des Presserechts steht nicht das Individuum, sondern das Volk." Wenn dann Peterson, aaO. (oben Anm. 10), S. 103, meint: „Individuals who will speak of freedom of the press as a purely personal right are a diminishing breed, lonely and anachronistic..." so klingt das wirklich makaber.

[33]) So vor allem Ridder, in Neumann-Nipperdey-Scheuner, aaO., passim; Löffler, Presserecht, S. 328 f.; Mallmann, aaO., S. 328 f.; Scheuner, Die institutionellen Garan-

auch in der Rechtsprechung[34]) weitgehend bejaht. Dennoch kann ich nicht umhin, auch gegen diese Meinung Bedenken vorzubringen. Dabei soll der Hinweis darauf, daß die Beratungen des parlamentarischen Rates sowie die bisherigen rechtsstaatlichen Verfassungen diese Meinung nicht stützen, nur ein Präliminarium sein.

Dem Begriff der institutionellen Garantie ist eine zur Zeit seiner „juristischen Entdeckung" durch Carl Schmitt[35]) ungeahnte Aufwertung zuteil geworden. Lerche allerdings spricht von einer Modeentwicklung[36]), Bettermann sogar vom Nebel des Institutionellen[37]) — gewiß harte Worte. Dahinter steht wohl die richtige Überlegung, daß es des Begriffs der institutionellen Garantie im Bereich der Pressefreiheit nicht bedarf, um das zu erreichen, was z. B. der Herr Erstberichterstatter und das Bundesverfassungsgericht nur mit seiner Hilfe glauben erreichen zu können.

Die Verfassungsgarantie der Institution soll einmal die Institution in ihrem Wesensgehalt vor dem Zugriff des Gesetzgebers schützen[38]). Dieses Schutzes bedürfen Freiheitsrechte nicht, denn für sie gelten ohnehin sowohl Art. 79 Abs. 3 GG wie auch Art. 19 Abs. 2 GG. Die Verfassungsgarantie der Institution soll ferner ihren Bestand erhalten, genauer: ihr Bestehen sichern. Es ist jedoch, worauf Lerche gerade im Hinblick auf die Presse hingewiesen hat[39]), sehr fraglich, ob die Verfassung die mit der Betätigung eines Freiheitsrechts verbundene soziale Institution in ihrem Bestand erhalten will. Damit soll nicht geleugnet werden, daß jedes Freiheitsrecht in der Regel nur in einem oft sehr komplexen sozialen Zusammenhang ausgeübt werden kann. Der Gegenbegriff der rechtlichen Freiheit ist aber nicht die sachliche Notwendigkeit, sondern die Unfreiheit, und erst recht meint Freiheitsrecht nicht, daß es für das isolierte

---

tien des Grundgesetzes, Recht-Staat-Wirtschaft, 4, 1953, S. 106 ff.; Dagtoglou, Wesen und Grenzen der Pressefreiheit, S. 12 ff., und DÖV, 1963, S. 638 ff.

Ablehnend mit Gründen, denen die hier vorgetragenen ähnlich sind: Schüle, aaO., S. 26 f. Anm. 63 sowie Forsthoff, aaO.

[34]) Beginnend mit BVerfGE 10, 118 ff. (121).

[35]) Ausführlich entwickelt in: Freiheitsrechte und institutionelle Garantien (1931), zit. nach C. Schmitt, Verfassungsrechtliche Aufsätze, S. 140 ff.

[36]) Lerche, Übermaß und Verfassungsrecht, S. 240.

[37]) K. A. Bettermann, Rundfunkfreiheit und Rundfunkorganisation, DVBl. 1963, S. 42.

[38]) Gemeint ist der Wesensgehalt in Gestalt der Rechtsvorschriften. die die Institution juristisch konturieren.

[39]) Lerche, aaO., S. 241 f. Anm. 336.

Individuum gelte, denn schon der Begriff des Rechts schließt die Vorstellung von der sozialen Isolation aus[40]).

Der soziale Zusammenhang, in dem das Grundrecht der Pressefreiheit ausgeübt wird, beruht auf der Betätigung anderer Freiheitsrechte. Soweit diese rechtlich reichen, wird, was noch näher zu erörtern ist, auch die Ausübung der Pressefreiheit geschützt, mithin die soziale Institution „Presse". Wo die Grenze dieser Freiheiten in Gestalt der Gesetze liegt, verläuft auch die Grenze der Verwirklichung der Pressefreiheit. Auf diese Weise läßt sich verhältnismäßig genau angeben, inwieweit die soziale Institution „Presse" vor dem Zugriff des Gesetzgebers geschützt ist[41]).

[40]) Das wird von den Gegnern der überkommenen Freiheitsvorstellung verkannt. Viel eher könnte man ihnen entgegenhalten, daß das „substantielle" usw. Denken vom Grundrecht dieses als „Monade" begreift. Daher muß es auch dazu kommen, daß sie glauben, dem Freiheitsrecht eine institutionelle Garantie zur Seite stellen zu müssen. Wenn z. B. Dagtoglou, DÖV 1963, S. 638 l. Sp. meint, die Pressefreiheit werde um der Sache willen gewährleistet, also aus „objektiven d. h. nicht personen-, sondern sach-, institutionsbezogenen Gründen", so geht das wohl am Problem vorbei: Eine Freiheit kann nur personenbezogen sein, d. h. Menschen sind frei. Die Sache hingegen wäre Kommunikation überhaupt — die ist aber, wie schon oben Anm. 16 darlegt, auch ohne Freiheit denkbar. Indem aber die einzelnen Pressefreiheit haben, vollzieht sich die Kommunikation in Freiheit. Was sie in Freiheit (z. B. des Wirtschaftens) errichten, ist die soziale Institution Presse. Nur wenn man meint, der Staat sei verpflichtet, überhaupt Presse bestehen zu lassen (dazu oben Anm. 39), würde die institutionelle Garantie Platz greifen. Dann aber hätte der Staat, sofern die Presse nicht als staatliche Einrichtung gedacht wird, die Befugnis, Menschen, die keine Presse wollen, dazu zu zwingen, sie zu haben: Diese Ansicht dürfte allerdings auch Dagtoglou nicht teilen. Das ist etwas anderes als die Frage, ob der Staat verpflichtet ist, eine Presse, die wegen der Konkurrenz anderer Massenmedien nur noch mit roten Zahlen arbeiten kann, aber bestehen will, mit Steuergeldern zu subventionieren. Es zeigt sich also auch hier, welche Folgen es hat, wenn man den Unterschied zwischen den in Freiheit geschaffenen Institutionen und den staatlichen Institutionen nicht beachtet. Insofern ist es richtig, wenn Ridder, aaO., (Neumann-Nipperdey-Scheuner), S. 269 sagt, die Annahme einer institutionellen Garantie lasse daneben nicht die Vorstellung eines subjektiven Freiheitsrechts zu, es komme nur ein Rechtsreflex in Betracht (also Konnex- oder Komplementärrechte einzelner im Rahmen der Institution). Diese These ist für Art. 5 Abs. 1 GG unrichtig, aber eben doch folgerichtig.

[41]) Deshalb bedarf es der Annahme einer institutionellen Garantie nicht, um die Herstellung und den Vertrieb usw. eines Presseerzeugnisses „grundrechtsfest" zu machen. Gewiß ist das ein sozialer Zusammenhang (eine Institution ohnehin nicht, denn ein Vorgang ist keine Institution), doch würde man geltendes Recht geradezu revolutionieren, wollte man stets einen Zusammenhang

Dann aber ist nicht zu erkennen, was daneben unter dem Aspekt des GG die Garantie der Institution „Presse“ durch die Verfassung bezwecken kann. Damit wird auch klar, warum man den Begriff der institutionellen Garantie für die Verfassungsgarantie des Berufsbeamtentums (Art. 33 Abs. 5 GG) und der kommunalen Selbstverwaltung (Art. 28 Abs. 2 GG) reservieren muß: Diese Einrichtungen könnten ohne die Verfassungsgarantie weder vor dem Gesetzgeber geschützt noch in ihrem Bestand, genauer: in ihrem Bestehen erhalten werden[42]). Die Unterscheidung von Freiheitsrecht und institutioneller Garantie ist also auch in unserem Falle zu beachten, weil sie eine Grundunterscheidung einer jeden rechtstaatlichen Verfassung darstellt.

Die Herausnahme einer sozialen Institution aus dem allgemeinen Maß der Verteilung von Recht und Pflicht kann nur besagen, daß Gemeinschaftsinteressen zurückzutreten haben — auch die Rechte anderer. Dieser Feststellung möchte man vielleicht ausweichen, indem man postuliert, der Bevorzugte werde es nicht zur Benachteiligung der Gemeinschaftsinteressen kommen lassen. Das läuft auf die These hinaus, der Bevorzugte sei im Vergleich mit den übrigen Staatsbürgern gar nicht höherrangig, sondern besitze höhere Qualitäten. Dies ist der nicht ausgesprochene Grundgedanke, der hinter den sachhaltigen Thesen von der öffentlichen Aufgabe der Presse und ihrer institutionellen Garantie steht. Da er Ausgangspunkt ist, muß er öffentlich gemacht und muß dazu Stellung genommen werden.

Die These, daß die Institution „Presse“ die Bevorzugung wegen der höheren Qualitäten verdiene und sogar fordern müsse, läßt sich mittels der geistesgeschichtlichen und wissenssoziologischen Methode leicht auflösen. Sie entstammt den Gedanken der französischen Aufklärung, in welcher der Kritik der oberste Wert beigelegt und die Kritik somit über das Handeln gestellt wurde[43]). Sofern das nicht lediglich

---

rechtlich als Einheit behandeln wollen. So könnte man Verbote bestimmter Tätigkeiten im Zusammenhang der Presse nur an Art. 5 Abs. 2 GG messen usw. Wollte man alle Freiheitsgrundrechte so verstehen, dann käme man z. B. zu Recht zu der Ansicht, die Koalitionsfreiheit stehe, weil der Gesetzesvorbehalt fehle, einer gesetzlichen Einschränkung entgegen (so F. Neumann, Das gesamte Pressenotrecht vom 4. Februar 1933, Berlin 1933, S. 44 f.).

Die Ansicht, das gelte eben nur für die Presse, will damit die Presse aus dem allgemeinen Recht herausheben. Dazu Näheres im Text.

[42]) Vgl. oben Anm. 40 und Forsthoff, aaO., S. 633 ff.

[43]) Dazu vor allem: R. Koselleck, Kritik und Krise. Zur Pathogenese der bürgerlichen Welt, Freiburg 1959. Vgl. auch

auf Höchstbewertung der folgenlosen Dauerreflexion hinauslaufen soll, meint Kritik als oberster Wert einen bestimmten Inhalt, also eine bestimmte Vorstellung von dem, was die Handelnden tun sollten.

An solchen Thesen fällt auf, daß Kritik im formellen Sinne, als Dauerreflexion, für einen bestimmten Beruf monopolisiert werden soll, und daß als Kritik im materiellen Sinne, als bestimmte politische Vorstellung, etwas gedacht wird, das sich von den verfassungsgemäßen Denkschemata der anderen Kritiker und der verfassungsgemäß Handelnden unterscheidet. Dazu paßt die vor allem von amerikanischen Beobachtern, z. B. Wilbur Schramm[44]), festgestellte Kritikfeindlichkeit solcher Prätentionen; dazu gehört, wie vor 1789 in Frankreich, der Zwillingsbegriff der so verstandenen Kritik, nämlich die Krise[45]). Dahinter steht, sofern es nicht um die Privilegierung der folgenlosen Dauerreflexion gehen soll, der bereits vorhin erwähnte Monopolanspruch auf Wahrheit. Wir wissen aber auch, wie er in der Geschichte verwirklicht wurde[46]).

R. Schnur, Weltfriedensidee und Weltbürgerkrieg 1791/92, Der Staat, 2, 1963, S. 297 ff.

[44]) Vgl. W. Schramm, Responsibility in Mass Communication, S. 213 f. Kritikfeindlichkeit ist stets ein Zeichen dafür, daß man die Kritiker der Kritik für dümmer oder gar minderwertiger hält als sich selbst. Man kann hier auch von einer Ideologie eines sich so verstehenden Standes sprechen, weil das ideologische Bewußtsein dadurch gekennzeichnet ist, daß es seine eigene Interessenlage verschweigt und dafür die des anderen kritisiert, vgl. Jonas, aaO., S. 282 Anm. 7.

[45]) Darüber Koselleck, aaO., passim.

Die Krise die heute von den Verfechtern der hier abgelehnten These gemeint ist, soll offenbar die Grundlagenkrise sein, in der sich die Bundesrepublik befindet. Das ist aber, allen wirklichen und vermeintlichen Verfassungsverstößen zum Trotz, wohl eher die Krise des utopischen Modells der Demokratie, das diese Kritiker ins Grundgesetz hineinlegen. Daß die Utopiker von einer Grundlagenkrise in die andere zu taumeln pflegen, habe ich an anderer Stelle (vgl. oben Anm. 43) dargetan. Sofern man nicht als Modell etwa einen herrschaftslosen Staat meint (wie er bislang nicht verwirklicht worden ist — auch in Polen nicht), soll das Modell wohl dasjenige sein, das man am „Tage Null", dem Zusammenbruch von 1945, orientiert. Eben: Damals gab es nämlich überhaupt keine Staatsgewalt, die von Deutschen ausgeübt wurde. Das ist dann der Fortschritt in die Vergangenheit. So reaktionär ist das GG nicht. Im übrigen: Das Problem des Staates und der Herrschaft wird nicht dadurch erledigt, daß man davon träumt, wie schön es wäre, wenn man nicht mehr in einem eigenen Staat leben würde — man kann allenfalls aus der eigenen Geschichte ausscheren.

[46]) Hilft ein solcher Hinweis? Rationalismus ist, wie Oakeshott sagt, die Politik der Unerfahrenen, vgl. Rationalism in Politics, and other Essays, London 1962, S. 1 ff.

II.

Wurde so klargestellt, welchen Inhalt das Grundrecht des Art. 5 Abs. 1 GG hat, so soll nun eine Klärung des Begriffs der „allgemeinen Gesetze“ in Art. 5 Abs. 2 GG unternommen werden.

1. Der Umfang des Grundrechts wird durch die Schranken bestimmt, die zu ziehen Art. 5 Abs. 2 GG den Gesetzgeber ermächtigt.

Dem Inhalt des Art. 5 Abs. 2 GG kommt man jedoch nicht dadurch näher, daß man die Grenze für den Gesetzgeber in dem Begriff „allgemeine Gesetze“ sieht.

Bereits unter der Herrschaft der Weimarer Reichsverfassung ist festgestellt worden, daß „allgemein“ hier nicht die übliche Bedeutung haben kann, etwa als Gegensatz zum Individuellen, zu einer bestimmten Meinung, weil sonst z. B. Strafgesetze in dem hier interessierenden Bereich nicht erlassen werden können[47]). Insofern war die damals vertretene Ansicht richtig, das Adjektiv „allgemein“ sei überflüssig[48]). Damit aber geht es nicht mehr um die Auslegung des Begriffs „allgemein“, sondern um die Frage, welche Gesetze die Verfassung als Schrankenziehung zuläßt.

Diese Frage muß beantwortet werden, soll die Bestimmung des Umfangs des Grundrechts der Pressefreiheit nicht ins Belieben des Gesetzgebers gestellt werden. Das bedeutet, daß der Wesensgehalt dieses Grundrechts ermittelt werden muß[49]) — hier liegt die allein entscheidende Frage, auf die nur direkt geantwortet werden kann.

---

[47]) Siehe vor allem A. Hellwig, Art. 118. Meinungsfreiheit, Zensur, in: H. C. Nipperdey (Hg.), Die Grundrechte und Grundpflichten der Reichsverfassung, Bd. 2, Berlin 1930, S. 21 f., vgl. auch G. Anschütz, Die Verfassung des Deutschen Reiches, unveränd. Neudr. der 14. Aufl. (1933), Darmstadt 1960, Anm. 3 zu Art. 118 (S. 553). „Spezialgesetze“, also gegen Art. 3 GG verstoßende Gesetze zu verhüten, ist nicht Zweck des Art. 5 Abs. 2 GG. Wenn Anschütz meint, ein Gesetz, das z. B. die Verbreitung kommunistischer oder faschistischer Lehrmeinungen verbiete, sei ein solches Gesetz, so ist das vordergründig argumentiert: Will der Gesetzgeber verfassungswidriges Verhalten untersagen, dann ist ein Gesetz, das nicht alle verfassungsschädigenden Äußerungen erfaßt, wegen Verstoßes gegen den Gleichheitssatz verfassungswidrig, nicht deshalb, weil der Gesetzgeber solche Meinungsäußerungen überhaupt nicht verbieten dürfte. Wer keinen Verfassungsfeind kennt, muß freilich so argumentieren.

[48]) So besonders Kitzinger, Das Reichsgesetz über die Presse, Tübingen 1920, S. 203, sowie PrOVGE, 77, 514 ff.

[49]) Wer im Ausdruck „allgemein“ etwas anderes sehen will als den Gegensatz zu „individuell“, geht wiederum so vor, daß er Schranken

Allgemeine Formeln können nicht zur Antwort verhelfen[50]). Das gilt z. B. von der Wendung, die Schranke der Pressefreiheit habe dort zu liegen, wo ein überragendes Gemeinschaftsinteresse den Vorrang vor der Freiheit habe[51]). Abgesehen davon, daß ein Interesse, wenn es rechtlich den Vorrang bekommen soll, eben deshalb überragend ist, besagt diese Wendung nicht, wo konkret die Schranke der Pressefreiheit zu liegen hat. Ebensowenig kommt man mit der Formel weiter, die allgemeinen Gesetze müßten in ihrer das Grundrecht beschränkenden Wirkung ihrerseits im Lichte der Bedeutung dieses Grundrechts gesehen werden[52]).

---

für den Gesetzgeber nicht ausdrücklich erwähnt, sondern sie aus dem Begriff ableiten will, in den er sie vorher hineingelegt hat. Auch das läuft natürlich auf die Feststellung des Wesensgehaltes hinaus, ist aber wegen der Verunklärung des Problems zu vermeiden.

[50]) Solche Formeln können nur als Abbreviaturen für einen oft sehr komplexen bzw. konkreten Sachverhalt rechtlich nützlich sein. In einer Gesellschaft mit großer Verschiedenheit der Ansichten muß daher, um diese Formeln nicht zu beliebig manipulierbaren Leerformeln werden zu lassen, sogleich auf das damit genau Gemeinte hingewiesen werden. Näheres unten im Text.

[51]) Ähnlich verhält es sich mit der in den USA verbreiteten Lehre von der preferred position der Grundrechte, wo mithin der Vorrang umgekehrt betrachtet wird. Mit der These, der Gesetzgeber habe die preferred position zu beachten, ist als solcher nichts gewonnen, es ist stets zu fragen: wo liegt die Grenze?

Hier ist auch kurz die Lehre zu erwähnen, wonach die First Amendment Freedoms mangels eines Gesetzvorbehaltes „absolutes" seien (statt vieler A. Meiklejohn, Political Freedom. The Constitutional Powers of the People, New York 1960). Man wundert sich aber, wenn man nach solcher Äußerung sogleich liest, falls die Meinungsäußerung z. B. zu kriminellen Taten aufreize, falle sie nicht in den Grundrechtsbereich. Diese Argumentation verwechselt die natürliche, absolute Freiheit mit dem Freiheitsgrundrecht. Indem sie die strafbare Äußerung als hors-la-constitution auffassen muß und nicht als hors-la-loi, ist diese Ansicht, die sich als liberal deklariert, dies gerade nicht. Mit der These, „absolute" sei das, was nicht verboten werden darf, wird viel angekündigt, aber nur eine Banalität vorgestellt. Vgl. damit Fellmann, aaO., (Anm. 3), S. 55 ff.

[52]) So etwa BVerfGE 7, 198 ff. (208 f.). Wenn es dort (209) heißt, es finde eine Wechselwirkung in dem Sinne statt, daß die „allgemeinen Gesetze" zwar dem Wortlaut nach dem Grundrecht Schranken setzen, ihrerseits aber aus der Erkenntnis der wertsetzenden Bedeutung dieses Grundrechts im freiheitlichen demokratischen Staat ausgelegt und so in ihrer das Grundrecht begrenzenden Wirkung selbst wieder eingeschränkt werden, so ist das eine anschauliche Ansammlung von Leerformeln: 1) Ein Gesetz setzt nicht dem Wortlaut nach Grenzen, sondern mit dem, was es wirklich meint — das ist durch Auslegung zu ermitteln; 2) Dabei ist die Wesensgehaltssperre zu beachten, denn was die Bedeutung der Meinungsfreiheit in einer bestimmten Demokratie ist, ergibt sich nicht aus allgemeinen Erwägungen; 3) Nicht dem Grundrecht, sondern der Freiheit werden Schranken gesetzt; 4) Eine Wechselwirkung ist hier undenkbar: Ent-

Gleiches gilt für den Hinweis, der Ort der Schranke müsse durch Interessen-, Güter- oder Wertabwägung gefunden werden[53]). Um zu wägen, bedarf es des Maßes. Soll der Gesetzgeber an die Verfassung gebunden sein, so hat er das Maß dort zu suchen. Das geschieht, worauf Willi Geiger nachdrücklich hingewiesen hat[54]), durch das Interessenabwägen gerade nicht. Nur dort, wo die Verfassung das Maß ungenau angibt, hat der Gesetzgeber Spielraum, kann er Interessen abwägen. Aber das dürfen nur diejenigen Interessen sein, die die Verfassung zuläßt. — Gleiches trifft für die Gesetzesanwendung zu.

Eine andere Lehre will als schrankenziehende Gesetze i. S. von Art. 5 Abs. 2 GG nur solche Gesetze zulassen, die sich

---

scheidend ist die Frage, was der Gesetzgeber darf oder nicht, eine Wechselwirkung besagt nichts — dies ist das notwendige Ergebnis einer freischwebenden Interessenabwägung, von der man meint, das bloße Schaukeln der jeweiligen Gewichte, d. h. Interessen ergebe das, was man sucht: Den Maßstab für den Gesetzgeber.

Kritisch zu dieser Entscheidung des BVerfG: Čopić, aaO., S. 495 Anm. 13.

[53]) Siehe dazu jüngstens Chr. Graf von Pestalozza, Kritische Bemerkungen zu Methoden und Prinzipien der Grundrechtsauslegung in der Bundesrepublik Deutschland, Der Staat, 2, 1963, S. 425 ff.

[54]) Vor allem in: Die Grundrechte in der Privatrechtsordnung, Stuttgart 1960, S. 36 ff.

Offenbar möchte man, wie später noch auszuführen ist, mit Formeln wie den hier als bedenklich bezeichneten dartun, daß es eigentlich nicht um eine Entscheidung über das Recht geht, daß es Prozeduren gibt, die das Recht ohne Entscheidung anfallen lassen — mit dem Ergebnis, da es immer um eine Entscheidung (für den, dem das Wort zuwider ist: um eine Stellungnahme) geht, daß die Entscheidung nur kaschiert wird. Wenn Rechtsstaat auch Klarheit über das Recht heißt, dürften diese Prozeduren wenig rechtsstaatlich sein. Näheres unten Anm. 64. Eine ausgezeichnete Kritik der diesbezüglichen Rechtsprechung des Supreme Court (balancing of interests) gibt L. B. Frantz, The First Amendment in the Balance, Yale L. R., 71, 1961/62, S. 1424 ff., S. 1434: „But, though the mental process by which a judge determines what rule to adopt can be described as ‚balancing', this does not make it the same as balancing, independently of any rule, to determine what is the best disposition to make of a particular case." S. 1435 weist Frantz darauf hin, daß dem balancing im allgemeinen allmählich eine feste Regel entspringe, beim ad-hoc-balancing jedoch sei es so: „The ad hoc balancer's constitution is empty until the court decides what to put into it. It does not speak until the court speaks for it. It is inherently incapable of saying anything to the judge." Auf diese Weise komme man nicht zu einem „hard core" eines Grundrechts (d. h. der Wesensgehaltssperre). Ergebnis: „As treated by the balancing test, ‚the freedom of speech' protected by the first amendment is not affirmatively definable" (S. 1142). Die Antwort von W. Mendelson vermag nicht zu überzeugen (On the meaning of the First Amendment: Absolutes in the Balance, Cal. L. R., 50, 1962, S. 821 ff.).

nicht gegen eine Meinung mit rein geistiger Wirkung richten, nicht ihre rein geistige Wirkung inhibieren oder die Meinungsäußerung nur mittelbar oder indirekt treffen wollen[55]).

Diese Lehre klingt, weil hier der reine Geist ins Spiel gebracht wird, gewiß bestechend, doch fordert sie gerade dadurch die Bedenken heraus. Sie gehört zu jenen Lehren, die sich bemühen, die Grenzen der natürlichen Freiheit durch die natürliche Freiheit zu bestimmen oder den Umfang eines Rechts aus einer irgendwie als vorgegeben angenommenen Substanz festzulegen.

Eine rein geistige Wirkung einer Meinungsäußerung läßt sich nicht vorstellen, oder aber es hat, worauf schon Justice Oliver Wendell Holmes hinwies[56]), jede Meinungsäußerung nur rein geistige Wirkung, weil sie kein Tun im engeren Sinne ist. Fragt man nämlich, was nicht rein geistige Wirkung der Meinungsäußerung sei, was also vom Gesetzgeber verboten werden dürfe, so dürfte das Dilemma dieser Lehre offenkundig werden.

Häntzschel wollte diesem Einwand mit dem Hinweis begegnen, die zulässigen allgemeinen Gesetze bezögen sich auf Meinungen mit bestimmter Form, etwa Beleidigung, oder mit bestimmter Wirkung in Gestalt unerlaubter Handlungen, wie etwa bei der strafrechtlichen Anstiftung[57]). Doch gibt es

---

[55]) Siehe etwa H. Häntzschel, Das Grundrecht der freien Meinungsäußerung und die Schranken der allgemeinen Gesetze des Artikels 118 f. der Reichsverfassung, AöR, N. F. 10, 1926, S. 228 ff.; ders., Das Recht der freien Meinungsäußerung, in: G. Anschütz-R. Thoma, Handbuch des deutschen Staatsrechts, 2. Bd., Tübingen 1932, S. 651 ff.; Anschütz, aaO., Anm. 3 zu Art. 118; Ridder, Die Grundrechte, aaO., S. 282; v. Mangoldt-Klein, aaO., Anm. IX 3 a) zu Art. 5 (S. 250 f.); P. Lerche, Grundrechte des Soldaten, in: Bettermann-Nipperdey-Scheuner, aaO., IV/1, S. 447 ff. (474 ff.).

K. Rothenbücher, Das Recht der freien Meinungsäußerung, VVDStRL, 4, 1928, S. 3 ff.; F. Poetzsch-Heffter, Handkomm. z. Reichsverfassung, 3. Aufl., Berlin 1928, Anm. I 3 zu Art. 118 (S. 417). Es sei nochmals betont, daß von dieser Frage scharf zu trennen ist die schon früher erwähnte Frage, ob Art. 5 Abs. 2 GG gesondert solche Gesetze nicht zulassen will, die den Gleichheitssatz verletzen. Das wird im Schrifttum fast regelmäßig nicht scharf getrennt. Vgl. oben Anm. 47.

Die beiden Wendungen, das Gesetz dürfe sich nicht direkt oder unmittelbar gegen die Meinung richten, laufen auf dasselbe hinaus, sie werden deshalb hier gleich behandelt.

[56]) Dissenting Opinion in: Gitlow v. New York, 268 U.S. 652, 673 (1925). Vgl. auch Richardson, aaO., S. 18.

[57]) Häntzschel, Das Recht der freien Meinungsäußerung, S. 659 ff. Ähnliche Thesen werden in den USA vertreten, und zwar

keinen Unterschied a priori zwischen Inhalt und Form der Meinungsäußerung, nach dem sich der Gesetzgeber zu richten hätte. Wer z. B. die Religion der Papuas verächtlich macht, bleibt straflos, wer die katholische Religion beschimpft, wird nach § 166 StGB bestraft, und was die Anstiftung als entscheidendes Merkmal des allgemeinen Gesetzes angeht, so kennen wir ja Anstiftungen, die höchst erwünscht sind, etwa die zum rechten Tun. Häntzschel versuchte also, Maßstäbe für den Gesetzgeber in solchen Merkmalen zu finden, die allein Werk des Gesetzgebers sind[58]).

Der Zirkelschluß dieser Lehre ermöglicht es, was bereits Smend gesehen hat[59], allgemeine Gesetze nach Belieben zu rechtfertigen. Man wird ihr daher die Gefolgschaft versagen müssen.

Smend sah deshalb zu Recht das entscheidende Kriterium darin, daß das allgemeine Gesetz ein von der Verfassung anerkanntes Gemeinschaftsinteresse schützen soll[60]). Mit der For-

---

in der Regel von den Anhängern der preferred-position-Doktrin oder vom „absoluten" Charakter der First Amendment Freedoms, vgl. etwa Chafee, aaO., S. 23 ff.; W. E. Hocking, Freedom of the Press. A Framework of Principle. A Report from the Commission on Freedom of the Press, Chicago 1947, S. 122 ff.; M. Brandwen, The Battle of the First Amendment; A Study in Judicial Interpretation, North Car. L. R., 40, 1961/62, S. 295; Justice William O. Douglas in: Konigsberg v. State Bar of California, 366 U.S. 36, 64 (1961) (diss. op.); ders., The Right of the People, Garden City N. Y. 1958, S. 54. Stets heißt es, ein Verbot sei nur gerechtfertigt, wenn die Rede so eng mit der Tat verbunden sei, daß sie wesensgemäß Teil eines offenen Aktes sei oder wenn sie „has become a complex of speech and illegal action". Es läßt sich leicht erkennen, daß z. B. der gesamte Bereich der Beleidigung usw. aus solcher Definition herausfällt, sie ist offenbar auf die Staatsgefährdung zugeschnitten, also nicht allgemein — wozu sie bestimmt ist.

[58]) Ob eine Meinung direkt, unmittelbar, „als solche" oder in "ihrer rein geistigen Wirkung" getroffen werden soll, hängt mithin stets davon ab, was jeweils das Gegenteil solcher Kennzeichen ist. Das aber wird regelmäßig Gesetzen entnommen, also dem, was der Gesetzgeber bestimmt. Somit wird das angeblich entscheidende, den Gesetzgeber bindende Merkmale dem Werk des Gesetzgebers selbst entnommen. Das läuft auf die These hinaus: Eine Meinung hat insoweit rein geistige Wirkung, als sie nicht verboten werden darf. Das ist eine Feststellung, keine Definition eines maßgeblichen Merkmals.

[59]) Smend, aaO., S. 53.

[60]) Smend, aaO., S. 51 ff. Zustimmend E. Kaufmann, ebenda, S. 81 f., ferner Hellwig, aaO., S. 24 f., sowie A. Köttgen, Die Meinungsfreiheit des Soldaten in: Von den Grundrechten des Soldaten, München 1957, S. 71.

Wenn die hier abgelehnte Meinung, indem sie sagt, direkte, unmittelbare Eingriffe usw. seien nicht gestattet, dann angibt, daß erlaubte, d. h. indirekte, mittelbare Eingriffe usw. stets dem Schutz

derung, daß das Gemeinschaftsinteresse von der Verfassung anerkannt sein muß, ist der beliebigen Manipulierbarkeit dieser These ein erster Riegel vorgeschoben[61]). Die weitere Frage geht dahin, wie weit und wie die Verfassung das betreffende Gemeinschaftsinteresse geschützt haben will. Das ist also eine Frage der Auslegung der Verfassung, und damit wird auch in diesem Zusammenhang das Problem der Verfassungsauslegung unumgänglich.

2. Diese entscheidende Frage stellt sich allerdings nicht, wenn der Inhalt der Verfassung grundsätzlich dynamisiert werden, wenn allein das Selbstverständnis derjenigen, die ihr unterworfen sind und das Ausmaß dieser Unterwerfung zu ermitteln haben, für die Bestimmung des Inhalts der Verfassung maßgeblich sein sollen[62]).

Dem Einwand gegen diese Vorstellungen, damit werde das Recht als allgemein Verbindendes geopfert, kann man schwerlich durch den Hinweis begegnen, der allgemeine Konsens ge-

---

eines Rechtsguts dienen, so verwechselt sie hier das entscheidende Kriterium (wie auch Lerche, Die Grundrechte, S. 474 ff.). Dann ist es nämlich nicht wichtig, wie man die direkten, unmittelbaren Eingriffe kennzeichnet, denn es kommt nunmehr nur darauf an, was ein indirekter, mittelbarer Eingriff ist, und dieser wird von seinem Zweck, d. h. dem Schutz eines Rechtsgutes her bestimmt. Insofern ist die hier abgelehnte Ansicht nur ihrer eigenen Prätention nach gegen die von Smend inaugurierte Lehre gerichtet, doch muß sie gemäß dieser Prätention gewürdigt werden: Man kann Smends Lehre nicht unterlaufen, indem man ihr entscheidendes Kriterium übernimmt, den von Smend angegriffenen Teil der Lehre jedoch beibehält. Hier gibt es doch wohl nur ein Entweder-Oder.

Wenn gelegentlich gesagt wird, ein direkter Eingriff liege vor, wenn die Verbotsnorm so gefaßt sei, daß nur Meinungsäußerungen das betreffende Rechtsgut verletzen könnten, so ist das für den Bereich der Beleidigungen auf den ersten Blick unrichtig, aber auch für alle anderen Verletzungen. Was hinter dieser These zu stehen scheint, ist wiederum die Absicht, gleichheitsverletzende Gesetze zu verhüten, doch ist das nicht Sache von Art. 5 Abs. 2 GG.

[61]) Lerche, Die Grundrechte, S. 475, spricht von Rückgriff auf eine fixierte Verfassungssubstanz. Damit wird klargestellt, daß relativistische Ausdeutungen der Lehre Smends nicht möglich sind. Man muß sich nur der Tatsache bewußt sein, daß das Operieren mit der bloßen Formel nicht genügt, sondern daß man den konkreten Inhalt zu beachten hat — eben die Wesensgehaltssperre. Darüber Näheres weiter unten im Text.

[62]) Die Problematik der Verfassungsinterpretation kann hier natürlich nur kurz behandelt werden. Eine Stellungnahme ist jedoch unumgänglich. Aus dem neuesten Schrifttum seien erwähnt die Berichte von P. Schneider und H. Ehmke, VVdStRL, 20, 1963. sowie der Aufsatz von Pestalozza (oben Anm. 53).

währleiste das gemeinsame Selbstverständnis der Verfassung; denn wir haben zu fragen, wie es zum Konsens kommt[63]).

Das ist eine Tatfrage. Dann hängt alles davon ab, wer bestimmt, wann ein Konsens und somit das allgemeine Selbstverständnis vorliegt. Das ist jedoch niemals eine allseits automatisch richtig verlaufende Gedankenoperation, sondern als Feststellung über Tatsächliches verbindliche Entscheidung, mit der Folge, daß die Lehre vom Dezisionismus durch die Vordertür im Schein des Normativen zurückkehrt[64]).

Die gleiche Wirkung wird erzielt, wenn man zwar vorgibt, Art. 5 GG auszulegen, jedoch die erwähnten Leerformeln wie Interessenabwägung, preferred position des Freiheitsrechts usw. verwendet. Hier muß es im konkreten Falle, sei es in der Gesetzgebung, sei es in der Rechtsprechung, dazu kommen, daß zunächst die Leerformel vorgeführt und dann not-

---

[63]) Siehe auch Leibholz und Friesenhahn in: VVdStRL, 20, 1963, S. 117 f. bzw. S. 121.

[64]) Wie bereits erwähnt, bemühen sich derartige Lehren, dem aus irgendwelchen persönlichen Gründen als meidenswert angesehenen Problem der Entscheidung aus dem Wege zu gehen. Man gerät leicht in die Versuchung, das als „typisch deutsch" zu kennzeichnen, wäre es nicht verwandt mit der oben Anm. 43 erwähnten Lehre des Vorrangs der Kritik vor dem Handeln. Das Problem der Entscheidung (oder Stellungnahme) läßt sich jedoch nicht umgehen, während das Problem des Konsenses, juristisch betrachtet, in einem Verfassungsstaat wie dem der Bundesrepublik erst mit dem Auftauchen des Widerstandsfalles bedeutungsvoll wird, wenn man davon absieht, daß die Wähler mit der Wahl die Möglichkeit haben, den Entscheidenden zu zeigen, was sie denken.

Wer demnach Lehren vorträgt, die das Problem der Entscheidung umgehen wollen, fördert nicht etwa die Bindung an das Recht, sondern schwächt sie, weil damit die verfassungsrechtlich festgelegte Ordnung der Entscheidung preisgegeben wird. Daß darin eine große politische Gefahr vieler Naturrechtslehren liegt, dürfte inzwischen allseits bekannt sein.

Wenn Häberle, aaO., S. 92 Anm. 167, meint, es sei für den Dezisionismus typisch, daß er in einem aut-aut-Schema denke, so dürfte das einzig Genaue, was man diesem Satz entnehmen kann, dies sein: daß ein Autor, der von diesen Dingen sprach, angegriffen werden soll. Sachlich enthält diese Äußerung nur Ungenaues: Jedes juristische Denken muß mit Begriffen operieren, insoweit ist ein aut-aut Ausgangspunkt jeder Jurisprudenz (s. auch M. Waline, Empirisme et Conceptualisme dans la Méthode juridique: Faut-il tuer les Catégories juridiques? in: Mélanges J. Dabin, Bd. 1, Brüssel 1963, S. 359 ff.). Das hat mit dem Denken in politischen Extremen nichts zu tun, worauf ich in: Individualismus und Absolutismus, S. 44 ff., hingewiesen habe. Man ist angesichts solcher (absichtlichen?) Verwechslungen von Problemen der Versuchung ausgesetzt, Hegels Satz: „Das Gesetz ist darum ... vornehmlich das Schiboleth, an dem die falschen Brüder und Freunde des sogenannten Volkes sich abscheiden" (Rechtsphilosophie, Vorrede) auf den Begriff zu münzen.

wendigerweise unvermittelt die Entscheidung gefällt wird. Dafür bietet das Lüth-Urteil des Bundesverfassungsgerichts ein anschauliches Beispiel[65]). Dieses ipse-dixit-Prozedieren, wie man es in den USA nennt[66]), führt zu einem Wettlauf zwischen den verschiedenen Parteien des Rechtslebens, wobei Bürger und Verwaltung gegenüber Gesetzgebung und Rechtsprechung ins Hintertreffen zu geraten pflegen. Es gewinnt derjenige, der jeweils das letzte Wort hat — im strengen Sinne ist das aber kein Wort mehr, sondern eine rational, d. h. an der Verfassung nicht überprüfbare Entscheidung[67]).

Die Antwort auf solche Vorschläge, das Problem der Verfassungsauslegung zu lösen, besteht schon lange nicht mehr in dem Glauben, die Verfassung gebe in allen Fällen eine unmißverständliche Richtlinie. Dann aber kann es nur auf die Ermittlung der Genauigkeit der Richtlinie ankommen. Innerhalb des dabei festgestellten Spielraums ist Interessenabwägung zum Zwecke der Festlegung des Rechts durch Gesetz im konkreten Falle sinnvoll, und dieser Spielraum und mithin die Beweglichkeit der Rechtsordnung wird, aufs Ganze gesehen, um so größer, je tiefer man auf den Rangstufen der Rechtsordnung steigt[68]).

---

[65]) Siehe die Kritik von Čopić, aaO., S. 495 Anm. 13.

[66]) Aus dem umfangreichen Schrifttum seien erwähnt: H. Wechsler, Principles, Politics, and Fundamental Law, Cambridge Mass. 1961, S. 3 ff.; M. Shapiro, Judicial Modesty, Political Reality, and Preferred Position, Corn. L. Qu., 47, 1961/62, S. 175 ff.; ders., The Supreme Court and Constitutional Adjudication: Of Politics and Neutral Principles, G. Wash. L. R., 31, 1962/63, S. 587 ff. (Kritik an Wechsler), alle mit weiteren Hinweisen.

[67]) Wenn die Verfassung nur noch dynamisch ausgelegt werden soll oder ihre Sätze als Leerformeln verwendet werden, sagt nun die konkrete Entscheidung, was die Verfassung ist. Das eben ist Dezisionismus in seiner reinsten Form, man kann es auch Situationsjurisprudenz nennen, weil man sich vorbehält, in einer anderen Situation etwas anderes in die Leerformel hineinzulegen. Daß ein solches Verfahren auch für das GG gefährlich sein muß, dürfte auf der Hand liegen. Offenbar will man Leerformeln gebrauchen, um ganz bestimmte Entscheidungen, die, die man selbst für richtig hält, zu rechtfertigen. Würde man auch zulassen, daß sich andere der Leerformeln bedienen? Wenn ja, hätte man Rechtspositivismus in Reinkultur. Aber solange eine Verfassung Feinde hat, gilt Lenins Wort, daß man auf einem Standpunkt stehen und nicht liegen müsse.

[68]) Es sei auch hier wieder auf die Ausführungen von Frantz, aaO., passim, verwiesen.

Wenn man aber sagt, daß erst die letzte Konkretisierung, die durch Richterspruch, das Recht schaffe, so ist das ein Unding: Die Beteiligten erfahren das Recht hinterher, für andere Rechtsgenossen wird es ebenfalls „hinterher“ festgelegt. Darüber hinaus: Was ist rechtens, wenn kein Richter feststellt, was das Recht ist? Was man

Daran zeigt sich wiederum, daß es zwischen Recht und Politik keinen absoluten Gegensatz gibt. Deshalb mußte der Versuch des amerikanischen Staatsrechtlers Herbert Wechsler scheitern, der grundsätzlichen Dynamisierung der Verfassung und dem ipse-dixit-Prozedieren durch den Ruf nach neutralen, „juristischen" Verfassungsstandards entgegenzutreten[69]). Das von Wechsler mit Recht bekämpfte Übel läßt sich nur beseitigen, wenn der jeweils Entscheidende möglichst genau dartun muß, daß er sich im Spielraum der Verfassung bzw. des Gesetzes gehalten habe[70]). Nur dadurch

---

hier zu übersehen scheint, ist die Bedeutung einer Klarstellung des Rechts durch Richterspruch für den konkreten Fall, was etwas anderes ist als die Setzung. Doch ist das keine pure Dezision, solange der Entscheidende in dem Spielraum bleibt, den die Rechtsordnung vorsieht. Das hat Justice Robert Jackson in: Brown v. Allen, 344 U.S. 443, 540 (1953) (conc. op.) sehr klar formuliert: „We are not final because we are infallible, but we are infallible only because we are final." Das ist judicial self-restraint, nicht der Verzicht darauf, politisch hochgespannte Fälle rechtlich zu beurteilen.

[69]) Siehe vor allem Wechsler, aaO., passim, sowie die bei Shapiro, G. Wash. L. R., 31, 1962/63, S. 587 Anm. 1 angegebene Literatur.

Wechsler will verhüten, daß die Rechtsprechung politisiere und politisiert werde. Das glaubt er dadurch erreichen zu können, daß er vorschlägt, die Rechtsprechung solle sich bemühen, die Rechtsprinzipien der Verfassung anzuwenden.

[70]) Zur Kritik an Wechslers Thesen vgl. die oben Anm. 66 zitierten Aufsätze von Shapiro. Shapiro, bezeichnenderweise Politikwissenschaftler, neigt jedoch dazu, die Normativität, die jede Verfassungsentscheidung anstrebt, preiszugeben und setzt sich damit wieder Wechslers insoweit berechtigter Kritik aus. Es handelt sich also um einen der zahllosen Fälle, in denen die Diskutierenden teilweise recht haben, sich aber wegen dem streiten, was sie trennt, obwohl das für beide Seiten nicht das Hauptproblem ist. Es ist natürlich denkbar, daß die Partner eines solchen Disputs ein politisches Ziel verfolgen (d. h. etwas als nicht in der Verfassung enthalten behaupten, was dennoch dort Platz hat), es aber mit allgemeinen Wendungen drapieren.

Da die Lehren Th. Viehwegs (vgl. Topik und Jurisprudenz, 2. Aufl., München 1963) mitunter so verstanden worden sind, als sei mit der Topik freischweifendes Meinen und Dafürhalten gestattet, ist darauf hinzuweisen, daß für Viehweg die Grundtheorie der jeweiligen Rechtsordnung für alles rechtsdogmatische Denken solange gilt, als sie nicht durch die Verfassungsgesetzgebung expressis verbis verändert wird, vgl. Über den Zusammenhang zwischen Rechtsphilosophie, Rechtstheorie und Rechtsdogmatik, in: Estudios Juridico-Sociales. Homenaje al Prof. Luis Legaz y Lacambra, t. 1, Santiago de Compostela, 1960, S. 203 ff. (hier: S. 207). Weitergehende Thesen stimmen also mit denen Viehwegs nicht überein. Wenn P. Lerche, Stil, Methode, Ansicht, DVBl. 1961, S. 699 mir (VerwArch, 31, 1961, S. 176) entgegenhält, das Recht, nicht aber eine konkrete Rechtsordnung sei Selbstzweck, so ist das kein Einwand. Was heißt hier Selbstzweck? Zwischen dem Vorhandensein von Recht und

läßt sich die unumgängliche Bewegung innerhalb der Rechtsordnung kontrollieren, und diese Kontrolle ist um so wichtiger, je pluralistischer die Rechtsgemeinschaft ist.

3. Bei der Ermittlung dessen, was die Verfassung mit der Wesensgehaltssperre für die Schrankenziehung verbindlich machen wollte, darf die geschichtliche Situation der Verfassungsentscheidung nicht außer Betracht bleiben[71]). Erst dadurch werden sowohl die vorgefundene Sozial*problematik* als auch ihre *rechtliche* Ordnung durch die Verfassung hinreichend konkret gemacht; erst dadurch also ist es möglich, die Wertentscheidung der Verfassung effektiv zu machen, denn jede Wertentscheidung ist konkret, will sie überhaupt Richtlinie für Verhalten sein[72]).

---

den Prinzipien einer bestimmten Rechtsordnung ist scharf zu unterscheiden. Überdies würde man damit den Übergang zu einem totalitären Regime rechtfertigen — ob *Lerche* das will, möchte ich bezweifeln: Alle Thesen von grundsätzlicher Dynamisierung, grenzenlosem sozialen Wandel usw. machen, wenn sie nicht wirklich relativistisch, d. h. grundsatzlos konzipiert sind, nicht Ernst, wenn der Wandel in eine Richtung läuft, die der jeweilige „Relativist" nicht für gut hält. Nochmals: Es fällt zwar leichter, eine konkrete Entscheidung zu unterlaufen, wenn man das mittels allgemeingültig klingender Formeln tut, aber man stellt damit die angestrebte konkrete Entscheidung ebenfalls sofort in Frage. Vgl. auch *Schnur*, Individualismus und Absolutismus, S. 49 f.

[71]) Deshalb erscheint es wenig ergiebig, sich auf Thesen einzulassen, die diese komplexe Problematik auf das Schema „Systemdenken v. Problemdenken" abziehen möchten, wie das z. B. A. *Arndt*, Gesetzesrecht und Richterrecht, NJW, 1963, S. 1273 ff. tut. Wie wenig der Verf. seinen eigenen Ansatz ernst nimmt, zeigt sein Eintreten für die Bedeutung des sogenannten Formalen (NJW, 1963, S. 1590 ff.). Es kann dem Juristen nur um die Frage gehen: *Wie* beweglich ist die Rechtsordnung? Die knappe Antwort kann nur lauten: 1. Sie ist überhaupt beweglich; 2. die Beweglichkeit hat ihre Grenzen, und zwar in der jeweiligen Rechtsordnung selbst. Wer das ablehnt, nähert sich dem, was man Situationsjurisprudenz nennt: Will man eine Rechtsregel bestimmten Inhalts ohne das dafür vorgesehene Verfahren eliminieren, plädiert man für „Wandel", greifen andere einen für unabdingbar gehaltenen Satz an, redet man der Bedeutung der Form das Wort.

Es ist heute so viel von Ideologiekritik die Rede — soll das nur heißen, daß man die jeweils andere Ansicht als Ideologie entlarven kann? So war das von den Vätern der Ideologiekritik offenbar nicht gemeint (vgl. auch E. *Topitsch*, Sozialphilosophie zwischen Ideologie und Wissenschaft, Neuwied 1961). Es wäre daher eine reizvolle Aufgabe zu untersuchen, wer in welcher politischen Lage grundsätzlich für „Richterrecht" und wer für „Gesetzesrecht" eintritt. Dann würde sich vermutlich herausstellen, daß viel mehr politische Polemik im Spiele ist, als die im Zeitalter der Wissenschaftlichkeit beliebten wissenschaftlichen Verbrämungen vermuten lassen.

[72]) Grundlegend: H. *Ryffel*, Der Wertpluralismus unserer Zeit als philosophisches Problem, ARSP, 42, 1956, S. 305 ff. und S. 507 ff.

Auf diese Weise läßt sich auch die Leitvorstellung der Verfassung (ihr Typus) von den Schranken der Pressefreiheit genau genug ermitteln. Daß es dabei nur auf die Ermittlung der Grundzüge, des Kerns der Idee der Pressefreiheit, ankommt, ergibt sich aus der Notwendigkeit, dem Gesetzgeber genügend Bewegungsfreiheit für die Ausgestaltung der Rechtsordnung zu lassen[73]). Die Schwierigkeiten der Auslegung werden um so geringer, je mehr sich das Leitbild der Verfassung an vorangegangenen rechtlichen Konkretisierungen eines gleichen oder ähnlichen Leitbildes orientieren kann. Solche Konkretisierungen findet man in der Regel im Gesetzesrecht[74]).

Hier liegt die Annahme nahe, daß die Verfassung, sofern sie nicht ausdrücklich anderes bestimmt, was bekanntlich auch durch neue Direktiven geschehen kann, ihr Leitbild am vorkonstitutionellen Gesetzesrecht gebildet hat, weil sie nur so

---

Ansatzpunkt ist die Anthropologie: Da eine „Wertentscheidung“ Verhalten regeln will, Verhalten aber stets konkret ist, kann die Wertentscheidung Wirkung nur haben, wenn sie konkret ist — wobei das Ausmaß offenbleiben kann. Andernfalls verwendet man Leerformeln, bleibt der „Wertvollzug“ unkontrollierbar, anders gesagt: Kann geradezu jeder Machthaber durch den Gebrauch von solchen Leerformeln die nötige Folgsamkeit erreichen. Das sieht man in den USA, in Großbritannien und in der Schweiz deutlicher als bei uns, d. h. man ist dort offenbar „politischer“. Wer Musterbeispiele für die Gefahr der Leerformeln studieren will, lese M. Joly, Gespräche in der Unterwelt zwischen Machiavelli und Montesquieu (1864), Hamburg 1948, ein auf Napoleon III. gezieltes Buch.

Es geht also nicht darum, Ausdrücke zu vermeiden, die (stets) als Leerformeln gebraucht werden können, sondern darum anzugeben, und zwar möglichst konkret, was damit (in der Rechtsordnung verbindlich) gemeint sein soll. Daß dies der guten Absicht ein Ärgernis ist, weiß man spätestens seit Hegel.

[73]) Der Verfassung kann es nur auf einen Kern, auf die Grundtheorie im Sinne Viehwegs ankommen, doch muß auch dieser Kern, soll er normativ, d. h. verhaltensregelnd wirken, noch konkret sein. Vgl. oben Anm. 7.

[74]) Daran zeigt sich, welch kaum überschätzbaren Vorteil es hat, wenn eine Verfassung in einer Tradition steht. Wo man erstmals eine Wertentscheidung einführt, fällt die Festlegung des Wesensgehalts schwer, d. h. das Einschwenken der Rechtsgenossen auf die bestimmte Linie. Das ist der Grund, warum es, etwa im Vergleich zum GG, in den USA so schwer fiel, den Wesensgehalt der First Amendment Freedoms zu fixieren. Ursache dieser Schwierigkeit ist also nicht das Fehlen eines Gesetzesvorbehaltes, denn ein solcher hätte an der unklaren Situation kaum etwas geändert.

Zum Ganzen siehe vor allem Lerche, Übermaß und Verfassungsrecht, S. 239 ff. (mit der These, daß C. Schmitt — wenn auch an etwas versteckter Stelle — erstmals diese Vorstellung vom Wesensgehalt vorgetragen habe). In der Sache ähnlich schon Poetzsch-Heffter, aaO., Anm. I 3 zu Art. 118, S. 417.

den ihr unterworfenen Gesetzgeber zu binden vermag. Hier ist es angebracht, von einer Vermutung zu sprechen, weil sie sich auf Tatsächliches, auf das, was der Verfassungsgeber gewollt hat, bezieht, nicht aber ist eine Vermutung möglich, wie sie die Formel „in dubio pro libertate" meint[75]). Das haben hinsichtlich der Weimarer Reichsverfassung bekanntlich vor allem Thoma[76]) und Hellwig[77]) getan.

Werden dann sogar vorkonstitutionelle Gesetze, wie im Wege des Art. 123 Abs. 1 GG, in konstitutionelles Gesetzesrecht transformiert, so bringt die Verfassung selbst den Wesensgehalt des Grundrechts in Gestalt dieser Gesetze zum Ausdruck, und zwar in deren Kernideen. Damit bietet sich sogleich die Parallele zu den Lehren an, die vor allem Grewe[78]) und Ule[79]) für die Auslegung von Art. 33 Abs. 5 GG entwickelt haben. Aus den vorhin erwähnten Gründen erscheint es jedoch nicht möglich, hier in juristisch relevanter Weise von einer institutionellen Garantie des Wesensgehalts zu sprechen[80]).

Damit ist man weitgehend der Mühe enthoben, die einzelnen, an sich oft sehr abstrakten Voraussetzungen der Verfassung für den Erlaß schrankenziehender Gesetze zu konkretisieren: Sie haben sich in den von der Verfassung über-

---

75) Zu dieser Vermutung, mit weiteren Hinweisen, kritisch Pestalozza, aaO., S. 425 f.
Hingegen ist es richtig, dort von Vermutung zu sprechen, wo es darum geht zu ermitteln, was der Verfassungsgeber gewollt hat, wobei es jedenfalls zunächst belanglos ist, welche Spielart der subjektiv orientierten Auslegungsregeln man den Vorzug gibt. Es soll mithin festgestellt werden, inwieweit der Verfassungsgeber pro libertate entschieden hat.

76) R. Thoma, Grundrechte und Polizeigewalt, in: Festgabe Preuß. OVG, Berlin 1925, S. 197, und zwar allgemein.

77) Hellwig, aaO., S. 25, speziell für Art. 118 WRV.

78) W. Grewe, Inwieweit läßt Art. 33 Abs. 5 des Grundgesetzes eine Reform des Beamtenrechts zu? Verh. d. 39. D. JT., D, S. 10 ff.

79) C. H. Ule, Die Institution des Berufsbeamtentums und der Gesetzgeber, Frankfurt 1959, S. 8 ff.

80) Lerche, aaO., S. 239 ff., will den Wesensgehalt vom „Institutionellen" her gewinnen und meint, man dürfe nicht Freiheit und Institutionen in einen Gegensatz bringen. Einen echten Gegensatz ablehnen heißt noch nicht, Unterschiede leugnen, und nur auf die Unterscheidung kam es C. Schmitt an. Ein bestimmter Normenkomplex als fixierte Verfassungssubstanz ist keine Institution. Wenn man freilich statt „Freiheitsgrundrecht" „natürliche Freiheit" versteht, ist jede Rechtsnorm eine Institution — mithin auch ein Freiheitsgrundrecht. Folgt man Lerches Begriffsbildung, so gerät man in die Gefahr, den „umnebelten" Begriff „Wesensgehalt" durch einen nicht weniger „umnebelten" Begriff des „Institutionellen" zu ersetzen, was gewiß nicht Lerches Absicht ist.

nommenen Gesetzen konkretisiert[81]). Gleichzeitig wird dadurch die Wesensgehaltssperre deutlich genug, um die beabsichtigte Wirkung, nämlich Kontrolle des Gesetzgebers unter der neuen Verfassung, entfalten zu können. Auch das Übermaßverbot vermag dadurch wirkungsvoll einzugreifen[82]). Ohne diese Konkretisierung wäre es nämlich nicht möglich, den Wertrahmen, d. h. den Bezugsrahmen, zu erkennen, in dem das Übermaßverbot immer steht, und zwar sowohl hinsichtlich der Frage nach dem geringstwirkenden Mittel als auch hinsichtlich der Verhältnismäßigkeit[83]).

In der Regel sind dann neue schrankenziehende Gesetze im Sinne von Art. 5 Abs. 2 GG solche, die bereits bestehendes Gesetzesrecht abändern oder aufheben. Dies ist hinsichtlich der Kernideen nur möglich, wenn sich die Voraussetzungen, d. h. die Interessenlage, die die Verfassung mit den übernommenen Gesetzen verbindlich geregelt hat, verändern. Das kann in beiden Richtungen geschehen, also sowohl zugunsten der Pressefreiheit wie zugunsten der Gemeinschaftsgüter, je nachdem, wo sich die Veränderung zeigt. Der verhältnismäßig statische Charakter des Grundrechts der Pressefreiheit läßt aber sogleich erkennen, daß die Veränderungen in diesem

---

[81]) Allerdings macht nicht das gesamte übernommene Gesetzesrecht den Wesensgehalt aus. Sonst wäre z. B. Art. 123 Abs. 1 GG unverständlich, der ja gewisses Gesetzesrecht nicht fortgelten lassen will. Soweit das Gesetzesrecht nicht gegen den Wesensgehalt (d. h. die im übernommenen Gesetzesrecht ausgeprägte Kernidee) verstößt, gilt es fort. Es gilt also nicht fort, weil es den Wesensgehalt darstellt, sondern weil der Verfassungsgeber, um keine untragbaren Lücken im Gesetzesrecht entstehen zu lassen, hier selbst als Gesetzgeber tätig wird. — Dieser wichtige Problemkreis harrt noch, wenn ich richtig sehe, der eingehenden Aufarbeitung.

[82]) Zum Übermaßverbot grundlegend Lerche, Übermaß und Verfassungsgebot, passim.

[83]) Zu Recht sieht Lerche im Übermaßverbot ein formales Prinzip. Es gibt inhaltlich nur dann etwas her, wenn es in Wertrelationen gedacht wird. Diese aber können nur konkret verstanden werden: Es wird stets in bestimmte Bereiche gewirkt und erst recht setzt die Bestimmung des „geringsten" Eingriffs ein Maß voraus. Ferner: Ob Nebenfolgen des Mittels in Kauf genommen werden, ist eine Frage nach dem Wertverhältnis zwischen Zweck und Bereich, in den eingegriffen wird.

Als formales Prinzip ist deshalb das Übermaßverbot kein spezifisch rechtsstaatliches Prinzip. Es ist vielmehr ein Problem der Rationalität des Handelns, das auch in totalitären Regimen vorkommen kann. Das verkennt man dann, wenn man Wertvorstellungen a priori in Begriffe (wie eben „Übermaß") verlegt, um sie als „begriffsimmanent" abzuleiten. Also auch hier wieder gefährdet das Ineinsdenken den Rechtsstaat mehr, als es ihm nützt. Den Feinden des Rechtsstaates ist das seit eh und je bewußt, ihnen ist seit eh und je das „Trennungsdenken" ein Dorn im Auge.

Bereich nicht sonderlich groß sein können[84]). Deshalb entfaltet auch das Übermaßverbot vergleichsweise rasch seine Wirkung.

Die Prüfung dieser Voraussetzungen für den Erlaß von neuen schrankenziehenden Gesetzen darf jedoch nicht mit dem Verfahren verwechselt werden, durch Uminterpretierung von Grundrechten und Gemeinschaftsinteressen (zu denen ja auch Grundrechte anderer gehören) bestimmte politische Absichten verfassungskonform zu machen[85]). Auf diese Weise könnte man Gesetze rechtfertigen, für deren Erlaß sonst die Voraussetzungen fehlen würden. Das muß, was man im Einzelfall leicht übersieht, wiederum zur Dynamisierung des Verfassungsinhalts führen. Dieses Problem spielt bekanntlich bei den Plänen zugunsten eines stärkeren Ehrenschutzes eine entscheidende Rolle[86]).

Wenn jedoch feststeht, daß angesichts veränderter Umstände oder unerwarteter Erfahrungen eine bestehende gesetzliche Regelung ihren Zweck nicht erfüllt, dann ist ihre Änderung gerechtfertigt. Im Bereich des Ehrenschutzes etwa für Politiker wäre zu prüfen, ob die bisherigen Vorschriften den erstrebten Zweck, nämlich den Schutz der allgemeinen Achtung, noch erfüllen. Subjektives Unbehagen genügt freilich nicht[87]).

Daß bei der Prüfung dieser Voraussetzungen, weil Tatsächliches betreffend, ein Beurteilungsspielraum gelassen werden muß, liegt auf der Hand, und dieser Beurteilungsspielraum kann u. U. recht groß sein[88]). Besonders deutlich wird

---

[84]) Anders ist es dort, wo die Verfassung durch Direktiven (z. B. Sozialstaatsklausel) die davon berührten Grundrechte zu größerer Disposition des Gesetzgebers stellt.

[85]) Bei zunehmender Bindung des Gesetzgebers an die Verfassung und entsprechender Kontrolle dieser Bindung fällt es naturgemäß schwerer, Gesetze zu erlassen, deren Verfassungsmäßigkeit zweifelhaft ist. Hier bietet sich der Ausweg an, den Maßstab für den Gesetzgeber, nämlich die Verfassung, zu verschieben, um dann das zu Messende, d. h. das Gesetz, als verfassungsgemäß auszuweisen. Daß dies zum politischen Handwerk gehört, kann man gewiß verstehen, aber die Rechtswissenschaft, d. h. die Verfassungsrechtslehre, hat sich an der Verfassung zu orientieren.

[86]) Der Einwand gegen solches Vorgehen bezieht sich nicht auf den Fall, daß sich die Voraussetzungen der bestehenden Gesetze geändert haben. Darüber anschließend mehr.

[87]) Grund für eine Unterscheidung zwischen dem Ehrenschutz für jeden Staatsbürger und demjenigen für den Politiker kann allein sein: Daß eine Gleichbehandlung der beiden Fallgruppen die Politik mehr als von der Verfassung vorgestellt erschwert würde.

[88]) Dem Hinweis auf die Bedeutung des Tatsächlichen kann man nicht entgegenhalten, die Kontrolle des Gesetzgebers sei nur eine

das dort, wo die Gefährdungen eines Rechtsguts sehr variabel sein können. Was in tatsächlicher Hinsicht variabel sein kann, ist nicht das stets feste Rechtsgut, sondern die Gefahr, die die Ausübung der Freiheit mit sich bringen kann. Daher muß es erstaunen, daß der Supreme Court der Vereinigten Staaten glaubte, den veränderten Umständen oder genaueren Erfahrungen mit der Staatsgefährdung nur durch die Preisgabe der inzwischen hinreichend konkretisierten clear-and-present-danger-Formel[89]) zugunsten der beliebig manipulierbaren Formel von der balance-of-interests[90]) gerecht werden zu kön-

---

Rechtskontrolle. Jede Rechtsregel will Verhalten regeln, hat also Tatsächliches zum Inhalt. Das gilt auch für die Verfassung. Insofern ist die These, Normenkontrolle sei von der Einzelaktkontrolle grundsätzlich verschieden, wohl unrichtig. In jedem Falle wird an einem Maßstab geprüft, ob der Erlaß der Verhaltensregel (z. B. Gesetz einerseits, Verwaltungsakt andererseits) mit dem Maßstab vereinbar ist. Wenn dabei der Gesetzgebung ein größerer Spielraum zugebilligt wird, so hat das seinen Grund darin, daß die Verfassung in der Regel weniger konkrete Maßstäbe darbietet als das Gesetz.

[89]) Die Rechtsprechung des Supreme Court kann hier nicht eingehend erörtert werden. Es sei verwiesen auf den umfassenden Bericht von Großmann, aaO. (oben Anm. 2).

Wenn der Supreme Court die clear-and-present-danger-Formel nicht ausdrücklich aufgeben, sie vielmehr nur „reinterpretieren" wollte, so ändert das nichts am Sachverhalt. Auch verwendet der Supreme Court gelegentlich die preferred-position-Doktrin. Will man jedoch sachlich diskutieren, muß man sich der Bedeutung der verschiedenen Formeln bewußt bleiben.

[90]) Besonders deutlich formuliert wurde die balance-of-interests-Doktrin von Justice Felix Frankfurter, in: Dennis v. United States, 341 U. S. 494, 524 f. (1951) (conc. op.). Repräsentativ für die Kritik Frantz, aaO., passim.

Die Preisgabe der clear-and-present-danger-Formel beruht im Wesentlichen darauf, daß man glaubte, den Staatsschutz ausdehnen zu müssen, um den Kommunismus wirksam bekämpfen zu können. Der Übergang zur Interessenabwägung muß jedoch die Sicherungen, die das First Amendment einrichten wollte, durchschmoren lassen: Durch die Interessenabwägung kann jedes Interesse, das als staatlich wichtig ausgegeben wird, zum Zuge kommen. In Wirklichkeit hätte man durch konkrete Erörterungen die clear-and-present-danger-Formel auf die neue konkrete Gefährdung ausdehnen können. Hätte man dann die Zulässigkeit der betreffenden Regelungen bejaht, so wäre das kein Verstoß gegen das Erfordernis „clear" gewesen: Wenn die Gefahr im Dunklen bleibt und man sie nur dort rechtzeitig treffen kann, so liegt das nicht am Verfassungsinterpreten, sondern am Verfassungsfeind.

Der Hinweis darauf, die US-Verfassung habe anfangs solchen Staatsschutz nicht gekannt, geht fehl. Als man bei den Beratungen über die Alien and Sedition Acts (1798) den Entwurf als verfassungswidrig ablehnen wollte, weil er u. a. die Meinungsäußerungsfreiheit beeinträchtige, hielt man dem entgegen, Virginia selbst habe während der Revolution eine ähnliche Regelung gegen Verfassungsfeinde ohne Protest erlassen. Die Antwort, diese act sei nicht zum

nen — worauf die Kritiker dieser Rechtsprechung mit der Leerformel der preferred position der First Amendment Freedoms antworteten[91]), um die Verwirrung vollständig zu machen[92]).

4. Bevor die sog. Drittwirkung des Grundrechts der Pressefreiheit und einzelne Probleme erörtert werden, muß noch eine Unterscheidung gemacht werden, die von maßgeblicher Bedeutung für das Weitere ist, nämlich die Unterscheidung zwischen der eigentlichen Schranke, die der Pressefreiheit gesetzt wird, und den Eingriffen, die dem Mißbrauch der Pressefreiheit wehren sollen.

Diese Unterscheidung, die wir Lerche verdanken[93]), ist wichtig, weil die Zulässigkeit der beiden Gruppen von Ein-

---

Schutz von Staatsorganen, sondern dem der Verfassung erlassen worden, geht am eigentlichen Problem vorbei, worauf bereits E. C. Corwin, Freedom of Speech and Press under the First Amendment, in: Selected Essays on Constitutional Law, vol. 2, Chicago 1938, S. 1063, hingewiesen hat. Die Antwort ist juristisch nur insofern von Belang, als es um die Frage geht, ob Verunglimpfung von Staatsorganen bereits Staatsgefährdung ist, aber nicht darum, ob man durch Meinungsäußerung die Verfassung gefährden kann.

Wer wissen will, wie sich die amerikanische Revolution gegen ihre Feinde geschützt hat, lese vor allem: C. H. van Tyne, The Loyalists during the American Revolution, New York 1902; J. M. Smith, Freedom's Fetters. The Alien and Sedition Laws and American Civil Liberties, Ithaca N. Y. 1956; L. W. Levy, aaO. (Anm. 18). Das Ganze ist ein lehrreiches Kapitel von „Ausnahmezustand und Norm" (vgl. auch Schnur, Individualismus und Absolutismus, S. 42 ff.).

[91]) Vgl. oben Anm. 57.

[92]) Vollständig ist die Verwirrung, weil man Leerformel gegen Leerformel stellt und jetzt keinen Ausweg zu finden scheint. Wie stets geht es jedoch um konkrete Probleme, wobei die Meinungsunterschiede durch angeblich „absolute" Formeln verdeckt werden. So ist leicht erkennbar, daß auch die Gegner des „balancing", also z. B. die Lehre von der preferred position der Grundrechte, mit einem „balancing" operieren, weil auch sie Grenzen der Freiheit festlegen wollen. Nur wollen die Gegner des ausdrücklichen „balancing", daß bei der Abwägung weniger an Freiheit herauskommt, als nach ihrer Ansicht die Verfassung zuläßt.

Sehr klar: J. D. Sickal, Legal Tests to Determine the Constitutionality of Statutes restricting First Amendment Freedoms, Miss. L. R., 26, 1961, S. 490, und C. B. Nutting, Is the First Amendment Obsolete?, G. Wash. L. R., 30, 1961/62, S. 172 ff., der allerdings seinerseits zu sehr die Formel von der Interessenabwägung des konkreten Inhalts entleert.

Wen kann es nicht wundern, daß man beim Fahren mit diesen Leerformeln auf dem Karussel der Zirkelschlüsse eine Art juristischen Drehschwindel bekommt?

[93]) Lerche, Übermaß und Verfassungsrecht, S. 117 ff. Ferner grundlegend: W. Stree, Deliktsfolgen und Grundgesetz, Tübingen 1961.

griffen verschieden sein kann. Das zeigt sich schon darin, daß das Gemeinschaftsinteresse, dem die Mißbrauchswehr (z. B. Strafe) dient, nicht das Rechtsgut des schrankenziehenden Gesetzes selbst (z. B. Ehre) ist, sondern der Schutz eben dieser Schranke. So kann sich durch Erweiterung des Ehrenschutzes die Schranke der Pressefreiheit bewegen, ohne daß die Mißbrauchswehr geändert werden muß oder sogar darf, und umgekehrt[94]). Deshalb können die schrankenziehenden Gesetze, von denen die jeweilige Grundrechtsvorschrift spricht, niemals die Gesetze sein, die eine Mißbrauchswehr regeln, welche sich nicht gegen die betreffende Freiheit selbst wendet[95]). Das ist für das Berufsverbot im Bereich der Presse, wie noch zu zeigen ist, von entscheidender Bedeutung.

Mit Hilfe dieser Unterscheidung erweist sich auch die These, die Mißbrauchswehr weise den Mißbrauchenden in die Schranken seines Rechts zurück, als ungenau[96]). Von den verhältnis-

---

[94]) So ist es möglich, Äußerungen als rechtswidrig zu erklären, die es bis dahin nicht waren — die Freiheit wird also weiter eingeschränkt —, oder die Strafbestimmungen zum Schutze der bestehenden Schranken werden verschärft und damit der Freiheitsentzug im Straffalle vergrößert. Im ersten Falle würde der Bereich der zu schützenden Ehre ausgedehnt, im zweiten Falle die Sanktion erhöht, um auf diese Weise die bestehenden Vorschriften besser bewehren zu können.

[95]) Die Einrichtung von Mißbrauchswehren durch den Gesetzgeber und die Ermächtigung zum Erlaß der Mißbrauchswehren an Verwaltung und Rechtsprechung kann niemals die Schranke selbst sein, zu deren Ziehung die Verfassung den Gesetzgeber ermächtigt. Andernfalls wäre jede Mißbrauchswehr in einem Gesetz, das einer bestimmten Freiheit Schranken setzt, jeweils an deren Voraussetzungen zu prüfen, eine Freiheitsstrafe also niemals ein Eingriff in die Freiheit sondern ein Eingriff in das in Betracht kommende Grundrecht.

Wie das Stree, aaO., speziell für die strafrechtlichen Deliktsfolgen ausführt, ist scharf zwischen der Verbotsnorm und der Festlegung der Deliktsfolgen zu unterscheiden. Diese in sich sind Eingriffe in Grundrechte, und zwar regelmäßig Einzeleingriffe. Deshalb ist selbst eine Mißbrauchswehr (d. h. genauer: das dazu ermächtigende Gesetz), die sich gegen dasjenige Grundrecht richtet, dessen Schranke überschritten wurde, kein schrankenziehendes Gesetz.

Das Zitiergebot des Art. 19 Abs. 1 S. 2 GG kann sich nicht auf die Mißbrauchswehren beziehen, auch nicht mit den Einschränkungen, die Stree, aaO., S. 233 ff., vorschlägt. Damit ist noch nichts über die Verfassungsmäßigkeit der Mißbrauchswehren gesagt. Da keine Mißbrauchswehr ohne Schranke eingerichtet werden kann, diese sich aber an das Zitiergebot halten muß, wirkt dieses wenigstens indirekt auch bei der Festlegung von Mißbrauchswehren. Weiteres unten Anm. 98.

[96]) Lerche, aaO., S. 117 ff., sowie Stree, aaO., S. 229 f. Insoweit habe ich selbst meine Ausführungen in: Probleme um den Störerbegriff im Polizeirecht, DVBl. 1962, S. 1 ff., zu korrigieren.

mäßig seltenen Schrankenüberschreitungen mit sog. Dauerwirkung abgesehen, drängt die Mißbrauchswehr denjenigen, der das Recht der Pressefreiheit überschreitet, nicht in dieses Recht zurück — bei der vorbeugenden Wehr ist der Betreffende noch innerhalb des Rechts geblieben, bei der reaktiven Wehr ist die Grenze bereits überschritten, die Handlung geschehen[97]).

Es läßt sich ferner feststellen, daß es Mißbrauchswehren gibt, die sich gegen das mißbrauchte Recht richten (z. B. Verwirkung nach Art. 18 GG) und solche, die in ein anderes Recht eingreifen (z. B. die Freiheitsstrafe beim Pressedelikt). In jedem Falle aber dient die Mißbrauchswehr dem Schutze der Gesetze, die der Pressefreiheit Schranken ziehen. Sie hat sich daran zu legitimieren[98]). Für sie gilt die Wesensgehaltssperre des betreffenden Grundrechts ebenso wie das ihr zugeordnete Übermaßverbot.

Hingegen zählen zu den allgemeinen Gesetzen jene Gesetze nicht, die nicht die Presseäußerung und die auf sie bezogenen Mißbrauchswehren, sondern die Ausübung der Pressefreiheit, durch den Gebrauch anderer Freiheitsrechte regeln wollen (z. B. Art. 2 Abs. 1 GG). Das ergibt sich aus der Systematik der Grundrechtsschranken. Damit wird jedoch die Ausübung der Pressefreiheit mit Hilfe dieser Grundrechte nicht schutzlos gemacht: Diesen Gesetzen gegenüber gelten die ihnen zugeordneten Verfassungsregeln über Freiheit, Schranke und Wesensgehaltssperre ebenso wie im Falle der allgemeinen Gesetze im Sinne von Art. 5 Abs. 2 GG, auch hier also ergibt die Verfassungsauslegung das Nähere, z. B.: Ob und wie die Ausübung des Berufs im Pressewesen bestimmten Schranken unterworfen werden darf, bestimmt sich aus der Verfassung. Da die Verfassung die Rechtsfigur der Z u l a s s u n g zu diesem Beruf verbietet, nimmt sie insoweit den Schutz bestimm-

---

[97]) Daß eine vorbeugende Mißbrauchswehr dazu dient, nach einem Rechtsbruch weitere Verstöße zu verhindern, ändert nichts daran, daß es sich nicht, wie bei der Strafe, um eine vorbeugende Mißbrauchswehr handelt.

[98]) Mißbrauchswehren als Eingriffe in Freiheit und Eigentum haben natürlich ebenfalls die Wesensgehaltssperre des jeweiligen Grundrechts zu beachten, und zwar so, wie sie durch Orientierung an dem Leitbild festgestellt wird, das sich in unterverfassungsgesetzlichem Recht konkretisiert hat. Daß damit dem Gesetzgeber bei der Einrichtung von Mißbrauchswehren ein Beurteilungsspielraum eingeräumt wird, dürfte auf der Hand liegen. Das Gemeinschaftsinteresse, das die Mißbrauchswehren rechtfertigt, eben der Schutz der betreffenden Schranke, kann erhöhten Schutz und somit Verschärfung der Mißbrauchswehr rechtfertigen, wenn die Erfahrung ergibt, daß sie den angestrebten Zweck nicht zu erreichen vermag.

ter Gemeinschaftsgüter zurück[99]). Änderungen der bestehenden Rechtslage sind nur gerechtfertigt, wenn sich die Interessenlage in nennenswertem Maße verändert hat.

Umgekehrt kann die Sicherung der Ausübung der Pressefreiheit Gesetze erforderlich machen, welche die Freiheiten anderer einschränken, die die Ausübung gefährden. Wenn die Verfassung das freie Wirtschaften auf dem Pressemarkt voraussetzt, jedoch durch Konzentration auf diesem Markt die Zahl der Wirtschaftenden und damit die Variabilität der an sich freien Meinungen sehr gering wird, so rechtfertigt das eine Einengung der nach Art. 2 Abs. 1 GG bisher geschützten Freiheit des Wirtschaftens auf diesem Markt, und sei es vorerst nur durch Offenlegung der Beteiligungsverhältnisse[100]). Daß auch hier ein Beurteilungsspielraum zu respektieren ist, dürfte auf der Hand liegen.

5. Damit nähern wir uns dem Problemkreis der sog. Drittwirkung des Grundrechts der Pressefreiheit, die bereits mit Art. 118 Abs. 1 S. 2 WRV auftrat[101]). Das ist zwar ein weites Feld, auf dem man leicht in die Irre gerät, doch scheint diese Gefahr geringer zu werden, wenn man den Ausdruck „Drittwirkung der Grundrechte“ als Wegweiser meidet und folgenden Weg einschlägt:

Die Forderung, man müsse die alte These, daß Grundrechte nur gegen den Staat gerichtet seien, zugunsten der Dritt-

---

[99]) Damit soll nicht gesagt werden, eine Situation sei undenkbar, in welcher es dem Gesetzgeber gestattet sei, eine echte Zulassung zum Presseberuf (d. h. zu den verschiedenen Berufen) einzuführen. Sie wäre dann gerechtfertigt, wenn im Pressewesen Mißstände eintreten, die man sich bei Erlaß der Verfassung nicht vorgestellt hatte. Das setzt jedoch eine im wahren Sinne des Wortes außergewöhnliche Situation voraus und ist insofern höchst unwahrscheinlich. Allerdings dürfte es unmöglich sein, jede Betätigung in der Presse, also auch die desjenigen Bürgers, der nicht von Beruf Journalist ist, zu verbieten, weil für ein generelles Verbot der Betätigung in der Presse ohne Zulassung die Gefahr, die mit der Zulassung verringert werden soll, im Bereich der Presse (im Gegensatz etwa zur Heilkunde) niemals gegeben sein kann.

[100]) Es wäre dies also nicht ein Eingriff in die Pressefreiheit, sondern ein Eingriff in das Recht aus Art. 2 Abs. 1 GG, der ebenso zu beurteilen wäre wie sonstige Eingriffe in dieses Recht. Dabei wäre in concreto natürlich darauf abzustellen, daß es um den Markt der Presse geht, d. h. wenn in anderen Wirtschaftszweigen, bevor der Gesetzgeber einschreitet, der Markt bereits ziemlich verengt sein muß, ist das auf dem Pressemarkt anders zu beurteilen.

[101]) Art. 118 Abs. 1 S. 2 WRV: „An diesem Rechte darf ihn kein Arbeits- oder Anstellungsverhältnis hindern, und niemand darf ihn benachteiligen, wenn er von diesem Rechte Gebrauch macht.“ Grundlegend für die Auslegung dieser Vorschrift: Rothenbücher, aaO., S. 26 ff.

wirkung aufgeben[102]), hat nicht nur Zustimmung gefunden, auch dort nicht, wo man nur von der „mittelbaren" Drittwirkung sprach[103]). Die Urheber dieser Forderung scheinen übrigens, wie auch ihre Gegner, nicht immer genau genug zu sehen, daß Grundrechte immer nur innerhalb der betreffenden Rechtsgemeinschaft konzipierbar sind, wohingegen sich die natürliche Freiheit gegen jeden richtet, der ihr im Wege steht[104]).

Indem das Grundrecht der Pressefreiheit in seinem Umfang nur durch das Gesetz — die Problematik des Gewohnheitsrechts soll hier beiseite bleiben — festgelegt wird, kann niemand durch die Ausübung seines Rechts dieses Grundrecht verletzen[105]). Jeder hat sein Recht bzw. seine Befugnis nur durch das Gesetz — ich klammere auch die Problematik der gesetzesfreien Verwaltung aus. Wenn er diese Sphäre verläßt und in den Rechtsbereich eines anderen eindringt, so handelt er rechtswidrig.

Da die Rechtssphären durch Gesetz festgelegt werden und der Staat dieses Gesetz erläßt, besagt die Wendung „Das Grundrecht richtet sich gegen . . ." lediglich, daß der Staat nur solche Gesetze erlassen darf, die den Wesensgehalt des Grundrechts nicht antasten. Darüber hinaus, d. h. auf der Stufe des Gesetzesrechts, ist eine direkte Grundrechtsverletzung nicht denkbar, weil zuvor das Gesetz verletzt wird, anders gesagt: Die Grundrechtsverletzung besteht im Verstoß gegen das Gesetz. Dabei ist es gleichgültig, wer verletzt, ob der Staat oder ein Dritter[106]). Für den Dritten ist das z. B.

---

[102]) Die neueste umfangreiche Stellungnahme: H. C. Nipperdey, Freie Entfaltung der Persönlichkeit, in: Bettermann-Nipperdey, Die Grundrechte, IV/2, S. 741 ff.

[103]) Vgl. die bei Nipperdey, aaO., S. 747 f. Anm. 26 angeführten Autoren.

[104]) Vgl. Geiger, Die Grundrechte in der Privatrechtsordnung, S. 42.

[105]) Das beruht bekanntlich darauf, daß die Rechtsordnung die Rechtmäßigkeit des Verhaltens nur in einer Richtung regeln kann, oder, wie Dürig es etwas ungenau formuliert, daß die Rechtsordnung keine doppelte Moral anerkennt.

[106]) Es zeigt sich also auch hier wieder, welche Nachteile es hat, wenn man vom subjektiven Recht und nicht von der Rechtsordnung her argumentiert: Der Satz „Das Grundrecht richtet sich gegen den Staat" kann zweierlei bedeuten, nämlich 1. man kämpft in einem Staat um die Anerkennung von Grundrechten, dann richtet sich die Forderung gegen den konkreten Staat, der noch keine Grundrechte anerkannt hat, 2. es gibt Grundrechte in der Verfassung, dann kann sich das Grundrecht gar nicht wie unter 1. gegen den Staat richten, sondern dagegen, daß niemand die Schranken seines Rechts oder seiner Befugnisse (z. B. von Staatsorganen) überschreitet und

im Strafrecht evident. Wenn es im Privatrecht übersehen wird, so liegt das daran, daß man die Bedeutung der Gesetze für das Privatrecht nicht immer genau genug einschätzt. Die Privaten stehen nämlich nicht wie Rechtssouveräne zueinander, die allein das Recht festlegen, das zwischen ihnen gelten soll. Vielmehr regeln die Privatrechts gesetze die von der Verfassung festgesetzte Autonomie der Privaten und bestimmen sie, wann die autonome Betätigung rechtswirksam ist[107]). Dabei hat der Gesetzgeber den Wesensgehalt der jeweiligen Grundrechte zu achten. Es kommt somit nicht mehr auf die Frage an, ob es die sog. Drittwirkung des Grundrechts der Pressefreiheit gibt, sondern wie weit sie reicht[108]).

III.

Nunmehr soll an verschiedenen Beispielen die Tragfähigkeit der bisherigen Ausführungen erprobt werden. Dabei werden

dadurch in den Bereich der grundrechtlich geschützten Freiheit „eindringt".

Demnach ist ungenau, von „Wirkung" der Grundrechte zu sprechen, also auch und erst recht von „Drittwirkung".

[107]) Wirkung ins Privatrecht hinein heißt unter diesem Aspekt: Völlige Freiheit im Bereich der Privatautonomie, d. h. natürliche Freiheit im Verhältnis von Privaten zueinander kann es nicht geben, weil sonst im Privatrecht der Naturzustand bestände, den es in einer Rechtsordnung grundsätzlich nicht geben kann. Für den Gesetzgeber gilt dann, daß er bei der Regelung der Privatautonomie bestimmen muß, wie weit die autonome Betätigung rechtlich reicht. Dabei ist er, wie bei jeder rechtlichen Regelung, an die Verfassung gebunden. Deshalb ist der Ausdruck „Drittwirkung" schief, er muß es sein, weil er vom subjektiven Recht statt von der Rechtsordnung her konzipiert ist. Deshalb ist natürlich auch jeder Einwand unbegründet, der die Bedeutung der Grundrechte im Privatrecht leugnen will.

[108]) Es kommt also z. B. darauf an, wieweit der Gleichheitssatz die Vertragsfreiheit begrenzt. Daß dies nicht in dem Maße geschehen kann, wie bei der Betätigung der Staatsgewalt gegenüber dem Bürger, liegt daran, daß die Staatsgewalt alle in Betracht kommenden Bürger gleich behandeln muß, während die Autonomie grundsätzlich jeden Staatsbürger gegenüber dem handelnden Privaten als einen „anderen" ansehen muß, will sie überhaupt Autonomie sein. Daran wird sogleich deutlich, daß ein Grundrecht niemals zwischen zwei Privaten „wirken" kann.

Der Wesensgehalt etwa der Vertragsfreiheit wird angetastet, wenn Vertragsfreiheit noch möglich ist, sie aber als „unbequem" empfunden wird. Wer die oftmals dünne Grenze zwischen Veränderung der von der Verfassung angenommenen Voraussetzungen tatsächlicher Art und subjektiven Empfindlichkeiten verwischt, hebt damit letztlich die Vertragsfreiheit auf. Dazu kann die Lehre von der „Drittwirkung" niemals berechtigen, und wer sich dabei auf die Sozialstaatsklausel beruft, sagt damit, daß diese letztlich die Vertragsfreiheit beseitigt. Näheres kann hier nicht ausgeführt werden.

auch Gesetzentwürfe im Bereich des Pressewesens berücksichtigt.

1. Die Verfassung selbst verbietet in Art. 5 Abs. 1 GG die Zensur[109]). Sie untersagt damit nicht, der Pressefreiheit eine Schranke zu ziehen, sondern lehnt ein Mittel der vorbeugenden Mißbrauchswehr ab, nämlich die vorgängige Kontrolle von Presseerzeugnissen darauf hin, ob sie gegen bestehende Schranken verstoßen, und zwar unabhängig davon, ob das Presseerzeugnis berufsmäßig hergestellt ist oder nicht. Sie überläßt damit das volle Risiko der Gesetzesverletzung dem Bürger. Nur wenn man das Zensurverbot so sieht, kann man auch erkennen, daß schrankenziehende Gesetze kein „previous restraint" im Sinne des First Amendment der amerikanischen Verfassung sind[110]) und weshalb das Zensurverbot des deutschen Verfassungsrechts in Abs. 1 und nicht in Abs. 2 von Art. 5 GG steht.

2. Spätestens seit dem Erlaß des Reichspressegesetzes gehört zum Wesensgehalt des Grundrechts der Pressefreiheit, daß die Beschlagnahme nur im Rahmen eines gerichtlichen Verfahrens, also nicht mehr aus rein polizeilichen Gründen, zulässig ist[111]). Wenn dies zur Zeit der Weimarer Reichsverfassung umstritten war, so beruhte das darauf, daß die Lehre vom Wesensgehalt der Grundrechte noch nicht ausgebaut war[112]).

3. Die einstweilige Verfügung in Pressesachen, wiewohl ein sehr scharfes Mittel der vorbeugenden Mißbrauchswehr, gehört grundsätzlich zu den (nicht nur im deutschen Verfassungsrecht) zugelassenen Mißbrauchswehren[113]). Sollte sich allerdings erweisen, was ich mangels entsprechender Unterlagen nicht näher prüfen konnte, daß die bisherige Praxis

---

[109]) Ich folge hier vor allem v. Mangoldt-Klein, aaO., Anm. VIII zu Art. 5 (S. 246 ff.), der zu Recht die sog. Nachzensur nicht als „Zensur" i. S. d. GG auffaßt.

Das Zensurverbot besteht nicht deshalb, weil man befürchtet, die Zensur eröffne der Willkür Tür und Tor, denn die Zensur läßt sich in einem streng geordneten Verfahren durchführen, das auch Rechtsmittel hat. Es geht ausschließlich darum, daß das Presseprodukt keiner vorgängigen Prüfung durch den Staat dahin unterworfen werden kann, ob es gegen bestehende Schranken verstößt.

[110]) Im Gegensatz zu vielen amerikanischen Äußerungen sehr klar: Th. S. Emerson, The Doctrine of Priour Restraint, Law and Contemp. Probl., 20, 1955, S. 648: „. . . a system of previous restraint would prevent communication from occurring at all . . ." Vgl. auch Kauper, Civil Liberties and the Constitution, S. 60 ff.

[111]) Zum Beschlagnahmerecht s. vor allem Löffler, Presserecht, S. 328 ff. Zur früheren Rechtslage: ebenda, S. 64.

[112]) Siehe die Ausführungen oben S. 121 ff.

[113]) Vgl. Löffler, aaO., S. 77 mit weit. Nachweisen.

der einstweiligen Verfügung die Pressebetätigung in einer von der Verfassung nicht vorgestellten Weise beeinträchtigt, so müßte dieses Mittel entschärft werden, etwa so, daß strengere Anforderungen an den Erlaß der einstweiligen Verfügung zu stellen sind, vielleicht in Anlehnung an das englische Recht[114]).

4. Berufswahl und Berufsausübung im Pressewesen dürfen nur dann strenger als bisher geregelt werden, wenn sich erweist, daß die bisherigen Regelungen entweder die betreffenden Gemeinschaftsgüter nicht ausreichend schützen oder aber die Berufsbetätigung mehr als gedacht einengen. Es läßt sich jedoch kaum vorstellen, daß in dieser Hinsicht Entwicklungen eintreten könnten, mit denen die Verfassung nicht gerechnet hat. Die Rechtsfigur des verantwortlichen Redakteurs, welcher auch § 53 Nr. 5 StPO gerecht wird, sowie das Recht der Gegendarstellung sind deshalb nur geringfügigen Änderungen ausgesetzt[115]).

Wesentlich problematischer ist das Berufsverbot als Mißbrauchswehr im Bereich des Pressewesens gemäß § 42 l StGB. Man wird allgemeine Bedenken gegen das Berufsverbot überhaupt nicht übersehen dürfen, zumal der Zeitpunkt, zu dem die Vorschrift erlassen wurde, nämlich das Jahr 1933, dazu herausfordert[116]). Doch sollen diese Bedenken allgemeiner Art hier zurückgestellt werden.

Es bleiben folgende Fragen: Allgemein ist das Berufsverbot eine sehr scharfe Mißbrauchswehr gegenüber den nicht oder doch nur sehr wenig gebundenen Berufen, weil hier die Reaktion auf ein fehlsames Verhalten viel schärfer ist als die Regelungen, die von vornherein dem Mißbrauch wehren sollen. Bei gebundenen Berufen ist das anders, denn dort soll die Bindung die Gefahr mindern, die von der Ausübung eben dieser Berufe für die Allgemeinheit ausgeht, eine besondere Gefahr also besondere Maßnahmen rechtfertigt[117]). Insoweit ist die Regelung des Schweizerischen StGB (Art. 54) konsequenter,

---

[114]) S. über die Voraussetzungen für die interlocutory injunctions ausführlich Gatley in Libel and Slander in a Civil Action, 4. Aufl., by R. O'Sullivan, London 1953, S. 707 ff., ferner etwa Th. Dawson, The Law of the Press, 2. Aufl., London 1947, S. 70.

[115]) S. dazu vor allem Löffler, aaO., S. 145 ff. u. S. 189 ff.

[116]) § 42 l wurde eingefügt durch G. v. 24. 11. 1933, RGBl. I S. 995.

[117]) Auch hier also geht es weniger darum, ob überhaupt ein Berufsverbot eingeführt werden darf, sondern um die Frage, welchen Berufen gegenüber es statthaft ist. Da die deutsche Regelung alle Berufe erfaßt, dürfte es fraglich sein, ob das Verbot gegenüber den nicht gebundenen Berufen mit Art. 3 GG in Einklang steht.

weil sie nur für zugelassene Berufe gilt[118]). Selbst wenn keine verfassungsrechtliche Bedenken gegen die derzeitige deutsche Regelung in grundsätzlicher Hinsicht bestehen, empfiehlt es sich in rechtspolitischer Hinsicht, dem schweizerischen Vorbild zu folgen.

Das Berufsverbot nach § 42 l StGB bezieht sich nicht darauf, was der Verurteilte allgemein getan hat, sondern auf die Gefahrenquelle, die in der berufsmäßigen Ausübung der betreffenden Tätigkeit liegt[119]). Das schränkt die Wirkung dieser Mißbrauchswehr erheblich ein. Daß das Verbot oftmals zugleich auch die Tätigkeit selbst betrifft, beruht nicht auf dem Berufsverbot als solchem. Vielmehr hat das seinen Grund darin, daß die Ausübung dieser Tätigkeit überhaupt von einer Zulassung usw. durch die Verwaltung abhängig gemacht ist und daß diese Zulassung dann von der Verwaltung entzogen wird. Wo das nicht geschieht, darf der Verurteilte zwar nicht mehr den Beruf, aber weiterhin die Tätigkeit ausüben, in deren Zusammenhang die strafbare Tat begangen wurde. Diese Unterscheidung von Beruf und Tätigkeit ist wichtig für die Beantwortung der Frage, ob einem in politischen Dingen tätigen Angehörigen des Pressewesens, vor allem dem Journalisten, angesichts von Art. 18 GG noch die Berufsausübung untersagt werden kann. Diese Frage ist vom BGH jüngstens bejaht worden[120]), doch wird sie im Schrifttum teilweise verneint[121]).

Die Gegner des Berufsverbots nach § 42 l StGB für den Bereich der Presse weisen darauf hin, daß Art. 18 GG dem BVerfG das Monopol für den Ausspruch der Verwirkung des Grundrechts der Pressefreiheit zuerkenne und daß das Berufsverbot dieses Monopol durchbreche, weil für den Journalisten Beruf und Betätigung der Pressefreiheit dasselbe seien[122]).

---

[118]) Dazu etwa den Kommentar zum StGB von v. Thormann-v. Overbeck, Zürich 1940, Bd. 1, S. 197 ff.

[119]) Zum Grundgedanken der Vorschrift statt vieler Schönke-Schröder, aaO., S. 202 (Anm. 1 zu § 42 l).

[120]) JZ, 1963, S. 513 ff. = BGHSt 17, 38.

[121]) Vgl. Löffler, aaO., S. 77, 115, 439; W. Stree, Deliktsfolgen und Grundgesetz, Tübingen 1960, S. 225 f.; H. Čopić, aaO., S. 494 ff. Schönke-Schröder, aaO., hat die frühere Ansicht aufgegeben und sich dem BGH angeschlossen.

[122]) Eine besonders interessante Variante gibt Čopić, aaO., S. 496, wenn er nur den politisch tätigen Redakteur deshalb aus dem Berufsverbot herausnehmen will, weil das Berufverbot gegen Pornographen nicht die Stillegung des freien Prozesses öffentlicher Kommunikationen durch die Presse, sondern die Eindämmung jener Sorte von Reiz-„Literatur“ bezwecke, die eine private Vergnügungsindustrie der bas-étage zur sexuellen Ersatzbefriedigung ihrer Konsumenten freihalte. Das kann Čopić nur begründen mit seiner oben S. 107 abgelehnten These von den „grundrechtsneutralen“

Diese Ansicht dürfte verkennen, daß Betätigung der Freiheit und Beruf zwei verschiedene Dinge sind. Deshalb hat auch das BVerfG zu Unrecht gesagt, Art. 18 GG ermächtige zum Berufsverbot[123]), wobei es gleichgültig ist, ob dieses Verbot zeitlich begrenzt ist oder nicht. Bezieht sich also Art. 18 GG nur auf die Pressefreiheit, so trifft das Berufsverbot nach § 42 l StGB in keinem Falle die Betätigung der Presse freiheit, ja, wie noch zu zeigen ist, nicht einmal die gesamte berufliche Betätigung in der Presse. Eine berufsmäßige Freiheit gibt es nach dem geltenden Verfassungsrecht nicht, ebenso wie es keinen Freiheitsberuf gibt. Diese beiden Elemente können zusammenfallen — sie tun es sogar oft —, sie sind jedoch bei der rechtlichen Beurteilung scharf zu trennen. Andernfalls wäre auch die Freiheitsstrafe für den in politischen Angelegenheiten tätigen Journalisten ein Eingriff in das Monopol des BVerfG gemäß Art. 18 GG[124]).

Der Journalist, dem die Berufsausübung gemäß § 42 l StGB verboten wurde, darf sich immer noch in der Presse betätigen, und zwar auch politisch, nämlich so wie jeder andere Staatsbürger. Wollte man dem entgegenhalten, das reiche nicht aus, um den Fluß der politischen Meinungsbildung offen zu halten, so würde man einen Beruf privilegieren wollen, d. h. mit der Herausnahme anderer Berufe von gleichgroßer öffentlicher Be-

---

Handlungen. Er übersieht, daß es in beiden Fällen um den Verstoß gegen ein schrankenziehendes Gesetz geht. Wenn es zulässig ist, ist die Äußerung rechtswidrig, ob politisch oder nicht. Insoweit zielt Čopić falsch — er müßte seinen Angriff eigentlich auf die politischen Strafnormen richten.

[123]) BVerfGE 10, 118 ff., hier: 122. Das ändert nichts daran, daß, wie noch darzulegen ist, die Entscheidung des BVerfG im Ergebnis zutrifft. Wie das BVerfG: Löffler in seiner Urteilsanmerkung in NJW, 1960, S. 29 f. und J. G. Reißmüller, Das Monopol des Bundesverfassungsgerichts aus Art. 18 des Grundgesetzes, JZ, 1960, S. 529 ff.

[124]) Jedenfalls wird faktisch durch eine Freiheitsstrafe der vom betreffenden Journalisten ausgehende Beitrag zum Fluß der öffentlichen Meinungsbildung ebenfalls unterbunden. Wer also hier auf die faktische Wirkung des Berufsverbots abstellt, wird sich das entgegenhalten lassen müssen.

Das Argument ist jedoch, um es nochmals zu sagen, deshalb verfehlt, weil § 42 l StGB und Art. 18 GG zwei verschiedene Dinge regeln: § 42 l StGB trifft den Beruf, aber nicht die Tätigkeit, Art. 18 GG trifft die Tätigkeit überhaupt, ob beruflich ausgeübt oder nicht. Die Frage kann also nur sein, ob § 42 l StGB gegen den Wesensgehalt von Art. 5 GG verstößt. Dann lautet die Antwort: Wenn eine solche Sicherungsmaßregel nicht statthaft ist, dann als Sicherungsmaßregel überhaupt und für jede Pressearbeit, ob politisch oder nicht. Das behauptet jedoch niemand, es sei denn, es geht um die Frage, ob die Maßnahme bei freien Berufen überhaupt zulässig ist.

deutung aus § 42 l StGB müßte „nachgezogen" werden, denn auch dort könnte auf die Gefahr hingewiesen werden, daß das Berufsverbot die betreffende Betätigung (z. B. die ärztliche Tätigkeit) lahmlege. Daran zeigt sich eben, welchen Vorteil die erwähnte schweizerische Regelung hat: Sie beläßt Freiheit und Gleichheit in Einklang[125]).

Unzweifelhaft aber muß in jedem Falle das Berufsverbot auf denjenigen Teilsektor des Berufs beschränkt werden, mit dem das Delikt in Zusammenhang steht, weil jedes darüber hinausgehende Verbot nicht erforderlich ist, um den Zweck dieser Sicherungsmaßregel zu erreichen[126]). Der politische Redakteur darf deshalb nach entsprechender Verurteilung und ihr folgendem Berufsverbot beispielsweise als Sportredakteur seinem Beruf nachgehen.

Es ist gleichfalls richtig, daß das Berufsverbot wegen Mißbrauchs dieses Berufes zum Kampf gegen die freiheitlich-demokratische Grundordnung nur noch durch den Richter ausgesprochen werden kann[127]). Wäre der Presseberuf gebunden, so könnte man anderer Ansicht sein. Da er jedoch frei ist und ein Berufsverbot durch die Verwaltung nur zu leicht mißbraucht werden kann, jedenfalls viel eher als bei anderen freien Berufen, darf es nur vom Richter ausgesprochen werden (gemäß § 42 l StGB).

---

[125]) Daß diejenigen, die gegen das Berufsverbot für die politisch tätigen Journalisten sind, diesen Beruf privilegieren möchten, dürfte auf der Hand liegen: Wenn man Grundrechtsausübung mit dem Beruf gleichsetzt und umgekehrt, dann müßte das auch bei allen anderen Berufen gelten. Daran denkt jedoch niemand: Diese korporative, ständische Idee soll nur für den politischen Journalisten gelten, für den Beruf, der sich beim Kampf gegen — die korporative Idee ausgezeichnet hat! Aber warum soll das Berufsverbot gegen einen einzelnen Journalisten die Meinungsbildung ernsthaft gefährden? Wenn das eine ernsthafte Gefahr ist, dann ist es das Berufsverbot für den einzelnen Arzt auch? Oder ist die Volksgesundheit weniger wichtig? Wobei noch gilt, daß der Journalist nach dem Berufsverbot seinen Beruf sogar noch in anderen Sparten ausüben und politisch schreiben darf wie jeder andere Staatsbürger, was z. B. beim Arzt in aller Regel nicht geht. Und wenn gesagt wird, das Berufsverbot könne bei zunehmender Zahl von Verbotsaussprüchen die politische Presse lahmlegen, so kann der, der auf den Schutz der Verfassung bedacht ist, nur antworten: Na und? Es geht notfalls ohne solche Journalisten, nicht aber ohne Verfassung.

[126]) Vgl. Schönke-Schröder, aaO., S. 203 f. (Anm. 6 zu § 42 l).

[127]) Insofern richtig das BVerfG in E 10, 118. Wenn Löffler, NJW, 1960, S. 29 f., meint, auch solche Vorschriften seien verfassungswidrig, die der Verwaltung überhaupt, d. h. als solcher, das Berufsverbot einräumten, so ist das nur konsequent. Wenn man nämlich Art. 18 GG so versteht, daß auf die faktische Auswirkung des Berufsverbots abgestellt bzw. das allgemeine Freiheitsgrund-

6. In diesem Zusammenhang sind auch die Gesetzesentwürfe zu erörtern, die den Journalisten, anders gesagt: den Angehörigen der periodischen Presse hinsichtlich des Zeugnisverweigerungsrechts und des Schutzes vor Beschlagnahmen den anderen Berufen und Amtsinhabern der §§ 53 und 97 StPO, wenn auch mit gewissen Modifikationen, gleichstellen möchten[128]). Als Begründung wird vor allem vorgetragen, daß ansonsten die Ausübung des Presseberufs (d. h. in der periodischen Presse) nicht in dem von der Verfassung gemeinten Umfange möglich sei. Hier kommt dann wieder die öffentliche Aufgabe der Presse überhaupt ins Spiel.

Diese Reformbemühungen stoßen jedoch auf nicht unerhebliche verfassungsrechtliche Bedenken.

Bevor diese dargelegt werden, wird man fragen müssen, weshalb man hier nicht auf die politisch relevante Pressetätigkeit abstellt, vielmehr Presse und öffentliche Aufgabe

---

recht als Berufsfreiheitsrecht angesehen wird, dann muß man zu dem Ergebnis gelangen, jedwede Untersagung des Presseberufs durch andere Instanzen als das BVerfG sei unstatthaft. Die Beschränkung dieser These auf das Berufsverbot durch die Verwaltung wegen verfassungsfeindlicher Berufsausübung, wie sie das BVerfG und Reißmüller, aaO., S. 531 vornehmen, findet jedoch ebensowenig eine Stütze in Art. 18 GG wie die Meinung Löfflers. Wenn man einmal den Damm der herkömmlichen Unterscheidung zwischen Freiheit und Beruf und damit die herkömmliche Auslegung von Art. 18 GG durchbricht, gibt es im geltenden Recht eben keine Möglichkeit, Ausweitungen wie die von Löffler vorgeschlagenen aufzuhalten.

Freilich läßt sich nicht verkennen, daß sowohl das BVerfG wie auch Löffler und Reißmüller eine bestimmte Gefahr im Auge haben: Daß die Verwaltung die Befugnis, das Berufsverbot wegen verfassungsfeindlicher Betätigung auszusprechen, aus naheliegenden politischen Gründen leicht mißbrauchen kann. Eine klare Stellungnahme dagegen bietet das geltende Recht nicht, auch nicht, wie dargelegt, Art. 18 GG. Die Frage ist also, ob man aus den Grundgedanken der Verfassung heraus zur Verfassungswidrigkeit eines solchen Berufsverbots kommen kann. Diese Frage sollte man bejahen, weil Maßnahmen, die auf verfassungsfeindliche Betätigung folgen, so weit wie möglich der unabhängigen Rechtsprechung anvertraut werden sollten. Wo hingegen das Berufsverbot aus anderen Gründen verhängt werden soll, scheidet dieser Gesichtspunkt aus und ist insoweit der Presseberuf wie die anderen Berufe zu behandeln. Wem dann das Berufsverbot als verfassungswidrig erscheint, wende sich gegen das Berufsverbot bei allen freien Berufen, verteidige also die Freiheit aller davon Betroffenen, statt mit unhaltbaren Auslegungsversuchen einen Beruf zu privilegieren.

[128]) Mir lagen vor die Entwürfe der Länder Baden-Württemberg, Niedersachsen und Schleswig-Holstein, ferner der Hessische Entwurf eines Gesetzes zur Änderung der StPO. Vgl. zum Thema Kohlhaas und Löffler, NJW 1958, S. 51 ff. bzw. S. 1215 ff.

formell versteht, also alles das umfassen will, was die Presse tut. Wenn nämlich der Hinweis auf die politische Bedeutung der periodischen Presse die Gesetzesentwürfe begründen soll, dann ist von vornherein klar, daß die nichtpolitische Pressebetätigung in diese Regelung nicht einbezogen werden darf, denn auf sie trifft der Beweggrund der Reform eben nicht zu.

Zunächst erhebt sich die Frage, ob die durch die Zeugnispflicht geschützten Rechtsgüter überhaupt durch Freistellung weiterer Personengruppen weniger als bislang geschützt werden dürfen. Man wird diese Frage wohl bejahen dürfen, zumal hier auch ein bestimmter Spielraum des Gesetzgebers zu berücksichtigen ist.

Die verfassungsrechtlichen Bedenken gegen die Entwürfe beruhen in erster Linie darauf, daß damit ein Berufszweig anderen Berufen und Ämtern gleichgestellt werden soll, mit denen das Pressegewerbe und gegebenenfalls Rundfunk- und Fernsehberufe in dieser Hinsicht nichts gemeinsam haben.

Daß Geistliche und Abgeordnete gegenüber den übrigen Staatsbürgern bevorzugt werden, ergibt sich aus ihrem öffentlich-rechtlichen Status[129]). Den hat jedoch der Angehörige des Pressewesens gerade nicht und darf ihn auch nach dem geltenden Verfassungsrecht nicht haben. Die anderen Berufe des § 53 StPO wiederum sind staatlich gebunden. Zwar ist es richtig, daß die Zubilligung des Zeugnisverweigerungsrechts auf ihrer besonderen sozialen Stellung beruht, doch ist das nicht allein entscheidend. Hinzu kommt nämlich, daß sie dementsprechend auch gebunden sind. Dort wird die Freisetzung von allgemeinen Staatsbürgerpflichten dadurch ausgeglichen, d. h. der Gefahr des Mißbrauchs vorgebeugt, daß infolge der staatlichen Bindung das Risiko des Mißbrauchs dieser Freistellung verringert wird[130]). Das gilt jedoch für das Pressewesen gerade nicht.

Deshalb entspricht die geltende Regelung des Zeugnisverweigerungsrechts der Grundentscheidung des Presserechts: Grundgedanke des § 53 Nr. 4 StPO ist es, der Rechtsfigur des verantwortlichen Redakteurs Rechnung zu tragen, jener Rechtsfigur, die die Anonymität der Presse sichern helfen soll[131]). Eben weil der verantwortliche Redakteur bestraft

---

[129]) Vgl. Löwe-Rosenberg, StPO, 20. Aufl., Berlin 1958, S. 173 (Anm. 8 zu § 53).

[130]) Im deutschen (§ 300) wie im Schweiz. StGB (Art. 321) entspricht dem das Verbot, das Berufsgeheimnis preiszugeben. Dazu sehr klar: Th. Gubler-Corti, Zum Problem des Zeugnisverweigerungsrechtes der Journalisten, Festschrift W. Bretscher, Zürich 1957, S. 217/18 und 226.

[131]) Zur Rechtslage in der Schweiz vgl. Gubler-Corti, ebenda.

worden ist oder bestraft werden kann, läßt die StPO die übrigen Angehörigen der Presse unbehelligt. Aus genau diesem Grunde bezieht sich das Zeugnisverweigerungsrecht auch nur auf die periodische Presse, weil nur sie den verantwortlichen Redakteur kennt.

Erweitert man das Zeugnisverweigerungsrecht im Bereich der Presse darüber hinaus, so wird damit für diesen Rechtsbereich ein neuer Sachverhalt eingeführt: Eben die Ansicht, die periodische Presse, genauer: die dort berufsmäßig Tätigen, müßten diesen Schutz erhalten, um ihrer Aufgabe besser gerecht werden zu können. Es kommt also entscheidend darauf an, wie dieser Sachverhalt im Hinblick auf den Gleichheitssatz des Art. 3 GG zu würdigen ist.

Allerdings läßt sich die Neuheit dieser Entwürfe nicht dadurch verdecken, daß man meint, auch die periodische Presse habe ein Vertrauensverhältnis zu wahren, denn ein Vertrauensverhältnis besteht auch zwischen sonstigen Bürgern, die sich informieren. Es kommt darauf an, ob der Sachverhalt, den die Entwürfe meinen, mit den bisherigen Fällen des Zeugnisverweigerungsrechts gleich sind. Das ist er aber, wie eben ausgeführt, gerade nicht.

Soll also das Zeugnisverweigerungsrecht in neuer Weise ausgedehnt werden, so ist zu fragen, ob das nicht auch für andere Personen zu gelten habe, sofern auch sie an der öffentlichen Meinungsbildung teilnehmen.

Es gibt genügend andere Situationen, in denen ein Vertrauensverhältnis aus politischen Gründen dem Vertrauensverhältnis im Bereich der erwähnten Berufe der periodischen Presse gleichzusetzen ist. Das gilt vorab für Redakteure, die ihre Tätigkeit nicht berufsmäßig ausüben, sowie für Äußerungen in nichtperiodischen Druckwerken, also in Büchern usw., soweit sie von öffentlichem Belang sind. Die verhältnismäßig große Verbreitung, die viele politische Bücher gerade in letzter Zeit gefunden haben, beweist, welche Rolle sie bei der Meinungsbildung zu spielen vermögen[131a]).

Man denke aber auch an den Staatsbürger, der sich gelegentlich in der Presse betätigt, noch mehr an mündliche Äußerungen von politischem Belang, etwa in Wahlkämpfen oder sonstigen Versammlungen, in denen politische Äuße-

---

[131a]) Auch Forsthoff, aaO., S. 634, bemerkt, daß sich moderne Formen der Buchproduktion entwickelt haben, die eine Sonderung von der Tagespresse unter dem Gesichtspunkt der Massenwirkung nicht mehr zulassen.

rungen fallen: Alle diese Betätigungen sind nach wie vor von großer politischer Bedeutung.

Wenn man die politisch relevanten Meinungsäußerungen außerhalb der berufsmäßig betriebenen periodischen Presse nicht denjenigen innerhalb ihrer gleichsetzt, verletzt man die durchgängige politische Gleichheit der Staatsbürger und damit Art. 3 GG. Man fördert auf diese Weise die Monopolisierung der politischen Meinungsbildung, die doch der politischen Willensbildung aller Staatsbürger vorausgehen soll, und damit eine Entwicklung, die allseitig beklagt wird. Man stellt sogar, im Hinblick etwa auf Wahlversammlungen, den entscheidenden Bürger, den Wähler, schlechter als den nicht entscheidenden Journalisten. Wenn man für dieses Vorhaben einen scharfen Ausdruck gebrauchen will, so würde er zu lauten haben: Dies bedeutet einen weiteren Schritt auf dem Wege zur politischen Entmachtung des Staatsbürgers. Sie ist durch unumkehrbare Entwicklungen im modernen Groß-Staat bereits weit gediehen. Hier aber treibt man diese Entmündigung ganz bewußt voran. Daß das mit der Begründung geschieht, der Staatsbürger werde dadurch begünstigt, daß der Journalist, daß ein bestimmter Beruf privilegiert wird (gegebenenfalls zum Nachteil einzelner Staatsbürger, zu deren Gunsten das Recht gefunden werden soll), erinnert an jenen fatalen Satz, wonach man den Bürger notfalls zur Freiheit zwingen müsse[132]).

Die geplanten Gesetzesentwürfe würden also einen Sachverhalt regeln wollen, dem gegenüber noch andere Personen bzw. Tätigkeiten gleich sind. Zwar wären die neuen Gesetze als solche nicht wegen Verstoßes gegen Art. 3 GG verfassungswidrig, doch wären es die Vorschriften über den Zeugniszwang, soweit sie die übrigen, gleichzubehandelnden Fälle betreffen[133]).

---

[132]) Es ist kein Zufall, daß in Ländern mit langer rechtsstaatlich-demokratischer Tradition, wie den USA, Großbritannien und der Schweiz, derartige Forderungen bisweilen auch erhoben, doch jeweils nicht rechtlich anerkannt wurden, wie sich z. B. aus der Veröffentlichung des Internationalen Presseinstituts: Professional Secrecy and the Journalist, Zürich 1962, ergibt. Dort steht die Presse innerhalb der gesamten Rechtsordnung, weil der Verfassungsstaat das Privileg verpönt, auch und vielleicht erst recht das Privileg zugungsten jener, die es für eine öffentliche Aufgabe halten, gegen alle Privilegien zu kämpfen. „Nobody is above the Constitution."

[133]) Geiger in: Die Funktion der Presse im demokratischen Staat, S. 23, räumt dem Gesetzgeber anscheinend völliges Ermessen ein, hält jedoch auf S. 24 den „Gedanken einer irgendwie gearteten Immunität des Journalisten, ähnlich der Abgeordneten-Immunität ...

7. Der arbeitsrechtliche Streik in Pressebetrieben — ein Phänomen der sog. Drittwirkung des uns interessierenden Grundrechts — kann gesetzlich nicht verboten werden[134]). Gibt man als Grund für ein solches Verbot an, es werde ansonsten die „lebenswichtige" Tätigkeit der Presse in Frage gestellt, so ist das gewiß ein sachliches Argument. Aber abgesehen davon, daß auch hier wieder andere gleichgewichtige Betriebe genauso behandelt werden müßten, also wiederum im Hinblick auf Art. 3 GG eine Privilegierung stattfände, wird man die Frage, ob die Verfassung solche Gefährdungen der Pressearbeit in Kauf genommen habe, bejahen müssen. Von veränderten Umständen im Vergleich zur Ausgangslage der Verfassung kann hier schwerlich die Rede sein. Da aber andererseits die Presse nicht verstaatlicht, d. h. nicht als öffentliche Aufgabe im echten Sinne des Wortes betrieben werden darf, wäre ein Streikverbot verfassungswidrig.

8. Im Bereich des Straf- und Privatrechts spielt ferner die Frage, wieweit die Beeinflussung durch Anzeigenvergabe rechtmäßig ist, eine besondere Rolle, und zwar im Bereich der Sittenwidrigkeit[135]). Es läßt sich nicht leugnen, daß mit der Anzeigenvergabe oftmals ein Druck auf die Presse ausgeübt wird. Doch dürfte es schwer fallen, jedem Druck dieser Art einen rechtlichen Riegel vorzuschieben, der über die bisherigen Sicherungen unserer Rechte hinausgeht, wie z. B. Verbot von Knebelungsvertrag und Boykott[136]). Die entscheidende Frage geht dahin, ob das Ausüben von Druck bei der Anzeigenvergabe sittenwidrig ist: Der Druck ist dann sittenwidrig, wenn die allgemeine Sitte den Entzug von Anzeigen

---

für abwegig". Es handelt sich hier nicht um den Fall, daß der sich benachteiligt fühlende Bürger lediglich einen Anspruch auf Erlaß eines auch ihn besser stellenden Gesetzes begehrt, sondern daß er die ihm gegenüber bestehende Zeugnispflicht, also einen Eingriff, für verfassungswidrig hält.

Im übrigen: Auch wenn der Gesetzgeber im Hinblick auf Art. 3 GG einen beträchtlichen Spielraum hat, den das BVerfG zu respektieren hat, sollte das Gericht nicht Bewegungen unterstützen, die auf eine größere Passivität des Staatsbürgers hinauslaufen.

[134]) Mit dieser Frage hat sich z. B. der Studienkreis für Presserecht und Pressefreiheit befaßt, s. die Tagungsberichte von Löffler in NJW 1962, S. 2048 f. und 1963, S. 1592 f. Löffler, Presserecht, S. 647 ff. hält den Streik für rechtswidrig.

[135]) Vgl. dazu etwa W. Hagemann, Dankt die Presse ab? München 1957, S. 127 ff., und F. Schneider, aaO., S. 74 ff.

[136]) Vgl. etwa W. Reuß, Der sog. „Käuferstreik". Der Boykott als wirtschaftliches Kampfmittel, AcP, 156, 1957, S. 89 ff., sowie Soergel-Siebert, BGB, 9. Aufl., Bd. 2, 1962, Anm. 94 ff. zu § 811.

als empfindliches Übel, als Drohung mit einer Not mißbilligt[137]). Das war bislang nicht der Fall.

Zwar kann auch die Sitte durch die Verfassung selbst normativ geprägt werden[138]), doch fragt sich, ob die Verfassung diese Not, d. h. den Anzeigenentzug, von der Presse abwenden will. Das wird man nur dann annehmen können, wenn die Not wirklich so groß wird, daß die wirtschaftliche Existenz des Presseunternehmens gerade dadurch ernstlich gefährdet wird. Dieser Gefahr dürfte man jedoch mit den bereits zur Verfügung stehenden Mitteln unseres Rechts vorbeugen können.

Im übrigen darf noch bemerkt werden, daß die Presse gegenüber solchem Druck nicht schutzlos ist. Einmal ist es fraglich, ob Anzeigenkunden lange Druck auf ein Presseorgan ausüben können, weil nämlich die Presse nach wie vor ein sehr wichtiger Werbeträger ist[139]). Im übrigen ist der mutige Journalist, wie auch Mitteilungen aus den USA zeigen[140]), nicht hilflos: Er kann über den Druckversuch berichten oder mit der Veröffentlichung drohen und damit seinerseits den betreffenden Anzeigenkunden unter Druck setzen — in rechtlich erlaubter Weise. In jedem Falle aber müßten hier die

---

[137]) S. Schönke-Schröder, aaO., Anm. zu § 240; Löffler, Presserecht, S. 585 ff.

Löffler bringt in diesem Zusammenhang eine Formulierung, die für seine Grundauffassung von der Rechtsstellung der Presse kennzeichnend ist: Wenn er S. 587 (Anm. 6) sagt, daß nach dem Zusammenbruch das SchrLG außer Kraft getreten sei, „die innere Freiheit der Presse" aber dadurch geschützt „bleibe", daß das neue Recht den § 240 StGB i. d. F. v. 1943 im wesentlichen beibehalten habe, so soll das besagen, daß die NS-Gesetzgebung die innere Freiheit der Presse geschützt habe. Das ist richtig, aber die Presse, die hier geschützt werden sollte, war die als echte öffentliche Aufgabe betriebene NS-Presse — das war Sinn der NS-Regelungen, also: Nicht Schutz der freien Presse, sondern der gelenkten Presse. Das war ganz konsequent, doch kann man eben nicht beides zugleich haben: In der freien Presse die Privilegien, die der gelenkten Presse zugebilligt werden.

[138]) Das gilt z. B. dann, wenn die bisherige Sitte wider den Satz einer Verfassung gerichtet war.

[139]) Zu diesem weitläufigen Thema sei nur so viel bemerkt: Es handelt sich keineswegs darum, daß die neuen Massenmedien die Einkünfte der Presse aus den Anzeigen absolut geschmälert haben, vielmehr plädiert die Presse, was wohl ein Unterschied zur Existenznot und damit zur Freiheitsbedrohung ist, für einen „gerechten Anteil am Fortschritt". Man kann die Verwischung dieses Sachverhalts nicht gerade als zuverlässige Information bezeichnen. Diese Feststellung ändert freilich nichts daran, daß die Presse auf die wirtschaftliche Wettbewerbsfähigkeit Bedacht nehmen soll und darf.

[140]) Vgl. Schramm, Social Responsibility, aaO., S. 129 ff.

Nachrichten über die wirtschaftliche Auswirkung solcher Methoden erst einmal auf breiter Grundlage geklärt werden, denn auf die bloße Empfindlichkeit kann es nicht ankommen.

9. Sowohl dieser besondere Fall wie die Bedeutung der Tatsachen überhaupt für die gesetzgeberische Arbeit (und auch für die Tätigkeit anderer Staatsorgane, z. B. für die Änderung der Interpretation) zeigt, wie wichtig auch und sogar gerade im Bereich der Presse zuverlässige Information ist. Da merkwürdigerweise gerade in diesen Dingen die Meinungsmittel oftmals weder ausreichend noch zuverlässig informieren[141]), empfiehlt sich die Einrichtung einer Kommission für die Presse, die sich am Beispiel der britischen Royal Commission on the Press ausrichten könnte[142]). Diese Kommission hätte beim Bundesinnenministerium ihren Platz, doch wären sowohl das Bundeswirtschaftsministerium als auch die Länder entsprechend als Mitträger zu beteiligen[142a]). Die Kommission wäre

---

[141]) Für den nüchtern Denkenden ist das nicht verwunderlich, er macht der Presse daraus keinen Vorwurf. Was er allerdings nicht hinnehmen kann, ist der Anspruch, über alles informieren zu dürfen und das stets richtig zu tun, eigene Angelegenheiten jedoch unvollständig und ungenau vorzubringen. Zu diesen Fragen überzeugend Schramm, Social Responsibility, aaO., S. 212 ff.

[142]) Siehe die beiden Berichte: Royal Commission on the Press 1947, Cmd. 7000, und Royal Commission on the Press 1961—1962, Cmd. 1811. Dazu etwa J. E. Gerald, The British Press under Government Economic Control, Minneapolis 1956, S. 155 ff., und H. A. Taylor, The British Press. A Critical Survey, London 1961, S. 75 ff.

[142a]) Die Frage nach der Zuständigkeit zur Errichtung solcher Kommissionen ist nicht leicht zu beantworten. Soll die Kommission der allgemeinen, nicht direkt auf einen Tätigkeitsbereich bezogenen Information dienen, so liegt es nahe, die Zuständigkeit zu ihrer Errichtung in Parallele zum englischen Verfassungsrecht dem Bundespräsidenten zuzugestehen. Das geltende bundesdeutsche Verfassungsrecht hingegen scheint eine solche Betrachtung nicht zuzulassen. Vielmehr wird die Information nur im Zusammenhang mit den Tätigkeitsbereichen (sei es Gesetzgebung, sei es Verwaltung) gesehen. Dann aber richtet sich die Zuständigkeit hinsichtlich der Kommissionen nach der üblichen Regelung. Wenn eine Kommission nur Fragen der Wettbewerbslage der Presse zu untersuchen hat, so richtet sich die Befugnis zu ihrer Errichtung nach Art. 74 Nr. 11 GG.

Damit ist aber noch nicht die Frage beantwortet, in welche Zuständigkeitsbereiche sich die Fragen der Kommission zu erstrecken haben. Es kann sich als nötig erweisen, daß die Kommission, um im Rahmen des Art. 74 Nr. 11 GG wirken zu können, Informationen über Bereiche einholen muß, die jenseits dieser Zuständigkeit liegen, z. B. im Bereich der Rundfunkanstalten der Länder. Wer dafür eintritt, daß dies vom Auftrag im Rahmen des Art. 74 Nr. 11 GG gedeckt sei, muß dann auch zugestehen, daß Rundfunkkommissionen der Länder in den Bereich des Bundes nach Art. 74 Nr. 11 GG freilich mit den entsprechenden finanziellen Mitteln zu versehen und notfalls auch mit den entsprechenden Befugnissen zur Sachaufklärung[143]), wobei man die reichhaltigen Erfahrungen der Royal Commission on the Press auswerten sollte. Allein schon die Wirkung der Kommissionsarbeit in der Öffentlichkeit wäre zu begrüßen.

Hingegen möchte ich nicht meinen, daß man einen Pressebeauftragten des Bundestags bzw. der Landtage einrichten sollte[144]). Beruht nämlich die Einrichtung des Wehrbeauftragten u. a. auf dem Gedanken, daß der Soldat in einem engen „besonderen Gewaltverhältnis" steht und Beschwerden dort einen langen und steilen Weg haben, so gilt das für die Presse nicht. Sie kann sich wahrlich selbst helfen[145]).

Umgekehrt würde die Einrichtung einer sanktionslosen agency, also einer öffentlichen Stelle, wie sie die berühmte Hutchins-Commission in den USA vorschlug[146]), um die Arbeit der Presse öffentlich zu kritisieren, ein installiertes öffentliches Mißtrauensvotum für die Presse einerseits und für die Urteilsfähigkeit des Staatsbürgers andererseits bedeuten, das doch wohl nur abgelehnt werden kann. Die Einrichtung des Presserats reicht aus — ob er der freiwillig übernommenen

---

hinein fragen dürfen. Ein solches Ergebnis würde m. E. der Zuständigkeitsverteilung des GG widersprechen. Das würde sich noch deutlicher zeigen, wenn man im Wege des Gesetzes eine Auskunftspflicht (mit entsprechenden Sanktionen) postulieren wollte. Man wird deshalb davon ausgehen müssen, daß die Fragen der Kommission nicht weiter reichen dürfen als die Sachkompetenz, die dem Auftrag der Kommission zugrundeliegt. Dann aber wird man in vielen Fällen derartige Kommissionen als Gemeinschaftseinrichtung von Bund und Ländern schaffen müssen. Entsprechend dem eben Ausgeführten ist auch die Ressortzuständigkeit in Bund und Ländern zu ermitteln.

Mehr kann zu diesem Thema, das noch intensiver Klärung bedarf, nicht ausgeführt werden.

[143]) Auch wenn das zur Verfassungsänderung führen würde.

[144]) Das wäre dann etwa ein Ombudsman für die Presse.

[145]) Der Ruf nach einem staatlichen Schutz, der über den üblichen, verfassungsrechtlich gewährleisteten Schutz hinausgeht, ist Ausdurck eines Mißtrauens in die Freiheit und damit die Absage an sie. Man kann eben das Risiko, das jede freiheitliche Verfassung mit sich bringt, nicht abschaffen, ohne die Freiheit aufzugeben.

[146]) S. A Free and Responsible Press: A General Report on Mass Communication: Newspapers, Radio, Motion Pictures, Magazines and Books, Chicago 1947 (dt. Übers. Nürnberg 1948), und W. E. Hocking, Freedom of the Press. A Framework of Principle. A Report from the Commission on Freedom of the Press, Chicago 1947. Der Bericht ist scharf angegriffen worden von F. Hughes, Prejudice and the Press, New York 1950.

Aufgabe gerecht wird, ist allerdings eine andere Frage, die hier nicht zur Diskussion steht[147]).

Damit muß ich meine Ausführungen beenden. Wenn ich nicht in den berühmten Ruf von Sylvain Maréchal aus dem Jahre 1791, dem Jahr der Krise der Kritik, eingestimmt habe, nämlich: „La liberté de la presse ou la mort!"[148]), so beruhte das auf der Überzeugung, daß das Recht der rechtsstaatlich-demokratischen Verfassung derartige inhumane, weil auf Selbstvernichtung hinauslaufende Dualismen verpönt — weil dieses Recht, um mit einem Wort von Justice Felix Frankfurter zu schließen, das einzige ist, was zwischen uns und der Tyrannei des bloßen Willens sowie der Grausamkeit des ungezügelten Gefühls steht.

---

[147] Zur Presseselbstkontrolle vgl. etwa J. Heinrichsbauer, Die Presseselbstkontrolle, München 1954 und M. Löffler, ed., Selbstkontrolle von Presse, Funk und Film, München 1960. Vergleichendes Material in: Press Councils and Press Codes, International Press Institute, Zürich, 2. Aufl., 1962. Zum britischen Press Council s. Gerald, aaO., S. 163 ff., und Taylor, aaO., S. 88 ff., sowie Gerald, The Social Responsibility of the Press, Minneapolis 1963, S. 191 ff.

[148]) Der Text von Maréchals Rede ist abgedruckt in Pierre-Bloch, Liberté et Servitude de la Presse en France. Morceaux choisis, Monte Carlo 1952, S. 87 ff., hier: S. 104 (Schluß der Rede).

Leitsätze des Mitberichterstatters über: Pressefreiheit

I.

1. Art. 5 Abs. 1 GG bezieht sich auf die Pressefreiheit als Teil der natürlichen Freiheit. Sie wird durch Aufnahme in die Verfassung zur rechtlichen Freiheit, wobei das Grundrecht der Pressefreiheit durch die schrankenziehenden Gesetze im Sinne von Art. 5 Abs. 2 GG konturiert wird. Innerhalb dieser Schranken genießt jede Äußerung in der Presse den Grundrechtsschutz. Es gibt auch keinen grundrechtsneutralen Bereich.

2. Art. 5 Abs. 1 GG enthält kein darüber hinausgehendes Recht auf politische Teilhabe durch Presseäußerung, erst recht keine dahingehende Pflicht. Analogien zur Ordnung des politischen Willensbildungsprozesses (z. B. Art. 21 Abs. 1 GG) sind nicht möglich, weil der grundlegende Unterschied zwischen Meinung und Willen bzw. Entscheidung beachtet werden muß.

3. Es gibt, in rechtlich relevantem Sinne, keine öffentliche Aufgabe der Presse. Die Ausübung eines Freiheitsrechts ist nicht Erfüllung einer öffentlichen Aufgabe. Die politisch bedeutsame Presseäußerung kann und muß von den schrankenziehenden Gesetzen im Sinne von Art. 5 Abs. 2 GG berücksichtigt werden.

4. Art. 5 Abs. 1 GG enthält keine institutionelle Garantie der Presse. Was mit der Lehre von der institutionellen Garantie der Presse bezweckt wird, läßt sich auf andere Weise erreichen, nämlich dadurch, daß die Freiheitsgrundrechte, die für die Ausübung der Pressefreiheit wichtig sind, geschützt werden. Der Begriff der institutionellen Garantie ist für öffentliche Institutionen (wie z. B. Berufsbeamtentum und kommunale Selbstverwaltung) zu reservieren.

II.

1. Allgemeine Gesetze im Sinne von Art. 5 Abs. 2 GG sind nicht solche Gesetze, die sich nicht gegen eine bestimmte Meinung richten, denn sonst könnte es gegenüber Presseäußerungen z. B. keinen Strafrechtsschutz geben.

Allgemeine Formeln wie „preferred position" des Grundrechts oder Interessenabwägung helfen nicht weiter, sie sind als Leerformeln beliebig manipulierbar.

Auch die Lehre von der „rein geistigen Wirkung" der Meinung, die der Gesetzgeber nicht soll inhibieren dürfen, führt nicht weiter. Entweder hat jede Meinung nur rein geistige Wirkung, oder keine Meinung hat eine solche Wirkung. Ferner bietet die Lehre, „rein geistig" sei die Wirkung der Meinung dann nicht, wenn sie strafbare Handlungen auslöse oder bestimmte Formen annehme (z. B. Beschimpfung), keine Hilfe, denn es gibt keinen Unterschied zwischen Inhalt und Form der Meinung. Diese Lehre enthält einen Zirkelschluß, mit dessen Hilfe der Gesetzgeber beliebig viele derartig „allgemeine" Gesetze erlassen könnte.

Ein allgemeines Gesetz ist vielmehr ein Gesetz, das gegen die Pressefreiheit solche Gemeinschaftsgüter schützt, die die Verfassung zuläßt. Das ist durch Verfassungsauslegung ebenso zu ermitteln wie die übrigen Bestandteile der Wesensgehaltssperre (Art. 19 Abs. 2 GG) der Pressefreiheit.

2. Den Inhalt der Verfassungsentscheidung vermag man dann nicht zu ermitteln, wenn der Inhalt grundsätzlich dynamisiert werden soll oder wenn man Leerformeln verwendet. Dann wird auch die Wesensgehaltssperre grundsätzlich dynamisiert, damit auch das Übermaßverbot.

Die Ablehnung solchen Prozedierens bedeutet nicht, daß eine stets eindeutige Richtlinie der Verfassung angenommen wird. Jede Verfassung muß für die Konkretisierung einen Spielraum lassen. Wenn man aber dafür keine Grenzen anerkennt, ist eine Kontrolle der Bewegung innerhalb des Spielraums unmöglich. Es läßt sich nur dann kontrollieren, wenn der jeweils Entscheidende möglichst genau dartut, daß er sich in diesem Spielraum gehalten hat.

3. Die Wertentscheidung der Verfassung kann nur effektiv gemacht werden, wenn man sie konkret sieht, denn jede Wertentscheidung haftet am Konkreten, auch wenn der Grad der Abstraktion hoch ist. Die Leitvorstellung der Verfassung vom Wesensgehalt der Pressefreiheit läßt sich dann genauer ermitteln, wenn die Verfassung ihre Leitvorstellung an solchem vorkonstitutionellen Recht (und zwar an dessen Kerngedanken) orientieren kann, das einen gleichen oder ähnlichen Typus der Pressefreiheit konkretisiert hatte. Das ist in der Regel Gesetzesrecht. Hier kann (sofern nicht anderes bestimmt) vermutet werden, weil es um Tatsächliches geht. Die Vermutung ist angebracht, weil der Verfassungsgeber auf diese Weise seine Leit-

vorstellung besser zu konkretisieren vermag. Doch ist das keine institutionelle Garantie des Wesensgehalts.

Damit nur kann man auch den Wertrahmen gewinnen, in dem das an sich abstrakte Übermaßverbot wirkt.

Der verhältnismäßig statische Charakter des Bereichs, der für die Pressefreiheit in Betracht kommt, engt den Spielraum des Gesetzgebers erheblich ein. Änderungen sind nur möglich, wenn sich die Lage, von welcher die Verfassung ausging, verändert hat. Dazu gehört nicht das Uminterpretieren der Verfassungsentscheidung, weil man damit die Verfassung umgehen könnte.

4. Es ist zwischen den eigentlichen Schranken der Pressefreiheit (auf die allein sich Art. 5 Abs. 2 GG bezieht) und den Mißbrauchswehren zu unterscheiden. Diese dienen nicht dem Rechtsgut, das die Schranke schützt, sondern dem Schutz der Schranke, die ihrerseits das Rechtsgut schützen soll. Sie stellen sich in der Regel als Eingriffe in andere Freiheitsrechte dar, drängen also den „Störer" nicht in seine Schranken zurück.

Ebenso gehören zu den allgemeinen Gesetzen diejenigen Gesetze nicht, die die Grundrechte konturieren, welche für die Ausübung der Pressefreiheit belangvoll sind.

5. Es empfiehlt sich nicht, von der „Drittwirkung" des Grundrechts der Pressefreiheit zu sprechen. Das Grundrecht richtet sich gegen jeden, der die Schranken seines Rechts übertreten will. Da diese Schranken in der Regel durch das Gesetz gezogen werden, „richtet sich" das Grundrecht der Pressefreiheit auch im Bereich des autonomen Rechts (Privatrecht) an den Gesetzgeber, d. h. wirkt ihm gegenüber die Wesensgehaltssperre. Grundrechtswidrigkeit ist daher nichts anderes als Gesetzwidrigkeit.

III.

1. Die Zensur ist gemäß Art. 5 Abs. 1 GG unzulässig, weil sie eine (vorbeugende) Mißbrauchswehr, nicht weil sie eine Schranke der Pressefreiheit ist.

2. Die Beschlagnahme ist nur im Rahmen eines gerichtlichen Verfahrens gestattet.

3. Es müßte noch näher geprüft werden, ob die einstweilige Verfügung als Mißbrauchswehr in Anlehnung an das englische Recht zu entschärfen wäre. Das hängt von den Auswirkungen dieses Mittels ab.

4. Es gibt nur geringe Möglichkeiten, Berufswahl und Berufsausübung im Pressewesen strenger als bisher zu regeln.

5. Problematischer ist das Berufsverbot nach § 42 l StGB. Es ist, entsprechend konkretisiert, zulässig, weil Art. 18 GG auf die Pressefreiheit, § 42 l StGB hingegen auf den Beruf abzielt. Während Art. 18 die Pressefreiheit zur Gänze trifft, läßt das Berufsverbot die Möglichkeit, sich wie jeder andere Bürger der Presse zu bedienen. Die gegenteilige Ansicht beruht auf der unzulässigen Ineinssetzung von Freiheit und Beruf.

Ein Berufsverbot darf jedoch nur durch den Richter ausgesprochen werden.

6. Gesetzliche Regelungen, die die in der periodischen Presse oder in der Presse überhaupt Tätigen hinsichtlich des Zeugnisverweigerungsrechts und der Beschlagnahme den in §§ 53 und 97 StGB Privilegierten gleichstellen oder doch annähern, schaffen eine neue Sachlage, weil die bisherigen Regelungen Berufe und Ämter betreffen, mit denen der Beruf im Pressewesen nicht gleichgestellt werden kann. Ist aber eine neue Sachlage geschaffen, dann hat der Gesetzgeber, will er Art. 3 GG gerecht werden, alle diejenigen Fälle einzubeziehen, die dem Beruf im Pressewesen (sofern er sich überhaupt auf politisch relevante Äußerungen bezieht) gleichzustellen sind. Das gilt für jeden Staatsbürger, wenn er politische Meinungen äußert, z. B. in Büchern oder im Wahlkampf. Nur so kann die durchgängige politische Gleichheit der Staatsbürger gewahrt werden.

7. Der arbeitsrechtliche Streik im Pressewesen kann nicht verboten werden, weil die Verfassung die damit verbundenen Gefahren für die Presse vorausgesehen und in Kauf genommen hat.

8. Der Ausübung von Druck auf die Presse mittels der Anzeigenvergabe läßt sich nur mit den herkömmlichen Mitteln (Verbot des Knebelungsvertrags, Boykottverbot usw.) ein Riegel vorschieben. Im übrigen hat der Journalist Mittel, sich des Drucks zu erwehren, z. B. durch Bericht über den Druckversuch.

9. Um zuverlässige Informationen über die Lage der Presse zu gewinnen, die vor allem für gesetzgeberische Vorhaben wichtig sind, empfiehlt sich die Einrichtung einer Kommission für die Presse beim Bundesinnenministerium (bei Mitträgerschaft der Innenministerien der Länder). Sie muß gegebenenfalls die nötigen Befugnisse erhalten.

Ein Pressebeauftragter des Bundestags bzw. der Landtage hingegen empfiehlt sich nicht, auch nicht eine (sanktionslose) Stelle, die die Arbeit der Presse öffentlich kritisiert.

Pressefreiheit

Aussprache und Schlußworte

Krüger (Diskussionsleiter): Wenn ich Herrn Scheuner richtig verstanden habe, hat er, und zwar nicht mangels Ergiebigkeit des Themas Pressefreiheit, sondern um der gediegenen Grundlegung willen, ein neues Grundrechtsverständnis vorgeschlagen und gesagt, daß die Grundrechte von der Funktion her zu verstehen seien, einer Funktion, die natürlich nur eine staatliche und verfassungsmäßige sein kann. Es wäre daher die Frage, ob man nicht die Pressefreiheit gleichfalls von diesem Gesichtspunkt betrachten müßte. Wenn ich es richtig verstanden habe, hat Herr Scheuner dem Grundgesetz vorgeworfen, es habe keine Vorstellung von der Funktion der Pressefreiheit gehabt. Ich habe seinen Ausführungen nicht entnehmen können, welche Funktion er nun seinerseits der Pressefreiheit zuschreibt, wobei es wohl selbstverständlich ist, daß diese Funktion keine Erwerbsfunktion der Verlagsunternehmer sein kann, sondern eine staatspolitische sein muß. Ich bin mir nicht recht klar geworden, ob Herr Schnur darauf eingegangen ist.

Man sagt immer, die Presse erfülle eine öffentliche Aufgabe. Man hat gefragt, was ist das eigentlich, was ist öffentlich, was ist Aufgabe. Was ist vor allem das eigentlich Substantielle an dieser öffentlichen Aufgabe? Ich habe von der Presse heute immer das Gefühl, daß die ungemein steigende Forderung nach immer mehr und immer gewichtigeren Privilegien bis zum Verbot des Streikes oder der Bestreikung von Verlagsunternehmen in umgekehrter Proportion zu der Leistung steht. Ich finde, die Grundrechte sind im Grunde genommen immer nur zu halten, und zwar gerade auch die Pressefreiheit, durch die Leistung, die von dieser Position aus erbracht wird. Manchmal erinnert mich die Presse heute ein wenig an das Verhalten des Adels vor der Französischen Revolution: Je weniger man leistet, um so mehr wird auf die Privilegien gepocht. Das ist wahrscheinlich irgendein interner Ausgleichsvorgang, aber damit kann man der Geschichte nicht entgehen und seine Stellung wahrhaft behaupten. Ich würde also, weil ich das gewissermaßen als Negativposten in den Referaten geglaubt habe feststellen zu müssen, doch zu bedenken bitten, ob die Diskussion nicht nur mit dem, was gesagt worden ist, sich beschäftigen sollte, sondern auch mit dem, was nicht gesagt worden ist. Hierzu nur eine Andeutung:

Was wäre heute etwa die staatspolitische Funktion einer reinen Generalanzeigerpresse? Man könnte sagen, der Wohlfahrtsstaat verlangt, daß die Bürger auch unterhalten werden. Also sorgt er für Unterhaltung, indem er die Generalanzeigerpresse privilegiert, vielleicht mit dem machiavellistischen Hintergedanken, der einmal von Shakespeare so ausgedrückt ist, als Rat Heinrichs IV. an seinen Sohn: „Beschäftige die wirbligen Gemüter", also mit Sensationsprozessen, Skandalen u. a. m.

Ermacora: Wie immer habe ich von den Referaten der Staatsrechtslehrertagungen sehr viel gelernt und sehr viele Anregungen bekommen. Ich möchte an das anknüpfen, was Herr Krüger hervorgehoben hat, daß man nach der Funktion der Pressefreiheit fragen solle, und ich glaube, diese Frage wurde vielleicht wirklich gestellt, aber doch nicht beantwortet.

Was diese Funktion angeht, so scheint es mir notwendig, zweierlei zu sagen: Einmal die Funktion der Pressefreiheit, eine Meinung frei und unabhängig formen zu können und zu bilden, und auf der anderen Seite, selbst bei dieser Meinungsformung frei zu sein, d. h. also die Möglichkeit zu haben, in diesen Meinungsbildungsprozeß unabhängig von den verschiedensten Kräften im Staate eingreifen zu können. Wenn man in diesem Zusammenhang von der öffentlichen Aufgabe der Presse spricht, so darf ich darauf aufmerksam machen, daß der österreichische Pressegesetzentwurf aus dem Jahre 1960 unter den Aufgaben der Presse nennt: „Die Presse erfüllt eine öffentliche Aufgabe, wenn sie im Rahmen der gesetzlichen Ordnung wahre Nachrichten, an denen ein Interesse der Allgemeinheit besteht, beschafft, verbreitet und zu solchen Nachrichten sachlich Stellung nimmt, insoweit die Nachricht oder die Stellungnahme nicht Tatsachen des Privat- oder Familienlebens betrifft oder lediglich der Befriedigung des Unterhaltungsbedürfnisses oder der Sensationslust dient." Der Gesetzgeber versucht also, mit seiner Kraft die Funktion der Presse als öffentliche Aufgabe zu umschreiben.

Ich darf mich im folgenden der topischen Methode bedienen und einzelne Probleme herausgreifen — gleichwohl ein Problem der Interpretation: Herr Scheuner spricht davon, daß die Grundrechte kein System bildeten. Ich kann ihm hier durchaus beipflichten. Ich glaube, daß die in der Öffentlichkeit erkannten, gefährdeten Seiten der Persönlichkeit oder die gefährdeten

Seiten der Gemeinschaften vom jeweiligen Gesetzgeber herausgestellt wurden und gesichert wurden. Aber ich glaube nicht, daß es ratsam ist, dem Wunsch des Herrn Scheuner zu folgen, die Grundrechte selbständig, jedes für sich zu interpretieren. Ich meine, daß man mit einer derartigen Verselbständigung der Grundrechte in die Gefahr gerät, die Grundrechte oder jedes einzelne Grundrecht aus dem Gesamtzusammenhang der jeweiligen Rechtsordnung zu lösen, und daß man da Monstergebilde von Grundrechten schafft, die erst in ihrem Zusammenhang mit den anderen Grundrechten einen richtigen Platz in der Rechtsordnung haben.

Was nun die Meinung des Herrn Scheuner angeht, daß die Grundrechte national gewachsen seien, so mag das für die Bundesrepublik Deutschland zunächst zutreffen, aber es ist keine allgemeingültige Erkenntnis. Wenn man etwa die Grundrechte in Österreich ansieht, so muß man wissen, daß sie vom Staatsvertrag von St. Germain im Jahre 1919 mitbestimmt wurden, und wenn Sie die Integrationsbestrebungen Deutschlands ansehen, so werden Sie sehr wohl erkennen, daß die Europäische Konvention für Menschenrechte — eine Konvention, die durchaus nicht auf nationalem Boden gewachsen ist — imstande ist, die Grundrechte mitzugestalten. Die Bundesrepublik Deutschland ist noch nicht Mitglied der Vereinten Nationen, aber das Mitglied der Vereinten Nationen wird auch zu beachten haben, daß im Rahmen der verschiedensten Organe der Vereinten Nationen etwa das Recht der Informationsfreiheit in Form einer Deklaration behandelt wird und daß eben gerade im internationalen Konzert internationale Elemente bei der Interpretation der national gewachsenen Grundrechte maßgebend sind, also Interpretationen, die durchaus modern zu sein scheinen, weil sie sich nicht mehr an die eigenstaatliche, innerstaatliche Entwicklung anklammern können.

Was die Informationsfreiheit noch angeht, so möchte ich Sie auf ein österreichisches Beispiel aufmerksam machen: Es gibt einen Erlaß des österreichischen Innenministeriums, in dem etwa ausgeführt wird, daß es keinesfalls geduldet werden kann, daß Organe des Sicherheitsdienstes gewissermaßen unter der Hand und ohne Wissen ihrer Dienstvorgesetzten einzelnen Journalisten Informationen zukommen lassen. Ein solches Vorgehen, mag es gegen Entgelt oder unentgeltlich erfolgen, stellt auch dann ein Dienstvergehen dar, wenn die mitgeteilten Tatsachen nicht ausdrücklich als vertraulich bezeichnet worden sind. Und der Erlaß führt nun einzelne Gesetzesbestimmungen an, nach denen man die Bediensteten, die derartige Informationen preisgeben, verfolgen könnte.

Was zu einzelnen Problemen des Referats des Herrn Schnur zu sagen ist, ist das Folgende: Wenn er gewiß nach den Grenzen der allgemeinen Gesetze fragt, so übersieht er vom positiv-rechtlichen Standpunkt ein Argument, das auf der Hand liegt. Der Art. 10 Abs. 2 der Europäischen Konvention für Menschenrechte stellt ganz eindeutig fest, in welchem Rahmen diese allgemeinen Gesetze sich halten müssen oder halten dürfen. Es heißt in diesem Abs. 2: Da die Ausübung dieser Freiheit — nämlich der Meinungsäußerung — Pflichten und Verantwortung mit sich bringt, kann sie bestimmten, vom Gesetz vorgesehenen Formvorschriften unterworfen werden, wie sie in einer demokratischen Gesellschaft im Interesse der nationalen Sicherheit, der Aufrechterhaltung der Ordnung und der Verbrechensverhütung, des Schutzes der Gesundheit und der Moral, des Schutzes des guten Rufes oder der Rechte anderer unentbehrlich sind, um die Verbreitung von vertraulichen Nachrichten zu verhindern oder das Ansehen und die Unparteilichkeit der Rechtsprechung zu gewährleisten. Das scheint mir eine ganz strikte Regel für den Gesetzgeber und auch für den Rechtsanwendenden zu sein, den Begriff des allgemeinen Gesetzes zu interpretieren.

Wenn Herr Schnur von der Zensur spricht, so fügt er ja in seinem Leitsatz sehr wohl (auf S. 158 Ziff. 1 unter III) eine vorbeugende Mißbrauchswehr ein. Das ist sehr vorsichtig; denn er will damit sagen, daß damit nur die Vorzensur verboten ist. Aber wo ist denn die Begründung, daß man unter dem Zensurverbot nicht auch die Nachzensur verbieten will? Das ist wohl allgemeine Rechtsprechung und Praxis, aber wie begründen Sie das Verbot oder das Nichtverbot der Nachzensur? Das wurde — glaube ich — nicht erörtert. Wenn Sie vom Berufsverbot sprechen als eine Art versteckte Zensur, so glaube ich auch, ist ein Blick auf die Rechtsprechung internationaler Instanzen interessant. Ich möchte auf den sogenannten „de-Bekker-Case“ verweisen, nach dem ein belgisches Gesetz, und zwar nicht der Richter, sondern das Gesetz verboten hat, daß seinerzeitige faschistische Parteigänger für immerwährende Zeiten jemals wieder einen Artikel in der Presse schreiben. Dieser de-Becker-Case wurde von den Straßburger Menschenrechtsorganen entschieden, und in diesem Zusammenhang wurde über dieses generelle Berufsverbot eine ganze Fülle Interessantes dargelegt. Herr Schnur sagte eben, das Berufsverbot müsse, wenn es ausgesprochen wird, durch den Richter ausgesprochen werden. Was ist, wenn es durch das Gesetz ausgesprochen wird? Was ist zum allgemeinen Berufsverbot durch das Gesetz zu sagen?

Schüle: Es war mir interessant, daß Herr Krüger in seinen einleitenden Worten, soweit sie unser Thema betrafen, sogleich einen Punkt berührt hat, dem eine besondere Problematik innewohnt. Ich meine die öffentliche Aufgabe der Presse, von der gegenwärtig so viel die Rede ist und über die bisher nur wenig Klarheit besteht. „Gegenwärtig" sage ich deswegen, weil dieser Begriff entwicklungsgeschichtlich neueren, jedenfalls sehr viel jüngeren Datums ist als die Pressefreiheit selbst. Es ist Ihnen sicher bekannt, wie es dazu gekommen ist, nämlich zunächst über § 193 StGB, die Wahrnehmung berechtigter Interessen. Sich darauf berufen zu können, lag den Journalisten natürlich seit langem am Herzen. Daß sie bei ihrer Tätigkeit generell eine öffentliche Aufgabe wahrnehmen, ist in das positive Recht m. W. erst nach dem letzten Weltkriege aufgenommen worden.

Scheuner: Nein, nein . . . 1933. In dem nationalsozialistischen Schriftleitergesetz steht das erste Mal, daß der Schriftleiter einer Zeitung eine öffentliche Aufgabe erfüllt, und dann kommt hinterher die Kehrseite der Medaille: Deswegen wird er in Pflicht genommen, muß zuverlässig sein, geprüft werden, Mitglied der Schrifttumskammer sein.

Schüle: Das ist richtig. Es sind aber auch schon in früheren Pressegesetzentwürfen, also noch zur Weimarer Zeit, solche oder ähnliche Gedanken aufgetaucht; außerdem, die Schriftleitersituation im Dritten Reich und diejenige unter Weimar bzw. die heutige können doch nicht gleichgestellt werden. Die Tatsache nun, daß von einer öffentlichen Aufgabe jetzt in den Pressegesetzen gesprochen wird, weist schon als solche darauf hin, daß es sich dabei um einen Rechtsbegriff handelt. Er muß einen bestimmten, einen juristisch greifbaren Inhalt haben, und Entsprechendes gilt für seine Grenzen.

Was Herr Ermacora eben aus dem österreichischen Entwurf vorgelesen hat, ist deswegen wichtig, weil die deutschen Formulierungen, wie sie etwa wieder in dem schleswig-holsteinischen Entwurf von 1963 enthalten sind, davon nicht unerheblich abweichen und genau diejenige Problematik erkennen lassen, auf die ich Ihr Augenmerk richten möchte. Die Definition in § 3 dieses Entwurfes lautet, daß die Presse dadurch eine öffentliche Aufgabe erfülle, daß sie Nachrichten beschafft und verbreitet, Stellung nimmt oder Kritik übt. Das ist leider eine typische „Referentenfassung“, nach meinem Urteil keine allzu große Leistung, weil sie den wirklichen Sachverhalt, vor allem die Essenz und den Umfang der Aufgabe, in einer recht farblosen Weise umschreibt, wobei ich freilich einräume, daß das alles nicht so ganz einfach ist. Die österreichische Fassung, die mir sachlich treffender erscheint, zeigt in ihrer Verklausulierung, wie schwierig es ist, diese Dinge legislatorisch einzufangen.

Ich habe an einem anderen Orte die allgemeine Meinungsfreiheit des Art. 5 Abs. 1 GG als den verfassungskräftigen Freiheitsraum für „das Bürgergespräch in öffentlichen Angelegenheiten“ bezeichnet. Gleichviel, was man von dieser Formulierung hält, mir jedenfalls erscheint sicher, daß, soweit überhaupt von einer öffentlichen Aufgabe der Presse gesprochen wird, sie mit der allgemeinen Meinungsfreiheit und ihrem Unterfall, der Pressefreiheit, in Beziehung gesetzt werden muß, insbesondere bei der Determinierung des Aufgabeninhalts. Einen der großen Gegenbegriffe bildet hier die Unterhaltung, die als kontrastierendes Stichwort heute schon genannt wurde. Der Begriff der Unterhaltung ist natürlich höchst summarischer Natur; er gibt nicht die Fülle der Erscheinungen wieder und bedarf daher der Sichtung und Differenzierung. Aber Sie verstehen, was ich im Auge habe: die Skandalgeschichten, die Kriminalstories usw., bis herab zu den Kreuzworträtseln und Schachaufgaben, um nur weniges zu nennen. Auch das gehört heute zum gängigen Inhalt der periodischen Presse (nur sie interessiert hier), und wir werden nicht umhin können, auch das in den Kreis der Erwägung einzubeziehen, wenn es jene öffentliche Aufgabe genauer zu erfassen gilt. Mit anderen Worten, es muß geprüft werden, was denn nun eigentlich zu dieser Aufgabe gehört und was nicht mehr.

Um einem möglichen Irrtum vorzubeugen: es geht dabei nicht um die sog. formelle Pressefreiheit, also insbesondere ihre Polizeifestigkeit, richtiger die Freiheit von staatlicher Ingerenz gegenüber allem, was gedruckt wird, einschließlich Zensurverbot und dergleichen. Das ist ein anderes Thema. Mir geht es vielmehr um das Problem, aus dem doch ungeheuer weiten Bereich der Pressefreiheit denjenigen Bezirk zu ermitteln, der gerade die öffentliche Aufgabe des Journalisten ausmacht. Wenn ich dabei mit dem Begriffspaar: hie Bürgergespräch in öffentlichen Angelegenheiten, hie Unterhaltung der Bürger arbeite, so bin ich mir der terminologischen und der sachlichen Unzulänglichkeit dieser Kategorien durchaus bewußt. In letzterer Hinsicht schon deswegen, weil es zweifellos auch eine meinungsbildende Unterhaltung gibt. Schillers „Räuber“ als Druckwerk — der Leser wird sicher mehr als nur unterhalten, und wenn etwa Herr Kuby „Das ist des Deutschen Vaterland“ schreibt, will er doch wohl auch eine bestimmte Meinung äußern; gleiches findet sich vielfach auch in den Zeitungen. Wie dem auch sei, ich kann mich nicht dazu durchringen, daß Beiträge von der vorhin erwähnten Art, also die Skandalgeschichten usw., in gleicher Weise unter die öffentliche Aufgabe der Presse fallen sollen wie etwa die Diskussion über irgendeine politische Frage. Es hat keinen Zweck, über jene Skandalgeschichten nur die Nase zu rümpfen; sie besitzen eine nicht unerhebliche sozialgestaltende Kraft. Nur eben: in der „Ehrenkategorie“ der öffentlichen Aufgabe — gewiß die Hauptsache — und dem daraus Resultierenden können sie keinen Platz haben.

Dagegen ist eingewendet worden, Pressefreiheit, öffentliche Aufgabe, auch all die anderen großen in Frage kommenden Begriffe, sie seien ihrem Wesen nach unteilbar. Also für unsere Zwecke: entweder öffentliche Aufgabe oder gar keine. Und da diese Aufgabe in der Judikatur, vor allem des Bundesverfassungsgerichts, bereits anerkannt sei und sich im positiven Recht zunehmend durchsetze, wird von Presseseite gefordert, sie müsse der Unteilbarkeit wegen alles und jedes umfassen, was eine Zeitung bringe. Das kann, wie gesagt, nicht richtig sein, vergegenwärtigt man sich nur die außergewöhnliche Qualität der Aufgabe, die einem ja privaten Wirtschaftsunternehmen (in Gestalt des Zeitungsverlags) bzw. den in ihm tätigen Privatpersonen (d. h. den Herausgebern, Redakteuren, Journalisten usw.) zuerkannt werden soll. — Nicht ganz leicht zu nehmen, besonders hinsichtlich der Praktikabilität, ist ein weiterer Einwand: nämlich die Problematik einer jeden Grenzziehung, gleichviel wo die Scheidelinie zwischen der öffentlichen Aufgabe und dem nicht mehr dazugehörigen Bereich gezogen wird. Die üblichen Aufgliederungen innerhalb eines Blattes (Politik, Feuilleton, Wirtschaft, Werbung) müssen hier selbstverständlich versagen, da sie sich mindestens teilweise überschneiden. Außerdem besteht die Schwierigkeit der Abgrenzung zwischen Nachricht und Kommentar, zwischen meinungsbildender und reiner Unterhaltung und was dergleichen mehr ist. Aber Abgrenzungsschwierigkeiten dürfen den Juristen (oder den Gesetzgeber) niemals schrecken; im Einzelfall wird die Entscheidung getroffen werden können. Vor allem dürfen aber diese Schwierigkeiten nicht die grundsätzliche Erkenntnis hindern, daß in unserem Zusammenhang die zuvor angedeuteten Verschiedenheiten bestehen. Sie sind von einer Art, die es gebieterisch erfordert, innerhalb des Ganzen der publizistischen Tätigkeit entsprechende Unterscheidungen zu machen, mit anderen Worten, das eine der öffentlichen Aufgabe zuzurechnen, anderes jedoch davon auszunehmen.

Presse, Film und Funk sind hier nicht vergleichbar. Das hat Herr Scheuner heute morgen sehr richtig ausgeführt. Jedenfalls gehört die reine Unterhaltung bei Film und Funk von jeher zu dem sozusagen soziologischen Bild dieser beiden Massenmedien. Ich kann das nicht mehr näher darlegen.

Es schien mir notwendig, all dies einmal deutlich herauszuheben, weil es heute morgen zu kurz gekommen ist. Welches die Konsequenzen meines Versuches sind, den Rechtsbegriff der öffentlichen Aufgabe der Presse näher zu umreißen, muß im einzelnen noch überlegt werden. An die Wahrnehmung berechtigter Interessen, an die Sorgfaltspflicht des Journalisten, an seinen Informationsanspruch, an den zivilrechtlichen Ehrenschutz, auch etwa an die Bestreikung von Pressebetrieben wäre zu denken — stets wird die Rechtslage eine andere sein, je nachdem, ob die Presse in concreto ihrer öffentlichen Aufgabe obliegt oder ob das nicht der Fall ist. Da wir vor neuen Pressegesetzen stehen und überall die öffentliche Aufgabe definiert und abgegrenzt werden muß, sind die von mir behandelten Fragen von großer Aktualität.

Krüger: Ich darf nur um der Auseinanderhaltung der Begriffe willen darauf hinweisen, daß, wenn man grundsätzlich eine Betrachtung der Grundrechte und eine Rechtfertigung der Grundrechte von der Funktion her fordert, damit noch nicht gesagt ist: öffentliche Funktion. Damit ist nur die funktionelle Fragestellung als die wesentliche deklariert, und dann geht's erst los im Sinne Ihrer Erörterungen, Herr Schüle, ob etwa bloße Unterhaltung bis zur Briefmarkenzeitung, zur Rätselecke usw., ob das also noch gedeckt ist oder ob etwas Höheres verlangt wird, — also nicht nur das Banale, das ja vielleicht auch gar nicht so schutzbedürftig ist; gerade Diktaturen werden sehr froh sein, wenn die Bürger nur Briefmarken sammeln und Schach spielen.

Dürig: Herr Schüle, ich bin ganz Ihrer Meinung. Es ist sicherlich nicht rechtens, wenn wir dem Pathos und der hohen Weihe der Pressefreiheit sämtliche periodischen Druckerzeugnisse vom Nuditätenmagazin angefangen, über Schachzeitschriften, über Horoskopzeitschriften, über Sportzeitschriften und dergleichen bis hin etwa, sagen wir, zu „Christ und Welt" unterstellen. Irgendwo ist da in der Tat eine Grenze zu ziehen, die sehr schwierig zu ziehen ist, weil irgendeine Illustrierte, die zu

90 Prozent billige Unterhaltung liefert, ja doch auch Kolumnen einschiebt, um in die Weihe der Pressefreiheit zu gelangen. Wo auch immer die Grenze zu ziehen ist, dieser Teil der — allgemein gesprochen — Unterhaltungspresse bleibt ja doch, auch nach Ihrer Meinung, nicht schutzlos. Es bleibt ja dann die Gewerbefreiheit. Dort gehört er hin.

Krüger: Die Frage der Funktion ist eine Frage für sich, und ebenso die Frage: Genügt die Privatfunktion oder sind damit Privilegien nicht zu rechtfertigen? Ganz abgesehen davon, daß ja diese unpolitische Funktion der Presse gar nicht irgendwo von irgend jemand beanstandet wird; weder von freiheitlichen Staatsgestaltungen, noch von totalitären. Ich würde jedoch sagen, letztlich zu rechtfertigen sind Privilegien nur aus der Mitwirkungsobliegenheit der Presse an der Bildung des nationalen Willens, und zwar nicht nur eines Willens schlechthin, sondern eines besseren Willens. Wenn also der ganze Willensbildungsprozeß ein Prozeß der Aufbesserung, der Repräsentation im meliorativen Sinne ist, dann fällt der Presse die Funktion zu, ständig an diesem Aufbesserungsprozeß mitzuwirken, und darin würde von Verfassung und Staat her gesehen ihre Legitimation liegen für die hiernach notwendigen Privilegien.

Merkl: Die gedankenreichen Vorträge der Herren Scheuner und Schnur waren für mich eine wertvolle Erinnerung an die erste Jugend der Vereinigung der Staatsrechtslehrer, die ich dank der im Jahre 1927 erworbenen Mitgliedschaft noch erleben durfte. Ich stehe heute noch im Bann der Erinnerung an die Herren Anschütz, Thoma, Kaufmann, Kelsen, Rothenbücher u. a. — Persönlichkeiten, die damals der Vereinigung das Gepräge gegeben haben; womit ich das Mittelalter und die Gegenwart unserer Vereinigung nicht irgendwie abwerten will.

Damals stand im Vordergrund der Diskussion das Problem der Freiheit: Nachwirkungen des Krieges und der im Westen verbreiteten Vorstellung des Scheinkonstitutionalismus oder des wirklichen Absolutismus der mitteleuropäischen Staaten, des Deutschen Reiches und um so mehr Österreichs und Ungarns und ihrer Bundesgenossen. Es war dies eine nicht den Tatsachen und der Rechtslage entsprechende Auffassung, die nun aber der Freiheitsproblematik reichlich Stoff gegeben hat.

Um jetzt das für mich besonders Wichtige von dem vielen, das ich zu dem Thema zu sagen hätte, hervorzuheben: Die Pressefreiheit habe ich schätzen gelernt, weil ich sie in meiner staatsrechtlichen Entwicklung häufig vermißt habe, da ich bei einer Kritik von „kaiserlichen" und „vorkriegswirtschaftlichen" Verordnungen, also Verordnungen der Monarchie in deren letzter im Grunde absolutistischen Phase das Opfer der Eingriffe in meine wissenschaftlichen Meinungsäußerungen geworden bin. Die Formen dieser Eingriffe waren die durch eine kaiserliche Verordnung ermöglichte Vorzensur während des ersten Weltkrieges und die Beschlagnahme von im ganzen — soweit ich mich erinnern kann — sechs Publikationen wegen des Tatbestandes der „Aufwiegelung gegen die Staatsgewalt" nach der Formulierung des § 300 des österreichischen Strafgesetzes.

Diese Maßnahmen waren nun allerdings in der scheinkonstitutionellen Zeit des alten Österreich nicht so gefährlich wie man meinen könnte und haben keine Märtyrer geschaffen. Ich darf daran erinnern, daß ein Mann wie der tschechische Politiker Dr. Friedrich Pazak n i c h t — gemäß dem rechtskräftigen Todesurteil wegen vollbrachten Hochverrats — gehängt, sondern nach einer vierjährigen Kerkerstrafe begnadigt und nach einer gewissen Respektzeit sogar kaiserlich-königlicher Minister geworden ist. Der deutsch-nationale Politiker Dr. von Derschatta ist ebenfalls nach einer Verurteilung, zwar nicht zum Tode, sondern zu einer fünfjährigen Freiheitsstrafe wegen Majestätsbeleidigung — es war eine sehr ausgiebige Majestätsbeleidigung, die eine derartige strafrechtliche Reaktion hervorgerufen hat, — bald begnadigt und nach einer mehrjährigen Wartezeit kaiserlicher Minister geworden. Es waren nicht diese Beispiele für mich ermutigend, sondern ich habe nach meiner Familientradition nun eben dort offen gesprochen oder zu schreiben versucht, wo ich Wesentliches an meinem Staate in dessen Interesse zu beanstanden gefunden habe. Ich schicke das voraus, weil ich insbesondere in meiner Tübinger Amtszeit die Vorstellung angetroffen habe und ihr entgegentreten mußte, daß es sich um ein System rücksichtsloser Reaktion gehandelt habe. Der Versuch der Kritik, auch wenn sie bekämpft worden ist durch die Vorzensur einerseits, durch die Beschlagnahme der aufwieglerischen Äußerungen andererseits, ist selten wirkungslos gewesen. Ich meine nicht für den Verfasser, denn ich habe niemals ein subjektives Verfahren erlebt, obwohl ich es öfter herausgefordert habe, sondern die Staatsanwaltschaft hat es beim objektiven Verfahren bewenden lassen, und es hatte immerhin die Unterdrückung der Meinungsäußerung nicht selten die Wirkung eines beachteten Warnsignals: Gefahr für die Freiheit öffentlicher Kritik! Die Folgen solcher Kritiken waren, wie ich zur Ehre meines Heimatstaates sagen muß, daß ich nicht nur nicht verfolgt worden bin, sondern daß ich gewissermaßen zur Belohnung meines Bekenntnismutes durch raschen Aufstieg in verantwortungsvolle Verwendungen im Ministerratspräsidium der Monarchie und im Bundeskanzleramt der Republik belohnt worden bin.

Die Presse ist nach meiner Erfahrung die wichtigste soziale und rechtliche Handhabe der Kritik an öffentlichen Einrichtungen, Handlungen und Unterlassungen. Sie erfüllt die Funktion dessen, wovon Peter Rosegger — vielleicht unbeabsichtigt — aus seiner liberalen Überzeugung heraus in seinem Roman „Martin, der Mann" sagt, jeder Staat brauche wie jede Uhr seine „Unruhe". Diese Unruhe ist vor allem eine freie Presse. Die Pressefreiheit sichert diese Funktion der Kritik tatsächlich mehr als jede andere Rechtseinrichtung, obwohl sie diese Einrichtungen nicht ersetzen will, nicht ersetzen soll und nicht ersetzen kann. Sie bietet oft mehr als die Rechtsgarantien wie die Verfassungs- und Verwaltungsgerichtsbarkeit und die zivilrechtliche Haftung und macht die Nutzanwendung dieser Rechtsgarantien in vielen Fällen entbehrlich. Die Pressefreiheit hat also im Verhältnis zu den eben genannten Einrichtungen eine Komplementärfunktion und ist besonders in der Verfügungsmacht oppositioneller Parteien und schicksalhafter Minderheiten unentbehrlich. Als solche hat sie sich im Ausland und besonders auch im alten und im neuen Österreich bewährt. Sie ist die wichtigste Handhabe insbesondere nationaler und konfessioneller und hoffnungsloser parteimäßiger Minderheiten.

Scheuner: Ich darf das Gespräch von vorhin in Erwiderung auf Herrn Schüle aufgreifen und zur öffentlichen Aufgabe sprechen. Der Begriff der öffentlichen Aufgabe der Presse ist, wie ich glaube, nicht identisch mit dem, was wir die Aufgabe oder Funktion der Presse nennen. Die Pressefreiheit selbst kann in ihrem Gesamtbestande nicht an die öffentliche Aufgabe in einem engeren Verständnis gebunden werden, wenn wir diese öffentliche Aufgabe begrenzend und qualifizierend verstehen. Die Pressefreiheit ist auch im weitesten formellen Sinne der Reklame, der Unterhaltung und diesen Bestandteilen der Presse gewidmet, die sozusagen untrennbar — selbst wenn sie 90 % ausmachen — mit Nachrichten und Meinungsbildung zusammengehen. Wenn dadurch ein astrologisches Blatt geschützt wird, so pflegt das gar keine Probleme unserer Art hier hervorzurufen. Die Informationsquellen der Astrologie werden kaum Schwierigkeiten bringen, und das Zeugnisverweigerungsrecht wird nicht hier angerufen werden müssen. Das sind also

Dinge, die wir beiseite lassen können. Die öffentliche Aufgabe erscheint, und das hat Herr Schüle mit Recht hervorgehoben, dort, wo der Presse ein Privileg gegeben werden soll, etwa das Privileg der berechtigten Interessen bei der Anrufung des § 193. Und von hier aus ist die ganze, die aktuelle Bemühung um diese Definition in Pressekreisen jedenfalls im deutschsprachigen Raume, wo das eine Rolle spielt, entstanden. Es ist interessant, daß der sogenannte Modellentwurf der Länder, den es in zwei Fassungen von 1960 und 1963 gibt, einen ursprünglichen schleswig-holsteinischen Vorbehalt enthielt, in dem es hieß, die Presse erfülle eine öffentliche Aufgabe, wenn sie in Angelegenheiten von öffentlichem Interesse Nachrichten beschaffe usw. In der schleswig-holsteinischen Fassung, die ja dem Landtag vorliegt, ist dieses „im öffentlichen Interesse" verschwunden, und der Innenminister, Herr Schlegelberger, hat das damit begründet, man könne hier die Dinge nicht wirklich trennen, das sei unpraktisch. Auf der anderen Seite finde ich dann in seiner Rede, dort wo er auf berechtigte Interessen zu sprechen kommt, daß die Presse eine Funktion im demokratischen Staate habe und daß sie öffentliche Interessen wahrnehme. Es ist also ein gewisses Hell-Dunkel hier noch aufrechterhalten.

Ich würde glauben, daß die Umgrenzung der Presse, dort wo es auf Privilegien ankommt, soweit sie hier durch den Begriff öffentliche Aufgabe umschrieben wird, nicht bedeutet, wie Herr Dürig meint, daß andere Dinge der Presse der Gewerbefreiheit verbleiben. Sie kann nicht in den Begriff der Pressefreiheit aufgenommen werden. Sie kann aber vom Gesetzgeber in dessen Ausführung zur Voraussetzung bestimmter Privilegien, die der Presse gegeben werden, gemacht werden, und in diesem Sinne würde ich allerdings glauben, sollte man besondere Privilegien der Presse, wie eben die berechtigten Interessen, auch nur der wirklich politischen Meinungsbildung geben. Das ist übrigens auch in einer bekannten Entscheidung des Bundesgerichtshofs vom Januar dieses Jahres im sog. Call Girl-Urteil ausgesprochen worden, wo das Gericht ausdrücklich sagt, daß Berichte, die nur der Sensation dienen und nur derartige Dinge aufwirbeln, nicht im öffentlichen Interesse liegen, daher also keinen besonderen Schutz verdienen. Auch die Rechtsprechung macht also hier bereits eine Differenzierung.

Ridder: Ich hatte zunächst vor, etwas Allgemeines und Grundsätzliches zur „öffentlichen Aufgabe" der Presse zu sagen. Das ist aber weitgehend gegenstandslos geworden durch das, was Herr Scheuner soeben ausgeführt hat.

Es scheint im übrigen furchtbar schwer zu sein, nach diesen beiden Referaten, die wir heute morgen gehört haben und die selbst nach den Maßstäben, die in dieser Vereinigung üblich sind, ungewöhnlich weit und breit in ihrer Thematik waren, Einzelprobleme in den Griff zu bekommen. Die Einzelprobleme sind auch von höchst unterschiedlichem Gewicht. Die Skala reicht von so schwerwiegenden Problemen wie der Schrankenproblematik des Art. 5 Abs. 2 GG bis zu den Problemen, von denen man sagen kann, daß sie eigentlich gleich Null sind.

Um für das letzte gleich ein Beispiel anzuführen: Mir scheint, daß Herr Kollege Schnur in Ziff. III 7 seiner Leitsätze ebenso wie der heute morgen bereits zitierte derzeit schneidigste Lanzenreiter für die Pressefreiheit, Herr Dr. Löffler, dem bei uns seit Jahren epidemischen Drang zum Aufspüren von „Antinomien", „Spannungen" usw. im Grundgesetz zum Opfer gefallen ist. Wer eine Zeitung herausbringt, der hat finanzielle Aufwendungen mancherlei Art. Er muß Papier kaufen, er muß Miete und Transportkosten zahlen, er muß den Druckerlohn aufbringen usw. Auch hier wird alles immer teurer. Und da nun einmal das Streikrecht besteht — m. E. durch Art. 9 verfassungsrechtlich gewährleistet (mit dieser Meinung stehe ich nicht ganz allein), nach einer weit verbreiteten Meinung jedenfalls solange und soweit gewährleistet, wie der Gesetzgeber es nicht ausdrücklich verboten hat — also da das Streikrecht besteht, ist der Streik zu einem gegebenenfalls kostenerhöhenden Faktor geworden, wie Zollerhöhungen für Papier usw. Das im einzelnen zu untersuchen, ist sicherlich eine außerordentlich lohnende Aufgabe für die Kollegen, die auf der anderen Seite dieses Gebäudes im Zeichen des Merkur tätig sind, also eine lohnende Aufgabe für Betriebswirte, braucht uns aber hier nicht weiter aufzuhalten. Hier liegt keine „Kollision von Grundrechten" vor; hier haben wir es mit einem kostenerhöhenden Faktor zu tun. Kollidieren würde in unserem fachlichen Zuständigkeitsbereich doch wohl nur dann etwas, wenn man streiken würde, um das Erscheinen einer Zeitung zu verhindern. Herr Scheuner hat — gerafft, aber dennoch das Wesentliche erschöpfend — eine Auffassung von der Pressefreiheit ausgebreitet, der ich in allen grundsätzlichen Positionen nur beipflichten kann. Die Rückführung dieser Positionen auf ein bestimmtes, freilich axiomatisches, Verfassungsverständnis, eben das Verfassungsverständnis der freiheitlichen Demokratie — in der Tat eine Grundwertentscheidung des Grundgesetzes, obwohl das textlich leider nur in Art. 18 und in Art. 21 des Grundgesetzes zu sondieren ist — hat er ebenfalls in der ihm sehr knapp bemessenen Zeit demonstriert. Ich glaube, daß man von diesem Verfassungsverständnis und von den von ihm geschilderten Voraussetzungen für das Entstehen der modernen Pressefreiheit, etwa von der Voraussetzung aus, daß Opposition legal geworden ist, deduktiv zur Pressefreiheit heruntersteigen kann, ja muß, um „dogmatische“ Irrwege zu vermeiden.

Zunächst also eine Bemerkung zum Verfassungsverständnis der freiheitlichen Demokratie: Wir werden dafür gewisse Anleihen zu machen haben bei Verfassungsordnungen, die juristisch die „freiheitliche demokratische Grundordnung“ als Ganzes und als Grundwertentscheidung nicht greifen, wo sie aber gelebt wird. Zugleich müssen wir uns darüber im klaren sein, daß unsere gegenwärtige Verfassung, das Grundgesetz, gemäß ihrer bestimmten dialektischen Ablösungsfunktion viele Dinge juristisch greifen muß, die in anderen — etwa in der englischen Verfassungsordnung — nicht juristisch gegriffen zu werden brauchen. Das wollte ich grundsätzlich sagen über die Basis unserer ganzen Erörterungen: Wir müssen stets neben dem allgemeinen Zwang der spätzeitlichen westlichen Demokratie zur Verrechtlichung auch noch die besonderen Notwendigkeiten im unmittelbaren Ansatz an ein unter rechtsstaatlichen und demokratischen Gesichtspunkten völlig pervertiertes politisches System in Rechnung stellen.

Ich habe mir sodann eine ganze Reihe von einzelnen Punkten notiert, von denen ich aus Zeitgründen nur wenige herausgreifen kann, und auch das leider nur in einer nicht zwingenden Folge.

Herr Scheuner z. B. versucht, die Rundfunkfreiheit abzugrenzen von der Pressefreiheit. Er hat eine Sendefreiheit der Rundfunkanstalten, die mit Recht „Anstalten“ heißen, glaube ich, mit Recht bestritten. Er hat die Rundfunkfreiheit von der Pressefreiheit auch aus strukturellen Gegebenheiten heraus zu differenzieren versucht. Ich möchte Sie in diesem Zusammenhang darauf aufmerksam machen, daß es gewisse Zwischenerscheinungen zwischen Rundfunk und Presse gibt, Zwischenerscheinungen, an die auch das Bundesverfassungsgericht bei seinem Fernsehurteil nicht gedacht haben kann. Es gibt beispielsweise die Deutsche Nachrichtenagentur, eine Presseagentur. Sie steht zwischen der Beschaffung der Nachricht und der Abnahme der Nachricht und der Weiterverbreitung durch die Zeitungen; und sie bedient sich eines Sendernetzes. Das Bundesverfassungsgericht hat im Fernsehurteil ausgesprochen — ich halte das nicht für richtig, aber aus Gründen entwicklungsgeschichtlicher Art, die also nicht mit Art. 5, sondern mit anderen Bestimmungen zu tun haben —, daß die

Aufrechterhaltung oder Wiederbegründung von bestimmten „Postenklaven“ innerhalb der Rundfunkorganisation verfassungsmäßig ist. Das kollidiert jedoch mit jener anderen Entscheidung des Bundesverfassungsgerichts, die von der „institutionellen Pressefreiheit“ handelt und sagt, von der Beschaffung der Nachricht bis zur Endverbreitung an den Endverbraucher liege alles unter dem Schutz der institutionellen Pressefreiheit; danach würde es keine Postenklaven innerhalb dieses speziellen Rundfunknetzes der Presse geben dürfen. Ein Punkt, der etwas speziell ist, aber doch recht interessante Aspekte aufwirft.

Die Problematik von Art. 5 Abs. 2 ist heute morgen wohl zu kurz gekommen. Was wollte der Grundgesetzgeber mit den „allgemeinen Gesetzen“ in Art. 5 Abs. 2 verbindlich machen? Herr Scheuner und auch Herr Schnur haben da gewisse Leitbilder relativistischer Art an den vom Gesetzesrecht umgebenen Gütern entwickelt. Hier dürften sich die Geister sehr grundsätzlich scheiden. Es ist und bleibt doch dabei, daß die Pressefreiheit zu den Grundrechten unseres Grundgesetzes gehört und daß das einfach Gesetzliche im Range daruntersteht. Vielleicht sind Gedankengänge der vorgetragenen Art auch dadurch heraufbeschworen worden, daß das Bundesverfassungsgericht, beginnend mit dem Lüth-Urteil, eine merkwürdige Schaukel in Bewegung gesetzt hat, eine Schaukel, die geeignet ist, die einfachen gesetzlichen Werte blitzartig heraufzuschnellen auf die Ebene unserer Verfassung. Da heißt es also dem Sinne nach etwa im Lüth-Urteil, daß auch die einzelnen Gesetze — damals drehte es sich um § 826 BGB — ihrerseits wieder im Lichte der betreffenden Grundrechte gesehen werden müssen, und jetzt wird also auf dem Boden des § 826 BGB zwischen dem Grundrecht und dem Schutzwert des einfachen Gesetzes abgewogen. Ich frage mich, ob das nicht eine von vornherein methodisch unzulässige Vermengung der gehobenen Ebene des Verfassungsrechts und der niederen Ebene des einfachen Gesetzesrechtes ist. Das ist eine Methode, die das Bundesverfassungsgericht dann u. a. auch im Richard-Schmidt-Beschluß weiter fortgeführt hat; und es kommt dann ja immer zu der merkwürdigen Schlußfolgerung, daß man, um dem Betreffenden sein Grundrecht letztlich zu retten, noch einen besonderen Zusatz an Legitimation braucht. Für Herrn Lüth brauchte man den Zusatz: Er ist ja auch schon früher gegen den Antisemitismus aufgetreten; und für Herrn Schmidt brauchte man den Zusatz: Ja, er ist doch vom Spiegel mit dem großen Stiefel getreten worden. Offen bleibt die Frage, ob er seine Meinung auch hätte äußern dürfen, wenn der Spiegel ihn nicht getreten hätte. Ich glaube, hier liegen die ernstesten Probleme des Art. 5 Abs. 2, denen wir uns doch in der Diskussion noch zuwenden müßten.

Im übrigen ist es interessant, daß Herr Kollege Scheuner ganz unbedenklich und ohne ein Wort darüber zu verlieren, das Lüth-Urteil überhaupt hier herangezogen hat, das ja bekanntlich mit der Pressefreiheit an sich nichts zu tun hat; Lüth hat sich ja nicht in der Presse geäußert. Lüth hat in einer öffentlichen Versammlung gesprochen. Diese völlig berechtigte Unwillkürlichkeit zeigt sehr deutlich, wie richtig das ist, was Herr Scheuner an anderer Stelle gesagt hat, daß nämlich öffentliche Meinungsfreiheit und Pressefreiheit aufs engste zusammenhängen. Sic haben dieselben Grundprobleme. Die Pressefreiheit selbst — und nur für sie habe ich literarisch unglückseligerweise ein- oder zweimal das Wort „institutionell" gebraucht — zeichnet sich im übrigen vor der öffentlichen Meinungsfreiheit m. E. dadurch aus, daß sie eben auch noch eine Verdichtung zeigt in bezug auf gewisse pressedienliche Verrichtungen, die mit dem Gesamtbetrieb der Presse überhaupt zusammenhängen. Hier bin ich völlig der Meinung, die Herr Kollege Scheuner vorgetragen hat, daß selbstverständlich unter diesen entsprechenden Schutz auch diejenigen Presseerzeugnisse fallen müssen, die nicht in erster Linie politischer Natur sind. Hat sie schon der Reichsgesetzgeber von 1874 unter den institutionellen Schutz gestellt, so kann es nicht Ziel des Grundgesetzgebers gewesen sein, ihnen diesen Schutz wieder zu nehmen. Entschieden wir uns anders und versuchten wir, die Linie zu verfolgen, die Herr Schüle uns vorgewiesen hat, glaube ich, würde ich sehr bald Herrn Kollegen Forsthoff die Hand reichen und die armen Richter bedauern, die einschließlich der Richter des Bundesverfassungsgerichts schon ohnehin geplagt sind und die dann tugendstaatliche Maximen anzuwenden hätten, um zu den entsprechenden Differenzierungen zu kommen. Wir müssen also diese Erzeugnisse „mitschlucken". Das ist nichts anderes als ein Preis, den wir für die freiheitliche Demokratie zu zahlen haben. Wir zahlen doch ohne Bedenken für den Rechtsstaat Preise, die luxuriös erscheinen. Wir nehmen das Verfahren gegen einen Massenmörder noch einmal auf, auch wenn er sich schuldig bekannt hat und wenn alles klar ist, wenn im Strafprozeß ein Formfehler vorgekommen ist. Das gehört zum Preis, den wir für die Rechtsstaatlichkeit zahlen. Wir lassen die Verjährung Verjährung sein, auch wenn der Täter am Tage nach der Verjährung sich mit seinem Vergehen brüstet. Warum sollen wir für die freiheitliche Demokratie, die ein genauso hoher Wert ist, keinen Preis zahlen?

Eine andere sehr aktuelle Frage kleineren Umfangs wurde in den Referaten angeschnitten, die der Selbstkontrolle der Presse. Diese Selbstkontrolle ist nur sehr bedingt mit der gegenwärtigen „Selbstkontrolle" des Films vergleichbar, deren „Freiwilligkeit" — ich erinnere an die tüchtige Dissertation von Johanne Noltenius — doch wohl problematisch ist.

Zur „öffentlichen Aufgabe" der Presse als Vokabel des Gesetzgebers wollte ich jetzt nur das eine sagen: Wenn sie in einem Gesetz steht — und die Presseleute verlangen ja, daß sie in § 1 möglichst eines jeden künftigen Landespressegesetzes stehen sollte —, so ist das eben eine Vokabel, die ein ohnehin für die freiheitliche Demokratie selbstverständliches Element beschreibt; und diese Vokabel ist sicherlich dann unschädlich, wenn man bei „öffentlich" eine Fußnote macht und erläutert: „öffentlich" entspricht der Definition, die Herr Scheuner hier heute morgen im Anschluß an Rudolf Smend vorgetragen hat. Es gibt Öffentliches, das nicht staatlich ist. Wenn man das nicht mitmacht, wird es allerdings u. U. gefährlich mit der „öffentlichen Aufgabe". Die Hypothek, die seit dem Schriftleitergesetz von 1933 historisch auf dem Ausdruck liegt, die ist in der Tat nicht zu leugnen.

Dagtoglou: Ich möchte noch kurz zum Begriff der öffentlichen Aufgabe folgendes sagen: Daß dieser Begriff rechtlich kaum brauchbar oder mindestens zweideutig ist, zeigt schon die Tatsache, daß er auch von den Pressevertretern benutzt wird, um einen Anspruch auf Privilegien zu begründen. Es sind also keineswegs nur die Befürworter eines die Presse erziehenden Staates, die auf die öffentliche Aufgabe der Presse drängen. Auch die Presseorgane wiederholen immer wieder, daß die Presse eine öffentliche Aufgabe hat, und sie versuchen dadurch dieser Aussage verschiedene Privilegien zu entnehmen. Deswegen glaube ich, daß man mindestens sehr vorsichtig mit dieser Aussage sein sollte; man könnte auch ohne dieses Epitheton „öffentlich" auskommen — vielleicht würde man sogar besser auskommen.

Irgendeine Behandlung des Themas der Pressefreiheit muß sich notwendigerweise mit der Frage Institutsgarantie oder Grundrecht auseinandersetzen.

Der Gedanke der Institution ist natürlich viel neuer als der Gedanke des Grundrechts. Er wurde entdeckt, einmal um die objektive Rechtsverbürgung nach dem Ausdruck von Herrn Scheuner von der subjektiven Rechtsgewährung zu unterscheiden und zu betonen, sodann um das gewährte Recht auf die von der Institution hergeleiteten Aufgaben zu beziehen. Die Anwendung des Institutionsgedankens im ersteren Sinne auf die Pressefreiheit stößt auf keine Bedenken und ist systematisch ergiebig und fruchtbar. Gefährlich kann nur das zweite Motiv der Institutionalisierung der Presse sein. In diesem und nur in diesem Sinne könnte die Pressefreiheit über die Institution von Recht zur Pflicht oder zu einer staatlich kontrollierbaren Aufgabe und darum damit auch verfälscht werden. Deswegen kann man zwischen dem Journalistenberuf und der Pressefreiheit nicht so unterscheiden, wie es Herr Schnur im Hinblick auf § 42 l StGB in III 5 seiner Thesen getan hat. Selbstverständlich ist Pressefreiheit und Journalistenfreiheit nicht identisch. Man kann aber leichter eine Religionsfreiheit ohne Priester als eine Pressefreiheit ohne Journalisten haben. Die Presse hat sich heute in einer Weise auch beruflich spezialisiert, daß man nicht eine Zeitung herausgeben kann, wenn man nicht selbst Journalist ist oder sich der gelernten Journalisten bedient. Deswegen glaube ich doch, daß man mit den Einschränkungen der Journalistenfreiheit auf Grund von § 42 l StGB oder auf dem Umweg über die Verwirkbarkeit der Pressefreiheit (da die Berufsfreiheit der Journalisten ja bekanntlich als solche nicht verwirkbar ist), mindestens sehr vorsichtig sein muß, wenn man nicht will, — und man will ja nicht! — die Pressefreiheit unterminieren.

Kaiser: Der Begriff der öffentlichen Aufgabe hat sicher seine Probleme, aber ich frage mich doch angesichts des Materials, das heute in der Diskussion dazu ausgebreitet wurde, wie wir diesen Begriff vermeiden wollen. Ich bin nicht — wie Herr Schnur — der Meinung, daß nur dann von öffentlicher Aufgabe gesprochen werden sollte, wenn eine bestimmte Rechtspflicht zum Handeln bestünde. Wenn z. B. das Volk wählt, dann ist es, wo keine Wahlpflicht besteht, dazu nicht verpflichtet. Aber es nimmt eine öffentliche Aufgabe wahr, und die Wahrnehmung solcher Aufgaben ist in jedem Fall rechtlich relevant.

In einigen Diskussionsbeiträgen ist eine Unterscheidung zwischen öffentlicher Aufgabe und Pressefreiheit gemacht worden, insbesondere von Herrn Scheuner in einer Zwischenbemerkung. Ich stimme ihm voll und ganz zu, daß der Geltungsbereich der Pressefreiheit weit ausgedehnt verstanden werden muß, weshalb man darum wohl besser nicht von der Weihe der Pressefreiheit sprechen sollte, als ob die Zuerkennung dieses Grundrechts eine Auszeichnung besonderen Grades beinhalte.

Aber die Schwierigkeit liegt in der Abgrenzung zwischen öffentlicher Aufgabe und dem Geltungsbereich der Pressefreiheit im Ganzen. Was ist alles „öffentliche Aufgabe"? Ist nicht auch schon die Befriedigung eines Unterhaltungsbedürfnisses zu einem gewissen Grade eine öffentliche Aufgabe? Unterhaltung ist eine Form, in der u. a. heute das pursuit of happiness befriedigt wird, und im alten Rom war die Veranstaltung von Circenses sicher eine öffentliche Aufgabe ebenso wie die Beschaffung des Brotes.

Einwurf Scheuner: Im Fernseh-Urteil des Bundesverfassungsgerichts ist das Fernsehen und der Rundfunk, der sehr weitgehend nur Unterhaltung ist, sogar als öffentliche Verwaltung bezeichnet.

Kaiser: Die Abgrenzung des durch die Pressefreiheit geschützten Bereiches im allgemeinen und der öffentlichen Aufgabe der Presse im besonderen ist vor allem eine Frage der Kriterien. Wie werden die Kriterien gewonnen? Etwa aus einem vorgestellten Wertsystem? Mit Herrn Scheuner bin ich gewiß der Meinung, daß man die Grundrechte nicht als ein komplettes, mit dem Willen zur Perfektion kodifiziertes System verstehen kann, aber ich frage ihn, ob nicht in seinen Ausführungen das durch das Grundgesetz positivierte Grund*rechts*system substituiert wird durch die Vorstellung eines *Wert*systems? Das führt uns natürlich in die jüngere Kontroverse um die Interpretation der Verfassung. Ich glaube, daß jene Abgrenzung eher aus den Rechtsgütern gewonnen werden müßte, wie sie sich aus den Grundrechtsformulierungen ergeben, als aus einem System vorgestellter Werte. Denn das würde nun tatsächlich eine Gefahr heraufführen, von der — glaube ich — Herr Ridder schon gesprochen hat: Der Staat in der Rolle des Tugendwächters. Und das können wir uns im Bereich der Pressefreiheit sicher nicht wünschen.

Scheuner: Wenn ich die letzte Bemerkung aufnehmen darf, so würde ich sagen, ich habe nicht von einem Wertsystem gesprochen und würde auch hierin den Einwand von Herrn Kaiser sofort aufnehmen, sondern ich habe darauf hingewiesen, daß das Grundgesetz von Werten ausgeht, die sich harmonisch zu einer Wertordnung in der Auslegung zusammenfügen müssen. Nicht ein vorausgesetztes Wertsystem, von dem aus das Grundgesetz ausgeht, sondern die Notwendigkeit, die der harmonisierenden Auslegung der Verfassung entspricht, die einzelnen Güter der Verfassung zu einer Ordnung, d. h. zu einem harmonischen Ganzen, aber nicht zu einem System, aus dem man deduktiv ableitet, zusammenzufügen. Ich glaube, dann sind wir nicht weit voneinander.

Leisner: Herr Scheuner hat unter Ziff. 18 seiner Leitsätze über das subjektive Recht der Pressefreiheit gesprochen und dann in dem folgenden Absatz gesagt: „Daher kann die volle Tragweite der Pressefreiheit im modernen freiheitlichen Staate und ihre grundlegende Rolle im öffentlichen Meinungskampf nur im Rahmen der institutionellen Sicht entfaltet werden". Wenn ich recht sehe, Herr Scheuner, ist gerade die nähere Ausformung dessen, was Sie in diesem Absatz gesagt haben, ein wesentlicher Inhalt Ihres Referates gewesen. Sie wollten uns diese institutionelle Sicht bieten und haben das eindrucksvoll getan. Dennoch bleibt ein Punkt hier im Dunkeln: wenn es Bereiche gibt, auf welchen zwar eine institutionelle Garantie Pressefreiheit oder Rundfunkfreiheit besteht, solche aber nicht gleichzeitig von der Ansprüchlichkeit überdeckt werden, wenn es also Räume gibt, wo nur mehr eine institutionelle Garantie vorhanden ist, dann fragt es sich, wie diese realisiert werden kann. Es genügt nicht zu sagen, „der Staat soll schützen; aus der Gesamtsicht der Verfassung heraus soll er freiheitlich sein, er soll das und jenes tun". Wenn nicht irgend jemand die Sache vor den Richter bringen kann, um ein Recht durchzusetzen, wird dieses eben nutzlos bleiben. Ich sehe nun nicht ganz, wie diese oft erwähnte institutionelle Seite juristisch realisiert werden kann. Wenn dies aber nicht möglich ist, so befürchte ich, daß sie sterben wird. Ich könnte mir freilich einige Sanktionen vorstellen, etwa die der objektiven Normenkontrolle in manchen Fällen oder die der Disziplinargerichtsbarkeit, ein solches Vorgehen auch dann, wenn die Beamten nach Anregungen ihrerseits nicht eingreifen.

Ich glaube, diese Frage muß nicht nur für die Pressefreiheit, sondern im Anschluß an das, was Herr Scheuner ja als Ausweitung heute schon vollzogen hat, für die Grundrechte ganz allgemein erörtert werden. Wir dürfen vielleicht nicht allzuviel von dieser institutionellen Seite sprechen — da möchte ich Herrn Dürig zustimmen —, wenn nicht immer ein Anspruch daneben steht, sonst kommen wir in dieselbe Gefahr einer „Umbiegung" aller Grundrechte in einer gewissen Objektivierung, die zu Beginn der dreißiger Jahre dieses Jahrhunderts schon einmal aufgetreten ist. Vielleicht kann Herr Scheuner dazu noch einige nähere Ausführungen machen.

Und nun noch ein Punkt, über den ich Herrn Schnur fragen möchte. Herr Schnur hat unter II Ziff. 1 im letzten Absatz seiner Leitsätze gesagt: „Ein allgemeines Gesetz ist vielmehr ein Gesetz, das gegen die Pressefreiheit solche Gemeinschaftsgüter schützt, die die Verfassung zuläßt." Der folgende Satz ist mir nun wichtig: „Das ist durch Verfassungsauslegung ebenso zu ermitteln, wie die übrigen Bestandteile der Wesensgehaltssperre (Art. 19 Abs. 2) der Pressefreiheit". Ich wüßte gerne: Sollen nun diese allgemeinen Gesetze gleichstehen mit der Wesensgehaltssperre von Art. 19 Abs. II? Bisher ist man doch stets davon ausgegangen, daß der Begriff „allgemeine Gesetze" eine besondere Art von Gesetzesvorbehalt, nicht gerade einen allgemeinen, aber vielleicht auch keinen ganz speziellen, bezeichnet. Meines Wissens ist aber doch noch nicht behauptet worden, daß diese Wendung Eingriffe zuläßt bis herunter zur Wesensgehaltssperre von 19 Abs. 2. Vielleicht können Sie das klarstellen, insbesondere Ihre Worte „ebenso wie die übrigen Bestandteile".

Mallmann: Ich möchte auf einen Punkt besonders hinweisen, der in den Referaten und auch in einigen Diskussionsbeiträgen angeklungen ist, aber noch deutlicher angesprochen werden sollte: die Frage nach dem Subjekt der Pressefreiheit.

Man spricht von der öffentlichen Aufgabe „der Presse". Man sagt, „die Presse" habe die und die Funktion. Die Pressefreiheit, die Freiheit „der Presse" wird erörtert. Aber ob man diese individualrechtlich oder „institutionell" sieht: frei können immer nur Menschen sein.

Herr Schnur hat in seinem 1. Leitsatz gesagt, Art. 5 Abs. 1 GG beziehe sich auf die „Pressefreiheit als Teil der natürlichen Freiheit". Er will daraus wohl sicher kein Recht von jedermann auf Äußerung in der Presse ableiten; es ist unbestritten, daß es kein Recht auf Zugang zur Presse gibt. Damit verringert sich aber der Kreis der möglichen Grundrechtsträger beträchtlich.

Wenn wir über die öffentliche Aufgabe der Presse diskutieren, müssen wir uns klar sein, inwieweit wir die Pressefreiheit mehr als publizistische Freiheit oder mehr als Gewerbefreiheit sehen. Ich habe den Eindruck, wir sehen sie oft zu sehr gemischt als beides. Aus dieser unklaren Mischung, diesem Nebel, der sich in vielen presserechtlichen Erörterungen ausbreitet, kommen wir nur heraus, wenn wir der Frage auf den Grund gehen, wer denn nun das eigentliche Subjekt der Pressefreiheit ist.

Konsequent von der privatwirtschaftlichen Struktur der Presse aus gesehen, ist der einzige, der wirkliche Pressefreiheit hat, der Verleger, der kraft seines Direktionsrechts die Redakteure und kraft seiner Vertragsfreiheit die freien Journalisten, die mit ihm Verträge schließen, in Schranken halten kann. Ist das aber der eigentliche Sinn der Pressefreiheit? Reduziert sich diese letzten Endes wirklich auf die Presseverlegerfreiheit?

Als Zeitungsverleger kann sich, wie Friedrich Sieburg einmal gesagt hat, auch ein „Grossist in Häuten und Fellen" betätigen. Ist er, wie die herrschende Lehre annimmt, in vollem Umfang Träger der Pressefreiheit? Ich habe vor einiger Zeit an anderer Stelle die Fragen grundsätzlich angeschnitten („Pressefreiheit und Journalistenrecht", in: Publizistik 1959 S. 323 ff.), bisher aber von juristischer Seite keine Antwort darauf erhalten. Auch die bisherige Diskussion hat die Kernfrage nach den Grundrechtssubjekten immer wieder umkreist, es aber vermieden, schlüssig darauf einzugehen.

Bei der Untersuchung des Fragenbereiches muß man sich von Illusionen freihalten. Eine — wie mir scheint: symptomatische — Illusion tritt in Leitsatz III 8 von Herrn Schnur zutage, wo von der Ausübung von Druck auf die Presse mittels der Anzeigenvergabe die Rede ist. Herr Schnur bemerkt dazu u. a., „der Journalist" — im Referat sagte er sogar: „der mutige Journalist" — habe „Mittel, sich des Drucks zu erwehren, z. B. durch Bericht über den Druckversuch". Welcher Redakteur hat denn solche Mittel? Wird Druck auf die Zeitung ausgeübt, und der Verleger will auf die ihn drückende Wirtschaftsgruppe Rücksicht nehmen, dann sorgt er, wenn nötig mit Hilfe seines von der herrschenden Meinung anerkannten Direktionsrechts, dafür, daß in der Zeitung kein Wort über den Pressionsversuch des Inserenten steht. Kein Journalist kann, wie die Praxis zeigt, daran etwas ändern. Es prägt sich hier etwas aus, was man in diesem ganzen Zusammenhang bedenken muß, nämlich die tiefgreifende Wandlung der faktischen Stellung dessen, der in der Presse schreibt, zu dem, der seine Produkte dann verlegt. Sie kommt u. a. darin zum Ausdruck, daß Presseverleger in wachsendem Maße sich auch als „Herausgeber" bezeichnen, wodurch ihr Anspruch, auch Träger der publizistischen Pressefreiheit zu sein, unterstrichen, andererseits freilich die Rechtsfigur des Herausgebers vollends zwielichtig wird.

Zum Schluß noch eine kurze Bemerkung zu einem anderen Punkt: Herr Forsthoff in seinem Aufsatz (DÖV 1963 S. 633 ff.) und dann Herr Schnur in seinem Referat haben mit Recht auch die Buchpresse in ihre Erwägungen einbezogen. Die Diskussion der letzten Jahre hatte sich fast ganz auf die Tagespresse konzentriert. Man sollte nun aber auch einmal sehr konkret die Struktur und den Schutzbereich der Buchpressefreiheit untersuchen. Allerdings glaube ich nicht, daß man dabei zu Ergebnissen käme, die zu einer wesentlichen Änderung oder gar Preisgabe der „institutionellen" Auffassung von der Tagespressefreiheit zwingen.

Krüger: Ich darf das, was Herr Mallmann gesagt hat, in den Zusammenhang unserer Überlegungen einordnen. Wir haben gefragt unter dem Stichwort „öffentliche Aufgabe und Privilegien“: Was kann beides rechtfertigen? Wir haben die Rechtfertigungsfrage bisher von der Funktion her gesehen. Herr Mallmann hat zugleich, was ja notwendig ist, darauf hingewiesen, daß dieses Problem auch von der Person, nämlich der Aktivlegitimation der zur Ausübung dieser Funktion berufenen Personen her gesehen werden muß, was bedeutet, daß nicht jedermann berufen ist, sondern daß nur Auserwählte zu solchen Privilegien berufen sind. Womit dann ein neuer Rattenschwanz von Problemen der Auswahl, der Ausbildung, der Konzessionierung usw. sich unter Umständen stellt. Es ist in der Tat meines Erachtens seltsam: Man kann keinen Einzelhandel aufmachen, ohne eine Lehrzeit durchzumachen, aber es gibt sehr wichtige Berufe, die kann man — gerade aus dem Zuchthaus herauskommend — ergreifen, Verleger, Hausmakler usw. Das ist in der Tat ein wenig paradox. Es ist daher sehr gut, daß auch die Frage der Aktivlegitimation einmal untersucht wird, die natürlich dann auch wieder die Frage der Freiheit ist, wie z. B. die Freiheit der Parteigründung, wenn man sie auf Berufene beschränkt. Denn: Wer soll das entscheiden, wer berufen ist und wer auserwählt ist?

Scheuner: Ich bin Herrn Mallmann besonders dankbar, daß er die personelle Frage aufgeworfen hat, die ich in meinem Referat nur kurz berührt habe, weil ich manche Ausführungen in dem schon zu langen Vortrag habe weglassen müssen. Zu der personellen Frage würde ich ganz kurz folgendes sagen: Selbstverständlich kann es kein Recht auf Zugang zur Presse geben, ebensowenig wie es ein Recht auf Arbeit gibt; dann das wäre staatlicher Zwang. Es ist das Interessante, daß im Rundfunk die Sache ganz anders aussieht. Im Rundfunk, wo nur eine — wie ich meine — nur die institutionelle Auffassung weiterhelfen kann, gibt es ein solches Recht auf Zugang für Machtgruppen, die nämlich im Rundfunkbeirat sitzen und entweder positiv oder negativ auf den Inhalt der Sendungen einwirken. Hier haben wir fast ein Recht auf Zugang zum Rundfunk. Die Bundesregierung ist — wie Sie wissen — von dem Bundesverfassungsgericht mit Recht oder Unrecht von diesem Zugang ferngehalten worden. Auch die Parteien haben genügend Zugang. Das hat Herr Bettermann in seinem Aufsatz sehr schön ausgeführt, daß die Parteien in den Rundfunkräten nicht zu kurz kommen. Die Sendezeit für Parteien ist etwas anderes. Die steht mit dem Staatsanzeiger etwa auf einer Ebene. Das sind öffentliche Dinge.

Herr Bettermann hat in seinem interessanten Aufsatz die Dinge noch ein Stück weiter geführt. Er hat vom Staate gesprochen, er hat die Möglichkeit angedeutet, daß der Rundfunk nicht in selbständigen Anstalten, sondern als unmittelbare Staatsverwaltung geführt würde, freilich mit Rundfunkfreiheit. Auch das würde personell möglich sein, aber nur dann, wenn man — und hier liegt das Bedenken der Sache — an eine qualitative Auslese und Vorprüfung der im Rundfunk tätigen Personen herantrete. Und daran zeigt sich hier die große Schwierigkeit. Bei den Hochschullehrern ist es möglich, ihnen die Wissenschaftsfreiheit zu geben, weil sie ja einer gewissen sorgfältigen Auslese und Anstellungsgewähr unterliegen. Hier kann der Staat das Risiko der Wissenschaftsfreiheit ohne große Gefahr — wie ich hoffe — eingehen.

In der Presse selbst ist das, was Herr Mallmann ausgeführt hat, glaube ich, zu eng. Pressefreiheit hat jeder, der in der Presse zu Wort kommt. Es hat sie der Redakteur, der Abteilungsleiter, der Verleger. Das zeigt sich ja sehr deutlich etwa, wenn das Persönlichkeitsrecht geltend gemacht wird. Hier werden alle diese Personen unter Umständen haftbar gemacht nebeneinander. Es gibt Urteile, wo der Verleger für mangelnde Aufsicht haftbar gemacht wird, die er über den Redakteur und über die Zusammenstellung der Meldungen gewahrt hat. Mit anderen Worten, die Pressefreiheit ist auch in jeder normalen Zeitung bereits über zahlreiche Personen verteilt. Sie ist niemals — das steht in meinen Thesen übrigens, S. 98, Ziff. 18 — einem diffusen Gedanken der Presse oder dergleichen zuzubilligen, sondern immer nur einzelnen Personen. Daß die Privatmacht des Kapitals hier eingesetzt wird als Träger der Presse, ist einfach daraus zu erklären, daß wir in einer privatrechtlichen — Chruschtschow würde sagen „kapitalistischen" — Ordnung leben, in der die Freiheitsgestaltung auf wirtschaftlichem Gebiete durch freie private Unternehmungen, daher auch durch Kapitalmacht, vor sich gehen kann. Es ist das eine einfache Einfügung in den gesamten wirtschaftlichen Zusammenhang des Grundgesetzes. Jede andere Organisation der Presse müßte wie beim Rundfunk von Staats wegen eine begrenzte Anzahl von Unternehmen oder Personen qualitativ zulassen, und gerade das ist etwas, was in der Pressefreiheit sehr schwer möglich erscheint. Eine Freiheit des in der Zeitung tätigen Redakteurs gegen den Verleger wäre insofern undenkbar, als der Verleger, der nicht mehr über die Zeitung verfügen könnte, daran sein finanzielles Interesse verlöre. Es gibt Zwischenformen, Stiftungen von Zeitungen, wie große angesehene Organe das sind, in denen nach Möglichkeit der unangenehme Einfluß eines Verlegers zurückgedrängt, gemäßigt oder gemildert erscheint. Das hat auch seine Gefahren, da dann unter Umständen der Geldgeber einer solchen Stiftung oder der, der sie, wenn sie nicht mehr flott ist, wieder weiter durch Geldzugaben steuert, einen indirekten Einfluß gewinnen kann. Auch dafür gibt es Beispiele.

Bachof: Gegen die starke Betonung der institutionellen Seite der Pressefreiheit durch Herrn Scheuner hat Herr Leisner das Bedenken erhoben, das Institutionelle sei nicht recht praktikabel; denn es gebe niemanden, der aktiv-legitimiert sei, das Institutionelle geltend zu machen. Er hat gefragt, was die Institution und ihre Garantie nützen, wenn keine subjektiven Rechte daraus fließen. Nun, wenn ich Herrn Scheuner richtig verstanden habe, will er ja in keiner Weise die (subjektiven) Grund r e c h t e als solche irgendwie einschränken oder abwerten. Er stellt nur die Institution, oder die objektivrechtliche Verbürgung einer bestimmten Wertentscheidung der Verfassung, zusätzlich neben das Grund-„Recht". Das halte ich für zutreffend. Das Grund r e c h t der Berufsfreiheit z. B. gewährt dem einzelnen die Freiheit der Wahl und der Ausübung des Berufes; und das Grund r e c h t der Pressefreiheit gewährt dem Redakteur, dem Schriftleiter oder wem auch immer den Zugang zur und die Äußerung in der Presse. Aber es taucht die Frage auf: Was nützt das subjektive Recht, zumal bei einer Ablehnung der unmittelbaren Drittwirkung von Grundrechten, wenn nicht eine freie Berufsordnung als ganzes, eine freie Presseordnung als ganzes vorhanden und gesichert ist? Das subjektive Grundrecht schützt unmittelbar nur gegen den Staat. Das genügt nicht; denn die freie Berufsordnung als solche oder die freie Presseordnung als solche können auch durch andere Kräfte. durch monopolistische Maßnahmen Privater z. B., gestört werden. In der Möglichkeit der Verhinderung solcher Störungen sehe ich den Sinn einer Garantie objektiver Ordnungen. Aus dieser „Garantie" oder aus dieser „Verbürgung" — den Ausdruck „institutionelle Garantie" sollte man, da er ja in einem ganz bestimmten Sinne festgelegt ist, hier wohl besser vermeiden und einfach von objektivrechtlichen Verbürgungen einer bestimmten Ordnung sprechen — aus dieser Verbürgung einer Ordnung können sich dann Pflichten des Staates ergeben, diese Ordnung auch gegenüber Angriffen Privater zu schützen, und daraus wieder Berechtigungen anderer Privater, gegen solche Angriffe geschützt zu werden. Ich meine also durchaus nicht, daß die objektive Ordnung frei von subjektiven Berechtigungen sein müßte; vielmehr können sich aus dieser Ordnung und ihrer Garantie — das müßte freilich für jede einzelne Grundrechtsnorm untersucht werden — gerade wieder neue subjektive Rechte ergeben.

Zu einem anderen Punkte Ihres Referats, Herr Scheuner, habe ich freilich Bedenken anzumelden. Sie haben neben das subjektive Recht und neben die objektivrechtliche Verbürgung (die „institutionelle Seite") eines Verfassungsprinzips noch als drittes die „Wertentscheidung", u. U. sogar eine „isolierte Wertentscheidung", gestellt. Das vermag ich nicht einzusehen. Meines Erachtens ist die Wertentscheidung der Verfassung doch nichts anderes als die ideelle Grundlage (oder das „Substrat", oder der „Inhalt") dessen, was verfassungsrechtlich verbürgt wird. Ich kann mir insbesondere keine isolierte Wertentscheidung vorstellen. Sie haben das Sozialstaatsprinzip als Beispiel einer angeblich isolierten Wertentscheidung gebracht. Ich würde dagegen sagen, auch die Sozialstaatsklausel des Grundgesetzes sei eine objektivrechtliche Verbürgung und Gewährleistung. Die Tatsache, daß die Sozialstaatsklausel unbestimmt und interpretationsbedürftig ist, kann ja wohl nicht gegen eine solche Annahme sprechen; denn dieser Einwand würde sich auch gegen die „Wertentscheidung" erheben. Auch die Wertentscheidung sehen Sie ja wohl als verbindliche und verpflichtende Richtlinie an; die Unbestimmtheit, die gegen die Charakterisierung des Sozialstaatsprinzips als eines objektivrechtlichen Verfassungsprinzips geltend gemacht werden könnte, würde also genauso gegen die Annahme einer verbindlichen Wertentscheidung sprechen. Ihrer Dreiteilung kann ich mich daher nicht anschließen, jedenfalls nicht vor einer weiteren Erläuterung.

Obermayer: Ich wollte noch einmal die Frage aufwerfen, ob wir uns nicht endlich von diesem Begriff lösen sollten, wie Herr Leisner schon angedeutet hat. Es fragt sich doch, wem etwas garantiert wird und wer diese Garantie dann einlösen kann. Im übrigen wird die institutionelle Garantie doch immer einen Rang unter das Grundrecht gestellt, jedenfalls in der Entstehung. Ich möchte fragen, ob nicht die institutionelle Garantie vielleicht als Kehrseite des Grundrechts im Hinblick auf die objektive Verfassungsordnung angesehen werden sollte.

Und nun noch zur Verfassungsauslegung: Herr Scheuner hat ein Wertsystem als Voraussetzung für die Grundrechtsinterpretation abgelehnt. Ist es nicht so, daß wir nach 1945 zu einer völlig neuen Konzeption gekommen sind, daß wir von einer bestimmten Vorstellung über das Wesen des Menschen in der Sozialität eine neue Gesamtkonzeption entworfen haben und von dieser aus dann die einzelnen Grundrechte ausgeformt wurden. Herr Scheuner sagte, daß die einzelnen Grundrechte in ein System zueinander gebracht werden müssen, harmonisiert werden sollen, und er sprach auch sehr oft von dem Abwägen. Meine Frage ist nun, ob sich hier nicht doch wieder ein metajuristischer Maßstab einschleicht. Wenn ich etwas abwägen soll, dann muß ich doch einen Maßstab haben, an dem ich abwäge. Ist es also nicht doch so, daß die ganze Rechtsordnung, die ganze Jurisprudenz am Ende an metajuristischen Prämissen aufgezogen werden muß?

Leisner: Zu Herrn Bachof noch folgendes: Wenn man seine Auffassung von der Drittwirkung teilt, dann sind seine Darlegungen konsequent. Ich möchte aber meine Frage an Herrn Scheuner noch präzisieren: Solange die institutionelle Garantie, wie Herr Bachof ausgeführt hat, nur dazu dient, neue Arten von Ansprüchlichkeiten hervorzubringen, wenn also der Gesamtraum, auf dem die institutionelle Garantie liegt, auch völlig von Ansprüchlichkeit erfaßt wird, so bin ich einverstanden. Ich habe nur Sorge, daß ein Raum entstehen könnte, wo zwar eine institutionelle Garantie vorhanden wäre, aber keinerlei Ansprüchlichkeit. Nur in dieser Richtung würde ich Herrn Scheuner bitten, noch einiges zu sagen.

Ipsen: Es ist Herrn Scheuner in seiner globalen Betrachtung der Pressefreiheit gelungen, mich dabei scharf ansehend, sogar das öffentliche Eigentum des Hamburgischen Wegegesetzes zu mobilisieren.

Mir liegt daran, zu dem Thema „öffentliche Aufgabe der Presse" in dem Zusammenhang zu sprechen, den Herr Scheuner hergestellt hat — ziemlich zu Beginn seines Referats, in den Thesen habe ich dasselbe nicht recht wiedergefunden — mit den Aufgaben des Rundfunks und des Fernsehens. Hierzu hat er in leidvoll - erinnerungsträchtigen Überlegungen zum Fernsehurteil gemeint, das Bundesverfassungsgericht, das er damit sicherlich kritisieren wollte, habe die Rundfunk- und Fernsehaufgaben als solche der öffentlichen Verwaltung gekennzeichnet. Dieses Urteil steht seinerseits sicherlich in einem Zusammenhang mit der Beschäftigung des Verfassungsgerichts mit Rundfunkfragen bei der Verteilung der Sendezeiten. Dabei haben diese ihre erste Erörterung und richterliche Entscheidung gefunden, und zwar im Anschluß an ein erstinstanzliches Urteil des Hamburgischen Verwaltungsgerichts, wo es um Sendezeitenverteilung ging. Diese Entscheidung wurde dann Gegenstand des Verfassungsbeschwerdeverfahrens, und in einem Blitzgang hat das Bundesverfassungsgericht dann dahin entschieden, die Verfügung der Sendeanstalt über Zuteilung oder Verweigerung von Sendezeiten sei Verwaltungsakt, dabei orientiert an der Vorstellung „öffentliche Aufgabe" der Rundfunkanstalt und, noch einen Schritt weitergehend, öffentliche Verwaltung. Von daher stammt, glaube ich (jedenfalls in einer Linie), der Ausgangspunkt für die von Herrn Scheuner apostrophierten Äußerungen des Bundesverfassungsgerichts zur Rundfunk- und Fernsehfunktion als einer solchen öffentlicher Verwaltung.

Herr Scheuner hat von dorther Verbindungslinien und Kontraste gebildet zu der Frage „öffentliche Aufgabe der Presse". Und wenn ich ihn recht verstanden habe, ist er in seinem Referat über die Formulierung seiner Thesen auf S. 93 Ziff. 4 b, wo sehr betont steht „Presse, öffentliche Aufgabe (im soziologischen Sinne)", einen Schritt hinaus gegangen, indem er diese Charakterisierung der Presse als einer öffentlichen Aufgabe auch mit juristischen Prädikaten versehen hat oder es jedenfalls nicht ausschloß, daraus juristische Konsequenzen zu ziehen. Das aber ist mir fraglich. In manchen Äußerungen schien mir der Gedanke doch wesentlich zu sein, daß wir die Charakterisierung der Pressetätigkeit als einer öffentlichen wirklich auf den Bereich unserer politologischen Berufskollegen beschränken sollten, die uns gestern in der Mitgliederversammlung befaßt haben. Wenn wir nämlich demgegenüber Rundfunk- und Fernsehfunktionen als öffentliche Verwaltung sehen, dann stimme ich darin Herrn Mallmann zu, nämlich in seinem Blickpunkt von der Trägerschaft her. Rundfunk und Fernsehen werden veranstaltet von Anstalten öffentlichen Rechts. Sie handeln in einer Haltung, die das Öffentliche des Verwaltungshandelns charakterisiert oder charakterisieren sollte. Und es gibt in diesen staatsfrei-schwebenden Anstalten besondere Institutionen, in denen die pluralistische Gesellschaft eine Art Selbstkontrolle zur Wahrung der Neutralität ausübt. Die Rundfunk- und Fernsehaufgaben werden finanziert aus einer öffentlichen Abgabe, die Anstalten arbeiten gemeinnützig, und Überschüsse sind öffentlichen Zwecken, Kulturaufgaben usf. zuzuführen. Man ist darum bemüht, dieses Prinzip durchzuhalten und zu sichern. Die Orientierung der Aufgabe, der Funktion der Anstalt am Öffentlichen wird in mancherlei Hinsicht gesichert, vor allen Dingen auch durch die dahinterstehende Gesetzgebung, die den Rahmen zieht. Und die letzte Affäre der Panorama-Sendungen hat ja immerhin zu der Frage geführt, ob nicht die dem Staat verbleibende Rechtsaufsicht dahin, ob die Anstalten den gesetzlichen Rahmen ihrer Betätigung respektiert haben oder nicht, mobilisiert werden sollte. Zu diesem Zweck ist der Herr Intendant Schröder des NDR durch die Vertragsstaaten gereist und hat den Landesregierungen seinen Standpunkt dargelegt. Das alles sind doch Elemente, insgesamt gesehen, zur Charakterisierung von Rundfunk und Fernsehen als öffentlicher Verwaltung, die sich in allen Beziehungen von der Funktion der Presse unterscheiden. Beide ähneln oder gleichen sich darin, daß sie im soziologischen Sinne eine öffentliche Aufgabe erfüllen. Aber in allen rechtlichen Konsequenzen, die wir erwägen, fehlt es an der Vergleichbarkeit.

Ein Letztes zu der Frage, in welcher Weise man zur Charakterisierung als öffentlich den Inhalt der Produktion der Presse einerseits von Rundfunk und Fernsehen andererseits aufteilen kann, nach den berühmten 90 oder 10 Prozent usf., das Thema also, das Herr Schüle anschnitt. Dazu ist doch sichtbar geworden — im Bereich des Rundfunks und Fernsehens vom Bundesverfassungsgericht sehr eindeutig klargestellt —, daß es auf den Inhalt der Darbietung nicht ankomme mit der Konsequenz u. a., — ich werde mich darüber nächstens in der NJW[1]) verbreiten —, daß auch die Darbietung von Werbesendungen zu den öffentlichen Funktionen zählt, was nichts zu tun hat mit der sog. Ausgliederungsfrage; das ist ein zweites Thema. In dieser Weise wird bei der Presse in gleicher Methode verfahren, um das Öffentliche der Presse als Charakteristikum herauszuheben, indem man die politisch interessanten und wesentlichen Äußerungen der Presse als die dominierenden und bestimmenden ansieht, so wie man das auch im Bereich des Rundfunks getan hat. Darin sehe ich eine Beziehung, die aus dem Nachrichtendienst, den politischen Kommentaren und ähnlichem gewisse Verbindungen herstellt und gemeinsam auf die öffentliche Funktion im soziologischen Sinne zu schließen gestattet. In bezug auf die juristischen Konsequenzen hinsichtlich der Presse aus ihrer Charakterisierung als „öffentliche Aufgabe" möchte ich größte Zurückhaltung empfehlen.

Stern: Ich möchte nur eine kurze Frage an Herrn Scheuner, anknüpfend an seine letzte Zwischenbemerkung, richten:

Wenn ich recht verstanden habe, Herr Scheuner, wollen Sie die Pressefreiheit nach Subjekten aufgliedern, wie es soeben auch Herr Mallmann tat, und jeweils Verleger, Redakteur und

---

[1]) Zur Legalität des Werbefernsehens NJW 1963, S. 2049 ff.; Rechtsfragen zur „Ausgliederung" des Werbefernsehens NJW 1963, S. 2102 ff.

Abteilungsleiter usw. zuordnen. Es könnte sich aber auch die Frage nach der Pressefreiheit im internen Verhältnis des Redakteurs etwa zum Verleger oder Herausgeber stellen. Kann sich z. B. der Redakteur auf sein subjektives Recht aus Art. 5 berufen, wenn er von seinem Verleger gezwungen wird, sich in einer bestimmten Weise zu äußern? Wollen Sie diese Rechtsbeziehungen, wie ich Ihrem Leitsatz Nr. 19 entnehmen könnte, ganz allein unter das subjektive arbeitsrechtliche Direktionsrecht bzw. das Recht der privaten Vertragsfreiheit stellen?

Das Problem läßt sich weiterführend noch zuspitzen bei denjenigen Presseorganen, die bewußt eine gebundene politische Meinung vertreten wollen — sie sind heute, soweit ich sehe, noch nicht angesprochen worden —, nämlich bei der Presse der politischen Parteien, die mit voller Absicht eine bestimmte parteipolitische Richtung vertritt. Sollte für sie nicht die Zuordnung zu Art. 21 an Stelle von Art. 5 maßgeblich sein? Wie verhält es sich bei einer Regierungs- oder Staatszeitung, die man als Präsentation eines materiell verstandenen Begriffs der Regierung auffassen könnte? Kann auch hier der subjektiv-personale Grundrechtscharakter zum Durchbruch kommen, wenn wir ihn stärker als die institutionelle Seite betonen wollen? Diese Fragen wollte ich noch zur Präzisierung aufwerfen.

Forsthoff: Ich wollte nur einige wenige Bemerkungen mehr methodischer Art machen zu der Verschiedenheit des Aspektes, die zwischen Herrn Scheuner und mir natürlich besteht.

Als Herr Scheuner sein Referat damit eröffnete, daß er ausführte, die Grundrechte müßten verfassungspolitisch ausgelegt werden, hat mich das natürlich mit gewissen düsteren Erwartungen erfüllt, die sich dann erfreulicherweise nicht realisiert haben. Wir sind in den Ergebnissen nicht weit voneinander entfernt. Ich möchte meinen Standpunkt dahin präzisieren zu sagen: Ich bin mit Ihnen völlig einer Meinung, daß die Pressefreiheit eine eminente verfassungspolitische Bedeutung hat. Die Frage — und darin trennen wir uns — ist nur die, welche rechtliche Beachtung wir diesem Umstand bei der Auslegung des Art. 5 geben. Meine Meinung ist die, daß Art. 5 als ein Individual-, Grund- und Freiheitsrecht in seinem liberalen Sinne verstanden und ausgelegt werden muß, und daß dabei dann etwas herausspringt, was außerdem noch eine spezifische verfassungspolitische Bedeutung hat. Ich würde also diesen Gesichtspunkt der verfassungspolitischen Bedeutung nicht in die Interpretation des Art. 5 selbst hineinnehmen, sondern sagen, daß sich die verfassungspolitische Funktion des Art. 5 gerade dann — und nur dann — erfüllt, wenn man den Artikel so auslegt, wie man ihn von jeher verstanden hat.

Nun noch etwas anderes: Sie sagten — und da stimme ich Ihnen wieder bei —, die Grundrechte sind, wie sie im Grundgesetz stehen, kein Wertsystem, aber — und da differiere ich — die Auslegung muß einen systematischen Sinn oder Zusammenhang dieser Grundrechte entwickeln. Nun bringe ich das nicht ganz zusammen mit Ihren einleitenden Ausführungen. Was ist nun der Leitgedanke des Art. 5: der verfassungspolitische Sinn, der auf den Staat verweisen würde, oder der Grundrechtsstellenwert in einem prätendierten System? Was ist der dialektische Bezug zur Einheit des Wertsystems oder zur verfassungspolitischen Einheit oder wie Sie das nennen wollen? Ich würde dem nicht zustimmen können, daß der Grundrechtsteil ein Wertsystem ist. Mir liegt der Ausdruck überhaupt nicht, aber wenn schon von Werten die Rede sein soll, dann muß man doch wohl die ganze Verfassung einschließen. Sind die in der Verfassung ausgeformten Institute der Staatlichkeit wie Parlament, Regierung, Gesetz usw. keine Werte? (Zurufe: „Selbstverständlich"). Gut — dann sind wir darin einig. Aber dann verstehe ich um so weniger, wie man von einem Grundrechtssystem sprechen kann. Systeme sind geschlossen. Wir hätten demnach zwei Wertsysteme, das der Grundrechte und das der übrigen Verfassung.

Ridder: Ich knüpfe in meiner ganz kurzen Intervention an vier Bemerkungen an, die hier gefallen sind: 1. die Frage von Herrn Mallmann nach dem Subjekt der Grundrechtsträger, 2. an die Befürchtungen von Herrn Leisner, der nach der Möglichkeit der juristischen Verwirklichung gefragt hat, 3. an das, was Herr Bachof gesagt hat — da will ich eine alt-neue Wortkombination zu bilden versuchen; ich glaube, er plädierte für einen „Institutionsreflex", — und 4. an einen Satz, den ich aus dem Referat von Herrn Scheuner aufgeschrieben habe, daß das Gesetz nicht nur Schrankenziehung in bezug auf die Grundrechte, sondern auch — und vor allem sogar — Realisierung der betreffenden Grundrechte zu sein habe.

Das große Dilemma der Pressefreiheit des Art. 5 besteht in den weiten Räumen, die legislativisch erfüllt sein müßten, es aber bedauerlicherweise nicht sind. So müßte es zur Ausführung der Pressefreiheit ein allgemeines Gesetz über die Auskunftserteilung der Regierung, der Behörden usw. geben. So etwas gibt es in einigen Ländern (Schweden), bei uns nicht. Es müßte ein Gesetz geben, wonach es freilich Hinz und Kunz nicht möglich ist, jedermann und jeden Beamten an jeder Stelle zu belämmern mit seinen quängeligen Fragen. Aber es müßte irgend etwas Grundsätzliches geben. Lassen Sie mich zur Illustration einen völlig irrealen Fall konstruieren: Zwischen der Bundesregierung und der Regierung der Chinesischen Volksrepublik gäbe es irgendwelche Fühlungnahmen, die darauf hinauslaufen könnten, daß man zu einem Nichtangriffs- und Beistandspakt kommen könnte. Dieses Faktum wäre nicht bekannt. Es wäre aber ein enorm wichtiges Faktum. Ohne die Kenntnis dieses Faktors würde die nächste Bundestagswahl einen Teil ihres politischen Sinns verlieren. Es müßte darüber ja auch, wiewohl die Problematik juristisch nur mittelbar über das Demokratiegebot erfaßt werden kann, im Rahmen einer Bundestagswahl „plebiszitär" irgendwie mitentschieden werden. Jetzt unterstellen wir, ein Journalist, ein Mann der Presse, holt sich dieses Geheimnis. Es ist kein Gesetz da. Mit welchen Kategorien könnten wir den Vorgang greifen? Ist er vergleichbar einer „verbotenen Eigenmacht", die etwas betrifft, was materiell vor Art. 5 an sich doch gerechtfertigt ist? Kann dieser Mann, wenn er dabei irgendwelche strafrechtlich relevanten Tatbestände erfüllt, gleichwohl entweder exkulpiert oder gerechtfertigt sein? Das sind Fragen, die wir heute noch in einem Raum bewältigen müssen, in dem es keinerlei gesetzliche Grundlage gibt, die aber zu beantworten sind.

Ein kleines Dilemma betrifft die Frage, die Herr Ipsen eben kurz angeschnitten hat: Werbung im Rundfunk. Wenn wir parallel zur öffentlichen Aufgabe der Presse, aber unter Berücksichtigung der relevanten strukturellen und auch juristisch bedeutsamen Verschiedenheiten, eine öffentliche Rundfunkaufgabe aufstellen wollen, dann gehört m. E. auch der Werbungsteil des Rundfunkprogramms in diesen Bereich der Aufgabe hinein. Das wird nur deswegen heute noch nicht klar, weil die Werbung im Rundfunk im Gegensatz zu dem, was etwa das eigentliche Programm bringt, noch in den Kintopp-Jahren steckt. Die Werbung macht Kintopp, das Fernsehen hingegen macht schon das, was der Film macht. Das braucht ja nicht so zu sein und wird bei steigenden Ansprüchen auch nicht so bleiben. Wie ist es denn — es gibt solche gehobenen Programme teilweise in den Vereinigten Staaten — wenn es morgens mit der Morgenfeier beginnt, dann kommt das Frühkonzert und dann kommt etwas ganz Seriöses an Vortrag, und abends wird Tannhäuser gegeben und dreimal am Tage wird zwischendurch gesagt: Dieses wurde gespendet von der Firma XY; 24 Stunden am Tage „Werbung"! Daß diese „Werbung" unter der entsprechenden Aufgabe und Verantwortung stehen muß, halte ich für unzweifelhaft. Das gilt aber m. E. auch für jede weniger vervollkommnete Werbung, die ja auch kommerziell nur dann sinnvoll ist, wenn sie auf das Bedürfnis des Zuschauers oder Hörers nach Unterhaltung und Information Rücksicht nimmt.

Kaiser: Ich möchte nur eine Bemerkung nicht unwidersprochen hinnehmen, die außerhalb der Peripherie des Themas liegt, die ich aber für wichtig genug halte, um darauf in einem Satz zurückzukommen: die Auffassung, daß eine Bundestagswahl z. T. sinnlos wäre, wenn eine wichtige, aktuelle außenpolitische Frage nicht Gegenstand des Wahlkampfes wäre. Diese Auffassung widerspricht der herrschenden Vorstellung von der Repräsentation, der Auffassung vom freien Mandat und auch dem, was das Bundesverfassungsgericht aus Anlaß der in den beiden Hansestädten und in hessischen Kommunen geplanten Volksbefragung zur Atombewaffnung ausgeführt hat (BVerfGE 8, 104, 122).

Bachof: Ich würde mich von Herrn Leisner mißverstanden fühlen, wenn er gemeint haben sollte, ich sähe den Wert der objektivrechtlichen Verbürgung eines Verfassungsprinzips allein darin, aus ihr neue Ansprüche zu entwickeln und auf diesem Umwege gewissermaßen zu einer Drittwirkung der Grundrechte zu gelangen. In der Tat können sich aus solchen objektivrechtlichen Verbürgungen neue Ansprüche ergeben. Ich habe eben vergebens auf Herrn Ridder gewartet, weil er angekündigt hatte, daß er auf diesen „institutionellen Reflex", wie er es nannte, eingehen wolle. Es können sich also solche Ansprüche ergeben. Aber ich meine, man sollte sich davor hüten — und gerade wir als Verfassungsrechtler sollten uns davor hüten, — die ganze Verfassung in Ansprüche aufzulösen und den Wert von Verfassungsnormen nur in der Hervorbringung von Ansprüchen zu sehen. Eine Norm ist doch nicht deswegen gut oder schlecht, weil sich aus ihr Ansprüche ergeben oder nicht ergeben. Gewiß ist der Anspruch heute häufig ein geeignetes Vehikel, um das Verfassungsrecht zu aktualisieren, indem er die Kontrolle des Verfassungsrechts ermöglicht. Aber darin erschöpft sich der Wert einer Verfassungsnorm nicht; die Verfassung als Grundordnung unseres staatlichen Lebens hat nicht in erster Linie die Aufgabe, Ansprüche zu schaffen. So wichtig der Anspruch auch ist, in ihm dürfen wir nicht das allein Entscheidende sehen.

Im Zusammenhang damit noch ein Wort zu Herrn Sterns Ausführungen. Das Verhältnis zwischen Verleger und Redakteur läßt sich sicher nicht aus dem Grundrecht der Pressefreiheit entwickeln, jedenfalls nicht, wenn man die unmittelbare Drittwirkung ablehnt. Aber vielleicht kann gerade hier die Verfassungsgarantie nutzbar gemacht werden. Vielleicht ergibt sich aus der Verpflichtung des Gesetzgebers, eine insgesamt freiheitliche Presseordnung herzustellen und zu gewährleisten, die Pflicht, das Verleger-Redakteur-Verhältnis dann gesetzlich zu regeln, wenn das freie Spiel der Kräfte zu Entwicklungen führt, welche die freie Presseordnung als solche gefährden.

Krüger: Gestatten Sie mir, das, was mir als der Langwellengang dieser Diskussion erscheint, vielleicht ein Stück weiterzuführen. Wir waren von dem soziologischen Faktum ausgegangen, daß die Presse über die Allgemeinheit ihrer Rechtsstellung hinaus zu Privilegien gelangen will. Wir haben uns überlegt: Wie könnte eine solche Forderung nach einer privilegierten Stellung gerechtfertigt werden. Wir sind dann weiter fortgeschritten und haben festgestellt: Nur aus der Funktion, und zwar aus einer Funktion, die nicht nur theoretisch besteht, sondern die mit Leistung ausgefüllt wird. Herr Schüle und — ich habe den anderen Diskussionsredner, der sich mit dem Thema befaßt hat, vergessen — haben gesagt, diese Leistung könne nur bestehen in der Mitwirkung an der politischen Willensbildung; um dieser Mitwirkung willen nehmen wir alles, was Unterhaltung und Schachecke ist usw. mit in Kauf. Ich finde, jetzt müßten wir der Eventualität ins Auge sehen, daß nicht mehr die politische Leistung die politisch irrelevante Leistung mit durchzieht, daß vielmehr überhaupt gar keine politische Leistung mehr stattfindet, sondern nur noch die politisch irrelevante Leistung vorhanden ist. Und wäre es in einem solche Falle nicht die Frage, sind die Privilegien noch zu halten oder müssen wir sie aberkennen. Damit wird die Frage des Herrn Leisner akut. Wie aktualisiert sich denn eigentlich die Institution, allerdings in einem ganz anderen Sinne, als er es gesehen hat: Wie kommt die Institution — hat er gefragt — zu einer Aktion der Selbstverteidigung gegen einen staatlichen Eingriff? Darum geht es jetzt gar nicht, sondern: Wie verhält sich der Staat, wenn eine Institution ihre politische Aufgabe nicht mehr erfüllt und wenn ihr gegenüber eine Reaktion dergestalt, daß man ihr wegen dieser Nichterfüllung die privilegierte Stellung streicht, nicht mehr durchführbar ist? Wir müssen mit diesem Fall rechnen; denn die Art und Weise der Finanzierung der Presse — ich lasse einmal die Buchpresse beiseite — ist ja eine marktwirtschaftliche. Ich habe an anderer Stelle einmal die Frage untersucht, wie es eigentlich mit den Chancen einer marktwirtschaftlichen Finanzierung steht in bezug auf die beiden Dinge, die wir als die politische und die unpolitische Funktion der Presse gekennzeichnet haben. Meiner Meinung nach tendiert die marktwirtschaftliche Finanzierung dazu, allmählich der nichtpolitischen Funktion die Vorhand, wenn nicht sogar die Ausschließlichkeit zu verschaffen. Und wenn das richtig ist, dann stellt sich für den Staat die Frage, ob er dieser mangels Finanzierung politisch funktionslos gewordenen Institution nicht finanziell beispringen muß. Das ist die Frage, die die Institution in jeder Aktualisierung stellt, in einer ganz anderen Richtung, nicht von einzelnen, sondern vom Staat her gesehen, und nicht als Abwehr von Angriffen, sondern — ich würde sagen — als Bedürfnis nach einer Blutzufuhr, die allein erst die Aktualisierung der Institution möglich macht. Damit stellt sich für uns die gleiche Frage, wie sie sich für den Rundfunk bereits gestellt hat. Wenn nämlich die Finanzierung einer öffentlichen Aufgabe qua Marktwirtschaft nicht mehr funktioniert, dann kann man sich der Frage nicht mehr entziehen, ob nicht an irgendeine Art von öffentlicher Hilfe gedacht werden muß.

Merkl: Zum Problem der Subjekte der Pressefreiheit sei eine ergänzende Bemerkung gestattet. Der Fall, daß die inhaltlich gleichlautende Meinungsäußerung einen unterschiedlichen Rechtsschutz genießt, ist nicht konstruiert, sondern aus der Erfahrung des Parteienkampfes um Demokratie oder Autoritätsstaat in Österreich gegriffen. Fachwissenschaftliche Äußerungen in der Tagespresse, die ich mir aus einem Verpflichtungsverhältnis gegenüber dem Staatshandeln und der Regierungspraxis, besonders in der Übergangszeit zwischen der Ausschaltung des Nationalrates nach dem Rücktritt seiner drei Präsidenten am 5. März 1933 und der mittels einer „kriegswirtschaftlichen Verordnung“ vollzogenen Inkraftsetzung der sogenannten ständisch-autoritären Verfassung vom 1. Mai 1934 erlaubt habe, sind unbeanstandet in Tageszeitungen, namentlich der „Neuen Freien Presse“ und den „Wiener Neuesten Nachrichten“ erschienen, wurden jedoch, wenn sie auszugsweise in anderen Presseorganen, selbst von Vertrauensmännern der Regierung, wie etwa Dr. Ernst Karl Winter, zum Abdruck gebracht worden sind, wegen des Tatbestandes der Aufwiegelung (§ 300 StG) beschlagnahmt. Die Zubilligung der wissenschaftlichen Intention der Meinungsäußerung war der Erklärungsgrund der unterschiedlichen staatlich-prozessualen Behandlung des nämlichen Textes. Das Grundrecht der Freiheit der Wissenschaft und ihrer Lehre kann also diese unterschiedliche Haltung der Staatsgewalt gegenüber der sprachlich unveränderten Meinungsäußerung bewirken, wenn und weil in anerkennenswerter großzügiger Haltung dem Verfasser die Intention eines wissenschaftlichen Bekenntnisses zugebilligt wird. — Auf ein anderes Blatt gehört die unterschiedliche Haltung der Staatsgewalt gegenüber der Tonart und dem Inhalt nach vergleichbaren Meinungsäußerungen, welche die Marke verschiedener politischer Parteien an sich tragen. Wenn in Österreich, wo die kommunistische Partei nicht verboten, aber nur in Landtagen, nicht im Nationalrat vertreten ist, mitunter die ungewöhnliche Toleranz gegenüber kritischen Äußerungen von kommunistischen Presseorganen Anstoß erregt hat, so war dies gewiß keine staatspolitische Protektion der kommunistischen Presse, sondern läßt sich diese sogenannte Rechtsungleichheit wohl so erklären, daß der demokratische Staat in dieser Weise den Unterschied zwischen der Stellung der Presse im demokratischen und „volksdemokratischen" Herrschaftsbereich den Lesern vor Augen führen will.

Dürig: Ich bin von Herrn Scheuner scheinbar so „zur Bank geschlagen" worden mit meiner These des geschlossenen Wert- und Anspruchsystems, daß ich mir doch eine ganz kurze Bemerkung dazu erlauben darf. Der Haupteinwand — das haben Sie, Herr Scheuner, mir dankenswerterweise bei meinen ersten Gehversuchen als Privatdozent schon geschrieben — ist ja doch immer der, daß die einzelnen Grundrechte Reaktionen gegen ganz bestimmte historische Gefährdungslagen seien und deshalb ein solches geschlossenes System, aus dem deduziert werden könne, nicht vorhanden sei. Das stimmt an sich. Nun bin ich aber eben der Meinung, daß wir ja doch einen Tag Null in unserer jüngeren Geschichte erlebt haben. Und ich möchte Herrn Obermayer recht geben: das „neue Historische" war ja doch der Totalangriff auf den Menschenwert. Und ebenso ist jetzt m. E. eben die Abwehr von allen Angriffen auf den Menschenwert lückenlos und total und geschlossen. Was meine Sorge ist, ist eigentlich mit den ganz gewohnten Kategorien von lex generalis und lex specialis zu erfassen. Nehmen Sie den simplen Fall an, der tragisch aktuell ist, es darf jemand nicht zu seiner sterbenden Mutter fahren, weil er keinen Paß kriegt. Ich persönlich bin der Meinung, daß die Ausreisefreiheit von Art. 11 GG gedeckt ist. Aber wenn man sie mit dem Bundesverfassungsgericht nicht unter Art. 11 unterbringt, ja wo denn dann? Und nun bin ich eben der Meinung, daß wir in diesem Art. 2 I ein solches Auffangrecht zur Verfügung haben, das bereitsteht, solche thematisch unbenannten Freiheiten abzusichern. Etwa haben wir damit die ganze Tonbandseuche aufgefangen — die Tonbandseuche (ein Begriff von Schüle), die man mit den benannten Grundrechten auch nicht auffangen konnte. Oder nehmen Sie etwa die Frage des Lügendetektors, wo ein Eingriff in die im Katalog benannte körperliche Unversehrtheit ja auch nicht vorliegt. Nun wird man sagen können, ja schön, dann aber diesen Art. 2 I eben beschränken auf den „Persönlichkeitskern“. Das hat Herr Peters in letzter Zeit wieder eindrucksvoll versucht. Es ist seine alte Lehre. Aber das Interessante ergibt sich eigentlich erst in der Diskussion in dieser Schrift der Nordrhein-westfälischen Arbeitsgemeinschaft für Forschung. Da wurde er nämlich von Welzel gefragt: Was ist denn, wenn jemandem der Paß versagt wird? Da mußte Peters nun Farbe bekennen: Persönlichkeitskern nicht getroffen, meinte er, wenn es nur gelegentlich geschieht. Persönlichkeitskern getroffen, wenn er nie den Paß bekommt. Nun bin ich der Meinung, daß wir hier in der Tat jetzt mit dem Bundesverfassungsgericht ganz einfach auch ein bißchen von der Praktikabilität und von der prozessualen Durchsetzbarkeit ausgehen müssen. Es wird jegliche Angriffsform, die nicht von den benannten Grundrechten, also von diesem traditionellen Katalog erfaßbar ist, dort bei Art. 2 I eingeordnet. Das ist eigentlich meine ganze Sorge, und wir haben große Leistungen mit diesem System in Form einer lex generalis und lex specialis erzielt, die Tonbandseuche abgewehrt, mit der das Ausland noch keineswegs fertig ist, und andere Dinge. Ich erinnere, daß ein großer Jurist wie Giacometti sich bitter bemüht hat, in seinen Schweizer lückenhaften Katalog der Grundrechte die Ausreisefreiheit und die Auswanderungsfreiheit einzuordnen.

Nun aber (ich habe das vorige schon so oft geschrieben, daß ich mich hiermit begnügen möchte) noch zu der Sorge von Herrn Schüle heute am Anfang. Dazu vielleicht ein kleiner induktiver Beleg: Nehmen Sie die Zeitung „DM“, die ihre Warentests durchführt und nun zu dem Ergebnis kommt: Fiat (ein Fiat war getestet): die Bremse blockiert; Zensur: nicht empfehlenswert; das in 500 000 Auflage. Dasselbe macht man mit Rasierapparaten und mit allen Nahrungs -und Genußmitteln und dergleichen. Nun könnte man sich ja dem Ideal hingeben, hier geht es also um eine öffentliche Aufgabe. Im politischen Sinne sicher nicht, aber doch immerhin um ein Ideal. In Wirklichkeit m. E. wollen sie eben — wie das die meisten Presseunternehmen wollen, das ist kein Vorwurf — verdienen. Das ist ihr Job, das ist ihr Gewerbe. Wen trifft es? Das trifft in einem unvorstellbaren Maße die Industrien, denen man auf Grund eines herausgegriffenen Testes, vielleicht auf Grund eines Zufallsergebnisses bescheinigt, daß ihr Wagen, ihr Produkt nicht empfehlenswert sei. „Eingriff“, so lautet jetzt in den zehn oder zwölf Prozessen, die ja anhängen, die Replik, das verletzt uns in unserem eingerichteten und ausgeübten Gewerbebetrieb. Also man argumentiert eigentumsrechtlich, vermögensrechtlich, gewerberechtlich. Die Angreifer, Herr Kaiser, nehmen eben doch — das tun sie in allen Prozessen — die Weihe der Pressefreiheit für sich in Anspruch. Sie berufen sich auf die ganzen Privilegien, von denen heute die Rede war. Herr Scheuner, es ist — da muß ich Ihnen widersprechen — nicht so, wie Sie die Horoskopzeitschrift und die Schachzeitschrift abgetan haben. Hier haben Sie einen Fall, wo auf der m. E. falschen Ebene der Pressefreiheit doch ebenso wichtige und schutzwürdige Rechte anderer getroffen werden. Die einen nehmen die geistigen Privilegien in Anspruch, und die anderen werden so leichter Hand in die ökonomische Basis abgedrängt. Ich bin nun eben der Meinung, es wäre ehrlicher, wenn wir bei allen Presseorganen — ich weiß, Herr Ridder, daß wir seit dem G. von 1874 alles, was geschrieben wird, gleich behandeln — in grundrechtlicher Sicht und auch vielleicht für kommende Regelungen des Presserechts diesen Bereich, der nicht kulturellpolitisch ist, herausnähmen aus dieser — ich wiederhole noch einmal — „Weihe" des Presserechts, und einordnen eben dorthin, wo er m. E. hingehört, in die Gewerbefreiheit des Art. 12.

Geck: Eine kurze Bemerkung, die sich vielleicht ganz gut an das eben Angesprochene anschließt. Die öffentliche Aufgabe der Presse ist bisher vor allem unter zwei Gesichtspunkten in den Vordergrund gestellt: einmal als Rechtfertigung eines erhöhten institutionellen Schutzes gegenüber der öffentlichen Gewalt, also als Grund für eine Privilegierung, zum anderen im Hinblick auf die Schwierigkeiten, die öffentliche Aufgabe abzugrenzen. M. E. ist sie noch zu prüfen unter dem Gesichtspunkt des Verhältnisses der Presse zu den — grob gesprochen — ihrer Gewalt Unterworfenen.

Wir alle sind der Gewalt der Presse unterworfen; alle Personen sind ihr irgendwie ausgesetzt, besonders jeder, der irgendwie im öffentlichen Leben steht. Wenn die Presse ganz allgemein mit der Wahrnehmung einer öffentlichen Aufgabe gesetzlich betraut wird, dann ist das m. E. mehr als — wie vorhin gesagt wurde — eine bloße Vokabel. Diese Formulierung beeinflußt den Richter, der zum Beispiel über die Wahrnehmung berechtigter Interessen zu entscheiden hat. Eine solche Formulierung kann in zahlreichen anderen praktischen Anwendungsfällen in die Rechte von Personen eingreifen, die der Presse einmal gegenüberstehen. Ich darf an etwas erinnern, das heute schon angeklungen ist: die Presse ist nicht nur eine Macht, sondern selber eine Interessentengruppe ersten Ranges. Ich denke an die Diskussion über das Ehrenschutzgesetz, in dem die Presse als geschlossene Front auftrat. Man fiel von den honorigsten Blättern bis zum kleinsten Boulevardblatt oft ohne Rücksicht auf sachliche Argumente in einer Art über die Befürworter der Ehrenschutzgesetzgebung her — über deren Richtigkeit man streiten kann —, die von den Gesetzgebungsvorarbeiten wie von den Aufgaben der Presse her einfach nicht zu rechtfertigen war. Die ungerechten persönlichen Verdächtigungen, die zum Teil mit diesen Angriffen verbunden waren, waren von den Betroffenen kaum zu widerlegen. Diese Einheitsfront und ihr Einsatz stimmen mich bedenklich. In privatrechtlichen Prozessen wie in Strafverfahren wird das Bild von einer öffentlichen Aufgabe, das sehr viel an Vorstellungen, und zwar meist an unklaren Vorstellungen vermittelt, leicht mitwirken. Man kann hier zu einem Symbol kommen, hinter dem sich Verantwortungslosigkeit in der Presse viel leichter verstecken kann als hinter einem subjektiven öffentlichen Recht, hinter dem echten Grundrecht der Pressefreiheit, leichter auch als hinter der traditionellen, engeren Formulierung von der Wahrnehmung berechtigter Interessen im Bereich des § 193 StGB. Diese Gesichtspunkte, meine ich, sollten bei der weiteren Diskussion nicht in den Hintergrund treten; die Freiheit der Presse sollte nicht auf dem Wege über die öffentlichen Aufgaben zu einem Fetisch gemacht werden.

Dagtoglou: Der Begriff der Leistung der Presse, den Herr Prof. Krüger benutzt hat, — also der Begriff der Leistung der Presse als Legitimationsgrundlage der Pressefreiheit — scheint mir nicht vertretbar, und mit der Gesamtkonzeption der Grundrechte und des Grundgesetzes nicht vereinbar zu sein. Denn wer entscheidet, ob und wieweit die Presse ihren Privilegien entsprechende Leistungen vorbringt? Kaum eine Regierung glaubt, daß die Opposition oder die oppositionelle Presse, „ausreichende“ Leistungen vorbringt. Soll die Regierung oder sollen die Gerichte entscheiden, ob die Presse sich ihren Privilegien entsprechend verhält? Aber auf Grund welcher Kriterien? Man kann nicht einmal zwischen seriösen und Skandalblättern absolut unterscheiden, zumal manche Zeitungskonzerne beide Arten von Zeitungen herausgeben. Von den Rechten des Einzelnen und den verfassungsrechtlichen Befugnissen des Staates abgesehen, ist die Frage, ob die Presse das leistet, was sie leisten sollte, keine juristische, sondern eine moralisch-politische.

Schnur (Schlußwort): Für die zahlreichen Anregungen, Hinweise und Kritiken an meinen Ausführungen habe ich sehr zu danken. Ich werde mich bemühen, bei der endgültigen Fassung meines Referats nichts Neues zu bringen, sondern meine Formulierungen zweifelsfreier zu machen. Da Herr Scheuner bereits durch Zwischenbemerkungen einen Teil dessen erledigt hat, wenn ich so sagen darf, worauf ich im Schlußwort hatte Bezug nehmen wollen, möchte ich nichts wiederholen.

Aber zunächst möchte ich zu der Frage, wie es mit der Funktion der Pressefreiheit bestellt ist, kurz Stellung nehmen. Das betrifft ganz allgemein die Frage, welche Funktion die Freiheit hat. Ich würde in diesem Sinne sagen: Die Freiheit hat juristisch gesehen ihre Funktion in sich selbst. Dieser Bestimmung der Funktion der Freiheit durch den einzelnen werden durch die allgemeinen Gesetze Schranken gesetzt, mehr nicht. Alles, was darüber hinausgehen soll an juristischen Präzisionen, scheint mir den Unterschied zwischen der Bestimmung einer öffentlichen oder staatlichen Funktion und ihrer Regulierung einerseits und der Ausübung der Freiheit des Einzelnen andererseits zu verwischen. Das könnte ganz allmählich zum Übergang von der Kontrolle einer sog. Funktion der Freiheit zu der Bestimmung einer staatlichen Funktion führen. Damit wäre eine fundamentale Unterscheidung einer jeden rechtsstaatlich-freiheitlichen Verfassung aufgehoben. Ich glaube, daß man deshalb mit dem Begriff der Funktion der Freiheit sehr vorsichtig umgehen sollte.

Im übrigen gehört, wenn man schon unter dem Stichwort „Funktion der Freiheit" bestimmte Probleme erörtert, hierher auch die Gefahr der Überschätzung des politischen Teils unserer Presse. Es ist ja in mehreren Bemerkungen gesagt worden, daß das Problem der unterhaltenden Presse heute keineswegs mehr ein bloßes Problem der privaten Freizeitgestaltung ist, und wenn ich das Wort „Freizeitgesellschaft" hier gebrauche, wissen wir, welche Probleme allgemeiner Art dahinter stecken. Letztlich sehe ich, wenn ich von der „tugendhaften Presse", dem Herabwürdigen der „Unterhaltungspresse" zur „Skandalpresse" reden höre, im Hintergrunde den „tugendhaften" Robespierre stehen, der nur noch eine politisierte Presse haben wollte, und das konnte natürlich nur die sein, die seiner Meinung und der seiner Gesinnungsgenossen entsprach. Der totalen Politik entspricht die Forderung nach einer total politisierten Presse, der gegenüber die Unterhaltungspresse „sozialen Unwert" besitzt. Zur Freiheit gehört auch die Unterhaltung, auch wenn sie skandalös ist. Ich glaube, hier wird man bei dem Satz des großen Liberalen Royer-Collard bleiben müssen: „Le bien et le mal de la liberté de la presse sont inséparables".

Eine andere Bemerkung sei zu den Einwürfen der Herren Ridder und Leisner hinsichtlich des Wesensgehalts und der

Wesensgehaltssperre gestattet: Ich darf zunächst bemerken, daß ich selbst an der Art und Weise des Prozedierens in verschiedenen Urteilen des Bundesverfassungsgerichts eine gewisse Kritik geübt habe, und ich würde auch nicht meinen, daß man die Art und Weise der Argumentation im Lüth-Urteil auf diese Weise decken kann. Herr Copić hat ja kürzlich in dem Aufsatz in der Juristen-Zeitung dazu, nach meinem Dafürhalten, richtig Stellung genommen, weil das Bundesverfassungsgericht die ratio seiner Entscheidung nicht genügend klar gemacht hat. Aber jeder Versuch, an den Wesensgehalt des Grundrechts heranzukommen, muß ein gewisses Maß an Konkretheit beachten. Und da bin ich mit Herrn Lerche einer Meinung, möchte also den Versuch machen, die Leitvorstellung der Verfassung am vorkonstitutionellen Recht herauszuarbeiten, was nicht heißt, daß dieses vorkonstitutionelle Recht nun seinerseits stets Gültigkeit hätte; denn es kann sehr wohl vorkommen, daß vorkonstitutionelles Recht, insoweit es selbst gegen die eigene Leitidee verstößt, (was ja denkbar ist und auch nach 1919 in der Weimarer Reichsverfassung eine Rolle spielte) eben deshalb nicht nach Art. 123 transformiert werden kann. Aber ganz verzichten auf den Begriff der Schrankenziehung in Gestalt der vorkonstitutionellen Gesetze können wir nicht.

Damit komme ich zu einem wichtigen Methodenproblem, das ich in dem Referat nur kurz anschneiden konnte, nämlich zu der Frage: Ist es denn überhaupt möglich, von einem substanzhaft gedachten subjektiven Recht heraus überhaupt so etwas wie ein Grundrecht der Pressefreiheit zu konzipieren? Ich glaube, wir fallen hier gewissen Raum- oder Substanzvorstellungen zum Opfer, und dann fällt es schwer, die Rolle der Gesetze, die die Schranken ziehen und für die Ausprägung, für die Konkretisierung dieses Grundrechts unentbehrlich sind, richtig anzugeben. Ich glaube, das ist nicht möglich.

Damit berühre ich eine Bemerkung, die Herr Bachof gemacht hat, und die auch im großen Zusammenhang des Erstberichts zu sehen ist, nämlich zu der Frage: Wie verhält sich hier das subjektive Recht zum objektiven Recht, zur objektiven Ordnung? Ich glaube, auch hier ist wieder eine Trennung vorgenommen worden, die rechtlich nicht denkbar ist. Denn wenn wir davon ausgehen, daß das subjektive Recht in der Gemeinschaft nicht konzipierbar ist ohne Normen der Gemeinschaft, die diesem Recht die Grenze setzen, dann halte ich den rigorosen Gegensatz von subjektivem Recht, Freiheitsrecht, und objektiver Rechtsordnung für künstlich hochgespielt. Er kann — vielleicht ist es eben durch die prozessuale Betrachtungsweise dazu gekommen — natürlich in bestimmten Situationen seine Aufgabe erfüllen, aber ich glaube nicht, daß man sagen könnte, innerhalb der Rechtsordnung gebe es auf der einen Seite subjektive öffentliche Rechte und auf der anderen Seite eine objektive Ordnung, denn die schrankenziehenden Gesetze gelten ebenso wie die Grundrechte innerhalb dieser Rechtsgemeinschaft für alle, so daß hier also eine Konzeption eines isolierten subjektiven Rechts nicht möglich ist. Vielleicht ist das aber eine Folge gewisser Naturrechtskonzeptionen. Diese Vorstellung ist sehr gefährlich: Sie konstruiert einen Gegensatz dort, wo es lediglich um eine Unterscheidung geht. Ich würde deshalb auch sagen, daß das, was unter den Begriff des Institutionellen — es ist nicht immer sauber unterschieden worden zwischen dem institutionellen Denken und der institutionellen Garantie — zu verstehen ist, weder einen Gegensatz zwischen dem subjektiven und dem objektiven konstruieren noch diese Unterscheidung leugnen will. Schon Herr Nawiasky hatte in der Tagung von 1927 gesagt: Der Unterschied ist eigentlich nicht so groß. Es geht hier vielmehr um die Frage, was an Ergebnissen mit Hilfe der beiden Betrachtungsweisen herausgeholt werden soll. Es ist zu vermuten, daß sich die Ergebnisse meistens decken werden.

Damit würde nämlich eines klar werden: Wenn man hinter diese Dinge fragt, erweist sich, daß man so absolut formulierte Gegensätze nicht beim Wort nehmen darf, sondern daß man bei der Sache bleiben muß. Das gilt sowohl für die Begriffsjurisprudenz, der man eine institutionelle Denkweise gegenüberzustellen zu müssen glaubt, erst recht für die sog. Formaljurisprudenz. Solche Theorien sind, wenn man sie sachhaltig machen will, historisch leicht aufzulösen: Stets geht es um konkrete Entscheidungen, um bestimmte soziale Wertungen. Wieder also zeigt sich, daß ein relativer Gegensatz zu einem absoluten Gegensatz gemacht worden ist. Man stellt dann bei näherer Diskussion fest, daß man sich im Ergebnis sehr nahe kommt. Wenn man einmal diese angeblich absoluten Positionen auf ihren sachlichen Kern zurückführt, dann werden viele Probleme, die heute noch als sachliche Streitpunkte gelten, obsolet, und dann könnten auch sehr wesentliche Auseinandersetzungen entschärft, ja entgiftet und so auf die eigentlichen konkreten Sachprobleme gelenkt werden.

Scheuner (Schlußwort): Ich bin der Meinung, daß die Elemente institutionelle Garantie oder objektive Verbürgung, subjektives Recht, Wertentscheidung — ich stimme Herrn Bachof vollkommen bei, daß die Wertentscheidung und die objektive Verbürgung sehr nahe beieinander liegen, ich habe sie nur zur Klärung versucht auseinanderzunehmen —, daß diese Elemente verschiedene Seiten derselben Sache sind. Das ist uns Juristen selbstverständlich; es ist dann sehr leicht, im Spiel alle Dinge dialektisch aufzulösen. Die Gegensätze werden herausgestellt, um Sachprobleme — darin bin ich mit Herrn Schnur ganz einig — deutlich zu machen, und mein Interesse heute war es klarzumachen, daß nicht allein von einer subjektiven und persönlichen Berechtigung her, sondern nur von einer weiteren Sicht des ganzen Rechtsbereiches und Lebensbereiches Rundfunk und Presse sinnvoll aufgebaut werden können. Es ist natürlich möglich und wäre denkbar, das alles aus dem Freiheitsrecht zu entwickeln. Dazu gehörte nur ein größerer Atem der Rechtsprechung, als ich sie unserer Tradition zutraue. Der Supreme Court würde das leichter haben. Trotzdem finden wir in seiner Rechtsprechung auch institutionelle Wendungen, z. B. habe ich eine Entscheidung vor mir: Associated Press v. United States 326 US 1, in der der Supreme Court bei einer Nachrichten-Agentur, die keine neuen Zeitungen mehr aufnimmt, die also ein Monopol begründet, einen Widerspruch gegen den freedom of speech annimmt und erklärt, Freiheit der Rede sei nicht nur Freiheit vom Staate, sondern auch anderen sei es nicht erlaubt, in sie einzugreifen. Das ist eine institutionelle Anwendung des Grundrechtes. Die amerikanische Gesetzgebung, die Federal Communications Act, hat selbstverständlich die Sendezeitenverteilung längst allgemein für die privaten Sender angeordnet, auch aus einem gesetzgeberischen institutionellen Denken heraus. Das Entscheidende an der institutionellen Denkweise ist es, daß sie Dinge klarmacht, die nicht von der Freiheit her zu konstruieren sind, z. B. die Pflicht des Gesetzgebers, etwas zu tun, die uns Herr Krüger gezeigt hat, und die öfter anklang. Diese Aufgabe des Gesetzes als Schützer der Grundrechte kann man nicht aus der Freiheit oder jedenfalls nicht so leicht wie aus der institutionellen Garantie ableiten.

Auf die Frage des Werbefernsehens von Herrn Ipsen will ich nur sagen: Ich habe anerkannt, daß das Werbefernsehen zum Bilde des Rundfunks gehört, würde aber davor warnen, hier die institutionelle Garantie zu eng, zu fest zu fassen. Die Lösung liegt darin, daß diese öffentlichen Anstalten vom Staat eingesetzt sind und daher vom Staat auch Direktiven bekommen, sich so zurückzuhalten, daß sie sinnvoll den Bereich der Presse nicht stören. Ich halte das auch in diesem Sinne für eine grundrechtliche Aufgabe des Staates. Das ist in England auch aufgegriffen. Es ist interessant, den englischen Pressebericht von 1962 zu lesen, wo ausgesprochen wird, daß der Staat bei zu großer Pressekonzentration eingreifen muß. Das wird prinzipiell nicht abgelehnt.

Was die Frage der öffentlichen Verwaltung anlangt, so habe ich kritisiert, daß das Bundesverfassungsgericht von vornherein davon ausgegangen ist, Veranstaltung von Rundfunksendungen ist öffentliche Verwaltung. Wenn es gesagt hätte, infolge der besonderen Lage muß der Staat eingreifen, und dieses Eingreifen ist öffentliche Verwaltung — das hat es auch gesagt, aber nicht an der entscheidenden Stelle deutlich genug — dann würde ich eher mitgegangen sein. Dann würden aber auch vielleicht andere Probleme im gesamten Kompetenzbereich aufgetreten sein, als wenn man ihn von vornherein — und das lag an der Struktur des Streites — von der Seite der Verwaltung her aufgebaut hat.

Was die Frage der „DM" anlangt, so würde ich Herrn Dürig erwidern, diese Frage hat mit der Pressefreiheit natürlich zu tun, aber sie ist vorwiegend eine Wettbewerbsfrage. Und ich bin eigentlich sehr glücklich, daß sie dort ist, wo sie auch hingehört, vor den ordentlichen Gerichten. Das Bundesverfassungsgericht wird sich auch mit den Fragen zu beschäftigen haben, warum auch nicht. Es gibt übrigens auch schon eine Bundesgerichtsentscheidung über eine irreführende Werbesendung im Fernsehen, die deutsche billige Modelle mit teuren französischen Modellen verglichen hatte und bei der deutschen Firma das Firmenschild gezeigt hatte. Hier ist auch ein Schadensersatz zugebilligt worden. Auch das Bundesverfassungsgericht wird wohl nichts anderes feststellen können, als daß die Pressefreiheit grobe Eingriffe in den Wettbewerb in keiner Weise decken kann. Wenn jemand geschäftlich über andere Waren urteilt, muß er natürlich die Regeln des allgemeinen Wettbewerbs beachten.

Ich glaube, Herr Leisner, Ihre Bemerkung habe ich noch nicht beantwortet. Die subjektive Berechtigung bei der institutionellen Garantie kommt in der Regel in der Verfassungsbeschwerde gegen ein Gesetz, das vom Grundrecht beeinflußt wird, vor das Bundesverfassungsgericht. Nehmen Sie die Beugehaft des Journalisten, der Zeugnis verweigert, der nun in Beugehaft genommen wird. Oder des Angestellten, des Prokuristen, der in Beugehaft genommen wird. Hier braucht man gar kein subjektives Recht. Das subjektive Recht ergibt sich daraus, daß ein Eingriff gegen ihn erfolgt auf einem anderen Gebiete und er vor hier aus das subjektive Recht hat. Es ist diese Fernwirkung des Grundrechtes, von der aus auch das subjektive Recht sich dann in der Regel präsentiert.

Ich glaube also, die Lücke, die Herr Leisner hier sehen wollte, schließt sich. Im übrigen bin ich mit Ihnen ganz einig, daß selbstverständlich die institutionelle Garantie immer auch unter Umständen einmal wieder subjektive Rechte schafft. Sie soll allerdings nicht eine Krönung und eine neue Kette von solchen Rechten hervorrufen, aber es ist ganz klar, sie schließt es nicht aus.

Nun zuletzt noch zu Herrn Forsthoffs besonders eindringenden Bemerkungen eine erste kurze Bemerkung: Sie sagten, daß die Pressefreiheit eine verfassungspolitische Bedeutung hat. Hier weiche ich ab. Sie hat eine verfassungsrechtliche Bedeutung. Ohne Pressefreiheit keine Demokratie. Das ist eine verfassungsrechtliche Aussage, nicht eine verfassungspolitische. Hier greifen Grundrecht und organisatorische Regelung ineinander. Ich würde also hier sagen — hier bleibe ich dabei, darin differieren wir — hier ist die Aussage verfassungsrechtlich. Das zweite ist: Das Leitbild aus Art. 5 würde allzusehr zum System werden. Ich bekenne mich schuldig, an einer Stelle meiner Thesen, kommt die nachherige Harmonisierung zu einem System vor, das revoziere ich hier schon in der Debatte, ich meine damit die harmonisierende Auslegung. Alle vorgegebenen Systeme sind verfehlt, sie passen auch nicht in mein Grundrechtsdenken.

Endlich aber das Letzte, und damit darf ich schließen: Sie haben, Herr Forsthoff, das individuelle liberale Grundrecht und das institutionell gesehene Grundrecht ein wenig in Gegensatz gestellt. Ich respektiere eine solche Haltung sehr stark. Ich habe sehr viel Sympathie für jemand, der das Grundrecht wirklich im echten vollen alten liberalen Sinne nimmt, das ja ein sehr politischer Sinn ist. Ich glaube dennoch, daß unsere Zeit namentlich unter den heutigen Verhältnissen der Gruppenmacht unter der Notwendigkeit einer stärkeren Gestaltung der Verfassung von den sich ständig wandelnden Verhältnissen her steht und stärkerer Stützen der Auslegung bedarf. Vor allen Dingen aber liegt mir daran, und damit komme ich auf meine erste Bemerkung zurück, deutlich zu machen, daß die öffentliche Aufgabe der Presse, über die ich hier nichts im einzelnen etwas sagen will, im Grunde genommen in dem Bereich, wo sie wirklich zur echten politischen Diskussion beiträgt, eine wahre verfassungsrechtliche Aufgabe ist. Ohne diese freie Presse keine Legitimation der Repräsentation, ohne sie im Grunde Wirkungslosigkeit der Parlamente, die nicht einmal ihre Wähler mehr erreichen, ohne sie Wirkungslosigkeit der Regierungen. Wer es erlebt hat — und ich kenne das sehr gut — wie Parlamente, wie Bundestagsabgeordnete und Minister sich den Kopf zerbrechen, auf welche Weise sie eine Pressekonferenz für die Journalisten anziehend machen können, wird diesen Zusammenhang nicht verkennen. Er macht es sich klar, in welchem Maße die Publizität, das Vertrauen einer Regierung und sogar eines Parlaments davon abhängt, daß diese Massenkommunikationsmittel überhaupt den Kontakt zwischen ihnen und der Bevölkerung herstellen, der sonst gar nicht so leicht zu erreichen ist, und infolge der Neutralisierung des Rundfunks, nun nicht etwa in einfacher Form über diesen hergestellt werden kann.

Zweiter Beratungsgegenstand:

Staatsaufsicht in der Verwaltung

1. Bericht von Professor Dr. Jürgen Salzwedel, Bonn

Im Jahre 1791 erläuterte Carl Gottlieb Svarez dem preußischen Kronprinzen die absolutistische Staatsaufsicht mit folgenden Worten: „Das Recht der Oberaufsicht gründet sich auf die Pflicht des Staates, alles zu verhüten, was der Sicherheit der bürgerlichen Gesellschaft und ihrer Mitglieder schädlich werden könnte, und nichts zu gestatten, was dem Zweck des gemeinschaftlichen Wohls und den Gesetzen des Landes zuwider ist. Dieses Recht erstreckt sich über alle Gesellschaften ohne Ausnahme. Eine Gesellschaft, die vom Staat und seinen Gesetzen unabhängig sein und sich seiner Oberaufsicht nicht unterwerfen will, formiert statum in statu"[1]).

Im Jahre 1961 äußert sich das Bundesverfassungsgericht zur Staatsaufsicht im Verfassungsstaat wie folgt: „Diese Sondersituation im Bereich des Rundfunkwesens erfordert besondere Vorkehrungen zur Verwirklichung und Aufrechterhaltung der in Art. 5 GG gewährleisteten Freiheit des Rundfunks. Eines der diesem Zweck dienlichen Mittel ist das Prinzip, nach dem die bestehenden Rundfunkanstalten aufgebaut sind: Für die Veranstaltung von Rundfunksendungen wird durch das Gesetz eine juristische Person des öffentlichen Rechts geschaffen, die dem staatlichen Einfluß entzogen oder höchstens einer beschränkten staatlichen Rechtsaufsicht unterworfen ist"[2]).

Die Entwicklung von der absolutistischen Oberaufsicht zur Rechtsaufsicht begleitet das Entstehen der überkommenen Selbstverwaltung. Die Erscheinung einer nur noch beschränkten Rechtsaufsicht, ja der Aufsichtslosigkeit verleiht der modernen Selbstverwaltung ganz neue Züge. Immer mehr entfernt sich der Begriff der Staatsaufsicht von polizeilicher

---

[1]) Svarez, Vorträge über Recht und Staat, Bd. 10 der Wiss. Abhandlungen der Arbeitsgemeinschaft für Forschung des Landes Nordrhein-Westfalen, S. 47.
[2]) BVerfG Bd. 12 S. 261.

Untertanenaufsicht auf der einen Seite, von staatlicher Leitung nachgeordneter Behörden auf der anderen Seite. Die Aufsichtsmaßstäbe verengen sich. Die Aufsichtsmittel sind enumeriert.

I. Der Begriff der Staatsaufsicht in der Verwaltung

wird durch folgende Merkmale bestimmt:

1. Subjekt der Staatsaufsicht ist der Staat, vertreten durch Regierung oder Verwaltung[3]).

2. Objekt der Staatsaufsicht sind mit dem Recht der Selbstverwaltung ausgestattete Körperschaften, Anstalten oder Stiftungen des öffentlichen Rechts.

a) Die Körperschaftsaufsicht umfaßt also nicht die lediglich entliehenen Staatsorgane, nicht unmittelbar die Körperschaftsorgane, erst recht nicht die natürlichen Personen, die die Organstellen jeweils innehaben. Entliehene Staatsorgane werden von der Exekutive administrativ geleitet[4]). Die Körperschaftsorgane sind der Staatsaufsicht jedenfalls nicht unmittelbar zugänglich. Soweit Aufsichtsmaßnahmen in die Funktionen der Körperschaftsorgane eingreifen, ist rechtlich

---

[3]) Vgl. Hans Peters, Grenzen der kommunalen Selbstverwaltung in Preußen, 1926, S. 222; Hans J. Wolff, Verwaltungsrecht II, 1962, § 77 II b 3; Forsthoff, Lehrbuch des Verwaltungsrechts, Allg. Teil, 8. Aufl. 1961, § 24 Ziff. 2. Die Staatsaufsicht kann auch in der Hand entliehener Staatsorgane liegen, die sonst Selbstverwaltungsorgane sind, oder von Selbstverwaltungskörperschaften als Auftragsangelegenheit wahrgenommen werden (ebenso Becker, Handbuch der kommunalen Wissenschaft und Praxis, herausgegeben von Hans Peters, Bd. 1, 1956, S. 166) oder sogar Privaten — etwa Verbänden — als beliehenen Unternehmern übertragen sein. Entliehene Staatsorgane sind in NRW der Oberkreisdirektor und der Kreisausschuß, soweit sie die kreisangehörigen Ämter und Gemeinden beaufsichtigen (§§48, 49, 52, KO NRW; vgl. auch § 13 LKO Rh. Pf., § 19 LKO Saarl., Art. 37 LKO Bay u. a.; dazu Hans J. Wolff, Verw. R. Bd. 2 § 89 IX b). Als Auftragsangelegenheit führen die Handwerkskammern die Aufsicht über Innungen und Kreishandwerkerschaften (§§ 69, 82 HwO; dazu Fröhler, Die Staatsaufsicht über Handwerkskammern, 1957, S. 72 ff.). Wird die Aufsicht über die eine Selbstverwaltungskörperschaft einer anderen als eigene Angelegenheit übertragen, so kann von Staatsaufsicht nicht mehr gesprochen werden. Unzulässig ist dies nicht (a. A. Fröhler, Staatsaufsicht aaO. S. 74 „... kann ihrem Wesen nach nie ...“). Darin liegt aber eine spezifische Form der Freiheit von Staatsaufsicht (vgl. dazu unten S. 252 ff.).

[4]) Hans J. Wolff, Verw. R. Bd. 2 § 89 IX b.

doch nur die Körperschaft betroffen[5]). Die Körperschaftsorgane sind deshalb im Verwaltungsstreitverfahren nicht Partei[6]). Und umgekehrt richtet sich die personelle Dienstaufsicht nur gegen Menschen, nicht gegen die Körperschaft, in deren Diensten sie stehen. Deshalb ist es auch unrichtig, die Disziplinargewalt in die Staatsaufsicht einzubeziehen[7]).

b) Objekt der Staatsaufsicht sind aber auch nicht natürliche Personen und Personengemeinschaften in Privatrechtsform, weil sie keine Selbstverwaltung besitzen können[7a]). So wenig etwas dagegen einzuwenden ist, den Terminus Staatsaufsicht auch für den wirtschaftlichen Bereich zu gebrauchen, so notwendig es ist, die Parallelen zwischen Körperschaftsaufsicht und Wirtschaftsaufsicht aufzudecken, es darf m. E. nicht verkannt werden, daß die beiden Erscheinungen voneinander wesensverschieden sind.

---

5) Hugo Preuß, Das Städtische Amtsrecht in Preußen, 1902, S. 124: „Die Existenz von Selbstverwaltungskörpern ist also die begriffliche Voraussetzung jeder Selbstverwaltung, deren Wesen eben in der Mediatisierung der Selbstverwaltungsorgane durch den Selbstverwaltungskörper gegen den Staat besteht." S. 149: „Und demgemäß ist das gemeingültige Rechtsverhältnis von Staats- und Gemeindebehörden nicht das der Subordination untergebener Beamter gegenüber Vorgesetzten, sondern das der Staatsaufsicht über die Verwaltung der Selbstverwaltungskörper."

6) Nach § 5 Abs. 1 AusfG NW zu § 78 Abs. 1 Ziff. 2 VwGO sind Behörden fähig, am Verfahren vor den Gerichten der allgemeinen Verwaltungsgerichtsbarkeit beteiligt zu sein. Auch die Organe von Körperschaften, Anstalten und Stiftungen sind Behörden, soweit sie materielle Verwaltungsfunktionen wahrnehmen. Die Aufsichtsklage wird aber von dem Selbstverwaltungsträger selbst, nicht etwa einem Selbstverwaltungsorgan erhoben. Sie richtet sich gegen die Aufsichtsbehörde, die den Eingriff in die Selbstverwaltung vorgenommen hat.

7) Die Disziplinarstrafbefugnis staatlicher Behörden gegenüber Beamten von Selbstverwaltungsträgern ist eine partielle Durchbrechung des Selbstverwaltungsprinzips, indem sie die autonomen Rechte des korporativen Dienstherrn einschränkt. Die Disziplinierung von Selbstverwaltungsbeamten hat mit der Staatsaufsicht über die Selbstverwaltungskörperschaft nichts zu tun (ebenso Hugo Preuß, Amtsrecht S. 307). Die Dienststrafbefugnis ist nicht Staatsaufsichtsmittel (a. A. Hans Peters, Grenzen S. 136), sie tritt zu diesen aber u. U. einmal ergänzend hinzu, um die Erreichung eines konkreten Aufsichtsziels sicherzustellen (so richtig Hans J. Wolff, Verw. R. Bd. 2 § 77 II d 5). Die Verhängung von Disziplinarstrafen gegen Selbstverwaltungsbeamte ist deshalb nicht gleichzeitig ein Aufsichtsakt gegenüber der Selbstverwaltungskörperschaft; diese ist nicht für eine Anfechtungsklage vor dem Verwaltungsgericht aktiv legitimiert. Für die Disziplinierung von Hochschullehrern vgl. unten S. 254.

7a) Ebenso Peters, Grenzen S. 20; a. A. Ernst R. Huber, Wirtschaftsverwaltungsrecht Bd. 1 § 46 I 3 c.

Die juristischen Personen des öffentlichen Rechts sind Zweckschöpfungen des Staates, die dazu da sind, bestimmte öffentliche Interessen und nur diese öffentlichen Interessen wahrzunehmen. Die juristischen Personen des Privatrechts sind dagegen staatlich tolerierte Zweckschöpfungen Privater zur gemeinschaftlichen Verfolgung gemeinsamer Privatinteressen. Als Zweckschöpfungen des Staates haben öffentlichrechtliche Körperschaften von Hause aus naturgemäß keine Handlungsfreiheit gegenüber dem Staat. Erst im Falle der staatlichen Verleihung des Selbstverwaltungsstatus wird ihnen eine gewisse Handlungsfreiheit eingeräumt, die betreffenden öffentlichen Interessen so wahrzunehmen, wie sie es für richtig halten. Als Zweckschöpfungen Privater haben die juristischen Personen des Privatrechts dagegen schon von Hause aus die Handlungsfreiheit natürlicher Personen, ihre Gruppeninteressen zu verfolgen.

Daher halte ich E. R. Hubers Begriff einer „körperschaftlichen Selbstverwaltung der Wirtschaft in privatrechtlicher Form“[8]) für einen Widerspruch in sich. Privatrechtliche Organisationen wie Vereine, Genossenschaften, gemischtwirtschaftliche Unternehmen usw., die schon ihrer Entstehung nach volle Handlungsfreiheit besitzen, können durch staatliche Verleihung von „Selbstverwaltung“ nicht freier werden, als sie schon sind. Daran ändert sich auch nichts, wenn sie — wie Huber formuliert — „wirtschaftliche Aufgaben überindividueller Art im öffentlichen Interesse und unter öffentlicher Verantwortung wahrnehmen“. Ob und wieweit eine gruppenmäßige Interessenverfolgung gemeinschaftswichtige Anliegen betrifft, ist zunächst eine Frage politischer Bewertung — entscheidend ist, welche Folgerungen Verfassungs- und Gesetzgeber daraus jeweils gezogen haben. Je nach dem Engagement öffentlicher Interessen wird die Tätigkeit der Verbände einem immer dichteren Netz von rechtlichen Verpflichtungen unterworfen. Und von einem bestimmten Intensitätsgrad an eben auch ständiger staatlicher Beobachtung und Überwachung, ob diesen Verpflichtungen genügt wird[9]). In einigen Fällen ist

---

[8]) E. R. Huber, Selbstverwaltung der Wirtschaft, 1958, S. 42 ff.

[9]) Vgl. die Aufsicht über die Banken nach dem Kreditwesengesetz vom 10. Juli 1961 (BGBl. I S. 881), über die privaten Versicherungsunternehmungen nach dem Versicherungsaufsichtsgesetz vom 6. Juni 1931 (RGBl. I S. 315), über die Energieversorgungsunternehmen nach dem Energiewirtschaftsgesetz vom 13. Dezember 1935 (RGBl. I S. 1451). Auch Triepel, Die Reichsaufsicht, 1917, S. 149, sieht in der Aufsicht über private Verbände nicht mehr als eine Intensivierung der allgemeinen „Untertanenaufsicht“, besser:

eine solche ständige Beaufsichtigung Privater sogar von Verfassungs wegen geboten. So bei der Ausübung von Herrschaftsbefugnissen durch beliehene Unternehmer, beim Betrieb privatrechtlich organisierter Rundfunkträger usw.[10]). In extrem gemeinschaftswichtigen Bereichen kann die Beaufsichtigung Privater schließlich auch den Aufsichtsmitteln nach so weit gehen, daß die praktischen Unterschiede gegenüber der Körperschaftsaufsicht verblassen. Wesensmäßig bleiben beide stets voneinander verschieden. Mittels der Körperschaftsaufsicht wird die Wahrnehmung öffentlicher Interessen überwacht, mittels der Wirtschaftsaufsicht die Mindestberücksichtigung öffentlicher Interessen bei der Verfolgung von Gruppeninteressen[11]).

---

der allgemeinen staatlichen Überwachung des Verhaltens Privater von Fall zu Fall, indem man daraus für bestimmte Tätigkeiten eine dauernde Einrichtung macht. Auch Körperschaften und Anstalten des öffentlichen Rechts können — neben der echten Staatsaufsicht — einer solchen tätigkeitsbezogenen Dauerkontrolle unterliegen. So werden die Sparkassen nicht nur vom Regierungspräsidenten korporativ beaufsichtigt, sondern auch vom Bundesaufsichtsamt für das Kreditwesen funktionell kontrolliert (vgl. §§ 1, 2 KWG; Gönnenwein, Gemeinderecht, 1963, S. 497). Dagegen unterliegen öffentlich-rechtliche Versicherungsanstalten grundsätzlich nicht der Aufsicht des Aufsichtsamtes für private Versicherungsunternehmungen und Bausparkassen (§§ 1, 151 VAG).

[10]) BVerfG Bd. 12 S. 262: „Auch eine rechtsfähige Gesellschaft des privaten Rechts könnte Träger von Veranstaltungen dieser Art sein, wenn sie nach ihrer Organisationsform hinreichende Gewähr bietet, daß in ihr in ähnlicher Weise wie in der öffentlich-rechtlichen Anstalt alle gesellschaftlich relevanten Kräfte zu Wort kommen, und die Freiheit der Berichterstattung unangetastet bleibt. Gegen eine solche Gesellschaft besteht von Verfassungs wegen kein Bedenken, wenn beispielsweise durch Gesetz eine die spezifischen Zwecke des Rundfunks, insbesondere die Erhaltung seiner institutionellen Freiheit sichernde besondere Gesellschaftsform zur Verfügung gestellt und jede, den angegebenen Erfordernissen genügende Gesellschaft, die Rundfunksendungen veranstaltet, einer Staatsaufsicht ähnlich etwa der Banken- oder Versicherungsaufsicht unterworfen wird."

[11]) Vgl. die Formulierung des rechtspolitischen Problems bei Carl J. Friedrich, Der Verfassungsstaat der Neuzeit, 1953, S. 566: „Es bleibt die Aufgabe übrig, das allgemeine öffentliche Interesse aus den sich oft widerstreitenden Sonderinteressen, die ein Teil des Ganzen sind, herauszudestillieren." Das kann geschehen, indem die Wahrnehmung des jeweiligen öffentlichen Interesses für eine Körperschaft, Anstalt oder Stiftung des öffentlichen Rechts zum „Gesetz des Handelns" gemacht wird. Es kann auch geschehen, indem die unternehmerische Verfolgung von Sonderinteressen durch Gesetz und Verwaltungskontrolle so eingeengt wird, daß die „öffentliche Macht" (E. R. Huber aaO. S. 43) in der Hand Privater nicht ernstlich in gemeinschaftsgefährdende Bahnen gelenkt werden kann. Bisweilen stehen beide Erscheinungen dicht

Die eigentliche Staatsaufsicht ist, soweit der Verfassungs- oder Gesetzgeber sie nicht ausgeschlossen hat, nur die Kehrseite der staatlichen Verleihung des freiheitlichen Selbstverwaltungsstatus an öffentlich-rechtliche Verwaltungsträger. Die Beaufsichtigung Privater bleibt dagegen stets ein Grenzfall staatlicher Beschneidung der natürlichen Handlungsfreiheit.

c) Objekt der Staatsaufsicht sind grundsätzlich nicht die von Körperschaften oder Anstalten errichteten Unternehmen, die administrativ verselbständigt sind (wie die Eigenbetriebe) oder sogar Rechtspersönlichkeit besitzen (wie eine kommunale GmbH oder Aktiengesellschaft). Hier erstreckt sich lediglich die Staatsaufsicht über die Körperschaft oder Anstalt mit darauf, wie diese von ihren hoheitlichen oder gesellschaftsrechtlichen Befugnissen gegenüber dem Unternehmen Gebrauch macht[12]).

---

beieinander: die Innungen sind Körperschaften des öffentlichen Rechts (§ 48 HwO), ihre Spitzenorganisationen, die Landesinnungsverbände und der Bundesinnungsverband, Vereine privaten Rechts (§ 74 HwO); mit den Sparkassen konkurrieren Privatbanken, mit den öffentlich-rechtlichen Versicherungsanstalten private Versicherungsunternehmungen, wobei die letzteren einer straffen Sonderordnung und Daueraufsicht unterworfen sind. Die Unterstellung, die Rechtsform sei eben nur Formsache, ist um so unverständlicher, als davon auch sonst vieles abhängt: so ist ein Beitrittszwang zu öffentlich-rechtlichen Körperschaften mit Art. 9 GG vereinbar, ein Beitrittszwang zu privaten Vereinigungen nicht (BVerfG Bd. 10 S. 361; Bd. 10 S. 89 [102]). Naturgemäß muß der Inhalt der Aufsicht verschieden sein je nachdem, ob das öffentliche Interesse die Funktion einer Einrichtung schlechthin determiniert oder limitiert.

[12]) Abgesehen davon, daß niemals Aufsichtsmaßnahmen unmittelbar gegen eine rechtsfähige Satelliteinrichtung in Betracht kommen, ist der aufsichtsunterworfene Selbstverwaltungsträger nicht verpflichtet, seine Aufsichtsbehörde mittels hoheitlicher oder gesellschaftsrechtlicher Eingriffe in die Unternehmensführung so zu stellen, wie sie stehen würde, wenn er den Betrieb in eigener Regie unterhielte. So ist der Regierungspräsident nicht befugt, von einer kommunalen Verkehrs-Aktiengesellschaft Vorlage der Bücher zu verlangen, aber auch nicht dazu, die Stadt zu zwingen, ihm die gewünschte Einsicht irgendwie zu verschaffen. Nur die Unterlagen der Stadt stehen zur Verfügung. Wenn die weitere Anlage städtischen Kapitals in der AG wegen deren offenbarer und grober Mißwirtschaft rechtswidrig erscheint, kann freilich eine andere Anlage gefordert werden. Auch § 34 RVO, wonach der Aufsicht auch die vom Sozialversicherungsträger errichteten oder unterhaltenen Heil- und Pflegeanstalten usw. unterstehen, bildet keine Ausnahme. Einrichtungen mit eigener Rechtspersönlichkeit sind damit nicht gemeint; die Vorschrift „soll nur Zweifel ausschließen", daß das Aufsichtsrecht den gesamten Tätigkeitsbereich des Versicherungsträgers umfaßt (Peters, Hdb. der Krankenversicherung, zu § 34 RVO).

d) Objekt der Staatsaufsicht können aber nicht nur Körperschaften sein — wie vielfach angenommen wird —[13]), sondern auch rechtsfähige Anstalten. Denn es ist möglich, daß Anstalten mit echter Selbstverwaltung ausgestattet sind, nicht nur mit einer farblosen Eigenverwaltung[14]). Das gilt zunächst für diejenigen Anstalten, die wie die Landesversicherungsanstalten eigentlich nur verdeckte Repräsentativkörperschaften sein dürften. Träger der Selbstverwaltung ist hier zwar nicht die Solidargemeinschaft der Arbeitgeber und Arbeitnehmer, aber die Vertreterversammlung, in der gewählte Repräsentanten dieser Solidargemeinschaft zusammengefaßt sind[15]). Aber auch echte Anstalten können ferner mit Selbstverwaltung ausgestattet sein, wenn das Vertretungsorgan zwar nicht von den Betroffenen gewählt, jedoch so besetzt ist, daß sich darin die verschiedenen Interessen der dahinter stehenden Solidargemeinschaft widerspiegeln. Bei den Rundfunkanstalten wird z. B. der Rundfunkrat so gebildet, daß er etwa ein Abbild der Interessen der Hörerschaft abgibt[16]). Schließlich würde ich aber auch die Stellung der Anstalten als echte Selbstverwaltung kennzeichnen, in denen gewissermaßen „organisierter Sachverstand" regiert. So bestimmen im Sparkassenrat „sachkundige Bürger" die Richtlinien der Geschäftspolitik der Sparkasse[17]), im Zentralbankrat die Präsidenten der Bundesbank und der Landeszentralbanken die Währungs- und Kreditpolitik der Bundesbank[18]).

e) Die Staatsaufsicht erstreckt sich über den gesamten Funktionsbereich der Körperschaft, Anstalt oder Stiftung. Gegen

---

[13]) so z. B. Erich Becker, Hdb. d. komm. W. u. Pr. Bd. 1 S. 116 f.

[14]) Ebenso Hans Peters, Grenzen S. 20, 36 („Tätigkeit von juristischen Personen des öffentlichen Rechts — außer von Reich und Staat"); Forsthoff, Lehrbuch § 24 a am Ende; Hans J. Wolff, Verw. R. Bd. 2 § 77 I b.

[15]) Hans J. Wolff, Verw. R. Bd. 2 § IV a) 2 hält sogar die Arbeitgeber und die versicherten Arbeitnehmer für Mitglieder; für Anstaltscharakter Brackmann, Handbuch der Sozialversicherung, S. 154 b.

[16]) Vgl. BVerfG Bd. 12 S. 262 f.: „Art. 5 GG verlangt jedenfalls, daß dieses moderne Instrument der Meinungsbildung weder dem Staat noch einer gesellschaftlichen Gruppe ausgeliefert wird. Die Veranstalter von Rundfunkdarbietungen müssen also so organisiert werden, daß alle in Betracht kommenden Kräfte in ihren Organen Einfluß haben und im Gesamtprogramm zu Wort kommen können, und daß für den Inhalt des Gesamtprogramms Leitgrundsätze verbindlich sind, die ein Mindestmaß von inhaltlicher Ausgewogenheit, Sachlichkeit und gegenseitiger Achtung gewährleisten."

[17]) Vgl. z. B. § 9 Sparkassengesetz NW.

[18]) § 6 BBankG.

Ludwig Fröhler[19]) muß daran festgehalten werden, daß auch die privatrechtliche Tätigkeit aufsichtsunterworfen ist. Zumindest die Finanzaufsicht erfaßt diesen Geschäftskreis. Freilich bilden nur öffentlich-rechtliche Normen den Aufsichtsmaßstab[20]). Und ein aufsichtliches Einschreiten zur Durchsetzung öffentlich-rechtlicher Normen ist auch nur zulässig, wenn das öffentliche Interesse dies jeweils erheischt[21]). Aber die Beschränkung des Aufsichtsmaßstabes und des Aufsichtsmotivs führt eben auch nicht zu einer Beschränkung des Gegenstandes der Aufsicht.

3. Dem Inhalt nach ist Staatsaufsicht Beobachtung und Berichtigung der Funktionen des Selbstverwaltungsträgers[22]), nicht staatliche Verwaltung gegenüber dem Selbstverwaltungsträger. Damit scheidet hier zunächst die Erteilung einer wasserrechtlichen Erlaubnis an einen Wasser- und Bodenverband[23]) oder die Subventionierung eines gemeindlichen Verwaltungsvorhabens[24]) aus. Vor allem umfaßt die Staatsaufsicht nicht die Ausübung des staatlichen Entscheidungsanteils im Rahmen eines staatlich-korporativen Kondominiums. Voraus-

---

[19]) Die Staatsaufsicht über die Handwerkskammern, S. 28 ff.

[20]) Hans Peters, Lehrbuch der Verwaltung 1949, S. 317 Fußnote 5; Surén/Loschelder, Komm. zur DGO von 1935, Bd. 2, S. 419; a. A. Obermayer in Mang/Maunz/Mayer/Obermayer, Staats- und Verwaltungsrecht in Bayern, 1962, S. 269. Eine staatsaufsichtliche Eingriffsbefugnis besteht also gegenüber rechtswidrigen privaten Rechtsgeschäften und deren Abwicklung nur dann, wenn damit zugleich öffentlich-rechtliche Normen, z. B. das Verbot einer Verschwendung öffentlicher Mittel, verletzt worden sind.

[21]) Hans Peters, Lehrbuch S. 317; PrOVG Bd. 16 S. 221, wonach auch rein fiskalische Ziele nicht im Aufsichtswege verfolgt werden dürfen. Ein öffentliches Interesse fehlt regelmäßig auch im Falle einer Verletzung öffentlich-rechtlicher Normen gegenüber einzelnen, wenn diese ihr subjektiv-öffentliches Recht vor dem Verwaltungsgericht verfolgen können.

[22]) Triepel, Reichsaufsicht S. 120.

[23]) Vgl. § 13 WHG; wie hier Werner Weber, Kommunalaufsicht als Verfassungsproblem, in: Aktuelle Probleme der Kommunalaufsicht, Vorträge und Diskussionsbeiträge des 31. Staatswissenschaftlichen Fortbildungskursus der Hochschule für Verwaltungswissenschaften Speyer 1963, S. 23.

[24]) Werner Weber, Kommunalaufsicht aaO. S. 33 f. sieht in der Subventionierung eines Verwaltungsvorhabens der Gemeinde mit bestimmten Auflagen offenbar eine kommunalaufsichtliche Maßnahme, die unzulässig ist, wenn „der kommunale Charakter des bezuschußten Vorhabens überwiegt“. Ob der Bund oder das Land Gemeinden gezielt subventioniert und ggf. unter welchen Bedingungen, hat m. E. aber nichts mit Staatsaufsicht zu tun. Andernfalls müßte dies dem Bund verwehrt bleiben. Selbstverwaltung heißt freie Erfüllung eigener Aufgaben mit eigenen Mitteln — nur Eingriffe in diese sind aufsichtlich.

gesetzt wird bei einem solchen Kondominium ein einheitlicher Rechtsakt, dessen Zustandekommen von einer zweifachen Willensbildung in zwei verschiedenen Entscheidungszentren abhängig ist. Deshalb kommt m. E. übrigens die Subventionierung von Selbstverwaltungsmaßnahmen auch niemals als res mixta in Betracht. Denn ob die Gemeinde eine Brücke bauen und ob der Staat dazu einen finanziellen Zuschuß gewähren soll, sind zwei verschiedene Entscheidungen, die rechtlich nichts miteinander zu tun haben[25]). Regelmäßig handelt es sich bei den res mixtae um Rechtsakte der Körperschaft oder Anstalt, die erst mit staatlicher Sanktion in Form einer Genehmigung wirksam werden. Die Erteilung der Genehmigung ist dann grundsätzlich nicht rechtsgebunden. So kann die Bestätigung eines Landrats oder Oberkreisdirektors, der zugleich Selbstverwaltungs- und entliehenes Staatsorgan ist, von der Landesregierung m. E. ohne Begründung abgelehnt werden[26]). Allerdings hat die Genehmigung auch nur in solchen seltenen Fällen Sanktionscharakter, der dem Staat für seinen Entscheidungsanteil auch echte Entscheidungsfreiheit beläßt. Grundsätzlich sind gesetzlich vorbehaltene Genehmigungen nur aufsichtlicher Natur und rechtsgebunden; darauf komme ich noch zurück[27]).

Soweit aber nun wirklich einmal ein staatlich-korporatives Kondominium besteht, taucht die Frage auf, ob der Staat nicht doch gewisse Grenzen seines an sich freien Ablehnungsrechtes beachten muß. Werner Weber unterwirft den staatlichen Entscheidungsanteil gegenüber Gemeinden einer allgemeinen rechtlichen Bindung an ein Prinzip staatlich-kommunaler Kooperation. Der Staat soll dabei gehalten sein, den kommunalen Interessen neben den staatlichen Rechnung zu

---

[25]) Daß die beiden Akte — hier Entscheidung über das Verwaltungsvorhaben, dort Entscheidung über die Bezuschussung — keinen einheitlichen Rechtsakt bilden, schließt nicht aus, daß die erstere Entscheidung über das Verwaltungsvorhaben eine resmixta-Angelegenheit sein kann, die einen zweifachen Konsens, von Staat und Selbstverwaltungsträger, erfordert; ebenso wohl Werner Weber, Kommunalaufsicht aaO. S. 34. Mit dessen weiterer Annahme stimme ich jedoch nicht überein: „Freilich wird durch die finanzielle Beteiligung des Staates zugleich eine Vermutung dahin begründet, daß eine legitime staatliche Interessenahme vorliegt, also eine res mixta oder ein kommunal-staatliches Kondominium gegeben ist." Ein Kondominium durchbricht die Selbstverwaltung, muß daher als seltene Ausnahme dem Gesetzeswortlaut eindeutig entnommen werden können.

[26]) Vgl. Salzwedel, Staatliche Genehmigungsvorbehalte gegenüber der Selbstverwaltung, Archiv für Kommunalwissenschaften, 1962, S. 203 ff. (206 f.) mit weiteren Nachweisen.

[27]) Vgl. unten S. 245 ff.

tragen und ihnen im Zweifel den Vorrang einzuräumen. Als Vorbild dient die staatsrechtliche Verpflichtung des Bundes zu länderfreundlichem Verhalten. Da etwa der Landkreis bei der Besetzung des Amtes des Landrates oder Oberkreisdirektors darauf angewiesen ist, daß die Landesregierung die Bestätigung erteilt, soll er sogar Vornahmeklage mit der Begründung erheben können, „daß die Weigerung wegen mangelnder Würdigung des kommunalen Interesses sach- und rechtswidrig sei“[28]).

Ich halte eine allgemeine Verpflichtung zur Kooperation von Bund und Ländern, Staat und Kommunen für zu weitgehend. Auch die Heranziehung des Grundsatzes vom wechselseitig bundes- und länderfreundlichen Verhalten gibt dafür m. E. nichts her[29]). Praktisch läßt sich eine Kollision zwischen beiderseits legitimen Bundes- und Landesplänen, staatlichen und kommunalen Zielen nur politisch lösen. Andernfalls würden bei einer solchen juristisch-perfekten Betrachtung zumindest die Gemeinden den kürzeren ziehen. Denn dann würde die vom größerräumig konzipierten Allgemeininteresse her „optimale“ Lösung sich durchsetzen und der Standpunkt der Gemeinde als klein- oder schildbürgerlich abgetan. Eine rechtliche Kooperationspflicht wäre der Ruin der Selbstverwaltung. Nur wo die Selbstverwaltung als eigenständige *politische* Größe anerkannt ist, vermag sie sich zu behaupten. Bund und Länder, Staat und Gemeinden folgen aber jeder für sich ihren eigenen politischen Leitbildern. Wie für die Freiheit jedes Staatsbürgers die des anderen die natürliche Grenze bildet, so auch zwischen Bund und Ländern, Staat und Selbstverwaltung. Als einzige Schranke vermag ich ein allgemeines Verbot von Obstruktion, Willkür und Schikane anzuerkennen. Die

---

[28]) Werner *Weber*, Kommunalaufsicht aaO. S. 30 f.

[29]) So auch bisher das Bundesverfassungsgericht; vgl. Bd. 1 S. 315 f.: „Aus dem zuletzt entwickelten Gedankengang folgt, daß die vom Gesetz geforderte Verständigung zwischen dem Bundesminister für Wohnungsbau und den anderen Ländern über die Verteilung der für den Wohnungsbau in den Ländern zur Verfügung stehenden Bundesmittel durch den Widerspruch eines oder auch mehrerer Länder dann nicht in Frage gestellt werden kann, wenn er mit der Pflicht zu bundesfreundlichem Verhalten unvereinbar ist. Ein aus sachfremden Motiven erhobener, daher unsachlicher und in diesem Sinne willkürlicher Widerspruch gegen einen Verteilungsplan ist rechtlich unerheblich.“ Auch die Verpflichtung, bei der souveränen Ausübung von Länderkompetenzen „Rücksicht auf die Interessen des Bundes und der übrigen Länder zu nehmen“ (BVerfG Bd. 4 S. 140; ähnlich Bd. 3 S. 57), schließt nur grobe Rücksichtslosigkeiten aus. Vgl. auch BVerfG Bd. 12 S. 258: „Ein solches Vorgehen ist schlechthin unvereinbar mit dem Gebot zu bundesfreundlichem Verhalten ...“.

Landesregierung darf die Bestätigung des Landrats oder Oberkreisdirektors gewiß nicht ohne Rücksicht auf die Persönlichkeit des Bewerbers solange verweigern, bis sie die formale Voraussetzung dafür geschaffen hat, einen Staatskommissar zu ernennen. Sollten solche Erwägungen, die kaum jemals vorkommen dürften und sich wohl niemals würden nachweisen lassen, einmal bloßgelegt worden sein, so würde ich auch noch keine Vornahmeklage für zulässig halten. Vielmehr könnte man wohl nur eine Feststellungsklage daraufhin zulassen, daß die Landesregierung ihrem — im einzelnen zu kennzeichnenden — Gesamtverhalten nach das Selbstverwaltungsrecht des Landkreises verletzt habe[30]).

4. Staatsaufsicht im weiteren Sinne ist die Ausübung aller Eingriffsbefugnisse, die der Staatsverwaltung gegenüber einem Selbstverwaltungsträger im eigenen und im übertragenen Wirkungskreis zustehen.

Staatsaufsicht im engeren Sinne ist die Ausübung nur derjenigen Eingriffsbefugnisse, die der Staatsverwaltung gegenüber einem Selbstverwaltungsträger in dessen eigenem Wirkungskreis zustehen[31]).

Dabei ist Selbstverwaltung eine Organisationsform der öffentlichen Verwaltung, bei der vom Staat verschiedene juristische Personen des öffentlichen Rechts auf Grund gesetzlicher Gewährung des Selbstverwaltungsstatus eigene Aufgaben mit eigenen Organen in eigenem Namen und im Rahmen der Gesetze auch in eigener administrativer und finanzieller Verantwortung erfüllen[32]).

---

[30]) Die von Werner Weber befürwortete Vornahmeklage würde die Landesregierung u. U. in die Lage bringen, einen Mann staatliche Verwaltungsgeschäfte wahrnehmen und die Exekutivpolizeikräfte kommandieren lassen zu müssen, zu dem sie kein Vertrauen hat. Das ist auch dann unvertretbar, wenn die Landesregierung sich durch ihr illegales Verhalten gegenüber den bisherigen Vorschlägen des Landkreises an sich ins Unrecht gesetzt hat. Die verwaltungsgerichtliche Entscheidung darf hier, wo der Staat nicht positiv rechtsgebunden ist, sondern Mitgestaltungsfreiheit besitzt, nicht weiter gehen als ein Urteil des Bundesverfassungsgerichts im Bund-Länder-Streit: Feststellung, daß bisher gegenüber dem Selbstverwaltungsträger das Recht verletzt worden ist. Das Vertrauen, daß dann nicht noch einmal Willkür geübt wird, muß man dann schon aufbringen.

[31]) Vgl. Erich Becker, Hdb. d. komm. W. u. Pr. Bd. 1 S. 165 f.; Gönnenwein, Gemeinderecht S. 172 ff.; Hans J. Wolff, Verw. R. Bd. 2 § 77 II.

[32]) Vgl. Erich Becker, Staatslexikon Bd. 7 S. 46 ff. „Selbstverwaltung"; Hans Peters, Lehrbuch S. 285 ff.; Werner Weber, Staats- und Selbstverwaltung in der Gegenwart, 1953; Forsthoff, Lehrbuch § 24 a; Hans J. Wolff, Verw. R. Bd. 2 § 86 VII; Gönnenwein, Gemeinderecht S. 27 ff., 59 ff.

Wo die Grenze zwischen Selbstverwaltung und übertragener staatlicher Verwaltung, mithin auch zwischen engerer und weiterer Staatsaufsicht verläuft, entscheidet sich beim Merkmal der eigenverantwortlichen Wahrnehmung eigener Aufgaben. Wann die Intensität staatlicher Befugnisse die Eigenverantwortlichkeit der Aufgabenerfüllung ausschließt, wird nach verschiedenen Kriterien beurteilt.

Im Vordergrund steht heute immer noch die Abgrenzung danach, ob der Selbstverwaltungsträger staatsbehördlichen Weisungen unterworfen ist oder nicht[33]). Aber nicht Weisungen an sich, sondern nur Weisungen, die in den freien Willen der staatlichen Behörde gestellt sind, reichen über die engere Staatsaufsicht hinaus[34]). Ähnlich steht es mit der geläufigen Abgrenzung zwischen Gesetzmäßigkeits- und Zweckmäßigkeitsaufsicht. Ich zitiere dazu Hugo Preuß: „Nicht die gesetzliche Ausdehnung der Aufsicht auf Zweckmäßigkeitsfragen, sondern der völlige Mangel jeder rechtlichen Determinierung dieser Aufsicht, jeder speziellen Rechtsnorm für die Versagung einer von Aufsichts wegen nötigen Genehmigung widerspricht der Selbstverwaltung im Geiste des Rechtsstaats[35])." Der Gegensatz zwischen Repressiv- und Präventivaufsicht ist danach ebenfalls unergiebig. Denn auch die Genehmigungsvorbehalte lassen in aller Regel den Selbstverwaltungscharakter des

---

[33]) Vgl. Erich Becker, Hdb. d. komm. W. u. Pr. Bd. 1 S. 165 ff. und S. 174 ff.; Arnold Köttgen, ebenda S. 218 f.

[34]) Weisungen sind alle Anordnungen, die den Selbstverwaltungsträger zu einem bestimmten Tun oder Unterlassen verpflichten. Es spielt also keine Rolle, ob es sich um Handlungsgebote oder -verbote handelt, ferner nicht, ob die Anordnung noch einen Spielraum für eigene Gestaltungsmöglichkeiten beläßt oder ob sie strikt befiehlt. Bei allen staatlichen Weisungsbefugnissen geht die Kernfrage dahin, ob die Ausübung an einen fremdgesetzten, und zwar durch Gesetz oder auf Grund eines Gesetzes statuierten Aufsichtsmaßstab gebunden ist.

[35]) Das städtische Amtsrecht in Preußen, S. 168. Wo freies, nämlich nicht maßstabgebundenes staatliches Ermessen walten kann, besteht auch kein Begründungszwang (vgl. Hugo Preuß, ebenda S. 168 und 198). Es liegt ja eben kein Eingriff in die Selbstverwaltung vor, sondern die Selbstverwaltung ist durchlöchert. Soweit das staatliche Ermessen gesetzlich determiniert ist, kann Selbstverwaltung vorliegen. Damit ist nicht gesagt, daß etwa eine kommunale Selbstverwaltung, die schlechthin rechtlich begrenzter Zweckmäßigkeitsaufsicht unterworfen würde, den verfassungsrechtlichen Mindestanforderungen genügte. Das Grundgesetz setzt in Art. 28 GG eine Selbstverwaltung voraus, die grundsätzlich einer bloßen Gesetzmäßigkeitsaufsicht unterliegt, und läßt lediglich für einige besonders schwerwiegende Selbstverwaltungsentscheidungen eine begrenzte staatliche Zweckmäßigkeitsaufsicht zu. Die Landesverfassungen gehen kaum weiter; abweichende Ansichten hierzu unten S. 246, Fußn. 109.

betreffenden Rechtsaktes unberührt[36]). Erst recht spielt es keine Rolle, ob Aufsichtsbefugnisse in der Hand der allgemeinen oder einer anderen Aufsichtsbehörde liegen[37]). Entscheidend dafür, was noch engere Staatsaufsicht gegenüber echter Selbstverwaltung ist, kann nur die rechtliche Begrenztheit der Eingriffsbefugnisse sein, und zwar die rechtliche Begrenztheit gerade gegenüber dem Selbstverwaltungsträger. Die Überschreitung der individualrechtlich begrenzten Aufsichtsbefugnisse „verletzt" die Körperschaft „in ihren Rechten" (§ 42 Abs. 2 VwGO). Die Aufsichtsklage ist zulässig.

Deshalb gehören m. E. aber auch die Weisungen, die im Bereich der Pflichtaufgaben nach Weisung ergehen, nicht mehr zur engeren Staatsaufsicht. Zwar ist das Weisungsrecht hier — anders als bei Auftragsangelegenheiten — rechtlich beschränkt, aber eben nur objektiv-rechtlich, nicht individualrechtlich. Parlament und Regierung kontrollieren, ob die Pflichtaufgaben nicht zu stark dirigiert werden. U. U. sind die Aufsichtsbeamten disziplinarisch verantwortlich, weil ein solcher Dirigismus rechtswidrig ist. Aber subjektiv-öffentliche

36) Anders nur in den gesetzlich besonders hervorgehobenen res-mixta-Fällen. Da der Selbstverwaltungsträger — wie heute allgemein angenommen wird — gegen die Genehmigungsverweigerung klagen kann (Vornahmeklage!), obwohl die Genehmigungsbehörde regelmäßig innerhalb eines begrenzten Ermessensspielraums entscheidet (vgl. Hans J. Wolff, Verw. R. Bd. 2 § 77 II f.), muß es ja wohl Selbstverwaltung sein, was er dabei verteidigt. Übrigens ist auch hier wieder nicht gesagt, daß eine allgemeine Unterstellung der Selbstverwaltung unter maßstabgebundene Präventivaufsicht den verfassungsrechtlichen Mindestanforderungen genügte. Die Vorwegkontrolle darf z. B. schon nach Art. 28 GG nur für einige besonders schwerwiegende Selbstverwaltungsentscheidungen eingeführt werden, und zwar unabhängig davon, ob es sich um eine bloße Gesetzmäßigkeitskontrolle oder um eine gezielte Zweckmäßigkeitskontrolle handelt (ebenso Gönnenwein, Gemeinderecht, S. 30).

37) So sind die staatlichen Genehmigungsbefugnisse, die ja — abgesehen von den res-mixta-Fällen — echte Aufsichtsbefugnisse sind (ebenso Hans Peters, Grenzen S. 233; Gönnenwein, Gemeinderecht S. 197 ff.; Werner Weber, Kommunalaufsicht aaO. S. 21 f. (25); a. A. Hans J. Wolff, Verw. R. Bd. 2 § 77 II 5), vielfach in die Hand anderer als der allgemeinen Aufsichtsbehörden gelegt, ohne daß dadurch die Abgrenzung zwischen eigenem und übertragenem Wirkungskreis irgendwie berührt würde.

38) Mit Recht ordnen OVG Münster, Urt. v. 15. 7. 1958; Kottenberg-Steffens, Rechtsprechung zum kommunalen Verfassungsrecht des Landes Nordrhein-Westfalen, zu § 3 GO Nr. 3 Pflichtaufgaben nach Weisung zwischen Auftrags- und Selbstverwaltungsangelegenheiten ein; vgl. auch Rietdorf DVBl. 1958, S. 344 f.; Gelzer DVBl. 1958 S. 87 sowie unten S. 225 f.

Rechte des Selbstverwaltungsträgers werden nicht verletzt. Die Pflichtaufgaben nach Weisung liegen also außerhalb der eigentlichen Selbstverwaltung[38]). Die Aufsichtsklage ist unzulässig[39]).

Damit ist nun das Kernproblem der engeren Staatsaufsicht, der jeweils verbindliche individualrechtliche

II. Aufsichtsmaßstab,

angeschnitten.

1. Die engere Staatsaufsicht wird durch die Gesetze bestimmt. Gesetze können nun aber gegenüber der Exekutive eine dreifache Position beziehen. Sie können erstens Verwaltungsfreiheit einräumen und diese Freiheit nur durch Randgebote oder -verbote einschränken. Die Verwaltung ist dann nicht Gesetzesausführung, sondern freie Sozialgestaltung unter Gesetzesbeachtung[40]). Die Gesetze können zweitens Verwaltungsermessen einräumen. Dann liegt stets ein gesetzlicher Verwaltungsauftrag vor, der die Behörde bei jeder Ermessensausübung richtlinienhaft bindet. Die Verwaltung ist gelenkter Gesetzesvollzug[41]). Die Gesetze können drittens Weisungen zu einem bestimmten Handeln oder

---

39) A. A. Hans J. Wolff, Verw. R. Bd. 2 § 77 II f.

40) Insbesondere ist Verwaltung nicht etwa deshalb Verfassungsvollzug, weil sie die Grundrechte nicht verletzen darf; auch nicht deshalb, weil sie vielleicht die umfassende Sozialstaatsdirektive berücksichtigt. Besonders deutlich macht Peter Lerche, Übermaß und Verfassungsrecht, 1961, S. 65 ff., den Unterschied zwischen Handlungsfreiheit („das bloße Vorhandensein einer allseits zu beachtenden Ausgrenzung, eines verbotenen Bezirks, verwandelt die freie Formung noch nicht zur Ermessenshandlung") und Ermessen („Ermessen ist dort, nur dort, aber auch stets dort, wo ‚vollzogen' wird"). Die Überbewertung der grundgesetzlichen Verfassungsdirektiven zu Lasten der Freiheit des Gesetzgebers halte ich freilich an dieser Stelle nicht für glücklich; aber darum geht es hier nicht.

41) Eigentliche Folge des gesetzlich eingeräumten Ermessens ist m. E. die Begrenztheit des Kreises rechtmäßiger Lösungen im Gegensatz zur Singularität einer rechtmäßigen Lösung; vgl. zum Problemkreis um Ermessen und unbestimmten Rechtsbegriff aber insbesondere Flume, Steuerwesen und Rechtsordnung, in Festgabe für Rudolf Smend (1952), S. 59 ff.; Jesch, Unbestimmter Rechtsbegriff und Ermessen in rechtstheoretischer und verfassungsrechtlicher Sicht, Arch. öff. R. Bd. 82 (1957) S. 163 ff.; Bachof, Beurteilungsspielraum, Ermessen und unbestimmter Rechtsbegriff im Verwaltungsrecht, JZ 1955, S. 97; Ehmke, Ermessen und unbestimmter Rechtsbegriff im Verwaltungsrecht, Recht und Staat Heft 230/231 (1960).

Unterlassen erteilen. Die Verwaltung ist strikt gebundener Gesetzesvollzug[42]).

Ein grundlegendes Kennzeichen jeder engeren Staatsaufsicht ist, daß sie stets nur gelenkte oder gebundene Gesetzesausführung sein kann.

Aufsichtsfreiheit gegenüber Selbstverwaltungsträgern ist undenkbar, auch dann, wenn man sie normativ vom Rande eindämmt. Denn der Gesetzgeber kann die schöpferische Gestaltung der korporativen Aufgaben ja nicht gleichzeitig der Staats- und der Selbstverwaltung überantworten. Die Regelung schwankte sonst zwischen Kondominium und Anarchie[43]).

Eingriffsermessen steht der Aufsichtsbehörde insbesondere bei der Ausübung von Genehmigungsvorbehalten zu, die das freie Selbstverwaltungshandeln blockieren[43a]). Wird die Genehmigung verweigert, so bedeutet dies nämlich in der Regel, daß die Aufsichtsbehörde nach ihrem Ermessen die Verwirklichung einer Entscheidung des Selbstverwaltungsträgers verhindert, welche an sich noch nicht rechtswidrig war. Erst durch das aufsichtsbehördliche Veto wird die Entscheidung rechtswidrig; das Gesetz verbietet Selbstverwaltungsmaßnahmen, die etwa noch entgegen dem konstitutiv-prohibitiven Votum der Aufsichtsbehörde getroffen würden[44]). Aber das Verweigerungsermessen ist stets vom Gesetz her rechtlich gelenkt — und zwar individualrechtlich, gegenüber dem Selbstverwaltungsträger —, muß also der Realisierung des Staatsziels dienen, um dessentwillen der Gesetzgeber hier überhaupt einen

---

[42]) So m. E. auch beim unbestimmten Rechtsbegriff, der für jeden Sachverhalt grundsätzlich nur zu einer rechtmäßigen Lösung hinführt.

[43]) Die Ausübung des staatlichen Entscheidungsanteils in den res-mixta-Fällen gehört in den Bereich der Handlungsfreiheit mit Willkürverbot. Dabei handelt es sich aber deshalb nicht um Staatsaufsicht.

[43a]) OVG Münster, Amtl. Sammlung Bd. 8 S. 331 ff. (335).

[44]) Der Umstand, daß der Selbstverwaltungsakt ohne Genehmigung jedenfalls tatbestandlich unvollkommen und wirkungslos bleibt, verdunkelt den grundsätzlichen materiellrechtlichen Unterschied zwischen einer noch-nicht-genehmigten und einer förmlich abgelehnten Entscheidung. Das Gesetz erkennt an, daß die Aufsichtsbehörde zur Erreichung der jeweiligen Staatsziele eigene „ausfüllende" Maßstäbe setzen kann, nach denen die Tragbarkeit der Selbstverwaltungsmaßnahmen zu beurteilen ist. Ist das aufsichtsbehördliche Bedenken danach legitim, so steht nunmehr auch das dirigierende Gesetz selbst der Selbstverwaltungsentscheidung entgegen; diese wird damit gesetzwidrig. Das Einschreiten gegen einen Versuch, die Selbstverwaltungsentscheidung ohne Genehmigung zumindest de facto zu realisieren, gehört zur repressiven Gesetzmäßigkeitsaufsicht.

Aufsichtsspielraum eingeräumt hat, und ist deshalb stets verwaltungsgerichtlich nachprüfbar.

Abgesehen von den Genehmigungsvorbehalten ist die Staatsaufsicht im allgemeinen nicht nur individualrechtlich gelenkt, sondern strikt gebunden. Was nicht schon vom Gesetz her rechtswidrig ist, kann die Aufsichtsbehörde dem Selbstverwaltungsträger also nicht verbieten.

2. Der Aufsichtsmaßstab wird nicht von dem Opportunitätsprinzip berührt. Das Opportunitätsprinzip gilt sowohl für die Gesetzmäßigkeits- wie für die Zweckmäßigkeitsaufsicht. Es führt dazu, daß die Aufsichtsbehörde auch dann, wenn sie, gemessen an dem jeweiligen strikt bindenden oder richtlinienhaft lenkenden Aufsichtsmaßstab, eingreifen darf, noch keineswegs eingreifen muß. Etwaiges Eingriffsermessen und Opportunitätsermessen haben nichts miteinander zu tun, das erstere wird zu Lasten, das letztere zugunsten des Selbstverwaltungsträgers ausgeübt. Zweckmäßigkeitsaufsicht bedeutet aufsichtliches Vorgehen gegenüber einem Verhalten des Selbstverwaltungsträgers, welches an sich nicht rechtswidrig ist. Das Opportunitätsprinzip kann dagegen erst gegenüber einem Verhalten des Selbstverwaltungsträgers Bedeutung gewinnen, welches klar rechtswidrig ist. Das Aufsichtsermessen begründet, das Opportunitätsermessen negiert die Rechtswidrigkeit einer Selbstverwaltungsmaßnahme[45]).

Staatsaufsicht und Opportunitätsprinzip gehören zusammen. Neuere Tendenzen, die Staatsaufsicht dem Legalitätsprinzip zu unterwerfen, sind m. E. im Ansatz verfehlt[46]). Die Selbst-

---

[45]) Eingriffsermessen ist vor allem das präventive Genehmigungsermessen. Denn mit der Verweigerung der Genehmigung wird der Selbstverwaltungsakt, der an sich nicht rechtswidrig war, rechtswidrig gemacht und damit der Selbstverwaltungswille ausgeschaltet. Eingriffsermessen ist aber z. B. auch das repressive Weisungsermessen, wenn man — mit der hier abgelehnten Meinung — die dafür aufgestellten gesetzlichen Schranken als individualrechtliche, dem Selbstverwaltungsträger gegenüber bestehende auffaßt. Die Weisung zum Handeln verbietet das bisherige Unterlassen, die Weisung zum Unterlassen das bisherige oder bisher geplante Handeln des Selbstverwaltungsträgers. Die Genehmigungsvorbehalte bringen also für den Aufsichtsmaßstab überhaupt keine Besonderheiten mit sich, das geläufige Zusammentreffen gerade von Präventiv- und Zweckmäßigkeitsaufsicht ist rein zufällig; in diesem Punkt ist das Schrifttum fast durchweg ungenau, vgl. z. B. Gönnenwein, Gemeinderecht S. 200 ff.

[46]) Vgl. Werner Weber, Kommunalaufsicht aaO., S. 21: „Allgemein ist die Frage zu stellen, ob die Behörden eines Staatswesens, dem rechtsstaatliche Integrität als vornehmste Aufgabe anvertraut ist, Rechtswidrigkeiten in der öffentlichen Verwaltungsordnung aus ‚Opportunität' passieren lassen dürfen"; ähnlich Gön-

verwaltungsgesetze sind nicht darauf abgestellt, eine automatisch reagierende Staatsaufsicht zu gewährleisten, damit Rechtsverstöße lückenlos verfolgt werden, sondern eine gesunde Selbstverwaltung zu erhalten. Auch wo Gesetzwidrigkeiten unterlaufen sind, kann die Selbstverwaltung insgesamt funktionieren. Eine staatliche Intervention wird dann u. U. mehr schaden als nützen. Die Aufsichtsbehörde muß stets das Gesamtverhalten des Selbstverwaltungsträgers ins Auge fassen. Danach ist zu beurteilen, ob sie jeweils rigoros eingreift oder die Angelegenheit mit einem Hinweis auf die fehlerhafte Gesetzesauslegung der Selbstverwaltungsorgane auf sich beruhen läßt. Eine egalitäre Verfolgung gleicher Rechtsverstöße mit gleichen Aufsichtsmitteln würde das Verhältnis zwischen Staat und Selbstverwaltungsträgern zweifellos schwer belasten.

3. Es wäre nun ein Irrtum, zu glauben, die Frage des Aufsichtsmaßstabes sei mit der Restriktion auf eine gebundene oder gelenkte Gesetzmäßigkeitsaufsicht erschöpft. Die Verrechtlichung fast aller Selbstverwaltungsentscheidungen, die damit verbundene Flucht in Generalklauseln und unbestimmte Rechtsbegriffe könnten es durchaus mit sich bringen, daß der Aufsichtsdirigismus obrigkeitsstaatlicher Prägung nur seine Methode ändert, nämlich politische Interventionen lediglich in juristischem Gewande vornimmt. Und wo Genehmigungsvorbehalte bestehen, wird es der Aufsichtsbehörde dann u. U. noch leichter, ihr Ermessen an die Stelle des sog. Ermessens des Selbstverwaltungsträgers zu setzen.

Damit wird die Existenz echter Selbstverwaltung davon abhängig, wie die Rechtsnormen auszulegen sind, die die Funktionen der Selbstverwaltungsträger jeweils regeln. Die Auslegung aller Selbstverwaltungsgesetze wird wieder dadurch bestimmt, was das Gesetz unter Selbstverwaltung versteht. Der Gesetzgeber kann die Selbstverwaltung nun in zweifacher Weise ausgestaltet haben.

a) Selbstverwaltung ist stets Wahrnehmung von Angelegenheiten, die der staatliche Gesetzgeber aus dem Aufgaben-

---

nenwein, Gemeinderecht S. 179. Mit Recht bejaht Franz Mayer, Das Opportunitätsprinzip in der Verwaltung, Schriftenreihe der Hochschule Speyer, Bd. 14, S. 37, die Vereinbarkeit von Rechtsstaatsprinzip und Opportunitätsermessen. Die dort vertretene Ausdehnung des Opportunitätsprinzips auf die nicht gesetzesausführende Verwaltung (S. 17 f.) halte ich freilich für verfehlt. Opportunitätsermessen heißt stets nur Beweglichkeit der behördlichen Reaktion auf einen klaren Gesetzesverstoß anderer. — Eine Eingriffspflicht besteht nur in Bayern (Art. 112 GO).

bereich der Staatsverwaltung ausgeschieden hat. Die Selbstverwaltung kann dabei aber in einem Fall eben nur auf der Ausgliederung von Angelegenheiten aus dem Aufgabenbereich der Staatsverwaltung beruhen, im anderen Fall dagegen auf der Ausgliederung von Angelegenheiten aus dem Aufgabenbereich des Staates schlechthin. Im ersteren Fall handelt es sich um die Bildung eines zweiten Vollzugsinstruments für die Gesetzesherrschaft, im zweiten Fall um einen grundsätzlichen Verzicht auf Gesetzesherrschaft. Dort werden nach wie vor staatliche Aufgaben von Selbstverwaltungsträgern wahrgenommen, hier fallen dem Selbstverwaltungsträger die vom Staat derelinquierten öffentlichen Angelegenheiten als notwendig eigene Aufgaben an. Die eine Selbstverwaltung ist wirklich mittelbare Staatsverwaltung, nämlich — wie Ernst Forsthoff definiert — Verwaltung an sich staatlicher Aufgaben durch Körperschaften, Anstalten und Stiftungen des öffentlichen Rechts[47]). Die andere Selbstverwaltung ist gesellschaftliche Selbstverwaltung[48]) [49]). Das bedeutet eigenverantwortliche Verwaltung eigener öffentlicher Aufgaben entweder erstens durch körperschaftlich organisierte Solidargemeinschaften der Betroffenen — wie bei Gemeinden und Krankenkassen. Oder zweitens Verwaltung durch körper-

---

47) Lehrbuch § 24 I; Werner Weber, Die Körperschaften, Anstalten und Stiftungen des öffentlichen Rechts, 1943 S. 20 ff.; derselbe, Staats- und Selbstverwaltung in der Gegenwart, Göttinger rechtswissenschaftliche Studien, Heft 9, 1953, S. 24; Arnold Köttgen, Die Gemeinde und der Bundesgesetzgeber, 1957, S. 14 f.; Fröhler, Staatsaufsicht S. 7 („jede öffentliche Verwaltung Staatsverwaltung"). Vgl. die kritische Deutung jener Selbstverwaltung bei Otto v. Gierke, Das Deutsche Genossenschaftsrecht, Nachdruck 1954, Bd. 1 S. 744: „... wird möglichst eng interpretiert und jedenfalls unter ‚Selbstverwaltung' nur die freie Bewegung nach einer von außen gegebenen Lebensnorm verstanden ..."

48) Der von mir vorgeschlagene Terminus „gesellschaftliche Selbstverwaltung" soll nur deutlich machen, daß der Verfassungs- und Gesetzgeber hier wirkliche gesellschaftliche Kräfte organisatorisch zusammenfaßt oder organisatorisch erfaßt, die sich nun in freier Bewältigung eigener Aufgaben entfalten können. Werner Weber spricht hier kritisch von einer „ständisch aufgelösten Verwaltungsordnung", die „nicht mehr auf die Mitte der staatlichen Exekutive bezogen ist" (Staats- und Selbstverwaltung S. 26).

49) Gegen die Kennzeichnung der Selbstverwaltung als mittelbare Staatsverwaltung Erich Becker, Hdb. d. komm. W. u. Pr. Bd. 1 S. 114 ff.; derselbe in Bettermann/Nipperdey, Die Grundrechte Bd. IV 2 S. 697 ff.; Gönnenwein, Gemeinderecht S. 59 ff.; Hans Peters, Die Unfallversicherung als Selbstverwaltungseinrichtung, Sonderbeilage zu Sozialer Fortschritt, 1962, Heft 12; Mang in Mang/Maunz/Mayer/Obermayer, Staats- und Verwaltungsrecht in Bayern, S. 108; E. R. Huber, Selbstverwaltung der Wirtschaft, 1958, S. 40 f.

schaftlich zusammengefaßte gewählte Repräsentanten der Betroffenen — wie bei Handwerkskammern und Landesversicherungsanstalten[50]). Oder drittens Verwaltung durch organschaftlich zusammengefaßte, fachlich besonders qualifizierte Persönlichkeiten — wie bei öffentlich-rechtlichen Kreditinstituten.

b) In der Vergangenheit hat sich der Streit um die eine oder andere Selbstverwaltung zumeist an der Frage orientiert, ob die juristische Person staatliche oder eigene Aufgaben wahrnimmt. Der Streit glitt freilich bald ins Spekulative, bald ins Terminologische ab. So verstand man unter Eigenaufgaben der Gemeinden z. T. vorstaatliche Aufgaben, die es nicht gibt[51]). Dann meinten viele, den Selbstverwaltungsträgern seien durch Gesetz staatliche Aufgaben übertragen worden, die daraufhin nur in dem Sinne als eigene Aufgaben wahrgenommen würden, wie delegierte Rechtsbefugnisse als eigene auszuüben sind[52]). In Wirklichkeit standen die Autoren damit aber im gleichen Lager mit denen, die den staatlichen Charakter hervorhoben. Hans Peters hat das im Jahre 1926 ganz deutlich gemacht, indem er feststellte: „Tatsächlich sind die Angelegenheiten kraft positiven Rechts heute Aufgaben der Gemeinden. Die Gemeinden üben sie als eigene, im staatlichen Interesse geführte“[53]). Sieht man von den Mißverständnissen ab, bleibt die Alternative „an-sich-staatliche oder eigene Aufgaben“ mit unveränderter Relevanz bestehen[54]). Die Folgerung lautet: sind die Selbstverwaltungsaufgaben — wie Hans Peters meinte — im staatlichen Interesse zu führen oder aus-

---

[50]) Die Landesversicherungsanstalten werden bei Hans J. Wolff, Verw. R. Bd. 2 (1962) § 96 IV a 2 sogar als Vollkörperschaften, nicht nur als Repräsentativkörperschaften gedeutet.

[51]) So Otto v. Gierke, Genossenschaftsrecht, Bd. 1 S. 743; wie hier Hans Peters, Grenzen S. 30; Erich Becker, Kommunale Selbstverwaltung aaO., S. 697 f.

[52]) Vgl. Hans Peters, Grenzen S. 30 f. mit eingehenden Nachweisen zum Schrifttum S. 11 ff. und zur Haltung von Regierung und gesetzgebenden Körperschaften in Preußen S. 16 f.; ferner Forsthoff, Lehrbuch § 24 I a S. 416.

[53]) Grenzen S. 32; vgl. auch S. 43: „Die Selbstverwaltung hat also ihre Wurzel in der Idee einer von der unmittelbaren Staatsverwaltung unabhängigen Verwaltung“. Demnach: vom Staat übertragene, an-sich-staatliche Aufgaben, Erfüllung im staatlichen Interesse, durch ein zweites — vom ersten unabhängiges — Vollzugsinstrument des staatlichen Gesetzgebers.

[54]) Unrichtig daher Forsthoff, Lehrbuch § 24 I a S. 416, wonach die Frage nur rechtspolitisch für die Bemessung der Aufsichtsbefugnisse Bedeutung gewinnen könne. Die Staatsaufsicht hat schon de lege lata einen völlig anderen Inhalt, je nachdem, ob die Selbstverwaltungsträger an-sich-staatliche Aufgaben in staatlichem Interesse oder eigene Aufgaben im jeweils „gesellschaftlichen“ Interesse zu führen haben.

schließlich in dem gesellschaftlichen oder fachlichen Interesse, welches in dem Selbstverwaltungsträger organisiert ist und zum Sauerteig einer nicht staatlichen Willensbildung wird?

c) Was der Gesetzgeber gewollt hat, zeigt sich daran, ob das Gesetz einen positiven Verwaltungsauftrag mit bestimmten politischen Leitbildern für den Selbstverwaltungsträger enthält oder ob es gerade davon ausgeht, daß die organisierte Solidargemeinschaft oder Gruppe die Angelegenheiten am besten ganz selbständig aufgreift und nach eigenen politischen Leitbildern gestaltet. Hier wird wieder der grundlegende Unterschied zwischen Verwaltungsermessen und Gestaltungsfreiheit sichtbar.

Will der Gesetzgeber eigene Leitbilder durch einen Selbstverwaltungsträger verwirklichen, handelt dieser bei allem, was er tut, zumindest nach richtlinienhaft durchdrungenem Verwaltungsermessen. Hat der Selbstverwaltungsträger das ihm aufgegebene Leitbild von Fall zu Fall einmal ganz außer Betracht gelassen oder dessen Tendenz nicht richtig verstanden, ist ihm schon ein Ermessensmißbrauch oder Ermessensfehlgebrauch unterlaufen. Die Maßnahme ist rechtswidrig. Die Selbstverwaltung ist hier in vollem Umfang heteronom gelenkte Gesetzesausführung.

Verzichtet der Gesetzgeber dagegen auf die staatliche Regelung der Angelegenheiten, fallen sie dem Selbstverwaltungsträger zur autonomen Selbstgestaltung nach eigenen Leitbildern und Richtlinien an. Er besitzt Entscheidungsfreiheit. Ermessensfehler kommen nicht in Betracht. Was er tut, ist grundsätzlich nicht Gesetzesausführung. Der gesellschaftlichen Selbstverwaltung werden nur rechtliche Grenzen gesetzt, die beachtet werden müssen.

Daran wird auch sogleich der Unterschied zwischen den überkommenen Auftragsangelegenheiten und den Pflichtaufgaben zur Erfüllung nach Weisung deutlich, die nach dem Krieg in das Kommunalrecht der Länder Schleswig-Holstein (§ 3 Abs. 2 GO), Hessen (§ 4, 135 GO), Nordrhein-Westfalen (§ 3 Abs. 2 GO) und Baden-Württemberg (§ 2 Abs. 2 und 3 GO) eingeführt worden sind. Auftragsangelegenheiten sind an-sich-staatliche Angelegenheiten, die nach staatlichen Richtlinien — hier gesetzlichen und fachaufsichtsbehördlichen — im staatlichen Interesse besorgt werden müssen. Solange keine Weisung erlassen ist, besteht Ermessen, niemals Entscheidungsfreiheit. Pflichtaufgaben zur Erfüllung nach Weisung sind fiktive Eigenaufgaben der Gemeinde, die grundsätzlich, wie alle anderen auch, nach eigenen Konzeptionen und selbstgesetzten Richtlinien im jeweils bürgerschaftlichen Interesse bewältigt werden. Die Gemeinden haben also Entscheidungsfreiheit, nicht Ermessen. Nur mit zwei Einschränkungen. Einmal werden diese Eigenaufgaben nicht nur unter Beachtung gesetzlich, sondern auch sonderaufsichtsbehördlich aufgestellter Schranken erfüllt, die die bisherige Entscheidungsfreiheit noch weiter eingeengt haben. Zum anderen hat der Staat sich das Recht vorbehalten, die Fiktion jederzeit zu zerstören, die Angelegenheit jederzeit zu einer staatlichen zu machen. Erläßt die Sonderaufsichtsbehörde eine konkrete Weisung, so steht damit fest, daß nunmehr staatliche Interessen dominieren und daß der sonderaufsichtsbehördliche Wille jetzt zu vollziehen (nicht nur zu beachten) ist. Da aber nur in wenigen Fällen die gesetzlich vorbehaltene Usurpation wirklich erfolgt, behandeln die Gemeinden die scheinbaren Selbstverwaltungsaufgaben zur Erfüllung nach Weisung grundsätzlich so, wie sie es im kommunalen Interesse für am zweckmäßigsten halten, ohne die Möglichkeit einer Weisung überhaupt in Betracht zu ziehen. Es kann also keine Rede davon sein, daß man es hier nur mit „umetikettierten Auftragsangelegenheiten“[54a]) zu tun hätte. Vielmehr kann man nur von fiktiven, durch den Weisungsvorbehalt gewissermaßen „auflösend bedingten“ Selbstverwaltungsaufgaben sprechen[55]).

d) Mittelbare Staatsverwaltung ist also wirklich nur Selbst-„verwaltung“, nämlich heteronom gelenkte Besorgung staat-

---

54a) Weber, Staats- und Selbstverwaltung in der Gegenwart, 1953, S. 34.

55) Für die Behandlung von Pflichtaufgaben nach Weisung als Selbstverwaltungsangelegenheiten: Kottenberg, GO für das Land NW, 6. Aufl. Siegburg 1961, Bem. III zu § 3; Rietdorf, DöV 1957 S. 7 ff. (10) und DVBl. 1958 S. 344 ff.; Gelzer, DVBl. 1958 S. 87; Loschelder, Die Gemeindeordnungen, 2. Aufl. Stuttgart/Köln 1956, S. 24 ff. (30). Als Auftragsangelegenheiten werden die Pflichtaufgaben nach Weisung angesehen von: BVerfGE Bd. 6 S. 104; Berkenhoff, DVBl. 1955 S. 347; Dregger, Städtetag 1955 S. 190; Hurst, Wohnungswirtschaft und Mietrecht 1955 S 99. Für eine Mischkategorie: Scheerbarth, DVBl. 1958 S. 83 ff.; OVG Münster, Amtl. Sammlg. Bd. 13 S. 356 (360). — Die Bedeutung der Pflichtaufgaben zur Erfüllung nach Weisung wird oft zu einseitig unter dem Aspekt beurteilt, ob gegen die Weisung — und damit gegen die Inanspruchnahme der Aufgabe für den Staat — eine verwaltungsgerichtliche Klage zulässig ist. Für ein Klagerecht: Jesch, DöV 1960 S. 739 ff.; Berkenhoff, Kommunalverfassungsrecht in Nordrhein-Westfalen, Köln 1960, S. 21; OVG Münster DöV 1953 S. 732. Vgl. im übrigen Gönnenwein, Gemeinderecht, Tübingen 1963, S. 104 ff. mit Nachweisen; Hans J. Wolff, Verwaltungsrecht II § 86 IX b.

licher Angelegenheiten. Vom Verwaltungsauftrag her ist die Verwaltung, wenn keine näheren Richtlinien bestehen, zumindest vom staatlichen Interesse aus „vernünftig“ zu führen.

Gesellschaftliche Selbstverwaltung ist dagegen mehr — sie ist Selbstregierung nach den für die eigenen Angelegenheiten selbst aufgestellten Leitbildern und Richtlinien. Diese Entscheidungsfreiheit schließt, wie H. J. Wolff treffend formuliert, das Recht „der Selbstverwaltungsträger ein, auf eigene Kosten Dummheiten zu machen“[56]).

e) Damit ist zugleich eine unterschiedliche Regelung der staatlichen Verantwortung berührt. Nehmen Selbstverwaltungsträger staatliche Aufgaben wahr, bleibt eine dauernde staatsbehördliche Mitverantwortung für den ordnungsmäßigen Vollzug des Verwaltungsauftrags bestehen. Bei der gesellschaftlichen Selbstverwaltung schließt der staatliche Herrschaftsverzicht dagegen auch die staatsbehördliche Mitverantwortung aus. Solange die Selbstverwaltungsträger sich in den Grenzen ihrer Entscheidungsfreiheit halten, kann niemand der Aufsichtsbehörde einen Vorwurf machen, wenn die selbstverwaltenden Bürger „Dummheiten“ machen.

4. Die Auslotung des geltenden Rechts danach, ob Selbstverwaltungsträger den Status mittelbarer Staatsverwaltung oder gesellschaftlicher Selbstverwaltung haben, kann nun freilich nicht an der geschichtlichen Entwicklung der deutschen Selbstverwaltung vorbeigehen.

Den Ausgangspunkt bildet der absolutistische Staat. Die „öffentlichen Gesellschaften oder Korporationen“ waren den privaten Gesellschaften nachgebildet. Die Gemeinden standen wie private Vereine außerhalb des Staates[57]).

---

[56]) VerwR Bd. 2 § 84 V b 2 β und 4 („Selbstregierung“); Otto v. Gierke, Genossenschaftsrecht Bd. 1 S. 744 sprach von „Selbstbestimmung und Selbstentscheidung bezüglich des ihr inneres Leben beherrschenden Rechts“.

[57]) Pr ALR II 6 §§ 25 ff.; Svarez, Vorträge S. 46 ff.; vgl. dort die Aufzählung von Gesellschaften, die der Oberaufsicht des Staates unterliegen: „Dorf- und Stadtgemeinen, Zünfte und Innungen, Kirchengemeinen — gelehrte Gesellschaften, geistliche Gesellschaften, Handlungsgesellschaften, Ordensverbindungen, Klubs“ (S. 47) sowie „Gesellschaften, von denen der Staat selbst der Stifter ist, z. E. Akademien, verschiedene vom Staat allein fundierte Universitäten“ (S. 49). Ferner Otto v. Gierke, Die Steinsche Städteordnung, Vortrag, gekürzt abgedruckt in der Reihe „Libelli“ der wissenschaftlichen Buchgesellschaft, Darmstadt 1957 S. 48: „Der obrigkeitliche Staat nahm für sich das Monopol der Verbandsgewalt überhaupt in Anspruch.“

Der Gedanke der Selbstverwaltung hat nun von diesem Dualismus von Staat und Korporationen her zwei verschiedene Entwicklungen ausgelöst. Die eine tendierte auf eine Stärkung der Stellung der Korporationen außerhalb des Staates. Die andere tendierte auf eine Integration der Körperschaften in den Staat.

Die Steinsche Städteordnung kann kaum anders als im Sinne der ersteren Tendenz verstanden werden. Otto v. Gierke hat mit Recht den genossenschaftlichen Charakter der „mit neuem Leben erfüllten Städte" betont, denen nun „ein eigener, aber auf die durch den örtlichen Gemeinschaftszweck bestimmten Angelegenheiten beschränkter Wirkungskreis zustehen" sollte[58]). Um die Ausgliederung der gemeindlichen Aufgaben vor der modernen Staatsauffassung zu rechtfertigen, hat man den Städten gleichzeitig die Gerichtsbarkeit und die Polizei genommen[59]). Nachdem alle vom Standpunkt des Staates aus unverzichtbaren Materien entkommunalisiert waren, konnte alles übrige als rein gesellschaftliches Anliegen auch getrost der gesellschaftlichen Selbstverwaltung überantwortet werden. Überall wo liberale Strömungen das Verständnis der Selbstverwaltung beeinflußten, konnte erst recht nur eine gesellschaftliche Selbstverwaltung in Betracht kommen. So spiegelt die grundrechtliche Stellung der Gemeinden nach § 184 Frankfurter Reichsverfassung nur deren bürgergleiche Abwehrhaltung gegen den Staat wider. Am deutlichsten wird die Trennnung von Staat und Selbstverwaltung bei Lorenz v. Stein. Er stellt der staatlichen Verwaltung die freie Verwaltung gegenüber, die sowohl die Selbstverwaltung als auch das Vereinswesen umfaßt[60]).

Der Einbruch der zweiten Entwicklungstendenz, nämlich der zur Integration der Selbstverwaltung in den Staat, geht auf Rudolf v. Gneist zurück. Für ihn ist kommunale Selbstverwaltung „die Ausführung staatlicher Funktionen der Landesverwaltung in den Landschafts-, Kreis-, Stadt- und Dorfverbänden nach den Gesetzen des Landes durch persönliche Ehrenämter"[61]). Damit ist der Griff des Staates nach den vor-

---

58) Otto v. Gierke, Vortrag aaO., S. 59.

59) Otto v. Gierke, ebenda.

60) Die Verwaltungslehre, Nachdruck 1962, Teil 1 Abteilung 2, S. 127 ff.

61) Selfgovernment, Kommunalverfassung und Verwaltungsgerichte in England, 3. Aufl. 1871, S. 882 ff; derselbe, Die Preußische Kreisordnung in ihrer Bedeutung für den inneren Aufbau des deutschen Verfassungsstaates, 1870, S. 9; auch S. 189: „Die Selbstverwaltung soll die gesellschaftlichen Klassen zu persönlicher Mittätigkeit

her rein gesellschaftlichen Angelegenheiten vollzogen, die die Kommunen wahrzunehmen haben. Die Selbstregierung der Bürger wird zur ehrenamtlichen Wahrnehmung staatlicher Funktionen. Gneists Irrtum war die Übertragung englischer Rechtsinstitutionen auf die ganz anders gearteten deutschen Verhältnisse. In England hat es den Gegensatz von Staats- und Selbstverwaltung nicht in der aus der deutschen Rechtsgeschichte bekannten Form gegeben. Das englische local government war einerseits immer ein „selfgovernment" — nämlich die Teilnahme der Regierten an der Regierung[61a]) — andererseits war es selbstverständlich, daß das „local government" ebenso wie das „central government" Ausprägung staatlicher Gewalt war. Es wäre unrichtig, central government mit „Staatsverwaltung" und local government mit „Selbstverwaltung" gleichzusetzen. Insofern ist „central control" — eine Einrichtung, die erstmals mit der Reorganisation des Poor Law (14. 8. 1834) geschaffen wurde[61b]) — etwas anderes als Staatsaufsicht. Am ehesten klingt der uns bekannte Gegensatz von Staats- und Selbstverwaltung noch in Toulmin Smith's Angriffen gegen den Public Health Act von 1848 an, der die Einrichtung eines „General Board of Health" als „a lawless and un-English interference of the government in local rights and interests" bezeichnete[61c]).

In Deutschland wurde die Gneistsche Konzeption eindeutig vorherrschend. Ehrenamtlich tätige Bürger sollten staatliche

---

in Erfüllung der Staatsaufgaben heranziehen, damit die Tätigkeit des Staats stärken ...".

61a) Vgl. John Stuart Mill: Betrachtungen über Repräsentativ-Regierungen (Gesammelte Werke, trad. Gomperz, Bd. VIII, Leipzig 1873) S. 209: „Der eigentliche Zweck einer lokalen Vertretung besteht ja eben darin, daß diejenigen, welche ein gemeinsames Interesse haben, das von der großen Masse ihrer Mitbürger nicht getheilt wird, in die Lage kommen sollen, dies Interesse selbst wahrnehmen zu können." Im gleichen Sinne für die heutige Lokalverwaltung in den USA: Dinermann/Crouch/Bollens, Organization and Structure of Local Government in the United States (in Local Government in the United States of America, Den Haag 1961, ed. International Union of Local Authorities), S. 8: „Local government thereby emerges as perhaps the final remaining outpost of direct citizen participation in government."

61b) Vgl. hierzu wie auch zur weiteren Geschichte der englischen Lokalverwaltung: Redlich/Hirst, The History of Local Government in England, ed. Keith-Lucas, London 1958, S. 110 ff.

61c) Redlich/Hirst aaO., S. 149. Eine ausgezeichnete Analyse der englischen Verhältnisse und des Gneistschen Mißverständnisses bringt Friedrich Darmstaedter, „Ist das englische selfgovernment als Grundlage der deutschen Selbstverwaltung anzusehen?", Gedächtnisschrift für Walter Jellinek, München 1955, S. 535 ff. (insbes. S. 539).

Aufgaben in die Hand bekommen und dabei staatliche Interessen wahrnehmen. Die Selbstverwaltungsträger wurden zum zweiten Vollzugsinstrument des Gesetzgebungsstaates. So definierte Laband die Selbstverwaltung dahin, daß dabei staatliche Aufgaben durch einen Apparat erfüllt werden, der nicht zur ausschließlichen Disposition der obersten Gewalt steht, sondern nur durch Normen begrenzt und durch Staatsbehörden beaufsichtigt wird[62].

Freilich ist auch der Gedanke der gesellschaftlichen Selbstverwaltung von Hugo Preuß und anderen weiterhin leidenschaftlich vertreten worden. Bei ihnen wurde der entscheidende Akzent auf das genossenschaftliche Element der Selbstverwaltung gelegt. Die Preußsche Behauptung einer Wesensgleichheit von Staat und Stadt war jedoch überspitzt[63]. Außerdem war die Genossenschaftstheorie allein außerstande, eine Reihe von neueren Phänomenen der kommunalen Verwaltung zu erklären, wie die sprunghafte Erweiterung der öffentlichen Aufgaben, die zunehmende Dichte des dabei zu beachtenden Normengefüges und das wachsende Gewicht der Bürokratie in den Städten und Landkreisen[64]. Aber alle diese Einseitigkeiten der Preußschen Lehre berühren nicht die Richtigkeit seines Festhaltens an der überkommenen gesellschaftlichen Selbstverwaltung. Er hat die damaligen Selbstverwaltungsgesetze zutreffend dahin verstanden, daß dem Selbstverwaltungsträger damit keine gezielten staatlichen Verwaltungsaufträge erteilt waren.

Besonders eindringlich wurde diese Tendenz in der Sozialversicherungsgesetzgebung bestätigt[65]. Am Anfang stand die Regelung der gesetzlichen Unfallversicherung. Das soziale Bedürfnis, den Arbeiter gegen die wirtschaftlichen Folgen von Betriebsunfällen sicherzustellen, wurde anerkannt. Keineswegs jedoch in dem Sinne, daß der Staat sich nun für verpflichtet hielt, den Arbeitern entsprechende Leistungen zu gewähren. Vielmehr steht hinter der sozialen Unfallversicherung auch heute noch der Gedanke der individuellen Haft-

---

[62]) Laband, Staatsrecht, 7. Aufl. 1919, Bd. 1 S. 28 Fußnote 2. Vgl. dazu im übrigen Hans Peters, Grenzen S. 9 ff., 33; Forsthoff, Lehrbuch § 24 I a S. 414 ff. mit Nachweisen.

[63]) Preuß, Staat und Stadt (Vorträge der Gehe-Stiftung, Bd. 1, Leipzig 1909), S. 37; derselbe, Die Entwicklung der kommunalen Selbstverwaltung in Deutschland, Hdb. der Politik, 3. Aufl. Bd. 1 S. 268; ablehnend dazu Hans Peters, Grenzen S. 13.

[64]) Dazu Forsthoff, Lehrbuch § 24 I a S. 414.

[65]) Vgl. dazu Kaskel-Sitzler, Grundriß des sozialen Versicherungsrechts, 1912, S. 3 ff.; Hans Peters, Unfallversicherung aaO., S. 2 ff.

pflicht der Unternehmer für Betriebsunfälle ihrer Arbeiter. Die Berufsgenossenschaften wurden als echte Genossenschaften gebildet. Sie hatten nicht staatliche Sozialaufgaben zu erfüllen. Vielmehr nahmen sie die ihnen nun anfallende Gemeinschaftsaufgabe aller Unternehmer gleicher Gewerbezweige auf, die Entschädigungslast der jeweils Betroffenen gleichmäßig auf alle zu verteilen.

Nach dem Übergang zur demokratischen Staatsverfassung hat sich die überkommene Theorie einer gesellschaftlichen Selbstverwaltung erst recht nicht behauptet. Obwohl die Weimarer Verfassung — wie Arnold Köttgen hervorhebt[66]) — schon durch die Nachbarschaft der Regelungen für Vereine und Gemeinden in Art. 124 und 127 einen Selbstverwaltungsbegriff nahelegte, der an der Rechtsstellung des freien Bürgers orientiert ist, gewannen Vorstellungen einer mittelbaren Staatsverwaltung gegen Ende der Epoche die Oberhand. Vielfach hat man die Idee gesellschaftlicher Selbstverwaltung mit dem Übergang zu demokratischer Staatlichkeit als überholtes liberalistisches Gedankengut einer vergangenen Epoche abgetan. Ferner waren die genossenschaftlichen Elemente in der Gemeinde vollends in den Hintergrund getreten. Hinzu kam die Lehre von der institutionellen Garantie der gemeindlichen Selbstverwaltung, die die Bedeutung der Kommunen als Träger öffentlicher Verwaltung stärker betonte[67]). Die Wirtschafts- und Finanzkrise, die Notverordnungen mit der Intensivierung der Finanzaufsicht über die Selbstverwaltungsträger taten ein übriges, um die Idee der gesellschaftlichen Selbstverwaltung zu ersticken[68]). In der Zeit des Dritten Reiches war schließlich für echte Selbstverwaltung überhaupt kein Platz mehr.

5. Seit dem Zusammenbruch des totalitären Staates sind Verfassungsgeber wie Gesetzgeber jedoch gegenüber dem Prinzip der Selbstverwaltung aufgeschlossener als je zuvor. Hat man vom Staat her gesehen die Selbstverwaltung sonst eher als ein Wagnis betrachtet, ist jetzt deutlich geworden, daß in einer vertikalen Aufspaltung der öffentlichen Gewalt sogar die größere Sicherheit liegen kann. Wie die Festigung der föderalistischen Struktur dient auch die Wiedererweckung

---

66) Die Gemeinden und der Bundesgesetzgeber, S. 14.

67) Vgl. etwa Carl Schmitt, Verfassungslehre, 1928, S. 171 u. 272 f.; Hüter der Verfassung, 1931, S. 92 ff.

68) Vgl. Arnold Köttgen, Die Krise der kommunalen Selbstverwaltung, 1932, S. 5 ff.; Herzfeld, Demokratie und Selbstverwaltung in der Weimarer Epoche, Schriftenreihe des Vereins zur Pflege kommunalwissenschaftlicher Aufgaben, Bd. 2, 1957, S. 32 ff.

kommunaler, sozialer, wissenschaftlicher, berufsständischer und wirtschaftlicher Selbstverwaltung der Bildung unabhängiger Entscheidungszentren für die eigenverantwortliche Wahrnehmung jeweils eigener öffentlicher Aufgaben. Die vertikale Gewaltenteilung ist heute ein maßgebliches Strukturprinzip der neuen Demokratie[69]). Damit hat der Gegensatz zwischen bloßer mittelbarer Staatsverwaltung und gesellschaftlicher Selbstverwaltung erneut Bedeutung gewonnen.

Die mittelbare Staatsverwaltung, ein zweites Vollzugsinstrument der Legislative, muß ihrem Wesen nach Gefangene der Legislative bleiben. Der Gesetzgeber erteilt ihr Verwaltungsaufträge und stellt Leitbilder für die Ausübung ihres Verwaltungsermessens auf. Als Entscheidungszentren, die vom Staat, nicht nur von der Staatsverwaltung unabhängig sein, als Willensträger, die dem Staat im Grenzfall sogar entgegentreten sollen, kommen die einzelnen Vollzugsinstrumente einer mittelbaren Staatsverwaltung nicht in Betracht. Der Rechtsschutz vor Eingriffen der staatlichen Behörden läßt sich noch erklären. Institutionelle Garantie selbständiger Entscheidungsbefugnis[70]) und partieller Grundrechtsschutz[71]) vor dem Gesetzgeber stehen dagegen mit dem Wesen mittelbarer Staatsverwaltung in kaum lösbarem Widerstreit.

---

[69]) Hans Peters, Die Gewaltentrennung in moderner Sicht, Arbeitsgemeinschaft für Forschung des Landes Nordrhein-Westfalen, Geisteswissenschaften, Heft 25; Carl J. Friedrich, Der Verfassungsstaat der Neuzeit, 1953, S. 254.

[70]) Vgl. dazu Carl Schmitt, Verfassungslehre, S. 170; derselbe, Handbuch des Deutschen Staatsrechts, Bd. 2 S. 595; v. Mangoldt/Klein, Komm. zum GG, Art. 28 Anm. IV 1a und b (S. 705, 706); Maunz, Deutsches Staatsrecht, 11. Aufl. S. 181. Auch der Gesetzgeber dürfte die kommunale Selbstverwaltung nicht vollständig reglementieren, indem er alle Angelegenheiten der örtlichen Gemeinschaft von sich aus generell-abstrakt zu gestalten unternähme. Wenn es aber Grenzen einer gesetzlichen Beschränkung oder sogar Durchdringung der gemeindlichen Aufgabenerfüllung gibt, können die Gemeinden nicht nur Träger mittelbarer Staatsverwaltung sein, nicht nur Vollzugsinstrumente einer staatlich-gesetzlichen Ordnung der Gesellschaft, denen bald mehr, bald weniger Vollzugsermessen zugestanden ist.

[71]) Art. 28 GG und die entsprechenden Garantien der Länderverfassungen räumen der Gemeinde kein Grundrecht ein, ohne damit aber die Grundrechtsfähigkeit für andere Grundrechte auszuschließen. Fraglich ist nur, wieweit diese Grundrechte jeweils ihrem Wesen nach auf juristische Personen anwendbar sind, und zwar auch gerade auf juristische Personen des öffentlichen Rechts. Vgl. Gönnenwein, Gemeinderecht S. 41 f.; v. Mangoldt/Klein, Komm. Art. 19, Anm. VI 3; a. A. Maunz/Dürig, Komm. Art. 19 III Anm. 34 ff. Eine Grundrechtsfähigkeit anderer juristischer

Demnach ist nur eine Schlußfolgerung möglich: die Verankerung von Selbstverwaltungsträgern im Grundgesetz und in den Länderverfassungen, die das Prinzip vertikaler Gewaltenteilung verwirklichen, kann nur auf eine gesellschaftliche Selbstverwaltung, auf echte Selbstregierung nicht-staatlicher Verbände abgestellt sein[71a]). Die Selbstverwaltungsangelegenheiten sind schon von Verfassungs wegen aus dem Gestaltungsbereich des staatlichen Gesetzgebers ausgegliedert worden. Ich vermag Arnold Köttgen nicht zu folgen, wenn er aus Art. 28 GG ableiten will, daß nunmehr erstmalig „die Verwandlung der einst dem Vereinswesen benachbarten Gemeinde in eine qualifizierte Sparte mittelbarer Staatsverwaltung sanktioniert", die Gemeinde nicht mehr „personifiziertes Kollektiv", sondern staatliche „Einrichtung" sein solle. Wenn er im Hinblick auf den Grundrechtsschutz der Gemeinde einräumt, daß auch heute noch „personenrechtliche Momente mitgarantiert" seien, wird m. E. verdunkelt, daß die grundsätzlich bürgergleiche Stellung der jeweils bestehenden Gemeinden nach wie vor den Kern ihrer Selbstverwaltung ausmacht[72]).

Für die Universitäten und Rundfunkanstalten kann eine bloße mittelbare Staatsverwaltung überhaupt nicht in Betracht kommen. Nach dem Grundgesetz soll es ja auch gerade

---

Personen des öffentlichen Rechts als derjenigen, deren Selbstverwaltung von der Verfassung institutionell garantiert wird — wie wohl im Rahmen des Grundgesetzes der Gemeinden, Gemeindeverbände, Rundfunkanstalten, Sozialversicherungskörperschaften, Universitäten —, ist m. E. nicht denkbar. Nur aus dem partiellen Schutz vor gesetzgeberischen Eingriffen läßt sich schließen, daß die Körperschaften oder Anstalten insoweit dem Bürger gleichgestellt sind — und ohne diese Gleichstellung gibt es keine Grundrechtsfähigkeit.

71a) In der schweizerischen Rechtstradition hat sich diese gesellschaftliche Selbstverwaltung ungebrochener erhalten können als in Deutschland. Vgl. Ruck, Schweizerisches Verwaltungsrecht Bd. I, 3. Aufl. 1951, der das Wesen der Selbstverwaltung in der „Verteilung der Verantwortlichkeiten für das öffentliche Leben zwischen Staat und Selbstverwaltungskörpern" sieht. Ferner Schaltegger, Die Thurgauische Gemeindeautonomie, Zürich 1952, S. 23. Giacometti (Die Rechtsstellung der Gemeinden in der Schweiz, in: Bridel, La démocratie directe dans les communes suisses, Zürich 1952, S. 11 ff., insbes. S. 17/18) spricht zwar von der „selbständigen Erfüllung bestimmter staatlicher Aufgaben an Stelle des Kantons", aber das Schwergewicht liegt auch bei ihm auf der selbständigen Erledigung unter Ausschluß einer „Ermessenskontrolle" — (gemeint ist hier offenbar nicht Ermessen im eigentlichen Sinne, sondern Entscheidungsfreiheit, d. h. echte Selbstregierung nach eigenen Leitbildern, die das typische Kennzeichen gesellschaftlicher Selbstverwaltung ist).

72) Arnold Köttgen, Die Gemeinde und der Bundesgesetzgeber, S. 15.

der Volksvertretung verwehrt sein, eigene Konzeptionen von rechter Wissenschaft und Lehre[73]) oder von rechter öffentlicher Meinungsbildung[74]) aufzustellen.

Aber auch jeder Versuch, unter den grundgesetzlich verbürgten Selbstverwaltungsträgern zu differenzieren, muß m. E. scheitern. In allen Fällen liegt die schöpferische Wahrnehmung eigener Ausgaben letztlich in der Hand bald von Solidargemeinschaften der Betroffenen, bald von gewählten oder bestellten Repräsentanten der Betroffenen, bald von unabhängigen Fachgremien. In allen Fällen ging es dem Grundgesetzgeber nicht darum, einem Leitbilder liefernden Gesetzgeber selbständige Vollzugsinstrumente zur Verfügung zu stellen, sondern darum, jeweils nicht mehr als ein organisatorisches Gefäß zu schaffen, in dem sich die gesellschaftlichen und fachlichen Kräfte nach autonom gesetzten Leitbildern freiheitlich entfalten sollen. Auch die Länderverfassungen sind durchweg dahin zu verstehen, daß die institutionellen Garantien von Selbstverwaltungsträgern einen nicht nur staatsverwaltungs-, sondern staatsfreien Entscheidungsraum öffnen sollen[75]). Soweit nun schließlich einfache Gesetze nicht verfassungsgebotene Selbstverwaltungsträger ins Leben gerufen haben, waren diese Vorgänge an gleichen Gedanken orientiert. Deshalb spielt die verfassungsrechtliche Institutionalisierung heute nur für die Stabilität, nicht aber für Wesen und Gehalt der Selbstverwaltung von Körperschaften oder Anstalten eine größere Rolle. Der einfache Gesetzgeber orientiert sich vor allem an dem Vorbild der kommunalen Selbstverwaltung. Wenn neue Selbstverwaltungsträger außerhalb verfassungsrechtlicher

---

[73]) Rudolf Smend, Das Recht der freien Meinungsäußerung, VVDStRL Bd. 4 S. 44 ff.; Arnold Köttgen, Das Grundrecht der deutschen Universität, Göttinger Rechtswissenschaftliche Studien, Bd. 26, besonders S. 45: „Aus dem Grundsatz der Freiheit von Forschung und Lehre folgt, daß diese überhaupt nicht in Verwaltung genommen und daher auch nicht einer wissenschaftlichen Institution als Selbstverwaltungsaufgabe zugewiesen werden können."

[74]) BVerfG Bd. 12 S. 205 ff. (262/263): „Die Veranstalter von Rundfunksendungen müssen also so organisiert werden, daß alle in Betracht kommenden Kräfte in ihren Organen Einfluß haben und im Gesamtprogramm zu Wort kommen können... Dagegen schließt Art. 5 GG aus, daß der Staat unmittelbar oder mittelbar eine Anstalt oder Gesellschaft beherrscht, die Rundfunksendungen veranstaltet."

[75]) Verfassungsgarantien der Länder erstrecken sich z. B. auf die Selbstverwaltung der Gemeindeverbände, Industrie- und Handelskammern, Sparkassen, Sozialversicherungsträger usw.

Verpflichtungen geschaffen werden, so denkt niemand daran, für sie einen besonderen Typus der Selbstverwaltung zu prägen, eben eine bloße mittelbare Staatsverwaltung aufzubauen.

Hinzu kommt, daß sehr vielen Selbstverwaltungsträgern noch eine rein genossenschaftliche Solidargemeinschaft als Grundlage dient[76]). Die Körperschaft erfüllt nur Aufgaben, die sich aus den gemeinsamen Sozialinteressen oder Sozialpflichten ihrer Mitglieder ergeben. So etwa bei Innungen, Industrie- und Handelskammern, Schifferbetriebsverbänden, Rechtsanwalts- und Ärztekammern, Wasser- und Bodenverbänden usw.[77]). Das Gesetz stellt das „organisatorische Gefäß" zur Verfügung — hier geht es aber nicht einmal mehr darum, daß der Gesetzgeber sich eine eigene Gestaltung des betreffenden Sozialbereichs versagt, um der genossenschaftlichen Initiative nicht vorzugreifen, sondern weil sein Interesse am Detail überhaupt nicht so weit reicht. Für jede nach wie vor rein genossenschaftliche Selbstverwaltung paßt die Deutung als mittelbare Selbstverwaltung unter keinen Umständen. Der Selbstverwaltungsträger kann hier nur eine bürgergleiche Stellung haben. Denn es sind wirklich noch Bürger, die hier verwalten, die „Bürokratie" ist wirklich noch in ihrer Hand, und es geht auch wirklich nur um Anliegen, die noch jeden Genossen persönlich angehen.

6. Damit wird nun keineswegs behauptet, daß eine mittelbare Staatsverwaltung nicht existiere. Nur macht sie nicht den Kernbereich der Selbstverwaltung aus. So gibt es für die Anwendung aller bürgeradressierten

---

[76]) Forsthoff, Lehrbuch § 24 I a S. 418, leitet gerade aus dem angeblichen Verlust des körperschaftlich-genossenschaftlichen Charakters der Selbstverwaltungsträger seine Theorie der mittelbaren Staatsverwaltung ab.

[77]) Vgl. für die Industrie- und Handelskammern RFH Urt. v. 11. 5. 1937, RStBl. 1937 S. 975: „Das Wesen der Einrichtung der Industrie- und Handelskammern besteht aber auch jetzt nicht allein in der Erfüllung staatlicher Aufgaben, sondern dient hauptsächlich anderen Zwecken, nämlich eben den Gesamtinteressen der Handels- und Gewerbetreibenden ihres Bezirks"; ebenso für Wassergenossenschaften RFH Urt v. 28. 10. 1931, RStBl. 1932 S. 164; kassenärztliche Vereinigungen BFH Urt. v. 26. 1. 1962, BStBl. 1962 S. 201 usw. Unrichtig m. E. Werner Weber, Selbstverwaltung und Staatsverwaltung in der Wasserwirtschaft, Veröfftl. des Instituts für das Recht der Wasserwirtschaft, Bd. 1 S. 34 ff., der zugunsten der staatlichen Exekutive einen „treuhänderischen Charakter ... der wasserwirtschaftlichen Selbstverwaltung" (S. 35), eine „Partnerschaft in der Erfüllung einer Aufgabe" (S. 41), eine „Mitverantwortlichkeit" des Staates mit entsprechenden „Einwirkungsmöglichkeiten" (S. 42) unterstellt.

Rechtsnormen entweder strikte legislative Weisungen oder zumindest die Ermessensausübung lenkende legislative Richtlinien. Die Sozialversicherungsträger sind wirklich nur Vollzugsinstrumente, wenn sie die vorgeschriebenen Renten festsetzen oder den Versicherten nach äußerst intensiven Ermessensrichtlinien Krankenhauspflege oder Gesundheitsfürsorge gewähren[78]). Aber die nicht bürgeradressierten Rechtsnormen sind im Zweifel nur Grenzpfosten korporativer Entscheidungsfreiheit. Niemand würde den Sozialversicherungsträgern eine kostspielige Selbstverwaltungsstruktur gegeben haben, nur um sie ein intensiv gelenktes Vollzugsermessen gegenüber dem Leistungsberechtigten ausüben zu lassen. Indes sind sie in erster Linie öffentliche Großunternehmer, die im Wettstreit um die besten Leistungsapparaturen Verwaltungen, Krankenhäuser, Sonderstationen, Rehabilitationsstätten, Forschungsinstitute bauen oder finanzieren, die die Versicherten ständig betreuen und beraten, ja um die Gesundheit der Frauen und Kinder, der Arbeiter und Angestellten besorgt sind[79]). Und das ist gesellschaftliche Selbstverwaltung nach eigenen Leitbildern, ist Ausübung von Entscheidungsfreiheit lediglich unter Beachtung der Gesetze.

Der Kernbereich der Selbstverwaltung ist also heute gesellschaftliche Selbstverwaltung. Welche Folgerungen ergeben sich daraus nun für die Staatsaufsicht, genauer: für den Aufsichtsmaßstab, nach dem die Selbstverwaltungsträger kontrolliert werden? Hier muß man zwischen gebundener und gelenkter Gesetzmäßigkeitsaufsicht unterscheiden. Bei der ersteren überwacht die Aufsichtsbehörde die Einhaltung bestimmter gesetzlicher Gebote oder Verbote, die an die Selbstverwaltungsträger gerichtet sind, regelmäßig nur, um deren Entscheidungsfreiheit von außen her zu begrenzen. Bei der letzteren greift die Aufsichtsbehörde nach Richtlinien ein, die das Gesetz an sie selbst gerichtet hat; stets, um die Ausübung eines bloßen Aufsichtsermessens zu lenken.

---

[78]) Vgl. § 178 RVO („kann"); § 558 e RVO; § 1236 RVO.

[79]) Vgl. insbesondere §§ 1305—1307 RVO. Zur Diskussion über Selbstverwaltung in der Sozialversicherung vgl. insbesondere Kurt Hofmann in Grundsatzfragen der sozialen Unfallversicherung, Festschrift für Herbert Lauterbach, S. 35; Stößner, Aufsicht und Genehmigung in der Unfallversicherung, Berufsgenossenschaft 1959, S. 115 ff.; Hans Peters, Die Unfallversicherung aaO.; Werner Weber, Die Aufsicht des Bundesversicherungsamtes über die gewerblichen Berufsgenossenschaften, Berufsgenossenschaft 1959 S. 296 ff.; Salzwedel, Berufsgenossenschaftliche Selbstverwaltung und Staatsaufsicht, Berufsgenossenschaft 1959 S. 381 ff.

A. Gebundene Gesetzmäßigkeitsaufsicht

7. Die praktisch wichtigste Problematik der Staatsaufsicht ergibt sich daraus, daß die an die Selbstverwaltungsträger gerichteten Rechtsnormen vielfach positive Formulierungen enthalten, obwohl sie nach dem Wesen gesellschaftlicher Selbstverwaltung als bloße negative Begrenzung der autonomen Entscheidungsfreiheit verstanden werden müssen. Ich brauche nur an die scheinbaren gesetzlichen Richtlinien für eine „Förderung des Wohls der Einwohner"[80]), „pflegliche und wirtschaftliche" Vermögensverwaltung[81]), für eine „sparsame Haushaltsführung"[82]), für die Auswahl „fachlich geeigneter"[83]) Verwaltungskräfte, für die Aufrechterhaltung eines „geordneten Ganges der Verwaltung"[84]) zu erinnern. Hier ist eine Umkehrinterpretation erforderlich, die die positive sprachliche Formulierung auf ihren negativen Aussagegehalt zurückführt.

Daher bedeutet: „Die Gemeinden fördern das Wohl der Einwohner" allenfalls, daß die Aufsichtsbehörde daraufhin gegen offenkundig gemeinschaftsschädliche Maßnahmen der Stadtverwaltung einschreiten könnte. Die Verpflichtung der Gemeinden, „innerhalb der Grenzen ihrer Leistungsfähigkeit die für die wirtschaftliche, soziale und kulturelle Betreuung ihrer Einwohner erforderlichen öffentlichen Einrichtungen zu schaffen", bedeutet lediglich, daß sie keine öffentlichen Einrichtungen zu anderen Zwecken schaffen dürfen. Eine Generalklausel gesetzlicher Pflichtaufgaben ist darin nicht zu sehen. Wenn die Städte Köln oder München alle ihre Bühnen aufgäben und die kulturelle Betreuung der Bevölkerung der Initiative privater Unternehmer überließen, gehörte dies zu den Dummheiten, die sie auf ihre Kosten machen können — gemeinderechtswidrig wäre es nicht[85]). Der kameralistische Grundsatz, daß

---

80) Vgl. § 1 GO NW und die entsprechenden Vorschriften anderer Gemeindeordnungen.

81) Vgl. § 62 GO NW und die entsprechenden Vorschriften anderer Gemeindeordnungen.

82) Eine solche Verpflichtung wird aus § 25 Abs. 1 RVO für alle Sozialversicherungsträger herausgelesen; vgl. Reichsversicherungsamt EuM Bd. 34 S. 286. Dazu Stößner, Aufsicht und Genehmigung in der Unfallversicherung, Berufsgenossenschaft 1959 S. 115; Werner Weber, Aufsicht des Bundesversicherungsamtes über die gewerblichen Berufsgenossenschaften, Berufsgenossenschaft 1959 S. 296 ff.; Salzwedel, Berufsgenossenschaftliche Selbstverwaltung und Staatsaufsicht, Berufsgenossenschaft 1959 S. 381 (383).

83) Vgl. z. B. §§ 49, 54 GO NW.

84) Vgl. Hans Peters, Lehrbuch S. 317.

85) Ebenso PrOVG Bd. 58 S. 65, 68; Arnold Köttgen, Gemeind-

Vermögen der öffentlichen Hand pfleglich und wirtschaftlich verwaltet werden muß, heißt gegenüber Selbstverwaltungsträgern, deren Entscheidungsfreiheit naturgemäß auch die Ausgabenverwaltung umfaßt, nicht mehr, als daß Vermögensverfügungen nicht völlig unpfleglich oder unwirtschaftlich, also nicht unsinnig oder verschwenderisch sein dürfen. So ist es nicht rechtswidrig, wenn Gemeinden oder Landesversicherungsanstalten großzügiger und aufwendiger bauen, als dies nach den Gepflogenheiten und Richtlinien staatlicher Hochbauämter zulässig wäre. Die Aufsichtsbehörden können gegenüber Landesversicherungsanstalten nicht darauf dringen, daß die Badezimmer in Sanatorien nur bis zu einer bestimmten Höhe gekachelt werden dürfen, weil es eben sachlich auch etwas für sich hat, darüber hinauszugehen[86]). Ebenso ist der § 1 Abs. 3 BBauG, wonach die Gemeinden die Bauleitpläne den Zielen der Raumordnung und Landesplanung anzupassen haben, nicht etwa als gesetzliche Ermessensrichtlinie zu interpretieren. Vielmehr bedeutet dies lediglich, daß Bauleitpläne rechtswidrig sind, wenn sie wirklich einmal auf ein völliges Auseinanderfallen von überörtlicher und örtlicher Gestaltung hin angelegt sind[87]).

Mit besonderem Nachdruck ist darauf hinzuweisen, daß auch die Vorschriften über gesetzliche Pflichtaufgaben im Zweifel nicht als gesetzliche Verwaltungsaufträge an Selbstverwaltungsträger zu begreifen sind, obwohl ihre positive Formulierung diesen Irrtum immer wieder nahelegt. Nach Landesstraßenrecht sind die Gemeinden Straßenbaulastträger für die Gemeindestraßen. Sie haben mithin „nach ihrer Leistungsfähigkeit die Gemeindestraßen in einem dem regelmäßigen Verkehrsbedürfnis genügenden Zustand zu bauen"[88]). Diese Bestimmung ist nicht gesetzliche Richtlinie für die Ausübung eines entsprechenden Haushalts- und Straßenbauplanungsermessens. Vielmehr wird dadurch nur ein absolutes Minimum freier gemeindlicher Straßenbautätigkeit festgesetzt, welches nicht unterschritten werden darf. Keine Aufsichtsbehörde hat also nachzuprüfen, ob die Stadt etwa in Anbetracht ihrer

---

liche Daseinsvorsorge und gewerbliche Unternehmerinitiative, 1961 S. 64 f.

86) Salzwedel, Berufsgenossenschaftliche Selbstverwaltung aaO. S. 382 f.

87) Ebenso BVerwG Urt. v. 20. Mai 1958, Verw. Rspr. Bd. 11 S. 605; Hans J. Wolff, Verw. R. Bd. 2 § 86 VII c 1 („Bauplanungshoheit" der Gemeinde nach § 2 BBauG); a. A. offenbar Werner Weber, Kommunalaufsicht aaO. S. 32, der die Bauleitplanung sogar den res mixtae zuordnet.

88) Vgl. z. B. § 9 Abs. 1 Satz 2 LStrG NW.

Finanzlage und ihrer sonstigen Verwaltungsbelastung mehr für den Straßenbau hätte tun können, solange ihr kein völliges Versagen auf diesem Gebiet vorgeworfen werden kann.

8. Zweifellos bilden nur Gesetz und Satzung, also echte Rechtsnormen, den Aufsichtsmaßstab, nach dem die Staatsaufsicht über Selbstverwaltungsträger geführt wird. Besondere Probleme der gebundenen Gesetzmäßigkeitsaufsicht werfen nun die Blankettvorschriften auf, die auf bloße administrative Tatbestandsausfüllungsakte der staatlichen Exekutive verweisen.

So kann die Bundesregierung nach Art. 84 Abs. 2 GG mit Zustimmung des Bundesrates allgemeine Verwaltungsvorschriften für den landeseigenen Vollzug von Bundesgesetzen erlassen, die möglicherweise auch den Ermessensspielraum oder die Entscheidungsfreiheit der Gemeinden beeinflussen[89]). Der § 27 e RVO unterwirft die Sozialversicherungsträger bei der Errichtung von Gebäuden der Genehmigungspflicht, soweit ein von der jeweiligen obersten Arbeitsbehörde festgesetzter Kostenbetrag überschritten wird; bisher ist die Festsetzung allerdings unterblieben. Der § 1 Abs. 3 BBauG, der die gemeindliche Bauleitplanung in die Schranken der „Raumordnung und Landesplanung" verweist, macht die Grenzen der autonomen Entscheidungsfreiheit damit möglicherweise von staatsbehördlichen Planungsvorgängen abhängig.

Solche Blankettverweisungen auf administrative Ausfüllungsakte der staatlichen Exekutive können nicht schrankenlos zulässig sein, weil sonst unter dem Deckmantel der Gesetzmäßigkeitsaufsicht doch die Staatsverwaltung den Selbstverwaltungsträger dirigierte. Vier Grundsätze sind hier zu beachten. Erstens sind solche Blankettverweisungen gegenüber Selbstverwaltungsträgern unzulässig, deren eigener Wirkungskreis nach geltendem Verfassungsrecht nur durch formelles Gesetz eingeengt werden darf[90]). Zweitens sind alle gesetzlichen Blankettverweisungen so auszulegen, daß sie die administrativen Ausfüllungsakte schon nach Inhalt, Zweck und

---

[89]) Vgl. Arnold Köttgen, Die Gemeinde und der Bundesgesetzgeber, S. 84 ff.; derselbe, Jahrb. öff. R. n. F. Bd. 11 S. 223 ff.

[90]) Die Flucht des Gesetzgebers in die Verweisung auf administrative Tatbestandsausfüllungsakte ist dann nichts anderes als eine Umgehung des Verbots, durch Rechtsverordnung in die Selbstverwaltung einzugreifen. Freilich besteht z. Z. wohl kein verfassungsrechtliches Verbot dieser Art, vor allem nicht gegenüber den Gemeinden; vgl. OVG Münster DöV 1956 S. 698; Hans J. Wolff, Verw. R. Bd. 2 § 86 VIII d 3.

Ausmaß festlegen. Denn wenn die staatliche Exekutive volle Dispositionsfreiheit erhält, wird die Aufgabe trotz der formal auf die Gesetzmäßigkeit beschränkten Staatsaufsicht dem eigenen Wirkungskreis entzogen. Das ist vom Gesetzgeber regelmäßig nicht beabsichtigt[91]). Drittens sind Ausfüllungsakte unbeachtlich, wenn sie den in dieser Weise festgelegten gesetzlichen Leitbildern nicht entsprechen. Viertens ist die Aufsichtsnorm überhaupt nicht anwendbar, solange die staatliche Exekutive keine administrativen Ausfüllungsakte erlassen hat, auf die darin verwiesen wird. Die Aufsichtsbehörden der Sozialversicherung leiten aus dem § 27 e RVO, wonach das Bauen über einen vom Arbeitsminister festgesetzten Kostenbetrag hinaus genehmigungspflichtig ist, zu ihren Gunsten her, daß bis zur Kostenfestsetzung jeder dafür aufgewendete Pfennig genehmigungspflichtig sei. In Wahrheit ist die Vorschrift z. Z. noch unanwendbar[92]). Ebenso vermag ich den Standpunkt Werner Webers[93]) nicht zu teilen, daß „die Kongruenz von Verfassungsordnung und kommunalaufsichtlicher Praxis noch nicht hergestellt" sei, solange die staatliche Planungsbehörde die „Ziele der Raumordnung und Landesplanung" noch nicht substantiiert habe. Denn m. E. besteht gerade keine Gefahr, daß die gemeindliche Bauleitplanung „in unkontrollierbare Abhängigkeit vom Diktat der höheren Verwaltungsbehörde gerät", solange die betreffenden administrativen Ausfüllungsakte nicht vorliegen. Da sich „Ziele dieser Art bisher nur in unsicheren Ansätzen zeigen und sich auch nicht so bald verdichten" werden, bleibt der § 1 Abs. 3 BBauG als Aufsichtsnorm noch inpraktikabel. Wenn die Ausfüllung einmal vor-

---

[91]) Es gelten also praktisch ganz ähnliche Grundsätze wie nach Art. 80 Abs. 1 Satz 2 GG für die Ermächtigungen zur Rechtsetzung durch Rechtsverordnung. Nur mit einer Einschränkung: da Generalverweisungen im Gegensatz zu Generalermächtigungen zur Rechtsetzung nicht schon von vornherein verfassungswidrig sind, sind sie nur dann unzulässig, wenn die darin liegende Entziehung von Selbstverwaltungsaufgaben den verfassungsrechtlich geschützten Mindestbestand von Selbstverwaltungsaufgaben antastet. Abgesehen von solchen Grenzsituationen ist eben davon auszugehen, daß Verweisungen im Zweifel restriktiv zu interpretieren sind, damit der Selbstverwaltungscharakter der betreffenden Aufgaben unberührt bleibt.

[92]) Ebenso Kammergericht, Beschl. v. 27. 5. 1926, Entsch. u. Mitteilungen des Reichsversicherungsamtes Bd. 19 S. 296 ff.; a. A. BSG Urt. v. 3. Mai 1955, Amtl. Slg. Bd. 1 S. 17 (22). Vgl. Lermer, Krankenversicherung 1963 S. 175, dessen Kritik an meinem — in einem Vortrag geäußerten — Standpunkt außer Betracht läßt, daß die Begründung des BSG — „§ 27 e RVO kann jedenfalls nach der Neufassung nur so verstanden werden . . . " — nicht sonderlich ergiebig ist.

[93]) Vgl. Werner Weber, Kommunalaufsicht S. 32 f.

genommen sein wird, gilt dann im übrigen die bereits getroffene Feststellung, daß die gemeindliche Bauleitplanung dadurch nicht zur Ausübung eines schon richtlinienhaft gelenkten Verwaltungsermessens herabgestuft wird, sondern nach wie vor auf körperschaftlicher Entscheidungsfreiheit beruht. Sie muß nur dem Verbot einer völlig obstruktiven Haltung gegenüber der staatlichen Gesamtdisposition Rechnung tragen[94]).

9. Schließlich birgt die Gleichstellung von Gesetz und Satzung Gefahren in sich. Sie erweckt den Anschein, als ob die staatlichen Gesetzgeber und das rechtsetzende Selbstverwaltungsorgan gleichartige Richtlinien für die Selbstverwaltung aufstellten. Diese Vorstellung entspricht einer Selbstverwaltung, die mittelbare Staatsverwaltung ist, nicht aber einer gesellschaftlichen Selbstverwaltung, die nicht-staatliche eigene Aufgaben eigenverantwortlich wahrnimmt.

Schon der bis heute andauernde Streit, ob die Selbstverwaltung das Satzungsrecht einschließt[95]) oder ob es vom Staat zusätzlich verliehen werden muß[96]), ist Ausdruck der beiden gegensätzlichen Selbstverwaltungskonzeptionen. Ist der Selbstverwaltungsträger nur zweites Vollzugsinstrument des staatlichen Gesetzgebers, gehört das Satzungsrecht an sich nicht in sein Instrumentarium von Herrschaftsbefugnissen gegenüber dem Bürger. Anders bei der gesellschaftlichen Selbstverwaltung, die auf staatlichem Aufgaben- und Herrschafts verzicht beruht. Die vom Staat derelinquierten sozialen An-

[94]) Anders Werner Weber, Kommunalaufsicht S. 32: „Nun ist es richtig, daß gerade die Geltendmachung der Ziele der Raumordnung und Landesplanung gegenüber der örtlichen Bauleitplanung eine Aufgabe eigener staatlicher Verantwortung darstellt und daß die Bauleitplanung insoweit zu den res mixtae ... gehört."

[95]) So Hugo Preuß, Amtsrecht S. 157; Fleiner, Institutionen des deutschen Verwaltungsrechts, 8. Aufl. 1928 S. 79 f.; Hans J. Wolff, Verw. R. Bd. 2 § 86 VII b; offenbar auch BVerfG Bd. 12 S. 319 ff., 325 (Satzungsrecht „ein wesentliches Element der Selbstverwaltung"). Für die Verfassungsgarantie der kommunalen Selbstverwaltung in Art. 28 GG ist heute klargestellt, daß sie sich auch auf das kommunale Satzungsrecht miterstreckt: BVerwG Bd. 6 S. 247; Maunz/Dürig, Komm. Art. 28 Anm. 35; v. Mangoldt/Klein, Art. 28 Anm. IV 1 c (S. 707). Eindeutig Art. 11 Abs. 2 Satz 2 LVerf Bay, wonach die Gemeinden das Recht haben, ihre Angelegenheiten „selbst zu ordnen und zu verwalten".

[96]) So Hans Peters, Grenzen S. 37 f.; derselbe, Lehrbuch S. 287; Forsthoff, Lehrbuch § 24 I c S. 420 und die — abgesehen von der Verfassungsgarantie für die kommunale Autonomie — wohl herrschende Lehre. Vgl. auch Gönnenwein, Gemeinderecht S. 143 ff. und Lohr, Satzungsgewalt und Staatsaufsicht, Stuttgart 1963, S. 145 ff. mit zahlreichen Nachweisen.

liegen fallen dem Selbstverwaltungsträger zur Gestaltung nach eigenen Leitbildern und Richtlinien an. Soweit der Gesetzgeber Entscheidungsfreiheit eingeräumt hat, muß es dem Selbstverwaltungsträger auch überlassen bleiben, ob er abstrakt-generelle oder konkrete und individuelle Regelungen zur Bewältigung seiner sozialen Aufgaben treffen will. Das Satzungsrecht ist nur ein natürliches Herrschaftsmittel, vermöge dessen der Selbstverwaltungsträger seine autonome Verwaltungskonzeption gegenüber den Verbandsangehörigen oder Anstaltszugehörigen durchsetzt[97]).

Damit allein rechtfertigt sich auch die allgemeine Auffassung, wonach gesetzliche Bestätigungen körperschaftlicher oder anstaltlicher Autonomie nicht den Anforderungen zu genügen brauchen, die in Art. 80 GG für Ermächtigungen zum Erlaß von Rechtsverordnungen aufgestellt sind[98]). Wäre Selbstverwaltung lediglich mittelbare Staatsverwaltung, könnte es kaum gerechtfertigt sein, dem Gesetzgeber nur die Disziplinierung der rechtsetzenden staatlichen Exekutive aufzugeben — und das rechtsetzende zweite Vollzugsinstrument sich selbst zu überlassen.

Damit wird auch die aufsichtsrechtliche Wesensverschiedenheit von Gesetz und Satzung offenbar. Für den Selbstverwaltungsträger sind staatliche Gesetze und Rechtsverordnungen im Zweifel nur Gestaltungsschranken, Satzungen und Observanzen dagegen im Zweifel Gestaltungsdirektiven. Die staatliche Rechtsetzung begrenzt die korporative Entscheidungsfreiheit, die autonome Rechtsetzung ist erststufige Ausübung dieser Entscheidungsfreiheit. Staatliche Rechtsnormen sind deshalb freiheitsbegrenzend, damit restriktiv zu interpretieren. Autonome Rechtsnormen sind dagegen in einem positiven, richtunggebenden Sinne zu verstehen und mithin eher extensiv-direktiv auszulegen.

Für die Staatsaufsicht ergibt sich damit im Grunde genommen eine doppelte Funktion. Die Aufsichtsbehörden sind primär Garanten für die Einhaltung der Grenzen, die der Staat

---

[97]) Hans Peters, Grenzen S. 32 ff., hat nachgewiesen, daß es Selbstverwaltungsaufgaben kraft Wesens gibt, die nämlich „für die Existenzerhaltung der juristischen Person notwendig und daher jeder Körperschaft eigen sind". Von dem hier dargestellten Begriff gesellschaftlicher Selbstverwaltung aus erscheint nun das Gestaltungs*mittel* der Rechtsetzung in gleicher Weise als mit dieser Selbstverwaltung wesensnotwendig verbunden.

[98]) BVerfG Bd. 12 S. 325; BVerwG Bd. 6 S. 247; OVG Münster Amtl. Slg. Bd. 12 S. 202; Hans J. Wolff, Verw. R. Bd. 2 § 86 VII b 2; Gönnenwein, Gemeinderecht S. 148; a. A. Hamann, Autonome Satzungen und Verfassungsrecht, 1958, S. 78.

der gesellschaftlichen Selbstverwaltung gesetzt hat. Sie sind sekundär Garanten dafür, daß die vom korporativen Gesetzgeber erlassenen satzungsrechtlichen Direktiven für die Bewältigung der sozialen Eigenaufgaben auch von der korporativen Bürokratie ausgeführt werden[99]).

B. Gelenkte Gesetzmäßigkeitsaufsicht, Genehmigungsvorbehalte[100])

10. Genehmigungsvorbehalte sind gesetzliche Einschränkungen des Selbstverwaltungsrechts, kraft deren bestimmte Rechtsakte des Selbstverwaltungsträgers erst wirksam werden, wenn eine staatliche Behörde gegenüber diesem Selbstverwaltungsträger ihre Zustimmung erklärt.

Die Genehmigungen werden richtiger Ansicht nach nicht Bestandteil der Satzung, des Vertrages, des Haushaltsplans o. ä., sondern bedingen lediglich deren Rechtswirksamkeit[101]). Die staatsaufsichtlichen Genehmigungsvorbehalte verweisen die Genehmigungsbehörde auf eine gesetzlich gebundene oder richtlinienhaft gelenkte Vorwegkontrolle. Die Einhaltung der gesetzlichen Direktiven wird durch subjektiv-öffentliche Abwehrrechte des Selbstverwaltungsträgers gesichert. Prozessual ist stets eine Vornahmeklage auf Genehmigungserteilung zulässig.

---

[99]) Bei dieser Zweitfunktion muß sich die Aufsichtsbehörde freilich davor hüten, „päpstlicher als der Papst" sein zu wollen. In der Gemeinde ist es zunächst Sache des Rates, darüber zu wachen, daß die autonom erlassenen Rechtsnormen von ihm selbst und der gemeindlichen Bürokratie auch ausgeführt werden. Werden im Rat keine Bedenken laut, so ist im Zweifel anzunehmen, daß das Satzungsrecht so interpretiert werden soll, wie die späteren Beschlüsse und die Ausführungsmaßnahmen der leitenden Gemeindebeamten dies voraussetzen.

[100]) Im Folgenden werden nur diejenigen Genehmigungsvorbehalte behandelt, die in den Bereich der Staatsaufsicht über Selbstverwaltungsfunktionen gehören. Die Fälle des staatlich-korporativen Kondominiums bei den res mixtae sind deshalb ausgeklammert. Vgl. dazu oben S. 213 ff. und im einzelnen Salzwedel, Staatliche Genehmigungsvorbehalte aaO. S. 204 ff.

[101]) Für die staatliche Genehmigung von Satzungen umstritten. Wie hier Hans J. Wolff, Verw. R. § 77 V b 5; Gönnenwein, Gemeinderecht S. 157; Menger, Verw. Arch. Bd. 52 (1961) S. 410ff.; Salzwedel, Staatliche Genehmigungsvorbehalte gegenüber der Selbstverwaltung, Archiv für Kommunalwissenschaften 1962, S. 204; dahingestellt gelassen in OVG Lüneburg Amtl. Slg. Bd. 6 S. 392. Anders OVG Münster Amtl. Slg. Bd. 10 S. 187; Bayer. VerwGH, Bayer. Verw. Bl. 1960 S. 289; Laforet, Festschrift zum fünfzigjährigen Bestehen des Bayer. VerwGH 1929, S. 147; Fröhler, Staatsaufsicht S. 89 f.

11. Der genehmigungsbedürftige Rechtsakt bleibt hier stets eine Maßnahme freier gesellschaftlicher Selbstverwaltung. Die Genehmigung ist ein bloßes staatliches Unbedenklichkeitszeugnis, sei es, daß öffentlich-rechtliche Hindernisse der Vornahme des Rechtsaktes nicht entgegenstehen, sei es, daß die staatliche Behörde von den in ihren Willen gestellten Ablehnungsgründen keinen geltend machen kann oder geltend machen will. Daraus ergeben sich wichtige Folgerungen.

Erstens ist die Bestimmung des Zeitpunkts, an dem eine Satzung, ein Vertrag, eine beamtenrechtliche Höherstufung in Kraft treten sollen, Sache des Selbstverwaltungsträgers. Die Zeitbestimmung ist Bestandteil des genehmigungsbedürftigen Rechtsakts selbst. Daher tritt der Rechtsakt ipso jure „rückwirkend“ in Kraft, wenn die Genehmigung vorbehaltlos erteilt ist[102]).

Zweitens unterliegt es bei aufsichtlichen Genehmigungsvorbehalten keinem Zweifel, daß die Genehmigung einer Satzung, also das bloße staatliche Unbedenklichkeitszeugnis, nicht mit der Satzung veröffentlicht zu werden braucht[103]).

Drittens scheidet ein Widerruf der aufsichtlichen Genehmigung entgegen der herrschenden Lehre aus. Die Präventivkontrolle erschöpft sich in der Nachprüfung, ob gegen den Rechtsakt für den Zeitpunkt des beschlossenen Inkrafttretens rechtliche oder auch bestimmte administrative Bedenken zu erheben sind[104]).

---

[102]) In der Erteilung der Genehmigung mit der Maßgabe, daß der Rechtsakt erst vom Zeitpunkt der Genehmigungserteilung an in Kraft treten solle, liegt eine Verweigerung der Genehmigung (der gegenüber Vornahmeklage erhoben werden kann), verbunden mit der Genehmigung für den Fall, daß der Selbstverwaltungsträger sich mit dem Aufschub einverstanden zeigt. Wie hier im Ergebnis Fröhler, Staatsaufsicht S. 90 unter Berufung auf Bayer. VerwGH Bd. 5 S. 28, 36; Salzwedel, Staatliche Genehmigungsvorbehalte S. 209 f.; gegen die ganz herrschende Lehre. Nach Fleiner, Institutionen S. 119 Fußnote 69, soll wenigstens im Zweifel anzunehmen sein, daß die vorbehaltlos erteilte Genehmigung auf den vom Selbstverwaltungsträger bestimmten Zeitpunkt zurückwirke. Aber entscheidend ist eben nicht ein Rückwirkungswille der staatlichen Aufsichtsbehörde, sondern der Geltungswille des Selbstverwaltungsträgers.

[103]) PrOVG Bd. 77 S. 169; OVG Münster, Urt. v. 1. 7. 1953, DVBl. 1954 S. 101; Bayer. VerwGH, Urt. v. 14. 2. 1952, DVBl. 1952 S. 285; Gönnenwein, Gemeinderecht S. 157.

[104]) Hans Peter Ipsen, Widerruf gültiger Verwaltungsakte, 1932 S. 55 ff.; Forsthoff. Lehrbuch § 13, 2 d) S. 247; Gönnenwein, Gemeinderecht S. 157; Salzwedel, Staatl. Genehmi-

Viertens ist die Aufhebung eines genehmigungsbedürftigen Rechtsaktes stets genehmigungsfrei, auch wenn z. B. eine Verpflichtung der Gemeinde zum Erlaß einer neuen Satzung an Stelle der aufgehobenen besteht[105]). Die Verpflichtung zum Erlaß der neuen Satzung ist erforderlichenfalls im Wege der Ersatzvornahme durchzusetzen.

12. Die aufsichtlichen Genehmigungsvorbehalte sind nach dem Aufsichtsmaßstab in drei Gruppen einzuordnen[106]).

Die erste Gruppe umfaßt die wenigen Fälle, in denen der Genehmigungsvorbehalt nur eine präventive gebundene Gesetzmäßigkeitskontrolle ermöglichen soll. Die Genehmigung ist hier nur ein reines rechtliches Unbedenklichkeitszeugnis.

In diesem Sinne sind z. B. die Genehmigungsvorbehalte für die Satzung der Krankenkassen gem. § 324 Abs. 2 RVO oder die Hauptsatzung der Gemeinden gem. § 7 Abs. 2 GO Niedersachsen ausgestaltet. Auch die §§ 6 und 11 BBauG, die den Flächennutzungsplan und den Bebauungsplan der Genehmigung der höheren Verwaltungsbehörde unterwerfen, gehören hierher. Die Auffassung Werner Webers, der die gemeindliche Bauleitplanung sogar als res mixta und die staatliche Genehmigung partiell als echte Sanktion versteht, findet m. E. im Gesetz keine Stütze[107]).

Neuerdings ist eine deutliche Tendenz spürbar, überkommene Genehmigungsvorbehalte, die früher zweifellos einem Genehmigungsermessen der Aufsichtsbehörde Raum gegeben

---

gungsvorbehalte S. 211 f.; a. A. noch Walter Jellinek, Verwaltungsrecht, 3. Aufl. 1948 S. 382; Hans Peters, Lehrbuch S. 289 Fußnote 8.

105) Hans Peters, Lehrbuch S. 289 Fußnote 9; Salzwedel, Staatl. Genehmigungsvorbehalte S. 213 f.; Gönnenwein, Gemeinderecht S. 157 mit Nachweisen; anders wohl immer noch die herrschende Lehre.

106) Vgl. dazu Salzwedel, Staatl. Genehmigungsvorbehalte S. 215 ff.

107) Werner Weber, Kommunalaufsicht S. 32. Es ist schwer vorstellbar, wie der Gesetzgeber noch deutlicher hätte zum Ausdruck bringen sollen, daß der höheren Verwaltungsbehörde kein Ermessensspielraum verbleibt, als mit den Worten: „Die Genehmigung darf nur versagt werden, wenn der Flächennutzungsplan nicht ordnungsgemäß zustande gekommen ist oder diesem Gesetz, den auf Grund dieses Gesetzes erlassenen oder sonstigen Rechtsvorschriften widerspricht"; Entsprechendes gilt für den Bebauungsplan. Die res-mixtae-These wird schon durch § 2 BBauG widerlegt, wonach die Gemeinden die Bauleitpläne „in eigener Verantwortung" aufstellen; vgl. dazu Köttgen, Jahrb. öff. R. NF Bd. 11 S. 231; Gönnenwein, Gemeinderecht S. 94 f.

haben, zu bloßen Legalitätsgaranten abzustufen. Für das Kommunalrecht und das Sozialversicherungsrecht hat Werner Weber dies am entschiedensten behauptet, woraus sich bei ihm freilich auf der anderen Seite eine erhebliche Erweiterung des in Wahrheit ganz exzeptionellen Bereichs staatlich-korporativen Kondominiums ergibt[108]). Er geht davon aus, daß im Kommunalrecht schon die grundgesetzliche Einrichtungsgarantie kommunaler Selbstverwaltung, zumindest aber die Aufsichtsregelungen der Landesverfassungen[109]), im Sozialversicherungsrecht das Selbstverwaltungsgesetz ein staatliches Genehmigungsermessen ausschließen, sofern es sich um reine Selbstverwaltungsangelegenheiten handelt. Die Aufsichtsklauseln der Landesverfassungen sollten jedoch m. E. nur sicherstellen, daß das aufsichtsbehördliche Genehmigungsermessen vom Gesetz her schon richtlinienhaft gelenkt sein muß[110]). Aus dem Selbstverwaltungsgesetz ist ebenfalls nur zu entnehmen, daß die Genehmigungsvorbehalte durchweg selbstverwaltungskonform interpretiert werden müssen, also so, daß das aufsichtsbehördliche Genehmigungsermessen vom Gesetz her diszipliniert ist, keineswegs eine freie „staatliche Mitwirkung" eröffnet. Die Ausschaltung des behördlichen Ermessens zugunsten der gebundenen Anwendung weitgefaßter Generalklauseln gehört zu den pseudorechtsstaatlichen Irrwegen, die keineswegs dahin führen, wohin sie eigentlich führen sollten, nämlich zur Verstärkung der Rechtssicherheit. Hat die Stadt um die Genehmigung eines Vertrages oder einer Satzung nachgesucht, die der Regierungspräsident nach gesetzlich gelenktem Ermessen überprüft, so stehen ihr ein Mann, ein Wille und ein Standpunkt gegenüber, mit denen sie rechnen und rechten kann. Eine ausgeweitete Legalitätskontrolle hat vielfach nur zur Folge, daß sich der Regierungspräsident mit seinen Zweckmäßigkeitserwägungen hinter juristischen Bedenken verschanzt. An die Stelle der fairen Auseinandersetzung um beiderseits legitime Verwaltungsziele tritt die

---

108) Für das Sozialversicherungsrecht in Berufsgenossenschaft 1959, S. 298 f.; jetzt für das Kommunalrecht in Kommunalaufsicht aaO. S. 28 f.; ähnlich Köttgen, Hdb. komm. Wiss. u. Pr. Bd. 1 S. 221 für kommunale Satzungen; Fröhler, Staatsaufsicht S. 88, für den Haushaltsplan der Handwerkskammer.

109) So schon Gönnenwein, Die Kommunalaufsicht als Rechtsaufsicht, Gedächtnisschrift für Walter Jellinek, S. 524 ff.; Erich Becker, Hdb. d. komm. Wiss. u. Pr. Bd. 1 S. 173; vgl. auch Gönnenwein, Gemeinderecht S. 200 ff. mit eingehenden Nachweisen.

110) Ebenso Verf. GH Rh.-Pf., Urt. v. 5. 12. 1950, VerwRspr. Bd. 3 (1951) S. 529 ff.; OVG Münster, Urt. v. 16. 6. 1954, Amtl. Slg. Bd. 8, S. 335 f.

mehr oder weniger vergebliche Berufung auf einen verschwommenen Willen des Verfassungs- oder Gesetzgebers, der in Wahrheit nichts anderes gewollt hat, als die auftretenden Kollisionen von Fall zu Fall im Verwaltungswege lösen zu lassen[111]).

13. Die zweite Gruppe von Genehmigungsvorbehalten umfaßt diejenigen, die der Aufsichtsbehörde eine Zweckmäßigkeitskontrolle des Selbstverwaltungsaktes daraufhin eröffnen, ob dieser vom recht verstandenen Eigeninteresse des Selbstverwaltungsträgers her bestimmten Bedenken unterliegt.

Die Gesetzmäßigkeitskontrolle ist darin eingeschlossen. Gesetzesverstöße können nie im recht verstandenen, im objektiven Interesse des Selbstverwaltungsträgers liegen. Die entscheidende Einschränkung liegt darin, daß staatliche Interessen bei der Entscheidung über die Genehmigungserteilung jedenfalls nicht mit im Spiele sein dürfen.

Die weitaus meisten Genehmigungsvorbehalte dienen lediglich einem solchen Schutz der gesellschaftlichen Selbstverwaltung vor sich selbst. So darf die Kommunalaufsichtsbehörde die Genehmigung zum Verkauf eines gemeindlichen Grundstücks nicht mit der Begründung verweigern, es komme für den Bau einer Landesheilanstalt in Betracht, für die sich sonst kein geeignetes Gelände finden lasse. Die Aufnahme von kommunalen Darlehen darf nicht mit der Begründung blockiert werden, daß die Lage auf dem Kreditmarkt ohnehin schon angespannt sei. Ebenso wäre es unzulässig, wenn die Aufsichtsbehörde einem Sozialversicherungsträger eine nach § 27 e RVO erforderliche Genehmigung zum Bau von Schwesternheimen o. ä. verweigerte, weil die Baukonjunktur überhitzt und die Preisstabilität gefährdet seien.

Nun ist die Gefahr nicht zu verkennen, daß die staatliche Überwachung der Selbstverwaltungsträger von ihrem recht verstandenen Eigeninteresse her in eine Vormundschaft ausartet oder — wie Erich Becker meint[112]) — zu einem Nachfahren der Staatskuratel absolutistischer Prägung wird. Dies dürfte jedoch ausgeschlossen sein, wenn man sich dessen bewußt bleibt, daß auch die genehmigungsbedürftigen Funktionen nicht als mittelbare Staatsverwaltung, sondern als gesellschaftliche Selbstregierung wahrgenommen werden. Die Genehmigungsbehörde darf auch hier nicht ihr Verwaltungsermessen an die Stelle der autonomen Entscheidungsfreiheit

---

[111]) Vgl. Salzwedel, Staatliche Genehmigungsvorbehalte S. 216 f.

[112]) Hdb. d. Komm. Wiss. u. Pr. Bd. 1 S. 173.

des Selbstverwaltungsträgers setzen. In Wahrheit ist nur die Möglichkeit der Selbstverwaltungsträger, „auf eigene Kosten Dummheiten zu machen", eingeschränkt. Die Entscheidung muß noch in jeder Hinsicht sachlich vertretbar sein.

Aber die Präventivaufsicht gestattet auch nur, solche echten Dummheiten zu verhindern. Wenn die Entscheidung des Selbstverwaltungsträgers eine von den regelmäßig mehreren sachlich vertretbaren, d. h. unter dem einen oder anderen Gesichtspunkt immer noch durchaus zweckmäßigen Entscheidungen darstellt, darf die Genehmigungsbehörde die Genehmigung nicht deshalb verweigern, weil sie eine andere für zweckmäßiger oder am zweckmäßigsten hält[113]).

14. Die dritte Gruppe von Genehmigungsvorbehalten umfaßt diejenigen, die es der Genehmigungsbehörde gestatten sollen, ganz bestimmte staatliche Interessen gegenüber dem Eigeninteresse — auch dem recht verstandenen objektiven Eigeninteresse — des Selbstverwaltungsträgers zur Geltung zu bringen.

Auch hier ist eine Gesetzmäßigkeitskontrolle eingeschlossen. Dagegen findet eine allgemeine Überprüfung des Rechtsaktes vom Eigeninteresse des Selbstverwaltungsträgers her regelmäßig nicht statt. Vor allem ist aber die Verfolgung anderer staatlicher Interessen als derjenigen unzulässig, um derentwillen der Genehmigungsvorbehalt aufgestellt worden ist.

Bestätigungsvorbehalte für die Besetzung bestimmter leitender Stellen gehören z. B. in die hier behandelte Kategorie, soweit der Selbstverwaltungsträger auch staatliche Auftragsangelegenheiten wahrnimmt. Denn die Genehmigungsbehörde soll Bedenken gegen die Eignung gerade für diejenigen Angelegenheiten vorbringen können, die nicht Eigenaufgaben des Selbstverwaltungsträgers, sondern in staatlichem Interesse zu führen sind[114]). Wenn die Bestätigung der Regierung vorbehalten ist, dürfte es sich freilich um eine nicht-aufsichtliche, sanktionierende Genehmigung handeln, die das Kabinett im Rahmen eines staatlichen-korporativen Kondominiums nach freiem Dafürhalten erteilen und versagen kann[115]).

---

[113]) Salzwedel, Berufsgenossenschaftliche Selbstverwaltung S. 384 und Staatliche Genehmigungsvorbehalte S. 217 f.

[114]) So eindeutig § 18 Landwirtschaftskammer-Gesetz NW für den Direktor der Landwirtschaftskammer: „... seine Berufung bedarf der Bestätigung, seine Amtsführung des Vertrauens des Ministers für Ernährung, Landwirtschaft und Forsten bei der Durchführung von Aufgaben, die nach dessen Weisungen zu erledigen sind."

[115]) Vgl. die landesrechtlich vorgesehenen „politischen" Bestäti-

Nach Werner Weber sollen die kommunalrechtlichen Genehmigungsvorbehalte entweder auf bloße rechtliche Unbedenklichkeitszeugnisse oder auf echte kondominiale Mitentscheidungen des Staates zugeschnitten sein[116]). Die hier in Rede stehenden Genehmigungsvorbehalte, die ja gerade begrenzte staatliche Interessen zur Geltung bringen sollen, fielen danach sämtlich aus der straffen, individualrechtlichen Bindung gegenüber dem Selbstverwaltungsträger heraus. Sie wären dann m. E. nur im Fall von Willkür und Schikane verwaltungsgerichtlich angreifbar[117]). Für die Schöpfer derjenigen Landesverfassungen, die die Staatsaufsicht ausdrücklich auf eine Gesetzmäßigkeitskontrolle beschränken und damit angeblich zweckmäßigkeitsorientierte Genehmigungsvorbehalte ausgerottet haben sollen, wäre das ein enttäuschendes Ergebnis. Demgegenüber sollte man auch im kommunalrechtlichen Bereich daran festhalten, daß ein auf die Verfolgung staatlicher Interessen zugeschnittenes Genehmigungsrecht grundsätzlich in einem aufsichtlichen, nicht in einem kondominialen Sinne zu interpretieren ist.

Steht dem Aufsichtsmaßstab nach fest, daß die Aufsichtsbehörde gegen den Selbstverwaltungsträger vorgehen darf, kommt es darauf an, welche

III. Aufsichtsmittel

jeweils zulässig sind.

1. Zunächst ist festzustellen, daß die Aufsichtsmittel nach der Intensität der staatsbehördlichen Eingriffe in fünf Eingriffsstufen eingeteilt werden müssen.

Erste Stufe ist das Auskunftverlangen. Es ist Verwaltungsakt gegenüber dem Selbstverwaltungsträger, nicht etwa nur innerdienstliche Weisung. Ob die Auskunft verlangt wird, ist in das vom Gesetz her richtlinienhaft gebundene Ermessen der Aufsichtsbehörde gestellt. Das Auskunftverlangen kann als Mittel der Staatsaufsicht nicht weiter gehen, als der Zweck der Staatsaufsicht reicht. Deshalb dürfen nicht fortlaufende umfassende Auskünfte über alle Selbstverwaltungsvorgänge angefordert werden. Abgesehen von allgemeinen Überprüfungen oder Stichproben, die nur in größe-

---

gungen von Landräten oder Oberkreisdirektoren (z. B. § 38 Abs. 1 LKO NW), des Direktors des Landschaftsverbandes in Nordrhein-Westfalen (§ 20 Abs. 2 LVerbO NW).

116) Kommunalaufsicht aaO. S. 22 ff.

117) Vgl. oben S. 215 f.

ren zeitlichen Abständen vorgenommen werden dürfen, setzen konkrete Auskunftverlangen jeweils voraus, daß objektive Anhaltspunkte für Situationen vorliegen, die ein aufsichtliches Einschreiten rechtfertigen[118]).

Zweite Stufe des Aufsichtsverfahrens ist die Beanstandung. Sie ist die verbindliche aufsichtsbehördliche Feststellung, daß das darin bezeichnete Handeln oder Unterlassen des Selbstverwaltungsträgers rechtswidrig ist[119]). Die Beanstandung ist im Rahmen gebundener Gesetzmäßigkeitskontrolle deklaratorisch, im Rahmen individualrechtlich beschränkter Zweckmäßigkeitsaufsicht dagegen konstitutiv. So ist eine Genehmigungsverweigerung nicht mehr als die präventive Beanstandung einer Maßnahme des Selbstverwaltungsträgers, welche noch nicht notwendig rechtswidrig ist, aber mit dieser Geltendmachung legitimer staatsbehördlicher Ablehnungsgründe jedenfalls rechtswidrig wird[120]).

Die Beanstandung zielt darauf ab, daß der Selbstverwaltungsträger entweder die beanstandete Handlung von sich aus vermeidet oder korrigiert oder daß er den beanstandeten Zustand der Untätigkeit von sich aus beendet, indem er gesetzlichen Mindestanforderungen in irgendeiner Weise Rechnung trägt. Bisweilen löst die Beanstandung dabei noch ein System selbstverwaltungsinterner Gegenkontrolle aus[121]).

---

118) Ebenso Gönnenwein, Gemeinderecht S. 184 mit Nachweisen. Das Recht, an Sitzungen der Selbstverwaltungsorgane teilnehmen oder sogar Sitzungen einberufen zu dürfen, steht der Aufsichtsbehörde nur zu, wo dies im Gesetz ausdrücklich vorgesehen ist (z. B. § 137 GO Hessen; § 32 RVO).

119) Die Verbindlichkeit der Beanstandung äußert sich darin, daß der Selbstverwaltungsträger in die Defensive gedrängt wird: er muß dagegen vorgehen (vgl. Otto Mayer, Deutsches Verwaltungsrecht Bd. 2 S. 413: „aufsichtlicher Festsetzungsakt"). Ist die Beanstandung rechtskräftig geworden, steht für das darauf folgende Aufsichtsverfahren fest, daß das beanstandete Verhalten rechtswidrig war. Wo das Aufsichtsorgan bei der Durchsetzung seiner Mängelrügen auf den Klageweg verwiesen ist — wie z. B. die Landesregierung nach § 21 Abs. 1 des Staatsvertrages über den Südwestfunk vom 27. Aug. 1951 (GVBl. Rh.-Pf. 1952 S. 71) —, liegt in Wahrheit überhaupt keine Beanstandung im Rechtssinne vor.

120) Vgl. oben S. 220.

121) So vor allem im Kommunalrecht. Die Beanstandung eines Ratsbeschlusses durch den Bürgermeister bzw. Gemeindedirektor ist selbstredend niemals ein Aufsichtsakt. In Nordrhein-Westfalen ist die aufsichtsbehördliche Weisung an den leitenden Gemeindebeamten, einen Ratsbeschluß zu beanstanden (§ 108 Abs. 1 GO NW), ebenfalls noch kein Aufsichtsakt, weil sie an den Gemeindedirektor selbst, nicht an die Gemeinde adressiert ist. Erst wenn der Rat bei seinem Beschluß bleibt und die Aufsichtsbehörde den Beschluß daraufhin

Dritte Stufe des Aufsichtsverfahrens ist die Ersatzaufhebung oder Ersatzvornahme. Ersatzweise erfolgt beides: sowohl die Aufhebung der erfolglos beanstandeten Handlung wie die Vornahme der Pflichthandlung nach erfolglos beanstandeter Unterlassung. Die Aufsichtsbehörde trifft die Regelung stellvertretend für den Selbstverwaltungsträger, in dessen Namen, vor allem in dessen recht verstandenem objektivem Eigeninteresse, auf dessen Kosten und unter dessen haftungsrechtlicher Verantwortung nach außen. Die Maßnahme wird nur im Verhältnis zum Selbstverwaltungsträger vom Staat getroffen[122]).

Die Ersatzvornahme zur Erfüllung einer gesetzlichen Verpflichtung des Selbstverwaltungsträgers geht dabei in zwei Etappen vor sich. Die Anordnung ersetzt die korporative Willensbildung, die eigentliche Ersatzvornahme ersetzt den korporativen Willensvollzug.

Vierte Stufe des Aufsichtsverfahrens ist die Einsetzung eines staatlichen Beauftragten als oktroyierten Organinhabers. Während die Aufsichtsbehörde in der dritten Stufe Selbstverwaltungsfunktionen stellvertretend wahrnimmt, besetzt sie hier ein Selbstverwaltungsorgan so, wie es an sich besetzt sein müßte. Auch hier kommt stets nur ein Handeln des Staatskommissars an Stelle des Selbstverwaltungsträgers in Betracht, in dessen Namen, in dessen recht verstandenem objektivem Eigeninteresse, auf dessen Kosten und unter dessen haftungsrechtlicher Verantwortung nach außen[123]).

---

aufhebt, ist der Bereich staatsaufsichtlichen Eingreifens erreicht (OVG Münster Urt. v. 22. 2. 1956, Kottenberg-Steffens, Rechtsprechung zum kommunalen Verfassungsrecht des Landes Nordrhein-Westfalen, zu § 108 GO, Nr 1).

122) Für die Aufhebung wird dies im allgemeinen nicht hervorgehoben. Aber ob nun ein rechtswidriges Tun oder Unterlassen zu korrigieren ist, kann keinen Unterschied machen. In beiden Fällen schreitet die Aufsichtsbehörde nach erfolgloser Beanstandung ein, um die rechtlich gebotene „Selbstberichtigung" (Triepel, Die Reichsaufsicht, 1917, S. 642) nunmehr an Stelle des Selbstverwaltungsträgers vorzunehmen. Vgl. dazu Gönnenwein, Gemeinderecht S. 188 f. M. E. sind die kommunalrechtlichen Regelungen Baden-Württembergs und Bayerns, wonach auch beanstandete Beschlüsse im Wege der Ersatzvornahme aufgehoben werden, nur terminologisch genauer. Materiellrechtlich ist die Aufhebung beanstandeter Beschlüsse auch in den übrigen Bundesländern eine Ersatzvornahme.

123) Vgl. § 110 Satz 2 GO NW: „Der Beauftragte hat die Stellung eines Organs der Gemeinde." Zur Frage der Haftung wie hier Gönnenwein, Gemeinderecht S. 192 mit Nachweisen in Fußnote 53; a. A. LG Lüneburg Urt. v. 26. 7. 1950, Städtetag 1951 S. 83.

Erst mit der fünften Stufe wird die Selbstverwaltung beiseitegeschoben: hier herrschen staatliches Reglement und staatlicher Selbsteintritt. Darunter fallen die Auflösung von Körperschafts- oder Anstaltsvertretungen, die Abberufung von Organinhabern, sofern dies nicht rein personenrechtlichen, etwa disziplinarischen Charakter hat, der Erlaß von staatlichen Verordnungen im eigentlichen Selbstverwaltungsbereich[124]), die Vornahme von Verwaltungsakten, für die sonst Selbstverwaltungsorgane zuständig gewesen sind u. ä.

2. Zur Frage, welche Aufsichtsmittel jeweils angewendet werden können, äußern sich die Gesetze oft recht unvollständig. Auch in neueren Gesetzen wird vielfach nur hervorgehoben, daß eine Staatsaufsicht besteht, oder es wird nur das eine oder andere Aufsichtsmittel erwähnt. Schon vom früheren Kommunalrecht her, das noch keine ausdrückliche Aufzählung enthielt, ist dazu der Meinungsstreit zwischen Hugo Preuß[125]) auf der einen Seite, der herrschenden Lehre[126]) und der Rechtsprechung des Pr. Oberverwaltungsgerichts[127]) auf der anderen Seite bekannt, ob die einzelnen Aufsichtsmittel im Gesetz ausdrücklich enumeriert sein müssen oder ob sie bereits aus dem Wesen jeder Staatsaufsicht erschlossen werden können. Die Problematik besteht für andere Rechtsgebiete heute noch weiter, so z. B. für das Handwerksrecht[128]), das Industrie- und Handelskammerrecht[129]), das Universitätsrecht[130]). Sie hat aber eine neue Wendung bekommen.

Die moderne Selbstverwaltung ist Stützpfeiler einer vertikalen Gewaltenteilung. Während die Staatsaufsicht für eine bloße mittelbare Staatsverwaltung zumindest konsequent erscheint, kann die Verselbständigung der nicht-staatlichen gesellschaftlichen Selbstverwaltung so weit gehen, daß die staat-

---

124) Vgl. z. B. § 320 Abs. 3, § 681 Abs. 2 Satz 2 RVO für die Satzung, § 356, § 700 Abs. 3 RVO für die Dienstordnung der Krankenkasse und der Berufsgenossenschaft.

125) Amtsrecht S. 307 ff.

126) Vgl. Hans Peters, Grenzen S. 223 ff. mit Nachweisen.

127) PrOVG Bd. 25 S. 49, 28 S. 95, 35 S. 118.

128) §§ 69, 82, 109 HandwO; vgl. dazu Fröhler, Gewerbearchiv 1955 S. 2; ders. Die Staatsaufsicht über die Handwerkskammern, München/Berlin 1957, S. 55 ff.; Huber, Wirtschaftsverwaltungsrecht, Bd. I S. 190 ff.

129) § 11 Abs. 1 des IHK-Ges. vom 18. 12. 1956, BGBl. I S. 920. Dazu Frentzel/Jäkel, Industrie- und Handelskammergesetz (Kommentar), 2. Aufl. Köln 1961, Bem. 3 zu § 11; Huber aaO. Bd. I S. 190 ff.

130) Z. B. Art. 20 Abs. 2 Verf. Bad.-Württ.; Art. 60 Abs. 1 hess. Verf.; Art. 16 Verf. NW; § 3 des rh.-pf. Universitätsgesetzes vom 6. 3. 1961 (GVBl. S. 47).

liche Exekutive überhaupt keine Aufsichtsbefugnisse erhält. Wenn Verfassunggeber oder auch Gesetzgeber selbständige Entscheidungszentren schaffen, ist das Vertrauen in eine gesetzesbeachtende Willensbildung in den Selbstverwaltungsorganen nämlich u. U. größer als die Erwartung, daß staatliche Aufsichtsbehörden sich immer an die ihnen erteilten gesetzlichen Weisungen und Richtlinien halten werden. So heißt es in § 1 des Gesetzes über den Hessischen Rundfunk[131]): „Er hat das Recht der Selbstverwaltung und unterliegt nicht der Staatsaufsicht." Nach § 24 des Gesetzes über den Westdeutschen Rundfunk[132]) ist die Landesregierung berechtigt, Verletzungen nur dieses Gesetzes zu rügen. Eine allgemeine Überwachung der Gesetzmäßigkeit der Anstaltsverwaltung findet also nicht statt. Auch eine Finanzaufsicht ist ausgeschlossen. Selbst der Bericht des Landesrechnungshofes über die Prüfung des Jahresabschlusses geht nach § 22 Abs. 3 Satz 2 des Gesetzes „ausschließlich der Anstalt", aber nicht der Landesregierung zu. In dem damit ausgesparten Bereich gibt es mithin ebenfalls keine Aufsichtsmittel. Der Staatsvertrag über den Südwestfunk versagt der staatlichen Exekutive in §§ 19, 21 jedes Weisungsrecht. Die Landesregierungen können ihre rechtlichen Gegenvorstellungen nur durch Klage beim Oberverwaltungsgericht Rheinland-Pfalz durchzusetzen suchen[133]). Die sog. Beanstandungen sind also selbst ohne jede Verbindlichkeit. Staatsaufsicht bedeutet aber offensives Einschreiten mit unmittelbarer rechtlicher Wirkung. Die bloße Androhung eines gerichtlichen Verfahrens gehört nicht dazu. Also auch insoweit fehlt es in Wahrheit an echten Aufsichtsmitteln[134]).

---

[131]) Gesetz vom 2. 10. 1948 (GVBl. S. 123). Entsprechende Aufsichtsfreiheit besteht wohl für den Bayerischen Rundfunk nach dem Gesetz vom 10. 8. 1948 i. d. F. vom 22. 12. 1959 (GVBl. S. 314), für Radio Bremen nach dem Gesetz vom 22. 11. 1948 (GBl. S. 225), den Süddeutschen Rundfunk nach § 3 Abs. 1 und 2 des Gesetzes vom 21. 11. 1950 (Reg. Bl. Württ.-Bd. 1951 S. 1) i. Vbdg. mit der Satzung vom gleichen Tage (Reg. Bl. Württ. Bd. 1951 S. 2).

[132]) Gesetz vom 25. 5. 1954 (GVBl. S. 151 = GSNW S. 446).

[133]) Der § 21 Abs. 1 lautet: „Jedes der vertragschließenden Länder hat das Recht, die ordnungsmäßige Durchführung der Vorschriften dieses Staatsvertrages zu verlangen und Maßnahmen der Organe des Südwestfunks, die dazu in Widerspruch stehen, zu beanstanden. Werden diese genau zu bezeichnenden Beanstandungen nicht behoben, so ist jedes Land berechtigt, vor dem Landesverwaltungsgericht von Rheinland-Pfalz gemäß § 16 des Landesgesetzes über die Verwaltungsgerichtsbarkeit von Rheinland-Pfalz vom 14. April 1950 — GVBl. S. 103 — Klage zu erheben."

[134]) Vgl. oben S. 250 Fußnote 119.

Nach Thieme bricht die Staatsaufsicht über die Universitäten nach der dritten Stufe ab. Ersatzaufhebung und Ersatzvornahme, Einsetzung von Staatskommissaren sowie staatliche Reglementierung und Selbsteintritt hält er also für unzulässig[135]). Statt dessen soll das Kultusministerium auf die Ausübung der Disziplinargewalt verwiesen sein. Die Disziplinargewalt wird freilich als janusköpfig betrachtet: die personenrechtlichen Maßnahmen gegen beamtete Hochschullehrer sollen zugleich aufsichtliche Maßnahmen gegen die Universität und vor den Verwaltungsgerichten anfechtbar sein[136]). Diese Deutung erscheint jedoch unhaltbar, weil ohne eine besondere gesetzliche Regelung kaum das Problem widersprüchlicher Entscheidungen zwischen Disziplinar- und Verwaltungsgerichten gelöst werden kann. Auch die Universitäten sind aber nur beschränkt aufsichtsunterworfen.

Danach kann nun zunächst keine Rede davon sein, daß die Staatsaufsicht ein Wesensmerkmal des Körperschafts- oder Anstaltsbegriffs[137]) sei oder daß sie auch nur als notwendige rechtliche Folgerung aus der Körperschafts- oder Anstaltsnatur angesehen werden dürfte[138]). Formulierungen dieser Art, die in Literatur und Rechtsprechung noch gang und gäbe sind, gehen an der Struktur der gesellschaftlichen Selbstverwaltung ebenso vorbei wie an deren Garantenstellung im Spannungsfeld vertikaler Gewaltenteilung.

Daraus ergibt sich aber auch, daß eine im Gesetz vorgesehene Staatsaufsicht nicht allgemein die Möglichkeit einschließt, Aufsichtsmittel aller fünf Eingriffsstufen gegenüber dem Selbstverwaltungsträger auszuschöpfen. Vielmehr ist es heute nicht mehr eine Frage positivistischen Beharrens auf gesetzlichen Spezialtiteln, sondern institutionsgerechter Auslegung von Selbstverwaltungsgesetzen, wenn verlangt werden muß, daß die Aufsichtsbehörden sich grundsätzlich nur inner-

---

[135]) Deutsches Hochschulrecht, 1956 S. 97: „Weiter kommt die Anweisung des Staates in Betracht, bestimmte Maßnahmen vorzunehmen oder zu unterlassen. Allerdings ... kann der Staat nicht an Stelle der Hochschule jede für erforderlich gehaltene Maßnahme selbst treffen."

[136]) Hochschulrecht S. 98.

[137]) So Werner Weber, Körperschaften, Anstalten und Stiftungen des öffentlichen Rechts, 2. Aufl. 1943, S. 21 ff. Forsthoff, Lehrbuch § 24 II 2 S. 430.

[138]) So wohl die herrschende Auffassung, auch derjenigen, die den Begriff der mittelbaren Staatsverwaltung entschieden ablehnen, wie Erich Becker, Staatslexikon „Selbstverwaltung" Bd. 7 Sp. 45 ff.; Gönnenwein, Gemeinderecht S. 173 („Aufsicht ... wie über alle Körperschaften des öffentlichen Rechts so auch über die Gemeinden").

halb des Kreises der gesetzlich enumerierten Aufsichtsmittel bewegen dürfen.

Im Anschluß an die vorgekennzeichnete Stufenfolge gelten daher für die Zulässigkeit der Aufsichtsmittel die folgenden Grundsätze:

Aufsichtsmittel höherer Stufe sind in der Regel erst nach Erschöpfung der vorhergehenden zulässig.

Das Aufsichtsmittel darf seiner stufengemäßen Intensität nach nicht außer Verhältnis zur Schwere der Rechtsverletzung stehen.

Sind im Gesetz nur Aufsichtsmittel einer höheren Stufe erwähnt, so können auch die Aufsichtsmittel einer geringeren Stufe angewendet werden. Sind im Gesetz nur Aufsichtsmittel einer geringeren Stufe erwähnt, so können Aufsichtsmittel einer höheren Stufe nicht angewendet werden.

Sieht das Gesetz nur ganz allgemein eine Staatsaufsicht vor, ohne bestimmte Aufsichtsmittel zu erwähnen, sind zumindest staatliche Reglements und staatlicher Selbsteintritt ausgeschlossen.

IV. Staatsaufsicht und Staatsbegriff

Mit der Erscheinung einer staatsaufsichtslosen gesellschaftlichen Selbstverwaltung wird noch einmal das eingangs zitierte Wort von Carl Gottlieb Svarez in das Bewußtsein gerückt: „Eine Gesellschaft, die vom Staat unabhängig sein und sich seiner Oberaufsicht nicht unterwerfen will, formiert statum in statu".

Sind die älteren Rundfunkanstalten demnach etwa ein Staat im Staate?

Mit Recht hebt Forsthoff hervor, daß der Ursprung der Meinungsverschiedenheiten über die Selbstverwaltung im Staatsbegriff begründet sei[139]). Es unterliegt auch keinem Zweifel, daß Auffassungen wie die mittelbarer Staatsverwaltung sowie notwendiger Zusammengehörigkeit von Selbstverwaltung und Staatsaufsicht gerade die Einheit und Geschlossenheit der Staatsgewalt zu wahren suchen. Aber in Wahrheit führt auch eine freiheitliche gesellschaftliche Selbstverwaltung nicht zu einer Auflösung des Staates. Seit Thomas Hobbes[140]) gehört die ungeteilte Staatsgewalt zu den Wesensmerkmalen des Staates. Die horizontale Gewaltenteilung hat nicht zu einer Teilung der Staatsgewalt geführt, sondern nur

139) Lehrbuch § 24 I a S. 416.
140) De Cive XII 5.

zu einer Verteilung der verschiedenen Funktionen, die die Staatsgewalt ausmachen, auf verschiedene Staatsorgane[141]). Gesetzgeber, Gerichte, Regierung und Staatsverwaltung üben gleichermaßen die staatliche Gewalt aus. Die Selbstverwaltungsträger würden daher auch nur dann einen Staat im Staate bilden, wenn sie der Herrschaft aller Staatsorgane entzogen wären. Davon kann indes keine Rede sein[141a]). Soweit die Selbstverwaltung nicht unter einem Aufsichtsvorbehalt steht, steht sie doch unter einem fortwährenden Gerichts- und Gesetzgebungsvorbehalt[142]).

Die Gerichtskontrolle der Selbstverwaltung wird überall dort bedeutsam, wo ein Einschreiten der staatlichen Exekutive unzulässig ist. Der Staat kann sein Recht darauf, daß die Gesetze beachtet werden, auch gegenüber staatsaufsichtslosen Selbstverwaltungsträgern geltend machen. Dabei handelt es sich um öffentlich-rechtliche Streitigkeiten nicht-verfassungsrechtlicher Art. Zuständig für die prozessuale Geltendmachung des staatlichen Rechts ist regelmäßig die Landesregierung. Die Regelung, die im Staatsvertrag über den Südwestfunk getroffen worden ist, gibt also lediglich einen ohnehin bestehenden Rechtszustand wieder. Die gerichtliche Durchsetzung geltenden Rechts könnte vor allem für die älteren, aufsichtsfreien Rundfunkanstalten wie den Bayerischen Rundfunk und den Hessischen Rundfunk Bedeutung gewinnen. Die Vollstreckung richtet sich nach §§ 167 ff. VGO.

Die Gesetzgebungskontrolle wird nicht nur mittels allgemeiner Änderungen der Selbstverwaltungsgesetze geübt, wobei etwa eine Staatsaufsicht eingeführt oder die bestehende Staatsaufsicht verschärft werden kann. Auch Einzelfallgesetze kommen in Betracht, die gerade auf die Durchsetzung bisher mißachteter allgemeiner Rechtsnormen in einer bestimmten Situation abzielen.

---

141) Georg Jellinek, Allgemeine Staatslehre, 3. Aufl. Neudruck 1959 S. 501; Nawiasky, Allgemeine Staatslehre, 4. Teil 1958 S. 60 ff.

141a) Bei Carl Schmitt, Verfassungslehre S. 273, wird deutlich, daß das Prinzip der „politischen Demokratie" zwar keineswegs eine Selbstverwaltung fordert, aber auch „mit dem Ideal weitestgehender ... Selbstverwaltung (im Gegensatz zu staatlicher Verwaltung)" durchaus vereinbar ist. Vgl. auch Hans Peters, Die Gewaltentrennung in moderner Sicht aaO. S. 5 und S. 26.

142) Deshalb ist die Lehre von der Wesensgleichheit von Staat und Stadt, von nationaler und kommunaler Selbstverwaltung, wie sie Hugo Preuß vertreten hat, (z. B. „Gemeinde, Staat, Reich als Gebietskörperschaften", 1889, S. 189), sicherlich nicht aufrecht zu erhalten. Diese Überspitzung hat leider den richtigen Ansatz des Preußischen Begriffs der Selbstverwaltung, an den hier wieder angeknüpft werden konnte, über Jahrzehnte hinweg völlig verdunkelt.

Jedenfalls muß das für staatsaufsichtslose Selbstverwaltungsträger gelten. So kann durch Landesgesetz etwa eine rechtswidrige Maßnahme des Bayerischen Rundfunks aufgehoben, im Fall rechtswidrigen Unterlassens eine Ersatzvornahme angeordnet, äußerstenfalls ein Beauftragter eingesetzt oder der Rundfunkrat aufgelöst werden.

Fraglich ist dagegen, ob der Gesetzgeber auch gegenüber aufsichtsunterworfenen Selbstverwaltungsträgern durch Einzelfallgesetz eingreifen kann. Der Legislative sind m. E. Eingriffe in die Gesetzesausführung durch Regierung und Verwaltung im Einzelfall verwehrt. Solange und soweit Staatsaufsichtsbefugnisse bestehen, sind Einzelfallgesetze über die Ausübung der Staatsaufsicht deshalb unzulässige Usurpationen materieller Regierungs- und Verwaltungsgeschäfte[143]). Das Parlament ist insoweit darauf beschränkt, die Regierung auf politischem Wege zum aufsichtlichen Einschreiten gegenüber Gemeinden, Krankenkassen, Industrie- und Handelskammern usw. zu veranlassen.

Die Selbstverwaltung kann demnach bis zur Aufsichtslosigkeit gesteigert werden, ohne die Einheit der Staatsgewalt zu sprengen. Aber auch soweit sie unter Staatsaufsicht steht, bleibt sie außerhalb der geschlossenen Wirkungseinheit von staatlicher Gesetzgebung, Regierung und Verwaltung freiheitliche gesellschaftliche Selbstverwaltung in den Schranken der Gesetze.

Deshalb bedeutet Staatsaufsicht nicht — wie R. v. Gneist formulierte — „eine fortlaufende Staatscontrolle, um die selbstverwaltende Gesellschaft in Erfüllung ihres staatlichen Berufs zu erhalten“[144]).

Sie bedeutet vielmehr behutsame Nachzeichnung der Grenzen, innerhalb deren die organisierten gesellschaftlichen oder fachlichen Kräfte von ihrer verfassungsrechtlichen oder gesetzlichen Freiheit zu schöpferischer Gestaltung eigener Angelegenheiten Gebrauch machen.

Und es muß vornehmstes Anliegen der Aufsichtsbehörden sein, diese ganz andere Berufung unvoreingenommen zu respektieren.

---

[143]) Zur Spaltung der Staatsrechtslehre in dieser Frage bis zur Weimarer Zeit Richard Thoma, Hdb. d. DStR Bd. 2 S. 147 und Fußnote 42; vgl. heute insbesondere Hans Schneider, Festschrift für Carl Schmitt, Berlin 1959 S. 159 ff. (171).

[144]) Die preußische Kreisordnung in ihrer Bedeutung für den inneren Ausbau des deutschen Verfassungsstaates, 1870, S. 189.

Leitsätze des Berichterstatters über: Staatsaufsicht in der Verwaltung

I. Begriff der Staatsaufsicht in der Verwaltung

1. Staatsaufsicht über juristische Personen des öffentlichen Rechts mit Selbstverwaltungsstatus und Staatsaufsicht über Private sind nicht wesensgleich. Die erstere ist darauf abgestellt, daß die Körperschaften, Anstalten und Stiftungen des öffentlichen Rechts zur selbständigen Wahrnehmung öffentlicher Interessen berufen sind. Die letztere ist dadurch gekennzeichnet, daß eine von Privaten geübte Tätigkeit, bei der dringende öffentliche Interessen auf dem Spiel stehen, in eben dem Maße ständiger staatlicher Überwachung ausgesetzt wird, als die gewissermaßen natürliche Verfolgung der privaten Interessen zurückgedrängt werden muß.

2. Staatsaufsicht kommt nur gegenüber Selbstverwaltungsträgern in Betracht. Juristische Personen des privaten Rechts sind nicht selbstverwaltungsfähig. Rechtsfähige Anstalten können dagegen mit Selbstverwaltung ausgestattet sein. Soweit ihre Selbstverwaltung reicht, werden mittels der Anstaltsverfassung entweder Repräsentanten einer Solidargemeinschaft aller sachlich Betroffenen (Rundfunkanstalten) oder fachlich besonders qualifizierte Persönlichkeiten (Bundesbank, Sparkassen) zur autonomen Gestaltung bestimmter Gemeinschaftsaufgaben eingesetzt.

3. Zur Staatsaufsicht gehört nicht die staatliche Verwaltung gegenüber einem Selbstverwaltungsträger, vor allem nicht die Gewährung von Subventionen, die Ausübung des staatlichen Entscheidungsanteils im Rahmen eines staatlich-korporativen Kondominiums o. ä. Es gibt keine allgemeine Verpflichtung des Staates zur Kooperation mit Selbstverwaltungsträgern, sondern nur ein Verbot von Willkür und Schikane.

4. Staatsaufsicht im weiteren Sinne ist die Ausübung aller Eingriffsbefugnisse, die der Staatsverwaltung gegenüber einem Selbstverwaltungsträger im eigenen und im übertragenen Wirkungskreis zustehen (engere Staatsaufsicht, Sonderaufsicht und Fachaufsicht).

Staatsaufsicht im engeren Sinne ist die Ausübung nur derjenigen Eingriffsbefugnisse, die der Staatsverwaltung gegenüber einem Selbstverwaltungsträger in dessen eigenem Wirkungskreis zustehen.

Dabei wird Selbstverwaltung als eine Organisationsform der öffentlichen Verwaltung verstanden, bei der vom Staat verschiedene juristische Personen des öffentlichen Rechts auf Grund verfassungsrechtlicher oder gesetzlicher Gewährung des Selbstverwaltungsstatus eigene Aufgaben mit eigenen Organen in eigenem Namen und im Rahmen der Gesetze auch in eigener administrativer und finanzieller Verantwortung erfüllen.

Unter die engere Staatsaufsicht gegenüber dem Selbstverwaltungsträger fällt deshalb die Ausübung nur derjenigen Eingriffsbefugnisse, die der Staatsverwaltung allein nach Maßgabe des Gesetzes und unter verwaltungsgerichtlicher Kontrolle zustehen.

Im Bereich der Pflichtaufgaben nach Weisung gehört das Weisungsrecht nicht zur engeren Staatsaufsicht. Es ist zwar gesetzlich begrenzt, aber nur objektivrechtlich, nicht individualrechtlich, nämlich gerade gegenüber dem Selbstverwaltungsträger. Eine Klage ist unzulässig.

II. Aufsichtsmaßstab

1. Die engere Staatsaufsicht ist stets Gesetzesausführung. Entscheidungsfreiheit gegenüber Selbstverwaltungsträgern ist undenkbar. Neben der strikt gebundenen Staatsaufsicht steht die richtlinienhaft gelenkte Staatsaufsicht, die einem Aufsichtsermessen zu Lasten des Selbstverwaltungsträgers Raum gibt.

2. Das Opportunitätsprinzip gilt für die Gesetzmäßigkeits- wie für die Zweckmäßigkeitsaufsicht. Das Eingriffsermessen, zu dem auch das die Selbstverwaltung blockierende Genehmigungsermessen gehört, wird zu Lasten, das Opportunitätsermessen zugunsten des Selbstverwaltungsträgers ausgeübt. Das erstere begründet eine vorher nicht bestehende Rechtswidrigkeit, das letztere negiert eine bestehende Rechtswidrigkeit.

3. Die zunehmende Verrechtlichung des Selbstverwaltungsbereichs und die damit verbundene Flucht in Generalklauseln kann es mit sich bringen, daß der Aufsichtsdirigismus obrigkeitsstaatlicher Prägung nur seine Methode ändert, nämlich politische Interventionen in juristischem Gewande vornimmt. Entscheidend wird deshalb immer mehr, was Selbstverwaltung bedeutet und wie danach die jeweils aufsichtsbestimmenden Rechtsnormen auszulegen sind.

4. Selbstverwaltung ist stets Wahrnehmung von Angelegenheiten, die der staatliche Gesetzgeber aus dem Aufgabenbereich der Staatsverwaltung ausgeschieden hat.

a) Selbstverwaltung kann dabei entweder nur auf der Ausgliederung von Angelegenheiten aus dem Aufgabenbereich der Staatsverwaltung beruhen oder auf der Ausgliederung von Angelegenheiten aus dem Aufgabenbereich des Staates schlechthin. Im ersteren Falle handelt es sich um die Bildung eines zweiten Vollzugsinstruments für die Gesetzesherrschaft, im zweiten Falle um einen grundsätzlichen Verzicht auf Gesetzesherrschaft. Die eine Selbstverwaltung ist wirklich nur mittelbare Staatsverwaltung, die andere Selbstverwaltung ist gesellschaftliche Selbstverwaltung.

b) Bei der mittelbaren Staatsverwaltung werden an sich staatliche Aufgaben in staatlichem Interesse wahrgenommen. Bei der gesellschaftlichen Selbstverwaltung fallen dem Selbstverwaltungsträger die vom Staat derelinquierten öffentlichen Angelegenheiten als notwendig eigene Angelegenheiten zur Erfüllung im eigenen Interesse an. Bei der mittelbaren Staatsverwaltung erteilt der Gesetzgeber einen positiven Verwaltungsauftrag mit bestimmten politischen Leitbildern und Richtlinien für die Wahrnehmung der staatlichen Aufgaben. Bei der gesellschaftlichen Selbstverwaltung gestalten die juristischen Personen des öffentlichen Rechts die anfallenden sozialen Eigenaufgaben nach selbstaufgestellten politischen Leitbildern.

c) Mittelbare Staatsverwaltung ist heteronome, vom Gesetz her richtlinienhaft gelenkte Ausübung von Verwaltungsermessen. Gesellschaftliche Selbstverwaltung bedeutet autonome, nach selbstgesetzten Leitbildern ausgeübte Entscheidungsfreiheit, wenn auch innerhalb gesetzlicher Schranken. Dort hat der Selbstverwaltungsträger nur innerhalb des Staates eine selbständige Rechtsstellung gegenüber der Exekutive. Hier ist der Selbstverwaltungsträger dem Bürger gleichgestellt.

d) Mittelbare Staatsverwaltung und verfassungsrechtlicher Schutz vor dem Gesetzgeber schließen sich im Zweifel aus. Denn die Verfassung wird den Selbstverwaltungsträger kaum zu einem zweiten Vollzugsinstrument des Gesetzgebers machen und zugleich vor Verwaltungsaufträgen des Gesetzgebers bewahren. Gesellschaftliche Selbstverwaltung und Verfassungsgarantie sind dagegen miteinander vereinbar. Denn es wird auf diese Weise auch dem Gesetzgeber verwehrt, durch staatliche Direktiven die schöpferische Entfaltung der gesellschaftlichen Kräfte zu überfremden. Aus der bürgerlichen Position des Selbstverwaltungsträgers folgt die Grundrechtsfähigkeit.

5. Die Selbstverwaltung steht seit dem Zusammenbruch in dem größeren Zusammenhang der vertikalen Gewaltenteilung. Der niemals völlig verschüttete Gedanke gesellschaftlicher Selbstverwaltung bestimmt heute die Struktur kommunaler, sozialer, kultureller, berufsständischer und wirtschaftlicher Selbstverwaltung.

6. In der Regel übernehmen die Selbstverwaltungsträger nur bei der Ausführung bürgeradressierter Gesetze Funktionen mittelbarer Staatsverwaltung. Sie vollziehen insoweit strikte gesetzliche Weisungen oder üben nach gesetzlichen Richtlinien Verwaltungsermessen gegenüber dem Bürger aus.

7. Der Gesetzgeber bedient sich in den an Selbstverwaltungsträger gerichteten Rechtsnormen vielfach positiver Formulierungen (z. B. „nach den Grundsätzen einer sparsamen und wirtschaftlichen Finanzgebahrung" [IHK-Ges.]), die jedoch nur als negative Begrenzung der Entscheidungsfreiheit verstanden werden dürfen (Umkehrinterpretation).

8. Gesetzliche Blankettverweisungen auf administrative Tatbestandsausfüllungsakte (Aufstellung von Verwaltungsvorschriften, Plänen u. a.) sind so auszulegen, daß die Rechtsnorm gegenüber den Selbstverwaltungsträgern bis zur Tatbestandsausfüllung unanwendbar bleibt. Die Ausfüllungsakte müssen darin schon nach Inhalt, Zweck und Ausmaß bestimmt sein, wenn der Charakter der Selbstverwaltungsaufgabe erhalten bleiben soll.

9. Die Staatsaufsicht zur Durchsetzung von Gesetz und Satzung ist nicht gleichen Inhalts. Gesetze, die nicht bürgeradressiert sind, sollen im Zweifel nur die Entscheidungsfreiheit des Selbstverwaltungsträgers von außen her limitieren. Satzungen stellen im Zweifel Richtlinien auf, die ein wirkliches Verwaltungsermessen der Selbstverwaltungsorgane von innen her determinieren.

10. Genehmigungsvorbehalte sind gesetzliche Einschränkungen des Selbstverwaltungsrechts, kraft deren bestimmte Rechtsakte erst wirksam werden, wenn eine staatliche Behörde gegenüber dem Selbstverwaltungsträger ihre Zustimmung erklärt. Die Genehmigungen werden nicht Bestandteil der Satzung, des Vertrages, des Haushaltsplans usw.

11. Der genehmigungsbedürftige Rechtsakt bleibt grundsätzlich eine Maßnahme freier gesellschaftlicher Selbstverwaltung. Die Genehmigung ist ein aufsichtliches Unbedenklichkeitszeugnis, nicht staatliche Sanktion.

12. Die Genehmigungsbehörde ist nur dann auf eine bloße Gesetzmäßigkeitskontrolle beschränkt, wenn das Gesetz dies ausdrücklich hervorhebt (wie z. B. in §§ 6, 11 BBauG).

13. In der Regel eröffnen Genehmigungsvorbehalte eine Zweckmäßigkeitskontrolle nur daraufhin, ob der Selbstverwaltungsakt vom recht verstandenen Eigeninteresse des Selbstverwaltungsträgers her bestimmten Bedenken unterliegt.

14. Bei Genehmigungsvorbehalten, die gerade bestimmte staatliche Interessen gegenüber dem Eigeninteresse des Selbstverwaltungsträgers zur Geltung bringen sollen, darf die Ablehnung nur auf eine Kollision mit den betreffenden staatlichen Interessen gestützt werden.

III. Aufsichtsmittel

1. Nach der Eingriffsintensität ergibt sich folgende Stufenfolge:

a) Auskunftsverlangen

b) Beanstandung rechtswidrigen Handelns oder Unterlassens

c) Ersatzweise Aufhebung oder ersatzweise Vornahme der Selbstverwaltungsmaßnahme

d) Einsetzung eines ersatzweise handelnden Beauftragten

e) Ausschaltung der Selbstverwaltung durch echtes staatliches Reglement oder staatlichen Selbsteintritt.

2. Aufsichtsmittel höherer Stufe sind in der Regel erst nach Erschöpfung der vorhergehenden zulässig.

3. Das Aufsichtsmittel darf seiner stufengemäßen Intensität nach nicht außer Verhältnis zur Schwere der Rechtsverletzung stehen.

4. Sind im Gesetz nur Aufsichtsmittel einer höheren Stufe erwähnt, so können auch die Aufsichtsmittel einer geringeren Stufe angewendet werden.

Sind im Gesetz nur Aufsichtsmittel einer geringeren Stufe erwähnt, so können Aufsichtsmittel einer höheren Stufe nicht angewendet werden.

Sieht das Gesetz nur ganz allgemein eine Staatsaufsicht vor, ohne bestimmte Aufsichtsmittel zu erwähnen, sind zumindest staatliche Reglements und staatlicher Selbsteintritt ausgeschlossen.

IV. Staatsaufsicht und Staatsbegriff

1. Die Staatsaufsicht ist weder Begriffsmerkmal der Körperschaft des öffentlichen Rechts noch notwendige Folge des Körperschaftscharakters. Forderungen dieser Art gehen an der Struktur des Staates vorbei.

2. Auch die Aufsichtsfreiheit von Selbstverwaltungsträgern läßt die Staatsgewalt ungeteilt. Keine Teilung der Staatsgewalt, sondern Verteilung der Staatsfunktionen.

3. Soweit die Selbstverwaltung aufsichtsfrei oder nur mit beschränkten Aufsichtsmitteln geführt wird, steht sie unter unmittelbarer Gerichts- und Gesetzgebungskontrolle des Staates. Selbstverwaltungsgesetze auch Einzelfallgesetze.

Staatsaufsicht in der Wirtschaft

2. Mitbericht von Professor Dr. Martin Bullinger, Freiburg*)

Wer das einigermaßen gesicherte Vorstellungsbild der Staatsaufsicht über selbständige Verwaltungsträger verläßt und es unternimmt, von einer Staatsaufsicht in der Wirtschaft zu sprechen, muß damit rechnen, bei Nationalökonomen wie bei Juristen Unbehagen zu erwecken[1]). Das Wort „Staatsaufsicht" wird leicht im Sinne einer staatlichen Bevormundung der Wirtschaft oder gar als Vorform der Verstaatlichung verstanden[2]) und stößt damit auf all die Bedenken, die gegen die sog. Intervention des Staates in die Wirtschaft erhoben werden. Zu diesem wirtschaftspolitischen Unbehagen gesellen sich juristisch-begriffliche Schwierigkeiten. Ein ausgeformtes Institut der Staatsaufsicht findet sich nur in bezug auf selbständige Verwaltungsträger. Die Aufsicht über Private wird von der Verwaltungsrechtslehre als sog. „Untertanenaufsicht" teilweise erwähnt, aber im allgemeinen nicht vertiefend behandelt; sie ist dem System des „Allgemeinen Teils" fremd geblieben[3]). Im Wirtschaftsverwaltungsrecht werden vielfach

---

*) Die in eckige Klammern gesetzten Abschnitte wurden aus Zeitgründen nicht vorgetragen. Die Fußnoten mußten erheblich gekürzt werden und können so nur eine Auswahl des Materials bieten.

1) „Das Wort Staatsaufsicht erweckt in jedem Staatsbürger zwiespältige Gefühle, auch bei all denen, die positiv zum Staat eingestellt und gewillt sind, dem Staat zu geben, was des Staates ist" (Lang, in: Zur Reform des Genossenschaftsrechts, Referate und Materialien, 3. Bd. (1959) S. 195).

2) Schüle, VVDStRL, Heft 11, S. 90 f., ordnet die beaufsichtigten Wirtschaftsunternehmen „in der Mitte" zwischen Privat- und Staatswirtschaft ein und stellt sie in ein „Sonderverhältnis" zum Staat. Reuß, Hdb. der Grundrechte, Bd. 3, 1. Halbbd. S. 131, ist der Auffassung, eine Staatsaufsicht würde private Wirtschaftsverbände zu öffentlich-rechtlichen Körperschaften machen.

3) Vgl. die punktuellen Bemerkungen bei: Forsthoff, Lehrbuch des Verwaltungsrechts I, 8. Aufl., S. 63 f., 185, 418 f., 430 f.; H. J. Wolff, Verwaltungsrecht I, 5. Aufl., § 43 V b und Verwaltungsrecht II, § 77 II; W. Jellinek, Verwaltungsrecht, 3. Aufl. (1931) S. 183, 460, 529. Otto Mayer, Deutsches Verwaltungsrecht, 3. Aufl., Bd. 2, S. 292 f., kennt nur eine Staatsaufsicht über rechtsfähige Verwaltungseinheiten, daneben noch eine „Aufsicht"

Ausdrücke wie Aufsicht, Kontrolle und Überwachung ohne genauere Abgrenzung nebeneinander verwendet und mit der Wirtschaftslenkung in eine Gemengelage gebracht[4]). Die umfangreiche Literatur zur Aufsicht über bestimmte einzelne Wirtschaftszweige, insbesondere zur Versicherungs- und Bankenaufsicht, führt nur vereinzelt über engere Fachfragen hinaus zu allgemeinen Erkenntnissen für die Staatsaufsicht[5]).

Diese Ausgangslage macht es erforderlich, zunächst das geltende Gesetzesrecht und die Entwicklungsgeschichte der Staatsaufsicht darauf zu prüfen, in welchem Sinne von einer Staatsaufsicht auch in der Wirtschaft gesprochen werden kann. Der so gewonnene Begriff der Staatsaufsicht ist dann

---

über beliehene Unternehmer (aaO., S. 257) und eine „Überwachung" im besonderen Gewaltverhältnis (Bd. 1, S. 354); ähnlich Fleiner, Institutionen, 8. Aufl., S. 165, 347. Eine eingehendere Behandlung der Untertanenaufsicht findet sich bei Triepel, Die Reichsaufsicht, S. 102 f., inbes. S. 135 f., 145 f., 153. Die einzige Monographie über die Wirtschaftsaufsicht, Breit, Staatsaufsicht über Privatunternehmungen, Erlanger Diss. 1936 (Zeulenroda 1937) leidet an zeitbedingten Schwächen. Aufschlußreich sind die freilich gedrängten Darlegungen von Köttgen, HDSW, Bd. 9, S. 738 f.; Frick, Die Staatsaufsicht über die kommunalen Sparkassen (1962) S. 64 f.; Fröhler, Die Staatsaufsicht über die Handwerkskammern (1957) S. 16 f. Grundsätzlich mit der „Aufsicht des Staates über die Gesellschaft" befaßt sich neuestens Herbert Krüger, Allgemeine Staatslehre, S. 555 f.

[4]) E. R. Huber, Wirtschaftsverwaltungsrecht, 2. Aufl., Bd. 1, kennzeichnet z. B. die „Kartellaufsicht" (S. 34, 393) als „ordnungspolitische Wirtschaftsüberwachung", die nichts anderes sei als „Wirtschaftslenkung mit umgekehrten Vorzeichen" (S. 333). Forsthoff, (Lehrbuch, 8. Aufl., S. 65) spricht hier von „wirtschaftspolizeilicher Kontrolle" und „negativer Wirtschaftslenkung". Scheuner (VVDStRL Heft 11) bezeichnet die „Aufsicht über die großen Kräfte der sozialen Gruppen" als Funktion der staatlichen Lenkung (S. 46 f.). Unklar ist der Sprachgebrauch auch in den Wirtschaftswissenschaften, wo die Staatsaufsicht als besonderes Institut offenbar überhaupt nicht erkannt und mehr oder weniger verschwommen von staatlicher „Aufsicht" oder „Kontrolle" gesprochen wird, wobei man sich darunter anscheinend ein Gemenge von Lenkung, Leitung und Aufsicht vorstellt. Vgl. etwa Pütz, Theorie der allgemeinen Wirtschaftspolitik und Wirtschaftslenkung (1948) S. 165, 255; Giersch, Allgemeine Wirtschaftspolitik, Bd. 1 (1960) S. 168, 176 f., 312 f., 343 f.; Miksch, Wettbewerb als Aufgabe, 1. Aufl. (1937) S. 12, 73 f.; Eucken, Ordo Bd. 2 (1949) S. 1 f., 64 f.; v. Hayek, Ordo Bd. 6 (1954) S. 3 f., 11 f.; Haussmann, Die öffentliche Hand in der Wirtschaft (1954) S. 21, 25 f., 83.

[5]) Nur wenige wesentliche Abhandlungen aus neuerer Zeit können hier herausgegriffen werden: Werner Weber, Ztschr. f. d. ges. Versicherungswissenschaft, Bd. 50, 1961, S. 333 f., und Art. Versicherungsaufsicht in HDSW, Bd. 11, S. 205 f.; Starke, Versicherungswirtschaft 1963, S. 165 f., 203 f.; Hans Peters, in: Festschrift für Heinrich Lehmann zum 80. Geburtstag, 2. Band (1956) S. 894 f.

rechtssystematisch und verfassungstheoretisch einzuordnen. Anschließend sollen die wichtigsten Formen und Mittel der Staatsaufsicht über Wirtschaftsunternehmen untersucht werden. Als Letztes sei ein kurzer Hinweis auf die Fragen gestattet, die für die Staatsaufsicht aus dem Zusammenschluß zu einem größeren Wirtschaftsgebiet erwachsen.

I.

Das geltende Gesetzesrecht kennt eine staatliche Aufsicht nicht nur über selbständige Verwaltungsträger, sondern auch über Wirtschaftsunternehmen. Um mit einem Beispiel aus der jüngsten Zeit zu beginnen: Vor zwei Jahren erging das Gesetz über das Kreditwesen[6]), nach dem ein Bundesaufsichtsamt die „Aufsicht" über die Kreditinstitute ausübt, eine Aufsicht, die nach der Bankenkrise von 1931 erstmals durch das Kreditwesengesetz von 1934[7]) eingeführt worden war[8]). Frühere Verfassungsepochen haben ebenfalls ihren Beitrag zur Staatsaufsicht über die Wirtschaft geleistet, wie sie heute besteht. So sind die privaten Eisenbahnen von Anfang an unter Staatsaufsicht gestellt worden[9]). Aus der Zeit des Kaiserreichs stammen die Gesetze, aufgrund deren die Börsen[10]), die Versiche-

---

[6]) Vom 10. 7. 1961 (BGBl. I, S. 881), §§ 32 ff.

[7]) Vom 5. 12. 1934 (RGBl. I, S. 1203), §§ 30 f. Nach mehreren vorausgegangenen Änderungen wurde das Gesetz 1939 in veränderter Fassung neu bekanntgemacht (RGBl. I, S. 1953) und 1944 nochmals wesentlich geändert (VO vom 18. 9. 1944, RGBl. I, S. 211). Vgl. im einzelnen Szagunn-Neumann, Komm. zum Gesetz über das Kreditwesen (1961) S. 6.

[8]) Schon im Jahre 1931 war durch Notverordnungen des Reichspräsidenten (vom 19. 9. 1931, RGBl. I, S. 493, 501 und vom 8. 12. 1931, RGBl. I, S. 699, 704) ein Reichskommissar für das Bankgewerbe bestellt worden, der Auskünfte verlangen konnte, aber kein umfassendes Aufsichtsrecht mit Anordnungsgewalt besaß. Vgl. Szagunn-Neumann, aaO., S. 5 f.

[9]) § 5 des AllgEisenbG vom 29. 3. 1951 (BGBl. I, S. 225), i. d. F. vom 1. 8. 1961 (BGBl. I, S. 1161) enthält keine materielle Regelung der Eisenbahnaufsicht, sondern setzt insoweit das Landesrecht voraus; vgl. für die ehem. preußischen Gebiete § 46 des preußischen Gesetzes über die Eisenbahn-Unternehmungen vom 3. 11. 1838 (GS, S. 505). Der Musterentwurf eines einheitlichen Landeseisenbahngesetzes enthält eine Aufsichtsklausel in § 32. Zu alledem Haustein, Die Eisenbahn im deutschen öffentlichen Recht (1960) S. 91 f., 105 f., 130 f.

[10]) § 1 Abs. 2, § 2 des Börsengesetzes vom 22. 6. 1896 (RGBl. S. 157) i. d. F. der Bek. vom 27. 5. 1908 (RGBl. S. 215) mit späteren, verhältnismäßig unbedeutenden Änderungen. Die geltende Fassung ist zu finden bei Meyer-Bremer, Komm. zum Börsengesetz, 4. Aufl. (1957).

rungsunternehmen[11]) und die Hypothekenbanken[12]) einer besonderen „Aufsicht“ staatlicher Behörden unterliegen. [Nach dem ersten Weltkrieg wurde ein allgemeines Institut der Steueraufsicht ausgebildet[13]), ferner eine Aufsicht über gemeinnützige Siedlungsunternehmen begründet[14]).] Das Energiewirtschaftsgesetz von 1935 brachte eine zentrale Aufsicht über die Elektrizitäts- und Gaswirtschaft[15]). Aus etwa derselben Zeit stammt die Aufsicht über Personen- und Güterkraftverkehrsunternehmen, die durch jüngere Gesetze bestätigt worden ist[16]). Naturwissenschaftlich-technische Entwicklungen haben

---

[11]) Gesetz über die privaten Versicherungsunternehmen vom 12. 5. 1901 (RGBl. S. 139), als Gesetz über die Beaufsichtigung der privaten Versicherungsunternehmen und Bausparkassen (VAG) neu bekanntgemacht am 6. 6. 1931 (RGBl. I, S. 315, 750) mit späteren Änderungen; insbesondere §§ 1, 81, 81 a, 87. Vgl. den Text bei Prölss, Komm. zum VAG, 4. Aufl. (1963) S. 93 f. Wesentlich ist ferner das Gesetz über die Errichtung eines Bundesaufsichtsamtes für das Versicherungs- und Bausparwesen vom 31. 7. 1951 (BGBl. I, S. 480), i. d. F. des Gesetzes vom 22. 12. 1954 (BGBl. I, S. 501), das die Verteilung der Aufsichtsbefugnisse zwischen dem Bundesaufsichtsamt und den Landesbehörden in bezug auf privatrechtliche wie öffentlich-rechtliche Versicherungsunternehmen regelt (§§ 2—6).

[12]) §§ 3, 4 des Hypothekenbankgesetzes vom 13. 7. 1899 (RGBl. S. 375) mit Änderungen. Zuletzt neu gefaßt durch das Gesetz vom 14. 1. 1963 (BGBl. I, S. 9), neu bekanntgemacht am 5. 2. 1963 (BGBl. I, S. 81); die Hypothekenbankaufsicht ist dadurch organisatorisch in die allgemeine Bankaufsicht eingefügt worden, mit dem Wegfall insbesondere der besonderen Staatskommissare, doch sind die materiellrechtlichen Besonderheiten der Aufsicht im wesentlichen bestehen geblieben; vgl. zu den Gründen BT Drucks. IV/624.

[13]) Bis zum Inkrafttreten der AO 1919 waren nur bestimmte Steuerpflichtige, insbesondere verbrauchssteuerpflichtige Betriebe, einer Steueraufsicht unterworfen. Die AO faßte zunächst nur das geltende Recht zusammen, doch wurde im Wege einer erweiternden Auslegung und vor allem durch Gesetzesänderungen nach und nach eine allgemeine Steueraufsicht herausgebildet; vgl. H. Paulick, FR 1956 S. 506 f.; K. Vogel, in: Felix, Vom Rechtsschutz im Steuerrecht (1960) S. 199 f.; Enno Becker, StW 1937 Sp. 1385 f.

[14]) § 1, Abs. 2, des Reichssiedlungsgesetzes vom 11. 8. 1919 (RGBl. S. 1429) mit Änderungen, = BGBl. III 2331—1.

[15]) § 1 des Gesetzes zur Förderung der Energiewirtschaft vom 13. 12. 1935 (RGBl. I, S. 1451).

[16]) § 11 des Gesetzes über die Beförderung von Personen zu Lande vom 4. 12. 1934 (RGBl. I, S. 1217), das abgelöst worden ist durch das Personenbeförderungsgesetz vom 21. 3. 1961 (BGBl. I, S. 241), § 54. Der Güterfernverkehr wurde nach mehreren schwächeren Lösungsversuchen seit 1919 durch das Gesetz über den Güterfernverkehr mit Kraftfahrzeugen vom 26. 6. 1935 (RGBl. I, S. 788) stark reglementiert und einer Aufsicht (§ 24) unterworfen; heute gilt das Güterkraftverkehrsgesetz vom 17. 10. 1952 (BGBl. I, S. 697), zuletzt geändert durch das Gesetz vom 1. 8. 1961 (BGBl. I, S. 1153, 1157), mit einer Aufsicht über den Güterfernverkehr (§§ 77 ff.) und den Güternahverkehr

zum Atomgesetz von 1959[17]) geführt, nach dem u. a. der Umgang und Verkehr mit Kernbrennstoffen, deren Beförderung und der Betrieb von Kernreaktoren einer „staatlichen Aufsicht" unterliegen.

Angesichts dieser historischen Stückelung der Bestimmungen über die Staatsaufsicht versteht es sich beinahe von selbst, daß von Gesetz zu Gesetz Unterschiede bestehen. Die Frage ist aber, ob aus dem Gewirr von individuellen Aufsichtsklauseln überhaupt ein Rechtsinstitut der Staatsaufsicht auch über Wirtschaftsunternehmen herausgeschält werden kann oder ob nur ein trügerischer Gleichklang des Wortes „Aufsicht" Gebilde grundverschiedener Art zu einer scheinbaren Einheit verbindet.

Zunächst stellt sich heraus, daß nicht alle Gesetze, die von einer „Aufsicht" über Wirtschaftsunternehmen sprechen, darunter neben der Überwachung auch die Befugnis verstehen, die Abstellung festgestellter Mängel zu verlangen und notfalls zu erzwingen; es fehlt also z. T. an der von Triepel[18]) so genannten Berichtigungsfunktion [und damit an einem wesentlichen Element der Staatsaufsicht, wie sie über Gemeinden und andere selbständige Verwaltungsträger ausgeübt wird]. So dient die Steueraufsicht lediglich dazu, steuererhebliche Tatsachen zu ermitteln; die Folgerungen werden im Veranlagungsverfahren oder im Steuerstrafverfahren gezogen[19]). Das sind aber Ausnahmeerscheinungen. Das Gesetz über das Kreditwesen beispielsweise regelt in seinem Dritten Abschnitt unter der Überschrift „Vorschriften über die Beaufsichtigung der Kreditinstitute" hauptsächlich die Befugnisse zur Beseitigung festgestellter Mängel, so u. a. die Rücknahme der Erlaubnis, das Verlangen nach Abberufung ungeeigneter Geschäftsleiter, das Einschreiten gegen einen nicht genehmigten

(§ 87). Zur Entwicklung: Balfanz, Komm. zum Güterkraftverkehrsgesetz (1960) S. 1 f.

17) Vom 23. 12. 1959 (BGBl. I, S. 814), § 19.

18) Reichsaufsicht, S. 120.

19) § 201 AO wird zwar sehr weit und mißverständlich dahin ausgelegt, die Steueraufsicht gebe der Finanzbehörde das Recht, „im Interesse der Besteuerung alle Maßnahmen zu ergreifen und durchzuführen, die notwendig sind, um den mit den Steuergesetzen beabsichtigten Zweck zu erreichen" (BFH vom 22. 11. 1951, BStBl. III, 1952, S. 27 f.). Wie der Gesamtzusammenhang dieser und ähnlicher Entscheidungen zeigt, ist aber in Wahrheit nur an Auskünfte und Überprüfungen gedacht. Vgl. die Rechtsprechungsübersicht bei Kuehn, StW, 1949, Sp. 569 f., insbes. Sp. 571 f.; Ehlers, StbJb. 1959/60, S. 523 f., 542; Hübschmann-Hepp-Spitaler, Komm. zur AO, Randn. 7 zu § 201. Keinen Aufschluß gibt Klaus Vogel, aaO.

Bankbetrieb und die einschneidenden Eingriffe in die Geschäftsführung, die dem Bundesaufsichtsamt zu Gebote stehen, sobald ein Kreditinstitut in Schwierigkeiten gerät[20]). Nur einer von vielen Paragraphen befaßt sich mit der bloßen Beobachtung und gewährt dem Bundesaufsichtsamt die üblichen Ermittlungsbefugnisse[21]), nämlich das Recht, Auskünfte oder die Vorlage von Geschäftsunterlagen zu verlangen und Prüfungen vorzunehmen, ergänzt durch die Möglichkeit, Bedienstete des Amts an den Sitzungen der Organe rechtsfähiger Kreditinstitute teilnehmen zu lassen[22]). [Klaren Aufschluß gibt auch das Güterkraftverkehrsgesetz. Hier wird die bloß ermittelnde Tätigkeit der Bundesanstalt für den Güterfernverkehr „Überwachung" genannt[23]), während die umfassendere Befugnis, die insbesondere die Entziehung der Erlaubnis einschließt, als „Aufsicht" bezeichnet ist[24]).]

Größere Sinnvarianten ergeben sich, sobald man prüft, ob eine allgemein formulierte Aufsichtsklausel in Wirtschaftsgesetzen nur als Hinweis auf die im einzelnen bezeichneten Aufsichtsmittel oder als eine Generalermächtigung gedacht ist, die der Aufsichtsbehörde ein umfassendes Aufsichtsinstrumentarium zur Verfügung stellt, wie es etwa im Gemeinderecht ausgebildet worden ist. § 77 des Güterkraftverkehrsgesetzes wird z. B. dahin ausgelegt, die Aufsichtsbehörde sei auf die ausdrücklich genannten Aufsichtsmittel, d. h. auf die Rücknahme der Genehmigung oder die Einleitung eines Bußgeldverfahrens[25]) beschränkt[26]); aus dem fast gleichlautenden § 54 des Personenbeförderungsgesetzes liest man demgegenüber mit Hilfe der amtlichen Begründung heraus, die Aufsichtsbehörde habe das Recht und die Pflicht, dem Unternehmer „Weisungen" zu erteilen, d. h. ihn durch Verwaltungs-

---

[20]) §§ 35—38, 46.

[21]) Vgl. etwa Thomae, Auskunfts- und Betriebsprüfungsrecht der Verwaltung (1955) mit einer Übersicht über die üblichen Auskunftsrechte S. 98 f.

[22]) § 44. Die Beobachtungsbefugnisse sind außerhalb des Abschnittes durch eine Reihe von Anzeige- und Mitteilungspflichten ergänzt, so durch die Pflicht der Kreditinstitute, Groß- und Organkredite anzuzeigen (§§ 13—16), Monatsausweise und den Jahresabschluß vorzulegen (§§ 25, 26).

[23]) Vgl. §§ 54 f., 97 a und 97 b GüKG.

[24]) §§ 77, 87.

[25]) Vgl. §§ 78, 98 f. GüKG.

[26]) So jedenfalls der offiziöse Komm. zum GüKG von Hein-Eichhoff-Pukall-Krien, 1. und 2. Aufl., Bd. 2, Anm. 1 und 2 (insbes. Anm. 2 Abs. 2) zu § 77; unklar Balfanz, aaO., Anm. 1 zu § 78.

akte zur Erfüllung seiner Verpflichtungen anzuhalten[27]). [Dasselbe Schicksal divergierender Auslegung erleiden § 1 des Versicherungsaufsichtsgesetzes und § 6 des Kreditwesengesetzes, die beide eine Aufsicht „nach den Vorschriften dieses Gesetzes" begründen[28]). Diese Formel wird, wie der Wortlaut nahelegt, im Versicherungsaufsichtsrecht als Verweis auf die einzeln aufgezählten, freilich sehr umfassenden Aufsichtsmittel[29]) verstanden[30]), während sie demgegenüber beim Kreditwesengesetz nach der amtlichen Begründung als lückenfüllende Grundlage für alle erforderlichen Aufsichtsmaßnahmen dienen soll[31]). Auch sonst gibt der reine Wortlaut der allgemeinen Aufsichtsklauseln wenig Aufschluß darüber, welche Befugnisse daraus für die Aufsichtsbehörden erwachsen sollen[32]).]

Große Bedeutung kommt weiter der Frage zu, ob die verschiedenen Aufsichtsklauseln in Wirtschaftsgesetzen eine Gemeinsamkeit hinsichtlich des Maßstabes aufweisen, an dem das Verhalten der Beaufsichtigten gemessen wird. Der Personenbeförderungsunternehmer unterliegt der Aufsicht der Genehmigungsbehörde ausdrücklich nur „hinsichtlich der Erfüllung der Vorschriften dieses Gesetzes sowie der hierzu erlassenen Rechtsverordnungen und der Einhaltung der durch

[27]) Wegen der verfehlten Verwendung des Wortes „Weisungen" vgl. Rautenberg-Frantzioch (Referenten-)Komm. zum PersBefG (1961) Anm. 1 zu § 54; unklar R. Sigl, Komm. zum PersBefG (1962) Anm. 2 zu § 54; Weisungen könnten, müßten aber nicht selbständige Amtshandlungen sein (?); korrekter W. Greif, Komm. zum PersBefG (1961) Randn. 17—20 zu § 54.

[28]) In § 1 VAG heißt es genau: „nach diesem Gesetze".

[29]) § 81 Abs. 2 VAG gibt praktisch eine Generalklausel für Aufsichtsmaßnahmen; vgl. ferner insbes. § 87 (Untersagen des Geschäftsbetriebes).

[30]) Prölss, Komm. zum VAG 4. Aufl. Anm. 16 zu § 1, folgert aus dem Gesetzmäßigkeitsgrundsatz, jede Maßnahme der Aufsichtsbehörde müsse ihre Grundlage im geschriebenen Aufsichtsrecht haben; ebenso schon Berliner-Fromm, Komm. zum VAG, 4. Aufl. (1932), S. 82.

[31]) BT Drucks. III Nr. 1114, Satz 2 und 3 (S. 30) der Begründung zu § 6; Zimmerer-Schönle, Komm. zum Kreditwesengesetz (1962) Randn. 1, 2 zu § 6; Frick, Die Staatsaufsicht über die kommunalen Sparkassen, S. 208 f.; unentschieden Szagunn-Neumann, Komm. zum KWG Randn. 13 zu § 6, Randn. 22 und 24 zu § 6, Randn. 50 zu § 13.

[32]) Jede Aufsichtsklausel bedarf individueller Prüfung. § 1 des Energiewirtschaftsgesetzes z. B., von dem man es am wenigsten erwartete, ist offenbar nicht als Generalklausel zu verstehen, sondern nur als Bestimmung von Zuständigkeit und Aufgabe, wobei die Aufsichtsbefugnisse in den §§ 2 f. abschließend aufgeführt sind (vgl. Eiser-Riederer-Sieder, Energiewirtschaftsrecht, Komm., 2. Aufl. (1958, Stand 1961) Anm. 4 b zu § 1 EnergWiG.

die Genehmigung auferlegten Verpflichtungen (Bedingungen, Auflagen)"[33]). Ähnlich gefaßt sind die Maßstabklauseln des Güterkraftverkehrsgesetzes[34]), des Atomgesetzes[35]) und des Hypothekenbankgesetzes[36]); die Gewerbeaufsicht ist ohnehin auf die Überwachung einzeln aufgezählter gesetzlicher Vorschriften beschränkt[37]). In all diesen Fällen bezieht sich die Aufsicht lediglich auf die Rechtmäßigkeit, nicht aber auf die Zweckmäßigkeit des Verhaltens der Beaufsichtigten. Diese Begrenzung wird allerdings in Frage gestellt, wenn die gesetzliche Vorschrift, die den Maßstab bilden soll, unbestimmte Begriffe enthält und dadurch keinen eindeutigen Rechtsgehalt aufweist. Die Aufsicht nach dem Personenbeförderungsgesetz richtet sich z. B. auf die Einhaltung auch des sehr vage formulierten § 48, nach dem Ausflugsfahrten die „öffentlichen Verkehrsinteressen" nicht beeinträchtigen dürfen[38]).

Damit ist schon die Brücke zu den Aufsichtsbestimmungen geschlagen, die ohne den Umweg über unbestimmt gefaßte Gesetze selbst einen unbestimmten Sachbegriff zum Maßstab nehmen, wie z. B. § 81 des Versicherungsaufsichtsgesetzes. Danach kann die Aufsichtsbehörde gegenüber den Versicherungsunternehmen Anordnungen treffen, die geeignet sind, „Miß-

---

[33]) § 54 PersBefG.

[34]) §§ 77, 87 GüKG für den Güterfernverkehr.

[35]) § 19 des Atomgesetzes gibt allerdings zu Zweifeln Anlaß, weil Abs. 1 nur „insbesondere" die Beachtung der Gesetze usw. als Maßstab bezeichnet; eindeutiger ist dann Abs. 3, der allerdings in eine Ermächtigung zum Erlaß polizeilicher Anordnungen übergeht. Mattern-Raisch, Komm. zum Atomgesetz (1961), führen aus (Anm. 1 zu § 19), § 19 Abs. 1 Satz 2 zähle nur „Beispiele auf, worauf sich die Aufsicht zu erstrecken" habe; eine weitere Klärung ist zu vermissen. Sie fehlt auch in dem Komm. von Fischerhof, Deutsches Atomgesetz und Strahlenschutzrecht (1962) Anm. zu § 19.

[36]) § 4 des Hypothekenbankgesetzes führt als Maßstab zusätzlich die Satzung und die „sonst in verbindlicher Weise getroffenen Bestimmungen" auf; das ist aber nur scheinbar eine Besonderheit, da die Satzungen und z. B. die sog. „Anweisungen" für die Wertermittlung von der Aufsichtsbehörde genehmigt werden müssen und durch diese Genehmigung, sozusagen im Wege einer implizierten Auflage, für die Hypothekenbank auch öffentlich-rechtlich verbindlich werden. Vgl. Göppert-Seydel-Friedländer, Komm. zum Hypothekenbankgesetz, 3. Aufl. (1929), Anm. 2 zu § 4, Anm. 1 zu § 13; Barlet-Karding, Komm. zum Hypothekenbankgesetz (1957) Anm. 2 zu § 4, Anm. 2 zu § 13.

[37]) Vgl. §§ 139 b, 24 d GewO.

[38]) Die „öffentlichen Verkehrsinteressen" sind zwar dahin spezifiziert, daß nicht einem Schienen-, Omnibus- oder Kraftfahrzeuglinienverkehr „in erheblichem Umfange Fahrgäste entzogen" werden dürfen; die Voraussetzungen des aufsichtsbehördlichen Einschreitens sind damit aber nicht sehr viel klarer umgrenzt.

stände zu beseitigen, welche die Belange der Versicherten gefährden oder den Geschäftsbetrieb mit den guten Sitten in Widerspruch bringen"[39]). Diese Bestimmung bot nicht nur nach 1933 die Handhabe zu einer umfassenden Reglementierung ohne jede Gesetzesänderung[40]), sondern wird auch heute vom Bundesaufsichtsamt dazu benutzt, durch Rundschreiben an alle Versicherungsunternehmen genaue Vorschriften für deren Geschäftstätigkeit zu erlassen und dabei jeden ernstlichen Wettbewerb zu unterbinden[41]). [Die Mißbrauchsklausel des § 81 bleibt eine sehr unbestimmte Generalermächtigung selbst dann, wenn man versucht, sie von dem überdies sehr umstrittenen Schutzzweck des Gesetzes her zu begrenzen[42]).

Ähnliche Fragen wirft das Kreditwesengesetz auf. Nach § 6 Abs. 2 hat das Bundesaufsichtsamt „Mißständen im Kreditwesen entgegenzuwirken, die die Sicherheit der den Kreditinstituten anvertrauten Vermögenswerte gefährden, die ordnungsmäßige Durchführung der Bankgeschäfte beeinträchtigen oder erhebliche Nachteile für die Gesamtwirtschaft herbeiführen können". Das Aufsichtsamt besitzt insoweit zwar keine Anordnungsgewalt, kann aber auf dem Hintergrund seiner

---

[39]) § 81 Abs. 2 Satz 1 VAG.

[40]) Vgl. die bemerkenswert offenen und kritischen Ausführungen von Werner Weber, Die Bank 1941 S. 421 f. und 996 f., ferner in: Grund- und Zeitfragen der Versicherungswirtschaft und Versicherungswissenschaft, Heft 1 (1941) S. 60 f., 79 f.

[41]) Vgl. etwa den stattlichen Katalog wichtiger Beispiele aus der auf § 81 VAG gestützten Reglementierungspraxis des Bundesaufsichtsamtes bei Prölss, aaO., Anm. 10 zu § 81, S. 542 f.; ferner im Anhang zu einem Referat von Starke in: 50 Jahre materielle Versicherungsaufsicht, Bd. 1 (1952) S. 291 f. Zur älteren Praxis der Handhabung der Mißbrauchsklausel vgl. Starke aaO. S. 87 f.

[42]) Hans Peters in Festschrift für Heinrich Lehmann (1956) Band 2, S. 894, will die Versicherungsaufsicht auf eine gewerbepolizeiliche Gefahrenabwehr (Schutz der Versicherten gegen Gefahren) beschränken und ihr Erwägungen des Schutzes der Volkswirtschaft oder Wirtschaftsförderung verwehren. Ebenso Prölss aaO. S. 14 f.; J. Sasse, in: Rechtsfragen der Individualversicherung, Festgabe für Prölss (1957) S. 231 f. (240, 243 f.); Starke (in: 50 Jahre materielle Versicherungsaufsicht, Band 3, S. 58 f., mit einem Überblick über die Zwecktheorien, insbes. S. 65 f.) will dagegen mit einer „Strukturtheorie" die Erhaltung der Struktur und normalen Funktionsfähigkeit der Versicherungsunternehmungen als das Hauptanliegen der Versicherungsaufsicht sehen und den Schutz einzelner Versicherter dahinter zurücktreten lassen (vgl. auch in: Versicherungswirtschaft 1963, S. 165 f., 210 f.). Werner Weber gibt der Privatversicherung zum Teil eine neue Deutung im Sinne einer Entlastung staatlicher Daseinssicherung durch gesellschaftliche Selbsthilfe und vermittelt von da her auch der Versicherungsaufsicht eine gewandelte Zielsetzung (Ztschr. für die gesamte Versicherungswissenschaft Band 50, 1961, S. 333 f., insbes. S. 344 f.).

sonst bestehenden Zwangsbefugnisse mit dem Mittel des guten Zuredens, der sog. moral persuasion, arbeiten[43]). Offenbar betrachtet das Gesetz auch diese behutsame Einflußnahme mit vager Zielsetzung als „Aufsicht"[44]). Als Aufsichtsmaßnahme ist auch der Erlaß eines Bankenmoratoriums eingestuft[45]), obwohl hier zu dem unbestimmten Maßstab der „schwerwiegenden Gefahren für die Gesamtwirtschaft" noch der Umstand tritt, daß es sich um eine Rechtsverordnung handelt.]

Schließlich gibt es Aufsichtsklauseln, die weder ausdrücklich noch sinngemäß irgendeinen Aufsichtsmaßstab enthalten. Das war, jedenfalls ursprünglich, bei der Eisenbahnaufsicht der Fall; das bayerische Eisenbahngesetz nannte die Aufsichtsbehörden bezeichnenderweise „vorgesetzte Behörden"[46]), und in Preußen wurde der Umfang der Aufsicht durch Verwaltungsvorschriften näher bestimmt[47]). Bei den Eisenbahnen begnügte man sich noch damit, sie als „beliehene Unterneh-

---

[43]) So in Anlehnung an eine Äußerung des Bundestagswirtschaftsausschusses Zimmerer-Schönle, Komm. zum KWG, Randn. 4 zu § 6; vgl. auch Szagunn-Neumann, aaO. Randn. 22 zu § 6, wo es freilich nur heißt, Verwaltungsakte dürften „im allgemeinen" nicht in Frage kommen.

[44]) So auch Frick (Die Aufsicht über die kommunalen Sparkassen, S. 208 f., insbes. S. 210), was angesichts seines Bemühens um saubere Abgrenzung zwischen Wirtschaftslenkung und Staatsaufsicht (vgl. etwa S. 200, auch S. 167) näherer Begründung bedurft hätte.

[45]) § 47, 48 des Kreditwesengesetzes.

[46]) Kgl. Bayerische Verordnung vom 20. 7. 1855, die Erbauung der Eisenbahnen betreffend (abgedruckt bei Koch, Deutschlands Eisenbahnen, 1. Teil [1860] S. 196 f.), § 13: „Wenn der concessionirte Unternehmer wiederholter Ermahnung ungeachtet die Anordnungen der vorgesetzten Behörden nicht befolgen, oder wesentlichen Bestimmungen der Concessions-Urkunde oder der Eisenbahnbetriebs-Ordnung zuwider handeln sollte, so ist das königliche Staatsministerium des Handels und der öffentlichen Arbeit befugt, die Sequestration der concessionirten Eisenbahn auf Gefahr und Kosten des Unternehmers anzuordnen."

[47]) Vgl. das Pr. Regulativ vom 24. 11. 1848, Min. Bl. f. d. ges. innere Verwaltung, S. 390, durch Circularerlaß den Oberpräsidien bekanntgegeben. Koch (aaO. 2. Teil, S. 503) bezeichnet die Oberaufsicht über die Eisenbahnen als ein dem Staat unveräußerlich zustehendes Recht, das nicht auf die Aufsichtsvorbehalte in der Konzession begrenzt sei, sondern so weit gehe wie die Pflicht des Staates, dafür zu sorgen, daß die Eisenbahn ihre Eigenschaft als öffentliche Transportanstalt erfüllt. Vgl. ferner Haustein, Die Eisenbahn im deutschen öffentlichen Recht (1960) S. 105 f. Die Eisenbahnaufsicht scheint allerdings z. T. den Charakter einer Rechtsaufsicht angenommen zu haben; in der Verleihungsurkunde für die Dortmunder Eisenbahn vom 24. 3. 1953 (GVBl. NRW, S. 239) heißt es in § 14 Abs. 1: „Die Dortmunder Eisenbahn und die Organe der Dortmunder Hafen AG unterliegen hinsichtlich der Erfüllung der gesetzlichen Pflichten und der Einhaltung der Bedingungen dieser Urkunde der Aufsicht des Ministers für Wirtschaft und Verkehr."

men“ anzusehen[48]). Die Unterstellung der Börsen unter eine Aufsicht ohne festen Maßstab wurde dagegen überwiegend so verstanden, es handle sich in Wahrheit um staatliche Leitung und die Börsenorgane seien damit zu Staatsbehörden geworden[49]).

Die synoptische Gesetzesexegese hat zwar Unterschiede, aber doch auch wesentliche Gemeinsamkeiten der Aufsichtsvorschriften in Wirtschaftsgesetzen zutage treten lassen. Die Parallelen zu der Aufsicht über selbständige Verwaltungsträger sind augenfällig. Hier wie dort ist die Aufsicht im Regelfall beobachtend wie berichtigend. Die Frage, ob die Aufsichtsklausel als Generalermächtigung zu den üblichen Aufsichtsmaßnahmen verstanden werden kann, stellt sich in der Wirtschaft ebenso wie in der Verwaltung. Auf beiden Gebieten besteht die Gefahr eines Verlustes der Eigenständigkeit gegenüber der staatlichen Verwaltung, wenn der Aufsichtsmaßstab zu unbestimmt ist oder überhaupt fehlt. Diese innere Gemeinsamkeit wird noch ergänzt durch eine äußere Verzahnung von Verwaltungs- und Wirtschaftsaufsicht. Zum Teil stellt nämlich die Aufsicht über bestimmte Wirtschaftszweige allein auf die wirtschaftlichen Tätigkeitsmerkmale ab und erfaßt gleichermaßen Unternehmen in privater Rechtsform und öffentlich-rechtliche Körperschaften oder Anstalten. Das gilt z. B. für die Bankenaufsicht[50]) und für die Aufsicht nach dem Energiewirtschaftsgesetz[51]).

---

[48]) So insbes. Otto Mayer, Deutsches Verwaltungsrecht, 3. Aufl. Bd. 2 S. 248 f.; E. R. Huber, Wirtschaftsverwaltungsrecht, 2. Aufl. Bd. 1, S. 554, will wenig überzeugend erst in Art. 89 WRVerf. die Begründung eines Eisenbahnregals sehen und von da an die Eisenbahnen als beliehene Unternehmen behandeln. Vgl. aber auch Vogel, Öffentliche Wirtschaftseinheiten in privater Hand (1959) S. 67 f.

[49]) So die führende Monographie von Göppert, Das Recht der Börsen (1932) insbes. S. 180 f., 247 f., 251 f. Vgl. auch Rehm, Komm. zum Börsengesetz (1909) Einleitung S. 17 f., Anm. 66 f., 74 (Dienstaufsicht im Sinne von Leitung über die Börsenorgane); etwas anders Anm. 21 zu § 1. Gegen diese Interpretation des Börsengesetzes im Sinne einer Verstaatlichung vor allem Anschütz, Verwaltungsarchiv, Band 11 (1903), S. 519 f., insbes. S. 520 f., 531 f.; Nußbaum, Komm. zum Börsengesetz, München 1910, S. 8 f., 10 f. (die Börsenaufsicht sei auf die Gesetzmäßigkeit beschränkt). E. R. Huber will den Börsenorganen wenigstens die Stellung beliehener Selbstverwaltungsträger geben und dadurch die Aufsicht limitieren (Wirtschaftsverwaltungsrecht, 2. Aufl., Bd. 1, S. 621 f., 631 f.).

[50]) Vgl. § 1 i. V. m. § 2 des Kreditwesengesetzes; dazu Szagunn-Neumann, aaO. Randn. 11 zu § 1. Das Bundesaufsichtsamt f. d. Versich. u. Bausparwesen führt zugleich die Aufsicht über die überregionalen öffentlich-rechtlichen Wettbewerbsversicherungsunternehmen und kann die Aufsicht über die restlichen öffentlich-rechtlichen

Diese Gemeinsamkeit der Aufsicht über selbständige Verwaltungsträger und über Private darf nicht wundernehmen. Denn beide haben einen gemeinsamen Ausgangspunkt; sie haben sich in vielfacher Wechselwirkung und in paralleler Anfälligkeit gegenüber den Änderungen der Verfassungsordnung entwickelt. Diese Entwicklung darzustellen, heißt zugleich, die Aufsicht über Wirtschaftsunternehmen an unsere geltende Rechts- und Verfassungsordnung heranzuführen und die Bahn für eine ihr entsprechende Inhaltsbestimmung zu bereiten.

II.

Die Staatsaufsicht hat sich aus der alten Oberaufsicht, dem jus supremae inspectionis, herausgebildet. Dieses jus supremae inspectionis ist nicht, wie Triepel vermutet[52]), „von der Jurisprudenz erfunden"[53]), sondern von ihr vorgefunden worden. Im 16. Jahrhundert wurde es ohne weiteres als Ausfluß

Wettbewerbsversicherungsunternehmen unter bestimmten Voraussetzungen übernehmen; §§ 2 f. des Gesetzes über die Errichtung eines Bundesaufsichtsamtes f. d. Vers. u. Bspwesen vom 31. 7. 1951 (BGBl. I, S. 480) i. d. F. v. 22. 12. 1954 (BGBl. I, S. 501); dazu Prölss, aaO., Anm. 4 zu § 2 BAG, S. 22 f. Die Aufsicht über die öffentlich-rechtlichen Bausparkassen soll mit der über die privat-rechtlichen Bausparkassen beim Bundesaufsichtsamt f. d. Kreditwesen zusammengefaßt werden; vgl. Szagunn-Neumann, aaO. Einleitung S. 20. Diese wirtschaftsbehördliche Aufsicht über öffentlich-rechtliche Körperschaften und Anstalten wird vielfach zum Unterschied von der allgemeinen Körperschaftsaufsicht „Fachaufsicht" genannt; das ist aber mißverständlich, da im allgemeinen Verwaltungsrecht unter „Fachaufsicht" eine Aufsicht über untergeordnete Verwaltungsträger mit vollem Weisungsrecht verstanden wird (dazu Starke, Versicherungswirtschaft 1963, S. 165 f.). Man sollte vielmehr besser von wirtschaftsfunktionaler Staatsaufsicht oder von wirtschaftlicher Sonderaufsicht sprechen.

[51]) Das ergibt sich deutlich aus § 2 des Energiewirtschaftsgesetzes; vgl. Eiser-Riederer-Sieder, Energiewirtschaftsrecht (Stand 1961) Anm. 6 d zu § 2 EnergieWiG.

[52]) Die Reichsaufsicht, S. 113.

[53]) Die genauen geschichtlichen Wurzeln des jus supremae inspectionis zu erforschen, wäre Aufgabe einer Spezialuntersuchung. Vielleicht ließen sich Zusammenhänge mit dem Institut der Königsboten (Karolingisches Reich) und der Reiserichter (England) aufzeigen (vgl. dazu Heinrich Mitteis, Der Staat des hohen Mittelalters, 5. Aufl. [1955], S. 56 f., 264 f.). Von Bedeutung könnte auch der lehnsrechtliche Grundsatz sein, daß die Amtsausübung des Lehnmannes stets unter der Kontrolle des Lehnsherren stand, der Mißbräuche abstellen konnte (vgl. Mitteis aaO. S. 66); Häberlin, Handb. des Teutschen Staatsrechts, Bd. 2 (1794), S. 149, glaubt, das lehnsrechtliche Denken habe den Gedanken einer Oberaufsicht im staatsrechtlichen Sinne in den Hintergrund treten lassen.

der umfassenden landesherrlichen Fürsorge[54]) verstanden und äußerte sich in einer energischen Aufsicht über Kirchen, Universitäten und Schulen, aber auch über die Erwerbstätigkeit und den Lebenswandel der Untertanen. So heißt es in der Vorrede zur Kirchen-, Schul- und Universitätsordnung des Kurfürsten von Sachsen aus dem Jahre 1580[55]):

> „Deßgleichen und auff das unsere liebe getrewe Unterthanen im werck erspüren / das wir derselben zeitliche und ewige wolfart zu befürdern zum höchsten begierig / haben wir auch eine notwendige Visitation der Kirchen anordnen lassen ..."

In der Universität sollte nach dieser Ordnung zuvörderst der Kanzler „sein unnachlessige inspection und auffsehen auff dieselbige, besonders aber die Professores" haben, [unterstützt durch eine jährliche Visitation besonderer Kommissarien[56]). Für die von den Ortsobrigkeiten unterhaltenen Schulen wurden der Pfarrer und zwei ehrbare Ratsherren als Inspektoren verordnet, die wenigstens einmal monatlich die Beachtung der landesherrlichen Schulordnung zu überprüfen und sonst nach dem Rechten zu sehen hatten, u. a. mit der Verpflichtung, widersetzliche Knaben zu züchtigen oder von der Schule zu weisen, die Eltern dazu anzuhalten, begabte Kinder nicht von der Schule zu nehmen, und Privatlehrer zu überwachen[57])]. Derselbe Geist landesväterlicher Fürsorge wirkte sich auch auf das wirtschaftliche Leben aus und führte beispielsweise zu einer scharfen Aufsicht über die Handwerker[58]). Im ganzen

---

[54]) Das starke Bewußtsein der Landesherren, für die allgemeine Wohlfahrt sorgen zu müssen, kam schon im 15. Jahrhundert auf und wurde durch die Reformation befördert, wirkte sich aber auch in katholischen Ländern aus. Die Folge war u. a. der Erlaß großer Landesordnungen. Vgl. dazu etwa Hartung, Deutsche Verfassungsgeschichte, 7. Aufl. (1959), S. 62 f.

[55]) „Ordnung / wie es in seiner Churf. G. Landen / bey den Kirchen / mit der Lehr und Ceremonien / deßgleichen in derselben beiden Universiteten / Consistorien / Fürsten und Particular Schulen / Visitation / Synodis ... gehalten werden sol"; gedruckt Leipzig 1580.

[56]) Vorrede; in den Einzelheiten S. CCCXCIII f. Der Kanzler war kein reines Inspektionsorgan, sondern hatte auch Befugnisse der Mit-Leitung und besaß während der Abwesenheit der Kommissarien „an stat unser (des Kurfürsten) befehlich und gewalt" (S. CCCXCVIII) gegenüber Rektor und Senat.

[57]) aaO., S. CLV f.

[58]) Vgl. etwa die Kurpfälzische Lands-Ordnung von 1611 (erste Fassung 1582; zitiert nach dem Druck Weinheim 1700), z. B. XVIII. Titel I („stetiges aufmercken" der „Beampte" auf die Durchführung der reichsgesetzlichen Zunftbeschränkungen), III („fleißige Aufsicht" über das Lederhandwerk mit Strafsanktion); XXIII. Titel (Aufsicht über die Bäcker mittels amtlich bestellter „Brod-wiger").

ist festzustellen, daß das Oberaufsichtsrecht durch Beobachtung und Abstellung von Mängeln gegenüber Untertanen ebenso ausgeübt wurde wie gegenüber Amtsträgern und öffentlichen Einrichtungen. Reine Beobachtung, Aufsicht und Leitung gingen aber ineinander über.

Dadurch ist noch im 18. Jahrhundert das jus supremae inspectionis gekennzeichnet, das als eines der allgemeinen Hoheitsrechte des Monarchen[59]) anerkannt war und in der Befugnis bestand, alle das Gemeinwohl berührenden Angelegenheiten im Staate zu untersuchen und Verstöße gegen das Gemeinwohl zu unterbinden[60]). [Als Ausfluß dieses Oberaufsichtsrechts wurde u. a. der Genehmigungsvorbehalt für bestimmte, über die reine Privatsphäre hinausgehende Rechtshandlungen der Bürger angesehen, so der Genehmigungsvorbehalt für die Gründung von Gesellschaften und Körperschaften und für den Betrieb eines gewerblichen Unternehmens von öffentlichem Interesse wie z. B. einer Apotheke, eines Gasthauses oder einer Buchdruckerei. Daneben erwähnte man die schwache Oberaufsicht des Kaisers über die Reichsstände und die Oberaufsicht der Landesherren über städtische Magistrate. Die Oberaufsicht erfaßte also immer noch beobachtend und berichtigend nach dem vagen Maßstab allein des Gemeinwohls gleichermaßen Untertanen, Amtsträger und öffentliche Einrichtungen. Eine scharfe Scheidung zwischen öffentlichem

---

[59]) Der allgemeinen Entwicklung entsprechend war aus dem eigentlich dem Kaiser in erster Linie zustehenden Oberaufsichtsrecht im wesentlichen ein Hoheitsrecht der Landesherren geworden; vgl. Häberlin aaO. Bd. 2, S. 151—153.

[60]) Triepel wirft allzu voreilig der klassischen Staatsrechtsliteratur des 18. Jahrhunderts „Oberflächlichkeit" und „Inhaltslosigkeit" vor, weil sie das jus supremae inspectionis zu einem bloßen Recht auf Nachricht habe verflüchtigen lassen (Reichsaufsicht, S. 112 f., insbes. S. 115 f.); wenige Seiten später erwähnt er selbst, daß das Recht, Mängel zu beseitigen, doch als Annex oder Ausfluß des Oberaufsichtsrechts verstanden worden sei (S. 118). Johann Jacob Moser, der bei Triepel überhaupt nicht berücksichtigt ist, hat die Befugnis zur Mängelbeseitigung ohne weiteres als Bestandteil des Oberaufsichtsrechts verstanden; so heißt es bei ihm im Zusammenhang mit der Verleihung des Salzregals (von der Landeshoheit in Ansehung Erde und Wassers [1773] 15. Kap., § 8): „... so verbleibet ihro (d. h. der Landesherrschaft) doch allemal die Oberaufsicht darüber, daß diese Naturgabe (d. h. das Salz) zu dem gemeinen Besten aufs klüglichste verwaltet und allem Mißbrauch möglichst vorgebogen, oder derselbige doch abgestellt werde." Pütter (Institutiones Juris Publici, 3. Aufl. [1782] § 216 unter II, § 219) verstand die Befugnis zur Beseitigung von Gemeinwohlwidrigkeiten mit der Folge einer Genehmigungspflicht für gemeinnützige Unternehmungen als wesentlichen Bestandteil oder als Ausfluß des jus supremae inspectionis.

Amt und privater Betätigung, zwischen „Staat" und „Gesellschaft" war dem Denken dieser Zeit allgemein fremd. Besonders der wirtschaftlichen Tätigkeit der Untertanen kam im Zeichen des Merkantilismus zugleich öffentliche Bedeutung zu[61]), vor allem dann, wenn sie auf der Verleihung eines niederen Regals wie etwa des Bergregals beruhte[62]).]

Das Preußische Allgemeine Landrecht ist von diesem Vorstellungsbild der Oberaufsicht geprägt[63]). Neben der Oberaufsicht über die Kirchen[64]) ist die Aufsicht über öffentliche Schulen und Privatschulen[65]), über die Zünfte[66]), über Bergwerksunternehmer[67]) und Gastwirte[68]) besonders erwähnt. Ganz allgemein waren „im Staate vorhandene und entstehende Gesellschaften und öffentliche Anstalten ... der Aufsicht des Landesherrn, nach dem Zwecke der allgemeinen Ruhe, Sicherheit und Ordnung unterworfen"[69]). Einfache Gesellschaften konnten verboten werden, wenn sie der Sicherheit und Ordnung oder sonstwie dem Gemeinwohl zuwiderliefen[70]). Diejenigen Gesellschaften, die durch landesherrliches Privileg die Stellung der „Corporationen und Gemeinen", d. h. die Rechtsfähigkeit erlangen wollten, mußten einen gemeinnützigen Zweck aufweisen[71]). Solche rechtsfähigen Gesellschaften konnten ebenso wie die kaufmännischen Korporationen, die Zünfte und die Gemeinden wegen Verfehlung ihres gemeinnützigen Zwecks aufgelöst oder durch „Vorkehren zweckmäßiger Mittel" zur Ordnung gebracht werden[72]). Diese positive Gemeinwohlaufsicht wurde später auch auf die wirtschaftlich so bedeutsamen

---

[61]) Vgl. Henle, DÖV 1963, S. 525; Facius, Wirtschaft und Staat (1959) S. 11—38.

[62]) Es war anerkannt, daß bei der Verleihung eines Regals ohne weiteres ein Aufsichtsrecht zurückblieb; vgl. J. J. Moser aaO.

[63]) Vgl. den Abschnitt „Über das Recht der Oberaufsicht" in den Kronprinzenvorträgen von Svarez (Vorträge über Recht und Staat [1860] S. 46 f.), wo von der Aufsicht über den einzelnen, über private und „öffentliche" Gesellschaften als einer Einheit gehandelt (I—III) und eine Berichtigungs- neben der Beobachtungsfunktion anerkannt wird (VII).

[64]) § 32 II 11 ALR.

[65]) §§ 1—9 II 12 ALR (Aufsicht durch beauftragte Behörden).

[66]) § 193 II 8 ALR (Aufsicht durch den Magistrat).

[67]) § 108 II 16 ALR (Oberaufsicht des Staats).

[68]) § 440 II 8 ALR („genaueste Aufsicht der Polizei"); vgl. auch § 410 II 8: „Die Erlaubniss zur Anlage einer Fabrik zu ertheilen, kommt allein dem Staate zu."

[69]) § 13 II 13 ALR, im Titel „Von den Rechten und Pflichten des Staats überhaupt".

[70]) §§ 2—4 II 6 ALR.

[71]) § 25 II 6 ALR. Vgl. dazu O. v. Gierke, Die Genossenschaftstheorie und die deutsche Rechtsprechung (1887) S. 90 f., 98 f.

[72]) §§ 189—191 II 6 ALR.

rechtsfähigen Aktiengesellschaften angewendet[73]). Bis zur Einführung des Prinzips der Normativbestimmungen im Jahre 1870[74]) wurden in Preußen Aktiengesellschaften nur um eines gemeinnützigen Zwecks willen einzeln konzessioniert, unterstanden einer allgemeinen, vielfach durch einen Kommissar ausgeübten Oberaufsicht und konnten bei grobem Mißbrauch des Privilegiums und aus Gründen des Gemeinwohls aufgelöst werden[75]). Letzte Ausläufer dieses Rechtszustandes finden sich, wenig beachtet, im geltenden Recht. Der Vorstand einer Aktiengesellschaft ist gesetzlich verpflichtet, auch das Gemeinwohl zu berücksichtigen. Wird das Gemeinwohl durch die Aktiengesellschaft gefährdet, so kann sie aufgelöst werden[76]). Ein Verein riskiert in einem solchen Falle nach § 43 BGB die Entziehung der Rechtsfähigkeit[77]).

---

[73]) Zunächst war es offenbar zweifelhaft, ob die Aktiengesellschaften überhaupt einer Konzession nach § 25 II 6 ALR oder nach anderen Bestimmungen bedurften; in der Praxis wurde jedenfalls endgültig seit den 20er Jahren eine Konzession verlangt (vgl. Bösselmann, Die Entwicklung des deutschen Aktienwesens im 19. Jahrhundert [1939] S. 67 f.), und zwar wohl im Zusammenhang mit § 25 II 6 ALR, da als Voraussetzung der Konzession ein gemeinnütziger Zweck gefordert wurde. Zur allgemeinen Geschichte der Aktiengesellschaft und des Aktienrechts vgl. Wiethölter, Interessen und Organisation der Aktiengesellschaft im amerikanischen und deutschen Recht (1961) S. 53 f., insbes. S. 67 f.; Mestmäcker, Verwaltung, Konzerngewalt und Rechte der Aktionäre (1958) S. 18 f.

[74]) Bundes-, später Reichsgesetz vom 11. 6. 1870 (BGBl. S. 375, 648) in Abänderung des ADHGB, Art. 207 f.

[75]) Das Pr. Gesetz über die Aktiengesellschaften vom 9. 11. 1843 (GS S. 341) baute offensichtlich auf dem ALR auf. Ausdrücklich geregelt ist nur die Konzessionspflicht (§ 1) und die Möglichkeit der Auflösung (§§ 6, 7). Im übrigen wurde das Oberaufsichtsrecht offenbar als im ALR geregelt vorausgesetzt, wobei die Konzessionsurkunden dann jeweils nur Einzelheiten der Ausübung dieses als bestehend gedachten Oberaufsichtsrechts regelten. Vgl. z. B. das Statut des Berliner Kassenvereins vom 15. 4. 1850 (GS S. 301), § 20: „Der Staat übt durch einen Kommissarius das Oberaufsichtsrecht über die Bank nach Instruktionen aus, deren Inhalt den Bankvorständen mitgeteilt wird und für die Gesellschaft maßgebend ist. Er kann zu jeder Zeit Einsicht in die Bücher der Bank nehmen." — Durch Kgl. Circularverfügung an die Oberpräsidenten war angeordnet, daß Aktiengesellschaften nur konzessioniert werden sollten, wenn sie aus Gründen des Gemeinnutzens der Förderung wert erschienen (vgl. Bösselmann aaO., S. 73; Mestmäcker aaO., S. 18). Das entsprach ganz § 25 II 6 ALR. In den Statuten der Aktiengesellschaften wurde deshalb der gemeinnützige Zweck hervorgehoben. Vgl. § 1 Satz 1 des erwähnten Statutes des Berliner Kassenvereins: „Die Bank hat den Zweck, Handel und Gewerbe zu unterstützen und zu beleben, den Geldumlauf zu befördern und Kapitalien nutzbar zu machen."

[76]) §§ 70, 288 AktG von 1937. Entscheidend ist, daß nach § 288 gesetzwidriges Handeln und ein Verstoß gegen den „Grundsatz verant-

Schon im 19. Jahrhundert aber mußte eine umfassende Oberaufsicht über die Untertanen nach dem Maßstab allein des Gemeinwohls zum Fremdkörper werden. Was das „gemeine Wohl" ist, steht nicht ein für allemal fest. Das Gemeinwohl läßt sich höchstens negativ eingrenzen, muß aber sonst von Fall zu Fall durch eine wertende Entscheidung neu konkretisiert werden[78]). Die alte Oberaufsicht lebte also von dem Recht des Monarchen, einseitig zu bestimmen, was jeweils dem „Gemeinwohl", der salus publica, entsprach. Sobald der konstitutionelle Monarch diese Befugnis, soweit es um Anforderungen an den Einzelnen ging, mit dem Parlament teilen mußte, konnte eigentlich nur noch das im Gesetz oder sonstwie rechtlich verfestigte Gemeinwohl Maßstab einer berichtigenden Aufsicht über die Untertanen sein, was nur zögernd und ohne die vollen Konsequenzen von der Staatsrechtslehre anerkannt wurde[79]).

---

wortungsbewußter Wirtschaftsführung" nur als wichtige Beispiele der Gefährdung des Gemeinwohls genannt sind. Das bedeutet unübersehbar eine Rückkehr zur umfassenden Gemeinwohlaufsicht im Stile des ALR. Die Verfassungsmäßigkeit des § 288 ist wohl deshalb kaum angezweifelt worden (vgl. allerdings C o i n g in: Staudinger, Komm. zum BGB, I. Bd. 11. Aufl. [1957], Randn. 13 zu § 43), weil die Vorschrift offenbar nicht angewendet wird. Der Regierungsentwurf zum AktG beschränkt die Auflösungsmöglichkeit auf den Fall gesetzwidrigen Verhaltens. Die Verpflichtung des Vorstandes, auch die Belange der Allgemeinheit zu berücksichtigen, soll nach der Begründung zu § 73 nur deshalb nicht mehr erwähnt werden, weil sie sich von selbst verstehe.

[77]) § 43 BGB verlangt wenigstens ein gesetzwidriges Verhalten als Grundlage der Gefährdung des Gemeinwohls. Obwohl die Entziehung der Rechtsfähigkeit das Fortbestehen des Vereins nicht behindert (vgl. S o e r g e l - S i e b e r t, Komm. zum BGB, 9. Aufl. [1959] Vorbem. vor § 41, Anm. 19), hat C o i n g § 43 als mit Art. 9 GG unvereinbar bezeichnet; er enthalte ein verschleiertes Konzessionssystem, diene zur Maßregelung unter politischen Gesichtspunkten und stamme aus dem absoluten Staat (in S t a u d i n g e r aaO. Randn. 5 a zu § 43). § 43 BGB geht in der Tat mittelbar auf das ALR zurück. Der einzige Fall seiner Anwendung, der bekannt geworden ist, ist der freilich stark politisch gefärbte Beschluß des LG Breslau v. 20. 10. 1933, DJ 1933, S. 662, der es für zulässig erklärte, auf Grund des § 43 vorbeugend einen Kommissar einzusetzen.

[78]) Im Zivilrecht hat sich das bei dem Versuch erwiesen, das „Gemeinwohl" zu deuten, das der Vorstand einer AG nach § 70 AktG wahrzunehmen verpflichtet ist; vgl. B a l l e r s t e d t in: Untersuchungen zur Reform des Unternehmensrechts, Teil I (1955) S. 14, 22 f.; R e i n h a r d t in: Beiträge zum Arbeits-, Handels- und Wirtschaftsrecht, Festschrift für Hueck (1959) S. 439 f., insbes. 442 f.

[79]) H. A. Z a c h a r i ä, Deutsches Staats- und Bundesrecht, 2. Teil, 2. Aufl. (1854) § 165 a. E. (S. 194) schreibt noch etwas zweifelnd: „In so fern hierbei den Unterthanen gewisse die natürliche Freiheit beschränkende Pflichten auferlegt werden, wird es ... immer einer

Vor allem aber mußte die Oberaufsicht alten Stils, in der Maurenbrecher[80]) bezeichnenderweise die Obervormundschaft über unmündige Kinder wie über Gemeinden vereint sah, mit dem tragenden Prinzip der Selbstverwaltung in Konflikt geraten. Selbständigkeit und Eigenverantwortung der Selbstverwaltungsträger konnten nur gesichert sein, wenn an Stelle der bevormundenden Oberaufsicht eine Staatsaufsicht nach festen Rechtsmaßstäben trat. Der Gedanke der Selbstverwaltung war, jedenfalls in einem weiteren Sinne, nicht auf Gemeinden und andere „öffentlich-rechtliche" Körperschaften beschränkt. Eine strenge Scheidung zwischen öffentlich-rechtlichen und privat-rechtlichen Verbänden hat sich erst allmählich herausgebildet; gerade die gemeindliche Selbstverwaltung wurde ursprünglich als gesellschaftliche Einrichtung und nicht etwa als mittelbare Staatsverwaltung angesehen[81]). Otto v. Gierke verstand die Selbstbestimmung wirtschaftlicher Körperschaften wie der Genossenschaften und der Aktiengesellschaften und die Selbstbestimmung öffentlich-rechtlicher Körperschaften als Einheit. Gemeinsam begrenzte er sie um der notwendigen Einordnung in das Staatsganze willen durch eine Staatsaufsicht, die im Rechtsstaat nur „auf der Basis und in den Grenzen fester Rechtsnormen" gehandhabt werden könne[82]). Auch Lorenz v. Stein hat in seiner tiefgrün-

vorausgegangenen gesetzlichen Begründung derselben bedürfen." Über das Ziel hinaus schoß später Schoenborn (Das Oberaufsichtsrecht des Staats im modernen deutschen Staatsrecht [1906] S. 18, 21 f.), der aus dem Erfordernis spezieller gesetzlicher Ermächtigung den Wegfall der „Oberaufsicht" gegenüber Untertanen folgerte und sie nur noch als Aufsicht über Staatsorgane bestehen lassen wollte; dagegen Kiefer, Das Aufsichtsrecht des Reichs über die Einzelstaaten (1909) S. 2, 29 f.

[80]) Grundsätze des heutigen deutschen Staatsrechts (1837) § 179 (S. 312), § 166 (S. 291). Gegen diese Vorstellung von einer Vormundschaft eingehend O. v. Gierke, Die Genossenschaftstheorie und die deutsche Rechtsprechung, S. 643 f. In Frankreich wird die Aufsicht über Gebietskörperschaften, die auch Zweckmäßigkeitsaufsicht ist, heute noch als „tutelle administrative" bezeichnet (Waline, Droit administratif, 9. ed. [1963] No. 699, S. 424; de Laubadère, Traité élémentaire de droit administratif, 3. ed. [1963] No. 188, S. 115).

[81]) R. v. Mohl, Die Geschichte und Literatur der Staatswissenschaften (1855) Bd. 1, S. 88 f. Fußn. 1; Forsthoff, Die öffentliche Körperschaft im Bundesstaat (1931) S. 8 f., und Lehrbuch 8. Aufl. S. 413; Werner Weber, Staats- und Selbstverwaltung in der Gegenwart (1953) S. 32 f., mit dem Hinweis, daß nach 1918 und besonders nach 1930 die Gemeinden immer mehr in den Status bloß mittelbarer Staatsverwaltung hineingedrängt worden seien (S. 31). Das Verhältnis Staat—Gemeinde ist, worauf Köttgen hinweist, nach dem Vorbild des Verhältnisses Staat—Bürger geformt worden (Die rechtsfähige Verwaltungseinheit [1939] S. 13).

[82]) aaO. S. 155 f., 162 f. (nur graduelle Abstufung zwischen öffent-

digen und umfassenden Darstellung des Wandels der Aufsicht keine scharfe Trennung zwischen Staat und Gesellschaft vorgenommen, sondern die rechtsfähigen Wirtschaftsgesellschaften von überindividueller Bedeutung als „freie Verwaltung" neben die Selbstverwaltungsträger im engeren Sinne gestellt und einem einheitlichen Prinzip der durch bloße Staatsaufsicht begrenzten freien Selbstbestimmung zugeordnet[83]). Er schlug ferner, was bisher übersehen worden ist, von hier aus vollends die Brücke zum Prinzip der Selbstgestaltung in der Wirtschaft; auch der Wirtschaft gegenüber sei die Staatstätigkeit aus unmittelbarer Einmischung zu einer bloßen Oberaufsicht darüber geworden, daß die Wirtschaftenden die Gesetze selbstverantwortlich beachteten[84]).

Ein umfassendes Prinzip der Selbstverwaltung und Selbstgestaltung[85]) hat also zusammen mit dem Gesetzesvorbehalt in Deutschland die bevormundende Oberaufsicht gegenüber Untertanen und selbständigen Verwaltungsträgern zu einem Institut rechtlich fest eingegrenzter Staatsaufsicht umgeprägt, wie es sich in Frankreich mangels eines vergleichbaren Selbstverwaltungsgedankens nicht ausbilden konnte[86]). [Lediglich

---

lich-rechtlichen und privatrechtlichen Körperschaften), S. 646 f. (Selbstbestimmung stärker bei privatrechtlichen, aber auch bei öffentlich-rechtlichen Körperschaften), S. 652 f. (umgekehrte Abstufung bei der Aufsicht).

[83]) Die Verwaltungslehre, 2. Aufl.: Erster Theil, Die vollziehende Gewalt (1869) Allg. Theil, S. 121 f.; 2. Abtheilung, S. 3 f., 23 f., insbes. 69 f.; 3. Abtheilung, S. 1 f., insbes. S. 115 f., 125 f., 144 f., 174 f., 194 f., 214 f., 229 f. In der 3. stark verkürzten Aufl. unter dem Titel: Handbuch der Verwaltungslehre, Erster Theil (1887) S. 84 f., 233 f., Zweiter Theil (1888) S. 233 f. Terminologie und sachliche Aussagen schwanken etwas, vor allem von der 2. zur 3. Aufl., aber auch innerhalb der 2. Aufl. Das kann hier nicht weiter vertieft werden. Die Gedanken von L. v. Stein sind aufgegriffen worden von Haenel, Deutsches Staatsrecht, Erster (einziger) Band (1892) S. 134 f. Vgl. neuestens Becker, in: Hdb. der Grundrechte Bd. 4, 2. Halbbd. S. 679.

[84]) 3. Aufl., Zweiter Theil, S. 233 f., nicht bei den allg. Ausführungen über die Oberaufsicht, sondern etwas versteckt im Zuge der Ausführungen über: Die Verwaltung und das wirthschaftliche Leben (S. 217 f.). Diese Ausführungen sind übersehen worden von Triepel, der an Lorenz v. Stein rügt, er habe die Aufsicht gegen den einzelnen Bürger „scheinbar völlig beiseite" gelassen und der Sache nach zur Polizei gerechnet (Reichsaufsicht S. 116 mit Fußn. 1).

[85]) Vgl. Wilken, Selbstgestaltung der Wirtschaft (1949); dazu Strickrodt, Die gewerblichen Staatsunternehmen (1954) S. 47.

[86]) Das Werk von André Demichel, Le contrôle de l'Etat sur les Organismes Privés, 2 Bde. (1960) verwendet daher auch den viel weiteren Begriff der „Kontrolle", der neben der Gesetzmäßigkeitsaufsicht andere Formen staatlicher Einflußnahme auf die Tätigkeit von Wirtschaftsunternehmen umschließt, die praktisch schon

gegenüber abhängigen Amts- und Verwaltungsträgern wurde aus der Oberaufsicht eine Dienstaufsicht mit vollem Weisungsrecht. Als weiteres Teilstück der ehemals umfassenden Oberaufsicht erhielt sich die reine Beobachtung, z. B. in Gestalt der amtlichen Erhebungen und Statistiken[87]), bedurfte aber fortan ebenfalls einer gesetzlichen Grundlage, soweit die Bürger einer Auskunftspflicht unterworfen oder zur Duldung von Ermittlungen verpflichtet werden sollten.]

Dieser Wandel hat sich freilich nur schrittweise und nicht ausnahmslos vollzogen. Gegenüber den Gemeinden wirkte die alte, nicht streng maßstabgebundene Oberaufsicht noch lange nach[88]). In der Wirtschaft hat sich die Oberaufsicht nach dem vagen Maßstab allein des Gemeinwohls besonders bei den Aktiengesellschaften, Eisenbahnen und Börsen erhalten oder sogar neu ausbilden können; auch die Versicherungsaufsicht hat kaum bestimmtere Maßstäbe aufzuweisen. Die Bedeutung eines festen Aufsichtsmaßstabes ist in der Literatur vielfach unterschätzt worden, so auch von Lorenz v. Stein. Triepel verlangte zwar ein „festes Richtmaß", nahm dieses Erfordernis aber nicht eigentlich ernst und begnügte sich mit kaum noch so zu nennenden Maßstäben wie dem der „Interessen" des Reichs[89]). Er billigte damit eine Zweckmäßigkeits-

---

einer staatlichen Mit-Leitung entsprechen oder nahekommen und bis zur Grenze der Verstaatlichung gehen. Vgl. insbes. seine Ausführungen zu den Unternehmungen von öffentlichem Interesse (d'intérêt général) und zu den finanziell mit dem Staat verbundenen Unternehmungen (S. 125, 303 f.); ganz allgemein setzt er die Kontrolle des Staates über die Wirtschaft auf eine Stufe mit der „tutelle administrative" über Gebietskörperschaften und bezieht so auch die Zweckmäßigkeitsaufsicht ein (S. 398 f., vgl. oben Fußn. 80). Bezeichnend ist, daß der vom französischen Recht her denkende Otto Mayer mit der Selbstverwaltung wenig anzufangen wußte und sie abfällig als „Schlagwort" bezeichnete (Deutsches Verwaltungsrecht, 3. Aufl., Bd. 2, S. 394).

[87]) Von Haenel (aaO. S. 299 f.) als Aufsicht im weiteren Sinne bezeichnet.

[88]) So rügte O. v. Gierke, die Staatsaufsicht über die Gemeinden sei „nur dem Namen nach eine bloße Aufsicht", in Wahrheit aber in den mannigfachsten Beziehungen nur die Fortsetzung der alten Bevormundung im Sinne einer Mitverwaltung (Das Deutsche Genossenschaftsrecht Bd. 1 (1868), Neudruck 1954, S. 744 f., 763).

[89]) Zum Erfordernis des Richtmaßes vgl. S. 121; schon bei der abhängigen Reichsaufsicht aber läßt Triepel Zweckmäßigkeitserwägungen zu mit der Begründung, die wenigsten Gesetze seien so eindeutig formuliert, daß die Anwendung ein reines Rechenexempel werde; auch die Gefährdung des „Wohl des Reichs" sei Aufsichtsmaßstab (S. 393 f., insbes. 398 f.). Als Maßstab der selbständigen Reichsaufsicht werden vollends die geschützten „Interessen" des Reichs bezeichnet. Das Reich entscheide nach „freiem Ermessen", was im Hinblick auf seine Interessen „notwendig und nützlich, was ge-

aufsicht, gegen die auch Otto v. Gierke[90]) und Hugo Preuß[91]) nichts einzuwenden hatten, allerdings nur dann, wenn sie Nebenerscheinung blieb.

Im Kern jedenfalls ist das spezifisch deutsche Rechtsinstitut der Staatsaufsicht über Wirtschaftsunternehmen oder wirtschaftliche Verbände ebenso wie über Verwaltungsträger durch den Gesetzesvorbehalt und vor allem durch die Prinzipien der Selbstverwaltung und Selbstgestaltung geformt und von der früheren Gemeinwohlaufsicht auf eine Rechtsaufsicht eingeengt worden. Sie wurde gerade deshalb im Jahre 1933 als liberalistische Prägung verworfen und ersetzt oder doch wesentlich umgebildet durch den totalen Führungsanspruch, der in der Wirtschaft nicht minder erhoben wurde als in der Verwaltung[92]). Das Grundgesetz hat in Wirtschaft und Verwaltung die Prinzipien echter Selbstgestaltung und Selbstverwaltung[93]) und damit auch den korrespondierenden Begriff

---

fährlich und schädlich" sei und was „billigerweise zur Beseitigung von Mißständen von Gliedstaaten verlangt werden" könne (S. 450 f.).

[90]) Die Genossenschaftstheorie und die deutsche Rechtsprechung, S. 652 f., insbes. 654 f., soweit sich die Aussagen auf den Rechtsstaat beziehen.

[91]) Das städt. Amtsrecht in Preußen, S. 168: Nicht jede Ausdehnung der Aufsicht auf die Zweckmäßigkeit, sondern nur der völlige Mangel jeder rechtlichen Determinierung der Aufsicht widerspreche der Selbstverwaltung im Geiste des Rechtsstaates.

[92]) Carl Schmitt hat wohl als erster entschieden die Aufsicht als liberalistischen Gegenbegriff zur politischen Führung und damit als Gefahr für einen Kernbegriff des nationalsozialistischen Staates bezeichnet (Staat, Bewegung, Volk [1934] S. 34 f.), und zwar vor allem wegen des Erfordernisses eines normativen Maßstabes. Vgl. auch Maunz, DR 1935, S. 393 f. insbes. S. 396; Forsthoff in Frank, Deutsches Verwaltungsrecht (1937) S. 176 f.; Kurt Münch, Wirtschaftliche Selbstverwaltung (1936) S. 24 f.; Ipsen in: Jahrbuch für Kommunalwissenschaft, 4. Jg. 1937, S. 1 f., insbes. S. 8 f. Köttgen zeigte auf, daß der Führunganspruch nicht nur in der Verwaltung, sondern auch für Wirtschaft und Kultur erhoben wurde, versuchte aber merklich, die maßstabgebundene Staatsaufsicht gegen den Führungsanspruch so weit wie möglich zu behaupten, um vor allem in der Wirtschaft eine klare Grenze gegen die Verstaatlichung zu ziehen (vgl. insbes.: Die rechtsfähige Verwaltungseinheit [1939] S. 21 f., mit ausdrücklicher Ablehnung des „totalen Staates", ferner S. 45 f.; Deutsche Verwaltung, 3. Aufl. [1944] S. 86 f.). Die Parallelität der Staatsaufsicht über Wirtschaftsunternehmen und über öffentlich-rechtliche Körperschaften, insbes. die Gemeinden, wurde jedenfalls weiterhin betont, so auch von Breit (Staatsaufsicht über Privatunternehmungen S. 102 f.).

[93]) Art. 28 GG für die Kommunen, Art. 2, 9, 12 für die Wirtschaftenden. Trotz der Kontroverse über die Frage, ob das Grundgesetz eine bestimmte Wirtschaftsverfassung festgelegt hat, besteht jedenfalls Einigkeit darüber, daß das Grundgesetz ein Mindestmaß an persönlicher und auch wirtschaftlicher Selbstgestaltung schützt (vgl.

der Staatsaufsicht wiederhergestellt. [Im Kommunalrecht ist die Staatsaufsicht schärfer als bisher auf eine Rechtsaufsicht hin bestimmt worden[94]). Dadurch ist es notwendig geworden, innerhalb der Genehmigungsvorbehalte zugunsten der Aufsichtsbehörde genauer zwischen maßstabgebundener Staatsaufsicht und freier staatlicher Mitwirkung aufgrund eines Kondominiums von Staat und Gemeinde zu unterscheiden[95]). Von daher lassen sich Anregungen für das benachbarte Gebiet der Staatsaufsicht in der Wirtschaft gewinnen. Hier ist es vielleicht noch dringlicher, um der Rechtsklarheit und damit der Rechtssicherheit willen die Grenzen der Staatsaufsicht gegenüber anderen Formen der Einflußnahme des Staates auf die Wirtschaft präziser zu bestimmen, als das bisher geschehen ist.]

III.

1. Der geschichtliche Überblick hat gezeigt, daß die Staatsaufsicht entscheidend durch einen genau umrissenen rechtlichen Aufsichtsmaßstab und durch die Selbstbestimmung und Selbstverantwortlichkeit des Aufsichtsadressaten gekennzeichnet ist. Als Staatsaufsicht in der Wirtschaft ist daher diejenige

---

E. R. Huber, Wirtschaftsverwaltungsrecht, 2. Aufl., Bd. 1, S. 30 f.; Scheuner VVDStRL Heft 11 S. 19 f.; Ballerstedt, Hdb. der Grundrechte Bd. 3, 1. Halbbd. S. 49 f.; Ehmke, Wirtschaft und Verfassung S. 18 f., insbes. S. 21.

[94]) Weniger durch Art. 28 GG als durch die Landesverfassungen. Einige Verfassungen, so die von Bayern (Art. 83 Abs. 4), bestimmen ausdrücklich, die Staatsaufsicht beschränke sich in Selbstverwaltungsangelegenheiten darauf, die Verwaltung der Gemeinden im Einklang mit den Gesetzen zu halten.

[95]) Die nach dieser Verfassungslage naheliegende Konsequenz, alle Genehmigungsvorbehalte auf eine präventive Rechtsaufsicht einzuengen, wird freilich nur selten gezogen (so insbes. von Gönnenwein in: Gedächtnisschrift für W. Jellinek [1955] S. 511 f., insbes. 530 f.). Meist werden die nicht maßstabgebundenen Genehmigungsklauseln als nicht zur eigentlichen Staatsaufsicht gehörig bezeichnet und als staatliche Mitwirkungsrechte besonderer Art (Sonderaufsicht, Gestaltungsrechte usw.) klassifiziert, auf diese Weise aus dem Anwendungsbereich der Verfassungsklauseln herausgebracht und als Mittel der Zweckmäßigkeitsaufsicht gerettet (so etwa Werner Weber, Staats- und Selbstverwaltung in der Gegenwart S. 44 f.; Becker in: Peters, Handbuch der kommunalen Wissenschaft und Praxis Bd. 1, S. 132 f., 165 f.; vgl. aber seine Bedenken in: Hdb. der Grundrechte 4. Bd. 2. Halbbd. S. 719 f., sein Eintreten für eine Einzelaufzählung der Versagungsgründe in: Aktuelle Probleme der Kommunalaufsicht [1963] S. 129, 142 f.; Köttgen in: Peters, Handbuch Bd. 1 S. 220 f. und HDSW Bd. 9 S. 739). Vgl. auch Salzwedel, ArchKommWiss. Bd. 1, 1962, S. 203 f.; Werner Weber in: Aktuelle Probleme der Kommunalaufsicht S. 17 f., 24 f.

Staatstätigkeit zu bezeichnen, die darauf abzielt, selbstverantwortliches Wirtschaftsverhalten[96]) in Einklang zu halten mit den dafür bestehenden, unmittelbar rechtsverbindlichen Maßstäben. Die Staatsaufsicht dient also lediglich dazu, die Teilnehmer am Wirtschaftsverkehr zu einem Verhalten zu veranlassen, zu dem sie ohnehin durch Gesetz, durch gesetzlich gedeckten Einzelakt oder sonstwie rechtlich verpflichtet sind[97]).

Werden dagegen neue Maßstäbe für selbstverantwortliches Wirtschaftsverhalten gesetzt, so handelt es sich nicht um Aufsicht, sondern, richtig verstanden, um Wirtschaftslenkung. Das Wort „Wirtschaftslenkung" wird allerdings meist in einem verengten Sinne verwendet und auf die zielgerichtete Beeinflussung von Produktion, Verteilung oder Verbrauch beschränkt[98]); dieser Sprachgebrauch ist stark von wirtschaftstheoretischen Modellvorstellungen her bestimmt[99]) und ist seiner mangelnden Prägnanz wegen für die Rechtswissenschaft

---

[96]) Unter „Wirtschaft" sollen mit Reuß in: Handbuch der Grundrechte, Bd. 3, 1. Halbbd., S. 92, die gewerbliche Wirtschaft und die Urproduktion verstanden werden.

[97]) Dabei ergibt sich die Frage, ob die in einem privatrechtlichen Vertrag ausbedungenen oder sonstwie freiwillig zugestandenen staatlichen Kontrollrechte zur Staatsaufsicht zu rechnen sind oder rein vertraglichen Charakter haben; dieses Problem taucht z. B. bei öffentlichen Aufträgen und Darlehen auf (vgl. unten Fußn. 106; für die Zurechnung zur Staatsaufsicht wohl zu allgemein Vogel, Öffentliche Wirtschaftseinheiten in privater Hand, S. 137 f., insbes. 141 f. [DSG-Vertrag der Bundesbahn], 152 f., 195 f.).

[98]) Müller-Armack, Wirtschaftslenkung und Marktwirtschaft (1947) S. 14; Pütz, Theorie der allgemeinen Wirtschaftspolitik und Wirtschaftslenkung, S. 157 f. und passim; E. R. Huber, Wirtschaftsverwaltungsrecht, 2. Aufl., Bd. 1, S. 37 f., Bd. 2, 197 f.; Hamann, Rechtsstaat und Wirtschaftslenkung (1953) S. 13 f.; Ehlermann, Wirtschaftslenkung und Entschädigung (1957) S. 9; Reuß, Wirtschaftsverwaltungsrecht I (1963) S. 55 f.

[99]) Eucken und die ihm nahestehenden Wirtschaftstheoretiker der sog. ordoliberalen Schule wollen innerhalb der staatlichen Maßnahmen zwischen einem rechtlichen Ordnungsrahmen für die Wirtschaft und echten Eingriffen in den Markt unterscheiden, der als eigengesetzlich und durch den Preis sozusagen „blind" gelenkt angesehen wird; staatliche Wirtschaftslenkung wird dabei zur marktstörenden Usurpation der marktimmanenten Lenkungsfunktion durch den Staat. Vgl. Eucken, Ordo, Bd. 2, 1949 S. 1 f. (S. 6 f.); Miksch, Wettbewerb als Aufgabe insbes. S. 12. Diese Differenzierung zwischen einem marktkonformen Ordnungsrahmen und marktinkonformen Eingriffen stellt im Grunde darauf ab, welche staatlichen Maßnahmen als erwünscht angesehen werden und welche nicht, hängt also allzusehr von wirtschaftspolitischen Werturteilen ab. Zur Kritik vgl. insbes. Scheuner VVDStRL Heft 11 S. 7 f.; Pütz aaO. S. 53 f., 72 f.; Giersch, Allgemeine Wirtschaftspolitik Bd. 1 S. 184 f., 197 f.; Ehmke, Wirtschaft und Verfassung S. 7 f.

wenig geeignet[100]). Wirtschaftslenkung sollte diejenige Staatstätigkeit genannt werden, die darauf abzielt, Wirtschaftende zu einem selbstverantwortlichen Verhalten zu veranlassen, das nicht bereits durch unmittelbar rechtsverbindliche Maßstäbe vorgezeichnet ist. Wirtschaftslenkend in diesem Sinne sind nicht nur spezifische Wirtschaftsgesetze wie die Gewerbeordnung, das Außenwirtschaftsgesetz[101]) oder das Milch- und Fettgesetz[102]), sondern auch scheinbar wirtschaftsneutrale Rechtsvorschriften des Bürgerlichen Gesetzbuches, des Handelsgesetzbuches und seiner Nebengesetze[103]); hinzu kommen maßstabsetzende Einzelakte, etwa preisbildende Verfügungen. Sache der Staatsaufsicht ist es, die derart aufgestellten rechtlichen Maßstäbe durchzusetzen. [Sie kann dagegen nicht zur Durchsetzung solcher wirtschaftslenkender Maßnahmen eingesetzt werden, die nur mittelbar wie die Steuergesetze[104]) oder ohne rechtlichen Zwang wie die sog. moral persuasion auf ein bestimmtes Wirtschaftsverhalten abzielen und dabei keine rechtlich verbindlichen Maßstäbe schaffen.] Staatsaufsicht und Wirtschaftslenkung unterscheiden sich also dadurch, daß die Wirtschaftslenkung neue Anforderungen an das Wirtschaftsverhalten stellt, während die Staatsaufsicht lediglich die bestehenden Anforderungen durchsetzt, soweit sie rechtsverbindlich sind. Staatsaufsicht und Wirtschaftslenkung haben gemeinsam, daß sie sich auf ein selbstverantwortliches Wirtschaftsverhalten richten.

Fehlt nicht nur ein vorbestimmter rechtlicher Maßstab, sondern auch der Appell an die Selbstverantwortlichkeit, wird

---

[100]) Das gilt wohl auch von dem Begriff der „Intervention" (insbes.: Hans Huber in: Ztschr. f. SchweizR Bd. 70, 1951, S. 173 f.; Gygi, Interventionsrecht und Interventionsverwaltung (1958), der trotz der klärenden Ausführungen von Scheuner (VVDStRL Heft 11, S. 7 f.), Schüle (ebenda S. 75 f. und Ballerstedt (Hdb. der Grundrechte Bd. 3, 1. Halbbd. S. 30 f.) keine festen juristischen Konturen angenommen hat. Schüle selbst distanzierte sich von diesem Begriff wegen seines diskriminierenden Beiklangs (aaO. S. 143); ablehnend auch Ehmke aaO. S. 5; ferner in: Festgabe für Smend zum 80. Geburtstag (1962) S. 23 f., 25; Haussmann, Die öffentliche Hand in der Wirtschaft (1954) S. 3.

[101]) Vom 28. 4. 1961 (BGBl. I, S. 481).

[102]) Vom 28. 2. 1951 (BGBl. I, S. 135) in der Fassung des 3. Änderungsgesetzes vom 27. 7. 1961 (BGBl. I, S. 1104).

[103]) Das Vertragsrecht des BGB, vor allem seine §§ 138 und 242, das UWG, das Aktien-, GmbH- und Genossenschaftsrecht üben, um nur einige Beispiele zu erwähnen, wesentlichen Einfluß auf das Wirtschaftsgeschehen aus.

[104]) Zur Wirtschaftslenkung durch eine bestimmte Ausgestaltung der Steuergesetze vgl. Scheuner aaO. S. 41 f.; Schüle aaO. S. 93 f.; Bellstedt, Verfassungsrechtliche Grenzen der Wirtschaftslenkung durch Steuern, Heidelberger Diss. (gedruckt) 1958.

also die gewünschte wirtschaftliche Entscheidung von Staats wegen unmittelbar veranlaßt, wie vielfach bei der sog. „Zweckmäßigkeitsaufsicht“, so sollte man besser von staatlicher Leitung oder Mit-Leitung eines Wirtschaftsunternehmens sprechen[105]). Das ist z. B. der Fall, wenn einem Unternehmen bei der Bewilligung einer Stützungs-Subvention zur Auflage gemacht wird, bis zur Sanierung einen Staatsbeauftragten aufzunehmen, der unzweckmäßige Geschäfte beanstanden und sachlich gebotene Geschäfte durch Weisung erzwingen kann[106]). Werden dem Staat derart Rechte unternehmerischer Mitwirkung eingeräumt, so wird er im Ergebnis wie ein Mitunternehmer oder Anteilseigner gestellt. Frederick Haussmann spricht daher mit Recht von einem gemischtwirtschaftlichen Unternehmen kraft staatlicher Kontrollbefugnis[107]). [Der Vergleich mit dem sog. „Kondominium“ zwischen Staat und Gemeinde liegt nahe.] Eine sog. Staatsaufsicht, die mangels eines festen Aufsichtsmaßstabes in eine Mitwirkung bei der Geschäftsführung abgleitet, wird also in Wahrheit zu unternehmerischer Mitbeteiligung und Mit-Leitung, was die Frage aufwirft, ob nicht eine Enteignung oder Sozialisierung vorliegt[108]).

---

[105]) Das gilt für die Staatsaufsicht ganz allgemein. Vgl. schon Hugo Preuss, Art. Staatsaufsicht in Hdwb. der Kommunalwiss. Bd. 3, 1924, S. 808; sehr exakt Frick, Die Staatsaufsicht über die kommunalen Sparkassen, S. 29 f., der aber seine Erkenntnis nicht konsequent verwertet und eine „maßvolle Zweckmäßigkeitsaufsicht“ doch zur Staatsaufsicht rechnet (etwa S. 147).

[106]) Zur Begründung staatlicher Einflußrechte bei der Vergabe von Subventionen: Scheuner, VVDStRL Heft 11, S. 41; Herbert Krüger, ebenda S. 137 f.; Vogel, Öffentliche Wirtschaftseinheiten in privater Hand, S. 197 (mit einem konkreten Beispiel, in dem Richtlinienbefugnis und Entsendung eines Vertreters in den Aufsichtsrat ausbedungen wurde); Henze, Verwaltungsrechtliche Probleme der staatlichen Finanzhilfe zugunsten Privater (1958) S. 105 f. (mit zahlreichen Beispielen). Ein anschauliches Beispiel sind die Richtlinien 1959 für die Gewährung eines Förderungszuschlags zum Milchauszahlungspreis vom 21. 5. 1959 (BAnz. Nr. 97), nach deren Ziff. VI und VII die Molkereien sich besonderen Aufsichtsbefugnissen zur Überwachung der Subventionsvergabe unterwerfen mußten.

[107]) Die öffentliche Hand in der Wirtschaft (1954) S. 21.

[108]) Vgl. Scheuner, aaO., S. 23, der die Unterstellung der Banken unter eine „Aufsicht“ nach den Verfassungen von Hessen (Art. 41) und Rheinland-Pfalz (Art. 62) als eine nach Art. 15 GG unzulässige Sozialisierungsmaßnahme ansieht, falls eine „Übernahme der wirklichen Disposition und Leitungskontrolle“ und nicht „eine lediglich kontrollierende und überwachende Tätigkeit“ des Staates gemeint sei. Die „Staatsaufsicht“, der sich die freien Sparkassen z. T. nach 1933 „freiwillig“ unterworfen haben, wird mangels jeden Maßstabs wohl stark in die Nähe der Mit-Leitung kommen

Die eigentliche Staatsaufsicht wird damit in eine dienende Rolle verwiesen. Sie verfolgt keine eigenständigen wirtschaftspolitischen Ziele[109]), sondern verwirklicht eine Zielsetzung, die mit dem Aufsichtsmaßstab und der darin beschlossenen Anforderung an das Wirtschaftsverhalten rechtlich bindend vorgegeben ist. Ist der Aufsichtsmaßstab polizeilicher Art wie z. B. bei lebensmittelrechtlichen Vorschriften, so erhält auch die Aufsicht einen rein gefahrenabwehrenden Charakter und kann „negative Aufsicht" genannt werden. Handelt es sich dagegen um einen Aufsichtsmaßstab sozialstaatlicher Prägung, d. h. um eine der Wirtschaft im Allgemeininteresse rechtlich auferlegte Sozialpflicht wie z. B. die Betriebs- und Beförderungspflicht der Verkehrsbetriebe, so wird die Aufsicht „positiv", nämlich auf die Erfüllung dieser Sozialpflicht gerichtet[110]). Die Staatsaufsicht ist also anpassungsfähig und erfüllt ihre Hilfsfunktion in einer mehr liberalen ebenso wie in einer mehr sozial intendierten Wirtschaftsordnung.

---

und damit die Frage aufwerfen, ob es sich überhaupt noch um rein private Unternehmen handelt (vgl. Stolzenburg, Die rechtliche Sonderstellung der Freien Sparkassen, S. 95 f.). Zu ähnlichen Problemen wegen der unbestimmten Aufsicht über Eisenbahnen und Börsen vgl. oben unter I mit Fußn. 46—49. Demichel (aaO. S. 303 f., 353 f.) bezieht auch die Mit-Leitung als „contrôle interne" in den umfassenden Begriff der Kontrolle ein, weist aber darauf hin, daß die über die Rechtsaufsicht hinausgehende Kontrolle die Selbständigkeit der Unternehmen weitgehend beseitige und sie der Sache nach zu Gebilden des öffentlichen Rechts mache (personnes publiques, personnes administratives; S. 608 f.).

[109]) Schüle aaO., S. 92, hält eine „wirtschaftspolitische Steuerung" mittels der Staatsaufsicht für möglich, läßt also Aufsicht und Lenkung ineinander übergehen und folgt dabei dem weiten Aufsichtsbegriff, wie er sich im Versicherungs-und Bankenaufsichtsrecht entwickelt hat und insbes. aus der Diskussion über den selbständigen „Zweck" der Versicherungsaufsicht deutlich wird; vgl. dazu oben Fußn. 42; zusammenfassend Starke, Versicherungswirtschaft 1963, S. 165 f., 202 f., dessen herkömmliche Definition der Aufsicht (S. 165) und das, was er alles unter den Begriff der Aufsicht bringt (vgl. insbes. S. 168, 211, wo insbes. auch die Gesetzgebung mit einbezogen ist), kaum noch etwas miteinander zu tun haben. Völlig korrekt dagegen Schork, ZgsKredWes. 1963 S. 478 f., 529 f., der die Kritik an der Durchsetzung der Zinsvorschriften damit zurückweist, der gerügte „Dirigismus" liege im Erlaß der Vorschriften, nicht in ihrer Durchsetzung.

[110]) Liberalem Rechtsdenken ist die verbreitete Ansicht entsprungen, Staatsaufsicht über Private sei negativ, d. h. lediglich darauf gerichtet, daß die dem Verhalten Privater gesetzten rechtlichen Schranken nicht überschritten würden; die Besonderheit der Aufsicht über Verwaltungsträger bestehe darin, daß sie positiv, d. h. auf die Erfüllung öffentlicher Aufgaben gerichtet sei. So z. B. Haenel, Deutsches Staatsrecht (1892) S. 138 f.; Rosin, Das Recht

Wenn die Staatsaufsicht derart als eine auf selbstverantwortlichen Rechtsgehorsam abzielende Staatstätigkeit verstanden wird, wird zugleich deutlich, daß es sich weder um ein diskriminierendes Sonderstatut zur Bevormundung einzelner Wirtschaftszweige noch um eine verschleierte Vorform der Verstaatlichung handelt. Ungemessene Bevormundung oder schleichende Verstaatlichung können sich freilich ergeben, wenn Elemente der Wirtschaftslenkung oder -leitung in die Staatsaufsicht einfließen[111]), was in Gesetzgebung und Praxis nicht allgemein vermieden wird, vor allem deshalb, weil Aufsicht und Lenkung personell nicht streng getrennt werden. So kann es sinnvoll sein, für einen Wirtschaftszweig eine mit qualifizierten Fachleuten besetzte Sonderbehörde einzusetzen, deren Aufgabe nicht nur in der eigentlichen Aufsicht, sondern auch im Erlaß der erforderlichen Vorschriften besteht. Ein anschauliches Beispiel dafür bieten die independent regulatory commissions der Vereinigten Staaten, voran die Interstate Commerce Commission[112]), ferner das Bundesaufsichtsamt für das Kreditwesen zusammen mit der Deutschen Bundesbank[113]). Die Gefahr einer alle Formen und Grenzen verwischenden Reglementierung ist hier groß[114]). Deshalb sollte durch genaue

---

der öffentlichen Genossenschaften (1886) S. 27 f., 34 f.; E. R. Huber, Wirtschaftsverwaltungsrecht Bd. 1, 2. Aufl., S. 113; Frick aaO. S. 66, 219 f. Das war nie voll zutreffend. Haenel sprach an anderer Stelle (aaO. S. 149) von einer positiven Aufsicht über freie Vereine wegen ihrer sozialen Bedeutung. Heute wachsen der Wirtschaft immer stärker auch öffentliche Aufgaben zu, die mit gesetzlich begründeten Sozialpflichten verbunden sind und damit zu einer positiven Aufsicht führen. Vgl. oben Fußn. 42 zum Wandel der Auffassung vom Zweck der Versicherungsaufsicht in Richtung auf eine sozialstaatliche Funktionssicherung hin. Der „positive" Zweck des Kreditwesensgesetzes und damit der Bankenaufsicht ist in der amtlichen Begründung des Regierungsentwurfs (BT Drucks. III/1144 v. 25. 5. 1959 unter III, S. 20) hervorgehoben. Vgl. dazu näher Starke aaO. S. 165 (203 f.). Zur positiven, fördernden Aufsicht über die genossenschaftlichen Prüfungsverbände vgl. Paulick, Das Recht der eingetragenen Genossenschaft (1956) S. 319.

[111]) Auch Lenkung und Leitung sind legitime Formen staatlicher Einflußnahme auf die Wirtschaft, doch sind ihre rechtlichen Voraussetzungen und Folgen grundlegend von denen der Staatsaufsicht verschieden; diese Voraussetzungen und Folgen werden zum Nachteil der Rechtsunterworfenen verdeckt und verwässert, wenn Lenkung oder Leitung im Gewande der „Staatsaufsicht" auftreten.

[112]) Vgl. Cushman, The Independent Regulatory Commissions (1941), Introduction p. 8 et seq.; p. 37—145 (Interstate Commerce Commission).

[113]) Die Bundesbank wirkt auch an der Aufsicht mit; vgl. §§ 14 f. Bundesbankgesetz, §§ 7, 13 f., 23 Kreditwesengesetz.

[114]) Vgl. Köttgen HDSW Bd. 9 (1956). S. 739, der gerade für das Wirtschaftsverwaltungsrecht auf die schwierige Abgrenzung von

Vorschriften und durch eine korrekte Handhabung dafür Sorge getragen werden, daß Maßstabsetzung und Maßstabdurchsetzung, Lenkung und Aufsicht in der täglichen Verwaltungspraxis säuberlich voneinander geschieden werden. Den Wirtschaftsunternehmen muß klar und rechtsverbindlich der Maßstab für ihr Verhalten gesetzt werden, bevor sie mit Maßnahmen der Aufsicht überzogen werden. Schon während des letzten Krieges, auf dem Höhepunkt der staatlichen Wirtschaftsführung, hat Werner Weber darauf gedrängt, im Versicherungswesen wirtschaftspolitische Lenkung und Staatsaufsicht personell zu trennen, jedenfalls aber die Aufsicht nach Maß und Grenzen so zu umschreiben, daß der Bereich eigenverantwortlicher Daseinsgestaltung durch die Unternehmen klar abgesteckt werde[115]). Diese Forderung allgemein zu verwirklichen, sollte heute ein besonderes Anliegen sein, in einem Rechtsstaat, zu dessen Verfassungsgrundsätzen die Berechenbarkeit der Rechtsfolgen des individuellen und vor allem auch des Wirtschaftsverhaltens gehört[116]).

Das ist aber nur möglich, wenn mit dem Erfordernis eines klaren Aufsichtsmaßstabes Ernst gemacht wird. Staatsaufsicht setzt voraus, daß der Beaufsichtigte ohnehin schon weiß oder doch zu wissen in der Lage ist, was rechtlich von ihm verlangt ist. Unbestimmte Begriffe sind daher nur Aufsichtsmaßstab, wenn sie dem Einzelnen eine feste Richtschnur für sein Wirtschaftsverhalten geben und nicht erst auf dem Wege einer weiteren Konkretisierung durch Behörden oder Gerichte zum klaren Richtmaß werden. Dabei ist allerdings zu bedenken, daß ein Element der Unbestimmtheit jedem Rechtsbegriff innewohnt[117]). Man muß daher jeden unbestimmten Begriff sorg-

---

Legalitätsaufsicht und „Intervention" hinweist; Frick aaO. S. 45 f.; Werner Weber, Ztschr. f. d. ges. Vers. Wiss. Bd. 50, 1961, S. 345.

[115]) Die Bank 1941 S. 996 f., insbes. 999 f. (Notwendigkeit der Berechenbarkeit unternehmerischen Verhaltens; für feste Ordnungsgrundsätze der Staatsaufsicht und gegen die Bestimmung von Norm und Maß der Aufsicht durch Aufsichtsbehörde selbst); HansRGZ 1942, Sp. 129 (Sp. 133).

[116]) Das kommt besonders stark zum Ausdruck in der neueren Rechtsprechung des Bundesverfassungsgerichts zur Zulässigkeit der Rückwirkung von Gesetzen; vgl. insbes. BVerfGE 13, 261 (270 f.) vom 19. 12. 1961, ferner E. vom 11. 10. 1962, NJW 1963 S. 29 f.

[117]) Insoweit zutreffend Carl Schmitt, Staat, Bewegung, Volk (1934) S. 42 f. Zur Unbestimmtheit aller Rechtsbegriffe vgl. Erich Kaufmann, Art. Verwaltung, Verwaltungsrecht, in Ges. Schriften Bd. 1, S. 75 f., 96; Engisch, Einführung in das Juristische Denken, 2. Aufl. 1959, S. 108 f.; Ehmke, „Ermessen" und „unbestimmter Rechtsbegriff" im Verwaltungsrecht (1960) S. 29. Man ist sich heute darüber im klaren, daß selbst die Rechtsanwendung durch den Richter keine schematische Subsumtion darstellt, sondern mehr oder

fältig darauf prüfen, ob er, wie z. B. der Begriff der „allgemein anerkannten Regeln der Baukunst“[118]), erkennbar an allgemeine Wertvorstellungen, feste Erfahrungssätze oder sonst greifbare Regeln anknüpft und damit in seiner Unbestimmtheit tragbar ist oder aber ein Blankett für Maßstäbe darstellt, die erst noch von Fall zu Fall bestimmt werden müssen, wie insbesondere der Begriff des Gemeinwohls und ähnliche Begriffe[119]). Blankettausfüllende Maßstabbestimmung für selbstverantwortliches Verhalten ist Wirtschaftslenkung und nicht Staatsaufsicht. Als Leitbegriffe der Wirtschaftslenkung und nicht als Maßstäbe der Staatsaufsicht sind auch spezifisch wirtschaftliche Formelbegriffe wie das „volkswirtschaftliche Interesse“, die „außenwirtschaftlichen Belange der Allgemeinheit“ oder die „Nachteile für die Gesamtwirtschaft“[120]) zu qualifizieren. Denn der einzelne Wirtschaftsunternehmer ist schlechterdings außerstande, zu wissen, was die gesamtwirtschaftliche Lage oder das volkswirtschaftliche Interesse von ihm verlangen. Solche Begriffe als „unbestimmte Rechtsbegriffe“ zu kennzeichnen, wie das in neuerer Zeit Übung geworden ist[121]), heißt nur den wahren Sachverhalt verdunkeln.

---

weniger auch rechtsgestaltender Natur ist (vgl. Esser, Grundsatz und Norm in der richterlichen Fortbildung des Privatrechts (1956), insbes. S. 242 f., 364; neuestens Rittner in seinem Vortrag „Ermessensfreiheit und Billigkeitsspielraum des Zivilrichters“ auf der Tagung für Rechtsvergleichung 1963 in Wien). Das darf aber nicht dazu führen, daß man ins Gegenextrem verfällt und annimmt, Rechtsanwendung und Rechtsetzung seien überhaupt nicht zu unterscheiden. Bis zu einer bestimmten Grenze haben Gesetze eine klare Maßstabwirkung für den Adressaten wie für den Richter und die Verwaltung.

[118]) § 330 StGB.

[119]) Vgl. oben unter II mit Fußn. 78.

[120]) Vgl. §§ 3 Abs. 1, 9 Abs. 2 Außenwirtschaftsgesetz, § 6 Abs. 2 Kreditwesengesetz. Ballerstedt (AöR Bd. 74 [1948] S. 129, 153 f.) hat solchen Begriffen nur einen „geringen Rechtsgehalt“ zugesprochen und konsequent daraus geschlossen, daß der eigentliche Akt der Rechtsschöpfung erst von der anwendenden Verwaltung vorgenommen werde.

[121]) Vgl. für alle Bachof, JZ 1955, S. 97 (98); Ule in Gedächtnisschrift für W. Jellinek S. 309 (313, 318); Jesch, AöR, Bd. 82 (1957) S. 163 (166 f.); E. R. Huber, Wirtschaftsverwaltungsrecht, 2. Aufl., Bd. 1, S. 59, Bd. 2, S. 654 f.; H. J. Wolff, Verwaltungsrecht I, 5. Aufl. (1963) § 31 I c (S. 142). Praktisch müssen auch die Verfechter des unbestimmten Rechts- oder Gesetzesbegriffs zugeben, daß bei der Anwendung ein Spielraum besteht, den sie „Beurteilungsspielraum“ nennen. Zwischen Beurteilungsspielraum und Ermessen besteht höchstens ein gradueller Unterschied; man könnte auch einheitlich von „Ermessen“ sprechen (so BVerwGE 8, 272 (275) vom 24. 4. 1959; Ehmke aaO. S. 34). So führt es allenfalls zu einer Verlagerung

Wie nachteilig sich die mangelnde Klarheit in dieser Frage ausgewirkt hat, zeigen die bitteren Erfahrungen bei der teilweise so genannten „Kartellaufsicht“[122]). Das Kartellgesetz entlehnt in seiner Grundsatzbestimmung über das Verbot von Kartellen Begriffe wie „Wettbewerb“ und „Marktverhältnisse“ von den Wirtschaftswissenschaften, obwohl sich dort über ihre Bedeutung keine annähernd feste Meinung gebildet hat[123]); dennoch geht das Gesetz von einer unmittelbaren Maßstabwirkung aus, erklärt zuwiderlaufende Verträge für automatisch nichtig und bedroht vorsätzliche, d. h. auch mit dolus eventualis begangene Verstöße mit Ordnungsstrafen[124]). Das gewiß sehr einsatzwillige Bundeskartellamt hat sich praktisch geweigert, die Grundregel des Kartellgesetzes als unmittelbar verbindlichen Aufsichtsmaßstab gelten zu lassen. Es hat erkannt, daß das Gesetz in Wahrheit erst durch wirtschaftspoli-

---

des Ermessens auf die Verwaltungsgerichte, wenn man mit dem BVerfG das „öffentliche Verkehrsinteresse“ als unbestimmten Rechtsbegriff bezeichnet (BVerwGE 11, 168 (192) vom 8. 6. 1960), statt mit dem BVerwG der Verwaltung einen echten Entscheidungsspielraum zuzugestehen (BVerwGE 4, 89 (91 f.) vom 11. 10. 1956).

[122]) „Kartellaufsicht“ wird von manchen die gesamte Tätigkeit der Kartellbehörden genannt, so von E. R. Huber, Wirtschaftsverwaltungsrecht, Bd. 1, 2. Aufl., S. 34, 393; Eucken, Ordo Bd. 2 S. 1 f. (65 f.). Andere nennen Kartellaufsicht nur die Tätigkeit der Kartellbehörden gegenüber ausnahmsweise erlaubten Kartellen und marktbeherrschenden Unternehmen, insbes. nach § 9—14, 25—27 des Gesetzes gegen Wettbewerbsbeschränkungen vom 27. 7. 1957 (BGBl. I, S. 1081). Vgl. Dörinkel in: Gemeinschaftskomm. (1958) vor §§ 9 bis 14, S. 315 f.; Rauschenbach in: Kartelle und Monopole im modernen Recht (1961) Bd. 2 S. 767 f. unterscheidet dementsprechend eine Kartellaufsicht im weiteren und im engeren Sinne.

[123]) Reimer Schmidt spricht von „kodifizierter Wirtschaftstheorie“, deren Auslegung und Anwendung große Schwierigkeiten bereite (Zur rechtlichen Lage der Versicherungswirtschaft nach dem GWB [1960] S. 11 f.). „Wettbewerb“ kann der „blinde“ Preiswettbewerb der vollkommenen Konkurrenz im Sinne der ordoliberalen Schule, kann aber auch der Preis- und Leistungswettbewerb einer mit Oligopolen durchsetzten Wirtschaft sein, wie er der Wirklichkeit entspricht. Zu dieser Unsicherheit bei der Anwendung des § 1 GWB vgl. Müller-Henneberg in: Gemeinschaftskomm., S. 60 f.; Rinck, Wirtschaftsrecht (1963), Randn. 620 f. mit weiteren Belegen; Frankfurter Kommentar zum GWB (1962) Stand: April 1963, Randn. 20 f. zu § 1; Knöpfle in WuW 1962 S. 159 f., mit weiteren Nachweisen. Die Unmöglichkeit, aus der Volkswirtschaftslehre einen auch nur einigermaßen klaren Begriff des „Marktes“ zu entnehmen, hat der Präsident des Bundeskartellamts, Günther, selbst aufgezeigt (Relevanter Markt im Recht der Wettbewerbsbeschränkungen [1960] insbes. S. 3—8).

[124]) Die Nichtigkeit folgt aus § 1 GWB; von den Ordnungswidrigkeiten handeln die §§ 38—41.

tische Entscheidungen[125]) konkretisiert werden muß, und hat deshalb jeweils durch Bekanntgabe von Verwaltungsgrundsätzen[126]), durch Besprechungen oder individuelle Schreiben die betroffenen Wirtschaftsunternehmen zunächst einmal davon unterrichtet, welche „Politik" das Amt einschlagen und welche Maßstäbe es aufgrund des Kartellgesetzes an das Wirtschaftsverhalten anlegen werde, um erst dann, in seltenen Fällen, ein Ordnungswidrigkeitenverfahren einzuleiten[127]). Karl-Heinz v. Köhler, der Leiter einer Beschlußabteilung des Amtes, hat kürzlich seiner Gewissensnot wegen dieser Praxis, die klare rechtliche Entscheidungen möglichst umgeht, offen Ausdruck gegeben. Er sieht einen Ausweg darin, das Kartellgesetz in jedem Einzelfall erst durch einen Verwaltungsakt zu konkretisieren und damit eine rechtsstaatlich vertretbare Grundlage für eigentliche Aufsichtsmaßnahmen zu schaffen[128]). Das Gesetz müßte dazu aber geändert werden, wobei das EWG-Kartellrecht als Vorbild dienen könnte[129]). Nach dem

---

[125]) Günther hat sich dahin geäußert, dem BKA sei „angesichts des weiten Spielraums für kognitives und Handlungsermessen und angesichts der Vielzahl der unbestimmten Rechtsbegriffe eine wahrhaft wirtschaftspolitische Aufgabe übertragen" (in: Kartelle und Monopole im modernen Recht, Bd. 1 [1961] S. 79 f., 83). Hirsch hat aufgezeigt, nach dem GWB gehe es „stets um wirtschaftspolitische Entscheidungen", und zwar trotz der kasuistischen Fassung des Gesetzes, wegen der „meist höchst unbestimmten Begriffe"; das BKA sei der „verlängerte Arm des Bundesministers für Wirtschaft zur Durchführung der von ihm für richtig gehaltenen Wirtschaftspolitik im Rahmen des Gesetzes" (Kontrolle wirtschaftlicher Macht [1958] S. 57, 60).

[126]) Nach § 50 GWB. Das BKA sucht außerdem durch Aufsätze seiner Mitarbeiter in wissenschaftlichen Zeitschriften, vor allem in der Zeitschrift „Wirtschaft und Wettbewerb", seine Entscheidungen vorzubereiten und zu kommentieren.

[127]) Vgl. Günther aaO (Fußn. 123), ferner die Stellungnahme der BReg. zum Bericht des BKA für 1962 (BT Drucks. IV/1220, S. 3), in der es heißt, das Gesetz müsse jetzt strenger gehandhabt werden, nachdem „die Unternehmen fünf Jahre ausreichend Gelegenheit hatten, sich mit den Vorschriften des GWB vertraut zu machen und sich auch an Hand der Berichte des BKA über die Bedeutung und Auslegung einzelner Vorschriften zu unterrichten". Vgl. auch Rauschenbach, aaO. S. 782 f.

[128]) VerwArch. Bd. 54 (1963), S. 262, wobei er konkretisierende Verwaltungsakte nach dem geltenden Kartellrecht nicht für zulässig hält (S. 283 f.), insoweit mit Recht gegen Gutzler, NJW 1963, S. 521, der die Befugnis zum Erlaß pflichtbestimmender Verwaltungsakte und zur Verwaltungsvollstreckung vermengt.

[129]) Die VO Nr. 17 d. Rates der EWG vom 6. 2. 1962 (ABl. der Europ. Gemeinschaften, S. 204 = BGBl. II S. 93), geändert durch VO Nr. 59 des Rates vom 3. 7. 1962 (ABl. der Europ. Gemeinschaften, S. 1655 = BGBl. II, S. 931 ...) bestimmt zwar ebenfalls in Art. 1, die dem Art. 85 des EWG-Vertrages zuwiderlaufenden Vereinbarungen seien

geltenden Kartellgesetz jedenfalls gehen Maßstabbestimmung und Maßstabdurchsetzung so ununterscheidbar ineinander über, daß es sich im ganzen um Wirtschaftslenkung und nicht um Staatsaufsicht handelt[130]). [Das gilt wohl auch für die sog. Mißbrauchsaufsicht über erlaubte Kartelle und marktbeherrschende Unternehmen[131]), die mangels eines fest umrissenen Inhalts des Wortes „Mißbrauch" kaum anders als durch wirtschaftspolitische Entscheidungen vollzogen werden kann[132]). Die Vorschriften über Ausnahmen vom Kartellverbot vollends geben den Kartellbehörden kaum verschleierte wirtschaftspolitische Ermächtigungen im Gewande sog. unbestimmter Rechtsbegriffe; als Beispiele genügen wohl die Wendungen „offensichtlich schädliche Wirkungen für den Ablauf von Erzeugung und Handel", „unter Berücksichtigung der Gesamtwirtschaft und des Gemeinwohls" und „im Interesse der Allgemeinheit erwünscht"[133]).] Nur zu einem geringen Teil sind die vagen Begriffe des Kartellgesetzes geeignet, durch eine längere Kartellpraxis und -rechtsprechung allmählich mit klarem Rechtsgehalt erfüllt zu werden und sich damit in

---

verboten, ohne daß dies einer vorhergehenden Entscheidung bedürfe. Das ist aber praktisch entscheidend abgemildert, denn mit Verwaltungszwang (Zwangsgeld) kann die Kommission gegen ein Unternehmen erst vorgehen, wenn sie es zuvor durch eine anfechtbare Entscheidung verpflichtet hat, die festgestellte Zuwiderhandlung abzustellen (Art. 16 in Verbindung mit Art. 3). Der Sache nach ist damit freilich das Verbots- zum Mißbrauchsprinzip hin abgeschwächt.

[130]) Scheuner (VVDStRL Heft 11 S. 24) hat daher mit Recht im Anschluß an Herbert Krüger die Maßnahmen gegen die Kartelle als staatliche Einflußnahme auf Grund eines wirtschaftspolitischen Ziels bezeichnet. Vgl. auch E. R. Huber und Forsthoff, oben Fußn. 4.

[131]) Insbes. nach §§ 12, 17, 22 Abs. 3 und 4 GWB.

[132]) Rinck (Wirtschaftsrecht, Randn. 962 f.) sieht den „Mißbrauch" als allgemein gefestigtes Rechtsinstitut an, das auch im Kartellrecht angewendet werden könne. Er berücksichtigt dabei wohl zu wenig, daß die Lehre vom allgemeinen Rechtsmißbrauch einigermaßen gesicherte Wertvorstellungen voraussetzt, die im Kartellrecht fehlen, weil es hier um die Verwirklichung von variablen wirtschaftspolitischen Zielsetzungen geht.

[133]) Vgl. § 3 Abs. 3 Ziff. 2, §§ 4 und 5 Abs. 3 GWB. Das Vorgehen gegen Rabattkartelle wegen „offensichtlich schädlicher Wirkungen" nach § 3 Abs. 3 Ziff. 2 GWB hat auch Rinck (aaO Randn. 661 a. E.) als „rein wirtschaftspolitisch orientierte Kontrolle" bezeichnet. — § 70 Abs. 4 GWB bestimmt, daß die „Würdigung der gesamtwirtschaftlichen Lage und Entwicklung ... der Nachprüfung des Gerichts entzogen" ist; diese Bestimmung wurde auf Drängen der BReg. Gesetz, weil man damit die Gerichte daran hindern wollte, ihre eigenen wirtschaftspolitischen Erwägungen an die Stelle der wirtschaftspolitischen Zielsetzungen der Kartellbehörden zu setzen (vgl. Hirsch aaO. S. 58 f.).

selbstwirkende Maßstäbe für eine Staatsaufsicht zu verwandeln[134]).

2. Nicht nur historische und rechtstheoretische, sondern auch praktische Erwägungen führen also dazu, als Staatsaufsicht in der Wirtschaft allein die Staatstätigkeit zur Verwirklichung rechtsverbindlicher, genügend bestimmter Maßstäbe zu verstehen. Dieser Begriff bleibt freilich zum Teil hinter dem zurück, was in den Gesetzen „Aufsicht" genannt wird. Blankettausfüllende Maßstabbestimmung für selbstverantwortliches Wirtschaftsverhalten in Anwendung völlig unbestimmter Rechtsbegriffe wie z. B. des „Mißstandes" im Versicherungswesen[135]) ist ebenso in die Wirtschaftslenkung abzuschieben wie die Maßstabbildung durch offene Rechtsetzung, z. B. durch die Anordnung des Bankenmoratoriums[136]). Die sog. Börsenaufsicht ist in Wahrheit Staatsleitung, wenn sie zu Weisungen an die Börsenorgane berechtigt[137]).

Auf der anderen Seite geht der so bestimmte Begriff der Staatsaufsicht weit über den gesetzlichen Sprachgebrauch hinaus. So erweisen sich z. B. die Gewerbeerlaubnisse als Teil der vorbeugenden Staatsaufsicht, soweit Erteilung und Versagung an feste Maßstäbe gebunden sind und nicht etwa über eine Bedürfnisklausel zum Instrument der Wirtschaftslenkung werden[138]). Dasselbe gilt für andere behördliche Genehmigun-

---

[134]) Darauf hoffte der Bundestagsausschuß für Wirtschaftspolitik zu allgemein, unter Berufung auf die Konkretisierung der Begriffe „Treu und Glauben", „gute Sitten" usw. im Zivilrecht (Bericht abgedruckt im Gemeinschaftskomm., S. 1172 f.). Wirtschaftspolitische Leitbegriffe der Wirtschaftslenkung sind notwendig variabel und einer inhaltlichen Verfestigung auf die Dauer nicht zugänglich (vgl. oben Fußn. 132).

[135]) Nach § 81 Abs. 2 VAG (vgl. oben Teil I mit Fußn. 39 f.). Ebenso wohl Frick aaO. S. 66; vgl. aber S. 197, wo die Bankenaufsicht als „währungs- und ordnungspolitisch ausgerichtete Staatsaufsicht" bezeichnet ist, wobei zur Bankenaufsicht auch die Anwendung der vagen Klausel des § 6 Abs. 2 KWG gerechnet wird (S. 200 i. V. m. S. 208 f.), obwohl es sich hier eindeutig um Wirtschaftslenkung handelt.

[136]) §§ 47, 48 des Kreditwesengesetzes; vgl. oben Teil I mit Fußn. 45.

[137]) Vgl. oben Teil I mit Fußn. 49.

[138]) Der Wegfall fast aller Bedürfnisklauseln infolge der Rechtsprechung zu Art. 12 GG (grundlegend das Apothekenurteil, BVerfGE 7, 377 (407 f.) vom 11. 6. 1958) hat dazu geführt, daß die Gewerbeerlaubnis überwiegend ihren wirtschaftslenkenden Aspekt verloren haben und zu maßstabgebundenen Aufsichtsmitteln geworden sind. Dadurch ist aber zum Teil ein Zuwenig an Aufsicht eingetreten. So wird am Kreditwesengesetz gerügt, es habe die Bedürfnisklausel aus dem alten KWG gestrichen, ohne einen Ersatz für die darin mitbeschlossene Bonitätssicherung und damit die Sicherung der Bankgläubiger zu schaffen (Stellungnahme des Bun-

gen[139]). Auch Verwaltungszwangsmittel und Ordnungsstrafen zählen zur Staatsaufsicht, desgleichen die Untersagung eines Gewerbebetriebes nach § 35 der Gewerbeordnung. Dasselbe gilt für die Eintragung einer Aktiengesellschaft in das Handelsregister mit der vorausgehenden Prüfung der gesetzlichen Eintragungsvoraussetzungen und für die Bestellung eines Notvorstandes[140]). Nicht nur solche Maßnahmen der freiwilligen Gerichtsbarkeit, sondern auch die gerichtlichen Erkenntnisse in Zivil- und Strafsachen[141]) bilden ein wesentliches Element der Staatstätigkeit zur Verwirklichung rechtsverbindlicher Maßstäbe in der Wirtschaft[142]). Die Grundsätze

---

desrats zum KWG, BT Drucks. III/1114, Anlage 2 unter III, S. 53 f.; Szagunn-Neumann, Komm. zum KWG, Einleitung, S. 19 f.).

139) Aufsichtscharakter trägt z. B. die Genehmigung zur Einfuhr oder Ausfuhr von Kernbrennstoffen nach § 3 des AtomG, da die Voraussetzungen der Genehmigung tatbestandlich genau umrissen sind. Dagegen ist die Zustimmung der Genehmigungsbehörde zum Fahrplan einer Straßenbahn ebenso wirtschaftslenkender Natur (wenn nicht gar der Leitung zuzurechnen) wie das Verlangen nach Abänderung eines solchen Fahrplans, da die Behörde freie Hand hat (§ 40 Abs. 2 und 3 PBefG); dasselbe gilt für die Genehmigung der Beförderungsentgelte einer Straßenbahn oder eines Kfz-Linienverkehrsunternehmens (§§ 39 Abs. 1, 45 Abs. 2 PBefG).

140) §§ 16 f., insbes. 38 f., § 76 AktG.

141) Voraussetzung der Zurechnung zur Staatsaufsicht ist allerdings, daß klare rechtliche Maßstäbe durchgesetzt werden. Fehlen solche Maßstäbe, so handelt es sich um richterliche Wirtschaftslenkung. So begeht nach § 2 a des Wirtschaftsstrafgesetzes i. d. F. von 1962 eine Straftat, wer „unangemessen" hohe Preise fordert. Was unangemessen ist, kann der einzelne kaum beurteilen; der Richter muß es also im Wege einer wirtschaftspolitischen Entscheidung festlegen (vgl. Rinck, Wirtschaftsrecht, S. 141 Randn. 490). Das Ergebnis ist eine Wirtschaftslenkung mittels Bestrafung, was mit Art. 103 Abs. 2 GG in einigem Widerspruch steht. Es wäre erforderlich, zunächst den angemessenen Preis festzulegen und erst bei Zuwiderhandlungen gegen diese Festsetzung Aufsichtsmaßnahmen zu ergreifen (Strafe usw.). Die Präzisierung der Staatsaufsicht muß also auch zu neuen Überlegungen im Strafrecht führen. Auf die Gefahr wirtschaftslenkender Zivilrechtsprechung, speziell in Anwendung der unbestimmten Begriffe des UWG, hat Rinck hingewiesen (in: Göttinger Festschr. f. d. OHG Celle, S. 151 f., 163 f.).

142) Im allgemeinen leiden die Überlegungen zur Staatsaufsicht im deutschen Schrifttum daran, daß die gerichtliche Staatsaufsicht nicht als solche erkannt oder gewertet wird, wodurch im ganzen ein lückenhaftes, ja schiefes Bild entsteht. Schoenborn (Das Oberaufsichtsrecht, S. 28 f.) zählte die Rechtsprechung unter Berufung auf O. v. Gierke wegen des fehlenden Zweckmoments nicht zur Aufsicht, übersah aber dabei, daß v. Gierke von dieser theoretischen Prämisse selbst nicht ernstlich ausging, an anderer Stelle z. B. die Strafrechtsprechung als wesentlichen Teil der Staatsaufsicht darstellte und ganz ungehemmt von einem „aufsichtführenden Gericht" sprach (vgl. Die Genossenschaftstheorie und die deutsche

lauteren Wettbewerbs z. B. werden nach deutschem Recht im Zivil- oder Strafprozeß durchgesetzt[143]), während das in den Vereinigten Staaten vorwiegend Aufgabe einer Behörde ist, der Federal Trade Commission[144]). Gesetz- oder satzungswidrige Beschlüsse der Hauptversammlung einer Aktiengesellschaft können heute nicht mehr wie früher durch das Veto eines Staatskommissars zu Fall gebracht werden, sondern nur noch durch Gestaltungsurteil eines Zivilgerichts[145]).

Gerichtliche und verwaltungsmäßige Staatsaufsicht stehen also nebeneinander, ergänzen sich und können ausgewechselt werden. Wenn etwa die allgemeine Verwaltung infolge lokaler Rücksichten, parteipolitischer Einflüsse oder anderer lähmender Faktoren so weit geschwächt ist, daß sie für eine wirksame Staatsaufsicht kaum in Betracht kommt, und wenn die Einrichtung von Sonderbehörden[146]) auf Schwierigkeiten stößt, bleibt der Ausweg, die im wesentlichen intakte staatliche Autorität der Gerichte einzusetzen. Gerichtliche Staats-

---

Rechtsprechung, S. 649 einerseits, 660 f., 661 Fußn. 3 andererseits). Triepel (Reichsaufsicht, S. 135 f) hat überzeugend dargelegt, daß zwischen Rechtsprechung und Verwaltung in bezug auf die Aufsicht kein entscheidender Unterschied besteht. Vgl. auch Erich Kaufmann, Art. Verwaltung, Verwaltungsrecht, in: Gesammelte Schriften, Bd. 1, S. 93. Für das englische Rechtsdenken kommt der gerichtlichen Staatsaufsicht, die im 18. Jahrhundert das Feld allein beherrschte, heute noch der Vorrang zu (vgl. meine Schrift über „Vertrag und Verwaltungsakt“, S. 121, 157 f.). Das gilt wohl sehr stark auch für die USA. In Deutschland ist es heute besonders wichtig, die ungebrochene staatliche Autorität der Gerichte in den Dienst der Staatsaufsicht zu stellen; das verlangt zwingend ein Abgehen von dem starren Begriffsschema der absoluten Verschiedenheit von Rechtsprechung und Verwaltung.

[143]) Regelmäßig nur auf Antrag Betroffener oder eines Verbandes; so auf Grund der Unterlassungsklage irgendeines konkurrierenden Gewerbetreibenden (§ 13 UWG) oder auf Strafantrag hin (§ 22 UWG). Dieses System hat auch gewichtige Nachteile, da schwächere Konkurrenten das Kostenrisiko eines Prozesses oder das Odium eines Strafantrages kaum auf sich nehmen können.

[144]) Vgl. Cushman aaO (oben Fußn. 112), p. 179, 187, wobei zu bedenken ist, daß das Vorgehen gegen unlauteren Wettbewerb und gegen Kartelle und Monopole in den USA, anders als nach deutschem Recht, eng verbunden ist; ferner Katzke, NJW 1963, S. 1383 f. (1385 unter 2); das Verfahren der FTC ist gerichtsähnlich.

[145]) §§ 197 f. AktG.

[146]) Fachlich qualifizierte Sonderbehörden wie die Bundesbank, die großen Bundesaufsichtsämter und die staatlichen Gewerbeaufsichtsämter dürften heute vornehmlich geeignet sein, eine wirksame Aufsicht über Wirtschaftsunternehmen auszuüben. Werner Weber glaubt freilich, auch die Autorität von Beamtenfachbehörden sei heute verhältnismäßig gering und sie hätten keinen leichten Stand gegenüber großen Wirtschaftsunternehmen und Verbänden (Ztschr. f. d. ges. Vers. Wiss., Bd. 50, 1961, S. 337).

aufsicht ist allerdings schwerfällig, da sie regelmäßig nur auf Antrag und nur punktuell in Aktion tritt[147]); vielfach bedarf es zusätzlich einer Aufsichtsbehörde, der mindestens die Überwachung der Wirtschaftsunternehmen und die Einleitung des gerichtlichen Verfahrens, etwa eines Ordnungswidrigkeiten- oder Strafverfahrens, obliegt. [So wäre es z. B. verhängnisvoll, für die Verwirklichung der theoretisch sehr scharfen Bestimmungen des Wasserhaushaltsgesetzes auf die zivilrechtliche Gefährdungshaftung und die Strafvorschriften[148]) und damit letztlich auf die gerichtliche Staatsaufsicht zu vertrauen. Der Verseuchung der Gewässer durch gewerbliche und andere Abwässer kann nur Einhalt geboten werden, wenn Aufsichtsbehörden mit allen Mitteln einer verwaltungsmäßigen Staatsaufsicht für Abhilfe sorgen.]

Der Begriff der Staatsaufsicht gibt damit die Möglichkeit einer Zusammenschau aller Staatstätigkeit, die der Realisierung klarer rechtlicher Verhaltensvorschriften in der Wirtschaft dient. Er führt zugleich weg von der schematischen Vorstellung, es genüge, einen Verstoß gegen rechtliche Verhaltenspflichten in der Wirtschaft festzustellen und dagegen mit Zwangsgeld, Ersatzvornahme oder unmittelbarem Zwang vorzugehen, also die Generalermächtigung der Verwaltungsvollstreckungsgesetze[149]) anzuwenden. Die Aufsicht in ihrer Vollform setzt viel früher ein und verfügt über eine wesentlich feinere Skala elastisch einzusetzender Mittel. Erstes Anliegen einer umfassenden Aufsicht ist es, die Wirtschaftsunternehmen

---

[147]) Während eine Aufsichtsbehörde den einzelnen Aufsichtsfall von ihrer allgemeinen Aufsichtspraxis und -erfahrung her bewertet und bei ihren Entscheidungen von typisierenden Verwaltungsvorschriften und von einer Kenntnis der Verwaltungsplanung ausgeht, muß der Richter auch bei der Aufsicht seine „spezifisch richterliche Denkweise" anwenden (vgl. BVerfG vom 10. 6. 1963, DVBl. 1963, S. 670), also in erster Linie eine punktuelle Fallgerechtigkeit anstreben. Außerdem besteht die Gefahr der Umgehung der gerichtlichen Aufsicht, soweit Schiedsgerichtsabreden zulässig sind. § 91 GWB hat daher die Schiedsverträge in Kartellsachen im wesentlichen verboten (vgl. dazu H i r s c h, Kontrolle wirtschaftlicher Macht, S. 38 f.). Eine allg. Einschränkung der Schiedsabreden ist unumgänglich, wenn die gerichtliche Staatsaufsicht aktiviert werden soll, da die Wirtschaft in beträchlichem Maße auf Schiedsstellen und Schlichter ausweicht.

[148]) §§ 22, 38—42 des Wasserhaushaltsgesetzes vom 27. 7. 1957 (BGBl. I S. 1110) i. d. F. vom 19. 2. 1959 (BGBl. I S. 37).

[149]) Für den Bund: Verwaltungs-Vollstreckungsgesetz vom 27. 4. 1953 (BGBl. I S. 157) i. d. F. vom 12. 4. 1961 (BGBl. I S. 425) und Gesetz über den unmittelbaren Zwang bei der Ausübung öffentlicher Gewalt durch Vollzugsbeamte des Bundes vom 10. 3. 1961 (BGBl. I S. 165). Entsprechende Vorschriften finden sich zum Teil in den Ländern.

mit den komplizierten rechtlichen Vorschriften wirklich vertraut zu machen und damit erst einmal entscheidend an ihren Rechtsgehorsam zu appellieren. Die Mithilfe der Verbände ist dabei kaum zu entbehren[150]). Auch sonst ist es mit bloßer Beobachtung, förmlicher Überwachung und rechtlichen Aufsichtsakten nach vorausgehender Anhörung des Betroffenen nicht getan, wenn die Aufsicht voll ausgebildet ist. Die Aufsichtsbehörde muß dann von sich aus oder auf Anfrage über Zweifelsfragen Auskunft geben, die Wirtschaftsunternehmen belehren und mahnen, und zwar mündlich, durch Einzelbrief oder durch Rundschreiben, wie das der Praxis z. B. des Bundesaufsichtsamts für das Versicherungs- und Bausparwesen entspricht[151]).

Diese helfende, fördernde Aufsicht bringt allerdings die Gefahr mit sich, daß im Wege guten Zuredens die Grenzen der Aufsicht überspielt und aus freien wirtschaftspolitischen Impulsen neue, außergesetzliche Verhaltensanforderungen gestellt werden, die von den Angesprochenen um des guten Verhältnisses zur Aufsichtsbehörde willen auch befolgt werden. Der Züricher Nationalökonom Friedrich Lutz hat sehr plastisch von einem „Überredungsdirigismus" gesprochen[152]).

---

150) Darauf haben besonders hingewiesen Kaiser, Die Repräsentation organisierter Interessen (1956) S. 102 f., und Herbert Krüger NJW 1956, S. 1217, 1219.

151) Vgl. z. B. den Geschäftsbericht 1961, S. 22 f., 34 f.; Veröffentlichungen des Amts, 10. Jahrg. 1961, S. 38 f. (Rundschrb. mit einem „Appell" an die Vorstände der Versicherungsunternehmen). Schon in der amtlichen Begründung zum VAG von 1901 heißt es, die Aufsicht werde sich „bei normalem Verlauf ... vorzugsweise in Anregungen, Ratschlägen aller Art und gütlichen Verhandlungen" vollziehen (zit. von Büchner, in: 50 Jahre mat. Versich.aufs. Bd. 1, S. 18). Dazu auch Starke, ebenda Bd. 3, S. 93; Prölss, Komm. zum VAG, 4. Aufl., Anm. 8 C zu § 81, S. 537, mit der wenig überzeugenden Einschränkung, die Aufsichtsbehörde sei nicht zu Rechtsauskünften verpflichtet (Anm. 7, S. 536). Der Überprüfung bedürfte überhaupt die überkommene Vorstellung, der Beaufsichtigte habe keinen Anspruch auf Aufsicht (vgl. Fröhler, Die Staatsaufsicht über die Handwerkskammern, S. 52). — Auf die Bedeutung der helfenden, fördernden Aufsicht für die Staatsaufsicht über die Gemeinden hat schon Hans Peters hingewiesen (Grenzen der kommunalen Selbstverwaltung in Preußen [1926] S. 234, 265 f).

152) Auf einer Tagung der schweizerischen Gesellschaft für Statistik und Volkswirtschaft am 24./25. 5. 1963 in Lausanne (nach einer Meldung der Neuen Zürcher Zeitung vom 6. 6. 1963, Bl. 10). So haben z. B. die Spitzenverbände der Kreditinstitute freiwillig der Kritik der Deutschen Bundesbank an der starken Ausdehnung des Zweigstellennetzes entsprochen und eine Begrenzung beschlossen (vgl. Zimmerer-Schönle, Komm. zum KWG S. 67). Aust, Der Wettbewerb in der Bankenwirtschaft (1963) S. 116 bezeichnet eine solche „moral persuasion" als „marktinkonform", weil mit einem

Ein Wirtschaftsunternehmen muß daher die Möglichkeit haben, von der Aufsichtsbehörde zu verlangen, daß sie ihr gutes Zureden aufgibt und einen klaren rechtlichen Bescheid erteilt, der dann angefochten werden kann. Dieser auf den ersten Blick befremdliche Rechtsanspruch auf einen belastenden Verwaltungsakt hat sich besonders im Versicherungsaufsichtsrecht als notwendig erwiesen[153]). Gerade das Schutzinteresse des Betroffenen verbietet es also, die Staatsaufsicht als Verhältnis von gleich zu gleich zu verstehen und ganz in die Konferenzatmosphäre zu verlegen[154]). Außerdem wäre es der in einem Rechtsstaat existentiell wichtigen Rechtsverwirklichung abträglich, wenn eine Aufsichtsbehörde allein auf den Besprechungsstil verwiesen wäre.

Auch die intensivste Staatsaufsicht kann aber für sich allein den Rechtsgehorsam nicht vollständig sichern. Rechtszwang ist, wie Georg Jellinek es formuliert hat[155]), „nur ein zu unentbehrlicher Verstärkung der außerstaatlichen Garantien" der Rechtsgeltung dienendes Element. Wenn die Staatsaufsicht diese außerstaatlichen Garantien ignoriert, statt sie geschickt zu bestärken, kann sie als unnütze Bevormundung aufgefaßt werden, damit psychologische Gegenkräfte auslösen und die Gesetzesgeltung verschlechtern. Die Bankenaufsicht beispielsweise stellt bewußt nicht auf den unlauteren, sondern auf den ordentlichen Bankkaufmann ab, dessen Einsichtsvermögen es durch Informationen, Mahnungen oder andere Mittel helfender Aufsicht zu schärfen gilt[156]); nur für den

---

gewissen Druck unter Umgehung der Marktmechanismen auf die Wirtschaftsteilnehmer eingewirkt werde. Bemerkenswerterweise spricht Galette (in: Aktuelle Probleme der Kommunalaufsicht, S. 43) von einer „beratenden Lenkung" der Staatsbehörden gegenüber den Kommunen, um freilich mit seiner Konsequenz, die Beratung gehöre überhaupt nicht zur Staatsaufsicht, übers Ziel hinauszuschießen. Vgl. aber auch die Bedenken von Frick, Die Staatsaufsicht über die kommunalen Sparkassen, S. 219.

[153]) Prölss aaO. S. 537; Reimer Schmidt, VersR 1954 S. 441, 442.

[154]) Vgl. auch die aus ähnlichen Überlegungen hervorgehenden Bedenken eines hohen Kartellbeamten, v. Köhler (Verw.Arch. Bd. 54, S. 262, 269 f.), gegen die Vermeidung hoheitlicher Entscheidungen durch das Bundeskartellamt zugunsten von Briefen, Besprechungen usw. Ebenso für die Versicherungsaufsicht Reimer Schmidt, VersR 1954 S. 441, 442 f.

[155]) Allg. Staatslehre, 3. Aufl. (Neudruck 1959) S. 336; ähnlich H. Heller, Staatslehre S. 187 f.

[156]) Vgl. die Äußerung eines ungenannten Beamten einer süddeutschen Bankaufsichtsbehörde in: Zeitschrift f. d. ges. Kreditwesen, 1952, S. 7; Begründung zum Entwurf des KWG, BT Drucks. III/1114 A III (S. 20). Unlautere Elemente können im Zulassungsverfahren oder durch Verlangen nach Abberufung von Geschäftsleitern (§§ 33,

Notfall sind Zwangseingriffe vorgesehen. Hauptanliegen der Staatsaufsicht in der Wirtschaft muß es ganz allgemein sein, die Eigenverantwortung der Wirtschaftenden anzuregen und zu verstärken, nicht aber, sie durch ein Übermaß von Aufsicht zu schwächen[157]). Schon beim Erlaß eines Gesetzes muß man eine nüchterne Rechnung aufmachen und überlegen, bis zu welchem Ausmaß die Erreichung des Gesetzeszwecks außerstaatlich sichergestellt ist oder durch geeignete Vorkehrungen sichergestellt werden kann, wie weit also ergänzend noch eine Staatsaufsicht vorgesehen werden muß.

So fallen schutzbedürftige Interessen von öffentlichem Gewicht nicht vollständig einer schützenden Staatsaufsicht anheim, wenn sie institutionalisiert und in dieser Form den ihnen widerstreitenden Interessen wirksam entgegengesetzt werden. Das bürgerliche Recht und das Handelsrecht bieten zahlreiche Beispiele solcher Selbstsicherungen. Die Investment-Gesellschaften z. B. müssen die von ihnen lediglich treuhänderisch verwalteten Wertpapiere bei einer Depotbank hinterlegen und damit selbst ein privates Kontrollorgan zum Vorteil der Anteilseigner bestellen[158]). Der Aufsichtsrat der Aktiengesellschaft war als Ersatz für eine laufende Staatsaufsicht zum Schutze der Aktionäre gedacht[159]); er hat diese Erwartungen freilich nicht voll erfüllt[160]), so daß man nun-

---

36 KWG) ausgeschieden werden. Linhardt (Kreditkontrolle [1954] insbes. S. 16 f., 27 f., 129 f., 183 f., 228 f.) betont die primäre Bedeutung der Eigenkontrolle durch Banken, Verbände und gemeinsame Sicherungseinrichtungen (Auskunftsstellen).

[157]) So mit Recht Frick aaO. S. 230.

[158]) Gesetz über Kapitalanlagegesellschaften vom 16. 4. 1957 (BGBl. I, S. 378), geändert durch Art. II des Gesetzes zur Änderung verkehrssteuerlicher Vorschriften vom 25. 5. 1959 (BGBl. I, S. 261) und Änderungsgesetz vom 9. 8. 1960 (BGBl. I, S. 682), § 11.

[159]) Der Aufsichtsrat wurde deshalb obligatorisch beim Übergang vom Konzessionssystem mit laufender Überwachung zum System der Normativbestimmungen (1870); vgl. Mestmäcker, Verwaltung, Konzerngewalt und Rechte der Aktionäre S. 85; Wiethölter, Interessen und Organisation der AG S. 285 f. Noch das Gesetz über Kapitalanlagegesellschaften von 1957 verlangt auch für die GmbH einen Aufsichtsrat (§ 3) und bestimmt in § 4, die Mitglieder des Aufsichtsrats sollten „ihrer Persönlichkeit und ihrer Sachkunde nach die Wahrung der Interessen der Anteilseigner gewährleisten", betrachtet also den Aufsichtsrat als wichtiges Kontrollorgan.

[160]) Vgl. Mestmäcker aaO. S. 85 f., u. Wiethölter aaO. insbes. S. 285 f., die keine echte Möglichkeit sehen, den Aufsichtsrat zu einem gegenüber dem Vorstand selbständigen Organ zum Ausgleich der Verwaltungs- und Aktionärsinteressen zu machen. Für eine Stärkung der Selbstkontrolle der AG durch den Aufsichtsrat als Alternative zur Staatsaufsicht dagegen z. B. Wilhelmi (Das Frankfurter Publizitätsgespräch [1962] S. 112, 113 f. und 131 f.); in

mehr die Rechte der Aktionäre erweitern[161]) und die Publizität der Geschäftsführung verbessern[162]) will, um die Kontrolle durch Anteilseigner und Öffentlichkeit einer sonst drohenden Verstärkung der Staatsaufsicht entgegenzusetzen[163]). Durch den Betriebsrat und andere Organe der Mitbestimmung hat die behördliche Durchsetzung von Rechtsvorschriften zum Schutze der Arbeitnehmer an Bedeutung verloren[164]). Der Konsument ist nicht mehr so hilflos und einer Staatsaufsicht zu seinen Gunsten bedürftig, wenn seine Warenkenntnis und seine Marktübersicht dadurch verbessert werden, daß man

---

ähnlichem Sinne auch der Bericht der Studienkommission des DJT, Ausschuß II, in: Untersuchungen zur Reform des Unternehmensrechts (1955) S. 78.

[161]) Vgl. den Reg.-Entwurf zum AktG §§ 125, 126, 129. Skeptisch gegen den Versuch einer Belebung der Aktionärsbeteiligung Wiethölter aaO. S. 315 f. Dagegen hat v. Caemmerer in: Frankfurter Publizitätsgespräch, S. 141 f., 155 f. darauf hingewiesen, daß die AG ohne Aktivierung der Aktionärsrechte zu einer „Anstalt" werde, die früher oder später staatlicher Aufsicht anheimfalle; der Reg.-Entwurf sei daher auf dem richtigen Weg.

[162]) Besonders v. Caemmerer sieht die Funktion einer ausreichenden Rechenschaftsablegung vor der Öffentlichkeit darin, daß Gläubiger und Aktionäre gegen stille Mißbräuche des Vorstandes geschützt und daß damit zugleich im volkswirtschaftlichen Interesse der Allgemeinheit Aktienskandale vermieden würden; bei ausreichender Publizität bedürfe es keiner Staatsaufsicht (aaO. insbes. S. 142 f., 157 f., 159 f., 165 f.). Skeptisch gegenüber der Kontrolle durch eine „diffuse Öffentlichkeit" Kaiser in: Frankfurter Publizitätsgespräch, S. 88 f., insbes. 97 f., 100 f., 127 f. Zurückhaltend auch Stützel (in: Arndt, Die Konzentration in der Wirtschaft, Bd. 2 [1960] S. 907, 952 f.); Wiethölter (in: Frankfurter Publizitätsgespräch, S. 35 f.).

[163]) So ist die Errichtung eines staatlichen Aktienamtes gefordert worden (C. E. Fischer in: AcP, Bd. 154 [1955], S. 181 f., 209 f., 229, 235, 243). Die Studienkommission des DJT zur Reform des Unternehmensrechts hat in ihrem Ausschuß I erwogen, wenigstens bei Unternehmen von erheblicher Größe und daher erheblicher Bedeutung für das Gemeinwohl die Hauptversammlung durch eine Vertreterversammlung zu ersetzen, in der je 2 Aktionärs- und Arbeitnehmervertretern ein „Vertreter des öffentlichen Interesses" gegenübersteht (Untersuchungen zur Reform des Unternehmensrechts, Teil I [1955] S. 43 f.); der Ausschuß erwähnt aber zugleich, es sei das Bedenken erhoben worden, daß es sich dabei um eine entschädigungspflichtige Sozialisierung nach Art. 15 GG handele. In der Tat würde ein solcher Vertreter des öffentlichen Interesses keine Staatsaufsicht üben, sondern nach dem völlig unbestimmten Leitbild des Gemeinwohls an der inneren Willensbildung der AG mitwirken; eine Mitwirkung dieser Art ist bereits oben unter III 1 m. Fußn. 108 als Staatsleitung gekennzeichnet worden, die mindestens in die Nähe der Verstaatlichung gerät. Gegen Vertreter des öffentlichen Interesses in der AG mit Recht Reinhardt (in: Festschrift für Hueck [1959] S. 453 f.); Kaiser aaO. S. 90, Fußn. 9.

[164]) Vgl. Kaiser aaO. S. 101.

eine Kennzeichnung der Waren nach Zusammensetzung, Qualitätsstufe und Preis vorschreibt und die rechtlichen Voraussetzungen für objektive Warentests schafft[165]). Große Bedeutung kommt weiter den Wirtschaftsprüfern zu, die unter der gesetzlichen Pflicht zu objektiver Beurteilung stehen und eine unentbehrliche Prüfungstätigkeit in der Wirtschaft ausüben, die sonst der Staatsaufsicht zufallen müßte[166]). Freilich bedarf es wiederum einer Staatsaufsicht über die Wirtschaftsprüfer[167]), wie überhaupt die außerstaatlichen Ersatzsicherungen regelmäßig doch wieder in eine, mindestens gerichtliche Staatsaufsicht münden, da ihr Funktionieren gewährleistet werden muß[168]).

Schließlich darf die Rolle der Wirtschaftsverbände nicht vergessen werden, die eine Art wirtschaftlicher Selbstverwaltung[169]) üben, durch ihre Interessensicherung und ihren

---

[165]) Dazu eingehend die Untersuchung „Verbraucherpolitik", herausgegeben von B o c k und S p e c h t (1958) insbes. S. 174 f. und 217 f.

[166]) Mehr als die überschätzte Publizität als solche ist die objektive Prüfung des Jahresabschlusses eines Unternehmens durch qualifizierte, unabhängige Fachleute geeignet, als Ersatz für eine entsprechende Staatsaufsicht zu wirken; vgl. K a i s e r aaO. S. 100 f.; F l u m e, Grundfragen der Aktienrechtsreform (1960) S. 35 mit dem zutreffenden Hinweis, daß die Publizität überhaupt erst durch eine unabhängige Abschlußprüfung gesichert werde. Die (Bundes-)Wirtschaftsprüferordnung vom 24. 7. 1961 (BGBl. I S. 1049) verpflichtet die Wirtschaftsprüfer zur Unparteilichkeit (§§ 43, 49); sie müssen einen entsprechenden Berufseid leisten (§ 17), sind zwar freiberuflich tätig, aber doch ähnlich wie Beamte in Pflicht genommen und üben eine öffentliche Aufgabe aus (so die Begründung zum Gesetzentwurf der BReg., BT Drucks. III/201 zu § 29 [S. 46]; Begründung zum Änderungsantrag des Wirtschaftsausschusses BT Drucks. III zu 2565, Bc [S. 4]). Freilich besteht die Gefahr einer finanziellen Abhängigkeit der Wirtschaftsprüfer oder der Wirtschaftsprüfergesellschaften von dem zu prüfenden Auftraggeber; vgl. F l u m e aaO.

[167]) Vgl. die neue Wirtschaftsprüferordnung (§§ 5—14, 15 f., 20, 57 Abs. 2, 63, 67 f.). Ferner besteht z. T. eine Staatsaufsicht über die Auswahl des Prüfers für ein bestimmtes Unternehmen; vgl. § 136 i. V. m. § 137 AktG, § 58 Abs. 2 des Versicherungsaufsichtsgesetzes.

[168]) So steht z. B. die als Ersatz für die Staatsaufsicht angepriesene Publizität der AG notwendig unter Staatsaufsicht: Das Gericht muß notfalls Abschlußprüfer bestellen (§ 136 Abs. 4 AktG), deren Verantwortlichkeit gegenüber der Gesellschaft in einem Prozeß klären (§ 141 AktG), kann als Registergericht die Einreichung der Bekanntmachung des Jahresabschlusses verlangen (§ 143 Abs. 2, vgl. allerdings Abs. 3) und als Strafgericht falsche Angaben im Jahresabschluß oder gegenüber den Abschlußprüfern mit Gefängnis ahnden (§ 296 Abs. 1 Ziff. 1 AktG). Es handelt sich also im allgemeinen nicht um einen vollen Ersatz für die Staatsaufsicht, sondern nur um deren Abschwächung und Modifizierung zu einer mehr mittelbaren, subsidiären, vorwiegend gerichtlichen und daher regelmäßig antragsbedingten Staatsaufsicht.

[169]) Überwiegend spricht man von wirtschaftlicher Selbstverwal-

disziplinierenden Einfluß auf die Mitgliedsunternehmen in nicht unbeträchtlichem Maße die Staatsaufsicht entlasten und wertvolle Informationen für die Aufsichtsbehörden liefern[170]). Selbst starke Aufsichtsbehörden wie die Bundesaufsichtsämter für das Versicherungs- und Bausparwesen und für das Kreditwesen kommen nicht darum herum, sich der Mithilfe der Verbände zu bedienen[171]). Daraus ergeben sich freilich auch

---

tung nur in bezug auf öffentlich-rechtliche Gestaltungen (vgl. etwa Scheuner, DÖV 1952, S. 609 f., 610 f., und VVDStRL Heft 11, S. 37; Ballerstedt, Handbuch der Grundrechte, Bd. 3, 1. Halbband, S. 24 f. und AöR Bd. 74 [1948] S. 156). E. R. Huber hat jedoch in seiner neueren Abhandlung „Selbstverwaltung in der Wirtschaft" (1958) auch außerhalb der öffentlich-rechtlichen Körperschaften eine wirtschaftliche Selbstverwaltung dort angenommen, wo eigene Angelegenheiten von überindividueller Bedeutung unter einer gewissen öffentlichen Verantwortung verfolgt werden, so z. B. bei den Spitzenverbänden der Wirtschaft und den Genossenschaften mit öffentlicher Zielsetzung (S. 40 f.). Er ist damit der Sache nach zu L. v. Stein und seiner „freien Verwaltung" zurückgekehrt (vgl. oben II mit Fußn. 83), dessen zukunftweisende Gedanken stark in Vergessenheit geraten sind. Im Ergebnis noch über Huber hinausgehend: Reuß in: Handbuch der Grundrechte, 3. Bd., 1. Halbbd., S. 91 f., insbes. 101 f., ferner in Wirtschaftsverwaltungsrecht I S. 61 f., 64 f.; Strickrodt, Die gewerblichen Staatsunternehmen (1954) S. 15 f., 47. Der Begriff der Selbstverwaltung wird noch mehr präzisiert werden müssen, läßt sich aber kaum auf öffentlich-rechtliche Verbände einengen.

[170]) Vgl. insbes. Kaiser aaO. und Herbert Krüger aaO. (oben Fußn. 150), wobei Krüger den Verbänden einen öffentlichen Status und öffentliche Verantwortung zuweisen will (so auch in: DÖV 1952, S. 545 f.; präzisierend in: Allgemeine Staatslehre S. 380 f.), während Scheuner (in: Der Staat und die Verbände, S. 12 f., 15 f.; DÖV 1952, S. 609 f., insbes. S. 614 f.) und Werner Weber (in: Der Staat und die Verbände S. 19 f.; 24 f.; in: Göttinger Festschrift für das OLG Celle, S. 249, 261) zwar die Bedeutung der Tätigkeit der Verbände anerkennen, es aber ablehnen, ihnen einen öffentlichen Status zu geben, und sie in der Sphäre des Privaten lassen wollen; ebenso für die Gewerkschaften Ridder, Zur verfassungsrechtlichen Stellung der Gewerkschaften im Sozialstaat nach dem GG (1960) S. 29, und Brisch, Die Rechtsstellung der deutschen Gewerkschaften (1951) S. 54 f., 59 f. (auch wegen der sonst drohenden Körperschaftsaufsicht).

[171]) Das Bundesaufs.-Amt f. d. Kreditwesen in Berlin hat etwa 13 000 Kreditinstitute zu beaufsichtigen (Schork, Ztschr. f. d. ges. Kreditwesen 1963, S. 478). Trotz der Unterstützung durch die Bundesbank kann diese Arbeit nicht ohne Mithilfe der Verbände bewältigt werden. Die „helfende und vermittelnde Mitwirkung der Verbandsorganisationen" ist in der amtlichen Begründung der BReg. zum Entwurf des Kreditwesensgesetzes als wesentliches Argument dafür angeführt, daß eine zentrale Aufsicht möglich sei (BT Drucks. III/1114, IV S. 22). — Zur Notwendigkeit einer Zusammenarbeit des Bundesaufsichtsamts f. d. Versich. u. Bausparwesen mit den Verbänden: Büchner in: 50 Jahre materielle Versicherungsaufsicht, Bd. 1 S. 47.

bedenkliche Erscheinungen. So gerät die Aufsichtsbehörde leicht in Versuchung, sich der Mühe individueller Aufsicht durch eine typisierende Aufsicht mit Hilfe der Verbände zu entziehen und zum behördlichen Schirmherrn eines Superkartells zu werden[172]). Die Einzelunternehmen werden dabei durch ihren Verband gegenüber der Aufsichtsbehörde mediatisiert und damit auch deren helfender und fördernder Aufsicht beraubt. Diese Gefahr wird deutlich aus einem Rundschreiben des Bundesaufsichtsamts für das Versicherungs- und Bausparwesen von 1961 an die Sachversicherer[173]), in dem es wörtlich heißt: „Neuerdings hat das Bundesaufsichtsamt... die Beobachtung machen müssen, daß Versicherungsunternehmen offenbar von sich aus mit individuellen Sonderwünschen an das Bundesaufsichtsamt herantreten ... ohne Rücksicht auf den Stand bereits gemeinsam mit den verschiedenen Gruppen des Versicherungswesens zwecks Erstellung von Musterbedingungen und -klauseln eingeleiteter Koordinierungsarbeiten".

Noch krasser tritt die Gefahr der Mediatisierung bei den Prüfungsverbänden der Genossenschaften in Erscheinung. Eine Genossenschaft wird nur ins Genossenschaftsregister eingetragen, wenn sie die Mitgliedschaft in einem Prüfungsverband nachweist, die von dem Prüfungsverband aber nach Ermessen verweigert werden kann[174]). Die Freiheit von intensiver Staatsaufsicht, die von den Vertretern der Genossenschaften sorgsam gehütet wird[175]), wird also erkauft durch

---

[172]) Die beteiligten Unternehmen und Verbände finden sich z. T. gern mit der Aufsicht ab, weil sie sonst vom Regen in die Traufe, d. h. unter die gefürchtete Kontrolle des Bundeskartellamtes geraten (vgl. § 102 GWB). Über die Ausarbeitung von allgemeinen Versicherungsbedingungen durch das Bundesaufsichtsamt f. d. Vers. u. Bausparwesen mit den Verbänden und über das aufsichtsamtliche Zureden zum Beitritt zu einem solchen Vertragswerk vgl. den Geschäftsbericht des Amts 1961, S. 43 f.

[173]) Vom 3. 10. 1961, Veröff. des Bundesaufs.-Amtes f. d. Vers. u. Bausparw. 1961, S. 211.

[174]) § 11 Abs. 2 Ziff. 4, §§ 54 und 54 a GenG; ein Rechtsanspruch auf Aufnahme in einen Prüfungsverband wird nach geltendem Recht wohl mit Recht abgelehnt von v. Caemmerer (in: Zur Reform des Genossenschaftsrechts, 3. Bd. [1959] S. 7 f., 16 f., m. weiteren Belegen). Umstritten ist, ob die Aufsichtsbehörde nach § 64 GenG wenigstens im Falle eines klaren Ermessensmißbrauchs gegen die Nichtaufnahme oder den Ausschluß aus einer Genossenschaft einschreiten kann. Ablehnend Westermann in: Zur Reform des Genossenschaftsrechts, Bd. 3, S. 153 f., 186 f.; bejahend Paulick, Das Recht der eingetragenen Genossenschaft (1956) S. 300 f.; weitere Belege für diese Meinung in: BGHZ 37, 160 (162).

[175]) Vgl. etwa Lang (Anwalt des Deutschen Genossenschaftsver-

eine Abhängigkeit von der Gnade privater Verbände. Die Effektivität der Tätigkeit der Prüfungsverbände ist anzuerkennen, kann aber die rechtlichen, vor allem aus Art. 12 des Grundgesetzes folgenden verfassungsrechtlichen Bedenken[176]) nicht ausräumen, zumal die Prüfungsverbände eine weit über ihre gesetzlichen Aufgaben hinausgehende Betreuung und Reglementierung betreiben und ein „gesinnungsmäßiges Klima" innerhalb des Verbandes pflegen[177]).

Hier wie auch sonst müßte daher die Staatsaufsicht mit Hilfe der Verbände durch eine Staatsaufsicht über die Verbände und deren Selbstverwaltung ergänzt werden, u. a. zum Schutze der Mitglieder[178]), wobei das Primäre der Erlaß materiellrechtlicher Vorschriften für die Verbände wäre[179]).

---

bandes [Schulze-Delitzsch] e. V.) in: Zur Reform des Genossenschaftsrechts, Bd. 3, S. 195 f., 226 f.; Paulick aaO. S. 301 unten.

[176]) Art. 12 GG muß wohl auch auf Juristische Personen mit Einschluß der AG angewendet werden (vgl. Rinck, Wirtschaftsrecht S. 47; Bullinger, Die Mineralölfernleitungen S. 91 zu § 2). Die Zulassung einer Genossenschaft darf also nicht in Ermessen gestellt werden. Dabei kann es nicht darauf ankommen, ob eine Behörde oder ein Gericht das Ermessen ausübt oder ob dieses Ermessen auf einen privaten Verband abgeschoben wird. Hier sind im Gegenteil die Bedenken noch größer. Diese Frage ist bei den eingehenden Untersuchungen zur Reform des Genossenschaftsrechts nicht berücksichtigt worden; erörtert wird nur die Vereinbarkeit mit Art. 9 GG (vgl. v. Caemmerer aaO. S. 9 und S. 21, wo er von einem Konzessionsprinzip spricht, ohne der Vereinbarkeit mit Art. 12 zu prüfen).

[177]) Kluge in: Ztschr. f. d. Genossenschaftswesens 1952, S. 189. Paulick (aaO. S. 297) spricht von einer „Beratung, Betreuung und Lenkung" der angeschlossenen Genossenschaften; ähnlich v. Caemmerer (aaO. S. 13 f.), der darin die Garantie für die Wirksamkeit der Prüfungstätigkeit sieht, aber auch auf die Gefahren hinweist, die im Zusammenhang mit dem Anschlußzwang daraus erwachsen.

[178]) Vgl. etwa Carlo Schmid, in: Soziale Autonomie und Staat (1951) S. 30; Scheuner, VVDStRL Heft 11, S. 53; Herbert Krüger, DÖV 1952, S. 545 f., 554; Coing, in: Der Staat und die Verbände S. 46 f.; Scheuner, ebenda S. 16 f. und DÖV 1952 S. 609 f., 615. Dabei muß natürlich Art. 9 GG beachtet werden, doch dürfte eine Staatsaufsicht in dem hier verstandenen Sinne als bloße Durchsetzung rechtlicher (daher an Art. 9 schon gemessener) Maßstäbe kaum mit Art. 9 in Konflikt geraten. Die Bedenken und Erwägungen im Schrifttum (vgl. etwa Werner Weber in: Göttinger Festschrift f. d. OLG Celle S. 239 f., 249 f.; Reuß in: Hdb. der Grundrechte, Bd. 3, 1. Halbbd., S. 121 f., Wirtschaftsverwaltungsrecht I, S. 68 f.; E. R. Huber, Wirtschaftsverwaltungsrecht, Bd. 1, 2. Aufl., S. 255 f.; Köttgen, HDSW, Bd. 9, S. 740) rühren wohl daher, daß man an eine nicht streng maßstabgebundene „Kontrolle" also an ein Mischgebilde von Staatsaufsicht, Lenkung und Leitung denkt.

[179]) Andernfalls wird die Staatsaufsicht mangels fester rechtlicher Maßstäbe zur angemessenen Bevormundung, d. h. zur partiellen

Das stößt angesichts des Widerstandes der Verbände gegen eine Staatsaufsicht zwar auf Schwierigkeiten, ist aber keineswegs unrealisierbar. Schon lange üben die ordentlichen Gerichte mit Hilfe des allgemeinen Vereinsrechts über den Ausschluß von Mitgliedern eine Aufsicht aus, die heute durch das Kartellgesetz verschärft und um die Zuständigkeit des Bundeskartellamts erweitert worden ist[180]). Gewerkschaften und Arbeitgeberverbände müssen sich der Rechtsprechung der Arbeitsgerichte bei Streitigkeiten aus Tarifverträgen und Arbeitskämpfen beugen und unterliegen damit einer Staatsaufsicht, die sich z. B. im Schadensersatzprozeß wegen des tarifvertragswidrigen Metallarbeiterstreiks in Schleswig-Holstein als sehr einschneidend erwiesen hat[181]). Es handelt sich also nicht um einen Neuanfang, sondern um einen Ausbau der Staatsaufsicht über die Verbände. Die Aufsicht sollte um der Empfindlichkeit der betroffenen Verbände willen möglichst den Gerichten anvertraut werden[182]). Jedenfalls gehört

---

Leitung der Verbände. Vgl. Art. 21 GG, der für die politischen Parteien eine bestimmte materiell-gesetzliche Regelung verlangt. W. Köhler hat die Forderung nach einem Verbandsrecht erhoben (BB 1952, S. 149 f., insbes. S. 151 f.), will sich freilich mit interner Kontrolle durch übergeordnete Verbände und durch eine Schiedsgerichtsbarkeit begnügen. Vgl. weiter Brisch, Die Rechtsstellung der deutschen Gewerkschaften (1951) mit Vorschlägen für eine gesetzliche Regelung der Rechtsstellung der Gewerkschaften (S. 66 f., 72 f., Zusammenfassung 107 f.). Sehr eindringlich für staatliche Rahmenbestimmungen, die einer Wendung der sozialen Autonomie gegen die staatliche Grundordnung steuern sollen, Carlo Schmid aaO. S. 30, 36 f.

[180]) Zur Nachprüfbarkeit des Ausschlusses von Mitgliedern nach allgemeinem Vereinsrecht vgl. RGZ 107, 386 v. 10. 12. 1923 (Nachprüfbarkeit wegen Existenzvernichtung); RGZ 140, 23. v. 16. 2. 1933 und RGZ 147, 11 v. 10. 1. 1935 (Nachprüfung auf offenbare Unbilligkeit); ebenso BGHZ 13, 5 v. 27. 2. 1954. § 27 GWB gibt den Kartellbehörden die Möglichkeit, gegen die diskriminierende Nichtaufnahme eines Unternehmens in eine Wirtschafts- oder Berufsvereinigung vorzugehen. Der BGH betrachtet § 27 GWB auch als Schutzgesetz im Sinne des § 823 Abs. 2 BGB und gewährt einen vom Verschulden unabhängigen quasinegatorischen Unterlassungsanspruch, d. h. einen Anspruch auf Aufnahme (BGHZ 29, 344, v. 25. 2. 1959).

[181]) BAGE, 6, 321 v. 31. 10. 1958; vgl. weiter etwa die Entscheidung zur Legitimität des Arbeitskampfes mit Einschluß der Aussperrung, BAGE 1, 291 (GS) v. 28. 1. 1955. Die Gewerkschaften treten selbst nachdrücklich für die Arbeitsgerichtsbarkeit und damit auch für deren Zuständigkeit bei Tarifvertragsstreitigkeiten ein (Grundsatzprogramm 1963 XI). Die Zuständigkeit der Arbeitsgerichte ergibt sich aus § 2 Ziff. 1 Arbeitsgerichtsgesetz, wobei allerdings die Möglichkeit einer Schiedsgerichtsabrede besteht, §§ 101 f.

[182]) Brisch aaO., insbes. S. 60 und 64, weiß allerdings zu berichten, daß die Gewerkschaften selbst die schwachen Normativbestimmungen für rechtsfähige Vereine nach dem BGB mit der entspre-

die Auffassung, wir lebten in einer sich selbst tragenden Verbändegesellschaft, die einer Staatsaufsicht entraten könne[183]), in das Gebiet der Staatsutopien[184]).

Nach alledem ist die Staatsaufsicht ein unentbehrlicher, wenn auch nur ergänzender Wirkungsfaktor der Rechtsgeltung in der Wirtschaft und hat gegenüber dem bloßen Verwaltungszwang den Vorteil, daß sie eine reiche Skala von Möglichkeiten und Mitteln in sich schließt, die elastisch den besonderen Gegebenheiten des Wirtschaftslebens angepaßt werden können. Welche Aufsichtsmittel im einzelnen den verschiedenen Grundformen der Staatsaufsicht in der Wirtschaft zugeordnet sind, soll am nächsten Abschnitt untersucht werden; einige kurze Bemerkungen zur EWG-Problematik sollen dann den Abschluß bilden.

IV.

1. [Die ungemessen bevormundende Oberaufsicht alten Stils verwandelt sich nicht schon dadurch in eine an Selbstverantwortung appellierende, rechtlich gebundene Staatsaufsicht, daß sie auf die Durchsetzung klarer rechtlicher Maßstäbe beschränkt wird.] Wenn die A u f s i c h t s m i t t e l nicht sorgsam abgestuft und eingegrenzt werden, kann auch aus reiner Rechtsaufsicht eine Gefahr für Selbstgestaltung und Selbstverantwortung erwachsen, und zwar gerade in der Wirtschaft. Eine lückenlos wirksame Rechtsaufsicht wäre nur auf dem Wege fugenloser Überwachung und Beeinflussung zu erreichen, würde also sachnotwendig zu einer umfassenden Bevormundung führen und verdiente nicht mehr den Namen Staatsaufsicht. Beispielsweise könnte das Verbot unlauteren Wettbewerbs kaum anders vollständig verwirklicht werden als durch Staatskommissare, die in jedem Einzelunternehmen dauernd alle Geschäftsvorgänge beobachteten und im Falle

---

chenden registergerichtlichen Aufsicht als zu weitgehend empfinden und daher die Rechtsform des rechtsfähigen Vereins scheuen.

[183]) Dieser Gedanke liegt auch F o r s t h o f f fern; vgl. allerdings Die Bundesrepublik Deutschland, Umrisse einer Realanalyse, Merkur 1960, S. 807 f., 810 f., wo es etwas mißverständlich heißt, die Ordnung des sozialen Ganzen werde durch eine ständige Kooperation zwischen dem Staat und den formierten Kräften der Gesellschaft aufrechterhalten. Dagegen etwa E h m k e, in Festgabe für Smend (1962) S. 43 f. Inzwischen hat F o r s t h o f f seinen Standpunkt präzisiert und die Notwendigkeit einer Staatsaufsicht hervorgehoben; vgl. Strukturwandlungen der modernen Demokratie (1964) S. 25.

[184]) R i d d e r spricht von einer „politischen Utopie" (Zur verfassungsrechtlichen Stellung der Gewerkschaften im Sozialstaat nach dem GG für die BRD, Stuttgart 1960, S. 15).

einer Rechtsverletzung sogleich einzuschreiten in der Lage wären. Die Extremvorstellung einer Aufsicht durch Aufpasser sozusagen hinter jedem Bürosessel[185]) macht deutlich, daß von Staatsaufsicht nur gesprochen werden kann, solange ein Spielraum für freie und daher möglicherweise rechtsfehlerhafte Entscheidungen belassen ist[186]).

Wer die Unternehmen im Gewahrsam einer allzu intensiven Staatsaufsicht hält, gefährdet überdies die starken Antriebskräfte der Wirtschaft, die nun einmal nicht in ängstlichem Rechtsgehorsam, sondern in Gewinnstreben und Wagemut bestehen. Der verantwortliche Leiter eines Unternehmens braucht einen Spielraum für „trial and error", wie Ernst v. Caemmerer[187]) es im Anschluß an Stützel[188]) formuliert hat, d. h. eine gewisse Freiheit zu ungesicherten und möglicherweise falschen, vielleicht auch rechtsfehlerhaften Entschlüssen. Man bindet ja auch nicht, um mit Rudolf Reinhardt zu sprechen[189]), einem Pferd beide Hinterbeine zusammen, damit es nicht ausschlagen kann, und erwartet von diesem Pferd dann, daß es einen schwerbeladenen Karren vorwärtszieht.

Man muß sich also jedenfalls für die Staatsaufsicht in der Wirtschaft freimachen von der Vorstellung, eine Aufsichtsbehörde habe im Zweifel alle Befugnisse, die zur Erfüllung ihrer Aufgabe notwendig seien[190]). Diese Formel kann ihre Herkunft aus der Zeit ungemessener Oberaufsicht nicht ver-

---

185) In diesem Zusammenhang ist es aufschlußreich, daß Franz Böhm die eigentliche demokratie- und rechtsstaatbedrohende Seite der sog. Zentralverwaltungswirtschaft nicht so sehr in dem umfassenden Plan gesehen hat, der ja demokratisch legitimiert werden könne, sondern in der totalen Aufsicht über die Planverwirklichung mit einem Netz von Aufpassern, was praktisch zu einer totalen Unterordnung des einzelnen führe (Wirtschaftsordnung und Staatsverfassung [1950] S. 10 f., 40 f.).

186) Das ist am deutlichsten von L. v. Stein erkannt worden. Er sah das Kennzeichen der Selbstverwaltung (Autonomie) in der Möglichkeit gesetzwidrigen Handelns und betrachtete die Staatsaufsicht als das Korrektiv dieser (dennoch bestehenbleibenden) Möglichkeit: Verwaltungslehre, 2. Aufl., 1. Theil, 2. Abtheilung (Die Selbstverwaltung und ihr Rechtssystem), S. 71.

187) In: Frankfurter Publizitätsgespräch S. 154, Fußn. 40.

188) In: Arndt, Die Konzentration in der Wirtschaft, Bd. 2, S. 907 f., 958).

189) Verhandlungen des 39. DJT, Teil B (1952) S. B 25 f.

190) So vor allem Hans Peters, Grenzen der kommunalen Selbstverwaltung in Preußen S. 222 f., insbes. 227 f. (mit weiterem Schrifttum); vgl. auch Lehrbuch der Verwaltung (1949) S. 94; v. Rosen/v. Hoewel, Komm. zum Verwaltungsvollstreckungsgesetz und Verwaltungszustellungsgesetz (1953) S. 16; Haueisen, NJW 1956, S. 1457 f

leugnen und ist als allzu unbestimmte Generalklausel mit dem Grundsatz des Gesetzesvorbehalts schwer zu vereinbaren[191]). Sie ist zwar in den Gemeindeordnungen gesetzlich ausgeformt und zugleich etwas eingegrenzt worden[192]), doch kommt diesem immer noch umfassenden kommunalrechtlichen Aufsichtsinstrumentarium „exemplarische Bedeutung" allenfalls für die Aufsicht über selbständige Verwaltungsträger zu, nicht aber für die Aufsicht über Wirtschaftsunternehmen[193]). Hier muß aus jedem Gesetz im einzelnen ermittelt werden, welche Aufsichtsmittel zur Verfügung stehen sollen.

Zwei Grundformen der Staatsaufsicht in der Wirtschaft müssen dabei unterschieden werden: die Staatsaufsicht über ein Unternehmen oder eine gewerbliche Tätigkeit im Ganzen[194]), die man in Anlehnung an den Begriff der Körperschaftsaufsicht Unternehmensaufsicht nennen kann[195]), und die Aufsicht über einzelne Aspekte wirtschaft-

---

[191]) So mit Recht insbes. Preuß, Das Städt. Amtsrecht in Preußen, S. 310 f.; auch Forsthoff verlangt für die Verwaltungsvollstreckung eine ausdrückliche gesetzliche Ermächtigung (Lehrbuch, 8. Aufl., S. 265) und hielt die Einsetzung von Staatskommissaren in den Gemeinden mangels gesetzlicher Grundlage für unzulässig (Die öffentliche Körperschaft im Bundesstaat [1931] S. 104 f.), gegen die preußische Praxis.

[192]) Nachdem schon das Pr. Gemeindeverfassungsgesetz vom 15. 12. 1933 (GS, S. 427) der süddeutschen Regelung (z. B. Wttbg. Gem. O. v. 28. 7. 1906, Reg. Bl. S. 323, Art. 185—197) gefolgt war und die Aufsichtsmittel einzeln bestimmt hatte, wurden in der DGO v. 1935 reichseinheitlich die Befugnisse der Staatsaufsicht abschließend bestimmt. Das gilt auch für die neuen Gemeindeordnungen der Länder (vgl. etwa Kunze-Schmid, Komm. zur Gemeindeordnung für Baden-Württemberg [1956] Anm. 9 zu § 118). Unzutreffend Frick, Die Staatsaufsicht über die kommunalen Sparkassen, S. 173 mit Fußn. 190.

[193]) Forsthoff (8. Aufl., S. 430 f.) bezieht die „exemplarische Bedeutung" offenbar auch auf die kurz zuvor genannte Aufsicht über privatrechtliche Verbände. Fröhler denkt ersichtlich nur an öffentliche Körperschaften, speziell die Handelskammern (Die Staatsaufsicht über die Handelskammern, S. 56, 59). Ausdrücklich auf öffentlich-rechtliche Körperschaften ist die Analogie beschränkt bei Frick aaO. S. 53 f.

[194]) Breit, Staatsaufsicht über Privatunternehmungen S. 83, will von einer Staatsaufsicht nur sprechen, wenn die Aufsicht den ganzen Geschäftsbetrieb erfaßt, wohl um der Parallelität zur Staatsaufsicht über öffentlich-rechtliche Körperschaften willen. Ebenso offenbar E. R. Huber, VerwArch. Bd. 37, S. 350.

[195]) Innerhalb der Unternehmensaufsicht kann man wieder unterscheiden: 1) die Aufsicht, die an die Rechtsform des Unternehmens anknüpft, wie z. B. die Aufsicht über AG und Genossenschaft (Rechtsformaufsicht); und 2) die Aufsicht, die ohne Rücksicht auf die Rechtsform auf den Gegenstand der geschäftlichen Tätigkeit des Unternehmens abstellt, z. B. die Bankenaufsicht (man könnte von einer Branchenaufsicht sprechen). Beide Unterformen

licher Tätigkeit, z. B. die Preisüberwachung, die als Sonderaufsicht bezeichnet werden soll. Bei der Sonderaufsicht liegt es wegen ihres sachlich begrenzten Wirkungsbereichs ohnehin nahe, daß nur einzelne und nicht alle denkbaren Aufsichtsmittel gegeben sind. Bei der Aufsicht über ein Unternehmen als Ganzes dagegen besteht die Gefahr, daß ohne weiteres eine Parallele zur Aufsicht über öffentlich-rechtliche Körperschaften gezogen und ein der Kommunalaufsicht entsprechendes umfassendes Aufsichtsinstrumentarium unterstellt wird. Die Unternehmensaufsicht ist jedoch nur in manchen Gesetzen als eine Aufsicht über die laufende Geschäftsführung ausgestaltet, vielfach dagegen als eine bloße Rahmenaufsicht[196]), wobei die Rahmenaufsicht freilich durch mancherlei Sonderaufsicht ergänzt sein kann[197]). Dem gilt es noch einige Aufmerksamkeit zu schenken.

2. Die Rahmenaufsicht über Wirtschaftsunternehmen kommt der liberalen Wirtschaftsauffassung am nächsten, wurde daher in der Gesetzgebung des 19. Jahrhunderts bevorzugt[198]) und bildet heute noch den Grundstock der Staatsaufsicht in der Wirtschaft. Rahmenaufsicht in ihrer Reinform sichert nicht die Ordnungsmäßigkeit der laufenden Geschäftsführung eines Gewerbebetriebes, sondern greift erst ein, wenn eine bestimmte Toleranzgrenze überschritten ist, dann freilich sofort mit drakonischen Maßnahmen. So genügt es im Normalfall, die Aufnahme eines Gewerbebetriebes der Aufsichts-

---

können kombiniert sein und sich mehrfach überlagern; vgl. etwa zur Kombination mehrerer Arten der Unternehmensaufsicht über die freien Sparkassen Stolzenburg, Die rechtliche Sonderstellung der Freien Sparkassen (1956) S. 76.

[196]) Die Aufsicht über die laufende Geschäftsführung wird im Versicherungsaufsichtsrecht in Anlehnung an die amtliche Begründung zum VAG wenig glücklich „materielle Staatsaufsicht" genannt, während die Rahmenaufsicht ebensowenig treffend als System der Normativbestimmungen bezeichnet wird; vgl. etwa Büchner in: 50 Jahre materielle Versicherungsaufsicht Bd. 1, S. 6 f.; Starke, ebenda S. 74; Boß, Systeme der Staatsaufsicht über Versicherungsunternehmungen (1955) S. 31 f., der als dritte Möglichkeit noch das „Publizitätssystem" nennt. Aufsicht über die laufende Geschäftsführung bedeutet, daß ein Beanstandungsrecht gegenüber jeder nicht maßstabsgerechten geschäftlichen Entschließung besteht, mit der Möglichkeit, diese Beanstandung durchzusetzen.

[197]) So wird beispielsweise die allgemeine Rahmenaufsicht über Genossenschaften ergänzt durch die sondergesetzlich bestimmte Sonderaufsicht besonderer Behörden, z. B. die Preisüberwachung, die lebensmittelrechtliche Aufsicht (etwa für Konsumgenossenschaften und die EDEKA) oder die Aufsicht über die Einhaltung des Weingesetzes (für Winzergenossenschaften).

[198]) Sehr aufschlußreich O. v. Gierke, Die Genossenschaftstheorie und die deutsche Rechtsprechung, S. 653, 656, Fußn. 2.

behörde anzuzeigen[199]). Im übrigen wird der Gewerbetreibende sich selbst überlassen, bis er vollständig versagt. Dann kann ihm die Ausübung des Gewerbebetriebes untersagt[200]) oder ein Konkursverwalter als eine Art von Staatskommissar[201]) zur Abwicklung des Unternehmens verordnet werden, wobei erst durch den Konkurs auch eine strafrechtliche Verantwortlichkeit für vorausgegangenes unlauteres Geschäftsgebaren zum Nachteil der Gläubiger ausgelöst wird[202]). [Wenig anders ist die Lage, wenn die Aufnahme des Gewerbebetriebes von einer besonderen Zulassung mit vorausgehender Prüfung der Zuverlässigkeit und fachlichen Eignung abhängig gemacht ist, wie z. B. bei Handwerkern; der Zugelassene hat dann die Möglichkeit unzuverlässiger und fachlich unqualifizierter Gewerbeausübung, bis die Voraussetzungen für die Rücknahme der Zulassung oder die Untersagung des Gewerbetriebes erfüllt sind[203]).] Beim wirtschaftlichen Verein und bei der Aktiengesellschaft hat das Registergericht nach der Gründungsprüfung[204]) nur singuläre Aufsichtsbefugnisse; im übrigen vertraut man bei der Aktiengesellschaft auf außer-

---

199) § 14 GewO.

200) Unter jeweils verschiedenen Voraussetzungen durch die Verwaltungsbehörden nach § 35 GewO i. d. F. des Gesetzes v. 5. 2. 1960 (BGBl. I, S. 61), durch das Strafgericht nach § 42 1 StGB.

201) Schoenborn (Das Oberaufsichtsrecht S. 39 f.) hat den Konkursverwalter etwas zu weitgehend als „Staatsorgan" bezeichnet. Bley, Komm. zur Vergleichsordnung, 2. Aufl. (1955) Anm. I 1 a, 2 a zu § 38, kennzeichnet den dem Konkursverwalter entsprechenden Vergleichsverwalter wohl mit Recht als privater Träger eines öffentlichen Amtes ohne staatliche Organstellung, der unter der Aufsicht des Konkursgerichtes eine Aufgabe staatlicher Fürsorge für die betroffenen Privatpersonen unter Berücksichtigung des Allgemeininteresses erfülle. Wenig überzeugend ist die h. M., die die Funktion des Konkursverwalters als rein privatrechtlich versteht und damit die wichtigen Zusammenhänge mit der allgemeinen Staatsaufsicht verdeckt; vgl. die vorsichtig abwägenden Darlegungen von Friedrich Weber in: Jaeger, Komm. zur Konkursordnung, 8. Aufl. (1958) Bd. 2, RdNr. 1—3 a zu § 78. Konkursverwalter und Vergleichsverwalter haben ähnliche Funktionen wie der Vermögensverwalter, der nach § 87 Abs. 2 VAG von der Aufsichtsbehörde zur Sicherung des Vermögens eines Versicherungsunternehmens bestellt werden kann, und wie die Sonderbeauftragten, die von den Aufsichtsbehörden für Versicherungsunternehmen (§ 81 VAG) und für Kreditunternehmen (§ 46 KWG) eingesetzt werden können, um einen Zusammenbruch zu verhindern oder Störungen zu beseitigen; vgl. Prölss (Komm. zum VAG, 4. Aufl. Anm. 11 zu § 81 VAG).

202) §§ 239—244 KO.

203) Zur Möglichkeit einer Rücknahme der Erlaubnis vgl. § 53 Abs. 2 Ziff. 2 GewO i. d. F. von 1960; § 12 Abs. 2 Ziff. 1, 3—6 GastG. Zur Untersagung der Ausübung des Gewerbebetriebes: § 35 GewO.

204) §§ 28 f. AktG, §§ 59, 60 BGB.

staatliche Sicherungen, wie z. B. den Aufsichtsrat und die Publizität[205]). Gesetzwidriges Tun löst normalerweise[206]) erst dann eine Aufsichtsmaßnahme aus, wenn es erhebliche Ausmaße angenommen hat und das Gemeinwohl berührt, führt dann aber übergangslos zur Auflösung oder zur Entziehung der Rechtsfähigkeit[207]).

Diese „Freiheit zum Untergang“[208]) ist etwa das, was der wohl konsequenteste der lebenden liberalen Wirtschaftstheoretiker, Friedrich v. Hayek, als Ideal eines liberalen Rechtsstaats ansieht. [Er fordert eine Beschränkung der Staatstätigkeit auf allgemeine Gesetze mit Rahmenvorschriften für das Wirtschaftsverhalten, deren Verletzung ohne weiteres richterlich überprüfbare Sanktionen auslöst[209]).] In der Tat gewährt das System der Rahmenaufsicht ein Höchstmaß an wirtschaftlicher Freiheit, bringt aber auch ein Höchstmaß an wirtschaftlichem Risiko mit sich. Die Aufsichtsbehörde muß passiv abwarten, bis die Voraussetzungen der Extrem-Sanktion eingetreten sind; das gilt besonders dann, wenn die Aufsicht von einem Gericht geführt wird, etwa von einem Register- oder Strafgericht. Der Gewerbetreibende entbehrt damit der fördernden und helfenden Mittel der Staatsaufsicht, z. B. der Belehrung über die Rechtslage[210]), vor allem aber der gegen einzelne Rechtsverstöße gerichteten Aufsichtsmaßnahmen, die das Unternehmen zwangsweise im gesetzlichen Rahmen halten und damit Extrem-Sanktionen vermeiden helfen. Für die Rahmenaufsicht heißt es also, um mit Goethe

---

[205]) Vgl. oben unter III mit Fußn. 159—162.

[206]) Falls nicht eine Sonderaufsicht, z. B. die Preisaufsicht, oder eine Unternehmensaufsicht besonderer Art wie die Aufsicht über Versicherungs-Aktiengesellschaften eingreift.

[207]) Siehe oben unter II mit Fußn. 76, 77. Vgl. allerdings z. B. § 197 f. AktG (Möglichkeit einer Anfechtungsklage gegen gesetz- und satzungswidrige Hauptversammlungsbeschlüsse), § 76 AktG und § 29 BGB (Bestellung eines Notvorstandes).

[208]) Vgl. auch Scheuner, VVDStRL Heft 11, S. 148, der zur Kritik an den Lehren von v. Hayek und Röpke auch das Wort von Anatole France von der Freiheit, unter den Bogen der Seinebrücke zu schlafen, heranzog.

[209]) Vortrag zum 100jährigen Bestehen der Industrie- und Handelskammer Dortmund am 22. 4. 1963 (FAZ v. 1./2. 5. 1963, S. 11); Ordo Bd. 6 (1954) S. 3 f. (6 f., 10).

[210]) Selbst diese behutsame Einflußnahme könnte die Freiheit beeinträchtigen, die mit dem System der Rahmenaufsicht gewollt ist. Galette (in: Aktuelle Probleme der Kommunalaufsicht S. 42) hat für die Kommunalaufsicht darauf hingewiesen, selbst eine rechtlich unverbindliche Beratungstätigkeit könne das Gefühl der Eigenverantwortung beeinträchtigen und sich als Bevormundung auswirken, wenn sie dauernd und nachdrücklich geübt werde.

zu sprechen: „... Ihr laßt den Armen schuldig werden, dann überlaßt Ihr ihn der Pein ...“[211]).

Vor- und Nachteile der Rahmenaufsicht gegeneinander abzuwägen, ist Sache des Gesetzgebers. Sieht also ein Gesetz eine Rahmenaufsicht vor, so darf man nicht versuchen, die Härte ihrer Extrem-Sanktionen durch die Einschaltung schwächerer Aufsichtsmittel zu mildern. Niemand kommt auf den Gedanken, das Konkursgericht dürfe sich auf Antrag eines Gläubigers darum bemühen, den drohenden Konkurs durch vorbeugende Anordnungen abzuwenden[212]). Ebenso schließt aber auch die Befugnis, einem wirtschaftlichen Verein wegen gemeinwohlgefährdender Gesetzwidrigkeiten die Rechtsfähigkeit zu entziehen, nicht das schwächere Recht in sich, zur Konsolidierung vorübergehend einen Staatskommissar einzusetzen, wie ein Gericht angenommen hat[213]). [Auch die Reichsfinanzverwaltung hätte nicht aus der Möglichkeit, die Zulassung eines Steuerberaters zurückzunehmen, die Kompetenz zu einer laufenden Aufsicht und zu milderen Aufsichtsmaßregeln herleiten dürfen[214]). Einem Tischlermeister, der fortgesetzt durch absichtlich schlechte Arbeit seine Kunden schädigt, kann u. U. die Ausübung des Gewerbes untersagt[215]), nicht aber durch Verwaltungsakt mit Androhung von Ersatzvornahme oder Zwangsgeld solide Arbeit auferlegt werden.]

Diese Grundsätze müssen auch bei der Auslegung des neuen Kreditwesengesetzes beachtet werden, das zwar eine laufende Beobachtung vorsieht, die eigentlichen Eingriffe aber so be-

---

[211]) Wilhelm Meisters Lehrjahre, 2. Buch, 13. Kapitel.

[212]) Nur auf Antrag des Schuldners und nur kraft besonderer gesetzlicher Regelung kann zur Abwendung des Konkursverfahrens ein Vergleichsverfahren eingeleitet werden (Vergleichsordnung von 1935).

[213]) LG Breslau v. 20. 10. 1933, DJ 1933 S. 662, s. oben Fußn. 77. Auch sonst dürfen keine „schwächeren“ Aufsichtsmittel im Wege eine Schlusses a maiore ad minus angewendet werden; so mit Recht Reuß, Wirtschaftsverwaltungsrecht I S. 68.

[214]) Braitinger (in: Die Wirtschaftsprüfung 1949, S. 518) sprach von „einer in der Widerruflichkeit der Zulassung“ begründeten „Art von Dienstaufsicht“. In dem Erlaß des RMdF v. 28. 7. 1943 (RStBl. 1943, S. 602) heißt es, die Oberfinanzpräsidenten könnten gegen Steuerberater „die folgenden Disziplinarmaßnahmen ergreifen: 1. Warnung, 2. Verweis (Androhung der Entziehung der Zulassung), 3. Entziehung der Zulassung“. § 107 Abs. 3 Ziff. 2 AO bestimmte aber lediglich, daß der Oberfinanzpräsident die Zulassung jederzeit zurücknehmen könne. Spitaler betrachtete das Disziplinarverfahren ebenso wie Braitinger (aaO S. 521) zu Unrecht auch nach 1945 als zulässig (Steuerberatung und Finanzverwaltung [1949], S. 10). Vgl. nunmehr das Steuerberatungsgesetz vom 16. 8. 1961 (BGBl. I, S. 1301).

[215]) Unter den Voraussetzungen des § 35 GewO.

schränkt, daß im ganzen eine modifizierte Rahmenaufsicht gegeben ist. [Unmittelbar gegen einzelne Bankgeschäfte darf das Bundesaufsichtsamt nur einschreiten, wenn die Bankerlaubnis fehlt oder wenn es sich um verbotene Bankgeschäfte bestimmter Art handelt, nicht aber, wenn z. B. sittenwidrige oder gesetzwidrige[216]) Zinsen gefordert werden. Sonst sind allein Rahmensanktionen vorgesehen. Verletzt ein Geschäftsleiter vorsätzlich oder leichtfertig das Gesetz oder erweist er sich als unzuverlässig oder fachlich ungeeignet, so kann das Aufsichtsamt seine Abberufung verlangen oder gar die Erlaubnis für das Kreditinstitut zurücknehmen[217]).] Erst wenn Gefahr für die Erfüllung der Verpflichtungen gegenüber den Gläubigern entsteht, d. h. praktisch ein Konkurs droht, wird das Aufsichtsamt in die Lage versetzt, die zur Abwendung eines solchen Zusammenbruchs erforderlichen Maßnahmen zu ergreifen, z. B. Anweisungen für die Geschäftsführung zu erteilen, eine intern wirkende Aufsichtsperson als eine Art von Konkursverhütungskommissar einzusetzen[218]) oder die Erlaubnis zurückzunehmen[219]). Dieses sorgsam abgewogene Instrumentarium einer modifizierten Rahmenaufsicht darf nicht dadurch zu einer Aufsicht über die laufende Geschäftsführung erweitert werden, daß man in die Formel, das Bundesaufsichtsamt übe die Aufsicht „nach den Vorschriften dieses Gesetzes“, eine allgemeine Ermächtigung zum Erlaß von Aufsichtsakten hineinliest; der klare Wortlaut spricht für eine Verweisung auf die einzeln aufgeführten Mittel einer bloßen Rahmenaufsicht[220]).

Andererseits geht es nicht an, ein Gesetz, das klar eine Aufsicht über die laufende Geschäftsführung von Wirtschaftsunternehmen vorsieht, restriktiv so zu interpretieren, daß nur noch eine Rahmenaufsicht übrigbleibt. Eine Aufsicht über die laufende Geschäftsführung mit der Möglichkeit des Ein-

---

[216]) Die Zinsen können nach § 23 KWG durch Rechtsverordnung festgesetzt werden.

[217]) §§ 36, 35 Abs. 2 Ziff. 3 i. V. m. § 33 Abs. 1, Ziff. 2 und 3; wegen gesetzwidrigen Tuns kann nur die Abberufung des Geschäftsleiters verlangt werden, § 36 Abs. 2 KWG.

[218]) § 46 KWG.

[219]) Nach § 35 Abs. 2 Ziff. 4 KWG, als ultima ratio. Zu erwähnen ist ferner § 45 KWG, wonach das Bundesaufsichtsamt bei Verstößen gegen die Grundsätze für das haftende Eigenkapital und für die Anlage der Mittel, d. h. bei unvermuteter Gefährdung der Einleger, bestimmte Anordnungen treffen, z. B. die Gewährung von Krediten untersagen kann.

[220]) Zu der extensiven Auslegung mit Hilfe der Gesetzesbegründung vgl. oben unter I mit Fußn. 31.

schreitens gegen jede Vorschriftswidrigkeit[221]) besteht z. B. im Versicherungswesen, weil hier ein gewagtes Wettbewerbsverhalten nicht nur ein privates Risiko für die Anteilseigner mit sich bringt, sondern auch die Versicherten gefährdet und dadurch eine allgemeine Vertrauenskrise heraufbeschwört, die für die gesamte Versicherungswirtschaft und damit für die Volkswirtschaft im ganzen bedrohlich werden kann[222]). Eine bloße Rahmenaufsicht ist ganz allgemein schwer zu verantworten, wenn die damit gewährte „Freiheit zum Untergang" nicht allein eine Freiheit zu persönlichem Scheitern, sondern zugleich die Freiheit bedeutet, schutzbedürftige Bevölkerungskreise, einen ganzen Wirtschaftszweig oder sogar die Gesamtwirtschaft mit in die Katastrophe hineinzuziehen. In solchen Fällen kann ein sozial bestimmter Rechtsstaat der Aufsicht über die laufende Geschäftsführung kaum entraten[223]).

Dasselbe gilt, wenn Wirtschaftsunternehmen oder Wirtschaftsverbände von sich aus oder kraft besonderer Übertragung unverzichtbare Aufgaben von öffentlichem Interesse erfüllen, wie z. B. die Verkehrsbetriebe[224]) oder die Prüfungsverbände der Genossenschaften[225]), und zwar unabhängig davon, ob man von „beliehenen" Unternehmen oder Verbänden[226]) sprechen will oder nicht[227]). Die Aufsichtsbehörde

---

[221]) Vgl. oben Fußn. 196.

[222]) So besonders deutlich B o ß , Systeme der Staatsaufsicht über Versicherungsunternehmungen S. 14 f.; BVerwGE 3, 303 f. v. 24. 5. 1956.

[223]) Das wirft die Frage auf, ob nicht auch die Aufsicht über die Kreditinstitute als Aufsicht über die laufende Geschäftsführung ausgestaltet werden sollte, weil sie andernfalls möglicherweise zu schwach ist; zu den Bedenken wegen ungenügender Aufsichtsmittel vgl. oben Fußn. 138. Auf keinen Fall aber genügte eine Selbstkontrolle der Banken, wie sie nach 1945 z. T. als Ersatz für eine Staatsaufsicht vorgeschlagen worden ist, z. B. in Gestalt eines von allen Beteiligten zu beschickenden und nur dem Gesetzgeber (?) verantwortlichen Gremiums (so S t e i n e r t , Schmollers Jb. 75. Jg. [1955], 2. Halbbd. S. 63 f., 96 f.).

[224]) Das ist z. B. für den Linienverkehr vom BVerfG stark hervorgehoben worden (vgl. BVerfGE 11, 168 [184] vom 8. 6. 1960), und zwar auch für den privaten Linienverkehr, trotz der „überragenden Bedeutung" der Bundesbahn.

[225]) Daß die Prüfungsverbände eine „öffentliche Aufgabe" erfüllen, wird anerkannt z. B. von v. C a e m m e r e r in: Zur Reform des Genossenschaftsrechts, 3. Bd., S. 15. K l u s a k (ebenda S. 248) spricht von einem „öffentlichen Interesse" an der Prüfungstätigkeit, W e s t e r m a n n (ebenda S. 163, 172 f.) von „gesetzlichen Aufgaben" im öffentlichen Interesse.

[226]) Vielfach wird anerkannt, daß die Wirtschaftsunternehmen jedenfalls zum Teil kein rein privates Dasein führen, sondern zugleich eine „öffentliche Aufgabe" in dem Sinn erfüllen, daß ihr Wirken wesentlich zum Gedeihen des Gemeinwesens beiträgt und so auch

sollte nicht gezwungen sein, einer Nichterfüllung der öffentlichen Aufgaben tatenlos zuzusehen, bis die schwerwiegenden Voraussetzungen einer Extremsanktion der Rahmenaufsicht erfüllt sind. Dem ist durch die allgemeinen Aufsichtsklauseln der Verkehrsgesetze Rechnung getragen[228]). Auch in § 64 des Genossenschaftsgesetzes heißt es, der zuständige Minister sei berechtigt, die Prüfungsverbände der Genossenschaften dar-

---

eine Angelegenheit von öffentlichem Interesse ist (vgl. etwa Reinhardt und Raiser in: Verh. d. 39. DJT 1952, Teil B, S. 25 f., 59 f., 73; Ballerstedt, JZ 1951, S. 486 f.; Reinhardt, in: Festschrift für Hueck [1959] S. 439 f.; Walter Strauß in: Festschrift für Walter Schmidt [1959] S. 5 f., 17 f.). Daraus ergibt sich die Notwendigkeit und Berechtigung, je nach der Wichtigkeit der von den Privatunternehmen durchgeführten Tätigkeit für das Funktionieren der Wirtschaft abgestufte Sozialpflichten (Betriebspflichten usw.) aufzuerlegen und die Erfüllung dieser Pflichten zu beaufsichtigen. Von „beliehenen Unternehmen" kann man aber nur dann sprechen, wenn eine Hoheitsbefugnis oder sonst ausschließlich staatliche Befugnis (Aufgabe) übertragen ist; Schulfälle sind die Eisenbahnkonzession und die Verleihung des Enteignungsrechts (vgl. meine Abhandlung „Die Enteignung zugunsten Privater", Der Staat, Bd. 1, 1962, S. 449 f.; insbes. 451 f., 460 f.). Üblicherweise wird angenommen, daß die beliehenen Unternehmer grundsätzlich einer Rechts- und Zweckmäßigkeitsaufsicht (Weisungsrecht, Direktion durch Verwaltungsvorschriften) ebenso wie die unmittelbar staatlichen Behörden unterliegen (vgl. insbes. Otto Mayer, Deutsches Verwaltungsrecht, 3. Aufl., Bd. 2, S. 257 f.); E. R. Huber, Wirtschaftsverwaltungsrecht Bd. 1, 2. Aufl., S. 534 f., 544 f.). Man wird aber mangels abweichender Regelung auch die beliehenen Unternehmen den Selbstverwaltungsträgern und den übrigen Privatunternehmen gleichstellen und die Aufsicht über sie auf eine Rechtsaufsicht (Staatsaufsicht) beschränken müssen; vgl. etwa Werner Weber, Rechtsfragen der milchwirtschaftlichen Marktordnung (1962) S. 48 f.; Rinck, Wirtschaftsrecht S. 297, Randn. 1067.

[227]) Eine öffentliche Indienstnahme aller wesentlichen Verkehrszweige nimmt Vogel an (Öffentliche Wirtschaftseinheiten in privater Hand, S. 38 f., 111 f., 134, 203 f.), während E. R. Huber (Wirtschaftsverwaltungsrecht, Bd. 1, 2. Aufl., S. 553 f., 751 f.) mit Recht nur die Eisenbahnen zu den beliehenen Unternehmen rechnet, die übrigen Verkehrsunternehmen dagegen zur freien Wirtschaftstätigkeit. Die Stellung der Prüfungsverbände der Genossenschaften als beliehener Unternehmer wird ungeachtet der staatlichen „Verleihung" des Prüfungsrechts meist abgelehnt (so etwa Riebandt-Korfmacher, in: Zur Reform des Genossenschaftsrechts, Bd. 3, S. 32 f., insbes. S. 34, zustimmend aber für die Prüfungsverbände der gemeinnützigen Wohnungsunternehmen nach §§ 23 f. WGG; Westermann, ebenda S. 168 f.).

[228]) Vgl. oben unter I mit Fußn. 25—27, wobei die Auslegung des PersBefG auch für das GüterkraftverkehrsG herangezogen werden müßte; für die Eisenbahnen vgl. oben I mit Fußn. 46—48. Ferner sei hingewiesen auf die §§ 20—22, 29 des LuftverkehrsG i. d. F. vom 10. 1. 1959 (BGBl. I, S. 9); auf § 3 der Rheinfährenordnung v. 23. 9. 1963 (BGBl. II S. 1223), der eine allgemeine strom- und schiffahrtspolizeiliche „Fährenaufsicht" vorsieht.

auf prüfen zu lassen, ob sie die ihnen obliegenden Aufgaben erfüllten, und könne sie durch Auflagen zur Erfüllung ihrer Pflichten anhalten. Diese Bestimmung wird jedoch von den Genossenschaftsjuristen nahezu weginterpretiert. So wird der Aufsichtsbehörde z. T. nicht einmal das Recht zuerkannt, konkreten Anhaltspunkten für eine inkorrekte Prüfungstätigkeit durch Einsicht in die Prüfungsakten nachzugehen, geschweige denn das Recht, mittels einer Auflage die Beseitigung einer derart festgestellten Inkorrektheit anzuordnen; periodische Berichte der Prüfungsverbände, so heißt es, müßten genügen[229]), und einzige Aufsichtssanktion sei die Entziehung des Prüfungsrechts[230]). Die Aufsichtsbehörden haben sich, wie es mangels wirksamer Unterstützung durch die Wissenschaft kaum anders zu erwarten war, dieser gesetzwidrigen Umdeutung der laufenden Aufsicht in eine bloße Rahmenaufsicht im wesentlichen gebeugt[231]).

---

229) So die Genossenschaftsjuristin Riebandt-Korfmacher, in: Gemeinnütziges Wohnungswesen 1954, S. 120, 268; Klusak in: Zur Reform des Genossenschaftsrechts, S. 249 f.; Lang, ebenda S. 224 f. Grundsätzlich tritt auch Westermann für die Beschränkung auf eine allgemeine Zuverlässigkeitskontrolle ein (aaO. S. 183 f.), erwägt aber mindestens de lege ferenda ein Recht zur Einsichtnahme in Prüfungsakten in besonders schwerwiegenden Fällen (aaO. S. 192); so für den Fall der Nichtaufnahme einer Genossenschaft und ganz allgemein schon nach geltendem Recht Paulick (Das Recht der eingetragenen Genossenschaft S. 300 f., 320 f.), der überhaupt die Aufsicht nicht so eng begrenzen will, wie das sonst geschieht.

230) So Paulick aaO. S. 301; v. Caemmerer aaO. S. 20. So war auch in der Tat die Rechtslage nach der Gesetzesfassung von 1889 (vgl. Westermann aaO. S. 153 f.); eine laufende Aufsicht über die Prüfungsverbände wurde danach abgelehnt. Gerade hier aber setzte die Reform von 1934 an, und ihre Erweiterung der Rahmenaufsicht auf eine laufende Aufsicht (so auch Westermann aaO. S. 156 f.) kann nicht einfach dadurch weginterpretiert werden, daß die Entziehung des Prüfungsrechts weiter als einzige Sanktion angesehen wird.

231) Die Aufsichtsbehörden haben im Länderausschuß für das Genossenschaftswesen beim Bundeswirtschaftsministerium Richtlinien für die Aufsicht herausgegeben, die nichts weiter von den Prüfungsverbänden verlangen als periodische Berichte (vgl. Bömcke, Zeitschr. f. d. ges. Genossenschaftswesen 1952, S. 161 f., 164 f.). Bömcke (als Sachbearbeiter im Bundeswirtschaftsministerium) hat nur für Sonderfälle der Aufsichtsbehörde ein Einsichtsrecht in die Prüfungsunterlagen zugestanden (aaO. S. 169) und ausgeführt, die „Auflagen" sollten auf solche Extremfälle beschränkt bleiben, in denen die einzige Sanktion, nämlich die Entziehung des Prüfungsrechts, in Betracht komme (aaO. S. 177 f., 179 f.). Bock hat für den Zentralverband Deutscher Konsumgenossenschaften selbst diese denkbar restriktive und kaum noch vertretbare Auslegung des § 64 des GenG durch Bömcke heftig kritisiert und die Mei-

Das zeigt, wie wichtig es ist, den engeren Gesichtskreis des öffentlichen Rechts zu verlassen, mit einer klaren Konzeption und Formenlehre der Staatsaufsicht auch in die abgelegenen Spezialgebiete des Zivilrechts einzudringen und dort einer dem Gesetz zuwiderlaufenden Schmälerung der Staatsaufsicht ebenso entgegenzuwirken wie ihrer Überdimensionierung.

V.

Die Frage, die abschließend wenigstens mit einigen Worten berührt werden muß, ist die, ob man sich mit einer vertiefenden Bestandsaufnahme der Staatsaufsicht in der Wirtschaft nach geltendem Recht begnügen darf. Denn die Staatsaufsicht kann so wenig wie die materielle Wirtschafts- und Steuergesetzgebung ihr nationales Sonderdasein fortführen, wenn ein gemeinsamer Markt volle Wirklichkeit werden soll[232]).

Man darf dabei nicht nur an die Zulassungsbeschränkungen für bestimmte Gewerbe denken. Es versteht sich, daß die projektierte gewerbliche Niederlassungsfreiheit[233]) eine Beseitigung der Diskriminierung ausländischer Unternehmen bei der Zulassung[234]), darüber hinaus wohl auch eine Vereinheitlichung der Zulassungsbedingungen überhaupt in allen Ländern des Gemeinsamen Marktes erfordert[235]). Doch es geht

---

nung vertreten, jede Aufsicht über die erwähnten Richtlinien hinaus, deren Vereinbarung (!) die Spitzenverbände der Genossenschaften seinerzeit nur mit Bedenken zugestimmt hätte, entbehre der Rechtsgrundlage (Zeitschr. f. d. ges. Genossenschaftswesen 1952, S. 181 f., insbes. 184).

[232]) Die nationale Aufsicht wird ohnehin z. T. überlagert oder verdrängt durch die unmittelbaren Aufsichtsbefugnisse der Gemeinschaftsorgane, z. B. der Kommission der EWG nach der (Kartell-)VO Nr. 17 des Rates von 1962 (ABl. EG S. 204/62, 1655/62), insbes. nach Art. 11—16; nach der (Güterbeförderungs-)VO Nr. 11 des Rates von 1960 (ABl. EG S. 1121/60), insbes. Art. 1—14, 25.

[233]) Art. 52 f. des EWG-Vertr.; hinzu kommt der freie Dienstleistungsverkehr nach Art. 59 f. EWG-Vertr. Für beide Bereiche hat der Rat der EWG gem. Art. 54 u. 63 ein Allg. Programm zur Aufhebung der Beschränkungen bekanntgegeben (v. 18. 12. 1961, ABl. EG 1962, S. 32, 36 = BAnz. Nr. 28 v. 9. 2. 1962.

[234]) So z. B. § 106 Abs. 2 VAG, wonach der zuständige Minister nach freiem Ermessen über die Zulassung ausländischer Versicherungsunternehmen entscheidet (R e i m e r S c h m i d t, Zu den rechtlichen Grundfragen des Gemeinsamen Marktes [1962] S. 24 mit Fußn. 59).

[235]) Andernfalls könnte ein Mitgliedstaat durch einen numerus clausus zum Schutz der bestehenden Unternehmen oder durch scharfe Zulassungsvoraussetzungen die in den entsprechenden Gewerbezweig drängenden einheimischen ebenso wie die ausländi-

um viel mehr. Man ist sich darüber im klaren, daß die Wirtschafts- und Steuergesetze der Mitgliedstaaten einander angeglichen werden müssen, um gleiche Wettbewerbsbedingungen für alle Unternehmen herzustellen[236]). Die reale Geltung dieser Gesetze hängt aber von der rechtlichen Ausgestaltung und von dem praktischen Funktionieren der Staatsaufsicht ab. So bestimmt sich z. B. die effektive Steuerbelastung der Wirtschaftsunternehmen nicht allein nach der Nominalhöhe des Steuersatzes, sondern auch sehr wesentlich danach, wie intensiv der von Land zu Land verschiedenen Steuermoral durch eine Steueraufsicht nachgeholfen wird[237]). Eine starke Staatsaufsicht kann auf der anderen Seite dazu führen, daß Rechtsvorschriften, die der Vereinheitlichung der Wettbewerbsbedingungen dienen, in ihrer Wirksamkeit beeinträchtigt werden. Beispielsweise wird das Verbot von Stützungskartellen und Stützungssubventionen[238]) überspielt, wenn eine helfende und fördernde Staatsaufsicht die Unternehmen gegen die Gefahren eines ungeschützten Operierens im harten Wettbewerb abschirmt und sie notfalls durch Aufsichtsmaß-

---

schen Bewerber praktisch in andere Länder des Gemeinsamen Marktes abschieben. Ein solches „Niederlassungsgefälle" ist mit dem ordnungsgemäßen Funktionieren eines gemeinsamen Marktes nicht vereinbar und verlangt daher eine Rechtsangleichung nach Art. 3 Buchst. h EWG-Vertr. Vgl. zu Einzelfragen Reimer Schmidt aaO. S. 40 f., 55, der freilich die Angleichungsnotwendigkeiten nicht voll anerkennen will.

[236]) Grundsätzlich Art. 3 Buchst. h, 100—102 EWG-Vertr., daneben zahlreiche Sonderangleichungsvorschriften; so für die Vorschriften über indirekte Steuern Art. 99. Das Memorandum der Kommission über das Aktionsprogramm der Gemeinschaft für die zweite Stufe, Brüssel (24. 10. 1962), hält eine Angleichung insbes. der Vorschriften über gewerblichen Rechtsschutz, unlauteren Wettbewerb, Wirtschaftsstrafrecht, Konkursrecht, Gesellschaftsrecht und Sozialrecht für dringlich (S. 30 f.).

[237]) Zu der Notwendigkeit, Steuergesetze und Steueraufsicht auf die Steuermoral abzustimmen, vgl. Schmölders, Das Irrationale in der öffentlichen Finanzwirtschaft, Probleme der Finanzpsychologie (1960) insbes. S. 70 f., 100 f., 144; Spitaler in: StbJb. 1955/56, S. 65 f., und in: Festschrift für Bühler (1954) S. 207 f., wobei er auf die große Bedeutung der Betriebsprüfung hinweist. In der Tat dürfte die Steueraufsicht bedeutsamer für die Effektivität eines Steuergesetzes sein als die bloße Steuermoral, die durch eine Pflege der Staatsgesinnung nur unvollkommen verbessert werden kann. Vgl. auch die Länderberichte und den Generalbericht der International Fiscal Association zum Thema „le contrôle fiscal; ses aspects juridiques, psychologiques et économiques" auf dem 13. Kongreß in Madrid 1959 (Cahiers de Droit Fiscal International Vol. XXXIX, 1959, S. 1—292; Vol. XL, 1959, S. 755 f.).

[238]) Art. 85 f. EWG-Vertrag (Kartellverbot), 92 f. (Beihilfen).

nahmen vor dem wirtschaftlichen Scheitern bewahrt[239]). Die Staatsaufsicht ist also ein wichtiger Faktor der Wettbewerbsbedingungen und muß in deren Koordinierung einbezogen werden.

Dieses Fernziel bringt zunächst einmal die Notwendigkeit mit sich, Rechtsnatur, Formen, Mittel und praktisches Funktionieren der Staatsaufsicht über die Wirtschaftsunternehmen im eigenen Lande zu klären und zugleich die Unterschiede zum Aufsichtssystem der Nachbarstaaten herauszuarbeiten. Hier ist noch viel zu tun, vor allem an rechtsempirischer und rechtsvergleichender Forschung. Vielleicht kann dieses Referat dazu anregen.

---

[239]) Deshalb ist es wichtig, daß nach Art. 54 Abs. 3 Buchst. g Rat und Kommission in ihrem Allg. Programm und in den Richtlinien zur Durchführung der Niederlassungsfreiheit auch daran denken müssen, „soweit erforderlich, die Schutzbestimmungen (zu) koordinieren, die in den Mitgliedstaaten den Gesellschaften ... im Interesse der Gesellschaften sowie Dritter vorgeschrieben sind, um diese Bestimmungen gleichwertig zu gestalten"; darunter müßten auch wohl Vorschriften über eine schützende Staatsaufsicht gerechnet werden. Andernfalls könnte man sich vielleicht auf Art. 54 Abs. 3 Buchst. c stützen, wonach die der Niederlassungsfreiheit entgegenstehenden Verwaltungsverfahren und -praktiken beseitigt werden sollen.

Leitsätze des Mitberichterstatters über: Staatsaufsicht in der Wirtschaft

I. *Synoptische Gesetzesexegese*

1. Das geltende Gesetzesrecht kennt eine staatliche Aufsicht nicht nur über selbständige Verwaltungsträger, sondern auch über Wirtschaftsunternehmen.

2. Eine synoptische Gesetzesexegese läßt zwar Unterschiede, aber doch wesentliche innere Gemeinsamkeiten der Aufsichtsvorschriften in Wirtschaftsgesetzen zutage treten, die zugleich die Parallele zur Aufsicht über selbständige Verwaltungsträger erweisen.

3. Verwaltungs- und Wirtschaftsaufsicht sind auch äußerlich verzahnt. Die Aufsicht über bestimmte Wirtschaftszweige stellt z. T. allein auf die wirtschaftlichen Tätigkeitsmerkmale ab und erfaßt gleichermaßen Unternehmen in privater Rechtsform und öffentlich-rechtliche Körperschaften oder Anstalten.

II. *Geschichtliche Ableitung*

4. Die Staatsaufsicht über Private und die Staatsaufsicht über selbständige Verwaltungsträger haben einen gemeinsamen Ausgangspunkt und haben sich in vielfacher Wechselwirkung und in paralleler Anfälligkeit gegenüber den Änderungen der Verfassungsordnung entwickelt. Aus dieser geschichtlichen Entwicklung gewinnt auch die Staatsaufsicht in der Wirtschaft ihren spezifischen Sinn.

5. Die Staatsaufsicht geht zurück auf die Oberaufsicht des alten Reichsstaatsrechts (jus supremae inspectionis), die als eines der allgemeinen Hoheitsrechte des Monarchen anerkannt war und in der Befugnis bestand, alle das Gemeinwohl berührenden Handlungen der Untertanen oder niederer Amtsträger zu untersuchen und Verstöße gegen das Gemeinwohl zu unterbinden.

6. Die derart umfassende Oberaufsicht nach dem Maßstab allein des Gemeinwohls geriet in Konflikt mit zwei Verfassungsprinzipien, die sich im 19. Jh. herausgebildet haben:

a) Das Gemeinwohl ist keine feste, vorgegebene Größe, sondern muß von Fall zu Fall durch eine wertende Entscheidung neu festgelegt werden. Sobald der konstitutionelle Monarch seine Befugnis, einseitig das Gemeinwohl zu bestimmen, mit dem Parlament teilen mußte, konnte dem Bürger gegenüber im Prinzip nur noch das gesetzlich verfestigte Gemeinwohl Maßstab einer berichtigenden Aufsicht sein (Gesetzesvorbehalt).

b) Eine Oberaufsicht nach dem vagen Maßstab des Gemeinwohls bedeutete eine ungemessene Bevormundung. Das umfassende Prinzip der Selbstverwaltung und Selbstgestaltung, das sich für die Wirtschaft ebenso durchsetzte wie für öffentliche Körperschaften, erforderte eine Bindung der Aufsicht an klare rechtliche Maßstäbe.

7. Aus der Oberaufsicht i. S. einer Gemeinwohlaufsicht mußte daher gegenüber dem Bürger ebenso wie gegenüber öffentlichen Körperschaften eine Staatsaufsicht i. S. einer Rechtsaufsicht über selbstverantwortliches Verhalten werden.

III. Rechtsdogmatische und rechtssystematische Bestimmung

8. Nach der deutschen Rechtsentwicklung ist als Staatsaufsicht in der Wirtschaft diejenige Staatstätigkeit zu bezeichnen, die darauf abzielt, selbstverantwortliches Wirtschaftsverhalten in Einklang zu halten mit den dafür bestehenden, unmittelbar rechtsverbindlichen Maßstäben.

9. Werden neue Maßstäbe gesetzt, so handelt es sich, richtig verstanden, um Wirtschaftslenkung. Als Wirtschaftslenkung sollte, umfassender als üblich, diejenige Staatstätigkeit bezeichnet werden, die darauf abzielt, Wirtschaftende zu einem selbstverantwortlichen Verhalten zu veranlassen, das nicht bereits durch unmittelbar rechtsverbindliche Maßstäbe vorgezeichnet ist.

10. Fehlt nicht nur ein vorbestimmter rechtlicher Maßstab, sondern auch der Appell an die Selbstverantwortlichkeit, wird also die gewünschte wirtschaftliche Entscheidung von Staats wegen unmittelbar veranlaßt, wie vielfach bei der sog. „Zweckmäßigkeitsaufsicht“, so handelt es sich der Sache nach um staatliche Leitung oder Mit-Leitung eines Unternehmens.

11. Die eigentliche Staatsaufsicht dient lediglich dazu, die Teilnehmer am Wirtschaftsverkehr zu einem Verhalten zu veranlassen, zu dem sie ohnehin durch Gesetz, gesetzlich gedeckten Einzelakt oder sonstwie rechtlich verpflichtet sind. Sie verfolgt keine selbständigen wirtschaftspolitischen Zwecke, sondern verwirklicht lediglich eine rechtlich vorgegebene Zielsetzung. Damit ist die Staatsaufsicht in eine dienende Rolle verwiesen, die sie in einer mehr liberalen ebenso wie in einer mehr sozial intendierten Wirtschaftsordnung versehen kann.

12. In der Praxis gehen Aufsicht, Lenkung und Leitung leicht ineinander über, was die Gefahr ungemessener Bevormundung oder schleichender Verstaatlichung unter dem Namen der Staatsaufsicht mit sich bringt. Ursache dafür ist:

a) einmal die personelle Verflechtung von Aufgaben der Lenkung und der Aufsicht;

b) vor allem aber die Verwendung sog. unbestimmter Rechtsbegriffe wie des „öffentlichen Interesses", die der Aufsicht keine festen Maßstäbe setzen und so die Handhabe zu gestaltender Einflußnahme auf die Wirtschaft geben.

13. Das Erfordernis eines klaren rechtlichen Aufsichtsmaßstabes ist daher ernster zu nehmen als bisher:

a) Unbestimmte Begriffe sind nur dann Aufsichtsmaßstab, wenn sie erkennbar an allgemeine Wertvorstellungen, feste Erfahrungssätze oder sonst greifbare Regeln anknüpfen und damit den einzelnen in die Lage versetzen, zu wissen, was von ihm verlangt ist.

b) Unbestimmte Begriffe, die nur ein Blankett für die Bestimmung neuer Maßstäbe darstellen, wie z. B. das „öffentliche Interesse", sind dagegen Leitbegriffe der Wirtschaftslenkung.

14. Die sog. Kartellaufsicht ist im wesentlichen Wirtschaftslenkung, weil sie weithin darauf angelegt ist, unbestimmte Blankettbegriffe gestaltend zu konkretisieren. Das Kartellgesetz beruht daher mit seinen Aufsichtskonstruktionen auf einer falschen Grundvoraussetzung, erweckt rechtliche Bedenken und führt in der Praxis zu großen Schwierigkeiten.

15. Der so bestimmte Begriff der Staatsaufsicht in der Wirtschaft:

a) bleibt z. T. hinter dem zurück, was in den Gesetzen Aufsicht genannt wird; so ist blankettfüllende Maßstabbestimmung ebenso in die Wirtschaftslenkung abzuschieben wie offene Rechtsetzung;

b) geht andererseits weit über den gesetzlichen Sprachgebrauch hinaus. Zur Staatsaufsicht gehören auch streng maßstabgebundene behördliche Erlaubnisse, Verwaltungszwangsmittel und Ordnungsstrafen, Maßnahmen der freiwilligen Gerichtsbarkeit und gerichtliche Erkenntnisse in Zivil- und Strafsachen.

16. Gerichtliche und verwaltungsmäßige Staatsaufsicht ergänzen sich und können ausgewechselt werden. Beide weisen freilich spezifische Vor- und Nachteile auf, die einer beliebigen Vertauschbarkeit entgegenstehen.

17. Die Staatsaufsicht in ihrer Vollform ist zugleich eine helfende und fördernde Aufsicht, weil sie nicht auf starre Durchsetzung des Aufsichtsmaßstabes, sondern in erster Linie darauf gerichtet ist, durch Belehrung, Auskunft und Mahnung zugleich im eigenen Interesse des Wirtschaftenden auf dessen freien Rechtsgehorsam hinzuwirken.

18. Helfende und fördernde Aufsicht gleitet aber leicht in einen Überredungsdirigismus über. Deshalb muß dem Wirtschaftenden ein Anspruch auf eine hoheitliche, anfechtbare Aufsichtsentscheidung zuerkannt werden.

19. Gerade das Schutzinteresse des Wirtschaftenden verbietet es also, die Staatsaufsicht als ein Verhältnis von gleich zu gleich zu verstehen und ganz in die Konferenzatmosphäre zu verlegen.

20. Auch die intensivste Staatsaufsicht kann für sich allein den Rechtsgehorsam nicht vollständig sichern. Außerstaatliche Garantien der Rechtsgeltung müssen vorausgesetzt oder geschaffen werden, wie z. B. der Aufsichtsrat, die Publizität und die Abschlußprüfung durch Wirtschaftsprüfer bei der Aktiengesellschaft. Freilich bedarf es regelmäßig einer gewissen Staatsaufsicht, um das Funktionieren dieser außerstaatlichen Sicherungen zu gewährleisten.

21. Bedeutsam für die Staatsaufsicht ist auch die Rolle der Wirtschaftsverbände, die eine Art wirtschaftlicher Selbstverwaltung üben, durch ihre wirtschaftliche Interessensicherung und ihren disziplinierenden Einfluß auf die Wirtschaftsunternehmen die Staatsaufsicht entlasten und den Aufsichtsbehörden wertvolle Informationen liefern.

22. Daraus erwächst jedoch die Gefahr einer Mediatisierung der Einzelunternehmen gegenüber der Aufsichtsbehörde und ihrer Auslieferung an die Verbandsmacht, die auch sonst bedrohlich werden kann. Die Staatsaufsicht mit Hilfe der Verbände muß daher auch zum Schutze der Mitglieder ergänzt werden durch eine Staatsaufsicht über die Verbände, was den Erlaß entsprechender materiell-rechtlicher Vorschriften für die Verbände voraussetzt. Um der Empfindlichkeit der Verbände willen sollte diese Aufsicht den Gerichten anvertraut werden; Ansätze dafür sind bereits vorhanden.

IV. Formen und Mittel der Staatsaufsicht

23. Für die Staatsaufsicht in der Wirtschaft muß man sich frei machen von der Vorstellung, eine Aufsichtsbehörde habe im Zweifel alle Befugnisse, die zur Erfüllung ihrer Aufgabe notwendig seien:

a) Damit wären Selbstverantwortung und Selbstgestaltung gefährdet. Staatsaufsicht ist gerade das Korrelat der Freiheit zu selbständigem, möglicherweise rechtsfehlerhaftem Tun.

b) Eine allzu intensive Aufsicht könnte die Antriebskräfte der Wirtschaft lähmen.

c) Auch um des Gesetzesvorbehalts willen muß aus jedem Wirtschaftsgesetz im einzelnen ermittelt werden, welche Aufsichtsmittel zu Gebote stehen sollen.

24. Eine Generalermächtigung zu allen denkbaren oder doch zu den üblichen Aufsichtsmaßnahmen darf nur auf Grund besonderer gesetzlicher Ermächtigung, nicht aber in Analogie zum Kommunalrecht angenommen werden.

25. Auch die Aufsicht über ein Unternehmen im ganzen (Unternehmensaufsicht) ist nicht notwendig eine Aufsicht über die laufende Geschäftsführung, sondern kann als bloße Rahmenaufsicht ausgestaltet sein.

26. Die Rahmenaufsicht sichert nicht die Ordnungsmäßigkeit der laufenden Geschäftsführung eines Unternehmens, sondern greift erst ein, wenn eine bestimmte Toleranzgrenze überschritten ist, dann freilich sofort mit drakonischen Maßnahmen.

27. Das System der Rahmenaufsicht gewährt ein Höchstmaß an wirtschaftlicher Freiheit, bringt aber auch ein Höchstmaß an wirtschaftlichem Risiko mit sich und läßt das Wirtschaftsunternehmen der beständig helfenden und fördernden Staatsaufsicht entbehren (Freiheit zum Untergang).

28. Sache des Gesetzgebers ist es, die Vor- und Nachteile der Rahmenaufsicht gegeneinander abzuwägen. Sieht also ein Gesetz eine Rahmenaufsicht vor, so darf man nicht versuchen, die Härte ihrer Extremsanktionen durch ein Einschalten schwächerer Aufsichtsmittel zu mildern.

29. Eine Aufsicht über die laufende Geschäftsführung mit der Möglichkeit des Einschreitens gegen jede Vorschriftswidrigkeit ist angebracht,

a) wenn ein Scheitern des Wirtschaftsunternehmens zugleich schutzbedürftige Dritte oder gar die gesamte Volkswirtschaft wesentlich in Mitleidenschaft zu ziehen droht;

b) wenn Wirtschaftsunternehmen von sich aus oder kraft besonderer Übertragung unverzichtbare Aufgaben von öffentlichem Interesse erfüllen.

V. Probleme der Staatsaufsicht in der EWG

30. Gleiche Wettbewerbsbedingungen in einem gemeinsamen Markt können nur hergestellt werden, wenn auch die Staatsaufsicht vereinheitlicht oder doch koordiniert wird, weil

a) die reale Geltung der Wirtschafts- und Steuergesetze, die einander angeglichen werden müssen, wesentlich von der Ausgestaltung der Statsaufsicht abhängt;

b) eine helfende und fördernde Staatsaufsicht die Wirtschaftsunternehmen gegen die Risiken des Wettbewerbs abschirmen und so das Verbot von Stützungssubventionen und Stützungskartellen überspielen kann.

Staatsaufsicht in Verwaltung und Wirtschaft

Aussprache und Schlußworte

Kaiser (Diskussionsleiter): Die Blickrichtung beider Referate ist nicht dieselbe, aber wenn wir den Blick vom Bereich der Verwaltung auf den Bereich der Wirtschaft wenden, wird von uns nicht eine Drehung um 180 Grad verlangt; Verwaltung und Wirtschaft sind einander ja nicht mehr entgegengesetzt im Sinne der alten dualistischen Unterscheidung von Gesellschaft und Staat, sondern sind in vieler Hinsicht einander zugeordnet.

Lessing hat in seiner Hamburgischen Dramaturgie bemerkt, wie schwer es sei, auf der Bühne den Staat darzustellen. Der Staat, so liest man dort, sei ein viel zu abstrakter Begriff für unsere Empfindungen. Ich glaube, die Darstellungskunst beider Referenten hat dem Staat als Subjekt der Staatsaufsicht deutliche Konturen und Umrisse gegeben.

Winkler: Gestatten Sie mir bitte eingangs zwei Vorbemerkungen.

Die erste Vorbemerkung: ich komme aus einem anderen Rechtskreis, um nicht zu sagen aus einem anderssprachigen oder andersrechtssprachigen Kreis. Das erlegt mir von vornherein eine gewisse Zurückhaltung auf. Warum ich sage, aus einem anderssprachigen Kreis? Man könnte vielleicht vermuten, daß diese Bemerkung auf derselben Ebene liegt, wie der köstliche Lapsus, der Hans Julius Wolff passiert ist. In seinem Lehrbuch führte er nämlich unter den fremdsprachigen Lehrbüchern auch die österreichischen und die schweizerischen auf. Was mich aber zu dieser Bemerkung veranlaßt, ist nicht nur der Scherz, sondern ein anderer Umstand. Nämlich der Umstand, daß ich mit großem Staunen und einer Zurückhaltung, die damit notwendigerweise verbunden ist, die sprachliche Überhöhung in den Vorträgen wahrnehme, von der ich nicht immer genau sagen kann, ob sie auch eine gedankliche Überhöhung zum Abstrakten oder eine sachliche Vertiefung bedeutet. Wie weit hier konkrete Rechtsinstitutionen angesprochen sind, vermag ich daher nicht immer zu beurteilen.

Und nun die zweite Vorbemerkung:

In Freiburg habe ich mich einmal zu Wort gemeldet und bemerkt, daß wir Österreicher gesetzestreuer sind oder dem Gesetz näher stehen, als die Herren der Bundesrepublik. Diese Feststellung hat damals wie heute allgemeine Heiterkeit hervorgerufen. Dabei will ich mir nicht verhehlen, daß diese Heiterkeit weniger in dem Wohlgefallen an der Äußerung ihre Erklärung finden mag, als vielleicht in dem Umstand, daß man sich insgeheim gedacht hat: „Naja, da spricht ein Positivist." Selbst auf die Gefahr hin, mich diesem Prädikat auszusetzen, muß ich nun doch in dieselbe Kerbe schlagen wie in Freiburg.

Meine Damen und meine Herren, damit komme ich zu dem Punkt, der mich sehr bewegt. — Ich meine die Diskussionsbemerkung, wie ich ausdrücklich feststellen möchte, aus Anlaß des Vortrages von Herrn Salzwedel und möchte nicht einmal sagen, daß sie nur eine Kritik am Vortrag des Herrn Salzwedel ist. Ich habe seinen Vortrag auch sehr schätzenswert empfunden.

Wir österreichischen Verwaltungsrechtler, die wir ja in diesen Landen mehr oder weniger als Positivisten angesehen werden, haben Adolf Julius Merkl ein Entscheidendes zu verdanken, und an dem halten wir immer fest: daß wir unseren methodischen Standpunkt klar benennen oder doch explizit machen, an den methodischen Standpunkten festhalten und dem Hörer oder Leser unserer wissenschaftlichen Erörterungen die Möglichkeit geben, unsere Argumentation bis zu den Ausgangspunkten nachzuvollziehen und zu überprüfen. Daher scheint es mir, daß angesichts des vorliegenden verwaltungsrechtlichen Themas vielleicht doch einmal bemerkt werden soll, daß es für die Bewältigung eines solchen Themas ganz bestimmte mögliche methodische Ausgangspositionen gibt, die man nicht miteinander vermengen soll. Man muß klarmachen, ob eine Aussage verfassungsrechtlich von Bedeutung ist, ob sie als eine allgemeine Aussage über eine vielschichtige oder vielgestaltige Gesetzeslage gedeutet werden soll, oder als eine Aussage über tatsächliche Verhältnisse und Verhaltensweisen oder als eine Aussage über rechtspolitische Vorstellungen. Ich meine, daß es interessant wäre, manche der Äußerungen des Herrn Salzwedel unter diesem Gesichtspunkt einer näheren Überprüfung zu unterziehen. Ich habe das Gefühl, und ich bitte mich in diesem Punkt zu widerlegen, daß das Referat des Herrn Salzwedel in gleicher Weise den Erfahrungsschatz aus der Vielfalt der einzelnen Gesetze geboten hat, wie verfassungsrechtliche Gesichtspunkte, wie rechtspolitische Gesichtspunkte, wie auch soziologische Gesichtspunkte und irgendwo im Hintergrund mitschwingend eine Wesensschau von einem Idealtypus, den man wohl vermeiden sollte, weil seine positivrechtliche Beweisbarkeit fraglich ist. Dazu ein weiteres methodisches Bedenken:

So faszinierend ich es gefunden habe, daß Herr Salzwedel die Institution der Staatsaufsicht so breit auseinandergefaltet hat, so sehr bin ich eigentlich darüber bedrückt, daß es im Grunde dabei geblieben ist. Mir scheint, daß es bei einer wissenschaftlichen Zielsetzung nicht nur geboten ist, zu analysieren, zu unterscheiden, zu sichten und zu sammeln, sondern auch zu ordnen und letzten Endes die Fülle zu einer Gesamtschau, zu einer begrifflichen Gesamtschau aus dem gebotenen Material zu bringen.

Ipsen: Um bei Lessing zu bleiben, wäre das also die hamburgische Dramaturgie aus Wien gewesen.

Im Gesamtzusammenhang gesehen, gehört unsere heutige Thematik zu den Erörterungen, die wir in Tübingen veranstaltet haben mit den Referaten von Herrn Scheuner und Herrn Schüle — in Marburg, Entschuldigung —, und zu den Erörterungen, die (das sage ich nun hoffentlich richtig) in Freiburg stattgefunden haben mit den Referaten von Herrn Mallmann und Herrn Zeidler. (Zwischenruf: in Köln). Herzlichen Dank. Man wird alt.

Dank Informationen, die Herr Bullinger mir vor einiger Zeit im Gespräch gab, erfuhr ich, die beiden Referenten hätten sich das Thema „Staatsaufsicht in Verwaltung und Wirtschaft" dahin aufgeteilt, daß Herr Salzwedel sich befassen würde mit der Staatsaufsicht in der Verwaltung, und er, Herr Bullinger, mit der Staatsaufsicht in der Wirtschaft. Worauf ich, um Herrn Bullinger bei seinen weiteren Vorbereitungen nicht zu entmutigen, nicht zum Ausdruck brachte, daß ich damit bereits den Untergang der eigentlichen Thematik befürchtete, weil mir schien, daß doch sehr enge Zusammenhänge der Fragestellungen bestünden. Das haben die beiden Referate heute bestätigt, und vor allen Dingen in dem Referat von Herrn Bullinger ist ja sichtbar geworden, in welcher Weise die Konzeption der Staatsaufsicht im Bezug auf die Selbstverwaltung im weitesten Sinne eine Kategorie abgibt, die auch für das Objekt „Wirtschaft" geeignet, vergleichbar, maßstäblich sein könnte. Insofern sind also meine Besorgnisse behoben.

Zu dem Referat von Herrn Salzwedel frage ich mich, ob hier nicht versucht worden ist, mit dem Hebel „Aufsicht" Vorstellungen der Selbstverwaltung aus den Angeln zu heben, vor allen Dingen unter der Vorstellung dessen, was Herr Salzwedel als gesellschaftliche Selbstverwaltung bezeichnet, ein Begriff, der mir mindestens nicht präzis genug definiert erscheint. Dabei will ich nur auf den Umstand hinweisen, daß nicht sichtbar geworden ist, worin die Kräfte, das Leistungsvermögen dieser gesellschaftlichen Selbstverwaltung bestehen. Die starken Ansprüche gegenüber der Aufsicht, die hier geltend gemacht worden sind, halten etwa den Duktus: die deutsche Selbstverwaltung auf dem Weg zum Rundfunkstatus. Es ist nicht gesprochen worden von dem ganz ernsten, gewichtigen Finanzierungsproblem. Das Wort ist nicht gefallen, wenn ich recht gehört habe in dem Referat von Herrn Salzwedel. Damit fehlt ein wesentliches Element, eine wesentliche Kraft, die für eine solche Forderung notwendig wäre, um angesichts der gegenwärtigen Situation gegenüber dem Staate realisierbar zu erscheinen. Ich möchte das aber nicht weiter vertiefen, sondern im wesentlichen auf das Referat von Herrn Bullinger eingehen und die Zusammenhänge zwischen beiden Referaten.

Herr Bullinger hat bei seiner historischen Abteilung in etwa den Gedanken geäußert, die Gemeinwohlaufsicht des absoluten Staates sei aus bekannten Verfassungsgründen schrittweise zur Rechtsaufsicht verengt worden, und diese Rechtsaufsicht gegenüber der öffentlichen Verwaltung sei in irgendeiner Weise vergleichbar der Aufsicht des Staates im Bezug auf die Wirtschaft. Dabei ist das Stichwort „Gemeinwohlaufsicht“ in bezug auf die in Aktiengesellschaften organisierte Wirtschaft wieder aufgetaucht, mit einer Terminologie, die hier nicht recht ihren Platz hat; die Gemeinwohl-Formel im Aktienrecht ist N.S.-Terminologie und wahrscheinlich unter anderen Gesichtspunkten zu werten, als das in diesem Zusammenhang angebracht erscheint. Ob diese Ableitung und diese Parallelisierung zutrifft, ist mir zweifelhaft. Dies deshalb, weil es gegenüber der Wirtschaft eine keimfreie Staatsaufsicht ohne jene von Herrn Bullinger ausgeklammerte Interventions- und sonstigen Ziel-Elemente, auch solcher älterer polizeirechtlich-gewerbeaufsichtsmäßiger Natur, nicht gibt. Das Bestreben von Herrn Bullinger ging ja doch wohl dahin, die Aufsicht gegenüber der Wirtschaft rechtlich zu abstrahieren und von bestimmten Motivierungen zu lösen, die er mit den Stichworten Lenkung und Intervention beiseiteschob. Ich bin der Meinung, daß man im Bezug auf die Wirtschaft von Aufsicht überhaupt nur sprechen kann mit ihrer inhaltlichen Erfüllung aller dieser denkbaren Einwirkungen des Staates, die wir heute als Planung, Lenkung, Intervention, Steuerung und was weiß ich wie sonst kennen. Eine Isolierung, eine Abstrahierung des Aufsichtsbegriffs von diesen Inhaltselementen halte ich nicht für durchführbar. Daß Herr Bullinger so verfahren ist, hängt wahrscheinlich zusammen mit dem Bilde, das er von der Wirtschaft hat oder nicht hat.

Ich habe hier zufällig ein Zitat aus dem Munde unseres zivilistischen Kollegen Flume zur Hand, der ja die schätzenswerte Eigenschaft hat, sich sehr deutlich auszudrücken. Das hat er auf dem 39. Juristentag getan, aus dem Sie, Herr Bullinger, glaube ich, das Zitat von Herrn Reinhardt in das Gespräch brachten. Herr Flume hat in diesem Zusammenhang gesagt: „Selbstverständlich vertritt jeder irgendwelche Interessen, alles andere ist Vernebelung der Tatsachen, und die Rechtfertigung des Privateigentums besteht gerade darin, daß ein Privater sein eigenes, privates Interesse wahrt und damit als Ordnungsfaktor tätig wird. Daß sich auch bei der Wahrung des eigenen Privatinteresses das Moralische von selbst versteht, ist eine andere Frage, aber leugnen zu wollen, daß der Privateigentümer seine eigenen Interesen wahre, ist gänzlich abwegig; gerade darin besteht die sittliche Qualität des Eigentums."

Bei der Wirtschaft, um deren staatliche Beaufsichtigung es geht, handelt es sich um Unternehmer, die Gewinne maximieren wollen. Alles andere ist, um mit Flume zu sprechen, Gerede. Gewinne sollen erzielt werden, und die Last, die dem entspricht, ist das Risiko, das der wirtschaftliche Unternehmer trägt. Nichts dergleichen bei den Trägern der Selbstverwaltung. Jedenfalls sollte es legaliter so nicht sein. Die Selbstverwaltung ist Sachwalter öffentlicher Interessen, gemeinnütziger Interessen. Und wenn Selbstverwaltungsträger sich mit Kapital beteiligen oder sich mit anderen Methoden in den Bereich der Erwerbswirtschaft begeben, dann werden ihnen dort mit § 67 der Deutschen Gemeindeordnung und den Nachfolgebestimmungen Zügel angelegt, die auch insoweit noch die Gemeinnützigkeit sichern. Es handelt sich also bei dieser gemeinnützig wirkenden öffentlichen Verwaltung um eine ganz anders wirkende Aktivität als diejenige des Unternehmers, der Wirtschaft betreibt, um Gewinne zu erzielen. Und infolgedessen ist es auch schief, solche Aufsichtsmaßstäbe im Bezug auf die Entschließungen des Unternehmers zu bestimmen, wie das geschehen ist. Herr Bullinger hat präzise formuliert auf Seite 327 in dem Leitsatz 23 a: Die Aufsicht über die Wirtschaft dürfte keine Gesamtermächtigung besitzen, denn sonst würden Selbstverantwortung und Selbstgestaltung gefährdet. Staatsaufsicht sei gerade das Korrelat der Freiheit zu selbständigem (und nun kommt es!): möglicherweise rechtsfehlerhaftem Tun. Das ist aber verhältnismäßig uninteressant im Bereich der Wirtschaft. Das Risiko, das der Unternehmer kraft seiner Freiheit trägt, besteht darin, daß er in Konkurs geht, daß er keine Gewinne erzielt oder sonstige Schäden an seinem Vermögen nimmt. Ob dabei auch Rechtsfehler unterlaufen, ist in diesem Zusammenhang herzlich uninteressant. Und der Aufsichtsmaßstab kann nicht nach solchen chemisch gereinigten Gesichtspunkten bloßer Normativität gefunden werden. Das, glaube ich, ist wesentlich. Ebensowenig vermag ich in diesem Zusammenhang zu dem Bilde von der Wirtschaft, das Herr Bullinger hat, die Meinung zu teilen, der Unternehmer wisse nicht, was das wirtschaftliche Gesamtwohl erfordere; das müsse ihm durch Aufsicht verdeutlicht werden, bis hin zu einem Anspruch auf belastende Entscheidungen, die in dieser Richtung konkretisierten, was das Gemeinwohl wolle. Ich habe eigentlich immer erfahren, daß die Wirtschaft, soweit sie mitzählt (ich meine nicht den Kramhändler meines Dorfs, bei dem man alles kaufen kann, was für den Tagesbedarf nötig ist), ziemlich präzise Vorstellungen von dem hat, was Gesamtwohl ist, womit ich nicht sagen will, daß sie es immer respektieren oder immer verfolgen will.

Ich glaube also, daß die Parallelisierung ihre Gefahren in sich trägt und dem Objekt der Aufsicht, der Eigenart der wirtschaftlichen Betätigung nicht gerecht wird.

In den Referaten ist endlich nicht sichtbar geworden jener Zwischenbereich, in dem die Aufsicht sich kombiniert mit Unternehmerfunktionen der öffentlichen Hand. Das war unser Thema in Köln. Hierzu verweise ich auf einen neuen Runderlaß, auf Hinweise des Bundesfinanzministers an alle diejenigen, die in der Aufsicht im Bezug auf Unternehmungen, an denen der Bund beteiligt ist, tätig sind, wo er alle Details zusammengefaßt hat, die sich aus den Reichswirtschaftsbestimmungen und § 48 Haushaltsordnung ergeben. Er datiert vom 5. 7. 1963. Da wird als Aufsichtsobjekt zwar unterschiedslos benannt die Unternehmung privatrechtlicher Form und diejenige, die in Gestalt öffentlich-rechtlicher Organisation wahrgenommen wird. Aber das ist nur eine äußere Plakatierung. Der Inhalt dieser Richtlinien macht ganz deutlich, daß wir eine säuberliche Scheidung zwischen Rechtsaufsicht auf der einen Seite und inhaltlich erfüllter Einwirkung nach jenen Zielen, die ich vorhin andeutete, auf der anderen Seite schwerlich werden treffen können.

Kaiser: Vielen Dank, Herr Ipsen. Damit ist unsere heutige Bemühung in einen klaren Zusammenhang zu den früheren Arbeiten der Vereinigung gerückt. Dank vor allem auch dafür, daß Sie uns den Nervus rerum, den finanziellen und anderen Realitäten, so nahe gebracht haben. Ich bitte nunmehr Herrn Bachof.

Bachof: Im Hinblick auf die vorgeschrittene Zeit will ich mich auf einige Bemerkungen zu Herrn Salzwedels Referat beschränken. Zunächst zwei kleinere Bemerkungen, dann zwei grundsätzliche.

Herr Salzwedel hat (Leitsatz I 2) gesagt: „Staatsaufsicht kommt nur gegenüber Selbstverwaltungsträgern in Betracht. Juristische Personen des privaten Rechts sind nicht selbstverwaltungsfähig." Mir scheint das nur als Grobmaßstab oder als Faustregel richtig zu sein; es liegt, glaube ich, hier ähnlich wie bei der üblichen Unterscheidung zwischen der Grundrechtsfähigkeit juristischer Personen des privaten Rechts und der Grundrechtsunfähigkeit juristischer Personen des öffentlichen Rechts, die auch — nur — als Faustregel richtig ist. Ich glaube, man hat hier wie dort nicht auf die Rechtsform abzustellen, sondern auf das Substrat, das hinter dieser Rechtsform steht.

Um ein Beispiel zu nennen: Wir kennen auf der einen Seite Innungen als Körperschaften des öffentlichen Rechts, auf der anderen Seite Innungs*verbände* als — nach ausdrücklicher gesetzlicher Vorschrift— juristische Personen des Privatrechts. Die Staatsaufsicht muß, ungeachtet der verschiedenen Rechtsform, gegenüber beiden durchgreifen.

Ein Beispiel anderer Art: Die Studentenwerke sind teils Anstalten des öffentlichen Rechts, dann besteht eine reguläre Staatsaufsicht; teils sind sie eingetragene Vereine des Privatrechts. Im letzteren Fall besteht zwar de iure keine Staatsaufsicht, längst haben sich die Staatsbehörden aber, zum Teil wohl contra legem, in einer faktisch sehr wirkungsvollen Weise, eine „Staatsaufsicht" selbst zugelegt. Das geschah einerseits über den § 64 a der Reichshaushaltsordnung: Der Staat gibt die für das Studentenwerk unerläßlichen Subventionen nur noch, wenn das Studentenwerk sich verpflichtet, nicht etwa nur die Verwendung der Subventionen überwachen zu lassen, sondern darüber hinaus die gesamte Wirtschaftsführung des Studentenwerks. Begründet wird dieses — m. E. gesetzwidrige — Verlangen des Staates damit, Subventionen könnten nur dann gegeben werden, wenn das gesamte subventionierte Unternehmen sparsam und wirtschaftlich arbeite. Zum andern wird diese „Staatsaufsicht" durch einen mehr oder minder sanften oder auch unsanften Druck auf die Gestaltung der Vereinssatzungen des Studentenwerks herbeigeführt: die Aufsicht des Staates oder der Universität wird dort satzungsmäßig verankert.

Im Zusammenhang damit steht der Leitsatz I 3. Ich stimme Herrn Salzwedel völlig zu, wenn er sagt: zur Staatsaufsicht gehöre „vor allem nicht die Gewährung von Subventionen". Aber das ändert nichts daran, daß der Staat gerade die Subventionen dazu benützt, um sich — vor allem über § 64 a RHO — effektiv eine „Staatsaufsicht" von erheblichem Ausmaße anzueignen. Das gilt nicht nur und vielleicht nicht einmal in erster Linie gegenüber den Gemeinden, sondern auch gegenüber allen möglichen anderen Selbstverwaltungsträgern; es gilt übrigens auch gegenüber Privatpersonen, die Probleme liegen hier sehr ähnlich. Es ist interessant, daß — wie ich aus einem Schriftwechsel und aus Gesprächen weiß — sogar dem Rechnungshof unseres Landes diese Ausweitung des § 64 a nicht mehr recht geheuer ist; man begrüßt es dort deshalb, daß über diese Fragen jetzt wissenschaftliche Untersuchungen angestellt werden. Ich darf in diesem Zusammenhang auf ein vielleicht manchen von Ihnen unbekanntes Gutachten des Kollegen Mayer hinweisen, das sich freilich mit der Subventionierung Privater beschäftigt; aber die Probleme sind hier, wie gesagt, sehr ähnlich. Mit Hilfe des § 64 a RHO, einer für solche Zwecke gar nicht gedachten Vorschrift, wird eine umfassende „Staatsaufsicht" begründet, die gesetzlich kein Fundament hat.

Dann zu zwei doch sehr grundsätzlichen Punkten. Zunächst: Herr Salzwedel hat im Schlußabsatz von I 4 gesagt, im Bereich der Pflichtaufgaben nach Weisung gehöre das Weisungsrecht nicht zur engeren Staatsaufsicht. Es sei zwar gesetzlich begrenzt, aber nur objektivrechtlich, nicht individualrechtlich; eine Klage sei unzulässig. Meine Herren Kollegen: Wir — jedenfalls die ältere und die mittlere Generation von uns — sind aufgewachsen in der Vorstellung zweier scharf getrennter Kreise der kommunalen Verwaltung, nämlich des sog. eigenen und des sog. übertragenen Wirkungskreises. Das ist aber nicht mehr die Konzeption, die den meisten modernen Gemeindeordnungen zugrundeliegt; wir haben das nur noch nicht so recht gemerkt. Man muß unterscheiden: Es gibt heute Gemeindeordnungen (so etwa das Selbstverwaltungsgesetz von Rheinland-Pfalz), die noch an dieser scharfen Scheidung festhalten und nach wie vor den übertragenen Wirkungskreis im hergebrachten Sinne — sozusagen als den Bereich, in dem die Gemeinden nur als verlängerter Arm des Staates tätig werden — kennen. Aber die meisten neueren Gemeindeordnungen, die dem sog. Weinheimer Entwurf gefolgt sind, gehen ganz entschieden von einem einheitlichen eigenen Wirkungskreis der Gemeinden aus, der nur punktuell durch Weisungsrechte beschränkt werden darf. Es wird heute nicht mehr in erster Linie unterschieden zwischen eigenen und übertragenen oder zwischen Weisungs-und weisungsfreien Aufgaben, sondern zwischen freiwilligen und Pflichtaufgaben; über die Pflichtaufgaben heißt es dann — so z. B. in der bad.-württ. Gemeindeordnung —, daß sie den Gemeinden zur Erfüllung nach Weisung auferlegt werden können; und es heißt weiter: „Das Gesetz bestimmt den Umfang des Weisungsrechts". Es wird also nicht mehr ein Gesamtbereich kommunaler Verwaltung durch das Weisungsrecht abgedeckt; es muß vielmehr jeweils gesetzlich im einzelnen bestimmt werden, ob ein Weisungsrecht besteht und wie weit es reicht. Das führt dazu, daß es in der Tat nur noch einen einheitlichen Wirkungskreis gibt, und daß infolgedessen der ganze Wirkungskreis notwendig auch individualrechtlich abgesichert ist. In dem Augenblick, in dem der Staat das Weisungsrecht überschreitet, greift er in den Selbstverwaltungsbereich der Gemeinden ein. Das hat — mit Folgerungen, denen ich freilich nur zum Teil beipflichte — Herr Jesch vor drei Jahren in seinem Habilitationsvortrag sehr deutlich zum Ausdruck gebracht („Rechtsstellung und Rechtsschutz der Gemeinden bei der Wahrnehmung ‚staatlicher' Aufgaben", DÖV 1960 S. 739 ff.). Es wird manchmal die Auffassung vertreten, praktisch habe sich durch die neuen Gemeindeordnungen nichts gegenüber dem früheren „übertragenen Wirkungskreis" geändert. Das mag darin liegen, daß unsere Gerichte nur sehr langsam den vollzogenen Wandel begreifen; denn auch unsere Richter, jedenfalls die der höheren Gerichte, stammen noch aus einer Generation, der die scharfe Scheidung zwischen „übertragenem" und „eigenem" Wirkungskreis selbstverständlich war, und sie tun nun einfach so, als wenn die heutigen „Weisungsaufgaben" dasselbe seien wie der „übertragene Wirkungskreis". Es ist aber etwas grundsätzlich anderes! Man kann darüber streiten, ob diese Entwicklung zu begrüßen ist oder nicht — persönlich begrüße ich sie nicht —; wir dürfen aber diesen grundsätzlichen Gestaltwandel der Selbstverwaltung nicht einfach weginterpretieren, weil er uns vielleicht nicht gefällt. —

Zum Schluß noch eine Bemerkung zu der (auch von Herrn Ipsen schon angesprochenen) Unterscheidung von „mittelbarer Staatsverwaltung" und „gesellschaftlicher Selbstverwaltung" (Leitsatz II 4 a). Was Herr Winkler dazu über die Methodenfrage gesagt hat, halte ich für beherzigenswert. Jene Unterscheidung Herrn Salzwedels scheint mir, politisch-soziologisch betrachtet, manches für sich zu haben. Aber ich frage mich, ob sie für den *Juristen* eigentlich brauchbar ist; ich frage mich vor allem: wo sind die Kriterien der Unterscheidung? Herr Salzwedel unterscheidet, ob eine Aufgabe nur aus der Staats*verwaltung* entlassen ist, oder ob sie aus dem staatlichen *Aufgabenbereich* schlechthin entlassen ist. Ich frage: Wie stellen Sie, Herr Salzwedel, eigentlich fest, ob sie aus dem einen oder aus dem anderen entlassen ist? Das ist doch eine politisch-soziologische Wertung, die für den Juristen, der aus der Unterscheidung praktische Konsequenzen ziehen soll, nichts hergibt. Man kann die Unterscheidung wohl sicher nicht von rückwärts her treffen, d. h. sie aus der gesetzlichen Regelung bestehenden oder fehlenden Weisungsrechts ableiten; und zwar um so weniger, als das Weisungsrecht heute eben nicht mehr irgendwelche Gesamtbereiche erfaßt, sondern punktuell und beschränkt nur noch einzelne Maßnahmen ergreift. So geht es also nicht. Es scheint mir aber auch nicht so zu gehen, daß man darauf abstellt, ob ein Gesetz — in Herrn Salzwedels Formulierung (Leitsatz II 6) — „bürgeradressiert" ist oder nicht; das geht um so weniger, als Herr Salzwedel selbst die zutreffende Einschränkung gemacht hat: „in der Regel". Es geht ja auch nicht darum, aus den Konsequenzen auf die Unterscheidung zu schließen, sondern umgekehrt darum, zunächst einmal die Unterscheidung als solche an irgendwelchen sachlichen Kriterien deutlich zu machen. —

Auf diese Bemerkungen möchte ich mich beschränken. Ich hätte auch zur Frage des Genehmigungsvorbehalts noch einiges zu sagen; aber in dieser Frage stimme ich im großen und ganzen der von Herrn Weber vor kurzem in Speyer so eindrucksvoll vorgetragenen Konzeption zu (Kommunalaufsicht als Verfassungsproblem, in: Aktuelle Probleme der Kommunalaufsicht, Schriftenreihe der Hochschule Speyer, Band 19, S. 17 ff.). Ich nehme an, daß Herr Weber dazu selbst Stellung nehmen wird, besser als ich es könnte.

Merkl: Keine Geschichtsbetrachtung kann mit Adam und Eva beginnen, und keine juristische Betrachtung unserer Probleme mit der Abgrenzung von Staat und Nichtstaat. Diese Frage liegt jedoch, bewußt oder unbewußt, allen Betrachtungen der beiden wertvollen und fesselnden Referate zugrunde. Die Grenzen zwischen Staat und Nichtstaat sind fließend, doch die Wissenschaft ist sich dieser Tatsache nicht bewußt und behilft sich mit Worten, deren Unvollkommenheit offen zutage liegt, wie die so häufige unkritische Qualifikation von Neuschöpfungen des Rechtslebens, Grenzerscheinungen zwischen unbestritten staatlichem und nichtstaatlichem Bereich „als halbstaatlich". Diese, auch in ernst zu nehmenden fachlichen Ausführungen gebräuchliche Wortbildung ist das Geständnis, daß eine praktische Gegebenheit theoretisch nicht bewältigt ist. Unter der Figur der staatlichen Aufsicht oder in sonstigen Wortmasken, die eine Distanzierung zum Staat suchen, verbirgt sich in einem zum Staat Distanz suchenden Intellekt die Scheu vor der vereinfachenden und theoretisch möglichen Deutung irgendeiner Rechtseinrichtung als Staatsfunktion und Staatsorgan.

Zwei grundsätzliche Typen der Leistung von Menschheitsaufgaben, nämlich die privatwirtschaftlich-kapitalistische und die gemeinwirtschaftlich-sozialistische, finden sich auf unserer Erde und immer häufiger in demselben Staat vereinigt als Folge der Koexistenz von individualistisch und kollektivistisch denkenden und wollenden Menschen. Wenn die Staatsautorität in der zentralen Erscheinungsform des Bundes oder in den dezentralisierten Rechtsgestalten des Landes und der Gemeinde wirtschaftliche und kulturelle Tätigkeiten immer mehr entfaltet, so wird die überlieferte Grenze zwischen der rechtlichen und politischen Welt des Westens und des Ostens verwischt. Für manche Staaten ist es höchst problematisch, ob sie nach diesem oder jenem juristischen Kriterium unter den westlichen oder östlichen Staatstypus zu subsumieren sind oder etwa einen Begriff verwirklichen, der sich als Mischung beider Staatstypen darstellt. — Das heutige Österreich ist infolge der im Jahre 1945 einsetzenden „Verstaatlichungsaktion" eine Paradefall eines solchen Zwitters: Sämtliche Wasserkraftwerke von großer Leistung, der gesamte Bergbau, die gesamte Großindustrie, die Großbanken, sind „verstaatlicht", finanziell und weisungsmäßig vom Bund, im besonderen von Mitgliedern der Bundesregierung abhängig. Die ideologische Deutung des Tatbestandes geht aber doch dahin, daß der westliche Staatstypus grundsätzlich erhalten sei, weil sich die Regierungsparteien und die wissenschaftlich maßgebenden Kreise nicht durch eine unbequeme theoretische Deutung mit der östlichen Welt identifizieren wollen.

Die Grenzen zwischen dem „politischen" Westen und Osten sind im Fluß und harren der wissenschaftlichen Festlegung. Ein Beweis der Wahrheit der einen oder anderen Subsumtion ist indes unmöglich, weil man sich willkürlicher, zweckmäßiger Denkschemata bedient; nicht anders als wie es unbeweisbar ist, ob ein Staat eine echte Demokratie oder ein echter Bundesstaat ist.

Weber: Ich hatte ursprünglich — ähnlich wie Herr Ipsen — auch Bedenken, ob es glücklich war, daß die Herren Referenten des heutigen Tages ihre Referate so aufgegliedert haben, wie sie es getan haben. Ich habe mich aber davon überzeugt, daß sie recht daran taten. Sonst wäre nämlich angesichts der Weitschichtigkeit des Themas bei beiden das Entscheidende nicht zum Ausdruck gekommen. Im übrigen haben uns die Referate in ihrer Gegenüberstellung und mit ihren Seitenblicken genügend Vergleichsmöglichkeiten innerhalb des Gesamtbereichs des Themas geliefert.

Herr Bullinger hat zunächst, was ich methodisch für richtig halte, eine Gesamtübersicht über alles das gebracht, was man in einem sehr weiten Sinne als Staatsaufsicht in der Wirtschaft bezeichnen könnte; er hat dann seine Ausführungen eingegrenzt, aber die „Rahmenaufsicht", wie er sie nennt, gleichwohl in der Staatsaufsicht belassen. Diese „Rahmenaufsicht" hat indessen mit den eigentlichen Problemen der Staatsaufsicht keinen Zusammenhang und hätte nach meinem Dafürhalten stärker vernachlässigt werden können.

Sodann meine ich, daß es angebracht wäre, bei dem Thema zwischen den einzelnen Wirtschaftszweigen stärker zu differenzieren, als Herr Bullinger es getan hat. Es ist vielleicht nicht von ungefähr, daß er auf die Energieaufsicht kaum eingegangen ist. Wäre das geschehen, so wäre wahrscheinlich im Vergleich zwischen Energieaufsicht, Versicherungsaufsicht, Bankenaufsicht, Kartellaufsicht usw. rasch deutlich geworden, daß es nach der Substanz des hier jeweils beteiligten öffentlichen Interesses ganz erhebliche Unterschiede gibt, denen sich auch die Aufsichtsgestaltung anpaßt. Am deutlichsten hebt sich dabei die Energieaufsicht ab, bei der es überhaupt zweifelhaft sein kann, ob sie sich mit den anderen Tatbeständen der Staatsaufsicht über die Wirtschaft in einem Atemzuge nennen läßt. Meine Bitte an Herrn Bullinger geht dahin, jenen Differenzierungen noch etwas mehr Beachtung zu schenken, um dadurch der Gefahr vorzubeugen, daß das Ganze sich zu sehr an formalen Kriterien orientiert und insofern zu einseitig gesehen wird.

Zu einseitig scheint mir anderseits auch die Diskussionsbemerkung von Herrn Ipsen zu sein, der Herrn Bullinger vorwarf, sein Bild von der Wirtschaft sei fragwürdig. Das Bild der Wirtschaft, das demgegenüber Herr Ipsen skizziert hat, erfaßt jedenfalls nur einen Ausschnitt der Wirtschaft, und zwar gerade den, an dem die Staatsaufsicht kein Interesse nimmt und wo allenfalls „Rahmenaufsicht" zu finden ist. Die Fälle, in denen es Staatsaufsicht gegenüber der Wirtschaft gibt, sind gerade dadurch charakterisiert, daß dem an sich durchaus legitimen Prinzip der Maximierung des Gewinns andere Aufgaben und Anliegen der staatlichen Gemeinschaft begrenzend gegenübertreten.

Herr Salzwedel hat sich verschiedentlich mit meinem Vortrag in Speyer vom Frühjahr dieses Jahres auseinandergesetzt. In eine Diskussion hierüber möchte ich nicht eintreten, obwohl die Unterschiede in den Auffassungen teilweise erheblich sind.

Weil nämlich mein Vortrag erst vor wenigen Tagen erschienen und den meisten der anwesenden Herren kaum schon bekannt ist, scheint es mir richtiger, insoweit das Weitere der literarischen Austragung zu überlassen.

Herr Bachof hat kritisiert, daß Herr Salzwedel sein Interesse zu stark auf die Aufsicht über die juristischen Personen des öffentlichen Rechts beschränkt und betont habe, es gebe ihr gegenüber nichts Vergleichbares im Verhältnis zu den juristischen Personen des Privatrechts. Dazu hat Herr Bachof einige Gegenbeispiele genannt. Ich möchte als weitere Beispiele die Marktverbände der landwirtschaftlichen Marktordnung erwähnen, die der Gesetzgeber als Rechtssubjekte des Privatrechts geschaffen, die er aber gleichzeitig in Fortführung der beim Reichsnährstand verwendeten Organisationsgrundsätze einer Staatsaufsicht unterworfen hat, die aufs Haar der über juristische Personen des öffentlichen Rechts gleicht. Einige andere „beliehene Verbände", wenn ich diesen Terminus verwenden darf, müßten gleichfalls hier in Betracht gezogen werden. Der Fall des § 64 a der Reichshaushaltsordnung, der auch eine Kontrollmöglichkeit gegenüber privatrechtlichen Rechtssubjekten eröffnet, ist vielleicht für das Thema von Herrn Salzwedel nicht so charakteristisch, weil er seinen Gegenstand stark formal eingegrenzt hat.

Bachof: Es ist nur die Frage, ob man es so formalisieren kann, ob man es nicht eher vom Materiellen her betrachten muß.

Weber: Dem ist im Prinzip zuzustimmen. Doch ist andrerseits zu bedenken, daß wir bei diesen Referaten als Hörer erwarten, in etwa einer Stunde einen in sich geschlossenen Vortrag zu empfangen, weshalb der Referent notwendigerweise vielerlei weglassen und Schwerpunkte bilden muß. Wenn demgegenüber die einzelnen Diskussionsredner auf dieses oder jenes ergänzend hinweisen, so darf dies, wie ich meine, nicht als Kritik an begangenen Unterlassungen betrachtet werden, sondern nur als Anregung zu weiterem Überdenken.

Starke Bedenken habe ich gegen die von Herrn Salzwedel entwickelte Annahme einer gesellschaftlichen Selbstverwaltung und die dabei zugrunde gelegte Methode. Überhaupt glaube ich, daß Herr Salzwedel ein wenig stark egalisiert oder uniformiert hat, indem er nämlich alle juristischen Personen des öffentlichen Rechts im Prinzip doch unter einheitliche Gesichtspunkte gestellt hat. Zwar bedient sich die Technik der Staatsaufsicht weitgehend der gleichen Mittel; der Substanz nach ist die Aufsicht jedoch je nach den Subjekten, denen gegenüber sie ausgeübt wird, oft sehr verschieden. Die Aufsicht über Rundfunkanstalten, Gemeinden, Wasser- und Bodenverbände, Sozialversicherungsträger usf. läßt sich inhaltlich nicht überall auf den gleichen Nenner bringen, wenn auch die Aufsichtstechnik, hierin im wesentlichen das Kommunalrecht nachbildend, übereinstimmende Rechtsfiguren verwendet.

Was die „gesellschaftliche Selbstverwaltung" im Gegensatz zur mittelbaren Staatsverwaltung betrifft, so meine ich, daß der Ausgangspunkt von Herrn Salzwedel begrifflich nicht ganz klar und der praktische Nutzen seiner Distinktionen zweifelhaft ist. Nimmt man noch einmal die Leitsätze von Herrn Salzwedel zur Hand, so könnte man — jetzt am Kommunalrecht exemplifiziert — meinen, seine „gesellschaftliche Selbstverwaltung" sei ungefähr identisch mit den freiwilligen Selbstverwaltungsangelegenheiten der Kommunen, und dann wären die obligatorischen Selbstverwaltungsangelegenheiten als das zu verstehen, was der Staat aus seinem Verwaltungsmonopol entlassen hat und von anderen Verwaltungsträgern besorgen läßt. Ich glaube nicht, daß mit gesellschaftlicher Selbstverwaltung in diesem Sinne als vorgegebenem Tatbestand heute praktisch viel auszurichten ist. Die gegenwärtige Lage ist dadurch gekennzeichnet, daß sich zwischen Staat, Kommunen und sonstigen Körperschaften des öffentlichen Rechts ein immer stärkerer Verwaltungsverbund herstellt, angesichts dessen ein als vorgegeben vorgestellter Bereich gesellschaftlicher Selbstverwaltung kaum noch zu erkennen ist. Herr Salzwedel hat ein paar Beispiele dafür gebracht, wo die Gemeinden sich „Dummheiten leisten" dürfen, weil das eben zu ihrer Selbstverwaltung gehöre. Aber dieser Bereich schrumpft zusehends. Er muß schon deshalb schrumpfen, weil sich im ganzen Staatswesen einheitliche Standards der Ausstattung mit Verwaltungsleistungen, kommunalen Einrichtungen usf. ausbilden, nach denen sich die Kommunen richten müssen und auf die übrigens auch ihre Finanzausstattung durch Zuteilung von Steuerquellen und Finanzausgleichsleistungen zugeschnitten ist. Ihnen bleibt daneben — aufs Ganze gesehen — kein erheblicher Spielraum mehr für finanzielle Dispositionen und Sachentscheidungen aus eigener Erfindungskunst. Und wenn ein solcher Spielraum bei den kommunalen Körperschaften noch gegeben sein mag, so fehlt er doch bei den Wasser- und Bodenverbänden, den Sozialversicherungsträgern und anderen juristischen Personen des öffentlichen Rechts. Angesichts dieser Lage mit einem Bereich ursprünglicher gesellschaftlicher Selbstverwaltung zu operieren, scheint mir theoretisch und praktisch nicht sonderlich überzeugend.

Herr Bachof hat die Erwartung geäußert, daß ich zu der Frage der staatsaufsichtlichen Genehmigungsvorbehalte Stellung nehmen würde. Die Leitsätze von Herrn Salzwedel sind in diesem Punkte ein wenig unbestimmt. Ich hatte in Speyer die Auffassung vertreten, daß es Genehmigungen unter dem Gesichtspunkt der aufsichtlichen Kontrolle und ferner solche gibt, die der Ausdruck eines staatlich-körperschaftlichen (staatlich-kommunalen) Kondominiums sind. In den letzterwähnten Fällen hatte ich — dies in einem säkularisierten Sinne verstanden — von „res mixtae" gesprochen. Dieser Unterscheidung folgt Herr Salzwedel im wesentlichen. Er meint aber, auch die rein aufsichtlichen Genehmigungen könnten sich über reine Rechtmäßigkeitskontrolle hinaus auf Zweckmäßigkeitsmomente erstrecken, allerdings nur unter Gesichtspunkten aus dem Bereich des beaufsichtigten Subjekts. Demgegenüber bin ich der Auffassung, daß uns die klaren Normen sämtlicher Landesverfassungen dahin binden, die rein aufsichtlichen Genehmigungen auf bloße Rechtsaufsicht zu reduzieren. Die Fälle eines staatlich-körperschaftlichen Kondominiums gliedert Herr Salzwedel weiter in solche auf, bei denen der Staat seine Interessen abwehrend geltend machen kann, und andere, bei denen er mit eigenem Interesse wirklich beteiligt ist. Diese Unterscheidung halte ich für zu subtil, um praktikabel zu sein. Wenn es sich schon um eine „res mixta" handelt, bei der der Staat selbst engagiert ist, dann muß er im Rahmen seines Genehmigungsrechts auch eine echte Mitbestimmungsgewalt haben. In der öffentlichen Diskussion, die über diese Fragen geführt wird, stehen sich — interessenbedingt — sehr extreme Auffassungen unversöhnlich gegenüber. Die eine Seite beruft sich darauf, daß jedwede staatliche Genehmigung eines körperschaftlichen Akts in die Schranken der bloßen Rechtskontrolle verwiesen sei; die andere nimmt für jede Genehmigung die Ausdehnung auf alle Zweckmäßigkeitsgesichtspunkte in Anspruch. Die Praxis hält sich, allerdings mit unklarem Kurs, etwa in der Mitte zwischen diesen beiden Extremen. Sicherheit bei ihrer „Mittellösung" würde sie meiner Meinung nach nur dann gewinnen, wenn sie die rein aufsichtlichen Genehmigungen als auf bloße Rechtskontrolle beschränkt ansähe, dafür aber bei den staatlichen Genehmigungen, die Ausdruck eines staatlich - körperschaftlichen Kondominiums sind, auch die volle staatliche Mitbestimmungsgewalt respektierte.

Das führt freilich zu der Frage, was eine Gemeinde oder sonstige Körperschaft, die bei einer res mixta auf staatliche Mitwirkung angewiesen ist, vom Staat aber eine Ablehnung erfährt, tun soll, um gleichwohl ihr möglicherweise vitales Anliegen durchzusetzen. Wie hier materiellrechtlich und verfahrensrechtlich zu helfen ist, nämlich auf der Grundlage einer Pflicht des Staates zu einem quasi-„bundesfreundlichen" Verhalten gegenüber den von ihm beaufsichtigten Kommunen und sonstigen Körperschaften, habe ich in meinem Speyerer Vortrag dargelegt, auf den ich insoweit verweisen kann, auch hinsichtlich der Auswirkungen im besonders aktuellen Bereich des Bundesbaugesetzes.

Im ganzen möchte ich bei aller Dankbarkeit für die Belehrung, die ich aus dem Referat von Herrn Salzwedel empfangen habe, und unbeschadet meines Respekts vor der Präzision seiner Darlegungen von meinem Standpunkt aus auf folgendes hinweisen: In einer Materie wie derjenigen, die uns am heutigen Verhandlungstage beschäftigt hat, müssen die Bedürfnisse und Notwendigkeiten der Praxis und des Lebens voll in die theoretischen Überlegungen mit einbezogen werden. Denn die theoretischen Bemühungen erreichen hier nur dann ihren eigentlichen Sinn, wenn auch die praktische Handgreiflichkeit des Gegenstandes, dem sie zugewendet sind, in ihnen als gemeistert erkannt wird.

Kaiser: Vielen Dank, Herr Weber. Es ist, glaube ich, ein begrüßenswerter Trend der Diskussion, daß sie zu einer differenzierenden Betrachtungsweise dieses vielschichtigen Gegenstandes führt. Wenn dabei den mit großer Abstraktionskraft geschaffenen Begriffsmonaden einige Fenster eingefügt werden, so dient das einer wirklichkeitsnahen Betrachtung unseres Gegenstandes.

Vielleicht würde das auch gelten, wenn einigen subtilen Unterscheidungen etwas von ihrer Entschiedenheit genommen würde, z. B. der Entgegensetzung von Wirtschaftsaufsicht und Wirtschaftslenkung. Ich will aber für die Diskussion keine thematische Richtung vorschlagen, sondern nur die beiden Herren Referenten fragen, ob sie zwischendurch zu dem einen oder anderen Punkt sich schon äußern möchten.

Salzwedel: Leider habe ich viele Punkte etwas apodiktisch vortragen müssen. Zur Verdeutlichung möchte ich noch folgengendes hervorheben:

Herr Bachof hat mich aufgefordert, die Grenze zwischen mittelbarer Staatsverwaltung und gesellschaftlicher Selbstverwaltung zu präzisieren. Die Unterscheidung verläuft genau zwischen den Begriffen Verwaltungsermessen und Entscheidungsfreiheit. Diese Unterscheidung müssen wir, wie ich glaube, noch in viel größerem Umfang fruchtbar machen als bisher. Sie ist keineswegs auf den Problemkreis von Staatsaufsicht und Selbstverwaltung beschränkt. Für das Verfassungsrecht hat uns vor allem Herr Lerche auf die Verschiedenheit von Ermessen und Entscheidungsfreiheit hingewiesen. Entscheidungsfreiheit bedeutet freie Bestimmung dessen, was man tun oder lassen will, vielleicht innerhalb fremdgesetzter äußerer Grenzen, aber jedenfalls nach selbstgesetzten Beurteilungsmaßstäben. Wir kennen die Entscheidungsfreiheit vom Bürger her: wenn er spazierengeht, übt er kein Ermessen aus, er macht von seiner Handlungsfreiheit Gebrauch. Der Selbstverwaltungsstatus verleiht der Körperschaft oder Anstalt eine entsprechende Entscheidungsfreiheit. Der Selbstverwaltungsträger gestaltet seine eigenen Angelegenheiten nach eigenen Leitbildern. Grenzen sind da, aber er bestimmt selbst, was innerhalb deren geschehen soll.

Ich möchte Herrn Weber widersprechen, der offenbar nicht an einen Bereich gemeindlicher Entscheidungsfreiheit glaubt. Nach meinem Dafürhalten wird die Drangsal der Kommunen oft etwas übertrieben. Gewiß sind sie finanziellen Belastungen ausgesetzt — abgesehen von der Staatsaufsicht auch sonst noch einer Reihe von faktischen Beschränkungen, die zum Teil über den Bereich des Legalen hinausgehen. Aber bei alledem bleibt doch noch so viel wirkliche Entscheidungsfreiheit übrig, daß die kommunale Selbstverwaltung auch heute noch eine Realität darstellt. Hier wird nicht bloßes staatliches Verwaltungsermessen am etwas längeren Zügel ausgeübt. In der Hand der Bürgerschaft wachsen die Städte nach wie vor nach autonom gesetzten Leitbildern. Fährt man durch die Lande, so sieht man doch schon auf den ersten Blick, wo von der kommunalpolitischen Entscheidungsfreiheit guter, wo weniger guter und wo schlechter Gebrauch gemacht worden ist. Diese Verschiedenheiten sind durchweg legitim, weil der Gesetzgeber den Gemeinden eben keine positiven Leitbilder dafür mit auf den Weg gegeben hat, wie sie das Gesicht ihres Gemeinwesens prägen sollen. Auch die Sozialversicherungsträger, die man besonders gern zu einer bloßen Staatsverwaltung auf Außenposten hinabstuft, üben in Wahrheit echte Entscheidungsfreiheit aus. Noch niemals hat eine Aufsichtsbehörde den Sozialversicherungsträgern vorgeschrieben, wieviele Sonderstationen, Krankenhäuser, Rehabilitierungsstätten sie bauen sollen und gegebenenfalls an welchem Ort. Das sind aber letztlich die Erscheinungen, die das Gesicht der Selbstverwaltung bestimmen und ihre eigentliche Bewährung ausmachen. Arbeitgeber und Arbeitnehmer gestalten hier nach selbstgesetzten Richtlinien der Verwaltungspolitik den ihnen übertragenen Bereich sozialer Wirklichkeit. Sicherlich ist es auch eine ehrenwerte Tätigkeit, die Renten festzusetzen, Heilbehandlung zu gewähren und die dafür erforderlichen Mittel aufzubringen. Aber dafür brauchte man keine Selbstverwaltung ins Leben zu rufen. Hier handeln die Sozialversicherungsträger nach strikten gesetzlichen Weisungen oder zumindest nach Richtlinien, deren Inhalt bisweilen etwas verschleiert sein mag, aber doch immer zu ermitteln ist. Demgegenüber beruht das ganze Phänomen der Selbstverwaltung letzten Endes auf dem Vertrauen des Gesetzgebers darauf, daß gute Verwaltungserfolge erzielt werden können, wenn man die Beteiligten ihrer eigenen Initiative überläßt, ohne jede staatliche Lenkung und ohne alle Leitbilder, die man ihnen mit auf den Weg geben würde.

Ob der Terminus „gesellschaftliche Selbstverwaltung" glücklich gewählt ist, will ich gern dahingestellt sein lassen; mir ist einfach nichts Besseres eingefallen. Wenn wir im Begrifflichen darin übereinstimmen, daß bei der Handhabung von Verwaltungsermessen und Entscheidungsfreiheit jeweils verschiedene Verhaltensweisen vorliegen, dann sollten wir auch in dem entscheidenden Punkt einig sein, daß innerhalb des sogenannten eigenen Wirkungskreises der Selbstverwaltungsträger beide Verhaltensweisen nebeneinander auftreten. Im Kernbereich der Selbstverwaltung hat der Gesetzgeber gesagt: „Das macht Ihr viel besser, damit befasse ich mich selbst nur am Rande." Im weiteren Bereich der Selbstverwaltung hat der Gesetzgeber dagegen Konzeptionen für die Verwaltungstätigkeit vorgeformt: hier bleibt nur noch Raum für mittelbare Staatsverwaltung übrig, so z. B. dann, wenn die Sozialversicherungsträger Krankenhauspflege oder gesundheitliche Fürsorge gewähren. Es ist eine Ermessensfrage, ob jemand in ein Heim verschickt wird. Aber dahinter steht der gesetzliche Auftrag, daß den Versicherten eine im ganzen doch ziemlich deutlich umrissene Gesundheitsfürsorge zuteil werden soll. Die gesetzlichen Maßstäbe für das Verwaltungshandeln werden sichtbar, wenn gegen die Ablehnung eines Einweisungsantrags Klage im Verwaltungsstreitverfahren erhoben wird.

Winkler: Zu dem Thema möchte ich nur sagen: Ich glaube, daß man die Frage der Entscheidungs*freiheit* dogmatisch zufriedenstellend nur beantworten kann, wenn man zuförderst einmal unterscheidet zwischen den privatwirtschaftlichen Tätigkeitsbereichen und den öffentlich-rechtlichen Funktionen der Selbstverwaltung.

Kaiser: Darf ich Sie bitten, Herr Bachof.

Bachof: Herr Salzwedel, wenn ich Sie eben richtig verstanden habe, so haben Sie das Gebiet der städtischen Siedlungspolitik als einen Bereich der „Entscheidungsfreiheit" bezeichnet. Damit wollen Sie also wohl sagen, daß dies ein Bereich sei, der — ich wiederhole Ihre Worte — nicht nur aus der Staatsverwaltung, sondern auch aus „dem Aufgabenbereich des Staates schlechthin" entlassen worden sei. Mir scheint, wenn wir in das Bundesbaugesetz schauen, so müssen wir dem eigentlich das Gegenteil entnehmen. Denn dort, etwa bei den Bauleitplänen und allen diesen Dingen, mischt sich der Staat doch in entscheidender Weise in den kommunalen Bereich ein. Dort also von einem aus „dem Aufgabenbereich des Staates schlechthin" entlassenen Bereich zu sprechen, ist, meine ich, nicht möglich.

Salzwedel: Das Bundesbaugesetz hebt eindeutig hervor, daß die örtliche Bauleitplanung nach wie vor Selbstverwaltungsangelegenheit ist. Nach wie vor bestimmen also die Stadtverordneten nach autonom gesetzten Leitbildern, wie ihre Stadt aussehen soll. Gerade deshalb wird die Frage jetzt so außerordentlich wichtig: Aus welchen Gründen darf diesen Bauleitplänen die staatliche Genehmigung versagt werden?

Bachof: Unter Abstellung auf die überörtlichen Pläne, an denen der Staat mitwirkt.

Zwischenruf: Sie werden in einigen Jahren, wenn wir mit dem Bundesbaugesetz ernst machen, im Ruhrgebiet etwa, in solchen Ballungszentren diese Entscheidungsfreiheit der Städte nicht mehr haben, in keinem Punkt.

Salzwedel: Das hängt davon ab, wieweit man den Bauleitplänen wirklich aus Gründen der überörtlichen Planung die Genehmigung versagen wird. Ich bin nicht sicher, daß das in so weitgehendem Umfang der Fall sein wird. Die Gemeinden üben bei der örtlichen Bauleitplanung Entscheidungsfreiheit aus, der nur von außen her dadurch Grenzen gesetzt sind, daß die Grundzüge der überörtlichen Planung nicht verletzt werden dürfen. Entscheidend ist, daß der Genehmigungsvorbehalt nur eine präventive Gesetzmäßigkeitsaufsicht eröffnet. Die Genehmigungsbehörde kann nur auf Grund des § 1 Abs. 3 des Bundesbaugesetzes den Einwand erheben: „Ihr befindet Euch nicht mehr im Einklang mit den Zielen der Raumordnung und Landesplanung".

Forsthoff: Ich habe bei den Bestimmungen mitgewirkt. Da war die Schwierigkeit die, daß Bayern dezidiert den Standpunkt vertrat: Planung ist Staatsangelegenheit, während dieser Gedanke in anderen Ländern nicht mit dieser Schärfe vertreten wurde. Beim Bundesbaugesetz handelte es sich darum, eine Formulierung, sozusagen ein Dach zu finden, unter das beides unterzubringen war. Die Situation ist also differenziert gewesen. Herr Obermayer wird uns das besser sagen können. Bayern hat uns damals strikte erklärt: Jede Planung, auch die örtliche, ist im Grunde Staatsangelegenheit.

Obermayer: Das zeigt sich vor allem auch daran, daß das bayrische Landesplanungsgesetz nun bereits vollzogen wird. Danach kann die Staatsregierung bestimmte Planungen für verbindlich erklären. Sämtliche Behörden und sämtliche Körperschaften sind nun an diese Verbindlichkeitserklärung gebunden und dürfen keine Maßnahme treffen oder zulassen, die gegen diesen von der Staatsregierung für verbindlich erklärten Plan verstößt. Das unterstreicht auch die Auffassung von Herrn Bachof, daß von einer Entscheidungsfreiheit hier eigentlich keine Rede mehr sein kann.

Salzwedel: Vielleicht darf ich nur einwenden, daß es ja keine Glaubensfrage ist, ob man sich jeweils im Raum der Entscheidungsfreiheit oder des Verwaltungsermessens bewegt. Der Gesetzgeber hat die Dinge grundsätzlich in der Hand. Die Entwicklung könnte vielleicht in die von Ihnen genannte Richtung gehen — nur kann ich dies aus dem Bundesbaugesetz, ehrlich gesagt, nicht herauslesen. Wie dem aber auch sei, an der Notwendigkeit, die beiden verschiedenen Bereiche der Selbstverwaltung voneinander zu unterscheiden, ändert sich dadurch nichts.

Stern: Ich möchte nur folgenden Einwurf machen, Herr Salzwedel: Sie sagten, es sei für Sie kein Problem des Glaubens, ob Entscheidungsfreiheit oder Verwaltungsermessen bestehe. Müssen wir aber nicht hier die Aussagen des Art. 28 Grundgesetz mit heranziehen, in dem doch gerade der Wesensbereich der gemeindlichen Selbstverwaltung garantiert ist? Insofern befinden wir uns m. E. nicht mehr bei rein terminologischen Problemen, sondern bei exakten verfassungsrechtlichen Abgrenzungen.

Salzwedel: Wir sind ja auch bereits durch die Rechtsprechung des Bundesverwaltungsgerichts darauf aufmerksam gemacht worden, daß ein völliges Zurückdrängen der Entscheidungsfreiheit im Bereich der örtlichen Planung die Grenzen des Art. 28 des Grundgesetzes überschreiten würde. Aber ich will ja hier nur darstellen, daß die beiden verschiedenen Selbstverwaltungsbereiche nebeneinander existieren. Was nun nach dem Bundesbaugesetz und den Baugesetzen der Länder jeweils zum einen oder anderen Bereich gehört, dazu brauche ich im Augenblick eigentlich gar nicht näher Stellung zu nehmen.

Auf den Einwand von Herrn Winkler möchte ich antworten, daß ich nichts rechtspolitisch entscheiden wollte. Ich habe lediglich versucht, die Verfassung und die Gesetze, auf Grund deren bei uns Selbstverwaltung besteht, einmal daraufhin auszuloten, ob sie nun echte gesellschaftliche Selbstverwaltung oder mittelbare Staatsverwaltung hervorgebracht haben. Dabei habe ich mich aus den im einzelnen dargelegten Gründen dafür entschieden, daß neben einem Bereich bloßer mittelbarer Staatsverwaltung auch heute noch ein Kernbereich echter gesellschaftlicher Selbstverwaltung existiert, in dem die gewählten Vertreter wirklich Entscheidungsfreiheit ausüben. Und zwar nicht deshalb, weil mir diese Lösung sympathisch ist, sondern weil ich der Überzeugung bin, daß sie allein dem Geist von 1949 gerecht wird, der die gesamte darauffolgende Entwicklung der Selbstverwaltung geprägt hat. Gesellschaftliche Selbstverwaltung bedeutet keineswegs, daß ich mich wieder in Kategorien des 19. Jahrhunderts flüchten will. Aber wir dürfen nicht vor lauter Ablehnung des 19. Jahrhunderts übersehen, daß die zweite Hälfte des 20. Jahrhunderts auch schon wieder ganz anders aussieht als die erste. Und das sollte u. a. an jener Unterscheidung deutlich werden.

Menger: Sehen Sie die Entscheidungsfreiheit, oder was wir als gestaltende Verwaltung bezeichnen, als ein Privileg der Selbstverwaltungskörperschaften an? Hat eine solche Entscheidungsfreiheit oder das Recht zur gestaltenden Verwaltung nicht auch die staatliche Verwaltung?

Salzwedel: Natürlich besitzt auch die staatliche Verwaltung Entscheidungsfreiheit. Nur besitzt hier eben die Regierung bis zu den unteren Behörden volles Weisungsrecht. Im Selbstverwaltungsbereich gibt es so etwas nicht. Jede Vertretungskörperschaft macht von der Entscheidungsfreiheit Gebrauch, wie sie es für richtig hält.

Scheuner: Diese volle Entscheidungsfreiheit der Gemeinden kann doch nur dem Staat gegenüber bestehen, zweifellos nicht gegenüber dem Bürger.

Salzwedel: Ich habe nur das Verhältnis zwischen Staat und Selbstverwaltung zu untersuchen gehabt und untersucht. Im Verhältnis des Selbstverwaltungsträgers zum Staat besteht Entscheidungsfreiheit. Soweit der Selbstverwaltungsträger im Verhältnis zum Bürger hoheitlich auftritt, ist er entweder vom Gesetz her strikt gebunden und zumindest in seinem Ermessen richtlinienhaft gelenkt. Entscheidungsfreiheit bei der Herrschaftsausübung von oben nach unten gibt es überhaupt nicht.

Badura: Herr Salzwedel hat am Anfang seines Referats eine Gegenüberstellung vorgenommen: Er hat ein Wort von Suarez über den absolutistischen Staat genannt und dieses mit der Staatsaufsicht über die Rundfunkanstalten, wie sie heute besteht, konfrontiert. Ich glaube, ich habe Herrn Salzwedel richtig verstanden, wenn ich annehme, daß er damit meint, daß das eine der Weg zur Zukunft und das andere der Zustand der Vergangenheit ist. Jedenfalls glaube ich daraus ein gewisses negatives Moment gegenüber dem herauszuhören, was, wie ich annehme, die Leistung des Absolutismus ist, nämlich den modernen Staat überhaupt erst zur Entstehung gebracht zu haben. Diese Leistung jener Epoche ist nicht etwas, was sozusagen überwunden werden muß oder überwunden werden kann, sondern ist auch von der Demokratie genauso und selbstverständlich übernommen worden: Die Konzentration der Herrschaft in der Hand des Staates und seiner Organe. Die Unterwerfung der intermediären Gruppen unter die Herrschaft des Staates ist von den Demokraten, als sie den absolutistischen Staat beseitigten, nicht etwa als eine Unart dieses Staates angesehen, sondern übernommen und sogar verstärkt worden. Wenn man die beiden Extremfälle nimmt, Hobbes und Rousseau, wird man gerade in dieser Frage einen Unterschied nicht bemerken können.

Was die Rundfunkanstalten angeht, so hat Herr Salzwedel in These I 2 gesagt, daß in ihnen eine Repräsentation einer „Solidargemeinschaft aller sachlich Betroffenen" erfolge, und er hat während seines Referats noch hinzugefügt, daß es sich dabei um die Hörer handle. Ich glaube nicht, daß dies die gegenwärtige Rechtslage oder auch nur die gegenwärtige soziale Lage wiedergibt. In Wirklichkeit werden in den Rundfunkräten nicht die Hörer vertreten, sondern ganz bestimmte organisierte Interessen. Das hat einmal seinen Grund darin, daß Art. 5 GrundG eine solche Konstruktion vorzuschreiben scheint, und zum zweiten darin, daß diese organisierten Interessen hier eine Usurpation gegenüber der zeitweilig geschwächten Staatsgewalt vorgenommen haben. Das ist die Entwicklung, die von Herrn Professor Weber einmal als „ständestaatlich“ charakterisiert worden ist.

Ich glaube deswegen, daß es unglücklich ist, wenn man diese beiden Positionen: die des absolutistischen Staates, der sozusagen im Versinken begriffen sei, und die der Rundfunkanstalten, die völlig exzeptionell ist, gegenüberstellt.

Dagtoglou: Ich möchte zu Herrn Baduras Bemerkung über die Rundfunkanstalten sagen, daß die Rundfunkhörer — genau wie die Verbraucher — eine unorganisierte und unorganisierbare Größe sind; daher lassen sie sich nicht vertreten. Die Vertretung der verschiedenen allgemeinen Verbände, wie z. B. der Hausfrauenorganisationen, ist wohl die einzig mögliche Konvention in der Richtung einer „Vertretung“ der Hörer.

Badura: Durch die Darlegung von Herrn Dagtoglou glaube ich mich in meiner Auffassung nicht erschüttert. Denn die Konstruktion unseres Rundfunkrechts — der anstaltliche Rundfunk nach britischem Vorbild, nicht dagegen ein System, wie es in manchen anderen Ländern üblich ist — ist nicht die Folge irgendwelcher praktischer Überlegungen, sondern einer ganz bestimmten Entwicklung.

Was ich sagen wollte, ist dies, daß auch eine solche Konstruktion, wo der Staat im Wege der Aufsicht scheinbar nur noch mit dem kleinen Finger tätig ist, wo er nur noch eine Rechtsaufsicht und sogar nur eine beschränkte Rechtsaufsicht ausübt, nicht etwa dazu verleiten darf, anzunehmen, daß dies ein Zukunftsbild einer Staatsaufsicht gegenüber bestimmten Erscheinungen zwischen dem Staat und dem Einzelnen sein könnte. Auch wenn der Staat durch sein Rundfunkgesetz den Rundfunk als öffentlich-rechtliche Körperschaft oder Anstalt verfaßt, kann er nicht darauf verzichten, eine Staatsaufsicht bestehen zu lassen. Er kann nicht einen Bereich, der von einer so ungeheuren Bedeutung für die Fortentwicklung der politischen Verhältnisse ist und der zu sehr erheblichen Eingriffen in die Rechtssphäre der einzelnen führen kann, völlig aus seiner Gewalt entlassen und ihn praktisch den organisierten Interessen ausliefern, welche in Rundfunkräten vertreten sind; denn damit ginge die entscheidende Leistung der Neutralität des Staates gegenüber den verschiedenen Interessen und Weltanschauungen verloren.

Diese gedankliche Basis, die ich nur kurz skizziert habe, liegt, wie ich glaube, auch dem zugrunde, was Herr Salzwedel als die Unterscheidung zwischen mittelbarer Staatsverwaltung und „gesellschaftlicher Selbstverwaltung" eingeführt hat. Er hat damit eine Streitfrage, die schon seit Jahrzehnten im Kommunalrecht eine Rolle spielt, neu formuliert, die alte Streitfrage, ob es überhaupt möglich ist, zwischen den eigenen und den übertragenen Angelegenheiten zu unterscheiden. Er hat dafür nur einen neuen Ausdruck geprägt. Herr Salzwedel hat betont, daß diese Unterscheidung nicht rechtspolitisch sein soll. Gewiß — er hat sie offenbar verstanden als eine Art Abstraktion oder Verallgemeinerung aus den verschiedenen empirisch feststellbaren gesetzlichen Regelungen.

Doch scheint mir damit die Sache nicht richtig getroffen zu sein, wobei ich in einem wichtigen Punkt eine weitere Darlegung unterlassen kann, weil bereits Herr Professor Bachof darauf hingewiesen hat, nämlich daß nach den Gemeindeordnungen, die dem Weinheimer Entwurf folgen, es eine solche Teilung des gemeindlichen Wirkungskreises nicht mehr gibt, sondern daß man davon ausgeht, daß sämtliche öffentlichen Angelegenheiten der örtlichen Gemeinschaft durch die Gemeindeverwaltung erledigt werden sollten. Das heißt aber, daß sie nach dem demokratischen Prinzip erledigt werden sollen, während die andere Auffassung, die dieser Auseinanderspaltung von „gesellschaftlicher Selbstverwaltung" und mittelbarer Staatsverwaltung zugrunde liegt, sich nicht aus der demokratischen Idee ableitet, sondern aus der liberalen Idee des 19. Jahrhunderts. Diese Ableitung glaube ich auch bei Herrn Schnur wiederzufinden, wenn er „natürliche" und „rechtliche" Freiheit unterscheidet.

Wenn man die Rechtsordnung betrachtet, läßt sich kaum sagen, daß öffentliche Angelegenheiten tatsächlich „derelinquiert" worden sind oder daß „selbstaufgestellte" politische Leitbilder verfolgt werden können; das ist bereits am Beispiel des Bauplanungsrechts hier diskutiert worden. Daß dabei eine liberale Auffassung von Gesellschaft und Staat im Hintergrund steht, die durch das Grundgesetz m. E. nicht mehr gedeckt wird, sehe ich auch darin bestätigt, daß Herr Salzwedel in Leitsatz II 4 c die Selbstverwaltungsträger dem Bürger gleichstellt. Das ist genau der Gedanke, der das 19. Jahrhundert beherrscht hat, daß die Beteiligung des Bürgers, d. h. aber der Honoratioren, am politischen Prozeß über die Bastion der Gemeinde erfolgen kann. Diese Auffassung steht, wie ich meine, auch im Widerspruch zu dem Grundsatz des Staats- und Verwaltungsrechts, daß jede hoheitliche Erledigung öffentlicher Angelegenheiten, sofern sie durch einen Rechtsträger außerhalb des Staates erfolgt, nur möglich ist auf Grund eines formellen Gesetzes und stets gekoppelt mit einer Staatsaufsicht, selbst wenn es nur eine Rechtsaufsicht ist. Das ist ein Grundsatz, der nicht rechtspolitischen Charakter trägt, sondern ein — wenn auch ungeschriebener — Rechtssatz ist. Deswegen muß, wie ich glaube, an dem kritischen Punkt, wo die Selbstverwaltungsträger in die Lage versetzt werden, gegenüber den Angehörigen der sich selbst verwaltenden Gemeinschaft oder gegenüber Dritten hoheitliche Befugnisse auszuüben, strikt an der Staatsaufsicht festgehalten werden.

Spanner: Das Thema, über das wir heute die zwei interessanten Referate gehört haben, führt den Titel Staatsaufsicht in Verwaltung und Wirtschaft. Ich glaube, daß bereits die bisherigen Diskussionsbeiträge einen Eindruck unterstrichen haben, den wir vielleicht mehrfach gehabt haben, daß wir nämlich zwei verschiedene Referate über zwei verschiedene Themen gehört haben, nämlich ein Referat über Staatsaufsicht in der Verwaltung und ein zweites Referat, das man sich völlig losgelöst von dem ersten vorstellen könnte, über die Staatsaufsicht im Bereich der Wirtschaft. In verschiedenen Diskussionsbeiträgen, insbesondere auch schon in dem Diskussionsbeitrag von Herrn Ipsen, ist ja sehr deutlich geworden, daß die Ausgangspositionen für die Gestaltung dessen, was man im einen und im anderen Bereich als Staatsaufsicht bezeichnet, wirklich grundverschieden sind. Und sie sind es in der Tat, wenn wir uns beispielsweise nur vor Augen halten, daß hinsichtlich des verfassungsrechtlichen Zusammenhangs das erste Thema doch sehr stark zusammenhängt mit dem Art. 28 GG, um hier vor allem die Gemeinden zu erwähnen, während das zweite Thema verfassungsrechtlich gesehen etwa mit den Grundrechten der Art 2, Art. 12, Art. 14 zusammenhängt, um hier die wichtigsten zu nennen. Und in der Tat ist es ja auch so, daß die Stellung der Selbstverwaltungsträger eine völlig andere ist, als die Stellung des einzelnen, der im Bereich der Wirtschaft unter einen staatlichen Einfluß gerät, der hier zusammengefaßt zu werden pflegt unter dem Titel Staatsaufsicht. Wenn der Begriff der Staatsaufsicht übertragen wird auf die Einflußmöglichkeiten des Staates im Bereich der Wirtschaft, so wird damit die Gefahr heraufbeschworen, oder sagen wir zumindest nicht ganz vermieden, daß Vorstellungen, wie wir sie bei der Staatsaufsicht im Bereich der Selbstverwaltung und gegenüber juristischen Personen des öffentlichen Rechts nun einmal haben, dann übertragen werden auf einen Sachbereich, der in seiner Grundkonzeption ganz anders aussieht. Und das wurde ja, wie ich glaube, in den Diskussionsbeiträgen schon recht deutlich gemacht, daß es sich hier um zwei ganz verschiedene Dinge gehandelt hat.

Bachof: Ich glaube, Herr Spanner, daß diese Grenze gar nicht so scharf ist, wie Sie sie gezeichnet haben. Vielleicht konnte dadurch, daß die Herren Referenten ihre Themen in der geschehenen Weise aufgeteilt haben, der Graben tiefer erscheinen als er tatsächlich ist. Denken Sie an das Gebiet der Versicherungswirtschaft. Ich will hier nicht die Sozialversicherung nennen; aber denken Sie an das übrige öffentliche Versicherungswesen, etwa an die Bayrische Versicherungskammer, an die Gebäudebrandversicherung und ähnliche Erscheinungen. Es handelt sich um öffentlich-rechtliche Versicherungsunternehmen, die zum Teil dieselben Versicherungszweige betreiben wie, oft sogar in Konkurrenz mit ihnen, die privaten Versicherungsunternehmen. Darin zeigt sich doch wohl, daß der Graben nicht so tief ist, wie Sie ihn sehen.

Spanner: Ich weiß nicht, ob das genannte Beispiel durchaus überzeugend ist. Denn wenn wir öffentlich-rechtliche Versicherungsträger ansehen, so unterstehen sie doch anderen Gesetzlichkeiten als ein privates Versicherungsinstitut. Eine private Versicherungsgesellschaft wird doch auch zweifellos in stärkerem Maße darauf ausgehen, Gewinn zu erzielen, um das von Herrn Ipsen für die Privatwirtschaft so stark unterstrichene Moment hier hervorzuheben, als ein öffentlich-rechtliches Versicherungsinstitut. Aber im übrigen handelt es sich hier natürlich um Probleme, die tatsächlich in ihrer Durcharbeitung eben noch nicht voll ausgelotet sind. Ich erinnere an die treffende Feststellung von Herrn Merkl, der das Stichwort von halbstaatlichen Einrichtungen gegeben hat, und damit eben zum Ausdruck gebracht hat, daß es hier tatsächlich noch viele Dinge gibt, die theoretisch durchgearbeitet werden müssen.

Ich darf vielleicht nur noch einen Zusammenhang hervorheben, der aus der heutigen Themenstellung und aus den heutigen Referaten zu interessanten Feststellungen im Referat von Herrn Scheuner von gestern hinüberführt; Herr Scheuner hat gestern mit großem Nachdruck und sehr zutreffend hingewiesen auf die Bedeutung der Gruppen in der modernen Demokratie, überhaupt im modernen öffentlichen Leben, und ich meine, daß gerade hier auch dann alles das, was wir über Staatsaufsicht heute hier gehört haben oder was man so unter Staatsaufsicht zusammenzufassen pflegt, eine sehr wesentliche Rolle spielen kann, um das völlige Auseinanderarbeiten solcher Gruppen in der modernen Demokratie, im modernen demokratischen Staat zu vermeiden.

Schaumann: Zuerst eine Bemerkung zum Referat von Herrn Salzwedel, die sich auf Punkt 8, Ziff. 8 auf Seite 261 bezieht. Hier scheint mir ein gewisser Widerspruch vorzuliegen. Herr Salzwedel erwähnt die Frage der gesetzlichen Blankettverweisungen auf administrative Tatbestandsausfüllungsakte und spricht von Verwaltungsvorschriften, Plänen usw. Das widerspricht seiner Konzeption der gesellschaftlichen Selbstverwaltung. Wenn man schon von der gesellschaftlichen Selbstverwaltung ausgeht, so können eben solche gesetzlichen Blankettverweisungen nicht durch Verwaltungsvorschriften ausgefüllt werden, sondern wir kommen auf die Stufe der Rechtsverordnungen. Der Staat handelt hier in seinem Außenbereich. Herr Salzwedel hat das Beispiel der Festsetzung der Ausgabengrenzen für Bauaufgaben der Selbstverwaltungskörperschaften erwähnt, von denen an eine staatliche Genehmigung notwendig ist. Die Festsetzung dieser Grenzen hat meines Erachtens Rechtssatzcharakter. Das ist nicht ein bloßer Verwaltungsakt im Rahmen der gesetzlichen Blankettverweisung.

Vor allem beim Referat von Herrn Bullinger habe ich, wie Herr Spanner, den verfassungsrechtlichen und besonders den grundrechtlichen Aspekt völlig vermißt. Herr Salzwedel konnte, mit Ausnahme von Art. 28, den verfassungsrechtlichen Aspekt wohl ausklammern, aber ich glaube nicht, daß Herr Bullinger das tun durfte. Wir müssen bei der Frage der Staatsaufsicht die Berufsfreiheit, Art. 2 Abs. 1 und die Eigentumsgewährleistung mitberücksichtigen. Auch soweit wir uns auf dem Boden der Berufsausübungsregelung bewegen, muß dieser individualrechtliche Aspekt zum Durchbruch kommen. Es geht um die Abgrenzung zwischen Individualsphäre und Staatssphäre, die wesentlich auch vom Begriff bzw. vom Umfang der Staatsaufsicht abhängt. Gerade mit der Rahmenaufsicht ist Herr Bullinger so weit gegangen, daß er mindestens potentiell die ganze Wirtschaft erfaßt. Dann kann man aber dem grundrechtlichen Problem nicht ausweichen. Herr Bullinger hat diesen Punkt schon in der Entwicklung übersprungen. Auf Seite 323 f., Ziff. 6, spricht er vom Konflikt zwischen dem Polizeistaat des 18. Jahrhunderts mit den Prinzipien des 19. Jahrhunderts, nennt aber dabei nur den Gesetzesvorbehalt und bringt die Frage der Individualsphäre höchstens im Terminus der Selbstverwaltung hinein. Nun entspricht das in etwa der deutschen Entwicklung, in der der formale Rechtsstaat des 19. Jahrhunderts mit seiner starken Betonung des Gesetzesvorbehalts für die Eingriffsverwaltung erst im 20. Jahrhundert mit der Weimarer Reichsverfassung und dann entscheidend durch das Bonner Grundgesetz durch den materiellen Rechtsstaat ergänzt wurde. Diese materiell-verfassungsrechtliche Seite kann bei den einzelnen Formen und Auswirkungen heute nicht mehr umgangen werden. Dieses Problem stellt sich auch beim letzten Punkt, den Herr Bullinger angeschnitten hat, nämlich bei der Frage der Harmonisierung innerhalb der EWG-Länder. Hier besteht die Gefahr, daß nach oben nivelliert wird. Ähnlich wie bei den Preisen im Landwirtschaftssektor der EWG, die alle nach oben nivelliert werden, könnten auch die staatsaufsichtlichen Regelungen auf das Maximum an staatlichen Eingriffsrechten ausgerichtet werden, wie es in einem Staat für ein bestimmtes Gebiet vorhanden ist. Diese Gefahr ist in der EWG latent vorhanden, und man muß sie frühzeitig sehen. Die Harmonisierung muß wohl kommen, sie soll aber nicht nur nach oben im Sinne eines Maximums an Staatseingriffen erfolgen. Die Planifikationsbestrebungen der französischen Regierung sind hier ein warnendes Beispiel! Wir müssen uns davor hüten, in einen Staatsdirigismus hineinzukommen.

Zum Schluß noch eine terminologische Frage, die mir bedeutsam erscheint. Herr Bullinger bringt einen neuen Begriff der Wirtschaftslenkung und will Wirtschaftslenkung rein formal betrachten. Wirtschaftslenkung liegt für ihn — wenn ich recht verstanden habe — dort vor, wo nicht eine gesetzlich bestimmte Regelung durch die Staatsaufsicht vollzogen wird, nicht dagegen beim bloßen Vollzug einer gesetzlich vorgegebenen Regelung. Vom strengen Gesetzmäßigkeitsprinzip aus könnte man vorerst einwenden, daß der Staat immer nur auf der Grundlage des Gesetzes handeln könne. Dann gäbe es für Herrn Bullinger überhaupt keine Wirtschaftslenkung mehr. Aber auch wenn auf den Grad der Bestimmtheit abgestellt wird, gibt es Fälle, bei denen die Staatsaufsicht gesetzlich genau festgelegte Regelungen vollzieht, die bisher unbestritten zur Wirtschaftlenkung gezählt wurden, so z. B. die gesetzliche Festlegung eines Zinssatzes für bestimmte Kreditgeschäfte. Wir müssen uns hier hüten, neue Begriffe neben jenen der Volkswirtschaftslehre einzuführen, sonst verlieren wir vollends jede Beziehung zu den volkswirtschaftlichen Lehren.

Münch: Herr Bullinger hatte am Ende seines Referates gesagt, daß noch manches hinzuzufügen wäre, und Herr Weber hat betont, daß die Hervorhebung bestimmter und die Einführung neuer Punkte in die Debatte keine Kritik an den Referaten sein soll, sondern eine Anregung, sie demnächst weiterzuverfolgen.

In diesem Sinne möchte ich darauf hinweisen, daß die Scheidung zwischen Aufsicht und staatlicher Leitung vor der Gesetzgebung der sechziger Jahre des vorigen Jahrhunderts im Bergbau sehr unklar gewesen ist. Ältere Herren im Bergbau lobten die Gesetzgebung der sechziger Jahre deswegen, weil früher der Bergwerkbesitzer eigentlich nur der Zahlende und eventuell der Gewinnziehende war, die praktische Leitung des Bergbaues aber durch die Bergbehörde geführt wurde. Ich kenne die Einzelheiten dieser Materie jetzt nicht mehr, es lohnt sich vielleicht, dem nachzugehen.

Es stellt sich, glaube ich, eine konkrete Frage, an der man vielleicht unterscheiden kann zwischen Aufsicht und Leitung: nämlich wenn einem Dritten Schaden zugefügt wird. Ich würde sagen: bei der Aufsicht bleibt der Unternehmer schadenersatzpflichtig, aber wenn der Staat die Leitung hat, müßte er die Schäden tragen, die dem Dritten zugefügt sind.

Herr Weber hat beanstandet, daß der Konkurs als Rahmenaufsicht mitangeführt wird. Auch ich habe bei der Nennung des Konkurses Bedenken empfunden, weil ich gelernt hatte, daß er ein Anhang zur Zwangsvollstreckung ist. Man kann sich Fälle denken (ich weiß jetzt nicht, ob sie existieren), daß die staatliche Aufsichtsbehörde das Recht hat, einen Konkurs zu beantragen. Insofern gehört dieses dann zur Rahmenaufsicht.

Herr Bullinger hat gesagt: wenn ein extremes Rahmenaufsichtsmittel vorhanden ist, sei es nicht zulässig, mildere Mittel zu nehmen. Der Gesetzgeber kann natürlich mildere Mittel einführen, wie das Vergleichsverfahren zur Abwendung des Konkurses, oder die Vertragshilfe. Das ist sicherlich unstreitig.

Herr Bullinger hatte im Leitsatz 14 das Bedenken, ob die Leitlinien des Kartellrechts konkret genug sind, um dem Unternehmer seine Verhaltensregeln zu zeigen. Dasselbe Problem tritt bei der Montanunion und bei der EWG auf, wo eine Wirtschaftsphilosophie oder eine Wirtschaftsdoktrin umgesetzt wird in konkrete Rechtsregeln. Auch das ist nicht im einzelnen ausgeführt, aber wie ein unbestimmter Rechtsbegriff, der sich rechtlich konkretisieren läßt: nicht nur durch Verordnungen, sondern auch durch die Rechtsprechung. Ich möchte verweisen auf das, was im April dieses Jahres in Köln auf der Tagung: „Zehn Jahre Gerichtshof der Europäischen Gemeinschaften" gesagt worden ist. Ich glaube, insbesondere Rueff hat sich mit der Frage befaßt, wie diese Wirtschaft in konkretes Recht umgesetzt wird.

Bei Herrn Salzwedel hatte ich zunächst die Entscheidung über die Volksbefragung der Bürger durch Gemeinden über politische Fragen vermißt. Indes ist das eine Vorfrage; Herr Salzwedel brauchte sich im Konkreten nicht mit der Abgrenzung zwischen den Selbstverwaltungsmaterien und den Materien der staatlichen Versorgung und Fürsorge zu befassen, sondern konnte sie voraussetzen. Auch ich hatte im ersten Teil des Referats die Sorge, daß es zu abstrakt würde, aber ich habe dann doch gemerkt, daß die Begriffsbestimmung konkret und der Begriff der Selbstverwaltung verwendbar wird, wenn es sich um die Angelegenheiten des Art. 28 Abs. 2 handelt. Er ist durch § 91 des Bundesverfassungsgerichtsgesetzes justiziabel geworden. Mit dem Begriff der Selbstverwaltung ist ein Maß der Staatsaufsicht gegeben, und ein Mißbrauch der Aufsicht kann die Selbstverwaltung ersticken. Ich glaube, insofern sind durchaus greifbare Resultate aus diesem Referat zu ziehen.

Zwischenbemerkung **Winkler:** Auf Ihre letzte Bemerkung hin möchte ich nur eines sagen und zugleich an das anknüpfen, was Herr Salzwedel gesagt hat. Ich kann es mir nicht zusammenreimen, mit welcher Begründung man gegenüber dem Staat für die Selbstverwaltung Freiheit deklariert oder beansprucht und gegenüber dem Staatsbürger gleichzeitig von einer Bindung wenigstens im Sinne des Ermessens handelt. Das fällt doch auseinander. Die Gesetzesbindung aus einer und derselben Norm ist doch nicht teilbar.

Vogel: Ich möchte hier noch einmal in aller Kürze auf die Frage der Abgrenzung des Begriffes „Staatsaufsicht" in den Ausführungen des Herrn Zweitberichterstatters zurückkommen. Auch mir scheint, daß dieser Begriff einerseits zu weit, andererseits zu eng gefaßt worden ist. Zu eng insofern, als der Herr Zweitberichterstatter alles auszuklammern versucht hat, was er die staatliche „Lenkung" und „Leitung" im Bereich der Wirtschaft genannt hat, zu weit andererseits insofern, als nach seinem Referat unter „Staatsaufsicht" — ich darf These 8 zitieren — jede Staatstätigkeit zu begreifen sein soll, „die darauf abzielt, selbstverantwortliches Wirtschaftsverhalten in Einklang zu halten mit den dafür bestehenden, unmittelbar rechtsverbindlichen Maßstäben". Mir ist nicht recht ersichtlich, wie man bei einer so weiten Begriffsbestimmung etwa die Steueraufsicht aus diesem Begriff der „Staatsaufsicht" sollte ausklammern können: das mag vielleicht gehen mit Rücksicht auf die sog. „allgemeine Steueraufsicht", bei der es lediglich um eine nachträgliche Überprüfung der steuerlichen Pflichterfüllung eines Steuerpflichtigen geht, kaum aber bei der sog. „besonderen Steueraufsicht" etwa im Bereich der Verbrauchsteuern, bei welcher doch der Unternehmer ganz eingehend präzisierten Vorschriften darüber unterworfen wird, wie er im einzelnen bei der Herstellung und beim Vertrieb seines Produkts zu verfahren habe. Aber dies ist nicht das entscheidende Bedenken, das nach meiner Meinung gegenüber der Begriffsbestimmung der „Staatsaufsicht" durch den Herrn Zweitberichterstatter zu erheben sein wird: mir scheint vor allem, daß es mit Rücksicht auf die historische Entwicklung des Begriffes „Staatsaufsicht", die ich zum Teil etwas anders akzentuieren würde als der Herr Zweitberichterstatter, doch notwendig sein wird, den Begriff in anderer Weise zu bestimmen und abzugrenzen.

Zunächst das alte „ius supremae inspectionis", an das der Herr Zweitberichterstatter anzuknüpfen bemüht ist, dürfte doch wohl mit dem ganzen System der materiellen Staatshoheitsrechte spätestens zu Beginn des 19. Jahrhunderts, d. h. also mit der vollen Konsolidierung des modernen Staates, dahingefallen sein. Es ist, meine ich, kein Zufall, daß dieser Begriff in der Literatur der ersten Hälfte des vorigen Jahrhunderts — Lorenz von Stein hat das im einzelnen dargestellt — zunehmend aufgegeben worden ist. Und wenn der Herr Zweitberichterstatter hier Maurenbrecher zitiert hat, so ist doch m. E. Maurenbrecher nicht ganz zu Unrecht von Eduard Albrecht in seiner berühmten Rezension in den Göttingischen Gelehrthen Anzeigen gerade deswegen angegriffen worden, weil Maurenbrecher die wesentliche Veränderung der allgemeinen staatsrechtlichen Gegebenheiten um die Wende zum 19. Jahrhundert, die Herausbildung einer spezifisch modernen Staatlichkeit, eben noch nicht zu sehen vermocht hat.

Bullinger: Herr Vogel, ich glaube, Sie haben mich mißverstanden. Ich habe Maurenbrecher gerade kritisiert, weil er noch festhalten wollte an der alten Art. Ich habe den Wandel vom ius supremae inspectionis zur Staatsaufsicht gerade darzustellen versucht.

Vogel: Dann bitte ich um Entschuldigung für das Mißverständnis, soweit es Maurenbrecher betrifft. Ich würde indessen gleichwohl nicht so sehr von einem „Wandel" sprechen, als vielmehr sagen, daß das alte ius supremae inspectionis völlig dahingefallen ist und daß wir statt seiner etwas ganz Neues bekommen haben: eben eine „Staatsaufsicht" im modernen Sinne, so wie diesen Begriff der „Oberaufsicht" als erster Lorenz von Stein geprägt hat. Nun ist aber bei allen Autoren, die sich von der Mitte des vorigen Jahrhunderts an mit diesem Begriff der „Staatsaufsicht" befaßt haben, nach meiner Meinung vor allem das besonders wesentlich, daß sie immer die „Staatsaufsicht" — auch und gerade, soweit es sich um eine Staatsaufsicht gegenüber Privaten handelt — auf eine Tätigkeit beziehen, die von dem jeweiligen Adressaten der „Staatsaufsicht" speziell in Wahrnehmung eines konkreten öffentlichen Interesses ausgeführt wird. So zunächst schon bei Lorenz von Stein, der im Bereich der von ihm so genannten „freien Verwaltung" einerseits die Selbstverwaltung, andererseits das „Vereinswesen" unterschied, aber doch ganz ausdrücklich dieses Vereinswesen in seinen Begriff der „Verwaltung" nur insoweit einbezog, als es in der Tat auch bestimmte Verwaltungsinteressen wahrzunehmen bestimmt sei. So im Prinzip auch bei Haenel, der zwar an den Anfang seiner Erörterungen einen sehr weit gefaßten Begriff der „Beaufsichtigung" — im Sinne eines allgemeinen Kontrollrechtes — stellt, dann aber den Akzent doch sehr deutlich auf die „Beaufsichtigung im engeren Sinne" legt, d. h. auf die Aufsicht des Staates gegenüber solchen Personen, denen im Zusammenhang des staatlichen Behördenorganismus oder auch im Bereich der Selbstverwaltung unmittelbar die Wahrnehmung bestimmter Verwaltungsaufgaben obliegt. So ferner in der sehr klaren Monographie von Walther Schoenborn über den Begriff des Oberaufsichtsrechtes, und so überdies auch bei Otto Mayer, der die Staatsaufsicht gegenüber den Selbstverwaltungsorganen, die Staatsaufsicht gegenüber den beliehenen Unternehmern und schließlich die Staatsaufsicht als Dienstaufsicht innerhalb der Verwaltung unmißverständlich als gleichberechtigt nebeneinander gestellt hat. — Damit komme ich zu einem zweiten Bedenken, ebenfalls in diesem Zusammenhang der Begriffsgeschichte: man kann die spezifische Umgrenzung, die der Herr Zweitberichterstatter dem Begriff der „Staatsaufsicht" zu geben versucht hat, nach meiner Meinung auch nicht etwa daraus herleiten, daß sich die hergebrachte Vorstellung von „Staatsaufsicht" stets nur auf eine Rechtsaufsicht, wie besonders gegenüber den Selbstverwaltungskörperschaften, bezogen habe. Im Gegenteil, bei allen hier genannten Autoren, mit Ausnahme nur von Steins, der die „Disziplin" aus dem Begriff der „Aufsicht" allerdings ausklammern wollte, wird ja auch die Staatsaufsicht innerhalb der Staatsverwaltung, also die Dienstaufsicht, in diesen Begriff mit einbezogen, und damit — das ist hier entscheidend — eine Erscheinungsform staatlicher „Aufsicht", die eben nicht lediglich Rechtsaufsicht, sondern auch und entschieden Zweckmäßigkeitsaufsicht ist.

Nun könnte man vielleicht einwenden, daß es jedem freistünde, seine Begriffe selbständig frei zu bilden und von solchen geschichtlichen Assoziationen abzusehen — also auch in diesem Sinne dem Herrn Zweitberichterstatter. Ich würde indessen glauben, daß eine solche Entgegnung nicht berechtigt wäre. Denn die Funktion der traditionellen Dogmatik, darauf hat Josef Esser mit Recht hingewiesen, besteht ja in ganz besonderem Maße auch darin, eine rechtsstaatliche Sicherung gegenüber einer allzu freien Handhabung des Gesetzes durch den Richter zu geben: dies zumal in einem so sehr in Bewegung befindlichen Gebiet, wie es heute das Wirtschaftsverwaltungsrecht ist. Die Dogmatik soll vergleichbare Tatbestände nebeneinanderstellen, unvergleichbare ausklammern und so einen klaren Überblick schaffen; aber das kann sie nur dann in fruchtbarer Weise, wenn sie an die traditionellen Strukturen anknüpft und sie allenfalls vorsichtig fortzubilden versucht. Man mag freilich fragen, wie denn eine solche „Fortbildung" traditioneller Strukturen auf dem hier zu besprechenden Gebiete geschehen sollte. Dazu vermag ich hier indessen nicht einmal in Ansätzen etwas zu sagen: ich habe es einmal an anderer Stelle versucht; ob jener Versuch besser gelungen ist, stehe dahin.

Becker: Die Ausführungen des Herrn Kollegen Salzwedel haben nicht nur zur Gliederung und Entflechtung, sondern auch zur Ordnung des Aufsichtsproblems beigetragen. Ergänzend möchte ich hierzu bemerken:

1. Der Inhalt der Kommunalaufsicht ist in Wandlung begriffen. Bei den Kommunalaufsichtsbehörden kommt es praktisch kaum auf die Mittel an, die die Gemeindeordnungen ihnen zur Verfügung stellen. Insoweit herrscht Staatsnachsicht, nicht Staatsaufsicht, da von den gesetzlichen Aufsichtsmitteln nur höchst selten Gebrauch gemacht wird. Statt dessen wird bei etwa 90 v. H. der Gemeinden Amtshilfe durch die Aufsichtsbehörden geleistet, so daß die Aufsichtsmittel der Eingriffsverwaltung kaum in Betracht gezogen werden.

2. Um so wichtiger ist die Finanzhilfe. Die Kommunalaufsicht verflüchtigt sich nicht selten in der Entscheidung über die Gewährung oder Versagung von zweckgebundenen Zuschüssen und Bedarfszuweisungen. Die Frage nach der Gesetzmäßigkeit aufsichtsbehördlicher Maßnahmen tritt häufig hinter dem Problem der Auflagen und Bedingungen zurück, unter denen die Finanzhilfe in Aussicht gestellt wird. Hierbei werden zuweilen rechtliche Bedenken zurückgestellt, wenn nur die Finanzierung gesichert ist.

3. Bedeutsamer als der Katalog der Aufsichtsmittel ist der Genehmigungsvorbehalt. Es mehren sich die Fälle, bei denen die kommunalen Verwaltungsleiter die Aufsichtsbehörden bitten, die beantragte Genehmigung zu versagen, wenn der Rat nicht den Mut zu einer unpopulären Entschließung gehabt hat. Sowohl bei dem Genehmigungsvorbehalt als auch bei dem „Rahmen der Gesetze" hätte man sich Ergänzungen wünschen

können, falls man die beiden Problemkreise zum Aufsichtsbereich zählt.

4. Allerdings hängt dies mit den sehr verschiedenen Vorstellungsmöglichkeiten über Staatsaufsicht zusammen. Man versteht hierunter entweder den gesamten Zuständigkeitskomplex der Aufsichtsbehörden hinsichtlich ihrer Aufsichtsfunktion oder aber nur die sog. allgemeine Staatsaufsicht, die hauptsächlich auf die Rechtsaufsicht nach den Gemeindeordnungen begrenzt wird, ohne die Fälle der Zweckaufsicht (besonders beim Genehmigungsvorbehalt) einzubeziehen.

5. Auch die Gemeindeordnungen der deutschen Länder enthalten zwei verschiedene Auffassungen von Staatsaufsicht. Hessen und Baden-Württemberg regeln allein den möglichen Eingriff im Sinne einer Rechtskontrolle, um hierdurch dem Gesetzesvorbehalt zu entsprechen. Bayern und zum Teil auch andere Länder beziehen Beratung, Förderung und Schutz zusammen mit der Rechtskontrolle in den Zweck der Staatsaufsicht ein. Dies sind gesetzlich verschiedene Ausgangspunkte, die allerdings die Aufsichtspraxis nicht berühren.

6. Nur Bayern verfährt nach dem Legalitätsprinzip im Aufsichtsrecht; es kennt Beanstandungspflicht und die Pflicht zur Ersatzvornahme. Die anderen Länder regeln die Anwendung der Aufsichtsmittel durch Kann-Vorschriften, gehen also von dem Ermessen der Aufsichtsbehörden aus.

7. Schließlich bedarf es bei der staatlichen Beteiligung der Unterscheidung zwischen Verwaltungsverbund und Gemeinschaftsaufgabe. Auch hierbei können sich Zuständigkeiten der Aufsichtsbehörden ergeben. Finanzhilfe und Genehmigungsvorbehalt gehören m. E. zum Verwaltungsverbund, nicht zu den Gemeinschaftsaufgaben, soweit nur den Gemeinden (GV) die Sachkompetenz zusteht„ nicht aber dem Staat. Dies kann anders konstruiert sein, wie Herr Weber für das Planungsrecht dargetan hat. Allerdings ist die regionale Planung z. B. in Hessen und Baden-Württemberg Weisungsangelegenheit, in Nordrhein-Westfalen dagegen Selbstverwaltungsaufgabe im Sinne einer Gemeinschaftsaufgabe der drei Landesplanungsgemeinschaften. — Verfassungsrechtlich fragt sich, ob der Genehmigungsvorbehalt hinreichend determiniert ist. Das ist der Fall bei der Rechtskontrolle der Bauleitpläne. Es ist aber m. E. keine ausreichende Determinierung, die Darlehensgenehmigung zu versagen, wenn z. B. „die Voraussetzungen ... offenbar nicht vorliegen". — Für die Gemeinschaftsaufgaben könnte es dort Schwierigkeiten geben, wo — wie in den Länderverfassungen von Hessen und Rheinland-Pfalz — die Gemeinden ausschließ-

liche Träger der gesamten örtlichen öffentlichen Verwaltung sind, soweit nicht öffentliche Aufgaben anderen Stellen ausschließlich zugewiesen werden.

Da die Erfüllung von Gemeinschaftsaufgaben dringend erforderlich ist, bedarf die Vorstellung der Begrenzung auf ausschließliche Kompetenzen der Revision.

Kaiser: Die Zeit läßt mir keine andere Wahl, als Ihnen sehr herzlich zu danken.

Jaenicke: Ich möchte nicht noch einmal auf die Schwierigkeit eingehen, a priori einen autonomen und einen übertragenen Wirkungskreis der Gemeinde zu unterscheiden. Ich meine auch, daß der Übergang graduell ist; die Zuordnung zu einem dieser Wirkungskreise und die Intensität der Aufsichtsbefugnisse richten sich nach den Interessen des Staates an der jeweiligen Materie. Die Schranke ist allenfalls Art. 28 GG.

Ich möchte in diesem Zusammenhang auf Folgendes hinweisen: Die Kommunalaufsicht umfaßt erstens die Aufsicht über die verwaltungsmäßige Ausführung der Bundes- und Landesgesetze und zweitens die Aufsicht über die Ausübung des autonomen Satzungsrechts der Gemeinde und dessen verwaltungsmäßige Ausführung. Mir scheint, daß Herr Salzwedel nur den letzteren Bereich für die gemeindliche Selbstverwaltung in Anspruch genommen hat. Aber auch im ersteren Bereich, bei der Ausführung von Gesetzen im sog. übertragenen Wirkungsbereich gibt es heute einen gewissen Freiheitsbereich der gemeindlichen Verwaltung. In Hessen sieht die neuere Gesetzespraxis — mit Ausnahme der Polizeirechte, wo die Weisungsbefugnis nach wie vor unbeschränkt ist — nur noch allgemeine Weisungen der Aufsichtsbehörden vor und läßt eine Einzelweisung nur dann zu, wenn das Recht verletzt oder eine allgemeine Weisung nicht befolgt worden ist. Ich habe Bedenken gegen die These, daß der Gemeinde in diesem Bereich kein Rechtsweg offenstehe. Die Gerichte zögern hier noch; die Gemeinden dürften aber beanspruchen können, daß auch dieser Freiheitsbereich kommunaler Verwaltung verwaltungsgerichtlichen Rechtsschutz genießt.

Ein Wort zum Opportunitätsprinzip bei der Ausübung der Kommunalaufsicht. Nachdem das Bundesverwaltungsgericht in einer Entscheidung des Jahres 1960 sich entschlossen hat, einen Rechtsanspruch auf polizeiliches Einschreiten anzuerkennen, sollte man sich doch überlegen, ob nicht in gewissen Fällen auch eine Pflicht der Kommunalaufsichtsbehörde zum Einschreiten gegen rechtswidrige Maßnahmen der Gemeinde anerkannt werden sollte. Zur Frage des Genehmigungsvorbehalts stimme ich Herrn Salzwedel zu, daß dieser nicht nur aufsichtsbehördliche Zwecke hat. Die Bindung gemeindlicher Maßnahmen an die Genehmigung der staatlichen Aufsichtsbehörde macht es überhaupt erst möglich, den Gemeinden mehr Angelegenheiten zur Selbstverwaltung zu übertragen, weil die übergeordneten Interessen des Staates bei der Entscheidung über die Genehmigung gewahrt werden können. Hieraus folgt auch, daß die Ausübung des Genehmigungsvorbehalts nur von der Verfolgung der zu sichernden staatlichen Interessen bestimmt sein darf.

Herr Bullinger hat in seinem Referat dem Begriff der Aufsicht einen sehr umfassenden Inhalt gegeben, so daß er praktisch alle auf die Wirtschaft bezüglichen Regelungen öffentlichrechtlicher, strafrechtlicher und privatrechtlicher Art umfaßt. Wenn jedoch neuere Gesetze — wie z. B. das Personenbeförderungsgesetz oder das Kreditwesengesetz — den Begriff der Aufsicht verwenden, so wollen sie ihn im engeren Sinne einer spezialpolizeilichen Kontrolle verstanden wissen. Ich begrüße es, wenn Herr Bullinger meint, daß diese Gesetzesbestimmungen, die einer bestimmten Behörde die Aufsicht über einen Wirtschaftssektor übertragen, im Regelfalle lediglich Zuständigkeitsnormen sind und keine materielle Generalermächtigung zu Eingriffen enthalten. Die Aufsichtsbehörden werden dadurch lediglich ermächtigt, die sonst im Gesetz vorgesehenen Eingriffsbefugnisse und allenfalls noch die Befugnisse aus der polizeilichen Generalklausel in Anspruch zu nehmen. Der Begriff der Aufsicht in den neueren Gesetzen ist also sehr viel enger, als ihn Herr Bullinger in seinem Referat verstanden wissen will. Man sollte deshalb auch sprachlich zwischen der allgemeinen Regelungskompetenz des Staates im Bereiche der Wirtschaft und der Aufsicht im Sinne spezialpolizeilicher Befugnisse unterscheiden.

Stern: Ich möchte zunächst noch einmal auf ein Problem zurückkommen, das Herr Salzwedel dadurch gekennzeichnet hat, daß wir unterscheiden müssen zwischen einem gesellschaftlichen Bereich der Selbstverwaltung und jenem Bereich, der durch das Verwaltungsermessen charakterisiert ist. Wenn ich mich recht erinnere, hat die Begriffe „gesellschaftliche" und „hoheitliche" Staatstätigkeit Georg Jellinek in seiner Allgemeinen Staatslehre schon einmal anklingen lassen und dann den Bereich der gesellschaftlichen Staatstätigkeit dadurch gekennzeichnet, daß er hierzu die wirtschaftliche, soziale und kulturelle Betätigung des Staates zählt. Wenn Sie diese Gedanken auf die Tätigkeit der Gemeinde übertragen, dann glaube ich, daß wir in der Tat ein fruchtbares Abgrenzungskriterium gefunden haben, um gerade jenen Wesensgehalt des Art. 28 Abs. 2, der der Selbstverwaltung unbestritten verfassungsrechtlich garantiert ist, ausfüllen zu können. Allerdings bleibt das vielfach schon angesprochene Problem, daß die Wirkungskreise heute immer mehr aneinanderrücken, ja geradezu teilweise identisch werden, vor allem im Bereich des Baurechts deutlich sichtbar, wo der Gesetzgeber heute Materien erfaßt hat, bei denen die Gemeinde durchaus gesellschaftlich, jedenfalls nach meinem Empfinden, tätig geworden ist, die mithin dann als in jene hoheitliche oder öffentlich-rechtliche Form der Selbstverwaltung umgesprungen anzusehen wären. Vielleicht könnten Sie diesen Punkt noch einmal kurz verdeutlichen und klären, ob wir nicht den Begriff der Selbstverwaltung materiell ausfüllen können, als jenen Kernbestand, der den Gemeinden unentzogen bleiben muß.

Sodann zum Referat von Herrn Bullinger: Ich glaube, bei ihm zwei Grundkonzeptionen gesehen zu haben; die eine Konzeption war, daß Herr Bullinger gewissermaßen den Urwald, der in den vielfältigen staatsaufsichtlichen Maßnahmen heute besteht, zuerst zu roden und dann normativ aufzuforsten versuchte. Solche normative Umgrenzung entspricht durchaus einem freiheitlich-rechtsstaatlichen Gemeinwesen, und ich halte dieses Vorgehen für ein durchaus notwendiges und richtiges Anliegen. Allerdings möchte ich sagen, daß jenes historische Prinzip des ius supremae inspectionis zwar durchaus eine Erklärung für die Wurzel des Aufsichtsrechts gibt, aber noch nicht die Legitimität, wenn wir uns daran erinnern, daß es Herr Salzwedel gerade zum Kennzeichen der heutigen Selbstverwaltung machte, daß eine Staatsaufsicht nicht mehr Wesensbestandteil der Selbstverwaltung sei. Um so mehr scheint mir die Aufsicht in der Wirtschaft einer Rechtfertigung zu bedürfen, wenn die freiheitliche Sphäre der Grundrechte als jener Bereich anerkannt wird, der dem Bürger ein freies Wirtschaften erlaubt.

Ein Wort noch zu dem Begriff der Staatsaufsicht, wie ihn Herr Bullinger gekennzeichnet hat. Ich möchte meinen, daß er doch etwas zu weit gezogen ist, wenn wir etwa das Gesetz gegen unlauteren Wettbewerb oder das Mittel der aktienrechtlichen Klage, eventuell auch § 138 BGB und die ganzen Möglichkeiten, die im handelsrechtlichen oder bürgerlich-rechtlichen Raum zur Verfügung stehen, als Staatsaufsicht kennzeichnen. Es scheint mir nicht richtig zu sein, anzunehmen, daß der Staat dann, wenn der Schuldner, der das Darlehen nicht zurückbezahlt und verklagt wird, durch die zur Verfügungstellung seiner Gerichte Staatsaufsicht ausübt. Gleiches gilt meiner Meinung nach auch für die vielfältige Tätigkeit der Wirtschaftsverbände, die noch nicht in den Bereich des Staatlichen eingerückt sind, sondern immer noch in der Zone vor dem Staatlichen liegen, die mir näher der privaten, grundrechtlich abgesicherten Sphäre liegt.

Vogel: Nur zur Klarstellung: der Herr Vorsitzende hat vorhin gemeint, es sei doch vielleicht fraglich, ob die Anknüpfung an die historisch gewachsene Dogmatik auch eine Anknüpfung an die historische Terminologie mit sich bringen müsse. Dazu möchte ich der Präzision halber gern noch nachtragen, daß nach meiner Meinung zwar die Ausdrücke gewechselt werden können, aber an die überkommenen Begriffe und ihre Abgrenzung doch grundsätzlich angeknüpft werden sollte.

Schüle: Bezüglich des einen Punktes, den ich zum Thema der Kommunalaufsicht vorbringen wollte, hat mir Herr Kollege Becker gleichsam die Butter vom Brot genommen. Mit dem ersten Teil seiner Ausführungen hat er durchaus recht, ich kann das aus eigener Erfahung bestätigen. Anzuknüpfen vermag ich indes noch an etwas anderes, nämlich an das Gebiet der Finanzen, genauer die Aufsicht durch finanzielle Mittel. Es ist nicht uninteressant, daß die Engländer schon seit längerer Zeit, jedenfalls seit dem Ausgang des 19. Jahrhunderts, ein ganzes System entwickelt haben, wie sie mit staatlichen Zuschüssen kommunale Aufsicht treiben. Ich habe mich früher diesen Dingen gewidmet, und eines der Kapitel des von mir (als literarische Jugendsünde) geschriebenen Buches lautet: „Staatszuschüsse als Mittel der staatlichen Aufsicht". In Deutschland hinken wir in dieser Hinsicht noch erheblich nach, jedenfalls was die wissenschaftliche Erfassung und die dogmatische Durchdringung anbetrifft. Das meiste scheint noch ziemlich ungeordnet. Es wird in der einen oder anderen Weise den Gemeinden vom Staat etwas beigesteuert, hier wird ein Zuschuß beantragt, dort wird er abgelehnt usw., so ist mindestens das primäre Bild, wenn man versucht, den Länderquerschnitt zu ziehen. Es wäre des Schweißes der Edlen wert, würde jemand einmal den normativen Bestand und die Verwaltungspraxis auf diesem Gebiet durchmustern, um die allgemeinen Linien herauszuarbeiten. Daß das Herrn Salzwedel nicht möglich war, ist verständlich; es hätte ein zusätzliches Spezialstudium erfordert.

Punkt 2, gleichfalls noch im Hinblick auf das erste Referat: zum Opportunitätsprinzip des aufsichtlichen Einschreitens. Ich habe es so gelernt, und es war auch so in meiner jüngeren Zeit, daß sich — rechtlich gesehen — die Kommunalaufsichtsbehörde einschalten durfte, aber nicht mußte. Die Entwicklung scheint gegenwärtig anders zu verlaufen. Ich sehe allerdings nicht ganz klar, ob dazu etwa die bayrischen Regelungen, von denen die Rede war, wirklich führen. Bei der Beanstandung und der Ersatzvornahme, insbesondere im Bereich der Pflichtaufgaben, könnte ich es mir denken. Doch möchte ich grundsätzlich sagen: Das Salz der Kommunalaufsicht, das ist das Opportunitätsprinzip! Der Zwang zum Einschreiten ist im Alltag völlig unsinnig. Und zwar deswegen, weil es hier im Grunde nicht so sehr um die Rechtswidrigkeit des Verhaltens der Gemeinde geht als um ihre Einordnung in das Verwaltungsganze, gleichviel ob staatlich oder kommunal. Ich bin daher der Ansicht, daß man sich dem Abbau des Opportunitätsprinzips widersetzen sollte.

Zu dem Referat von Herrn Bullinger meine ich, es ist dabei zu wenig deutlich geworden, daß es sich bei der Staatsaufsicht über Wirtschaftsunternehmen doch nur um einen relativ geringen, jedenfalls nicht allzu breiten Sektor der Wirtschaft handelt. Ja, ja, Herr Bullinger, Sie scheinen den Kopf zu schütteln. Gewiß, ich gebe zu, bei dem Kreditwesen ist ein großer Einbruchsbereich für die staatliche Ingerenz vorhanden, wobei am Rande bemerkt sei, daß ich alle Versuche, „Aufsicht" und „Wirtschaftslenkung" theoretisch von einander zu trennen, zwar ehre, sie praktisch aber für nahezu unmöglich halte. Bei dem Kreditwesengesetz sind am wichtigsten das weite Auskunftsrecht gegenüber den Banken, die Vorlage ihrer Monatsausweise und Jahresabschlüsse, die Kreditanzeigen und ähnliches mehr. Über diese Wege läuft unter Mithilfe der Bundesbank der eigentliche Dirigismus. Der Ausgangspunkt dieser ganzen Aufsicht, der Schutz der Einlagenbestände zugunsten der breiten Masse, tritt gegenüber dem anderen fast zurück, wenn ich ihn auch keineswegs übersehe. — Unterstreichen möchte ich sodann mein Bedauern gegenüber dem, was schon in einigen Vorreden angeklungen ist, nämlich die stiefmütterliche Behandlung der verfassungsrechtlichen Seite. Selbstverständlich ist die wirtschaftspolitische ratio der verschiedenen Aufsichten jeweils sehr verschieden, und es wird schwer sein, sie auf einen gemeinsamen Nenner zu bringen. Aber es muß doch verfassungsrechtlich einleuchtend gemacht werden können, warum etwa bei den Kreditinstituten staatliche Aufsicht sein darf, bei dem Einzelhandel dagegen nicht. Auf die Bedeutung der Art. 12 und 14 GG in diesem Zusammenhang ist bereits von anderer Seite hingewiesen worden.

Schließlich darf ich noch eine Formulierung von Herrn Stern aufnehmen: man müsse dieses Gebiet normativ stärker aufforsten. Die Forderung war deutlich zu spüren, Sie haben sich etwas herablassend, verzeihen Sie, aber jedenfalls doch recht kritisch über das gute Zureden geäußert, der Besprechungsstil ist bei Ihnen nicht gut weggekommen, kurz, der Überredungsdirigismus. Aber das sind hier eben die wirklich adäquaten Mittel. Eine Verrechtlichung wird nur dazu führen, daß in die Verwaltungsabläufe eine Starrheit hereinkommt, die nicht nur unfruchtbar, sondern weithin geradezu unmöglich ist. Vorgänge, wie sie in Betracht stehen, können nicht mehr rechtlich, geschweige denn rechtsstaatlich eingefangen werden. Wenn eine Bank am Schließen ihrer Schalter ist, dann hört, extrem gesprochen, der Rechtsstaat praktisch auf, dann muß noch zur Stunde gehandelt werden. Solche Situationen kann man nicht im vornhinein juristisch regulieren.

Krüger: Ich habe den Eindruck, daß Herr Salzwedel dem Begriff, ja dem Institut Staatsaufsicht den Todesstoß versetzt hat. Er hat ein Stück nach dem anderen von dieser Figur abgeschlagen, bis nur ein Trümmerhaufen übrig war, und dann hat er dem entsetzten Publikum erklärt: „Das macht gar nichts, denn auch die Adressaten der Staatsaufsicht sind den allgemeinen Gesetzen und deren Sanktionen unterworfen, und das reicht vollständig aus." Ich frage mich, was soll dann noch eine Staatsaufsicht; was hat sie überhaupt jemals gesollt?

Zur zweiten These. Die Folgerung hieraus ist: Eine Staatsaufsicht, die nur Rechts- oder Gesetzesaufsicht ist, ist keine Staatsaufsicht. In dem Augenblick, wo man das gesagt hat, hat man zwangsläufig den Weg zur Aufsichtlosigkeit beschritten. Umkehrschluß hieraus: Wenn überhaupt Staatsaufsicht, dann muß sie mehr und anderes sein als Rechts- oder Gesetzesaufsicht.

Dritte Folgerung: Wenn Aufsicht mehr ist als nur Rechtsaufsicht, dann kann sie nicht auf enumerativen, konkreten Vollmachten beruhen, sie muß auf Blankovollmachten beruhen. Das geht gar nicht anders. Wenn man überhaupt Staatsaufsicht gesagt hat, dann muß man der Staatsaufsicht auch den nötigen Operationsspielraum für den unvorhergesehenen Fall geben. Ich gebe gerne zu, daß das rechtsstaatlich bedenklich sein kann. Aber kann man der Behörde aus rechtsstaatlichen Gründen verbieten hinzusehen, zu sprechen, zu überzeugen usw.?

Bullinger (Schlußwort): Die Zeit verbietet es mir leider, auf alle vorgebrachten Anregungen und Einwände einzugehen.

Nur soviel vorweg: Das Referat hat vielleicht den Eindruck erweckt, als wollte ich hier etwas vortragen, was sich sozusagen von selbst verstünde, wessen ich mir auch bis ins letzte gewiß wäre. Ganz so ist es nicht. Es war ein Versuch, einer wenig geklärten Rechtsmaterie Konturen abzugewinnen. Man hat zunächst das Gefühl des Verschwimmens aller Linien, und das war eigentlich der Grund, weshalb ich versucht habe, etwas härter zu argumentieren, härtere Begriffe zu entwickeln, als sie vielleicht manchem von Ihnen richtig erscheinen. Gründe und Gegengründe, auch eigene Bedenken mußten unterdrückt, d. h. in die Fußnoten verbannt werden

Vielleicht darf ich ganz kurz auf einige wichtige Einwürfe antworten. Ein Einwand ging dahin, Verwaltungs- und Wirtschaftsaufsicht seien grundverschiedene Dinge. Nach eingehenden Untersuchungen bin ich der Überzeugung, daß das nicht zutrifft. Einmal ist, wie ich darzulegen versucht habe, der Ausgangspunkt der beiden Aufsichtsarten derselbe, zum anderen ist deren Entwicklung immer parallel und in Wechselwirkung verlaufen. Wenn man sich die Dinge heute ansieht, so besteht weder nach den gesetzlichen Formulierungen noch nach der praktischen Handhabung ein entscheidender Unterschied. Ich glaube überhaupt, das kann ich hier nur andeuten, daß die scharfe Unterscheidung zwischen Staat und Gesellschaft, Staat und Wirtschaft sich heute nicht mehr halten läßt, daß man versuchen muß, die Dinge etwas näher aneinanderzurücken, ohne allerdings die Grenzen vollkommen zu verwischen.

Mehrfach wurde die Auffassung geäußert, es sei nicht möglich, eine keimfreie Staatsaufsicht zu entwickeln und Aufsicht, Lenkung und Leitung streng zu unterscheiden; das ist vor allem von Herrn Ipsen und Herrn Vogel vorgebracht worden. Aber niemand hat einen Ersatzbegriff der Staatsaufsicht angeboten, und wenn man Lenkung, Leitung und Aufsicht in eins wirft, dann wird Staatsaufsicht das Gesamt der Einflußnahme des Staates auf die Wirtschaft, und ich frage mich, welchen Sinn es hat, solche Begriffe zu entwickeln. Denn schließlich ist es Aufgabe der Jurisprudenz, und nicht etwa Begriffsjurisprudenz, zu versuchen, Begriffe zu entwickeln, die die Rechtsinstitutionen abgrenzen, und zwar so abgrenzen, daß Gebilde von innerer Strukturgleichheit und gleicher Rechtsproblematik zusammengefaßt werden. Diese Aufgabe ist verfehlt, wenn wir die gesamte staatliche Tätigkeit in bezug auf die Wirtschaft mit einem vagen Begriff der Staatsaufsicht bezeichnen und damit die grundlegend verschiedene Rechtsstruktur lenkender, leitender und beaufsichtigender Staatstätigkeit überspielen.

Auf der anderen Seite kam genau der entgegengesetzte Einwand, ich hätte den Begriff der Staatsaufsicht zu weit bestimmt. Sie sehen daran, wie stark auch hier im Kreise die Meinungen auseinandergehen. Herr Jaenicke hat mir entgegengehalten, man könne nicht jede Eingriffsbefugnis des Staates zur Staatsaufsicht schlagen. Das ist aber gerade das, was ich zu vermeiden suchte. Man muß meiner Ansicht nach unterscheiden auf der einen Seite die lenkende Staatseinwirkung, die neue Pflichten bestimmt, wozu auch sehr viele Einzeleingriffe wie z. B. preisbildende Verfügungen gehören, und auf der anderen Seite diejenige Staatstätigkeit, die einen durch Einzelakt oder Rechtssatz bereits festgelegten Maßstab für das Wirtschaftsverhalten durchsetzt — das ist die eigentliche Staatsaufsicht.

Bedenken wurden geäußert gegen die Einbeziehung einmal der Rahmenaufsicht und zum anderen der gerichtlichen Aufsicht in der Staatsaufsicht. Herr Weber ist der Auffassung, die Rahmenaufsicht sollte besser aus dem Begriff der Staatsaufsicht ausgeschieden werden, weil die Staatsaufsicht geprägt sei durch die Aufsicht über ein Unternehmen oder eine Körperschaft als solche, sozusagen mit einer staatlichen Gesamtverantwortung. Dann müßte man aber beispielsweise die Aufsicht über das Kreditwesen aus dem Begriff der Staatsaufsicht ausscheiden, und ich glaube, das ist kaum möglich. Die Einbeziehung der Rahmenaufsicht und der gerichtlichen Aufsicht stammt übrigens nicht von mir, sondern von Otto von Gierke, und ich darf mich auf diesen großen Namen bescheiden berufen. Die Vorstellung von einer gerichtlichen Staatsaufsicht ist mir überdies beinahe aufgedrängt worden durch das Studium der amerikanischen Staatsaufsicht. In den Vereinigten Staaten ist die Staatsaufsicht weithin eine Aufsicht durch die Gerichte. Man denke etwa an die Durchsetzung des verfassungsrechtlichen Verbots der Rassendiskriminierung: Die Regierung beschränkt sich regelmäßig darauf, ein gerichtliches Verfahren einzuleiten; die entscheidenden Anordnungen treffen die Bundesrichter. Unsere rigorose Trennung von Rechtsprechung und Verwaltung, die durch das Gewaltenteilungsschema nahegelegt wird, sollte in dieser Schärfe aufgegeben werden. Wenn wir das englische und amerikanische Recht betrachten, so finden wir dort eine Zusammenschau, die der mittelalterlichen Vorstellung der jurisdictio immer noch sehr stark entspricht, und ich glaube, daß die Sachgegebenheiten damit besser bewältigt werden können.

Nur noch kurz zu einem weiteren Punkt. Herr Weber hat mir vorgehalten, ich hätte zu wenig differenziert zwischen den verschiedenen Wirtschaftszweigen. Das gebe ich zu; eine mehr differenzierende Betrachtung war aber der Kürze der Zeit wegen kaum möglich. Die Aufsicht über die Energiewirtschaft habe ich übrigens bewußt nicht näher behandelt, um nicht in den Ruf zu kommen, immer über dasselbe, nämlich über Ölleitungen und dergleichen zu reden. Davon abgesehen bin ich dabei, durch vorsichtige Kleinarbeit Gebiet für Gebiet des Wirtschaftsrechts noch näher zu erforschen, um zu klären, wie weit der Begriff der Staatsaufsicht für einzelne dieser Gebiete etwa modifiziert werden muß. Ich weiß heute noch nicht, was dabei herauskommen wird.

Sehr schwer wiegt der Einwand, die verfassungsrechtliche Seite sei übersehen worden. Die Grundrechtsproblematik hätte aber wohl mehrere selbständige Referate erfordert, etwa über das Recht der Berufsfreiheit, über Art. 14 usw. Außerdem ist es so: Wenn die Staatsaufsicht in der Weise bestimmt wird, wie ich das vorgeschlagen habe, nämlich als dienende Vollziehung maßstabsetzender Normen, dann ist die Grundrechtsproblematik in erster Linie eine Problematik der maßstabsetzenden Akte. Wenn diese Primärnormen in Ordnung sind, ist auch die dienende, akzessorische Staatsaufsicht grundrechtlich ohne Bedenken, wenn sie nicht, und das ist entscheidend, so intensiv gehandhabt wird, daß der verfassungsrechtlich gebotene Spielraum des Handelns unzulässig eingeschränkt wird. Diese Gefahr habe ich aufzuzeigen versucht, und darauf durfte ich mich wohl beschränken.

Es bleibt mir nur eins, Ihnen allen für Ihre Anregungen zu danken. Zugleich möchte ich mich beim Vorstand unserer Vereinigung dafür bedanken, daß er mir ein so schwieriges und zugleich lohnendes Thema anvertraut hat.

Salzwedel (Schlußwort): Hinsichtlich der Staatsaufsicht über private und öffentliche Rechtsträger räume ich ohne weiteres ein, daß die beiden Bereiche in manchen Fällen praktisch ineinander übergehen. Es kam mir aber darauf an, der These entgegenzutreten, als ob die Rechtsform im Grunde genommen überhaupt keine Rolle mehr spiele. Grundsätzlich offenbart die privat- oder öffentlich-rechtliche Rechtsform jeweils eine völlig anders intendierte und geartete juristische Existenz. Dem entspricht die Verschiedenheit der Staatsaufsicht, die im einen oder anderen Bereich ausgeübt wird. In Einzelfällen extrem intensiver Staatsaufsicht über Private kommt es zu einer praktischen Angleichung.

Ich wollte keineswegs den Eindruck erwecken, als komme es nur auf eine Unterscheidung der beiden Selbstverwaltungsbereiche, nicht aber der zahlreichen Selbstverwaltungsträger voneinander an. Ich wollte keineswegs behaupten, daß gleiche Aufsichtsgrundsätze für die Wassergenossenschaften, für die Gemeinden und schließlich für die Rundfunkanstalten maßgebend seien. Ich wollte erst recht nicht sagen, daß die Selbstverwaltung sich auf dem Wege zum Rundfunkstatus befinde. Von der Staatsaufsicht her gesehen wird der Rundfunkstatus sicherlich ein seltener Grenzfall bleiben. Die Erscheinung eines aufsichtsfreien Rundfunks macht nur deutlich, daß hier überhaupt nur gesellschaftliche Selbstverwaltung mit Entscheidungsfreiheit vorliegen kann. Eine andere Erklärung ist dafür gar nicht denkbar. Und von hier aus werden sichtbare Schlaglichter auch auf die Selbstverwaltung geworfen, die wir in anderen gesellschaftlichen Bereichen finden.

Was die Pflichtaufgaben nach Weisung angeht, so bin ich gerade nicht der Meinung, daß der Gegensatz zwischen freiwilligen Aufgaben und Pflichtaufgaben etwas mit meiner Unterscheidung zu tun hätte. Deshalb habe ich hervorgehoben, daß gesetzliche Pflichtaufgaben nicht im Sinne eines gesetzlichen Verwaltungsauftrags zu verstehen sind, der heteronom vorgegebene Leitbilder einschließt. Vielmehr sind sie in dem Sinne zu interpretieren, daß jeweils nur ein absolutes Minimum an Selbstverwaltungsarbeit auf diesem Gebiet nicht unterschritten werden darf.

Hinsichtlich der gesetzlichen Genehmigungsvorbehalte für den kommunalen Bereich würde ich nicht davon ausgehen, daß die Landesverfassungen jede Zweckmäßigkeitsaufsicht abgeschafft haben. Sie schreiben nur vor, daß das Genehmigungsermessen vom Gesetz her zumindest richtlinienhaft vorgelenkt sein muß. Über die Einhaltung dieser Ermessensrichtlinien wachen die Verwaltungsgerichte. Praktisch mögen sich die Auffassungen von Herrn Weber und mir einander weitgehend nähern. Herr Weber baut die res mixta-Lehre weiter aus, indem er den Staat hier stärkeren rechtlichen Schranken unterwirft. Ich würde eher an der Konstruktion des klassischen Genehmigungsvorbehalts festhalten und das Genehmigungsermessen auf die Gewährleistung richtig verstandener kommunaler Eigeninteressen oder äußerstenfalls ganz bestimmter staatlicher Interessen festlegen. Wir unterscheiden uns jedoch darin, daß Herr Weber den Bereich des staatlich-korporativen Kondominiums weiter ausdehnen will, während ich den Selbstverwaltungscharakter der betreffenden Aufgaben nicht preisgeben möchte.

Noch ein letztes Wort zu dem Vorwurf von Herrn Krüger, der mich als Mörder der Staatsaufsicht gebrandmarkt hat. Herr

Krüger, ich möchte sagen, soweit die Staatsaufsicht heute auf eine bloße Gesetzmäßigkeitskontrolle beschränkt ist, kann ich als Täter wohl nicht in Betracht kommen. Denn dafür sind Verfassungs- und Gesetzgeber verantwortlich. Freilich habe ich versucht, die Staatsaufsicht noch deutlicheren und festeren Aufsichtsmaßstäben zu unterwerfen. Das ist unerläßlich, um das staatsaufsichtliche Eingreifen voraussehbar zu machen und die Selbstverwaltungsträger zu ermutigen, die ihnen eingeräumte politische Entscheidungsfreiheit auch wirklich auszuüben. Werden die Selbstverwaltungsträger zu Unrecht auf eine bloße Ausübung von Verwaltungsermessen festgelegt, so begeben sie sich nämlich oft aus lauter Angst, Ermessensfehler zu begehen, aller Rechte und Möglichkeiten, um derentwillen der Gesetzgeber ihnen Selbstverwaltung eingeräumt hat. Vielfach laufen sie schon um irgendwelcher Kleinigkeiten willen von vornherein zur Aufsichtsbehörde, um sich von dort sagen zu lassen, was sie in diesem oder jenem Fall ohne jedes Risiko tun können.

Das Ende des Staates ist deshalb nicht zu befürchten. Das ergibt sich aus folgender Überlegung: In der Demokratie legen wir das Schicksal des gesamten Staates in die Hand der organisierten Wählerschaft. Dann ist es aber ganz folgerichtig, wenn wir für engere Sozialbereiche und bescheidenere Aufgaben ein gleiches Vertrauen gegenüber denjenigen aufbringen, die als gewählte Vertreter oder sonst kraft engerer demokratischer Legitimation verwaltungspolitische Leitbilder autonom festsetzen und verwirklichen.

Es bleibt mir nichts, als Ihnen allen recht herzlich zu danken, insbesondere Herrn Weber für das liebenswürdige Verständnis, das er den eigenwilligen Auffassungen entgegengebracht hat, die ich in manchen Punkten geäußert habe.

Verzeichnis der Redner

Verzeichnis der Mitglieder der Vereinigung der Deutschen Staatsrechtslehrer

Stand vom 1. Februar 1965

Vorstand

1. Weber, Dr. Werner, Professor, 34 Göttingen, Wackenroderweg 1, Tel. (0551) 5 94 03
2. Menzel, Dr. Eberhard, Professor, 23 Kiel, Bülowstraße 16, Tel. (0431) 3 24 72
3. Dürig, Dr. Günter, Professor, 74 Tübingen, Ob dem Viehweidle 12, Tel. (07122) 31 34

Mitglieder

1. Abendroth, Dr. Wolfgang, Professor, 355 Marburg a. d. Lahn, Wilhelm-Roser-Straße 53, Tel. (06421) 50 77
2. Antoniolli, Dr. Walter, Professor, Wien VII, Mariahilferstraße 22—24/III/II/6, Österreich
3. Apelt, Dr. Willibalt, Professor, Geh. Regierungsrat, 8032 Gräfelfing bei München, Freihamerstraße 32 Tel. (0811) 89 61 71
4. Armbruster, Dr. Hubert, Professor, 65 Mainz, An der Allee 69, Tel. (06131) 2 59 50
5. Baade, Dr. Hans W., Professor, Duke University, Law School, Durham, N. C., USA
6. Bachof, Dr. Otto, Professor, 74 Tübingen, Auf dem Kreuz 3, Tel. (07122) 43 46
7. Badura, Dr. Peter, Professor, 34 Göttingen, Nikolausberger Weg 9a
8. Bäumlin, Dr. Richard, Professor, Schloßrain, 3067 Sinneringen bei Bern, Schweiz, Tel. (031) 67 35 40
9. Becker, Dr. iur., Dr. phil. Erich, Professor, 672 Speyer, Philipp-Melanchthon-Straße 10, Tel. (06232) 34 39

10. Bernhardt, Dr. Rudolf, Privatdozent, 69 Heidelberg, Zur Forstquelle 6

11. Bettermann, Dr. Karl August, Professor, 1 Berlin 45, Baseler Straße 114, Tel. (0311) 73 70 39

12. Böckenförde, Dr. iur., Dr. phil. Ernst-Wolfgang, Professor, 69 Heidelberg, Kapellenweg 13

13. Böhmert, Dr. Viktor, Professor, 23 Kiel, Graf-Spee-Straße 9, Tel. (0431) 4 77 77

14. Bühler, Dr. Ottmar, Professor, 8 München 27, Kufsteiner Platz 2/III, Tel. (0811) 48 20 12

15. Bülck, Dr. Hartwig, Professor, 69 Heidelberg, Werrgasse 9, Tel. (06221) 2 46 70

16. Bullinger, Dr. Martin, Professor, 78 Freiburg i. Br.-Littenweiler, Reinhold-Schneider-Straße 20, Tel. (0761) 6 77 00

17. Carstens, Dr. Karl, Professor, 532 Bad Godesberg, Im Meisengarten 25

18. Dagtoglou, Dr. Prodromos, Privatdozent, 69 Heidelberg, Fasanenweg 6, Tel. (06221) 7 50 23

19. Doehring, Dr. Karl, Professor, 69 Ziegelhausen b. Heidelberg, Heinrich-Stoeß-Straße 20c, Tel. (06221) 5 03 40

20. Draht, Dr. Martin, Professor, 1 Berlin 33, Gelfertstraße 49

21. Dürig, Dr. Günter, Professor, 74 Tübingen, Ob dem Viehweidle 12, Tel. (07122) 31 34

22. Ehmke, Dr. Horst, Professor, 78 Freiburg i. Br., Karl-Berner-Straße 13, Tel. (0761) 2 51 52

23. Eichenberger, Dr. Kurt, Professor, Aarau, Gotthelfstraße 48, Schweiz, Tel. 22 22 73

24. Erler, Dr. Georg, Professor, 34 Göttingen, Schlegelweg 11, Tel. (0551) 5 93 43

25. Ermacora, Dr. Felix, Professor, Wien I, Universität, Karl-Lueger-Ring, Österreich

26. Evers, Dr. Hans-Ulrich, Professor, 33 Braunschweig, Eitelbrodstraße 3a, Tel. (0531) 3 89 60

27. Forsthoff, Dr. Ernst, Professor, 69 Heidelberg-Schlierbach, Wolfsbrunnensteige 13, Tel. (06221) 2 67 83

28. Friesenhahn, Dr. Dr. h. c. Ernst, Professor, 53 Bonn, Wegeler Straße 2, Tel. (02221) 5 75 38

29. F r ö h l e r, Dr. Ludwig, Professor, 8501 Burgthann bei Nürnberg, Am Bahnhof 15, Tel. (09124) 802

30. F r o m o n t, Dr. Michel, Professor, 66 Saarbrücken 15, Universität

31. F u ß, Dr. Ernst-Werner, Professor, 68 Mannheim, Wirtschaftshochschule, Schloß, Tel. (0621) 3 99 11 App. 32 85

32. G e c k, Dr. Wilhelm Karl, Professor, 66 Saarbrücken 15, Universität, Rechts- u. Wirtschaftswissenschaftliche Fakultät, Tel. (0681) 2 13 51 App. 276

33. G e r b e r, D. Dr. Hans, Professor, 78 Freiburg i. Br., In der Röte 5, Tel. (0761) 4 42 54

34. G l u m, Dr. Friedrich, Professor, 8 München 19, Südliche Auffahrtsallee 24, Tel. (0811) 6 34 56

35. G ö r g, Dr. Hubert, Professor, 5062 Ellersberg, Post Forsbach, Bez. Köln (355 Marburg a. d. Lahn, Universitätsstraße 10)

36. G r e w e, Dr. Wilhelm G., Professor, Botschafter der Bundesrepublik Deutschland bei der Nordatlantikpakt-Organisation, Paris XVIe, Place du Maréchal de Lattre de Tassigny, Frankreich

37. G r u n d m a n n, Dr. Siegfried, Professor, 8031 Gröbenzell bei München, Puchheimerstraße 30, Tel. (08142) 95 39

38. H ä f e l i n, Dr. Ulrich, Professor, Zürich 10/37, Wipkingerweg 15, Schweiz

39. H a m e l, Dr. Walter, Professor, 355 Marburg a. d. Lahn, Rotenberg 1a, Tel. (06421) 28 62

40. H e c k e l, Dr. Martin, Professor, 74 Tübingen, Lieschingstraße 3, Tel. (07122) 8 10 56

41. H e n k e, Dr. Wilhelm, Privatdozent, 34 Göttingen-Geismar, Eisenacher Straße 19, Tel. (0551) 5 62 98

42. H e r r f a h r d t, Dr. Heinrich, Professor, 355 Marburg a. d. Lahn, Am Weinberg 8

43. H e r z o g, Dr. Roman, Privatdozent, 8 München 2, Pappenheimstraße 7, Tel. (0811) 55 39 61

44. H e s s e, Dr. Konrad, Professor, 7802 Merzhausen über Freiburg i. Br., Schloßweg 29, Tel. (0761) 2 56 11

45. H e t t l a g e, Dr. Karl-Maria, Professor, 532 Bad Godesberg, Friedrich-Ebert-Straße 83, Tel. (02229) 6 43 61

46. Frhr. v. d. H e y d t e, Dr. Friedrich August, Professor, 8705 Zellingen a. M., Thomas-Glock-Straße 26

47. Heyer, Dr. Friedrich, Professor, 53 Bonn, Humboldtstraße 53, Tel. (02221) 3 73 64
48. v. Hippel, Dr. Ernst, Professor, 6531 Perscheid über Bingen, Tel. (06744) 520
49. Hoegner, Dr. Wilhelm, Honorarprofessor, Ministerpräsident a. D., 8 München 9, Am Blumengarten 17
50. Hoffmann, Dr. Gerhard, Professor, 355 Marburg a. d. Lahn, Friedrichstraße 31, Tel. (06421) 56 74
51. Hollerbach, Dr. Alexander, Privatdozent, 78 Freiburg i. Br., Runzstraße 86
52. Huber, Dr. Ernst Rudolf, Professor, 34 Göttingen, Leonard-Nelson-Straße 20 (Freiburg-Zähringen, In der Röte 2)
53. Huber, Dr. Hans, Professor, Muri bei Bern, Mannenriedstraße 5, Schweiz, Tel. (Bern 031) 52 09 25
54. Imboden, Dr. Max, Professor, Riehen bei Basel, Schnitterweg 43, Schweiz
55. Ipsen, Dr. Hans Peter, Professor, 2 Hamburg 13, Heinrich-Barth-Straße 25a, Tel. (0411) 45 09 22
56. Jacobi, D. Dr. Erwin, Professor, Leipzig S 3, Meusdorfer Straße 5
57. Jaenicke, Dr. Günther, Professor, 69 Heidelberg, Karlsruher Straße 57, Tel. (06221) 3 14 48
58. Jahrreiß, Dr. Hermann, Professor, 5 Köln-Sülz, Nassestraße 30, Tel. (0221) 41 35 53
59. Jerusalem, Dr. Franz, Professor, 8 München 27, Flemingstraße 58, Tel. (0811) 48 18 95
60. Kafka, Dr. Gustav E., Professor, Wien XIX/117, Franz-Klein-Gasse 1 (Hochschule für Welthandel), Österreich
61. Kaiser, Dr. Joseph H., Professor, 7813 Staufen, Tel. (07633) 56 78
62. Kaufmann, Dr. iur., Dr. phil. h. c. Erich, Professor, 69 Heidelberg, Schweizerweg 1, Tel. (06221) 4 41 18
63. Kimminich, Dr. Otto, Professor, 87 Würzburg, Dominikanergasse 8, Tel. (0931) 5 44 31
64. Kipp, Dr. Heinrich, Professor, Innsbruck, Neue Universität, Innrain 52, Österreich
65. Klecatsky, Dr. Hans, R., Professor, Innsbruck, Reithmannstraße 20, Tel. (Innsbruck 05222) 52 21 44, Österreich

66. Klein, Dr. Friedrich, Professor, 44 Münster i. W., Prinz-Eugen-Straße 12, Tel. (0251) 5 53 12

67. Köttgen, Dr. Arnold, Professor, 34 Göttingen, Merkelstraße 43, Tel. (0551) 5 96 32

68. Kordt, Dr. Erich, Professor, 4 Düsseldorf, Sybelstraße 1a, Tel. (0211) 62 57 24

69. Kraus, Dr. Herbert, Professor, 34 Göttingen, Baurat-Gerber-Straße 12, Tel. (0551) 5 90 69

70. Krüger, Dr. Herbert, Professor, 2 Hamburg-Großflottbek, Elbchaussee 184, Tel. (0411) 38 79 34

71. Küchenhoff, Dr. Günther, Professor, 87 Würzburg, Seinsheimerstraße 13, Tel. (0931) 7 83 34

72. Laun, Dr. iur., Dr. rer.-pol. h. c. Rudolf, Professor, 207 Ahrensburg bei Hamburg, Voßberg 2, Tel. (04102) 5 02 81

73. Leibholz, Dr. Gerhard, Professor, 75 Karlsruhe, Rheingoldstraße 19, Tel. (0721) 2 68 88

74. Leisner, Dr. Walter, Professor, 852 Erlangen, Kochstraße 2

75. Lerche, Dr. Peter, Professor, 1 Berlin 33, Am Hirschsprung 15, Tel. (0311) 76 29 95

76. Liermann, D. Dr. Hans, Professor, 852 Erlangen, Am Meilwald 18, Tel. (09131) 27 60

77. Mallmann, Dr. Walter, Professor, 6 Frankfurt a. M., Georg-Voigt-Straße 8, Tel. (0611) 77 97 06

78. Marti, Dr. Hans, Professor, Bern, Schwanengasse 9, Schweiz

79. Maunz, Dr. Theodor, Professor, 8032 Gräfelfing bei München, Hartnagelstraße 3, Tel. (0811) 85 16 30

80. Mayer, Dr. Franz, Professor, 8012 Ottobrunn, Friedenstraße 3

81. Meder, Dr. Walter, Professor, 1 Berlin 33, Buchsweiler Straße 20, Tel. (0311) 76 02 89

82. Meinzolt, D. Dr. Hans, Honorarprofessor, Staatssekretär a. D., 8031 Weßling am See, Oberbayern, Obere Seefeldstraße 16

83. Meissner, Dr. Boris, Professor, 5 Köln, Kleine Budengasse 1, Tel. (0221) 23 97 54

84. M e l i c h a r, Dr. Erwin, Wien I, Schulerstraße 20, Österreich

85. M e n g e r, Dr. Christian-Friedrich, Professor, 23 Kiel, Esmarchstraße 68, Tel. (0431) 3 35 35

86. M e n z e l, Dr. Eberhard, Professor, 23 Kiel, Bülowstraße 16, Tel. (0431) 3 24 72

87. M e r k, Dr. Wilhelm, Professor, 74 Tübingen, Wildermuthstraße 6, Tel. (07122) 59 01

88. M e r k l, Dr. Adolf Julius, Professor, Wien XIX, Pfarrplatz 1, Österreich, Tel. 3 65 03 82

89. M e y e r, Dr. Ernst Wilhelm, Professor, 1 Berlin 39, Bismarckstraße 32, Tel. (0311) 80 77 91

90. M i r b t, Dr. Hermann, Professor, 1 Berlin 38, Dubrowstraße 49, Tel. (0311) 84 16 12

91. M o s l e r, Dr. Hermann, Professor, 69 Heidelberg, Mühltalstraße 117, Tel. (06221) 4 00 82

92. M ü n c h, Dr. Fritz, Professor, 69 Heidelberg, Zur Forstquelle 2, Tel. (06221) 3 35 99

93. v. M ü n c h, Dr. Ingo, Privatdozent, 6 Frankfurt a. M., Grillparzerstraße 48, Tel. (0611) 52 83 02

94. N a u m a n n, Dr. Richard, Professor, 314 Lüneburg, Uelzener Straße 40, Tel. (04131) 47 15

95. O b e r m a y e r, Dr. Klaus, Professor, 852 Erlangen, Niendorfstraße 25, Tel. (09131) 88 06

96. P a r t s c h, Dr. Karl Josef, Professor, 6507 Ingelheim a. Rh., Frankenstraße 10, (06132) 26 32

97. P e t e r s, Dr. Dr. h. c. Hans, Professor, 5 Köln-Sülz, Zülpicher Straße 83, Tel. (0221) 41 39 35

98. P f e i f e r, Dr. Helfried, Professor, Wien XIII, Lainzer Straße 57, Österreich, Tel. 82 56 36

99. P i r s o n, Dr. Dietrich, Professor, 355 Marburg a. d. Lahn, Tischbeinweg 1

100. R i d d e r, Dr. Helmut, Professor, 5201 Heidebergen üb. Siegburg, Siebengebirgsstraße 11, Tel. (02221) 4 47 19

101. R ü h l a n d, Dr. Curt, Professor, 33 Braunschweig, Dürerstraße 26, Tel. (0531) 3 21 16

102. R u m p f, Dr. Helmut, Konsul beim Generalkonsulat der Bundesrepublik Deutschland, Mailand, Via Guerazzi 3, Italien

103. R u p p , Dr. Hans-Heinrich, Professor, 355 Marburg a. d. Lahn, Calvinstraße 11

104. S a l z w e d e l , Dr. Jürgen, Professor, 53 Ippendorf bei Bonn, Spreestraße 2, Tel. (02221) 3 19 41/16 25

105. S c h a c k , Dr. Friedrich, Professor, 8 München 19, Kuglmüllerstraße 22, Tel. (0811) 57 13 69

106. S c h a u m a n n , Dr. Wilfried, Professor, 8702 Zell üb. Würzburg, Küsterbergstraße 8, Tel. (0931) 59 54 09

107. S c h e u n e r , Dr. Ulrich, Professor, 532 Bad Godesberg, Beethovenstraße 77

108. S c h i n d l e r , Dr. Dietrich, Privatdozent, Zollikon ZH, Alte Landstraße 44, Schweiz

109. S c h l o c h a u e r , Dr. Hans Jürgen, Professor, 6 Frankfurt a. M., Feldbergstraße 46, Tel. (0611) 72 71 37

110. S c h m i d , Dr. Karl, Professor, 6 Frankfurt a. M., Johann-Klotz-Straße 15

111. S c h n e i d e r , Dr. Hans, Professor, 69 Heidelberg, Ludolf-Krehl-Straße 44, Tel. (06221) 4 03 81

112. S c h n e i d e r , Dr. Peter, Professor, 65 Mainz, Goldenluftgasse 2 3/10, Tel. (06131) 2 32 73

113. S c h n u r , Dr. Roman, Privatdozent, 672 Speyer, Heinrich-Heine-Straße 5

114. S c h ü l e , Dr. Adolf, Professor, 74 Tübingen, Bei der Ochsenweide 17, Tel. (07122) 34 03

115. S c h w i n g e , Dr. Erich, Professor, 355 Marburg a. d. Lahn, von Harnack-Straße 27, Tel. (06421) 26 44

116. S c u p i n , Dr. Hans Ulrich, Professor, 44 Münster i. W., Robert-Koch-Straße 46, Tel. (0251) 49 07 09

117. S e i d l - H o h e n v e l d e r n , Dr. Ignaz, Professor, 5 Köln-Lindenthal, Albertus-Magnus-Platz

118. S m e n d , D. Dr. Rudolf, Professor, 34 Göttingen, Am Goldgraben 13, Tel. (0551) 5 65 07

119. S p a n n e r , Dr. Hans, Professor, 8 München 9, Candidstraße 24/VII, Tel. (0811) 49 05 73

120. S t e r n , Dr. Klaus, Professor, 1 Berlin 33, Trabener Straße 74, Tel. (0311) 8 87 29 35

121. S t ö d t e r , Dr. Rolf, Professor, 2057 Wentorf bei Hamburg, Golfstraße 7, Tel. (0411) 7 22 66 16

122. Thieme, Dr. Werner, Professor,
2 Hamburg 63, Am Karpfenteich 58, Tel. (0411) 59 49 92

123. Uber, Dr. Giesbert, Professor, 44 Münster-Gremmendorf, Heidestraße 24a, Tel. (0251) 6 13 03

124. Ule, Dr. Carl Hermann, Professor, 69 Heidelberg, Oberer Gaisbergweg 9, Tel. (06221) 2 78 32

125. v. Unruh, Dr. Georg Christoph, Privatdozent, Kreissyndikus, 295 Leer (Ostfriesland), Hajo-Unken-Straße 36

126. Vogel, Dr. Klaus, Professor, 85 Nürnberg-Laufamholz, Kainsbacher Straße 13, Tel. (0911) 57 25 42

127. Voigt, Dr. Alfred, Professor, 852 Erlangen, Burgbergstraße 53, Tel. (09131) 44 53

128. Wacke, Dr. Gerhard, Professor,
2 Hamburg-Nienstedten, Ordinger Weg 14,
Tel. (0411) 82 64 37

129. Wagner, Dr. Heinz, Privatdozent, 5 Köln-Lindenthal, Lindenburger Allee 24

130. Walter, Dr. Robert, Professor, Wien XVIII, Iglaseegasse 70/8, Österreich

131. Warncke, Dr. Friedrich, Privatdozent, 5 Köln-Nippes, Mauenheimer Straße 45, Tel. (0221) 73 28 01

132. Weber, Dr. Werner, Professor, 34 Göttingen, Wackenroderweg 1, Tel. (0551) 5 94 03

133. Wehrhahn, Dr. Herbert, Professor, 66 Saarbrücken 15, St.-Johannes-Stadtwald

134. Wengler, Dr. iur., Dr. rer. pol. Wilhelm, Professor,
1 Berlin 37, Werderstraße 15, Tel. (0311) 84 65 35

135. Wenzel, Dr. Max, Professor, 852 Erlangen, Löhestraße 29, Tel. (09131) 45 29

136. Wertenbruch, Dr. Wilhelm, Professor,
5353 Katzvey (Post Mechernich), An der Rodung,
Tel. (02256) 318

137. Winkler, Dr. Günther, Professor, Wien I, Hafnersteig 5/I/7, Österreich

138. Wolff, Dr. Hans J., Professor, 44 Münster i. W., Görresstraße 26, Tel. (0251) 2 31 96

139. Zacher, Dr. Hans F., Professor, 6601 Scheidt/Saar, Im Flürchen 63, Tel. (0681) 6 32 87

140. Zippelius, Dr. Reinhold, Professor, 852 Erlangen, Am Röthelheim 58, Tel. (09131) 79 51

Satzung

(Nach den Beschlüssen vom 21. Oktober 1949, 19. Oktober 1951, 14. Oktober 1954, 10. Oktober 1956 und 13. Oktober 1960)

§ 1

Die Vereinigung der Deutschen Staatsrechtslehrer stellt sich die Aufgabe:

1. wissenschaftliche und Gesetzgebungsfragen aus dem Gebiete des öffentlichen Rechts durch Aussprache in Versammlungen der Mitglieder zu klären;
2. auf die ausreichende Berücksichtigung des öffentlichen Rechts im Hochschulunterricht und bei staatlichen und akademischen Prüfungen hinzuwirken;
3. in wichtigen Fällen zu Fragen des öffentlichen Rechts durch Eingaben an Regierungen oder Volksvertretungen oder durch öffentliche Kundgebungen Stellung zu nehmen.

§ 2

(1) Mitglied der Vereinigung kann werden, wer an der rechtswissenschaftlichen Fakultät einer deutschen oder deutschsprachigen ausländischen Universität für das Fach des Staatsrechts und ein weiteres öffentlich-rechtliches Fach als habilitierter Privatdozent oder als planmäßiger Professor tätig ist oder gewesen ist und sich der wissenschaftlichen Forschung auf dem Gesamtgebiete des Staats- und Verwaltungsrechts gewidmet hat.

(2) Das Aufnahmeverfahren wird durch schriftlichen Vorschlag von drei Mitgliedern der Vereinigung eingeleitet. Ist der Vorstand einstimmig der Auffassung, daß die Voraussetzungen für den Erwerb der Mitgliedschaft erfüllt sind, so verständigt er in einem Rundschreiben die Mitglieder von seiner Absicht, dem Vorgeschlagenen die Mitgliedschaft anzutragen. Erheben mindestens fünf Mitglieder binnen Monatsfrist gegen die Absicht des Vorstandes Einspruch oder beantragen sie mündliche Erörterung, so beschließt die Mitgliederversammlung über die Aufnahme. Die Mitgliederversammlung beschließt ferner, wenn sich im Vorstand Zweifel erheben, ob die Voraussetzungen der

Mitgliedschaft erfüllt sind. Von jeder Neuaufnahme außerhalb einer Mitgliederversammlung sind die Mitglieder zu unterrichten.

§ 3

Eine Mitgliederversammlung soll regelmäßig einmal in jedem Jahre an einem vom Vorstand zu bestimmenden Orte stattfinden. In dringenden Fällen können außerordentliche Versammlungen einberufen werden. Die Tagesordnung wird durch den Vorstand bestimmt.

Auf jeder ordentlichen Mitgliederversammlung muß mindestens ein wissenschaftlicher Vortrag mit anschließender Aussprache gehalten werden.

§ 4

Der Vorstand der Vereinigung besteht aus einem Vorsitzenden und zwei Stellvertretern. Die Vorstandsmitglieder teilen die Geschäfte untereinander nach eigenem Ermessen. Der Vorstand wird am Schluß jeder ordentlichen Mitgliederversammlung neu gewählt.

Zur Vorbereitung der Mitgliederversammlung kann sich der Vorstand durch Zuwahl anderer Mitglieder verstärken. Auch ist Selbstergänzung zulässig, wenn ein Mitglied des Vorstandes in der Zeit zwischen zwei Mitgliederversammlungen ausscheidet.

§ 5

Zur Vorbereitung ihrer Beratungen kann die Mitgliederversammlung, in eiligen Fällen auch der Vorstand, besondere Ausschüsse bestellen.

§ 6

Über Eingaben in den Fällen des § 1 Ziffer 2 und 3 und über öffentliche Kundgebungen kann nach Vorbereitung durch den Vorstand oder einen Ausschuß im Wege schriftlicher Abstimmung der Mitglieder beschlossen werden. Ein solcher Beschluß bedarf der Zustimmung von zwei Dritteln der Mitgliederzahl; die Namen der Zustimmenden müssen unter das Schriftstück gesetzt werden.

§ 7

Der Mitgliederbeitrag wird von der Mitgliederversammlung festgesetzt. Der Vorstand kann den Beitrag aus Billigkeitsgründen erlassen.

Bei Fragen zur Produktsicherheit wenden Sie sich bitte an:
If you have any questions regarding product safety,
please contact:

Walter de Gruyter GmbH
Genthiner Straße 13
10785 Berlin
productsafety@degruyterbrill.com